NATIONAL GEOGRAPHIC TRAVELER

KANADA

NATIONAL GEOGRAPHIC TRAVELER

KANADA

Michael Ivory

INHALT

Seite 2/3: Kanutrip auf dem Lake Louise, Alberta
Links: Eisbär, Churchill, Manitoba

Benutzerhinweise

Text- und Kartensymbole auf der hinteren Umschlagklappe

Der NATIONAL-GEOGRAPHIC-Reiseführer vermittelt Ihnen das Beste von Kanada in Text, Bildern und Karten. Er ist in drei Hauptabschnitte unterteilt. Auf den ersten Abschnitt, der einen Überblick über Geschichte und Kultur liefert, folgen acht Regionalkapitel mit den vom Autor ausgewählten und eingehend beschriebenen Sehenswürdigkeiten. Jedes Kapitel hat ein eigenes Inhaltsverzeichnis.

Die Regionen und ihre Sehenswürdigkeiten sind geographisch nach Provinzen und räumlicher Nähe geordnet. Eine Karte zu Beginn jedes Kapitels gibt einen Überblick über die beschriebenen Stätten. Detailkarten laden zu Entdeckungen zu Fuß und mit dem Auto ein. Specials und Marginaltexte gehen auf Besonderheiten in der Geschichte, der Kultur und im Alltagsleben ein.

Das letzte Kapitel listet Hotels, Restaurants, Geschäfte, Veranstaltungen und sportliche und andere Aktivitäten auf.

Wir haben uns bemüht, die Informationen über die Sehenswürdigkeiten auf den neuesten Stand zu bringen; trotzdem empfiehlt es sich, vorher anzurufen.

National Historic Sites: Viele der beschriebenen Sehenswürdigkeiten sind National Historic Sites, aus Platzgründen gelegentlich als NHS abgekürzt.

62

Farbkodierung

Werfen Sie einen Blick auf die Karte auf der vorderen Umschlagklappe. Jede Region ist in einer anderen Farbe dargestellt. Das Farbleitsystem ermöglicht es Ihnen, sie sofort zu finden. Auch im Abschnitt **Reiseinformationen** sind die Regionen farbig kodiert.

CN Tower
www.cntower.ca
301 Front St. W.
416/868-6937
U-Bahn: Union, dann C.N. Skywalk
$$$

Besucherinformationen

Für jede wichtige Sehenswürdigkeit werden am Rand praktische Informationen geliefert (siehe Liste der Symbole auf der hinteren Umschlagklappe). Der Kartenhinweis nennt die Seite sowie die Koordinaten. Es folgen Anschrift, Telefonnummer, Öffnungszeiten und Eintrittsgebühr, gestaffelt von $ (unter 4 $) bis $$$$$ (über 25 $) sowie für Montréal und Toronto die nächste Métro- oder U-Bahnstation. Informationen über weniger wichtige Stätten sind im Text enthalten.

REISEINFORMATIONEN

DIE ATLANTIKPROVINZEN – Farbkodierter Name der Region

CHARLOTTETOWN – Ortsname

RODD CHARLOTTETOWN $$$$ – Hotelname und Preiskategorie
75 KENT ST.
TEL. 902/894-7371 ODER 800/565-7633 – Adresse, Telefon- und Faxnummer
www.roddhotelsandresorts.com
Zentral gelegen, besticht durch altmodischen Charme; Möbel aus dem 19. Jh. – Kurze Beschreibung des Hotels
115 Alle gängigen Kreditkarten – Hotelangebote und akzeptierte Kreditkarten

OFF BROADWAY $$ – Restaurantname und Preiskategorie
125 SYDNEY ST.
TEL. 902/566-4620 – Adresse und Telefonnummer
Ausgezeichnet Speisen in Olde Charlottetown, und das zu günstigen Preisen. Mit lauschige Nischen und Sitzgruppen. – Kurze Beschreibung des Restaurants
50 Alle gängigen Kreditkarten – Restaurantangebote und akzeptierte Kreditkarten

Hotel- und Restaurantpreise

Eine Erklärung der Preiskategorien für Hotels und Restaurants finden Sie auf Seite 348.

ÜBERSICHTSKARTEN

- Eine Übersichtskarte ergänzt jede Regionalkarte und zeigt die Lage der Region im Land.
- Auf angrenzende Regionen wird mit Seitenverweisen aufmerksam gemacht.

SPAZIERGÄNGE

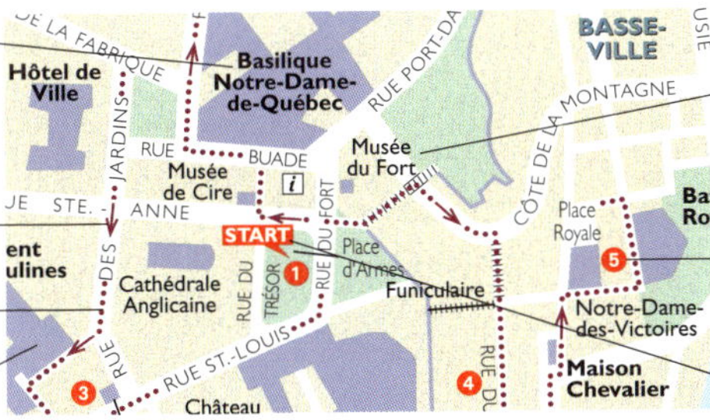

- Ein Kasten nennt Start- und Endpunkt, Dauer und Länge der Wegstrecke und Orte, die man nicht auslassen sollte.
- Wo zwei Wegvorschläge eingezeichnet sind, ist der zweite orangefarben markiert.

AUSFLÜGE

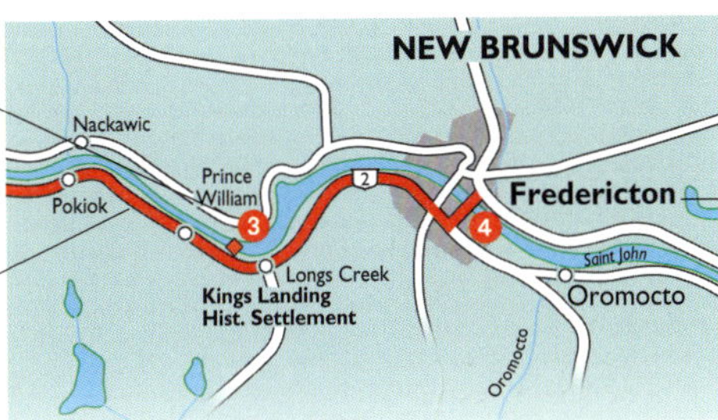

- Ein Kasten nennt Start- und Endpunkt, sehenswerte Orte, Dauer und Länge der Strecke oder Geländebeschaffenheit.

NATIONAL GEOGRAPHIC TRAVELER

KANADA

ÜBER DIE AUTOREN

Nach einem Sprachenstudium an der Universität Oxford wurde Michael Ivory Landschaftsarchitekt und Stadtplaner. Er hat eine Zeit lang in Kanada gelebt, wohnt jetzt aber in Großbritannien und arbeitet gegenwärtig als freiberuflicher Dozent und Reiseschriftsteller. Der Autor schrieb Reiseführer über Australien, Tschechien und Ungarn.

Mit Beiträgen von:

Richard Sale: Spezialist für arktische Ökologie und Reiseschriftsteller

Amy Pataki: Reiseinformationen

Fiona Malins: Journalistin, Reiseschriftstellerin und Reiseführerin

Sean Connolly: Reiseschriftsteller und Redakteur

Geschichte und Kultur

Eingebranntes Ahornblatt auf dem Pferd eines Mounty

Kanada heute

AUF DIE FRAGE, WAS IHNEN ZU KANADA EINFÄLLT, ERSCHEINEN VOR DEM inneren Auge der meisten Leute dieselben Bilder: die Gipfel und Gletscher der Rocky Mountains, die weiten Prärien, die endlosen Nadelwälder, der kahle und eisige Norden – eine Welt aus unberührter Natur, eine fast grenzenlose Wildnis. Doch da gibt es noch die andere, vergleichsweise fast anheimelnde Seite, zu der man die Silhouette der Stadt Québec auf ihrem Felsen oberhalb des breiten St. Lawrence zählen könnte oder die neugotischen, von lächelnden Mounties bewachten Türme auf dem Parliament Hill in Ottawa.

Wie die meisten Klischees entsprechen auch diese Bilder den Tatsachen, und Sie könnten Ihre Zeit in Kanada damit verbringen, das zu beweisen. Auf einer zehntägigen Tour könnten Sie von einer Drei-Sterne-Attraktion zur nächsten quer durchs Land eilen, indem Sie vielleicht mit dem Beobachten von Walen vor der Küste von Neufundland beginnen, dorthin weiterreisen, wo Anne of Green Gables auf Prince Edward Island lebte, das alte Montréal, die Niagarafälle und den Banff National Park besichtigen und die Reise mit einer Teestunde im Empress Hotel in Victoria beschließen. Was für ein Marathon! Sie hätten Tiere gesehen, wären in Kindheitserinnerungen eingetaucht, hätten eine faszinierende Stadt besucht, ein grandioses Naturwunder bestaunt, einen Eindruck von der Wildnis bekommen und die Reise in edwardianischem Luxus beendet.

Aber die meisten – wenn nicht sogar alle – dieser Bestandteile einer unvergesslichen Reise lassen sich in Kanada auch genießen, ohne dass man dazu 5000 Kilometer oder mehr zurücklegen muss, denn jede Region des Landes enthält etwas von dieser hinreißenden Vielfalt. Weit voneinander entfernte Provinzhauptstädte haben ebenso wie die anderen Städte eine ganz eigene, unverwechselbare Identität entwickelt.

Montréal und Québec zeichnen sich durch ihr besonderes französisches Flair aus, aber auch alle anderen kanadischen Städte sind in den letzten Jahrzehnten lebendiger geworden, was zum Teil an der Ausbildung einer multikulturellen Gesellschaft in den vergangenen Jahren liegt. Toronto, früher »Die Gute« genannt, ist heute eine faszinierende Weltstadt mit einer kaum vorstellbaren ethnischen Vielfalt.

Jede Stadt ist von einer Landschaft umgeben, die oft seit Hunderten von Jahren bewohnt ist. In der Umgebung von Québec zum Beispiel ist noch heute die Atmosphäre von Neufrankreich zu spüren. Auch in anderen Gebieten ist die Vergangenheit lebendig, so etwa in den Häfen von Neufundland, den Fischerdörfern der Atlantikprovinzen und in den von den Loyalisten gegründeten Orten in Ontario.

Auch die Wildnis oder das Meer sind ganz in der Nähe. An der einen Seite von Halifax liegen ausgedehnte Wälder, an der anderen der Hafen, einer der schönsten der Welt, mit Blick auf den Atlantik. Québec, Montréal, Ottawa, Toronto – alle nicht weit von Wäldern, Seen und Bergregionen des Kanadischen Schilds entfernt. Von Calgary aus kann man die Rockies sehen, und Vancouver hat sowohl Meer als auch Berge zu bieten.

Die von den Städten aus leicht zu erreichenden Gebiete erfreuen sich natürlich besonderer Beliebtheit. Weiter draußen findet man Orte, die man nur mit Leuten zu teilen braucht, die dieselbe Mühe auf sich genommen haben. Das könnte auf einem Schiff zwischen den Eisbergen vor der Küste Labradors der Fall sein, im Land der Eisbären in der Tundra am Rand der Hudson Bay, in einem aufgegebenen Haida-Dorf auf den entlegenen Queen Charlotte Islands oder am äußersten Ende des Highways in Yellowknife an der Nordküste des Großen Sklavensees.

DIE KANADIER

Was ist ein echter Kanadier? Diese Frage beschäftigt viele Einwohner dieses reichen und toleranten Landes, das in den meisten Umfragen darüber, wo Menschen am liebsten leben möchten, einen hohen, wenn nicht sogar den höchsten Stellenwert überhaupt hat.

Die kanadischen Rockies sind reich an grandioser Szenerie wie dieser oberhalb des Moraine Lake in der Nähe des Nationalparks Banff

Kanadas Ureinwohner waren die Inuit (Eskimos) und mehrere hunderttausend Indianer, aber die ersten eigentlichen Kanadier waren die *Canadiens* – die französisch sprechenden Untertanen des Königs von Frankreich, die sich im 17. und 18. Jahrhundert im Tal des St. Lawrence niederließen. Nach 1763 von Frankreich im Stich gelassen, teilten sie ihren Namen mit ihren neuen, englisch sprechenden Mitbürgern – Engländern, Iren, Schotten und Walisern von der anderen Seite des Atlantiks sowie Loyalisten aus den Vereinigten Staaten. Im 20. Jahrhundert ist an die Stelle von *Canadiens* die Bezeichnung *Québécois* getreten, weil die französisch sprechenden Bewohner dieser Stadt (die Frankophonen, um ein anderen modernen Terminus zu gebrauchen) das Bedürfnis hatten, ihrer eigenen, ganz speziellen Identität Ausdruck zu verleihen. Wie die englisch sprechende zählt auch die französisch sprechende Bevölkerungsgruppe zu den Gründernationen. In der Provinz Québec ist sie in der Überzahl, aber auch in anderen Provinzen gibt es bedeutende französisch sprechende Minderheiten, vor allem in Manitoba (5 % der Bevölkerung), New Brunswick (32 %) und Ontario (5 %).

Das kanadische »Mosaik«

Vom Beginn des 19. Jahrhunderts bis vor sehr kurzer Zeit bildeten Menschen britischer und irischer Abstammung die Mehrheit der kanadischen Bevölkerung, so hatte Kanada lange eine britische »Identität«. Ein Symbol für ihren Rückgang war das Austauschen des Union Jack gegen das Ahornblatt in der Flagge im Jahre 1965. Ohne viel zu überlegen, machten fast alle Einwanderer das Englische zu ihrer Sprache; dies war der Schlüssel zum Erfolg auf dem nordamerikanischen Kontinent. Einwanderer kamen aus allen Teilen der Welt, aber die wichtigsten Neuankömmlinge waren Deutsche, Ukrainer, Italiener, Niederländer und Polen. In der letzten Zeit kam es zu einer vermehrten Einwanderung von Asiaten, Indern, Lateinamerikanern und Kariben. Kanada ist offiziell ein multikulturelles Land; schon zu Beginn des 20. Jahrhunderts tauchte das Wort »Mosaik« als Bezeichnung für eine Bevölkerungsstruktur auf, in der Neuankömmlinge nicht in einen »Schmelztiegel« geworfen, sondern ihnen die Möglichkeit zur Bewahrung ihrer Tradition gegeben wurde. Das ist besonders in den Prärieprovinzen zu spüren, die von Anfang an von verschiedenen ethnischen Gruppen, besonders aus der Ukraine, besiedelt wurden, und in Toronto mit seinen unverwechselbaren ethnischen »Dörfern« und öffentlichen Einrichtungen mit einer großen Vielzahl an Sprachen.

Kanada ist offiziell ein zweisprachiger Staat, der seinen Bürgern im ganzen Land und sogar außerhalb seiner Grenzen sowohl in Englisch als auch in Französisch dient. Deshalb wird Ihr Anruf bei einer kanadischen Botschaft sowohl mit einem freundlichen *bonjour* als auch mit einem *hello* entgegengenommen, selbst die Abzeichen an den Uniformen der Ranger in den Rockies sind zweisprachig gehalten. Während New Brunswick zweisprachig ist, ist in Québec trotz seines großen Anteils an anglophoner Bevölkerung Französisch die alleinige Amtssprache. Für viele der französisch sprechenden Québécois ist dies ein wichtiger Gradmesser ihrer kulturellen Identität. Sie befürchten, dass der Verlust der Vorherrschaft des Französischen diese Identität aufweichen und zum Untergang der frankophonen Kultur von sechs Millionen Kanadiern zwischen rund 300 Millionen englisch sprechenden Nordamerikanern bedeuten würde.

DER RIESE IM SÜDEN

Aber wie steht es mit der eigenständigen Kultur der englisch sprechenden Kanadier? Viele von ihnen fühlen sich von dem, was südlich des 49. Breitengrades passiert, keineswegs isoliert. Die amerikanische Kultur ist allgegenwärtig, in Büchern und in Zeitschriften, im Radio und im Fernsehen. Jedes Handelsabkommen hat den amerikanischen Anteil an der kanadischen Wirtschaft vergrößert. Amerikanische Urlaubsgebiete locken alljährlich Millionen von Kanadiern an, in erster Linie die so genannten »Snowbirds«, die den Winter im warmen Florida verbringen. Auf Leute, die Karriere machen wollen, üben die Stellenangebote und die höheren Gehälter im Süden eine starke Anziehungskraft aus. Und amerikanische Redewendungen bestimmen in zunehmendem Maße die Art, wie sich die Kanadier ausdrücken.

Ein Gang durch die Galleria im BCE Building in Toronto ist ein Muss für alle, die sich für moderne Architektur interessieren

Dass Kanadier keine Amerikaner sind, schien früher durch die Verbindung zu Großbritannien garantiert zu sein, aber seit sich diese Bande gelockert haben, stellt sich dies anders da. Bisher ist Kanada noch nicht dem Beispiel Australiens gefolgt, das den Weg zur Republik eingeschlagen hat. Die Kanadier sehen sich gern als gute Partner der Vereinigten Staaten, betonen aber immer wieder die Punkte, in denen sich ihre Ansichten unterscheiden. Ein gutes Beispiel hierfür ist die frühe Anerkennung des Kommunismus in Kuba und China, ein weiteres die kritische Einstellung zum Vietnamkrieg – zwischen 1965 und 1974 fanden 125 000 zum Wehrdienst eingezogene junge US-Amerikaner in Kanada Zuflucht. Kanadische Truppen kämpften in Korea und am Persischen Golf und waren viele Jahre in Deutschland stationiert, aber davon abgesehen wurden sie im Ausland nur bei Friedensmissionen der Vereinten Nationen eingesetzt. Das Land genießt international hohes Ansehen als Vermittler der Vereinten Nationen. Obwohl es in Bezug auf Wohlstand und Bevölkerungszahl relativ weit unten rangiert, zahlt Kanada den vierthöchsten Beitrag zum Haushalt der Vereinten Nationen.

Drei Einwohner des Dorfes Povungnituk, das sich im nördlichen Bereich von Québec befindet

Kanadische Kompromisse

Die Fähigkeit zu kreativen Kompromissen ist vielleicht eine der herausragendsten Eigenschaften der kanadischen Art, Probleme anzugehen. Die Staatsgründung von 1867 war im Grunde ein Kompromiss zwischen den potenziell widerstreitenden Interessen der Provinzen, die sie vereinte, und im Laufe der letzten Jahre wurde sehr viel Mühe auf eine Resolution verwandt, die sich das Verbleiben Québecs bei Kanada zum Ziel gesetzt hat. Die Kanadier sind im Stande, sich über sich selbst lustig zu machen, und ihr Drang nach Vermittlung ist auch den Humoristen nicht entgangen.
Frage: Warum hat der Kanadier die Straße überquert?
Antwort: Um in die Mitte zu gelangen.

REGIERUNG UND POLITIK

Kanadas zehn Provinzen und drei Territorien sind Teile einer Föderation, einer parlamentarischen Demokratie, die dem Commonwealth angehört und deren Staatsoberhaupt der britische Monarch ist. Die Funktionen des Monarchen sind rein zeremonieller Natur und werden von einem Generalgouverneur wahrgenommen. Die Legislative liegt beim Unterhaus mit 308 Abgeordneten aus Wahlkreisen im ganzen Land. Der Zeitpunkt der Wahlen wird vom Premierminister bestimmt, sie dürfen aber höchstens fünf Jahre auseinander liegen. Als Oberhaus fungiert der Senat mit 105 auf Vorschlag des Premierministers vom Generalgouverneur ernannten Mitgliedern. Die Möglichkeiten des Senats, Gesetze zu blockieren, sind gering; seine Hauptaufgabe ist es, Gesetze zu überprüfen. Das Parlament residiert in neugotischen Gebäuden in Ottawa, das 1867 zur Hauptstadt gewählt wurde.

Politische Wurzeln

Die politischen Parteien sind auf Provinz- und Bundesebene organisiert. Lange Zeit schwankte das Gleichgewicht der Macht zwischen zwei großen Rivalen, den Tories (den Fortschrittlichen Konservativen) und den Liberalen (»Grits«). Beide sind Parteien der Mitte, wobei die Tories sich stärker für den Erhalt der Bindungen zu Großbritannien und die Förderung der kanadischen Wirtschaft einsetzen, die Liberalen dagegen mehr Wert auf die Rechte des Individuums und den Freihandel legen. Beide

Parteien hatten früher Wähler im ganzen Land. Eine weitere auf nationaler Ebene operierende Partei ist die New Democratic Party. Sie gehört der Sozialistischen Internationale an, ist ihrem Wesen nach sozialdemokratisch und vertritt die Interessen der Gewerkschaften. Eine relativ neue Partei ist die Green Party, die sich vehement für den Schutz der Umwelt einsetzt. Andere kleinere Parteien repräsentieren eher regionale Interessen, so wie sich beispielsweise der Bloc Québécois für diejenigen von Québec engagiert und die Unabhängigkeit dieser Provinz zum Ziel hat.
Nach dem Misstrauensvotum im Jahr 2006 musste Premierminister Paul Martin und seine Regierung wegen eines Finanzskandals abdanken. Ihm und seinen Liberalen wurde zur Last gelegt, über 70 Millionen Euro aus einem Fonds abgezweigt zu haben. Bei den Neuwahlen siegten die Konservativen unter Stephen Harper, der aus Alberta stammt.

Provinzangelegenheiten

Die Parteien in den Provinzen sind mehr oder weniger stark mit den auf Bundesebene agierenden verbunden, und es kommt häufig vor, dass Wähler bei einer Provinzwahl eine andere Partei wählen als bei den Parlamentswahlen auf Bundesebene. Auch führende Politiker haben die Fronten gewechselt. Mitte der 90er Jahre war Lucien Bouchard, ein früheres Mitglied der Fortschrittlichen Konservativen, Vorsitzender des separatistischen Bloc Québécois. Die schärfsten Gegner der Separationsbestrebungen sind die Liberalen dieser Provinz. Im Jahr 2003 wurden sie und ihr Vorsitzender Jean Charest, der ehemalige Vorsitzende der Bundes-Konservativen, wiedergewählt.

Kanadas Umgang mit Problemen

Kanada hat weitgehend die gleichen Probleme wie die anderen westlichen Demokratien. Die Finanzierung eines großen Dienstleistungssektors ist eine ständige Belastung, und in Ontario hat dieses Thema zum Beispiel zur Konfrontation zwischen den gewerkschaftlich straff organisierten Lehrern und der Provinzregierung geführt, die die öffentlichen Ausgaben senken wollte. Das Land ist stolz auf sein Krankenversicherungssystem, das aber nicht immer den Erwartungen entspricht. Eine langsam steigende Kriminalität erregt Besorgnis.

Eines der Hauptthemen der kanadischen Innenpolitik ist das Verhältnis zwischen Staat und Provinzen – unausweichlich in einem so riesigen Land mit so unterschiedlichen Regionen. Die Position von Québec im Staat ist das bedeutendste, aber bei weitem nicht das einzige Problem. Vor allem die westlichen Provinzen mit ihrer auf Bodenschätzen basierenden In-

Junge und alte Bewohner Québecs stellten sich der Parti Québécois bei der Volksabstimmung von 1995 als Wahlhelfer zur Verfügung

dustriestruktur haben oft den Eindruck, von der Bundesregierung vernachlässigt zu werden. Was den katastrophalen Rückgang der Kabeljau-Bestände im Nordatlantik verursacht hat, wird vielleicht für immer ein Rätsel bleiben, aber viele Bewohner der Atlantikprovinzen und Neufundlands halten das für die Fischerei zuständige Ministerium in Ottawa für den Hauptschuldigen.

Die in den letzten Jahrzehnten unternommenen Versuche, das Geflecht des kanadischen Staates zu erneuern, waren bisher erfolglos, haben aber der Debatte über das Wesen der kanadischen Identität eine neue Wendung gegeben. Premierminister Pierre Elliott Trudeau setzte sich für eine gesamtkanadische Identität ein, die neben den beiden Gründernationen (Briten

und Franzosen) auch die Ureinwohner und die Immigranten aus aller Welt einbezieht. Das Fundament seiner Politik war die Erneuerung der Verfassung: 1982 wurde der British North America Act von 1867 durch einen Constitution Act und eine kanadische Charta für Freiheit und Menschenrechte ersetzt. Aber Québec verweigerte die Zustimmung zu diesen Neuerungen. Nach zehn Jahren heftiger Debatten kamen Premierminister Brian Mulroney und die Premiers aller zehn Provinzen 1987 am

Die Paradeuniform der Kapelle des französischen Royal 22nd Regiment lässt erkennen, wie stark der britische Einfluss ist

Meech Lake vor den Toren Ottawas zusammen und schafften es, sich auf eine Wortwahl zu einigen, die unter anderem den speziellen Status von Québec als »eigenständige Gesellschaft« (»distinct society«) anerkannte. Doch dann äußerten einige Provinzen Bedenken, und die Abmachung kam nicht zu Stande. 1990 scheiterte

sie endgültig am Nein eines Cree-Abgeordneten im Parlament von Manitoba. Aber Mulroney gab nicht auf. 1992 einigte man sich in Charlottetown auf Prince Edward Island, dem Ort, an dem die Verfassung von 1867 zu Stande gekommen war. Der Kompromiss stellte nicht nur die Premiers der zehn Provinzen zufrieden, sondern auch die Führer der beiden Territorien, der First Nations, der Inuit und der Métis. Aber die Mehrheit der Wähler war dagegen: Die Vereinbarung von Charlottetown wurde letztlich in einer Volksabstimmung abgelehnt. Auf die Ablehnung folgte ein heftiges Aufleben der separatistischen Bewegung in Québec, aber bei einer weiteren Volksabstimmung 1995 über die Frage der Sezession Québecs unterlag die Parti Québécois, wenn auch nur ganz knapp. Diese Ereignisse der 90er Jahre demonstrieren, dass, so unglücklich die Kanadier mit den Umständen ihres Zusammenlebens auch sein mögen, sie nur schwer eine echte Alternative finden. ■

Die Ureinwohner heute

DIE UREINWOHNER KANADAS GEHÖREN VIELEN VERSCHIEDENEN GRUPPEN mit unterschiedlichen Lebensweisen und eigenständigen Traditionen an.

Die arktischen Stämme sind unter den Ureinwohnern Kanadas vielleicht die unverwechselbarsten. Bis vor kurzem wurden sie Eskimos genannt. Heute nennen sie sich Inuit (Einzahl Inuk), was in ihrer eigenen Sprache, dem Inuktitut, »Menschen« bedeutet. Die Inuit lebten früher ausschließlich von dem, was das Meer zu bieten hatte, in erster Linie von Meeressäugern wie Walen, Robben und Walrössern, die sie mit einfallsreichen Jagdtechniken erbeuteten. Auf der Suche nach Nahrung legten sie weite Strecken zurück. Zu einschneidenden Veränderungen ihrer Lebensweise kam es im Zweiten Weltkrieg und während des Kalten Krieges, als die Arktis eine strategische Bedeutung erlangte und die Inuit im Gefolge des Baus von Flugplätzen und Radarstationen in Kontakt mit einer bis dahin ungekannten Kultur kamen, zu der auch das Arbeiten gegen Lohn gehörte.

Heute leben die meisten Inuit in Siedlungen, die fast alle aus militärischen Kriegs- oder Nachkriegseinrichtungen oder aus den Pelzhändler- und Missionsstationen entstanden sind, die diesen vorausgingen. Obwohl viele Inuit noch immer ausgedehnte Jagdausflüge unternehmen, sind sie doch in einem Dorf zu Hause. Dank Satellitenfernsehen, Telefon und anderen Formen der Telekommunikation genießen sie viele der Annehmlichkeiten des modernen Lebens, obwohl ihre Siedlungen Tau-

sende von Meilen von den Wirtschaftszentren des Landes entfernt sind. Größere Orte sind durch Linienflüge mit diesen Zentren verbunden. Für einen Besucher ist eine arktische Siedlung eine seltsame Mischung aus Tradition und Moderne, vielleicht am besten illustriert von einer Inuk-Großmutter in traditioneller Kleidung, die in einem Schneemobil herumsaust.

Die First Nations

Die anderen Ureinwohner Kanadas, die First Nations, wie sie heute genannt werden, sind die Leute, die man früher Indianer nannte und die, zu ihrer ständig wachsenden Empörung, noch heute dem Federal Indian Act unterliegen. Obwohl sie vielen verschiedenen Stämmen angehören, von denen jeder seine eigene Sprache und Kultur besitzt, haben sie sich zusammengeschlossen, um ihre Identität zu behaupten. Eines ihrer Hauptziele ist es, der Bundesregierung die Kontrolle über das Schulsystem zu entreißen und lokale Schulen einzurichten, deren Schwergewicht auf ihrer eigenen Sprache und Kultur liegt. Reservate, die ursprünglich dazu gedacht waren, die Stämme von den Nicht-Eingeborenen zu trennen, sind heute Zentren weit reichender Landforderungen. Viele Stämme halten politische Aktionen für die beste Methode, einen Teil der Unrechte der Vergangenheit zu beseitigen, vor allem diejenigen, die auf ein Internatssystem zurückzuführen sind, bei dem Kinder gewaltsam dem entrissen wurden, was man damals für den korrumpierenden Einfluss ihrer Eltern und ihrer Heimatgemeinde hielt.

Dieser in Karibufell gekleidete Inuk und sein Hundeschlitten repräsentieren das klassische Bild von der Eiswüste im Norden Kanadas

Aktuelle Probleme

Die Assembly of First Nations, an deren Spitze ein Grand Chief steht, ist bemüht, für alle Indianerstämme Kanadas zu sprechen, und findet in den Parlamenten zunehmend Gehör. Alkohol- und Drogenkonsum, Krankheiten wie Diabetes und gewalttätige Auseinandersetzungen, die in vielen der 3000 Reservate Kanadas grassieren und in denen viele Sprecher der Stämme eine direkte Folge des Internatssystems sehen, geben immer wieder Anlass zu politischen Aktionen. Andererseits können viele Stämme auch eine gewisse Erfolgsbilanz vorweisen, und wesentlich mehr junge Leute als früher besuchen heute höhere Schulen und Universitäten.

Obwohl die First Nations in politischen Angelegenheiten oft mit einer Stimme sprechen, gehören sie sehr unterschiedlichen Kulturen an, die in vielen Fällen durch die Ressourcen des Landes geprägt sind, das sie einst bewohnten. Die kulturellen Unterschiede finden ihren Ausdruck in mehr als 50 Sprachen und in der Kunst und dem Kunsthandwerk. Die Speckstein-Schnitzereien der Inuit erzielen in Galerien zum Teil sehr hohe Preise. Die Totempfähle, Holzschnitzereien und Schmuck der Salish, der Haida, der Kwakiutl und anderer Stämme der Westküste beweisen ebenso wie die Flechtarbeiten der Micmac an der Ostküste, dass die Kunst für die Indianer nicht nur eine Möglichkeit darstellt, ihrer Kultur Ausdruck zu verleihen, sondern auch einen wichtigen kommerziellen Faktor verkörpert. ■

Kanadas Großlandschaften

PREMIERMINISTER W. L. MACKENZIE KING BEKLAGTE SICH EINST ÜBER DIE Größe des jungen Staates mit den Worten: »Andere Länder haben zu viel Geschichte, wir haben zu viel Geographie.« Mit einer Fläche von 9 976 200 Quadratkilometern ist Kanada nach Russland das zweitgrößte Land der Erde. Point Pelee am Eriesee liegt auf demselben Breitengrad wie Mittelitalien, während der nördlichste Punkt des Landes nur 800 Kilometer vom Nordpol entfernt ist. Bei einer Reise von Cape Spear im Osten bis zur Grenze von Alaska im Westen muss man etwa 5600 Kilometer zurücklegen und sechs Zeitzonen durchqueren. Ein solches Riesenreich bringt, was Klima, Landschaft und Siedlungsformen angeht, große Extreme mit sich. Die kanadischen Winter sind berüchtigt, doch in der Nähe der Großen Seen oder der Atlantikküste sind die Winter weniger hart und die Sommer kühler. Das öde Land nördlich des Polarkreises ist praktisch menschenleer, ebenso ein großer Teil des Kanadischen Schilds. Die überwältigende Mehrheit der rund 32 Millionen Einwohner lebt entlang der Grenze zu den USA, zumeist in kleineren und größeren Städten. Die Menschen in den Atlantikprovinzen sind Europa näher als ihren Landsleuten in British Columbia, und die meisten Kanadier haben mehr Nachbarn entlang der US-Grenze als in den angrenzenden Provinzen im Osten oder Westen.

Der Kanadische Schild

Diese rund fünf Millionen Liberalen Quadratkilometer große Masse aus uraltem, von Gletschern abgeschliffenem Gestein erstreckt sich in einem großen Bogen vom äußersten Nordwesten bis zum äußersten Nordosten um die Hudson Bay herum. Im Süden grenzt er an die Großen Seen und reicht bis in die Vororte der Städte in Québec und Ontario. Zwischen dem südlichen Ontario und Manitoba bildet er eine 1500 Kilometer breite Barriere, die überwunden werden musste, bevor die seit langem besiedelten Provinzen im Osten mit den neueren im Westen vereinigt werden konnten.

Die Gesteine des Schilds, überwiegend Granit und Gneis, bildeten sich vor über zwei Milliarden Jahren und gehören damit zu den ältesten der Erde. In den Eiszeiten wurde das Gestein auf sein heutiges Niveau abgetragen; zahllose Seen entstanden, und fast die gesamte Bodenschicht wurde fortgerissen. An seiner Südkante entstanden Gebirge wie die Laurentides mit dem 960 Meter hohen Mont Tremblant, die zur Küste der Hudson Bay hin abfallen. Im Osten dagegen ragen die Torngat Range am Rande der Labradorsee bis zu 1500 Meter hoch auf. Nördlich der Baumgrenze erstreckt sich die Tundra, in der nur Zwergbirken und Zwergweiden, Moose und Flechten wachsen und während des kurzen Sommers auch einige kleine blühende Pflanzen. Sie geht im Süden in die Taiga, oder borealen Nadelwald, über, in der neben Koniferen wie Schwarz- und Weißfichte und Bankskiefer auch Weiden und Pappeln wachsen; dazwischen liegen Torfmoore.

Am Südrand des Schilds gibt es einige wenige Stellen mit Lehmboden, aber Versuche, ihn zu kultivieren, blieben weitgehend erfolglos. Die Hauptressource des Schilds waren früher die Tiere; sie ernährten die Eingeborenen und bildeten die Grundlage des Pelzhandels. Seit Ende des 19. Jahrhunderts ließ der Reichtum der Region an Bodenschätzen sowohl provisorische als auch dauerhafte Siedlungen entstehen, und in jüngerer Zeit wurde ein Teil des riesigen Wasserkraftpotenzials angezapft, in erster Linie von der Hydro-Québec-Gesellschaft. Außerdem wurde in einem großen Teil der Region Holz geschlagen. Die Holzwirtschaft spielt ein wichtige Rolle in den Provinzen.

APPALACHEN-REGION

Das Nordende der Appalachen reicht bis in den Osten von Québec und die Atlantikprovinzen und kommt dann in Neufundland wieder zum Vorschein. Sie bestehen aus komplex aufgefalteten Gebirgen, erodiert vom Eis, das sie einst bedeckte, und kleineren, tiefer liegenden Arealen entlang den Flusstälern und Küsten. Die

Ein einsamer Ruderer genießt die Schönheit des Dougans Lake in British Columbia

Berge sind in der Regel abgerundet und erreichen auf der Gaspé Peninsula eine Höhe von 1220 und in Neufundland von 760 Metern; auf Cape Breton Island dagegen sind sie nur rund 530 Meter hoch.

Das Zentrum der Region bildet der Gulf of St. Lawrence, ein Binnenmeer. Die weit verstreuten Siedlungen in dieser Region hielten früher untereinander und mit der Außenwelt weit mehr über den See- als über die Landwege Kontakt. Viele ihrer Einwohner lebten bis vor kurzem fast ausschließlich von dem, was die See zu bieten hatte. Die Große Neufundlandbank (Grand Banks), eine Verlängerung des Kontinentalschelfs, war früher einer der reichsten Fischgründe der Welt (siehe S. 92f). Der Kabeljau mag verschwunden sein, aber die See, in der sich kalte und warme Strömungen vermischen, bietet immer noch vielen Tieren Nahrung, darunter auch mehreren Walarten. Außerdem wird hier Öl gefördert.

Im Landesinnern sind weite Flächen mit Mischwäldern bedeckt, die einst den zahlreichen Werften an der Küste ihr Bauholz lieferten und deshalb skrupellos ausgebeutet wurden.

ATLANTIK-REGION

Diese Großlandschaft überschneidet sich teilweise mit der Appalachen-Region, umfasst aber in erster Linie Nova Scotia, New Brunswick und Prince Edward Island. In einigen Gebieten, zum Beispiel im Tal des St. John und in Sussex Country in New Brunswick, ist der Boden fruchtbar genug, um Landwirtschaft zu betreiben; auf Prince Edward Island wird eine berühmte Kartoffelsorte angebaut, und im Annapolis Valley in Nova Scotia gibt es Obstplantagen. Halifax ist die größte Stadt, aber eine wirkliche Metropole hat die Region nicht. In New Brunswick haben Moncton, Saint John und Fredericton ein eigenes Hinterland. Dagegen ist St. John's auf Neufundland trotz seiner Lage am Ostrand der Insel eine unumstrittene Hauptstadt.

GROSSE SEEN

Mehr als die Hälfte aller Kanadier leben im relativ gemäßigten Klima an den Ufern der Großen Seen und im Tal des St. Lawrence. Das Siedlungsband, das sich von Windsor, der Nachbarstadt von Detroit, bis zur gut 1000 Kilometer weiter nordöstlich gelegenen Stadt Québec erstreckt, schließt auch die zwei größten kanadischen Metropolen Toronto und Montréal mit ein. Ein großer Teil der frühen Siedlungsgeschichte spielte sich in dieser Region ab; sie hat in Form von hübschen alten Städten wie Niagara-on-the-Lake in Ontario und seit langem kultivierten Landschaften wie dem Richelieu Valley in Québec ihre Spuren hinterlassen.

Trotz kalter Winter und heißer Sommer ist das Klima weniger extrem als im größten Teil des restlichen Landes. Die riesigen Wassermengen der Großen Seen bewirken, dass in den angrenzenden Gebieten die Winter weniger

Ursprünglich wuchs Raps nur in den Prärieprovinzen Kanadas; heute zählt er zu den wichtigsten Feldfrüchten des Landes

kalt und die Sommer weniger heiß sind. An vielen Stellen gibt es fruchtbaren Boden, der sich auf Sedimentgestein über den wesentlich älteren Gesteinen des Kanadischen Schilds entwickelt hat. Hier ist sogar Weinbau möglich, vor allem in der Niagara-Gegend, aber auch in anderen Regionen von Ontario und sogar im Süden von Québec. An Orten wie Point Pelee am Eriesee gibt es Reste herrlicherHartlaubwälder. Hier wachsen südliche Arten wie Tulpen- und Westlicher Zürgelbaum. Obwohl 90 Prozent der Mischwälder von den Pionieren gerodet oder abgeholzt wurden, ist immer noch genug übrig geblieben, um das Ahornblatt als Nationalemblem zu rechtfertigen, Besucher mit der Pracht der Herbstfarben zu beeindrucken und Unmengen von Saft für Ahornsirup zu liefern.

INNERE EBENEN (INTERIOR PLAINS)

Die Inneren Ebenen sind Ausläufer der Tiefländer, die sich vom Rio Grande ausgehend durch die Vereinigten Staaten ziehen. In Kanada erstrecken sie sich auf einem rund 2500 Kilometer breiten Streifen zwischen dem Kanadischen Schild und den Rocky Mountains bis dorthin, wo der Mackenzie River ins Nordpolarmeer mündet. Die Ebenen umfassen die südlichen Teile von Manitoba und Saskatchewan, fast ganz Alberta und den Südwesten der Northwest Territories. An den Grenzen zum Kanadischen Schild finden sich große Wasserflächen wie Lake Winnipeg, Lake Athabasca und Great Slave Lake. Im Norden herrschen boreale Wälder und Tundra vor, aber im Süden liefert der

Die unwegsame Wildnis der Rockies wird »shin tangle« genannt – ein Ausdruck, dem die Tangle Falls ihren Namen verdanken

fruchtbare Boden, der einst ein Meer von Grasland war, den größten Teil der Getreideernte des Landes. Wie die Gräser wurden auch die unzähligen Bisons, die einst über die Prärien wanderten, praktisch ausgerottet.

Es waren Viehzucht und Ackerbau, die die Siedler anlockten, aber inzwischen bestimmen Öl- und Gasvorkommen die Wirtschaft der Prärieprovinzen. Edmonton und Calgary haben inzwischen die frühere Kapitale der Region, Winnipeg in Manotiba, überflügelt.

KANADISCHE KORDILLEREN

Die fast 15 000 Kilometer lange Kette von Gebirgen, die sich auf einer Breite von 800 Kilometern von Feuerland bis nach Alaska erstreckt, bedeckt das gesamte Yukon Territory und den größten Teil von British Columbia, während die Gipfel der Rocky Mountains einen großen Teil der Grenze zu Alberta bilden. Hier gibt es die höchsten Berge und die dramatischsten Landschaften ganz Kanadas, bis in die jüngste Zeit hinein eine Herausforderung für Entdeckungsreisende. Der höchste Berg der kanadischen Rockies ist der Mount Robson (3954 Meter). In den Mackenzie Mountains im Yukon Territory gibt es mehrere Berge, die über 2400 Meter hoch sind, aber der höchste Berg Kanadas und der zweithöchste in ganz Nordamerika ist Mount Logan (5959 Meter) in den St. Elias Mountains im Südwesten.

Die Kordilleren entstanden durch einen Auffaltungsprozess, der vor etwa 70 Millionen Jahren begann, aber ihre heutige Gestalt erhielten sie durch die Kräfte des Eises, und noch heute sind Gletscher am Werk, zum Beispiel im großen Columbia Icefield. Das alpine Klima bringt starke Schneefälle mit sich, im Glacier National Park mit Höhen bis zu 9,5 Meter pro Jahr. Dagegen hat das Gebiet um die Strait of Georgia an der Pazifikküste ein fast mildes Klima mit viel Regen, aber fast keinem Frost. Die Tiere, die einst die Pelzhändler in diese Region führten, sind an manchen Orten nach wie vor reichlich vorhanden. In den alpinen Wäldern und in den kühlen Regenwäldern des Westens leben noch immer Schwarz- und Grizzlybären, aber die früher reichen Lachsbestände sind stark geschrumpft. Der Holzeinschlag ist trotz der Proteste von Umweltschützern noch immer ein wichtiger Industriezweig.

Die Kordilleren sind dünn besiedelt; Menschen leben in erster Linie in alten Bergarbeitersiedlungen oder in den fruchtbaren Tälern nahe der Grenze zu den USA, wo warme Sommer den Anbau von Obst und Wein ermöglichen. Die größte Bevölkerungsdichte findet sich in einer aufblühenden städtischen Region an der Strait of Georgia, deren Zentrum Vancouver ist. ■

Kanada damals

DAS RIESIGE LAND, DAS NICHTS AHNEND DARAUF WARTETE, VON DEN EUROpäern unterworfen zu werden, war bereits vor der Ankunft der Europäer ein Mosaik verschiedener Kulturen, die untereinander so verschiedenartig waren wie diejenigen, die weit entfernt auf der anderen Seite des Atlantiks existierten. Die Bevölkerungsdichte war sehr gering; man schätzt, dass Kanada kurz vor dem Eintreffen der ersten Europäer etwa 300 000 Einwohner hatte, die sich alle an ihre Lebensräume bestens angepasst hatten.

DIE UREINWOHNER

Vor etwa 20 000 Jahren, zu einer Zeit, als die Meeresspiegel sehr niedrig waren, verfolgten sibirische Jäger ihre Beutetiere – Riesenbisons, Steppen-Mammute und Wollnashörner – über die Beringstraße. Sie waren die ersten Menschen, die sich in Kanada niederließen, und sie und ihre Nachkommen breiteten sich über ganz Nord- und Südamerika aus. Weitere Einwanderungswellen folgten, darunter vor etwa 5000 Jahren die ersten Inuit der Dorset-Kultur. Sie wurden von den Inuit der Thule-Kultur verdrängt, den direkten Vorfahren der heutigen Inuit. Sie alle waren Jäger, die zwischen der Küste des Polarmeers und dem Nordrand der borealen Wälder lebten und den jahreszeitlich bedingten Wanderungen der Tiere (Wale, Robben, Fische und Karibus) folgten, die ihnen nicht nur als Nahrung dienten, sondern aus denen sie auch Kleidung und Werkzeuge wie zum

Beispiel Knochenharpunen anfertigten. In trockeneren Regionen wie etwa im Süden von Labrador könnten ihre Winterquartiere aus flachen Gruben und Holzgerüsten mit einem Grasdach bestanden haben. Aber die gängigste Behausung war das Iglu, ein Schneehaus, dessen geometrische Perfektion einen europäischen Entdeckungsreisenden dazu veranlasste, es mit einem griechischen Tempel zu vergleichen.

Die Waldstämme

In den Wäldern im Süden lebten andere Jäger, die Dialekte der Athapasken- und Algonquin-Sprache sprachen und heute als Waldstämme bezeichnet werden. Ihre Mobilität beruhte auf einem überaus zweckmäßigen Fortbewegungsmittel, dem Kanu aus Birkenrinde, das sich gut manövrieren ließ und so leicht war, dass es auch über längere Strecken getragen werden konnte. Wo es fruchtbaren Boden gab und das Klima wie etwa im Tal des St. Lawrence relativ mild war, wurden Irokesen sesshaft und bauten Mais, Bohnen und Kürbisse an. Dort konnten sich vielschichtige politische Strukturen entwickeln, von denen die berühmteste der Irokesen-Bund war, dem Seneca, Cajuga, Oneida, Onondaga und Mohawk angehörten. Dieses hohe Maß an Organisation ermöglichte es den Irokesen, mit den weiter nördlich lebenden Algonquin Handel zu treiben und Mais gegen Pelze und Wild einzutauschen. Außerdem scheint es ihre kriegerische Veranlagung verstärkt zu haben. Die Irokesen führten einen erbarmungslosen Krieg gegen die Huronen und griffen immer wieder die Franzosen an.

Ein Gemälde von Paul Kane zeigt indianisches Leben am Lake Huron im 19. Jahrhundert

Die Präriestämme

Auf den endlosen Weiten zwischen dem Kanadischen Schild und den Rocky Mountains lebten die Präriestämme – darunter Cree, Assiniboin und Schwarzfuß-Indianer –, die sich trotz ihrer gemeinsamen Lebensform ständig bekriegten. Ihre Hauptbeute waren die Bisons, die in riesigen Herden über die Prärien wanderten und die ihnen nicht nur Fleisch lieferten, sondern auch Werkzeuge aus den Knochen, Kleidung und Tipi-Wände aus ihrem Fell, Klebstoff aus den Hufen und sogar Kessel aus ihrem Pansen. Im Winter wurden die Bisons in Hürdenfallen getrieben, im Sommer über Klippen, die, wie das berühmte Head-Smashed-In in Alberta, Tausende von Jahren als Todesfallen benutzt wurden. Es war Aufgabe der Frauen, die Tiere zu zerlegen und Pemmikan herzustellen, eine konzentrierte und überaus nahrhafte Mischung aus pulverisiertem Fleisch und Fett, häufig mit den Früchten der Felsenbirne gewürzt.

Die Pazifikküste

An der Westküste, auf dem Gebiet des heutigen British Columbia, brauchten Stämme wie die Gitskan und die Haida zur Nahrungsbeschaffung nicht so große Mühen auf sich zu nehmen. Fische und Wildtiere waren reichlich vorhanden, und ein mildes Klima ermöglichte einen hohen Lebensstandard. Bäume lieferten das Baumaterial für ihre Häuser sowie für die Kanus, von denen einige bis zu 20 Meter lang und sogar seetüchtig waren. Die Handelswege waren gut ausgebaut: Das aus dem Kerzenfisch gewonnene Fett wurde auf den so genannten »Fettpfaden« ins Binnenland befördert. Ihre größten Leistungen vollbrachten die Stämme an der Westküste aber vermutlich auf künstlerischem Gebiet. Werkzeuge, Korbwaren und Kleidung waren reich verziert, aber ihre beeindruckendsten Werke waren die großen Totempfähle mit Menschen- und Tiersymbolen.

DIE ERSTEN EUROPÄER

Den Geschichtsbüchern zufolge waren John Cabot (1450–98) und Jacques Cartier (1491–1557), von ihren Monarchen ausgesandt und zur Berichterstattung verpflichtet, die »Entdecker« Kanadas. Der Ausguck auf Cabots *Matthew* sichtete am 24. Juni 1497 Land, aber bis heute ist nicht geklärt, ob es sich dabei um Neufundland oder Cape Breton Island handelte. 37 Jahre später, im Mai 1534, segelte Cartier durch die Strait of Belle Isle zwischen Neufundland und Labrador. Aber bereits lange vor diesen gut dokumentierten Reisen hatten Europäer den Atlantik überquert.

Die isländischen Sagas erzählen von Abenteurern wie Leif Eriksson (10.–11. Jh.), die sich von Grönland aus auf die Suche nach einem Land machten, in dem es Wein und reichlich Holz gab, und Archäologen haben in L'Anse aux Meadows im Norden von Neufundland Hinweise auf eine Wikingersiedlung aus der Zeit um 1000 n. Chr. gefunden (siehe S. 100f). Die Wikinger gaben auf, aber es ist möglich, dass baskische und englische Fischer den Kabeljau-Reichtum der Gewässer vor Neufundland entdeckten, bevor Cabot seine Reise antrat.

Handelskontakte

Weder Cabot nach Cartier hatten den Atlantik überquert, um Kabeljau zu finden – sie suchten nach einer kürzeren Route zu den Gewürzen, Seidenstoffen und anderen Reichtümern des Fernen Ostens. Dergleichen war an den öden Küsten Ostkanadas nicht zu finden. Dennoch war der englische König Heinrich VII. hinreichend beeindruckt, um Cabot die fürstliche Belohnung von 10 Pfund zu zahlen und 1498 eine zweite Reise zu finanzieren. Von dieser Reise kehrte Cabot nicht zurück (siehe S. 334f).

Cartiers Kontakt mit dem neuen Kontinent war dauerhafter. Nachdem er die Strait of Belle Isle passiert hatte, segelte er an den Magdalen Islands vorbei, landete auf Prince Edward Island und blickte in die Baie des Chaleurs, wo er von Micmac begrüßt wurde, die mit ihm handeln wollten. In Gaspé stieß er auf Irokesen, die von ihrer Siedlung in Stadacona in der Nähe der heutigen Stadt Québec zum Fischfang ausgezogen waren. Höflichkeiten wurden ausgetauscht, aber als Cartier an der Küste ein riesiges Kreuz mit dem Emblem des Königs von Frankreich aufstellte, erklärten seine Gastgeber, das Land gehöre ihnen und wäre keinesfalls zu erwerben. Im darauf folgenden Jahr kehrte Cartier zurück und segelte auf dem St. Lawrence bis zum Irokesendorf Hochelaga (heute Montréal), wo er mit ausgedehnten Zeremonien begrüßt wurde. Während des Überwin-

Vom Ufer der Hudson Bay wurden Unmengen von Pelzen nach Europa verschifft

terns in der Nähe von Stadacona starben viele seiner Männer an Skorbut, bis ihm die Irokesen zeigten, wie er sie mit einem Gebräu aus den Blättern und der Rinde von Lebensbäumen erfolgreich behandeln konnte. Aber das Verhältnis zu den Eingeborenen war bereits gespannt. Cartier nahm mehrere Irokesen gefangen und brachte sie nach Frankreich, wo sie starben, wahrscheinlich an einer europäischen Krankheit, gegen die sie nicht immun waren – ein Vorbote des Schicksals, das noch unzählige Indianer dahinraffen sollte. Als Cartier 1541 noch einmal erschien, wurde sein Winterquartier von Irokesen belagert. Er kehrte endgültig nach Frankreich zurück, in der Hoffnung, dass seine glitzernde Fracht Gold enthielt. Es entpuppte sich aber als Katzengold.

Fisch und Pelze

Im folgenden halben Jahrhundert galt das Interesse der Europäer ausschließlich dem Kabeljau. Engländer, Franzosen, Basken und Portugiesen fischten im Gebiet der Großen Neufundlandbank (siehe S. 92f). Sie unternahmen keine ernsthaften Versuche, an der Küste von Neufundland dauerhafte Siedlungen zu errichten, erbosten aber den Stamm der Beothuk, indem sie dessen beste Angelplätze mit Ausrüstungsgegenständen verstopften und den Wald vernichteten, um Brennholz zu gewinnen.

Anfang des 17. Jahrhunderts flammte das Interesse der Franzosen am neuen Land erneut auf – der Pelze wegen. Biberpelz war das ideale Material für Hüte, weil es sich leicht formen ließ und dauerhaft und wasserdicht war. In Europa waren die Biber dem Aussterben nahe, aber in den kanadischen Wäldern wimmelte es von ihnen. 1603 erhielt Samuel de Champlain (1567–1635) von seinem König den Befehl, den St. Lawrence zu erkunden. 1605 ließ er in Port Royal auf dem Gebiet des heutigen Nova Scotia ein Fort erbauen, das aber bald wieder aufgegeben wurde. 1608 gründete Champlain unterhalb eines großen Felsens am St. Lawrence, an einem Ort, den die Irokesen Kebek oder »die Verengung des Wassers« nannten, eine weitere Siedlung. Sie sollte die Hauptstadt von Neufrankreich werden.

Der Vater von Neufrankreich – Samuel de Champlain (1567–1635)

KOLONISIERUNG UND KONFLIKTE

1534 beanspruchte Champlain Kanada für Frankreich, und 1583 erhob Sir Humphrey Gilbert (1539–83) für England Anspruch auf Neufundland. Zwei Jahrhunderte lang herrschte zwischen Engländern und Franzosen eine von Scharmützeln, Überfällen und Piraterie geprägte Koexistenz.

Französische Vorherrschaft

Anfangs waren die Franzosen die Herren des neuen Landes. Städte wurden gegründet und Menschen herbeigeschafft, die das umliegende Land besiedeln sollten. Als neuer Faktor kam die Kirche ins Spiel. Sie gründete Klöster und schickte Missionare ins Landesinnere. Der Grundstein des Pelzhandels wurde gelegt, und die Eingeborenen belieferten die Franzosen mit den Fellen von Bibern und anderen Pelztieren. Die Franzosen bevorzugten von Anfang an die Huronen, die Erzfeinde der Irokesen, die häufig die von der Kolonie ins Landesinnere führenden Routen blockierten. Bereits 1609 kämpfte Champlain in der Nähe des Sees, der später nach ihm benannt wurde, gegen ein Irokesen-Heer. Auf freiem Feld gestellt und dem Feuer der französischen Arkebusen (Armbrust) ausgesetzt, erlitten die Irokesen eine schwere Niederlage. Ende der 40er Jahre des 17. Jahrhunderts griffen sie Huronia an und brachten die Missionare um. Sainte-Marie among the Hurons musste aufgegeben werden, und die Nation der Huronen wurde vernichtet. Etwa 15 Jahre später terrorisierten die Irokesen Neufrankreich, belagerten Montréal und plünderten im ganzen Land. Ihre Attacken führten zum Zusammenbruch der Cent-Associés, der Handelsorganisation.

Andere Franzosen ließen sich an der Bay of Fundy nieder, wo Champlain seine ersten beiden Siedlungen gegründet hatte. Freischärler aus Virginia zerstörten die Siedlung in Port Royal. Die Handelskontakte der Akadier mit Neuengland waren wesentlich stärker als die ihrer Landsleute im Tal des St. Lawrence, aber auch sie hatten unter den Kolonien im Süden zu leiden. Um 1620 unternahm Sir William Alexander den Versuch, auf ihrem Territorium eine Kolonie zu gründen. Der Versuch scheiterte, aber der Name, den er dem Land gegeben hatte, blieb bestehen – Nova Scotia.

Das Vordringen der Briten

Trotz eines offiziellen Verbots hatten sich englische Fischer bereits an den Küsten Neufundlands angesiedelt. Die größte Siedlung war St. John's mit seinem geschützten Hafen. 1610 versuchte John Guy of Bristol, an der Conception Bay eine Kolonie zu gründen, und ein Jahrzehnt später Lord Baltimore in Ferryland auf der Halbinsel Avalon. Guys Leute hielten durch, aber Lord Baltimore zog nach dem ers-

Nach Champlains Ankunft in Neufrankreich kam es zu Kämpfen mit den Huronen

ten Winter an die bei weitem mildere Küste von Maryland.

Obwohl sich Neufrankreich unter königlicher Verwaltung gut entwickelt hatte, stand der französische Einfluss in Nordamerika auf unsicheren Beinen. Die britische Seemacht wuchs ständig, und im Tal des St. Lawrence lebte nur ein Bruchteil der Einwohner der 13 Kolonien. 1670 war die Hudson's Bay Company gegründet worden, ein Rivale im Pelzhandel. Gegen Ende des 17. Jahrhunderts brachen immer wieder Kleinkriege aus. Die Irokesen hatten von den Briten Waffen erhalten; 1689 unternahmen sie ihren berühmten Angriff auf Lachine bei Montréal und 1692 einen weiteren auf Vercheres, wo sie von der 15-jährigen Tochter des dortigen Seigneurs zurückgeschlagen wurden. 1690 segelte der englische Abenteurer Sir William Phips, nachdem er Port Royal angegriffen hatte, auf dem St. Lawrence bis nach Québec und forderte Gouverneur Frontenac auf, sich zu ergeben. »Die einzige Antwort, die Ihr General erhalten wird, kommt aus dem Mund meiner Kanonen«, teilte Frontenac Phips' Abgesandtem mit, und Phips zog sich zurück, weil er mit diesem Widerstand nicht gerechnet hatte. Zugleich fürchtete er, dass seine Schiffe vom Eis eingeschlossen werden könnten. 1711 schlug ein weiterer britischer Plan, Québec anzugreifen, fehl, weil die Schiffe von Admiral Walker an der Küste von Anticosti Island im St.-Lawrence-Golf scheiterten.

Die atlantischen Besitzungen

Die Auseinandersetzungen zwischen England und dem inzwischen bankrotten Frankreich um die Jahrhundertwende endeten mit dem Vertrag von Utrecht im Jahre 1713, in dem Frankreich auf Akadien (Nova Scotia) verzichtete und Ansprüche auf Teile von Neufundland und die Hudson Bay aufgab. Aber Frankreich behielt Cape Breton Island und begann mit dem Bau einer riesigen Festung in Louisbourg, die den Zugang zum St. Lawrence über die Cabot Strait schützen sollte. Das gefiel den Neuengländern wenig, und als 1744 zwischen England und Frankreich abermals ein Krieg ausbrach, stürmte ein von der britischen Karibik-Flotte unterstütztes Heer die Festung und deportierte ihre Bewohner nach einer sechswöchigen Belagerung nach Frankreich. In den diplomatischen Verhandlungen wurde Louisbourg den Franzosen zurückgegeben und rasch wieder bemannt. Wie sich herausstellte, war das Kriegsende lediglich ein Waffenstillstand, die Rivalität zwischen Engländern und Franzosen in Kanada wurde zunehmend stärker. Als Gegengewicht zu Louisbourg wurde 1749 Halifax gegründet. Um diese Zeit verzichtete England darauf, Landsleute nach Übersee zu schicken, und als an der Küste von Nova Scotia die

Stadt Lunenburg gegründet wurde, geschah das durch ausländische Protestanten, die überwiegend aus Deutschland und der Schweiz kamen. Man hoffte, dass sie verlässlichere Untertanen Seiner Majestät sein würden als die katholischen Akadier, deren Leidenszeit wenig später begann. Als sich die Kriegswolken zusammenbrauten, glaubten die Briten, nicht darauf vertrauen zu können, dass diese französisch sprechenden Leute in den bevorstehenden Auseinandersetzungen neutral bleiben würden. Die Akadier wurden zusammengetrieben, deportiert und auf die amerikanischen Kolonien verteilt, die sie nur widerwillig aufnahmen. Der fruchtbare Boden, den ihre Vorfahren in mühsamer Arbeit dem Marschland um die Bay of Fundy herum abgerungen hatten, fiel in die Hände von Einwanderern aus Neuengland, und diejenigen Akadier, die später zurückkehrten, mussten sich anderswo niederlassen, in der Regel auf weit weniger gutem Land.

»Der Erste Weltkrieg«

Das Jahr 1756 war gekennzeichnet durch den Ausbruch des Siebenjährigen Krieges, der als erster in globalem Rahmen geführter Krieg

bezeichnet werden muss. In Nordamerika wurde an der Westfront gekämpft und auf dem Invasionskorridor zwischen New York und Montréal in der Nähe des Lake Champlain. Aber die Entscheidungsschlacht wurde in Québec geschlagen. Louisbourg war wieder erobert worden, und seine Garnison und seine Einwohner mussten das Land endgültig verlassen. Jetzt konnte die Festung als Stützpunkt für einen Einfall nach Québec dienen. 1759 hatte Neufrankreich seine sämtlichen Forts an den Großen Seen und am Lake Champlain verloren. Sein Überleben hing vom Eintreffen der

Auf den Plains of Abraham in der Nähe der Stadt Québec wurde 1759 eine für Kanada entscheidende Schlacht ausgetragen, die Bowles auf diesem Kupferstich festhielt

Kriegsschiffe ab, aber Frankreich war in den Krieg in Europa verstrickt. Im Juni segelte der englische General James Wolfe (1727–59) ungehindert den St. Lawrence hinauf, um seinen Gegner, den Marquis de Montcalm (1712–59), herauszufordern. Die Bevölkerung war zu den Fahnen geeilt, und Montcalm verfügte über eine größere Streitmacht als der Engländer. Die

Die Aufbringung von H.M. *Cyane* und *Levant* durch die *U. S. Constitution* im Krieg von 1812

ersten Scharmützel bei den Montmorency Falls zeigten jedoch, dass die französischen Milizen und ihre indianischen Verbündeten den Briten mehr als gewachsen waren. Wolfe kreuzte den St. Lawrence hinauf und hinab, vernichtete Ernten und Besitztümer und ließ Québec mehr oder minder ununterbrochen beschießen. Im Herbst wollte Wolfe die entscheidende Schlacht austragen, bevor der Fluss zufror und seine Schiffe lahm legte. Am Abend des 12. September schickte er seine Soldaten durch ein trockenes Flussbett auf die Plains of Abraham hinauf, wo sie die Franzosen überraschten und in einer nur 15 Minuten dauernden Schlacht besiegten. Der Krieg war jedoch nicht vorüber. Die Franzosen zogen sich nach Montréal zurück, und im folgenden Frühjahr mussten die Briten bei Sainte-Foy, nicht weit von den Plains of Abraham entfernt, eine Niederlage einstecken. In der Hoffnung auf Flottenhilfe belagerten sie Québec zum zweiten Mal, aber die ersten Schiffe, die den St. Lawrence heraufkamen, gehörten den Briten. Im Sommer gaben drei britische Heere den Franzosen den Gnadenstoß, und Montréal kapitulierte.

Der Sieg über Neufrankreich lieferte den Engländern bei den 1763 beginnenden Friedensverhandlungen eine starke Verhandlungsposition, aber es war keineswegs selbstverständlich, dass sie die Gebiete, die sie im Tal des St. Lawrence erobert hatten, auch behielten. Am Ende wurde entschieden, dass Kanada künftig britisch sein sollte.

Der Abzug der Franzosen

Militärs und hohe Beamte mussten nach Frankreich zurückkehren, die Menschen jedoch, die in Québec und Umgebung lebten, hatten keine andere Wahl, als nach den Verheerungen des langen Krieges, dem bis zu einem Zehntel der Bevölkerung zum Opfer gefallen war, wieder von vorne anzufangen.

Sie waren zu zahlreich – etwa 80 000 –, als dass die Briten mit ihnen ebenso verfahren konnten wie zuvor mit den Akadiern, die sie auf die Kolonien verteilt hatten. Man musste also mit dem französischen »Faktor« in Kanada leben, und dieser musste in Anbetracht der wachsenden Unruhen in den amerikanischen Kolonien sogar umworben werden. 1774 wurde der Québec Act erlassen, der den Canadiens die Nichteinmischung der britischen Herren in ihre Religion und ihr Zivilrecht garantierte. Die Empörung vieler Neuengländer über diese Begünstigung ihrer früheren Feinde war groß, besonders unter den Kaufleuten aus Boston, die im Kielwasser des Sieges nach Kanada geströmt waren.

Der Einmarsch der Amerikaner

1775 marschierte ein amerikanisches Heer auf der Lake-Champlain-Route auf Montréal zu und ein zweites durch die Wälder von Maine Richtung Québec. Ihre Hoffnung, dass die Canadiens sich ihnen anschließen würden, erfüllte sich nicht, lokale Milizen halfen beim Zurückschlagen des amerikanischen Angriffs. Es kam zu heftigen Kämpfen. Die Stadt Québec wurde belagert, und Montréal war mehrere Monate lang besetzt, aber erst ein Flottengefecht auf dem Lake Champlain im Jahre 1776 bedeutete das Ende der amerikanischen Invasion. Im Osten erwies sich Nova Scotia trotz der engen Beziehungen, die viele seiner Einwohner zu Neuengland unterhielten, als immun gegen die amerikanischen Schmeicheleien und entschied sich dafür, bei dem zu bleiben, was nun Britisch-Nordamerika genannt wurde.

Die Amerikanische Revolution trug dazu bei, das Problem der Besiedlung Kanadas mit Menschen britischer Abstammung zu lösen. Zahlreiche Amerikaner, die sich den Unabhängigkeitsbestrebungen widersetzten und Engländer bleiben wollten, strömten nach Norden. Bis 1783 waren etwa 45 000 Loyalisten eingewandert. Die meisten von ihnen ließen sich in Nova Scotia nieder, die anderen in den Eastern Townships von Québec und auf dem Gebiet des heutigen Ontario. In dem, was nach wie vor Québec genannt wurde, gerieten die französisch sprechenden Bewohner in die Minderheit. 1791 wurde der Versuch unternommen, den Unterschieden Rechnung zu tragen, indem man das Land in zwei Provinzen aufteilte: Oberkanada (das heutige Ontario) mit überwiegend englisch sprechender Bevölkerung und Niederkanada (das heutige Québec) mit einer französisch sprechenden Mehrheit.

DAS VORDRINGEN NACH NORDEN UND WESTEN

Um diese Zeit waren auf dem Gebiet, aus dem einmal Kanada werden sollte, die Eingeborenen nach wie vor in der Überzahl, ausgenommen im Osten. Im Westen machten sich europäische Entdeckungsreisende auf die Suche nach neuen Routen für den Pelzhandel. 1789 erreichte Alexander Mackenzie (1755–1820) die Arktis und 1793 den Pazifik und war damit der erste Europäer, der den Kontinent nördlich von Mexiko

In der Confederation Chamber in Charlottetown auf Prince Edward Island wurde 1864 der Staat Kanada gegründet

durchquerte. Er verpasste nur knapp eine Begegnung mit Captain George Vancouver, der an Bord der H.M.S. *Discovery* die Pazifikküste erkundete. 1808 unternahm Simon Fraser eine Entdeckungsreise auf jenem Fluss, der später nach ihm benannt wurde, und erreichte den Pazifik in der Nähe des heutigen Vancouver. Sowohl er als auch Mackenzie arbeiteten für die North West Company, die sich wenig später mit der Hudson's Bay Company vereinigte.

DER WEG ZUM VEREINTEN KANADA

Der Krieg von 1812 griff auch auf Kanada über. Viele Amerikaner glaubten, ihre Überzahl würde das Ende von Britisch-Nordamerika bedeuten und die Eroberung Kanadas, wie Präsident Jefferson es ausdrückte, nur »eine Sache des Marschierens« sein. Aber der Widerstand war heftiger, als die Amerikaner erwartet hatten. In Queenston Heights oberhalb des Niagara wurde ein berühmter Sieg errungen. Und obwohl die amerikanischen Truppen York (das spätere Toronto) besetzten und niederbrannten, gab die Seemacht der Briten den Ausschlag und sicherte Kanada die Unabhängigkeit von seinem großen Nachbarn.

Jetzt traten innere Probleme in den Vordergrund. England hatte anfangs gehofft, dass sich auch in Kanada eine Aristokratie entwickeln würde, die die niederen Schichten in Schach halten und eine Kontaminierung mit demokratischen Ideen aus dem Süden verhindern würde. In der Praxis aber entstand eine Oligarchie, die in Oberkanada »the family compact« und in Niederkanada *château clique* genannt wurde.

Die Verärgerung wuchs und wurde in York von einem aufwieglerischen Journalisten namens William Lyon Mackenzie (1795–1861) angefacht und in Niederkanada durch die französisch-britischen Zwistigkeiten verstärkt. 1737–38 wuchs sich die Verärgerung zu einer Rebellion aus. In York verkam der von Mackenzie angeführte Aufstand (siehe S. 171) fast zu einer Farce, denn seine bunt zusammengewürfelte Bande wurde von der lokalen Miliz rasch in die Flucht geschlagen. In Niederkanada kämpften die Patriotes unter Louis-Joseph Papineau tapfer gegen die britischen Truppen.

Kanada brauchte Beachtung. Es bekam sie von einem neuen Generalgouverneur, John George Lambton, Earl of Durham, dem sein schonungsloses Analysieren der Probleme des

Es lebe der Unterschied! In der Provinz Québec ist man stolz auf das französische Erbe und hegt separatistische Tendenzen

Landes und seine Bereitschaft, neue Wege zu beschreiten, den Spitznamen »Radical Jack« eintrugen. Aber seine Idee, alle Kolonien von Britisch-Nordamerika zu einem Staat zu vereinigen, kam etwas zu früh, und 1841 musste er sich mit einem System »verantwortlichen Regierens« in Ober- und Niederkanada begnügen, in dem nicht gewählte Cliquen nicht länger die Oberhand hatten.

Eine Flut von Einwanderern aus England und Irland ließ die Bevölkerung rapide anwachsen; allerdings zogen viele von ihnen in die noch schneller wachsenden Vereinigten Staaten weiter. An der Pazifikküste kam es ab 1858 zu einer Bevölkerungsexplosion, als Zehntausende von Goldsuchern Victoria auf Vancouver Island als Zwischenstation auf dem Weg zu den Goldschätzen am Klondike nutzten. Weil man eine Übernahme durch die US-Amerikaner befürchtete (zu der es in Kalifornien gekommen war), wurde die neue Kolonie British Columbia gegründet. Gleichzeitig bedrohten landhungrige Farmer, die von Ontario aus in die Gegend um den Red River (im heutigen Manitoba) vordrangen, die Lebensweise der Métis, Nachkommen französisch-indianischer Mischlinge, die von der Bisonjagd lebten und die Hudson's Bay Company mit Pemmikan und anderen Waren belieferten.

Das Denkmal für die gefallenen Kanadier auf der Höhe von Vimy in Frankreich

Die Konföderation

Die Erbitterung, mit der der amerikanische Bürgerkrieg ausgefochten wurde, veranlasste die Einwohner von Britisch-Nordamerika, darüber nachzudenken, ob nun die Zeit für einen Zusammenschluss reif sei. 1864 drangen Abgeordnete der Provinz Kanada in eine Versammlung in Charlottetown ein, die Politiker aus Nova Scotia, Prince Edward Island, New Brunswick und Neufundland einberufen hatten, und auf der über eine mögliche Vereinigung der Atlantikprovinzen diskutiert werden sollte. Nach ein paar Tagen des Debattierens, Trinkens und Tanzens wurde der Gedanke einer Konföderation aller Kolonien akzeptiert. Sie kam mit dem British North America Act von 1867 zu Stande.

1868 unterstrich die neue Konföderation ihr ernsthaftes Interesse am Westen, indem sie der Hudson's Bay Company den größten Teil ihres Herrschaftsbereiches für den Spottpreis von 1,5 Millionen Pfund abkaufte. 1871 trat British Columbia der Konföderation bei, nachdem ihm eine Eisenbahnstrecke versprochen worden war. Prince Edward Island wartete ab, bis es ihm 1873 gelang, die Regierung in Ottawa dazu bewegen, seine Schulden zu übernehmen und eine ständige Fährverbindung einzurichten (die 1997 durch die Confederation Bridge ersetzt wurde). Nur Neufundland verweigerte den Beitritt und blieb bis 1949 britische Kolonie.

Widerstand gegen die Konföderation kam von den Prärien, wo die Erbitterung der Métis zu der von Louis Riel angeführten Red-River-Rebellion führte (siehe S. 228f). Obwohl Riel selbst ins Exil gehen musste, wurde vieles von dem, wofür er gekämpft hatte, bei der Gründung der Provinz Manitoba im Jahre 1879 berücksichtigt. Die Lebensweise der Métis war zum Untergang verurteilt; die Bisons waren fast ausgerottet worden, und die Prärien wurden nur wenig später in Ackerland oder Viehweiden umgewandelt. 1885 rebellierten die Métis zusammen mit einigen Indianern abermals, wurden aber rasch von Truppen niedergekämpft. Im Juni des darauf folgenden Jahres unternahm ein Zug seine erste fahrplanmäßige, sechs Tage dauernde und 4651 Kilometer lange Fahrt von Montréal nach Port Moody am Pazifik. Die Bahnfahrt war zugleich eine beeindruckende Demonstration der Tatsache, dass sich das neue Land *A mari usque ad mare* (von einem Meer zum anderen) erstreckte – Kanadas Motto.

DIE MODERNE

Ende des 19. und zu Beginn des 20. Jahrhunderts ließen sich Siedler aus fast ganz Europa in den Prärien nieder, und an die Stelle des offene Graslandes traten Felder, Farmen und Getreidesilos. 1905 wurden die Provinzen Alberta und Saskatchewan von den Northwest Territories abgetrennt. In den Jahren vor 1914 erlebte das Land einen wirtschaftlichen Aufschwung, der auch während des Ersten Weltkriegs anhielt. Kanada war aus Loyalität zu Großbritannien in den Krieg eingetreten, aber das Versprechen, eine halbe Million Freiwillige zu stellen, erwies sich als uneinlösbar. Deshalb musste man zum System der Einberufung greifen – gegen den Widerstand der Frankokanadier, für die der Krieg eine weit entfernte Auseinandersetzung zwischen europäischen Staaten war. Die britischen Kanadier waren stolz auf das, was ihre Truppen in Frankreich leisteten, und ihre Eroberung der Höhe von Vimy nach erfolglosen Angriffen der Franzosen und der Briten wurde zu einem Symbol kanadischer

Tapferkeit. Der Krieg kostete mehr als 60 000 Kanadiern das Leben. Aus Dankbarkeit schenkte Frankreich Kanada einen Quadratkilometer Land auf der Höhe von Vimy; dort wurde 1936 eines der größten Denkmäler für die Gefallenen des Krieges erbaut.

Die Waffenbrüderschaft konnte das Schwinden des britischen Einflusses in Kanada nicht überdecken. 1922 überstiegen die amerikanischen Investitionen in Kanada zum ersten Mal die britischen. Wie die gesamte industrialisierte Welt litt auch Kanada unter der durch den Börsenkrach von 1929 ausgelösten Weltwirtschaftskrise, und die Dürreperiode in den 30er Jahren schien den Verheißungen der Prärien den Garaus zu machen. Kanada versuchte, sich aus den immer schwerwiegenderen Krisen der 30er Jahre herauszuhalten, musste aber 1939 abermals an der Seite von Großbritannien in den Krieg eintreten. Kanadas Kriegsanstrengungen waren immens; bis 1945 hatte eine Million Männer die Uniform angezogen. Wieder bedrohten Einberufungen die nationale Einheit, aber sie hielt – dank der politischen Fähigkeiten von Premierminister Mackenzie King (1874–1950).

Der wirtschaftliche Aufschwung der Nachkriegszeit lockte neue Einwanderer nach Kanada. Briten kamen, aber die Mehrzahl der Menschen verließ ihre Heimat aus Mittel-, später aus Südeuropa, wo sie heimatlos geworden waren. Der Widerstand gegen nicht-europäische Einwanderer bröckelte, und Menschen aus Asien und von den Karibikinseln ergänzten das Bevölkerungsmosaik.

In den 50er und 60er Jahren spielte das British Commonwealth eine wichtige Rolle, aber das Interesse ließ nach, als Großbritannien sich enger an Europa anschloss. Als Mitglied der Nato stationierte Kanada Truppen in Europa und schickte weitere auf UN-Missionen in andere Weltgegenden. Die Einstellung zur amerikanischen Außenpolitik war freundschaftlich, manchmal aber auch kritisch.

DAS PROBLEM QUÉBEC

Innenpolitisch kam es in den 60er Jahren zur einer *Révolution Tranquille* (einer Stillen Revolution), die Québec neues Selbstvertrauen gab. Die katholische Kirche büßte ihre führende Rolle in Erziehung und Sozialfürsorge ein; die Folge waren eine kulturelle Blütezeit und das Aufkommen einer neuen, überwiegend in öffentlichen Diensten stehenden Mittelschicht. Die Frage von Québecs Status im Land verstummte nie; sie wurde im Gegenteil zunehmend lauter.

Die Lage spitzte sich zu, als eine Terroristengruppe, die sich Front de Libération du Québec nannte, 1970 einen britischen Diplomaten und

Seit dem Zweiten Weltkrieg haben Kanadier den UN wiederholt als Friedenstruppen gedient

dann einen Minister der Provinzregierung entführte und ermordete. Premierminister Pierre Trudeau verhängte das Kriegsrecht. Bilder von bewaffneten Streitkräften auf den Straßen von Montréal schockierten das ganze Land. Viele von ihnen sahen darin einen Willkürakt, der einer Besetzung ihrer Provinz gleichkam.

Weitreichender waren Versuche der Bundesregierung, den französisch sprechenden Kanadiern (einschließlich den Hunderttausenden außerhalb von Québec lebenden) den englisch sprechenden gleichzustellen. Kanada wurde offiziell ein zweisprachiges Land, und die Regierung unternahm große Anstrengungen, den Anteil der Frankokanadier im öffentlichen Dienst zu vergrößern. Aber Québec ließ sich nicht besänftigen. 1976 kam die nationalistische Parti Québécois an die Macht. Sie forderte die Unabhängigkeit der Provinz oder zumindest weit gehende Souveränität innerhalb des Staates. Diese Forderungen wurden in Volksabstimmungen abgelehnt, 1980 mit großer und 1995 mit knapper Mehrheit. Damit ist die Einheit Kanadas gesichert, wenn auch vielleicht nicht auf Dauer. ■

Kanadische Architektur

DAS WACHSTUM UND DIE ENTWICKLUNG KANADAS WIE AUCH DIE IMMER dringlicher werdende Frage, was es bedeutet, ein Kanadier zu sein, lässt sich an der Architektur des Landes ablesen. Die Architektur war seit je ein Barometer für die Identität und die Sehnsüchte der Menschen; das gilt für die ersten Behausungen der Ureinwohner ebenso wie für die von Engländern und Franzosen inspirierten Prachtbauten und die futuristischen Wolkenkratzer in den modernen Städten.

DIE FRÜHESTEN BEHAUSUNGEN

Von den Unterkünften der Menschen, die vor dem Eintreffen der Europäer in Kanada lebten, ist nichts erhalten geblieben, aber Rekonstruktionen und Kopien vermitteln uns einen Eindruck davon, auf wie vielfältige Weise sich die Ureinwohner vor den Unbilden der Witterung schützten. Nomaden brauchten tragbare Behausungen. Bei den Präriestämmen waren es die Tipis; sie bestanden aus kegelförmigen, mit Büffelhaut überzogenen Pfahlgestellen, die mühelos abgebaut, getragen und an anderer Stelle wieder aufgebaut worden konnten. Auch der bei den Algonquin im Osten Kanadas gebräuchliche Wigwam war transportabel. Er war entweder kuppel- oder kegelförmig, als Abdeckung dienten Rinde, Schilfmatten oder Häute.

Die sesshafteren Irokesenstämme lebten in hölzernen Langhäusern, oft in einem von Palisaden umgebenen Dorf. Eines dieser bis zu 55 Meter langen Häuser bot mehreren Familien Unterkunft. In Sainte-Marie among the Hurons ist eines dieser Langhäuser nachgebaut worden (siehe S. 202). Die beeindruckendsten Beispiele für die Architektur der Ureinwohner finden sich jedoch an der Pazifikküste, wo der Holzreichtum es Stämmen wie den Haida und den Gitskan ermöglichte, überaus dauerhafte und imposante Langhäuser zu errichten. Die Haida- Dörfer auf den Queen Charlotte Islands sind selbst in Trümmern noch ein beeindruckender Anblick.

EUROPÄISCHE EINFLÜSSE

Die ersten Europäer, die in Kanada bauten, waren die Wikinger, die um das Jahr 1000 n. Chr. die Atlantikküste erreichten. Eine der Sehenswürdigkeiten des Landes ist die rekonstruierte Wikinger-Siedlung in L'Anse aux Meadows (siehe S. 99) in Neufundland, nahe dem Nordende der Strait of Belle Isle. Langhäuser mit Wänden und Dächern aus Grassoden sehen aus, als wären sie als dauerhafte Unterkünfte gedacht gewesen, aber ihre Bewohner scheinen sie nur kurze Zeit benutzt zu haben, bevor sie das aufgaben, was die erste europäische Siedlung auf dem Kontinent hätte werden können. Im 16. Jahrhundert bauten baskische Fischer

Schlittschuhlaufen auf dem Nathan Philips Square ist für viele Bewohner Torontos eine beliebte Freizeitbeschäftigung

und Walfänger an der Küste von Labrador Transchmelzen und einfache Behausungen, und englische und französische Fischer lebten in zum Teil sehr primitiven Unterkünften an der zerklüfteten Küste von Neufundland.

BEFESTIGUNGEN

Weitaus differenzierter waren die *habitations*, eine Reihe von kompakten, befestigten Siedlungen, die Samuel de Champlain und seine Gefolgsleute zum Schutz der Franzosen in der Neuen Welt errichten ließen. Während die Siedlung auf der Île Sainte-Croix in der Passamaquoddy Bay nur ein Jahr Bestand hatte, war die 1608 am Fuß von Cap Diamant gebaute Siedlung die Keimzelle der Stadt Québec. Die Siedlung von 1605 in Port Royal in Nova Scotia wurde zerstört, um 1930 aber detailgetreu rekonstruiert. Die anderen Siedlungen waren mit einer Palisade geschützt; in Port Royal sind die massiven Holzhäuser um einen viereckigen Hof herum angeordnet und konnten durch die fast fensterlosen Außenmauern und die auf einer vorspringenden Bastion montierten Kanonen verteidigt werden.

Champlains Siedlungen legten den Grundstein für das Festungswesen in Kanada. Briten und Franzosen brauchten Schutz vor wilden Tieren und Eingeborenen, aber in erster Linie voreinander und später auch vor den Amerikanern. Der Pelzhandel spielte sich in befestigten Posten ab, die gewöhnlich aus mehreren Gebäuden hinter einer Holzpalisade bestanden. Einige Posten der Hudson's Bay Company wie das ab 1830 gebaute Lower Fort Garry in der Nähe von Winnipeg waren beeindruckende Anlagen. Das Fort ist von einem Rechteck aus massiven Steinmauern mit runden Bastionen an den Ecken umgeben. Die prächtige Residenz des Gouverneurs lag im Zentrum der Anlage.

Verteidigungsanlagen

Die Rivalität zwischen Briten und Franzosen hatte zur Folge, dass zu Beginn des 18. Jahrhunderts in Québec die Verteidigungsanlagen verstärkt und auf Cape Breton Island die stark befestigte Stadt Louisbourg gebaut wurde. Sie umfasste ein Areal von 24 Hektar und war ein

Tipis ließen sich mühelos transportieren und waren deshalb die bevorzugte Behausung der Prärieindianer

paar Jahrzehnte lang ein wichtiger Hafen und ein blühendes Handelszentrum. An der Seeseite war sie durch Kanonenbatterien geschützt und an der Landseite durch eine Außenmauer mit Geschützbastionen, die einem Angriff der Briten nicht standhielt. Der gesamte Komplex ist aus den Ruinen rekonstruiert worden.

Im Gegensatz zu Louisbourg hatte Halifax Bestand. Mit seinem Bau wurde 1749 begonnen. Halifax sollte als Gegengewicht zu der französischen Festung dienen und war von einer Palisade und einer Zitadelle geschützt. Die Palisade wurde rasch in die wachsende Stadt integriert, aber die im Laufe der Jahre ständig vergrößerte Zitadelle steht noch heute. Mit ihrem sternförmigen Grundriss, Bastionen, Gräben und Vorwerken spiegelt sie die Prinzipien des Festungsbaus in Europa im 17. Jahrhundert wieder und war schon bei ihrer Fertigstellung veraltet. Das Gleiche gilt für die Zitadelle in Québec, die zwischen 1820 und 1832 erbaut und von einer in Nordamerika einzigartigen Stadtmauer ergänzt wurde.

Der Grundriss der Städte Québec und Montréal besticht durch seine Unregelmäßigkeit. Manche Straßen verlaufen gerade, andere folgen topografischen Gegebenheiten oder sind wie die Rue Saint-Paul in Montréal aus gewundenen Fußpfaden hervorgegangen und erinnern deshalb an europäische Altstädte. Dagegen sind die meisten von den Briten gegründeten Städte in dem für ganz Nordamerika typischen, dem Land ohne Rücksicht auf natürliche Gegebenheiten aufgezwungenen Gittermuster angelegt. Halifax ist ein Beispiel für eine Stadt, in der das Gitter zweieinhalb Jahrhunderte des Bauens und Umbauens überdauert hat; das Gleiche gilt für Charlottetown und York, den Vorläufer von Toronto. In Lunenburg in Nova Scotia scheint sich nichts geändert zu haben, seit 1753 Landvermesser das rechteckige Muster der Straßen festlegten, die sich den Hang oberhalb des Hafens hinaufziehen.

BLOCKHÜTTEN, KIRCHEN UND REGIERUNGSGEBÄUDE

Die frühen Siedler bauten sich Blockhütten und bescheidene Holzhäuser, von denen praktisch keines erhalten geblieben ist. Anfang des 18. Jahrhunderts gingen die Bewohner in Québec dazu über, Häuser aus Feldsteinen mit steilen Holz- oder Reetdächern zu bauen, die Anklänge an die in der Normandie und in Anjou übliche Bauform aufweisen. Ein Jahrhundert später hatten die nach wie vor aus Feldsteinen erbauten Häuser der Frankokanadier ein sanfter abfallendes Dach mit überhängenden Traufen und manchmal eine Gaube. In Québec, Montréal und Trois-Rivière sind einige dieser Häuser erhalten geblieben. Ein typisches Merkmal sind die das Dach überragenden Brandmauern zwischen aneinander angrenzenden Gebäuden, ein Hinweis auf die verheerenden Brände, die in den aus Holz gebauten Städten häufig ausbrachen.

Kirchen und andere sakrale Gebäude prägten die frankokanadische Landschaft ebenso wie die Städte. Auf dem Land wurden Kirchen zumeist dort gebaut, wo sie schon von weitem zu sehen waren. Die meisten waren sehr schlicht gehalten, nur wenige aufwendiger errichtet und mit einem prachtvollen Innenraum geschmückt.

Die zentrale Rolle, die die katholische Kirche in der Geschichte Québecs spielte, spiegelt sich in Institutionen wie dem Konvent der Ursulinen in Québec, mit dessen Bau 1641 begonnen wurde, oder dem Vieux Séminaire de Saint-Sulpice in Montréal (begonnen 1685). Außerdem gibt es in Montréal zwei prächtige Basiliken aus dem 19. Jahrhundert: Notre-Dame mit ihren zwei Türmen und ihrem mystisch beleuchteten Innenraum und die dem Petersdom in Rom nachempfundene Marie-Reine-du-Monde. Im religiösen Leben spielten – und spielen noch heute – Pilger eine wichtige Rolle; ihre Stätten waren entweder schlicht wie die Kreuzwegstationen in Oka bei Montréal oder wahrhaft monumental wie die großen Schreine von Saint-Joseph in Montréal (begonnen 1924) oder Sainte-Anne-de-Beaupré (1934 fertig gestellt). Saint-Joseph war zum Teil das Werk des Mönchs und Architekten Dom Bellot, dem es in den 30er Jahren beim Bau des Klosters Saint-Benoit-du-Lac in Québecs Eastern Townships gelang, Tradition und Moderne auf brillante Weise miteinander zu verbinden.

Britische Einflüsse

Die Traditionen der frankokanadischen Architektur blieben in Québec noch lange nach der Eroberung durch die Briten lebendig, wurden aber bald durch Stilformen ergänzt, die ihren Ursprung in Europa und später Neuengland hatten. Wie für andere Kirchen in der Neuen Welt lieferte auch für die anglikanische Christ Church Cathedral in Québec die Londoner Kirche St. Martin-in-the-Fields das Vorbild. Von der Mitte des 19. Jahrhunderts an dominierte die Neugotik; Beispiele hierfür sind die anglikanischen Kathedralen in Montréal und Fredericton sowie St. James' in Toronto. Aber der prächtigste neugotische Komplex dient weltlichen Zwecken: Er steht auf dem Parliament Hill in Ottawa, und das Vorbild des Londoner Parlaments ist unübersehbar.

FORTSCHRITTLICHE BAUTEN IN DEN PROVINZEN

Den Gebäuden des Bundesparlaments fast ebenbürtig sind einige der Provinzparlamente. Das Parlament von Ontario in Toronto (1893) wurde in dem von dem US-amerikanischen Architekten Henry Hobson Richardson entwickelten neuromanischen Stil erbaut, der sich erheblich von dem Gründerzeitstil unterscheidet, den die Hauptstädte der Prärieprovinzen bevorzugten. Winnipeg, Regina und Edmonton haben Regierungsgebäude, die zu Beginn des 20. Jahrhunderts gebaut wurden und den Fortschrittsdrang der neuen Provinzen perfekt illustrieren.

Auch die Bahnhöfe jener Zeit waren Prachtbauten. Windsor Station in Montréal ist im Stil von Richardsons Neuromanik erbaut, und die Gründerzeitpracht der großen Halle

In der Innenstadt von Toronto gibt es zahlreiche beeindruckende moderne Bürogebäude

der Union Station in Toronto steht in Nordamerika einzigartig da. Eng mit den Eisenbahnen verbunden waren die großen Hotels jener Zeit. Mit den Banff Springs Hotel begann 1888 eine »kanadische Château-Architektur«, die für immer mit den Luxuszügen verbunden bleiben wird, die Kanada einst durchquerten. Das schönste dieser pittoresken Gebäude ist vielleicht das Château Frontenac in Québec, dicht gefolgt vom Empress Hotel in Victoria.

Privatleute konnten natürlich mit so viel Pracht nicht wetteifern. Trotzdem gibt es in Kanada eine ganze Reihe von schönen Villen, von der eleganten, im palladianischen Stil erbauten Grange (1817), die direkt aus der englischen Landschaft stammen könnte, bis hin zu Craigdarroch, der prunkvollen Nachbildung einer Burg in Victoria (1890) oder dem entzückenden Bellevue (1841) in Kingston, in dem der spätere Premierminister John A. Macdonald (1815–91) seine Kindheit verbrachte. Weit von solchem Luxus entfernt waren die Unterkünfte für die Massen. In Montréal verlegten die Erbauer von Reihenhäusern in den

Arbeitervorstädten die Treppenhäuser auf die Außenseite, um Kosten zu sparen. Diese Treppenhäuser sehen zwar sehr attraktiv aus und werden gelegentlich von zu ihnen passenden Balkonen ergänzt, stellen aber bei Eis und Schnee eine tödliche Gefahr dar; trotzdem sind sie ein geliebtes Wahrzeichen der Stadt.

Internationale Architektur

Im Laufe des 20. Jahrhunderts hat die internationale Architektur die landestypischen Bauweisen immer mehr verdrängt. Das Price Building in Québec (1930) und das Marine Building in Vancouver (1930) sind beeindruckende Beispiel für Hochhäuser im Stil des Art déco.

In Kanada gibt es sogar Bauten von Mies van der Rohe, dem wohl international bekanntesten Architekten. Strenge Türme aus schwarzem Stahl und Glas, von Mies van der Rohe oder seinen Nachfolgern entworfen, prägen das Dominion Center in Toronto (1964 begonnen) und erheben sich über den Westmount Square in Montréal (1966). In den 70er Jahren haben sich kanadische Architekten von dieser Strenge abgewendet und

Blockhütten am Ufer des Lake O'Hara in British Columbia

versucht, individueller und mit mehr Rücksicht auf die Umgebung zu bauen. Zu den neueren Hochhäusern gehört das Royal Bank Plaza in Toronto (1976), dessen glitzernde Fassade jede Lichtveränderung widerspiegelt. Der Cathedral Place in Vancouver (1991) nimmt auf ein nahes Hotel im Château-Stil ebenso Rücksicht wie die Place de la Cathédrale (1988) in Montréal auf die Christ Church Cathedral.

Für Kanada am typischsten sind jedoch vielleicht die Bauten, die den langen Wintern Rechnung tragen und eine vor Wind und Wetter geschützte Innenwelt bieten. In Montréal gibt es die in die moderne Metro integrierte Underground City, und in Toronto wurden mit dem PATH-System Fußgängerbereiche in der Innenstadt geschaffen. Auch in Winnipeg, Calgary und Edmonton hat man versucht, Fußgängern in den Innenstädten diese Art von Schutz zu bieten, und in einem Vorort von Edmonton steht das größte Einkaufszentrum des Landes, die berühmte West Edmonton Mall. ■

Kunst und Kultur

SEIT DEM 18. JAHRHUNDERT IST IN DER KANADISCHEN KULTUR EIN IMMER stärkeres Heimatgefühl zu spüren, das sich im Laufe der Zeit zu einem Nationalgefühl gewandelt hat. Anfangs versuchten die beiden Hauptstränge – der englische und der französische –, die Traditionen des Mutterlandes zu wahren. Ein Nationalgefühl erwachte erst mit der Konföderation von 1867.

Um diese Zeit verlieh eine Dichterschule den spezifisch kanadischen Anliegen eine Stimme, und in der bildenden Kunst fand dieser Stolz auf die Heimat in den Gemälden der Group of Seven ihren Ausdruck: Sie zeigen unsentimentale Darstellungen Kanadas in seiner ganzen Vielfalt. Dieses Gespür für Regionalität war auch in Romanen wie *Anne of Green Gables* spürbar, Lucy Maud Montgomerys Schilderung des Lebens auf Prince Edward Island. In neuerer Zeit haben Kunst und Kultur Kanadas einen hohen, weltweit anerkannten Standard erreicht. Vielleicht liegt der Schlüssel zu diesem Erfolg in seiner Bevölkerung, denn das viel zitierte kanadische Mosaik fördert die Individualität und die kulturellen Traditionen der vielen Nationalitäten, die in Kanada eine Heimat gefunden haben.

Der auffälligste Aspekt der gegenwärtigen Kultur dürfte sein, dass sie weder dem britischen noch dem französischen Lager zugeordnet werden kann, sondern multi-ethnisch ist.

Bildende Kunst

Für die der Moderne verpflichteten kanadischen Künstler bedeuteten die realistischen Landschaftsdarstellungen der Group of Seven eine stilistische Zwangsjacke. Die auf Frankreich fixierten Künstler in Québec griffen rasch Bewegungen wie Kubismus und Surrealismus auf. Der bedeutendste von ihnen war in den 40er Jahren Paul Emile Borduas, dessen abstrakte Gemälde eine Gruppe inspirierten, die sich Automatistes nannte und die in spontanem Schaffen den Weg in die Zukunft sah. Um die gleiche Zeit schufen die in Toronto tätigen Painters Eleven Werke im Stil des abstrakten Expressionismus.

Seit den 70er Jahren ist die kanadische Kunst von einer fast unglaublichen Vielfalt geprägt. Auf dem Gebiet der abstrakten Malerei ging Michael Snow ganz neue Wege, und die Künstler der Inuit haben internationalen Ruhm erlangt. Dazwischen steht das Standardsujet der kanadischen Kunst, die Landschaft, aber neuerdings setzen auch hier Einwanderer wie Samir Ghanem, Elena Khomoutova und Robert Milner völlig neue Akzente.

Filmaufnahmen sind in Toronto ein gewohnter Anblick

Die Literatur

Einer der bedeutendsten unter den international anerkannten Romanciers der Gegenwart ist Robertson Davies, der 1995 starb. Sein letztes Werk, *The Cunning Man* (1994), fand weltweit Beachtung. 1992 erhielt Michael Ondaatje für seinen Roman *Der englische Patient*, der auch verfilmt wurde, den Booker-Preis. Margaret Atwood (*Oryx and Crake*, 2003) ist international ebenso anerkannt wie Mordecai Richler (*Barney's Version*, 1997), der 2001 starb, und Carol Shields (*Larry's Party*, 1997).

Unter den Verfassern historischer Romane steht Pierre Berton mit seinen mehr als 40 Büchern über verschiedene Aspekte der kanadischen Geschichte an erster Stelle. Jüngere Vertreter dieses Genres sind Joy Nozomi Kogawa, Ruby Wiebe, Rohinton Mistry, Neil Bissoondath und Thomas Highway.

Unter den vielen hochrangigen Autoren, die auf Französisch schreiben, ragt Anne Hébert mit zahlreichen Büchern heraus. Ihr Roman *Kamouraska* gilt heute als Klassiker und wurde von Claude Jutra verfilmt.

Theater

Sowohl in Bezug auf Alter als auch auf Einfluss ist das 1953 in Stratford, Ontario, ins Leben gerufene Shakespeare-Festival der Großvater des kanadischen Theaters. Dort arbeitet die größte klassische Theatertruppe des Landes; außerdem ist Stratford eine wichtige Ausbildungsstätte für Schauspieler, Regisseure und Bühnentechniker. Eine weitere bedeutende Truppe tritt beim Shaw Festival in Niagara-on-the-Lake in Ontario auf; insgesamt gibt es im ganzen Land etwa 90 Regionaltheater.

Das französischsprachige Theater bedient sich der Werke von Autoren wie Michael Tremblay, der mit seinen Stücken in *joual* (Slang), darunter *Les Belles Soeurs* und zuletzt *Un geste de beauté*, die Theaterszene in Québec revolutioniert hat, und Michael-Marc Bouchard,

Oscar Petersons brillantes Spiel begeistert Jazzfreunde seit dem Ende der 40er Jahre

Joni Mitchells ergreifende Texte inspirierten Liedermacher auf der ganzen Welt

dessen Stücke wie *Les Muses Orphelines* kaum weniger populär sind. Es gibt auch avantgardistische Truppen wie Gilles-Maheus Tanztheater Carbon 14.

In eine Kategorie für sich gehört der in Montréal heimische Cirque du Soleil, ein Zirkus ohne Tiere, in dem Trapezkünstler, Jongleure und Akrobaten aller Art auf eine faszinierende, fast magische Art ihr Können unter Beweis stellen.

Musik

Auf dem Gebiet der klassischen Musik genießt das Orchestre Symphonique in Montréal unter seinem Dirigenten Charles Dutoit Weltruf. Einer der berühmtesten Solisten des Landes war der kürzlich verstorbene Pianist Glenn Gould. Es gibt mehrere Opernhäuser im Land, in denen Stars wie Maureen Forrester, Jon Vickers und Teresa Stratas auftreten.

In Montréal spielt der Jazz eine wichtige Rolle. Dort findet das international bekannte Festival International de Jazz statt; außerdem ist es die Heimatstadt des weltbekannten Jazzpianisten Oscar Peterson (1925–2007).

Wenn wir uns der Popmusik zuwenden, stoßen wir auf mehrere sehr unterschiedliche Frauen, deren Ruf weit über Kanadas Grenzen hinaus gedrungen ist. Die Sängerin und Songschreiberin Joni Mitchell stammt aus Alberta, die Popdiva Céline Dion aus Montréal, Countrymusikerin Shania Twayne aus Ontario und der Rockstar Alanis Morrissette aus Ottawa.

Tanz

In Kanada gibt es mehrere Truppen, die klassisches Ballett auf Weltniveau tanzen, darunter das Royal Winnipeg mit seiner Primaballerina Evelyn Hart, Les Grands Ballets Canadiens in Montréal und das National Ballet of Canada, in dem Karen Kain viele Jahre Primaballerina war, bis sie 1997 ihre Karriere beendete.

Montréal hat sich zu einem Zentrum des modernen Tanzes entwickelt, was vor allem einigen avantgardistischen Truppen zu verdanken ist, darunter der Marie Chouinard Company, Ginette Laurins Truppe, O Vertigo Dance, und Edouard Locks kraftvoller und akrobatischer Truppe Lalala Human Steps.

Film und Fernsehen

Das Fernsehen in Kanada wird von der seit 1936 bestehenden Canadian Broadcasting Corporation dominiert, dessen Rundfunk- und Fernsehsendungen heute landesweit ausgestrahlt werden, und zwar in Englisch, Franzö-

Margaret Atwood seziert in ihrer erbarmungslosen Prosa das kanadische Leben

Filmschauspieler Donald Sutherland wurde in Saint John in New Brunswick geboren

sisch sowie in mehreren Indianer- und Inuitsprachen.

Das National Film Board of Canada bildet Filmemacher aus und fördert sie. Außerdem produziert es eigene Features und Kurzfilme, die mehrere Oscars gewonnen haben, in erster Linie Arbeiten von Frédéric Back *(The Man Who Planted Trees and Crack)*.

In Toronto, Vancouver und Montréal findet alljährlich ein wichtiges Filmfestival statt. Zu den weltweit anerkannten kanadischen Regisseuren gehören David Cronenberg, dessen Horrorfilm *Crash* 1997 eine Sensation auslöste, Atom Egoyan (*Sweet Hereafter*, zu deutsch: *Das süße Jenseits*, 1997), Bruce Beresford (*Black Robe*, 1991) und James Cameron, der neben erfolgreichen Actionfilmen (u.a. *Terminator*, 1984) 1997 den Welterfolg *Titanic* drehte.

International bekannte Schauspieler sind Michael J. Fox, Donald Sutherland, Christopher Plummer, Genevieve Bujold und Carole Laure. Auch die Indianer Graham Greene (*Dances with Wolves*, zu deutsch: *Der mit dem Wolf tanzt*) und Tina Keeper sowie Ton Jackson, Held der populären CBC-Serie *North of '60*, sind bekannt geworden.

Mon oncle Antoine, 1971 von Claude Jutra gedreht, gilt bei vielen Leuten als der beste kanadische Film. Andere wichtige Regisseure sind Gilles Carle (in dessen Film *Maria Chapdelaine* Genevieve Bujold eine Hauptrolle spielte), Denys Arcand *(Der Untergang des amerikanischen Imperiums* und *Die Invasion der Barbaren*) und Jean-Claude Lauzon (*Léolo*, 1992).

In eine Kategorie für sich gehört Robert Lepage, ein überaus begabter Schauspieler, Regisseur, Produzent und neuerdings auch Filmemacher (*The Far Side of the Moon*, 2003). Zu Weltruhm gelangte er mit seinen *Plaques tectoniques*, die durch ungewöhnliche visuelle Effekte und Musik bestachen.

Comedy

Die Kanadier sind im Stande, sich über sich selbst lustig zu machen; das beweisen Künstler wie Wayne and Schuster und Rich Little. Die Fernsehserie *Royal Canadian Air Farce*, die im CBC-Radio begann und gerade ihr 25-jähriges Jubiläum gefeiert hat, gehört bei den meisten kanadischen Familien zum Freitagabend-Programm. Kaum weniger populär ist eine freche Truppe aus Neufundland, die *22 Minutes Live* produziert – eine satirische Nachrichtenshow.

Das größte Comedyfest der Welt ist das seit 15 Jahren bestehende Festival Juste pour Rire (Einfach zum Lachen) in Montréal. ■

Sehenswürdigkeiten

VON DER ENDLOSEN WEITE DES LANDES EINGESCHÜCHTERT, WISSEN VIELE Besucher Kanadas nicht, wofür sie sich entscheiden sollen. Sie stehen vor der Alternative, sich einen Gesamteindruck zu verschaffen, indem sie von den Atlantikprovinzen aus über den Schild, die Prärien, die Rockies und die Wildnis im Norden westwärts reisen, oder sich auf eine Stadt oder eine Region zu beschränken. Beides ist möglich, und vielen Besuchern gelingt es, Teile beider Optionen miteinander zu kombinieren.

REISEPLANUNG

Manche Kanadier halten es für eine Ehrensache, das Land mit dem Auto zu durchqueren, aber Sie brauchen ihrem Beispiel nicht zu folgen. Eine Reise durch eine Provinz oder Region dagegen ist durchaus empfehlenswert. Eine Hilfe sind die Namen, die die Verkehrsämter der Provinzen den Routen gegeben haben, von denen einige wie der Cabot Trail in Nova Scotia zu Klassikern wurden. Informieren Sie sich auch über Fährverbindungen, vor allem im Osten, weil Sie mit Hilfe von Fähren vielleicht interessante Rundreisen planen können. Im Westen gibt es vier Fähren, die das Festland von British Columbia mit Vancouver Island verbinden. Auf ihnen gewinnt man einen Eindruck von der Pazifikküste, der vielleicht ausreicht, den Appetit auf die Inside Passage anzuregen, eine Seeroute, die Port Hardy mit Prince Rupert und Skagway in Alaska verbindet.

In Kanada gibt es die so genannten *bush planes,* die der Erdoberfläche wesentlich näher sind als die großen Linienmaschinen. Manche Orte sind nur mit diesen kleinen Flugzeugen erreichbar, aber schon der kurze Flug von Vancouver über die Georgia Strait in einem kleinen Wasserflugzeug ist ein unvergessliches Erlebnis und außerdem schneller als die Fähre.

MIT DER BAHN UNTERWEGS

Der Klassiker unter den Eisenbahnfahrten ist die Überquerung der Rocky Mountains. Es gibt insgesamt drei Routen von den Prärien zur Pazifikküste: Die erste ist die alte Strecke der Canadian Pacific, die von Calgary über Banff nach Vancouver führt. Endstation der zweiten ist gleichfalls Vancouver, aber sie startet in Edmonton, erreicht das Gebirge bei Jasper und trifft bei Kamloops mit der C.P.R. zusammen. Die dritte Route verbindet Edmonton mit der Hafenstadt Prince Rupert und führt durch das spektakuläre Skeena Valley. VIA Rail hat die beiden ersten Strecken aufgegeben, aber sie wurden von einer privaten Gesellschaft, der Rocky Mountaineer, übernommen. Sie können die Reise von jeder der beiden Endstationen aus beginnen, und wenn Sie in Kamloops übernachten, entgeht Ihnen nichts von der einzigartigen Landschaft. Es lohnt sich, den Zusatzpreis für einen Platz in einem Panoramawagen zu zahlen. Weniger bekannt ist eine weitere Route in British Columbia, die ebenfalls von Rocky Mountaineer betrieben wird und von Whistler aus nach Norden durch die großartige Landschaft des Fraser Valley nach Jasper führt.

Eine Bahnfahrt ist vielleicht die einfachste Methode, einen Eindruck von der Größe des Kanadischen Schilds zu gewinnen. Eines der beliebtesten Ziele ist die abgelegene Hafenstadt Churchill an der Hudson Bay, denn dort kann man Eisbären beobachten. Natürlich können Sie auch dorthin fliegen, aber wie wäre es, wenn Sie zumindest in einer Richtung mit der Bahn fahren und von Winnipeg aus den Zug mit zwei Übernachtungen nehmen würden?

In Zentral- und Ostkanada ist die Bahn eher ein alltägliches Verkehrsmittel, aber die Strecke um die Gaspé Peninsul ist eine bequeme Möglichkeit, diesen abgelegenen Teil des östlichen Québecs kennen zu lernen.

STADTBESICHTIGUNGEN

Die meisten Großstädte Kanadas sind überaus besucherfreundlich und lassen sich bequem zu Fuß erkunden. Die wichtigsten Sehenswürdigkeiten liegen gewöhnlich dicht beieinander, und wenn das nicht der Fall ist, erreicht man sie am besten mit dem gut ausgebauten öffentlichen Nahverkehrsnetz.

Kanadas Landschaften und Ressourcen sind so vielgestaltig, dass Besucher selbst den riskantesten Hobbys frönen können

In der Regel ist es nicht schwierig, die bei Einheimischen und Besuchern besonders beliebten Orte zu finden. Halifax hat seine Historic Properties am Hafen, Québec seine Place Royale, Winnipeg seinen neuen Treffpunkt um The Forks herum. An diesen Orten befinden sich gewöhnlich auch die Informationsbüros für Touristen.

Ein gut ausgebautes Straßennetz macht die Erkundung des Landes mit dem Auto zu einem Vergnügen

AUSSERHALB DER STÄDTE

In einem auf Touristen eingestellten Land wie Kanada gibt es so viele Angebote von Busausflügen, dass die Wahl schwer fällt. Die meisten finden im Sommer statt; am Anfang und am Ende der Saison ist das Angebot kleiner. Mit dem Mietwagen sind Sie flexibler.

EINZIGARTIGE LANDSCHAFTEN

Den besten Eindruck von der Natur bekommt man in den Nationalparks. In Kanada gibt es 168 Nationalparks und National Historic Sites. Parks Canada ist ähnlich aufgebaut wie der U.S. National Park Service und schützt die schönsten und repräsentativsten Landschaften im ganzen Land; außerdem stellt er Besuchern exzellentes Informationsmaterial zur Verfügung. Das Besucherzentrum ist in der Regel der beste Ausgangspunkt für die Erkundung eines Nationalparks; das gilt für den Saguenay Marine Park mit seinen Walen und anderen Tieren ebenso wie für den Banff National Park, wo man nützliche Hinweise darauf erhält, wie man dem Gedränge entgehen kann.

Außerdem gibt es zahlreiche Provinzparks, deren Landschaft nicht weniger spektakulär ist und in denen es oft auch mehr Campingplätze und andere Einrichtungen gibt.

DIE BESTE REISEZEIT

Kanada heißt Besucher das ganze Jahr über willkommen, aber es gibt Zeiten, die nicht empfehlenswert sind, vor allem die Übergangszeit zwischen Herbst und Winter, wenn es zwar kalt, aber Wintersport noch nicht möglich ist, sowie die Zeit zwischen Winter und Frühling, die sehr feucht und schlammig sein kann. Davon abgesehen hat jede Jahreszeit ihre Reize; allerdings können im Osten Hitze und hohe Luftfeuchtigkeit im Hochsommer ein Problem darstellen.

Die Kanadier wissen seit langem, dass der Winter am meisten Spaß macht. Er macht Spaß in der Stadt, wo das helle Licht und die Wärme in den Häusern einen Kontrast zur Kälte draußen liefern, wo Straßen zu Hockeyfeldern werden, Langlaufloipen durch Parks führen und Regierungsangestellte auf dem Rideau Canal in Ottawa Schlittschuh laufen. Nicht missen möchten die Kanadier den Winterkarneval in Québec, wo der Anblick des Bonhomme (Riesen-Schneemanns) die Menschen auf den Straßen begeistert und Eisburgen aus dem Schnee herausragen.

Und der Winter macht Spaß auf dem Land, wo Kanadier in erstklassigen Skiregionen wie dem Whistler in British Columbia oder dem Mont Tremblant und dem Mont Saint-Anne in Québec mit US-Amerikanern und dem Rest der Welt zusammentreffen. ■

Mit ihren malerischen Dörfern haben die drei Atlantikprovinzen viel von ihrem altertümlichen Charme bewahrt

Die Atlantikprovinzen

Hummerfallen in North Rustico Harbour

Die Atlantikprovinzen

ES GIBT ETWAS, DAS DIESE SO VERSCHIEDENARTIGEN, dünn besiedelten Landschaften verbindet – das Meer. Die Atlantikprovinzen – New Brunswick, Prince Edward Island und Nova Scotia – wurden vom Meer aus besiedelt, und die meisten ihrer rund zwei Millionen Einwohner leben in Küstennähe. Es sind die zeitlos wirkenden Fischerdörfer und die malerischen kleinen Häfen, die heute die Besucher an Kanadas zerklüftete Südostküste locken.

Im Vergleich zu den Küstenregionen scheint das Landesinnere fast unbesiedelt zu sein. Es ist von ausgedehnten Wäldern bedeckt, die sogar auf dem mageren Boden des Hochlands wachsen, dessen Gestein dem der Appalachen ähnelt. Die wenigen fruchtbaren Landstriche liegen im Saint John River Valley in New Brunswick und im Annapolis Valley in Nova Scotia. Eine Ausnahme bildet Prince Edward Island: Hier wird Ackerbau betrieben, und die Tatsache, dass überwiegend Kartoffeln angebaut werden, hat der Provinz den Namen »Million Acre Farm« oder, weniger höflich, »Spud Island« (»Knolleninsel«) eingetragen.

Die Atlantikprovinzen haben kein natürliches Zentrum; der Ozean trennt und verbindet gleichermaßen. Halifax ist zwar die größte Stadt, aber zugleich eine Hafenstadt, die sich sowohl nach Europa und die Vereinigten Staaten als auch ins eigene Hinterland orientiert. Das im Landesinnern gelegene Fredericton ist zwar die Hauptstadt von New Brunswick, muss aber mit der Hafenstadt Saint John und mit Moncton, einem Eisenbahnknotenpunkt und zunehmend auch Zentrum für die akadische Bevölkerung, konkurrieren. Prince Edward Island, zur Zeit der Konföderation noch nicht bereit, sich dem Rest Kanadas anzuschließen, träumt nach wie vor von einer eigenen Identität. Auch Cape Breton Island ist etwas Besonderes – seine Eisen- und Stahlindustrie liegt direkt neben der atemraubenden Szenerie der gälischen Küste und des Breton Highlands National Park. Auf Cape Breton steht auch das größte der vielen historischen Monumente der Atlantikprovinzen – die in Originalgröße nachgebaute französische Festung von Louisbourg.

NICHT VERSÄUMEN

Die bizarren Sandsteinfelsen am Hopewell Cape an der Bay of Fundy 58

Lucy Maud Montgomerys Geburtshaus und Anne of Green Gables Museum auf Prince Edward Island besichtigen 69

Den idyllischen Stadtkern von Lunenburg in Nova Scotia erkunden 75

Eine Fahrt auf dem Highway 1 durch das Annapolis Valley 80

Die Fortress of Louisbourg National Historical Site 84

Die Atlantikprovinzen sind die ethnisch homogenste Region Kanadas. Franzosen leben noch heute in allen drei Provinzen, trotz der Deportation der Akadier durch die Briten in der Mitte des 18. Jahrhunderts. Auf Prince Edward Island und in Nova Scotia ist ihr Anteil gering, doch in New Brunswick, der einzigen offiziell zweisprachigen Provinz, machen sie etwa ein Drittel der Bevölkerung aus. Der weitaus größte Teil der Einwohner gibt an, britischen oder irischen Ursprungs zu sein. Schotten leben überall in Nova Scotia, wobei sich die Leute aus dem Hochland und von den Inseln überwiegend auf Cape Breton Island niedergelassen haben. Die Iren stellen den Großteil der Stadtbewohner; gefolgt von den amerikanischen Loyalisten, die vor allem in New Brunswick eine neue Heimat fanden. Vorher hatten die Briten bereits »ausländische Protestanten«, in erster Linie Deutsche, in der auf dem Reißbrett geplanten Hafenstadt Lunenburg angesiedelt – eine Strategie, die ihnen mehr Einfluss über eine Region verschaffen sollte, die überwiegend von Franzosen kolonisiert worden war. Erst nach der Vertreibung der Akadier (1755) und zwei Belagerungen von Louisbourg (1745 und 1758) gingen die Atlantikprovinzen in die Hände der Briten über. ■

Bay of Fundy, New Brunswick

DIE BAY OF FUNDY IST BERÜHMT FÜR IHRE GEZEITEN, DIE in ihrer hiesigen Ausprägung einzigartig sind – nirgendwo sonst hat man bisher eine Bucht gefunden, die die gleichen Eigenschaften aufweist. Hier wurden sonst nirgendwo messbare Tidenhöhen von bis zu 15 Metern gemessen, die durch die Trichterform der Bucht entstehen. Die Gezeiten befördern jeden Tag zehn Milliarden Tonnen Wasser in die Bucht – ein großartiges Schauspiel der Natur.

Tourism New Brunswick
www.tourismnbcanada.com
☎ 800/561-0123

St. Andrews
54A3

Besucherinformation
✉ 46 Reed Ave.
☎ 506/529-3555

Lake Bennett im Fundy National Park bietet Landschaft »satt« – auf dem Wasser ebenso wie an Land

Die ständige Bewegung des Wassers hat Naturschönheiten wie etwa die Felsskulpturen von Hopewell Cape, die Reversing Falls bei Saint John und den Old-Sow-Strudel zwischen den Inseln in der Passamaquoddy Bay hervorgebracht. Die Bucht fungiert aber auch als Nährstoffpumpe für eine erstaunliche Vielzahl von Meeresbewohnern. So locken zum Beispiel vor den Fundy Islands riesige Krillschwärme nicht nur Finn- und Buckelwale an, sondern auch Unmengen von Seevögeln wie Wassertreter, Sturmtaucher und Möwen.

Besucher sollten beachten, dass wegen des großen Tidenhubs und der Schnelligkeit, mit der die Flut aufläuft, vor jedem Strandspaziergang unbedingt der Gezeitenkalender konsultiert werden muss. (Gezeitenkalender sind an jeder Touristeninformation der Region erhältlich.) Außerdem sollte man an den Nebel denken, für den die Bay of Fundy berüchtigt ist.

ST. ANDREWS UND ST. CROIX ISLANDS

1604 bauten Sieur des Monts und Samuel de Champlain ihre erste Unterkunft auf einer winzigen Insel im St. Croix River, der New Brunswick von Maine trennt, gaben sie aber schon nach dem ersten Winter wieder auf und entschieden sich für Port Royal (siehe S. 80) an der Küste von Nova Scotia. Heute ist St. Croix Island ein historisches Denkmal, das allerdings nur mit dem eigenen Boot besucht werden kann.

Passamaquoddy Bay ist ein beliebter Sommerferienort für wohlhabende Amerikaner und Kanadier. Hauptanziehungspunkt ist **St. An-**

drews *(Welcome Centre, Tel. 506/529-3556)*, heute Fischereihafen und Feriensiedlung, früher ein florierender Handelshafen. Die Stadt wurde 1783 von Loyalisten gegründet, die nach Norden geflohen waren und sich in Castine, Maine, niedergelassen hatten, bis sie nach wenigen Jahren feststellen mussten, dass eine Verschiebung der Grenze dazu geführt hatte, dass sie nach wie vor in den Vereinigten Staaten lebten. Unverdrossen bauten sie ihre Häuser ab, luden sie auf Schiffe und bauten sie in St. Andrews wieder auf. Einige dieser Häuser stehen noch heute und verleihen dem Ort seinen besonderen Charme. Die baumgesäumten Straßen von St. Andrews sind nach den 15 Kindern von König Georg III. benannt, und eines der schönsten Gebäude ist **Sheriff Andrews House Provincial Historic Site** *(63 King St., Tel. 506/529-5080)* aus dem Jahr 1820. Sehenswert ist auch das schön möblierte **Ross Memorial Museum** aus dem Jahr 1824.

DEER ISLAND UND CAMPOBELLO

Wenn Sie einen halben Tag Zeit haben, sollten Sie an einer Insel-Rundfahrt in der Passamaquoddy Bay teilnehmen. Steigen Sie in Letete in die kostenlose Fähre nach **Deer Island** *(Tel. 506/466-7340)* und genießen Sie die Seeluft und die aufspritzende Gischt. Fahren Sie mit der wenig komfortablen Fähre weiter nach **Campobello Island** und sehen Sie sich unterwegs den **Old-Sow-Strudel** an. Die Roosevelt Campobello International Suspension Bridge (ein langer Name für eine kurze Brücke) bringt Sie nach Lubec in Maine. Die US 1 und Maine 189 führen Sie zurück zur kanadischen Grenze. Wenn es Ihre Zeit erlaubt, besuchen Sie auch die **Ganong-Schokoladenfabrik** in St. Stephen *(73 Milltown Blvd., Tel. 506/465-5600)*.

SAINT JOHN

Die größte Stadt von New Brunswick liegt an der Mündung des

Ross Memorial Museum
188 Montague St.
506/529-5124
Spende

Saint John
54 A3

Besucherinformation
www.tourismsaintjohn.com
15 Market Square
506/658-2885
ganzjährig

ERLEBNIS: Franklin D. Roosevelt und Campobello

Ein frühes Foto von Franklin D. Roosevelt

Im Jahr 1883 pries eine Landerschließungsgesellschaft die angenehme Luft und den Nebel von Campobello sehr poetisch als »sanfte Erholungskur für ein strapaziertes Volk« an. Zu denen, die darauf eingingen, gehörten James und Sara Delano Roosevelt, die Eltern des einjährigen Franklin D. Roosevelt (1882–1945).

1904 bauten sich Franklin und seine junge Frau Eleanor dort ein Haus. 1921 nahm Franklin nach stundenlangem Kampf gegen einen Waldbrand ein Bad in der eisigen Bucht und infizierte sich dabei mit Polio – an den Folgen dieser Infektion litt er für den Rest seines Lebens. Erst zwölf Jahre später kehrte er auf seine »geliebte Insel« zurück – als Präsident der Vereinigten Staaten.

Ein Besuch in Campobello ist wie eine Reise durch die Zeit. Roosevelts 34-Zimmer-Haus wird von den Regierungen Kanadas und der Vereinigten Staaten tadellos in Stand gehalten ***(siehe Karte Seite 54f, Tel. 506/752-2922, geschl. Mitte Okt. bis Anfang Mai).***

Loyalist House
120 Union St.
506/652-3590
Geschl. Mitte Sept.–Mitte Mai
$

Barbour's General Store
The Market Slip
506/658-2939
Geschl. Mitte Sept.–Mitte Juni

New Brunswick Museum
www.nbm-mnb.ca
Market Square
506/643-2300
Geschl. Mitte Nov.–Mitte Mai
$$

Saint John River und ist eine bedeutende Hafenstadt mit einer riesigen Ölraffinerie (der größten in Kanada) und einer großen Papiermühle. Saint John, von den Einwohnern liebevoll Fog City (Nebelstadt) genannt, besteht aus einem Gewirr von Sackgassen, die jeden Besucher zur Verzweiflung treiben.

Der am Wasser gelegene Market Slip ist ein guter Ausgangspunkt für einen Stadtrundgang. Eine der Hauptattraktionen ist **Barbour's General Store**, ein Warenhaus aus dem 19. Jahrhundert, bestückt mit Waren aus dieser Zeit. Die alten Lagerhäuser sind in den 1983 fertig gestellten Market Square integriert worden; dazu gehört zum Beispiel das **New Brunswick Museum** *(Market Square, Tel. 506/643-2300)* mit einer umfangreichen Sammlung von völkerkundlichen und naturgeschichtlichen Exponaten aus der Region.

Jedes Jahr im Juli wird am Strand die Landung der Loyalisten nachgestellt, und auch im Stadtzentrum sind noch Überbleibsel aus diesem Abschnitt der Geschichte von Saint John zu finden. Das 1817 erbaute **Loyalist House** blieb von einer Feuersbrunst im Jahre 1877 verschont und verfügt über eine traumhafte Innenausstattung. Der King Square hat die Form der britischen Flagge und grenzt an den **Loyalisten-Friedhof**, auf dem noch viele der alten Grabsteine zu finden sind.

Direkt außerhalb des Stadtzentrums sind die **Reversing Falls Rapids** zu bewundern *(Aussichtspunkt am Highway 100, Tel. 506/658-2937)*. Bei Niedrigwasser strömt das Wasser des Saint John River in die Bay of Fundy, bei Hochwasser dagegen drückt es die Flut in die andere Richtung. Vom Aussichtspunkt aus lässt sich dieses Schauspiel beobachten – wenn man bereit ist, den unangenehmen Geruch der flussaufwärts stehenden Papierfabrik zu ertragen.

Nicht einmal das aufspritzende Salzwasser konnte das Pflanzenwachstum auf den Sandsteinfelsen von Hopewell Cape beeinträchtigen

DIE FUNDYKÜSTE

Östlich des malerischen kleinen Hummerhafens St. Martins beginnt ein 40 Kilometer langer wilder Küstenstreifen, der zu den unzugänglichsten im Osten von Nordamerika gehört.

Dieser Küstenabschnitt ist auch durch den **Fundy National Park** zu erreichen. Dort gibt es Mischwälder, Klippen, kleine Buchten, Felstümpel und Watten. **St. Mary's Point** ist die Brutstätte vieler Seevögel und trennt die Buchten von Chignecto und Shepody. In **Hopewell Cape** *(südlich von Moncton an der Route 114)* haben die Gezeiten die roten Sandsteinklippen zu blumentopfartigen Gebilden geformt, auf denen üppige Bäume wachsen. Bei Flut werden die »Blumentöpfe« zu zahllosen kleinen Inseln, und nur die Bäume ragen noch aus dem Wasser.

MONCTON

Bis 1989 war Moncton, das an einer Krümmung des Petitcodiac River liegt, ein wichtiger Eisenbahnknotenpunkt und Standort einer großen Wartungsanlage der Canadian National – dann schloss die Gesellschaft das Depot. Inzwischen ist Moncton zum Telekommunikationszentrum Kanadas geworden. Dazu hat ihm seine Zweisprachigkeit verholfen. Die Stadt gilt außerdem als die informelle Hauptstadt von Akadien, denn rund 30 Prozent der Bevölkerung stammt von zurückgekehrten Akadiern ab (siehe Seite 62f).

Die Gezeiten der Bay of Fundy bieten bei ihrem Eintreffen am Petitcodiac River ein weiteres sehenswertes Schauspiel. Die dem Hochwasser vorausgehende Flutwelle kann vom **Boreview Park** *(Main und King Street)* aus beobachtet werden. Abhängig von der Mondphase variiert sie von einem leichten Kräuseln des Wassers bis zu einer einen Meter hohen Welle. Viel spannender wird es jedoch, wenn danach das Wasser einschießt und aus einem schmalen Rinnsal in einem schlammigen, fast zwei Kilometer breiten Flussbett plötzlich ein reißender Strom wird.

Die längste überdachte Brücke von New Brunswick führt bei Hartland über den Saint John

Fundy National Park

www.pc.gc.ca

- Karte: 55 B3
- Adresse: Route 114, Alma
- Telefon: 506/887-6000
- Öffnungszeiten: Geschl. Mitte Okt.–Mitte Mai
- Eintritt: Fahrzeuge $, frei im Winter

Moncton Besucherinformation

www.gomoncton.com

- Karte: 55 B3
- Adresse: City Hall, 655 Main St.
- Telefon: 506/853-3590

Fort Beauséjour
www.pc.gc.ca
55 B3
Ausfahrt 550A vom Highway 106 in Aulac, N.B.
506/364-5080
Geschl. Mitte Okt.–Mai

Akadische Küste
55 B5

FORT BEAUSÉJOUR

In den Feuchtgebieten des Cumberland Basin liegt **Fort Beauséjour**, direkt am Isthmus von Chignecto, der kleinen Landzunge, die New Brunswick von Nova Scotia trennt. 1751 von den Franzosen erbaut, wurde es vier Jahre später von britischen Truppen und Freischärlern aus Massachusetts unter Führung von Oberst Robert Monckton angegriffen und fiel nach zweiwöchiger Belagerung. De Vergor, der französische Kommandant, durfte bei dieser Gelegenheit noch ehrenvoll mit fliegenden Fahnen abziehen, wurde aber 1759 auf den Plains of Abraham ein zweites Mal von den Briten besiegt.

Was Monckton angeht, so wurde sein Name – leicht verballhornt – einer nahe liegenden Siedlung verliehen; seine eigenmächtigen militärischen Aktionen in Friedenszeiten waren einer der Auslöser für den Siebenjährigen Krieg.

Umbenannt in Fort Cumberland und kommandiert von Oberst Joseph Goreham von den Royal Fencible Americans, hielt die Festung 1776 einem Angriff rebellierender Neuengländer stand. Aus Furcht vor einem möglichen Angriff von US-Truppen im Krieg von 1812 wurde das Fort sogar noch einmal verstärkt, im Jahr 1835 aber schließlich aufgegeben.

Die sternförmige Anlage ist noch heute beeindruckend, die Kanonen und Mörser erinnern an die ereignisreiche Vergangenheit der Festung. Die Exponate im Besucherzentrum informieren nicht nur über die militärische Geschichte des Forts, sondern auch über die Deportation der Akadier, ihr Lebensumfeld und ihr ausgeklügeltes Entwässerungssystem.

DIE AKADISCHE KÜSTE

Die Ostküste von New Brunswick an der Northumberland Strait und dem St.-Lorenz-Golf ist die eigentliche Heimat der akadischen Bevölkerung. Auf vielen Gebäuden flattert die akadische Trikolore, es finden akadische Festivals und Segnungen der Fischereiflotte statt, auch viele andere Sehenswürdigkeiten sind eindeutig akadisch geprägt.
Die Provinz verfügt über Sundstrände und das wärmste Salzwasser nördlich von Virginia. Das sehr flache Wasser kann sich im Sommer bis auf sehr angenehme 25 Grad Celsius aufheizen. Von Moncton ist es nicht weit bis zum Badeort **Shediac** und zum beliebten **Parlee Beach Provincial Park** *(Tel. 506/533-3363)*.

Weiter nördlich liegt der **Kouchibouguac National Park** *(Tel. 506/876-2443, Besucherzentrum*

Eine einsame Spaziergängerin am menschenleeren Strand des Kouchibouguac National Park

Mitte Okt. bis Mitte Mai geschl.) mit seinen Wäldern und Mooren, mit Sümpfen, Wiesen, Sandstränden und den von vorgelagerten Inseln und Dünen geschützten Warmwasserlagunen.

Es gibt viele bequem zugängliche Strände an der Küste der Acadian Peninsula, an deren Nordseite die von Jacques Cartier benannte Baie des Chaleurs (Warme Bucht) liegt. Wer gern ungestört am Strand spazieren geht, sollte über die Brücke bei Petit-Shippagan auf die abgelegene Miscou Island an der Spitze der Halbinsel fahren.

Es ist leicht für Besucher, Einblicke in das akadische Leben zu gewinnen. In **Bouctouche** wird im **Musée de Kent** das Leben in einem katholischen Mädchenpensionat des 19. Jahrhunderts überaus realistisch demonstriert. Der Themenpark **Pays de la Sagouine** *(Tel. 506/743-1400, geschl. Okt.–Mitte Juni)* ist den Charakteren der populären Schriftstellerin Antonine Maillet gewidmet.

In **Caraquet** wird zu Mariä Himmelfahrt (15. August) ein ausgelassenes Fest gefeiert; sehenswert sind auch das **Acadian Museum** *(15 Blvd. Saint-Pierre East, Tel. 506/727-1713, geschl. im Winter)* und das nahe gelegene **Village Historique Acadien** *(6 Kilometer westlich von Caraquet an der Route 11, Tel. 506/726-2600, geschl. Mitte Okt.–Ende Mai)*. In diesem Museumsdorf – einem Gegenstück zu Kings Landing Historical Settlement (siehe S. 64) wurden traditionelle Gebäude aus ganz New Brunswick wieder aufgebaut, in denen »echte« Akadier aus dem 19. Jahrhundert leben. ■

Im Village Historique Acadien wird das einfache Leben der akadischen Landbevölkerung wieder lebendig

Musée de Kent
- ✉ 150, chemin du Couvent
- ☎ 506/743-5005
- 🕒 Geschl. Okt.–Mai

Akadien gestern und heute

Akadien (Acadie auf Französisch) wurde die Atlantikregion von Neufrankreich genannt, um sie von Kanada abzugrenzen, das in jenen Tagen nur aus wenigen Siedlungen im St.-Lawrence-Tal bestand. Zu Beginn des 17. Jahrhunderts war Akadien das erste europäische Siedlungsgebiet nördlich von Florida. Obwohl seine Bevölkerung Mitte des 18. Jahrhunderts unter Massendeportationen durch die Briten zu leiden hatte, sind der Name und eine eindeutig frankophone Kultur in den Atlantikprovinzen erhalten geblieben.

Die Ursprünge

Der Name Akadien ist von Arkadien abgeleitet, dem Land, das die Griechen für das Paradies auf Erden hielten. Giovanni da Verrazano (1485–1528) war der Erste, der die Küstenregion südlich des heutigen Akadien »Arcadie« nannte – das »r« haben Kartenzeichner schon vor langer Zeit unterschlagen. Die Kolonisation durch die Franzosen begann 1604 mit dem kurzen Gastspiel von Sieur des Monts und Samuel de Champlain auf der Île Sainte Croix, dem eine dauerhaftere Ansiedlung in Port Royal folgte. Weitere Kolonisten trafen um 1630 ein, überwiegend aus dem Westen Frankreichs, doch Streitigkeiten zwischen ihren Anführern behinderten die Entwicklung der Kolonie. Zwischen Franzosen und Engländern herrschte vom ersten Tag an Rivalität; Port Royal wurde 1613 von Freischärlern aus Virginia überfallen, und Teile der Kolonie wechselten mehrmals von der französischen in die britische Hand und zurück, bis 1763 die Briten endgültig das Kommando übernahmen.

Die Vertreibung, zu sehen im Museum of the Acadians in Bonaventure, Québec

Die Akadier lebten von der Bestellung des Marschlandes, das sie der Bay of Fundy abrangen. Ihre Handelsbeziehungen mit Neuengland, der Heimat von *nos amis l'ennemi* (unseren Freunden, dem Feind) waren enger als die mit dem weit entfernten Frankreich. Die britischen Herrscher von Nova Scotia verlangten einen Treueeid von den Akadiern, doch diese zogen es vor, neutral zu bleiben. Das führte zu Spannungen, die schließlich im Siebenjährigen Krieg (1756–63) gipfelten. Schon vor seinem Ausbruch fühlten sich die Briten durch die potenziell feindliche Bevölkerungsgruppe so bedroht, dass sie 1755 eine große Zahl von Akadiern zusammentrieben und deportierten – nach Frankreich, nach Großbritannien und in die amerikanischen Kolonien. Viele entkamen jedoch in die Wälder oder schlugen sich nach Québec durch. Andere landeten in Louisiana, wo ihr Name zu »Cajun« verballhornt wurde.

Trotz der Entbehrungen der Deportation, bei der viele Siedler verhungerten oder Krankheiten zum Opfer fielen, erwiesen sich die Akadier als hartnäckig. Etliche wagten die Rückkehr in die Heimat, nur um festzustellen, dass dort inzwischen britische Kolonisten angesiedelt worden waren. Die Heimkehrer, unter ihnen freigelassene Sträflinge und die Flüchtlinge aus den Wäldern, ließen sich in weniger fruchtbaren Landstrichen nieder und bestritten ihren Lebensunterhalt fortan mit Fischfang und Holzhandel – bis heute wichtige Einkommensgrundlagen.

Jahrzehntelang nahmen die Akadier es hin, Bürger zweiter Klasse zu sein, ohne Wahlrecht, finanziell ausgebeutet und ohne eigene Interessenvertretung, abgesehen von der katholischen

Das Acadian Village in Miscouche auf Prince Edward Island lässt die Vergangenheit der Akadier lebendig werden

Kirche, in der allerdings überwiegend Geistliche aus Québec amtierten.

Im 19. Jahrhundert ging es endlich aufwärts. Henry Wadsworth Longfellows (1807 bis 1882) Versepos *Evangeline*, das die Deportation thematisierte, machte die Welt auf die Identität der Akadier aufmerksam. Sie bekamen das Wahlrecht, gegen Ende des Jahrhunderts hatten sie eine eigene Flagge (eine Trikolore mit einem Marienstern), einen Nationalfeiertag (15. August, Mariä Himmelfahrt) und eine eigene Nationalhymne (»Ave Maria Stella«). Die Bevölkerungszahl stieg rapide an, von rund 8500 zu Beginn des 19. Jahrhunderts auf etwa 300 000 heute. Im Lauf des 20. Jahrhunderts verringerte sich die wirtschaftliche Rückständigkeit durch die Gründung vieler Kooperativen; die politische Vertretung und das Recht einer eigenen Sprache wurden gesetzlich verankert. Aus den einstigen Bauern, Fischern und Waldarbeitern wurden Beamte und Handwerker – eine neue Mittelschicht war entstanden. Ihre eigenständige Kultur, verbreitet durch Theater, Literatur, Film, Radio und Fernsehen, haben die Akadier bis heute nicht verloren.

Heute leben sie überall in den Atlantikprovinzen. Ein Drittel von ihnen konzentriert sich auf New Brunswick, vor allem im Süden rund um Moncton und die so genannte Akadische Küste im Nordosten. Die Stadt Moncton ist mit ihrer Universität und den Fernseh- und Radiostationen der Mittelpunkt der frankophonen Kultur. Einige Akadier leben auf der Westseite von Prince Edward Island und auf Cape Breton Island sowie an der »französischen Küste« von Nova Scotia.

Wer mehr über die Akadier und ihre ereignisreiche Vergangenheit erfahren möchte, sollte die Grund-Pré National Historic Site (siehe S. 80) besuchen.

Mit dem Auto durchs Saint John River Valley

Zwischen seinen Quellgebieten in den Wäldern von Maine und Québec und der Mündung in die Bay of Fundy entwässert der Saint John River eine Fläche von rund 65 000 Quadratkilometern und führt durch einige der schönsten und fruchtbarsten Landstriche von New Brunswick. Die Fahrtstrecke ist rund 280 Kilometer lang und führt auf der Trans-Canada 2 von Edmundston nach Fredericton.

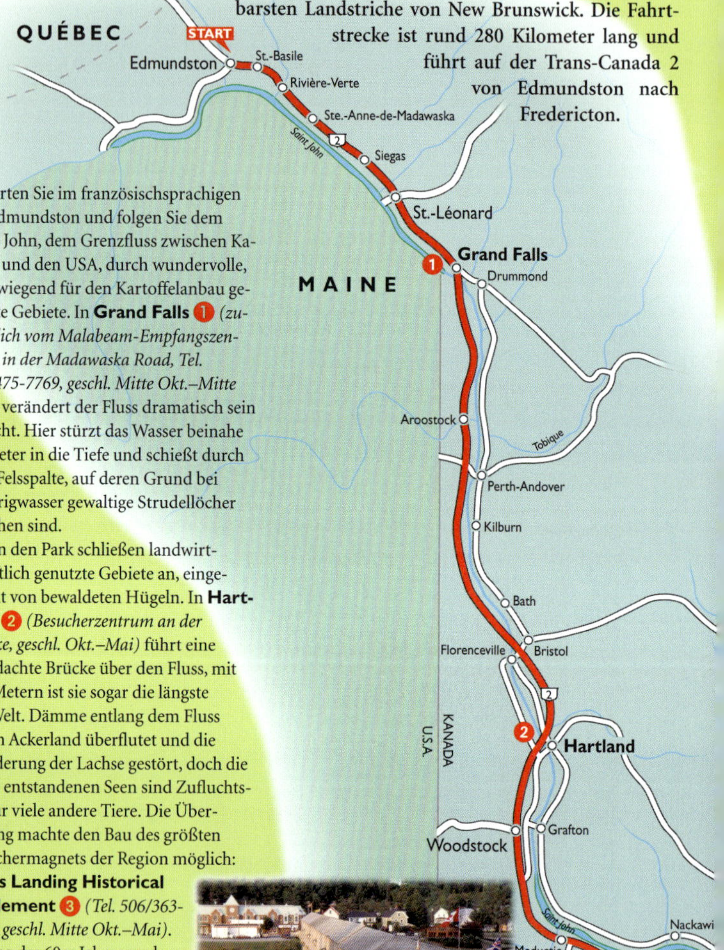

Starten Sie im französischsprachigen Edmundston und folgen Sie dem Saint John, dem Grenzfluss zwischen Kanada und den USA, durch wundervolle, überwiegend für den Kartoffelanbau genutzte Gebiete. In **Grand Falls** ❶ *(zugänglich vom Malabeam-Empfangszentrum in der Madawaska Road, Tel. 506/475-7769, geschl. Mitte Okt.–Mitte Mai)* verändert der Fluss dramatisch sein Gesicht. Hier stürzt das Wasser beinahe 25 Meter in die Tiefe und schießt durch eine Felsspalte, auf deren Grund bei Niedrigwasser gewaltige Strudellöcher zu sehen sind.

An den Park schließen landwirtschaftlich genutzte Gebiete an, eingerahmt von bewaldeten Hügeln. In **Hartland** ❷ *(Besucherzentrum an der Brücke, geschl. Okt.–Mai)* führt eine überdachte Brücke über den Fluss, mit 390 Metern ist sie sogar die längste der Welt. Dämme entlang dem Fluss haben Ackerland überflutet und die Wanderung der Lachse gestört, doch die dabei entstandenen Seen sind Zufluchtsort für viele andere Tiere. Die Überflutung machte den Bau des größten Besuchermagneten der Region möglich: **Kings Landing Historical Settlement** ❸ *(Tel. 506/363-4999, geschl. Mitte Okt.–Mai)*. Anfang der 60er Jahre wurden viele Gebäude im Tal abgebaut und in höheren Lagen wieder errichtet. Diese 120 Hektar große Siedlung mit ihren typi-

Die überdachte Brücke in Hartland

schen Gärten, Feldern und Zäunen gewährt einen Einblick in das Leben der Loyalisten von 1784 bis zum Ende des 19. Jahrhunderts. Neben den verschiedenen Häusern sind dort ein Sägewerk, eine Mühle, eine Schmiede, ein Laden, eine Kirche, eine Gaststätte und ein Theater mit regelmäßigen Vorstellungen zu besichtigen. Die Liebe zum kleinsten Detail und die authentischen Kostüme der Bewohner machen dieses interessante Museumsdorf zu einem der besten Museen für traditionelle ländliche Kultur in Nordamerika.

Von Kings Landing führt die Reise nordostwärts in die Hauptstadt **Fredericton** 4 *(Touristeninformation, City Hall, 11 Carleton Street, Tel. 506/460-2041).* Ihre Lage im Landesinnern, geschützt vor Angriffen der Amerikaner, muss den Loyalisten, die sie 1784 gründeten, sicherer vorgekommen sein als das der Küste nähere Saint John. Die bedeutendsten Bauwerke sind das **Provincial Legislative Assembly Building** *(Queen und St. John Street, Tel. 506/453-2527)*, die vornehme **Christ Church Cathedral** *(Church und Brunswick Street, Tel. 506/450-8500)* mit ihrem hohen Turm und die Überreste der britischen Garnison im **Historic Garrison District** *(Tel. 506/460-2041)*. Schön sind auch die Ulmenalleen und die hübschen Häuser im Regency-Stil. Abgerundet wird das Bild durch eine **Wachablösung** *(zweimal täglich)* im Juli und im August. Die britische Garnison wurde nach der Konföderation im Jahrt 1867 aufgelöst, doch Fredericton hat seine militärische Bedeutung nicht verloren; in beiden Weltkriegen trainierten hier die kanadischen Truppen, und in den 50er Jahren wurde das nahe gelegene Camp Gagetown zum größten Armeestützpunkt des Landes.

Das **York-Sunbury Historical Society Museum** *(Queen Street, Tel. 506/455-6041, geschl. Jan.–März)* ist eine Art Kuriositätenkabinett. Das Exponat, das jeder sehen will, ist Fred Colemans Riesenfrosch, dem er zu Lebzeiten ein Gewicht von 20 Kilogramm anfütterte.

Ebenso sehenswert ist Frederictons Kunstsammlung. Ihrem Mäzen, dem Politiker und Zeitungsmagnaten Lord Beaverbrook (1879–1964), hat die Stadt nicht nur ihre Universität und ein Theater zu verdanken, sondern auch die **Beaverbrook Art Gallery** *(703 Queen Street, Tel. 506/458-8545, geschl. Mo und Nov.–März)*. Dort sind alte Meister, die größte Sammlung britischer Kunst in Kanada und eine Reihe von Bildern von kanadischen Künstlern zu besichtigen.

Der Leuchtturm von Fredericton

Siehe Karte S. 54f
Edmundston
280 Kilometer
2–3 Tage einplanen
Fredericton

NICHT VERSÄUMEN

• Grand Falls • Brücke in Hartland • Kings Landing Historical Settlement • Beaverbrook Art Gallery

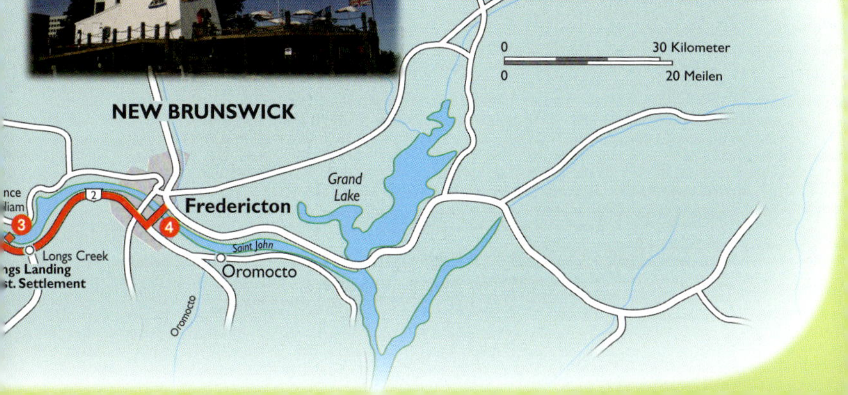

Prince Edward Island

OBWOHL PRINCE EDWARD ISLAND SEIT 1997 DURCH DIE Confederation Bridge mit dem Festland verbunden ist, streben seine Bewohner danach, sich ihre eigene Identität zu bewahren – eine Identität, auf die sie so stolz sind, dass sie sich der Konföderation erst anschlossen, als ihnen keine andere Wahl mehr blieb.

55 C4

Besucherinformation für Prince Edward Island und Charlottetown
www.peiplay.com
178 Water St., Charlottetown
902/368-4444

Oben: Im Wappen von Prince Edward Island sind Eichen und der britische Löwe vereint

Rechts: Seit der Fertigstellung der Confederation Bridge 1997 unterbricht der Eisgang in der Northumberland Strait nicht länger die Verbindung zum Festland

Prince Edward Island (P.E.I.) ist seit dem Entstehen der Northumberland Strait vor rund 5000 Jahren eine Insel, unter deren typisch roter Erde, in der die berühmten Kartoffeln wachsen, Schichten von rotem Sedimentgestein liegen, wie an vielen Klippen entlang der Küste zu sehen ist. Im Gegensatz zu den übrigen Regionen der Atlantikprovinzen gibt es auf Prince Edward Island kaum Wälder – hier herrschen landwirtschaftlich genutzte Flächen vor.

Die ersten europäischen Siedler kamen 1720 aus Frankreich, um sich wenigstens diese Insel zu sichern, nachdem sie 1713 schon Akadien und Neufundland an die Briten verloren hatten. Wie die meisten ihrer Landsleute wurden auch diese Siedler Mitte des 18. Jahrhunderts von den Briten deportiert, doch viele kehrten zurück. Heute stammen rund zwölf Prozent der Bevölkerung von Franzosen ab, von denen jedoch nur ein Bruchteil Französisch als Muttersprache spricht.

Alle anderen Einwohner sind Nachkommen der britischen Siedler, die überwiegend nach der Deportation der Akadier erst 1755 ins Land geholt wurden, um die widerspenstigen Franzosen durch ein gehorsameres Volk zu ersetzen. Nach der Gründung der Hauptstadt Charlottetown kamen die ersten Schotten, die meisten von ihnen gälisch sprechende Hochländer, später gefolgt von Iren. Beide Volksgruppen haben ihre Traditionen bis heute aufrecht erhalten, was die Insel zu einem der am stärksten anglokeltisch geprägten Gebiete Kanadas macht.

DIE CONFEDERATION BRIDGE

Noch heute kann man P.E.I. mit der Fähre erreichen *(Tel. 888/249-7245)*, doch seit 1997 gelangen die meisten Besucher über die **Confederation Bridge** *(40,50 Can$ Maut bei der Abfahrt; Fußgänger und Radfahrer müssen den Bus nehmen)* auf die Insel. Die Brücke überspannt die 13 Kilometer breite Northumberland Strait zwischen Cape Tourmentine, New Brunswick und Borden-Carleton, P.E.I. Eine zweispurige Schnellstraße ruht auf 65 Pfeilern; sie verläuft in 60 Metern Höhe, so dass der Schiffsverkehr ungehindert passieren kann.

Eine der Bedingungen, die die Inselbewohner 1873 vor ihrem Beitritt zur Konföderation an die Bundesregierung stellten, war eine »kontinuierliche Verbindung« zwischen der Insel und dem Festland. Die Vor- und Nachteile eines »festen Bindeglieds« wurden endlos diskutiert; manche befürworteten einen Eisenbahntunnel, andere eine Brücke. Bisher verkehrten nur Fähren, die durch den Eisgang im Winter nicht sehr verlässlich waren. Als 1993 die Entscheidung zu Gunsten einer Brücke fiel, traf dies allerdings nicht auf allgemeine Zustimmung. Man fürchtete nämlich mögliche Auswirkungen auf die Umwelt der Northumberland Strait, insbesondere ein verspätetes Abtauen des Eises und damit die Verkürzung der

Charlottetown
55 C3

Province House National Historic Site
www.pc.gc.ca
Richmond St.
902/566-7626
Geschl. am Wochenende Mitte Okt.–Mai

Wachstumsperiode auf der Insel. Auch die Auswirkungen auf die ebenso wichtige Hummerfischerei waren ein Grund zur Sorge und nicht zuletzt auch ein von den Inselbewohnern befürchteter Massenansturm von Besuchern.

Der **Gateway Village Complex** *(Tel. 902/437-8570)* an der Mautstation von Borden-Carleton zeigt eine Ausstellung mit dem Titel »Unsere Inselheimat« – eine ideale Gelegenheit, sich zwischen Kunstwerken und anderen Exponaten auf den Besuch der Insel einzustimmen.

CHARLOTTETOWN

Die winzige Inselhauptstadt, günstig an einem kleinen Hafen gelegen, der vom Zusammenfluss des Hillsborough River und zweien seiner Nebenflüsse gebildet wird, wurde 1768 gegründet und hat sich sein ursprüngliches Gesicht erhalten. Die typisch britische Reißbrettstadt verfügt über Besonderheiten wie einen zentralen Marktplatz und vier symmetrisch angeordnete kleinere Plätze. Vom **Victoria Park** *(Lower Kent Street)* hat man über das Wasser einen guten Blick auf die Ruinen von **Fort Amherst** *(an der Route 19, 40 Kilometer westlich von Charlottetown, Tel. 902/566-7626)*, das von den Briten zum Schutz des Hafens erbaut wurde. Nur die Grundmauern sind erhalten geblieben, doch es gibt ein Informationszentrum zur Geschichte der Festung – und einen schönen Blick auf die Stadt und ihre Umgebung.

Das neoklassizistische **Government House** im Victoria Park, das wie andere Prachtbauten nach Entwürfen des Architekten Isaac Smith (um 1795–1871) entstand, ist ebenso sehenswert wie **Beaconsfield** *(2 Kent Street, Tel. 902/368-6603)*, eine geschmackvolle Villa von 1877, in der heute die Museumsverwaltung untergebracht ist. Rund um die neugotische **St. Dunstan's Basilica** aus dem frühen 20. Jahrhundert gibt es weitere gut erhaltene Gebäude aus dem 19. Jahrhundert zu sehen – zum Beispiel an der Great George Street, die vom Hafen zum Marktplatz führt. Doch das Gebäude, dessen Besichtigung beinahe zum Pflichtprogramm gehört, ist die **Province House National Historic Site**, eines der elegantesten Beispiele georgianischer Architektur. Entworfen von Isaac Smith und 1848 fertig gestellt, ist es noch heute Regierungssitz. 1864 fand hier die erste Konferenz zum Thema Konföderation statt.

Die Insulaner mögen zwar zuerst gezögert haben, sich mit den anderen Provinzen zu einem vereinten Kanada zusammenzuschließen, doch sie sind stolz darauf, die »Wiege der Konföderation« gewesen zu sein. Eine Ausstellung, verteilt über mehrere Räume, darunter das Confederation Chamber im Obergeschoss, und eine Bibliothek erinnert an diese turbulente Zeit. Ganz in der Nähe liegt das **Confederation Centre of the Arts** *(Richmond Street, Tel. 902/628-1864)*, das 1964

Province House in Charlottetown ist eines der eindrucksvollen Gebäude, die der Architekt Isaac Smith zu Beginn des 19. Jahrhunderts entworfen hat

anlässlich des hundertsten Jahrestages der Konferenz erbaut wurde. Mit seiner Bibliothek, dem Theater, der Kunstgalerie und dem Museum, die sich um eine Gedenkhalle gruppieren, ist es genauso interessant wie das Province House. Im hauseigenen Theater wird jeden Sommer die Musical-Version von *Anne of Green Gables (Kartenvorbestellung unter Tel. 800/565-0278)* vor einem großen Publikum gespielt.

ANNE'S ISLAND

Lucy Maud Montgomery (siehe S. 71) beschreibt ihr geliebtes Prince Edward Island als »Smaragd-, Rubin- und Saphir-Land«, und die Insel erwidert das Kompliment mit einer Reihe von großartigen Attraktionen, die selbst den größten Fan von *Anne of Green Gables* zufrieden stellen müssten.

Zusätzlich zu dem Anne-Musical und einem jährlichen Lucy-Maud-Montgomery-Festival bei Cavendish gibt es noch einige Orte, die Anne-Liebhaber besuchen können. Zu ihnen gehören **Lucy Maud Montgomerys Geburtshaus** *(an der Kreuzung der Routen 6 und 20, Tel. 902/886-2099, geschl. Mitte Okt.–Anfang Mai)* in New London, in dem sich viele private Gegenstände der Autorin befinden, darunter ihr Hochzeitskleid; das **Lucy Maud Montgomery Heritage Museum** *(in Park Corner an der Route 20, Tel. 902/963-2231)*, ein Farmhaus in Cavendish, in dem sie von ihren Großeltern aufgezogen wurde, sowie das Haus ihrer Tante und ihres Onkels in Park Corner, »das große, weiße Haus, das Zauberschloss meiner Kindheit«, in dem jetzt das **Anne of Green Gables Museum** mit seinen zahlreichen Erinnerungsstücken untergebracht ist.

Wahre Fans wird es an diese Orte ziehen, doch wer Montgomery und ihre Geschichten nicht kennt, sollte das **Green Gables House** in Cavendish besuchen. Der Mittelpunkt des großen Grundstücks ist das weiße Haus mit den grünen Giebeln, in dem einst Lucy Mauds Kusinen lebten und in dem ihre Romane spielen.

Das 1830 erbaute Haus wurde den Büchern entsprechend umge-

Die Landschaft der Insel ist von ertragreichen Ackerflächen geprägt

Anne of Green Gables Museum at Silverbush

- ✉ Park Corner (Route 20)
- ☎ 800/665-2663 oder 902/886-2884
- 🕒 Geschl. Mitte Okt.–Mitte Mai
- $ $

Der Ozean nagt unerbittlich an den weichen Sandsteinklippen im Nationalpark der Insel

baut. Um ein möglichst umfassendes Bild einer edwardianischen Kindheit geben zu können, wurde auch das Gelände rund um das Haupthaus und die Nebengebäude von der kanadischen Denkmalverwaltung liebevoll restauriert. Im Informationszentrum erfahren Sie alles über das Anne-Phänomen, und wenn auch Sie das Anne-Fieber gepackt hat, machen Sie einen Spaziergang auf dem Liebespfad (Lovers' Lane) oder besuchen Sie den Spukwald (Haunted Wood).

PRINCE EDWARD ISLAND NATIONAL PARK

Einer der kleinsten Nationalparks Kanadas ist zugleich einer der beliebtesten, seine Strände ziehen Tausende von Besuchern an. Der lang gezogene, schmale Park erstreckt sich zwischen Cavendish Beach und Stanhope Beach 40 Kilometer entlang der Nordküste. Der St.-Lawrence-Golf ist hier bis zu 20 Kilometer weit ins Meer hinaus nur 15 Meter tief und das Wasser im Sommer entsprechend sehr warm. Die meisten Strände werden von Dünen gesäumt, die über Plankenpfade zu erreichen sind, doch an einigen Stellen finden sich auch niedrige Klippen, von denen man einen guten Ausblick hat. Aber Vorsicht: Der rote Sandstein wird ständig vom Meer unterspült und bricht leicht. Halten Sie sich deshalb vom Rand fern. Hinter den Klippen beginnt ein bewaldeter Streifen, durchzogen von Weideland, von Salzsümpfen und Süßwasserteichen, der über Pfade erschlossen ist.

Die Beliebtheit dieser Küste hat zu einer intensiven Bebauung ihres Hinterlandes geführt, vor allem entlang Route 6, wo heute die verschiedensten Attraktionen um die Aufmerksamkeit der Besucher wetteifern.

VON EINEM ENDE ZUM ANDEREN

Sowohl Prince County im Westen der Insel als auch Kings County im Osten bieten dem Besucher einiges an Sehenswürdigkeiten. Zwischen dem Fähranleger bei Wood Islands und Charlottetown liegt das **Orwell Corner Historic Village** *(an der Trans-Canada 1, Tel. 902/651-8510, geschl. Mitte Okt.– Mitte Mai)* und weiter im Osten hinter dem Hafen von Souris das **Basin-Head-Fischereimuseum** *(an der*

Green Gables House
www.pc.gc.ca
✉ Abseits der Rte. 6 und westlich von Rte. 13
☎ 902/963-7874
🕒 Geschl. Nov.–April
$ $

Prince Edward Island National Park
www.pc.gc.ca
53 C4
✉ 24 km nördlich von Charlottetown an der Rte. 15
☎ 902/672-6350

Route 16, Tel. 902/357-7230, geschl. Mitte Okt.–Mai).

Das **Elmira-Eisenbahnmuseum** befindet sich im früher östlichsten Bahnhof der Insel *(Route 16, Tel. 902/357-7234, geschl. Okt.–Mitte Juni)*. Im Westen lädt nicht nur **»Canadas only Potato Museum«** (»Kanadas einziges Kartoffelmuseum« *im Heritage Ln in O'Leary, Tel. 902/859-2039, geschl. Mitte Okt.–Mitte Mai)* zum Verweilen ein, sondern auch das moderne **Acadian Museum at Miscouche** *(Route 2 westlich von Summerside, Tel. 902/ 432-2880, Eintritt Mai–Okt.)*, das die Geschichte der auf P.E.I. lebenden Akadier erzählt, von denen die meisten in diesem Teil der Insel wohnen.

Doch der wahre Grund, sich vom belebten Zentrum der Insel zu entfernen, ist die Möglichkeit, in aller Ruhe durch stille Gassen zu schlendern, die Zehen in den Sand menschenleerer Strände zu graben, sich auf einer Klippe gegen den Seewind zu stemmen und den auf einer fernen Klippe sichtbaren Leuchtturm anzusteuern. ■

Lucy Maud, Anne und ihre Insel

Obwohl Lucy Maud Montgomery (1874–1942) einen Teil ihres Erwachsenenlebens in Ontario verbrachte, vergaß sie nie die Insel, auf der sie geboren wurde und auf der 19 ihrer 20 Romane spielen; die berühmtesten sind die, die von einem frechen kleinen Mädchen namens Anne of Green Gables handeln.

Die in New London (dem damaligen Clifton) auf Prince Edward Island geborene Schriftstellerin wuchs in Cavendish bei ihren strengen Großeltern auf. Sie fand Trost und Anregung in der Landschaft, in Büchern und beim Schreiben. Als junge Frau hatte sie geheime Liebschaften, und der Kirchenmann, den sie schließlich heiratete, verfiel in religiösen Wahn.

Trotzdem sind ihre Bücher, Briefe und Tagebücher voller Leben, Einfühlungsvermögen und auch Humor. Sie ging in ihrer Arbeit auf und brachte neben ihren Romanen noch 450 Gedichte, 500 Kurzgeschichten und 5000 Tagebuchseiten zu Papier. Anne of Green Gables erschien 1908 und war sofort ein Bestseller, dem weitere folgten. Seitdem ist die Geschichte des Waisenkindes Anne – von Mark Twain als »schönste Kindheitsdarstellung, die je geschrieben wurde« gelobt – in mehr als 20 Sprachen übersetzt worden, und das kleine Mädchen ist zur Kultfigur geworden, vor allem bei jungen Japanerinnen, die auf der Insel Zöpfe und das typische Anne-Häubchen tragen.

Ein Muss für alle Anne-Fans: das Farmhaus in Cavendish, in dem die Romane spielen

Nova Scotia

DER BESTE AUSGANGSPUNKT, UM NOVA SCOTIA KENNEN zu lernen – und zu begreifen, was der Ozean für die Atlantikprovinzen bedeutet –, ist Halifax. Die gewissermaßen vom Meer geschaffene Hauptstadt mit ihrer bewegten Geschichte stimmt Sie auf das ein, was Sie in dieser faszinierenden Provinz erwartet.

Die Stadtuhr verrät den Einwohnern von Halifax seit 1803, was die Stunde geschlagen hat

HALIFAX

In vieler Hinsicht ist Halifax eine moderne Hauptstadt, die jedoch ihre Geschichte nicht verleugnen kann; auch nach zweieinhalb Jahrhunderten liegen noch Kriegsschiffe im Hafen, und eine finstere Zitadelle wacht von einem Hügel aus über die Stadt. Moderne Bürogebäude stehen Wand an Wand mit Häusern aus der georgianischen und viktorianischen Zeit. Die Wasserseite wird von Lagerhäusern und anderen tadellos restaurierten Gebäuden aus dem 19. Jahrhundert beherrscht. Der Ortsrand mit seinen Einkaufszentren und Freeways ist eher uninteressant, doch jenseits von ihm beginnen die Wälder, die einen Großteil der Atlantikprovinzen bedecken, und in den Buchten und Fischerdörfern beiderseits der Stadt scheint die Zeit stillzustehen.

Mitte des 18. Jahrhunderts beschlossen die Briten auf Drängen der Neuengländer, gegen die Übermacht der Franzosen an der Ostküste vorzugehen und die Hauptstadt von Nova Scotia von Annapolis Royal nach Halifax zu verlegen. 1749 führte die H.M.S. *Sphinx* einen Konvoi von 13 Schiffen in die Meerenge, die die Micmac-Indianer Chebucto nannten; an Bord befand sich ein bunt gemischter Haufen potenzieller Siedler unter der Führung des späteren Gouverneurs Oberst Edward Cornwallis. Sie legten auf den Hügeln rasterförmige Straßen an und bauten dort eine Festung aus Holz, den Vorläufer der heutigen großen Zitadelle.

Der Wohlstand dieser neuen Stadt schwankte entsprechend den Ereignissen der nationalen und internationalen Geschichte. Kriege brachten immer einen Aufschwung mit sich, von den Anfangstagen, in denen Soldaten lossegelten, um Louisbourg zu belagern (siehe S. 84), bis zu den beiden Weltkriegen, als sich die Konvois, die Großbritannien versorgten, in der Bedford Bay sammelten, bevor sie sich auf den Nordatlantik hinauswagten, in dem es von deutschen U-Booten wimmelte.

Starten Sie Ihren Stadtrundgang an der Wasserseite. Die **historischen Gebäude** *(unterhalb der Upper Water Street, nördlich vom Maritime Museum)* aus Stein und Holz wären in den 60er Jahren beinahe dem Bau eines Küsten-

Halifax
53 C2

Besucherinformation
www.novascotia.com
www.halifaxinfo.com
1595 Barrington und Sackville
902/490-5946

Freeways zum Opfer gefallen. Eines von ihnen, das **Privateer's Warehouse**, wurde im Krieg von 1812 zum Einlagern der Beute aus gekaperten Schiffen, zumeist amerikanischen, verwendet.

Der Hafen selbst ist noch eindrucksvoller. Hier ankert die berühmte *Bluenose II*, wenn sie Halifax besucht *(Tel. 902/763-1963)*; klobige Fähren kreuzen zwischen Halifax und Dartmouth hin und her *(Abfahrt von der George Street, alle 15 Minuten)*; und historische Schiffe wie die H.M.C.S. *Sackville* aus dem Zweiten Weltkrieg gehören zu den Exponaten des **Maritime Museum of the Atlantic**; mit etwas Glück liegt auch ein zur Besichtigung freigegebenes Kriegsschiff vor Anker.

Die umfangreiche Ausstellung macht deutlich, in welcher Beziehung die Stadt zum Meer steht; sie umfasst auch eine Reihe von großartigen Schiffsmodellen und Schiffen von kleinen Ruderbooten bis hin zu Königin Viktorias eleganter Schaluppe. Teile der Wandverkleidung aus der *Titanic* erinnern daran, dass viele Opfer dieser Schiffskatastrophe in Halifax beigesetzt wurden. Weitere Schwerpunkte sind Schiffswracks und Seenotrettung, das Dampfzeitalter, die Errungenschaften des in Halifax geborenen Samuel Cunard und seiner Schifffahrtslinie und die Rolle von Halifax als wichtigster Marinestützpunkt Kanadas. Eine dramatische audiovisuelle Präsentation informiert über die Explosion von 1917 (siehe S. 74).

Landeinwärts ist die **Art Gallery of Nova Scotia** in einem Gerichtsgebäude aus dem 19. Jahrhundert untergebracht. Hier ist ein repräsentativer Querschnitt durch die kanadische Kunst zu bewundern, von den fröhlichen Schneebildern des Cornelius Krieghoff (1815–72) bis hin zu der in Ontario beheimateten Group of Seven (siehe S. 186f).

Zu sehen sind viele Arbeiten lokaler Künstler, darunter frühe Werke, die versuchen, Halifax und seine Umgebung auf traditionell europäische Weise darzustellen, Arbeiten von Danald C. MacKay (1906–74) und einige hübsche Beispiele der naiven und der Volkskunst.

Maritime Museum of the Atlantic
http://museum.gov.ns.ca/mmanew
✉ 1675 Lower Water St.
☎ 902/424-7490
🕒 Geschl. Mo Nov.–April
$ $

Art Gallery of Nova Scotia
www.artgalleryofnovascotia.ca
✉ 1741 Hollis St. at Cheapside
☎ 902/424-7542
🕒 Geschl. Mo vormittag
$ $

Hinter den historischen Gebäuden dominieren moderne Wolkenkratzer die Skyline von Halifax

Die historische Altstadt von Halifax, die beinahe dem Bau einer Schnellstraße zum Opfer gefallen wäre, ist heute Anziehungspunkt für Einheimische und Besucher

DAS HISTORISCHE ZENTRUM

Um einen Eindruck vom historischen Stadtzentrum zu bekommen, stellen Sie sich am besten neben der anglikanischen Kirche St. Paul's und der City Hall auf die **Grand Parade**. Von hier aus gehen Sie die George Street hinauf zu einem der Wahrzeichen von Halifax, der **Town Clock**, die Edward, Herzog von Kent, der Stadt 1803 gestiftet hat, nachdem er sich mehrfach über die Unpünktlichkeit der Einwohner ärgern musste. Die Zifferblätter auf der Nord- und Ostseite sind größer als die beiden anderen, weil sie in die Stadt zeigen und Edward sichergehen wollte, dass die Menschen sie sehen konnten. Mittlerweile gilt die Uhr als eines der markantesten Wahrzeichen von Halifax. Ob sie das Zeitgefühl der Bewohner maßgeblich beeinflusst hat, kann jedoch bezweifelt werden.

Die Uhr steht am Fuß des grasbewachsenen Hanges unterhalb der **Halifax Citadel National Historic Site** *(Tel. 902/426-5080)*. Diese sternförmig angelegte Festung, die vierte an dieser Stelle, wurde in den Jahren 1828 bis 1856 gebaut und sollte die Stadt gegen Angriffe sowohl vom Wasser als auch vom Land her schützen. In der Zitadelle erwarten den Besucher Wachtposten im Schottenrock, außerdem jeden Mittag das zeremonielle Abfeuern der Kanone sowie faszinierende Exponate und Ausstellungen. Die Lage der Festung ist einzigartig, und man hat von ihr aus einen einmaligen Blick über Halifax.

Das **Province House** in der Hollis Street ist Sitz des Parlaments von Nova Scotia, einer Institution, die seit 1758 existiert. Das 1819 erbaute Sandsteinhaus, in dem es heute untergebracht ist, wurde von Charles Dickens (1812–70) als »Perle der georgianischen Architektur« bezeichnet. ■

Province House
http://nslegislature.ca
✉ Hollis St.
☎ 902/424-4661
🕒 Geschl. Sa–So Sept.–Juni

Die große Explosion

Die verheerendste von Menschen verursachte Explosion vor Hiroshima ereignete sich in Halifax. Am Morgen des 6. Dezember 1917 stieß das mit Munition beladene französische Schiff Mont Blanc im Hafen mit dem norwegischen Frachter Imo zusammen. An Bord der Mont Blanc brach Feuer aus, und zwanzig Minuten später explodierte sie. Die Explosion machte 1630 Häuser dem Erdboden gleich und tötete auf einen Schlag 1400 Menschen; viele weitere fielen der durch die Explosion ausgelösten Flutwelle zum Opfer. Noch in hundert Kilometer Entfernung gingen Fensterscheiben zu Bruch, und die Explosion war bis Prince Edward Island zu hören. Von überall kamen Hilfslieferungen; noch heute steht in Boston jedes Jahr ein Christbaum aus Nova Scotia, mit dem die Bewohner von Halifax ihre Dankbarkeit ausdrücken.sich in einer Urne in der Nieuwe Kerk.

Mit dem Auto von Halifax nach Barrington

An der 400 Kilometer langen Strecke, die von Halifax aus an der Atlantikküste nach Südwesten führt, liegen einige der schönsten Landschaften von Nova Scotia sowie hübsche Fischerdörfer und Hafenstädte.

Von Halifax geht es über den Highway 3 und die Route 333 nach **Peggys Cove** ①. In diesem Fischerdorf existieren raue Natur und Gemütlichkeit friedlich nebeneinander: auf der einen Seite die baumlose, von den Gletschern der Eiszeit geformte Landschaft, die ständig vom Meer umtost wird, und auf der anderen Seite bunte Häuser und dicht am Hafen stehende Fischerhütten. Ein strahlend weißer Leuchtturm mit rotem Dach krönt einen Granitvorsprung, der durch das aufspritzende Seewasser so glatt geworden ist, dass er eine Gefahr für unvorsichtige Kletterer darstellt. Fischereigerät im Hafen und Boote im Wasser beweisen, dass hier nach wie vor hart gearbeitet wird, obwohl Peggys Cove mittlerweile zur Touristenattraktion und zu einer Art Künstlerkolonie geworden ist. Sie werden den Ort sicher nicht allein erkunden können – es sei denn, von der See zieht Nebel auf (was häufig passiert), und alle anderen Besucher verziehen sich in das große Café auf der Landzunge.

Von Peggys Cove geht es zurück auf den Highway 3, der an den Küsten von St. Margarets Bay und Mahone Bay vorbeiführt. Zu den attraktiven Orten entlang dieser Straße gehört **Chester** ② *(Touristeninformation: Old Station, Hwy. 3, Tel. 902/275-4616, geschl. Mitte Okt.–Mitte Mai)*. Seine baumgesäumten Straßen und die eleganten Häuser sind seit mehr als anderthalb Jahrhunderten ein beliebtes Reiseziel der amerikanischen Ostküstenurlauber. Mit seinen zwei Häfen und den 365 vorgelagerten Inseln ist Chester ein Paradies für Yachtbesitzer, vor allem in der Rennwoche Mitte August.

Etwa 22 Kilometer weiter an der alten Küstenstraße liegt das ebenfalls sehr hübsche, aber viel kleinere **Mahone Bay** ③, das einst für seine Bootsbauer berühmt war, deren Fertigkeiten jedes Jahr im Juli gefeiert werden *(Tel. 888/624-6151)*. Den besten Blick auf die Stadt hat man von der anderen Seite des Hafens, wobei besonders die einträchtig beieinander stehenden Türme der drei Kirchen des Ortes ins Auge fallen. Wenige Kilometer weiter südlich führt der Highway 3 in das Fischerdorf **Lunenburg** ④ *(Besucherinformation: Blockhouse Hill Road, Tel. 902/634-8100, geschl. Mitte Okt.–Mitte Mai)*, ein Ort, der

Die auf dem Reißbrett entworfene Stadt Lunenburg von der Wasserseite aus betrachtet

1995 von der UNESCO zum Weltkulturerbe ernannt wurde. Die meisten Siedler, die sich in der 1753 gegründeten Stadt niederließen, waren Deutsche, aber auch einige Schweizer und Franzosen siedelten sich dort an – allesamt »ausländische Protestanten«, die von den Briten als zuverlässige und gehorsame Untertanen betrachtet wurden.

Der Grundriss der Altstadt von **Lunenburg** mit ihren rechteckigen Grundstücken und den für öffentliche Gebäude reservierten Flächen ist ein klassisches Beispiel für die Planung von britischen Kolonialstädten. Das älteste Gebäude, das möglicherweise aus den 70er Jahren des 18. Jahrhunderts stammt, ist das **Romkey House**, doch die meisten anderen Bauwerke stammen aus dem späten 19. Jahrhundert. Sie sind aus Holz, in leuchtenden Farben gestrichen, und ziehen sich an der Flanke des Hügels oberhalb des Hafens hinauf. Viele von ihnen sind mit Motiven aus dem Schiffbau verziert und mit Erkern über der Haustür geschmückt. Auch die **St. John's Church** ist ein Meisterwerk der »Schiffszimmerer-Gotik«.

Obwohl Lunenburgs Siedler eigentlich Bauern waren, stellten sie sich schnell auf ein Leben als Fischer um. Um 1850 schickten sie ihre erste Schoner-Flotte zur Großen Neufundlandbank (Grand Bank); um 1870 führten sie die Double-Dory-Schleppnetzfischerei ein und um 1920 neue Methoden zur Verarbeitung von Frischfisch. Der berühmte Renn-Schoner *Bluenose* wurde 1921 hier gebaut, und noch heute sind die Schiffbau- und Werftkünste der Lunenburger gefragt. 1963 bauten sie die wunderschöne *Bluenose II* (siehe S. 79) sowie eine Kopie der *Bounty*; 1997 wurde hier der Nachbau von Cabots *Matthew* repariert.

Das **Fisheries Museum of the Atlantic** *(Tel. 902/634-4794, geschl. Sa und So, Nov.–April)*, das in der Salt Hall, dem Ice House und anderen Gebäuden der ehemaligen Fischfabrik untergebracht ist, ist eines der lohnenswertesten Museen dieser Region. Es verfügt nicht nur über ein Aquarium, sondern auch über faszinierende Ausstellungen über die Geschichte der Fischerei auf der Großen Neufundlandbank, den Rumschmuggel und das Alltagsleben der Gemeinde. Eine eigene Ausstellung ist der *Bluenose* gewidmet, dem einzigen Werk von Menschenhand, das auf einer kanadischen Münze abgebildet ist; an den Docks sind schöne Schiffe zu bewundern.

Verlassen Sie Lunenburg über den Highway 3 und folgen Sie ihm bis nach Bridgewater. Wechseln Sie auf die Route 331 und genießen Sie den Blick auf die spektakulären Sandstrände. Einer von ihnen, **Crescent Beach**, zierte sogar einmal den kanadischen 50-Dollar-Schein.

45 Kilometer weiter biegen Sie auf den Highway 103 nach Süden ab und gelangen nach **Liverpool** 5 *(Besucherinformation: White Point Road, Tel. 800/655-5741)*. Die Bewohner dieses Ortes, der wie sein englisches Gegenstück an der Mündung des Mersey liegt, verdienten ihren Lebensunterhalt einst mit Freibeuterei. Eines ihrer Schiffe, die *Liverpool Packet*, kaperte nicht weniger als hundert amerikanische Schiffe, bis die Amerikaner schließlich die Geduld verloren und 1780 mit einer Flotte eigener Kaperschiffe in Liverpool einfielen. Zu neuem Leben erwachen diese aufregenden Zeiten heute im **Queen's County Museum** *(109 Main St., Tel. 902/354-4058)* und im angrenzenden **Perkin's House** *(105 Main St., Tel. 902/354-4058, geschl. Mitte Okt.–Mai)*, einem besonders schönen Gebäude aus dem

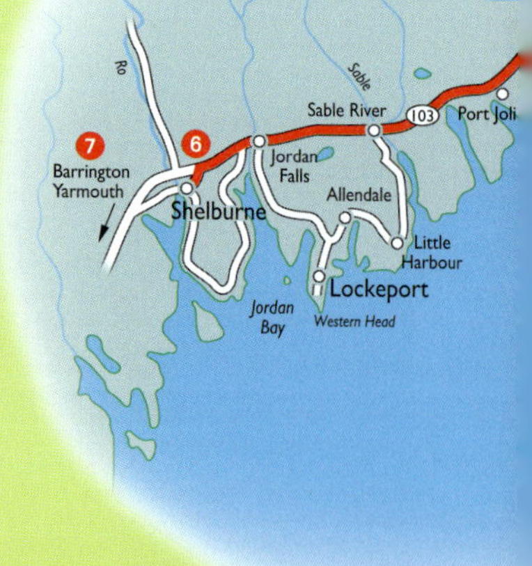

späten 18. Jahrhundert. Die nächste Station am Highway 103 ist **Shelburne** 6 *(Besucherinformation: Nordende der Dock St., Tel. 902/875-4547, geschl. Mitte Okt.–Mitte Mai).* Die 1783 gegründete Stadt wurde in aller Eile erbaut, als Tausende von Loyalisten aus New York kamen. Kurze Zeit war Shelburne die größte Stadt in Britisch-Nordamerika. Wie Halifax verfügt es über einen idealen Naturhafen, der jedoch die wirtschaftliche Stagnation des Ortes nicht verhindern konnte – was der Stadt vermutlich ihren Charme bewahrt hat. Neben den schönen alten Häusern ist der **Dory Shop** *(Dock St., Tel. 902/640-3005, geschl. Okt.–Mai)* eine der größten Attraktionen. Heute ist die Werft ein Museum, doch sie baut noch immer die für die Fischerei einst lebenswichtigen Boote. Eigentlich endet hier die Tour, aber die Weiterfahrt nach Yarmouth lohnt sich, wo der Anleger für die Fähren aus Maine ist. Auch **Barrington** 7 ist sehenswert, vor allem die alte Mühle, der Leuchtturm und das **Old Meeting House**, das älteste freikirchliche Gebäude in Kanada.

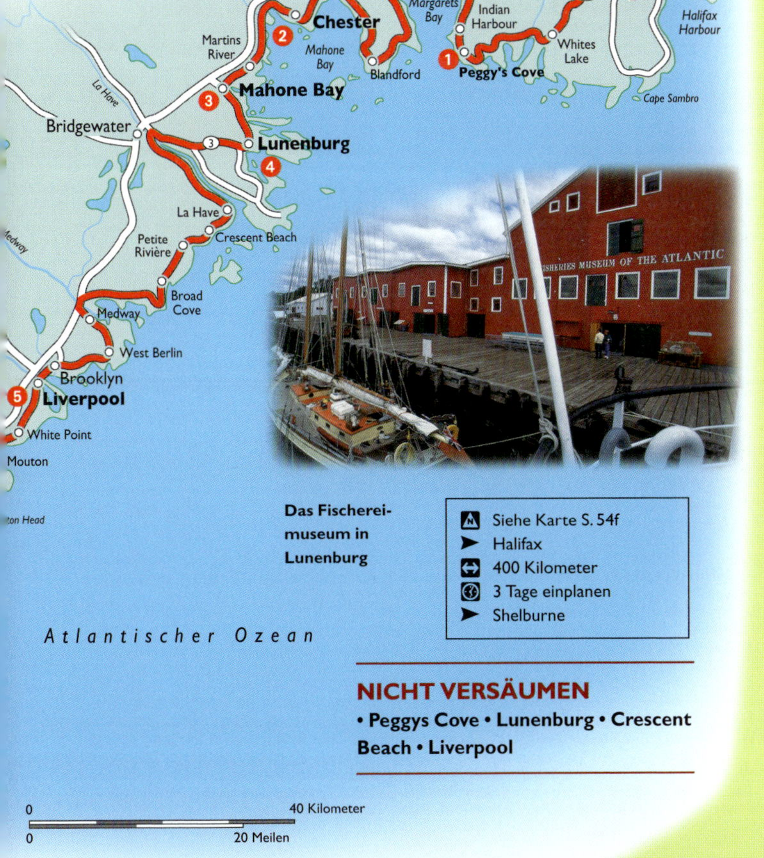

Das Fischereimuseum in Lunenburg

Siehe Karte S. 54f
Halifax
400 Kilometer
3 Tage einplanen
Shelburne

NICHT VERSÄUMEN

• Peggys Cove • Lunenburg • Crescent Beach • Liverpool

ERLEBNIS: Ein Volk von Seefahrern

Nicht ohne Grund werden die Gebiete im Osten Kanadas als Atlantikprovinzen bezeichnet. Die europäischen Siedler kamen über den Atlantik und blieben zunächst viele Jahre von den Seewegen nach Frankreich und Großbritannien abhängig. Die Fortbewegung über die See und die Flüsse im Landesinnern war damals die einzige Möglichkeit, das große Land zu erschließen. Im 18. Jahrhundert wurden die Kämpfe der Briten und Franzosen um die Vorherrschaft in der Region sowohl mit Land- als auch mit Seestreitkräften ausgetragen. Die meisten Bewohner dieser bewaldeten und relativ unfruchtbaren Gegend ließen sich entlang der Küste und in geringerem Maße auch in Flusstälern nieder. Fast alle Orte hatten einen Hafen, und der größte Teil der Menschen lebte von der Fischerei.

Schon von Anfang an wurden hier Schiffe gebaut. 1606, ein Jahr nachdem Champlain seine Siedlung errichtete (siehe S. 80f), wurden im Annapolis Basin in Port Royal zwei kleine Boote zu Wasser gelassen. Anfangs kopierten die Handwerker den europäischen Bootsbau, doch im 18. Jahrhundert wurde der Schiffbau ein bedeutender Wirtschaftsfaktor, einheimische Handwerker arbeiteten mit Schiffbauern und Zimmerleuten aus Neuengland zusammen. Die Blütezeit des Schiffbaus lag im 19. Jahrhundert, zu dieser Zeit waren fast 200 Werften in Betrieb und sorgten dafür, dass Kanada zur viertgrößten Schiffbaunation der Welt wurde.

Zu den vielen »selbst gebauten« Fischerbooten für den eigenen Bedarf kamen Schaluppen und Schoner für den Handel im Küstengebiet. Größere Schiffe beförderten Fisch und Bauholz nach Großbritannien, ins Mittelmeer, in die Karibik und nach Südamerika. Die *Marco Polo* (1625 Tonnen), die 1851 in Saint John gebaut wurde, galt als schnellstes Schiff der Welt, und im Jahr 1858 stammten mehr als drei Viertel der im englischen Liverpool registrierten Schiffe über 500 Tonnen aus Kanada.

Gegen Ende des Jahrhunderts begannen Schiffe aus Eisen und Stahl zu dominieren und beendeten damit die kanadische Vorherrschaft, obwohl dort auch weiterhin wunderschöne Segelschiffe gebaut wurden. Das berühmteste Schiff, der eleganter Schoner *Bluenose*, lief

Die See hat den Charakter der Atlantikprovinzen geformt und ist ihr dominierendes Merkmal geblieben. Leuchttürme wie dieser (ganz links) säumen die zerklüftete Küste. Der Blick des Skippers (links) mit seinem traditionellen Südwester ist aufs Meer hinaus gerichtet. Der elegante Schoner *Bluenose II* (oben), die Kopie eines legendären Vorgängers, läuft in den Hafen von Halifax ein

1921 in der Werft von Smith und Rhuland in Lunenburg vom Stapel und gewann mehrmals die alljährliche Fishermen's Trophy. Obwohl sie 1944 vor Haiti unterging, ist die *Bluenose* unsterblich, denn ihr Bild ziert die kanadische Zehn-Cent-Münze. 1963 wurde in derselben Werft eine exakte Replik gebaut, die *Bluenose II*, die häufig in Lunenburg und Halifax zu sehen ist (siehe S. 76).

Zu den bescheideneren Booten gehören die *Cape Islander* mit ihrem hohen Bug und der weit vorne liegenden Kajüte, die Ephraim Atkinson auf Cape Sable Island entwarf, und die Dory-Boote mit ihrem flachen Boden. Solche Boote werden noch heute gebaut, zum Beispiel im Dory Shop in Shelburne (siehe S. 77) oder neben dem großartigen Fischereimuseum in Lunenburg (siehe S. 76). Sowohl das Museum in Lunenburg als auch das Halifax Maritime Museum besitzen umfangreiche Sammlungen historischer Schiffe.

Zusammen mit Neufundland liegen die Atlantikprovinzen Europa am nächsten, und in den beiden Weltkriegen waren ihre Gewässer deshalb leider auch Schauplatz intensiver kriegerischer Auseinandersetzungen. In beiden Kriegen legten deutsche U-Boote Minen und versenkten Kriegs- und Handelsschiffe; daraufhin wurden Maßnahmen zur U-Bootabwehr entwickelt und sichere Fahrten im Konvoi eingeführt, damit der endlose Strom von Schiffen, die Großbritannien mit Vorräten und Kriegsgerät versorgten, sein Ziel erreichte. Das Zentrum dieser Aktivitäten war der Hafen von Halifax, und wer mehr über diese ereignisreichen Zeiten erfahren möchte, sollte nicht nur das Maritime Museum (siehe S. 73) besuchen, sondern auch das dem Schiffsverkehr gewidmete Maritime Command Museum *(Admiralty House, Gottingen St., Halifax, Tel. 902/721-8250, geschl. Sa und So).*

Annapolis Valley und die französische Küste

55 B2

ANNAPOLIS VALLEY, DAS IM NORDEN UND SÜDEN VON Bergketten flankiert wird, ist das sonnigste und fruchtbarste Gebiet in Nova Scotia. Das Tal ist berühmt für seine Apfelplantagen, die heute zwar nicht mehr so groß sind wie früher, zur Blütezeit aber immer noch einen prachtvollen Anblick bieten. Viele Besucher beginnen ihre Besichtigungstour bei Grand-Pré.

Sanfte Hügel flankieren das fruchtbare Land im Annapolis Valley

Grand-Pré National Historic Site
www.pc.gc.ca
55 B3
4 km östlich von Wolfville am Hwy. 1
902/542-3631
Geschl. Nov.–April

Port Royal National Historic Site
www.pc.gc.ca
55 B2
13 km westlich von Annapolis Royal
902/532-2898
Geschl. Mitte Okt.–Mitte Mai
$

GRAND-PRÉ NATIONAL HISTORIC SITE

Grand-Pré, früher eine blühende akadische Stadt mit 5000 Einwohnern, ist heute ein Denkmal inmitten der fruchtbaren Landschaft des Annapolis Valley. Das kleine Mahnmal erinnert an eines der tragischsten Ereignisse in der Geschichte der Atlantikprovinzen: die Deportation von 1755 (siehe S. 62f).

Obwohl es hier nicht viel zu sehen gibt, sind doch die meisten Besucher gerührt. In der kleinen Kapelle finden sich die Listen der Deportierten, und Karten zeigen, wohin sie gebracht wurden. Es gibt sogar eine Kopie des Deportationsbefehls von Gouverneur Lawrence. Ein weiterer Höhepunkt ist die lebensgroße Skulptur von Evangeline, geschaffen von Louis-Philippe Hébert, einem Bildhauer aus Montréal, der selbst von Akadiern abstammt.

Nicht weit von Grand-Pré liegt **Wolfville** *(Besucherinformation Tel. 902/542-7000, geschl. Mitte Okt.–Mitte Mai)* mit seinen eleganten Villen aus der viktorianischen Zeit und der 1838 gegründeten **Acadia University**. Außerdem findet in Wolfville das jährliche Atlantik Theatre Festival statt.

ANNAPOLIS VALLEY

Die vielen hübschen Orte entlang des Highway 1 machen die Fahrt zum südöstlichen Ende des Tals zu einem lohnenden Ausflug. **Bridgetown** hat sich seinen kleinstädtischen Charme am besten bewahrt. Hier lohnt der Blick auf die von Loyalisten erbauten Häuser und die von Ulmen gesäumten Straßen.

Weiter im Südwesten, wo sich der Annapolis River zu einem Gezeitenbecken verbreitert, sind die wichtigsten Sehenswürdigkeiten von Nova Scotia zu entdecken, der detailgetreue Nachbau der Port Royal Habitation und der kleine Ort Annapolis Royal.

Port Royal Habitation

Nach dem furchtbaren Winter 1604/05 auf der Île Sainte-Croix in der Passamaquoddy Bay überquerte die Gruppe um Sieur des Monts und Samuel de Champlain die Bay of Fundy, um sich im Süden des Annapolis-Beckens niederzulassen. Die neue Siedlung war mit allen Überlebenshilfen ausgestattet, die die europäische Kultur und Technologie bisher hervorgebracht hatten.

Auch wenn die Siedlung bald wieder aufgegeben wurde (de Monts verließ sie 1607, als seine Pelzhandelslizenz eingezogen wurde, 1613 fiel ein Trupp Plünderer aus Virginia über sie her), war sie doch die erste erfolgreiche europäische Kolonie nördlich von St. Augustine.

Oberirdisch war von der Siedlung nichts mehr übrig, als sie 1939 wieder aufgebaut wurde. Heute ist die **Port Royal National Historic Site** eine nahezu perfekte Replik der Anlage aus dem 17. Jahrhundert. Alte Handwerkstechniken ermöglichten die originalgetreue Wiederherstellung des Brunnens, des Innenhofes, der Palisade vor dem Eingang, der Unterkünfte, der Lagerräume und des Wirtschaftsgebäudes; auf diese Weise ist ein beeindruckendes Baudenkmal entstanden.

Annapolis Royal

Auf der gegenüberliegenden Seite des Annapolis-Beckens, direkt hinter dem Kraftwerk, das sich den enormen Gezeitenwechsel der Bay of Fundy zunutze macht, liegt **Annapolis Royal**, die Nachfolgerin von Port Royal, nach Englands Königin Anne in Port Anne umbenannt, als die Stadt 1713 kurze Zeit die Hauptstadt von Nova Scotia war. Einst war Annapolis Royal eine belebte Hafen- und Garnisonstadt, doch heute ist sie ein Musterbeispiel gepflegten Kulturerbes.

In ihrem Herzen liegt die **Fort Anne National Historic Site** *(295 St. George St., Tel. 902/532-2321, geschl. Mitte Okt.–Mitte Mai)*. Um diese Festung, von der heute nur noch Überreste stehen, haben Briten und Franzosen einst erbitterte Kämpfe ausgefochten. Die **Annapolis Royal Historic Gardens** *(441 St. George St., Tel. 902/532-7018, geschl. Mitte Okt.–Mitte Mai)* in der Nähe der Festung wurden 1981 angelegt, um die Entwicklung des Gartenbaus zu demonstrieren.

DIE FRANZÖSISCHE KÜSTE

Von allen Gebieten in Nova Scotia, die ab 1670 von heimkehrenden Akadiern besiedelt wurden, hat **Clare County** zwischen Digby und Yarmouth sich seinen französischen Charakter am besten bewahrt. Der magere Boden an der Küste der St. Mary's Bay zwang die Heimkehrer, die Landwirtschaft aufzugeben und sich stattdessen dem Holzhandel und dem Fischfang zuzuwenden. Die Dörfer am Highway 1 gehen ineinander über, und nur die ungewöhnlich großen Kirchen lassen erkennen, wo eine Gemeinde aufhört und die nächste anfängt. In **Pointe de l'Église** steht Sainte-Marie, deren 55 Meter hoher Turm mit 40 Tonnen Ballast gegen die Küstenstürme geschützt ist. In der Kirche von St. Bernard haben 1000 Gläubige Platz – drei Mal so viele, wie die Gemeinde Mitglieder hat. ■

Ein französischer Außenposten in der kanadischen Wildnis – Port Royal Habitation

An der Grand-Pré National Historic Site erinnert eine Büste Longfellows an sein Versepos *Evangeline*

Cape Breton Island und der Cabot Trail

Das zerklüftete Cape Breton Island ist ein felsiger Finger, der nordwärts in die Cabot Strait ragt, die den St.-Lawrence-Golf mit dem Atlantik verbindet. Im Nordwesten von Cape Breton Island wurde eine wildromantische Rundstrecke, der Cabot Trail, angelegt.

Seinem Namen zum Trotz ist Cape Breton Island seit 1955 keine Insel mehr, denn in diesem Jahr wurde ein drei Kilometer langer Damm über die Strait of Canso gebaut. Nach seiner Überquerung lohnt sich ein Blick zurück auf die Klippen, von denen die zehn Millionen Tonnen Gestein für den Bau des Dammes stammen. Auf den Schildern steht »Ciad Mile Failte« (»ein hunderttausendfaches Willkommen« auf Gälisch). Die Inselbewohner sind ein unabhängiges Völkchen; es handelt sich fast ausschließlich um die Nachfahren von Siedlern aus dem schottischen Hochland, die nicht bereit sind, sich mit den anderen Neuschottländern vom »Festland« abzugeben.

Die Rundreise führt durch den Cape Breton Highlands National Park. Wale vor der Küste, Elche im Landesinnern und durch die Lüfte kreisende Weißkopf-Seeadler machen diese Fahrt für Naturliebhaber besonders faszinierend. Wer auf Nummer sicher gehen möchte, sollte die Strecke im Uhrzeigersinn befahren, um den Steilhängen hinunter zum Meer zu entgehen. Entgegen dem Uhrzeigersinn befahren, ist die Landschaft allerdings noch spektakulärer. Es muss jedoch mit plötzlich aufziehendem Nebel gerechnet werden, vor allem auf der Ostseite.

Ausgangspunkt ist der Ferienort **Baddeck** 1 *(Besucherinformation, Chebueto St., Tel. 902/295-1911)*, wunderschön gelegen an der Binnenküste Bras d'Or. Alexander Graham Bell (1847–1922), der von den Einwohnern wegen seiner Liebe zu dieser Insel verehrt wird, kam 1885 zum ersten Mal nach Cape Breton und baute sich hier sein Haus Beinn Bhreag (»Schöner Berg« auf Gälisch), in dem er viele neue Erfindungen machte. Die **Alexander Graham Bell National Historic Site** *(Hwy. 205, Tel. 902/295-2069)* zeigt viele seiner Erfindungen, zu denen natürlich Telefone gehören, aber auch vieles andere, zum Beispiel die fabelhafte Reproduktion der 18 Meter langen HD-4.

Biegen Sie von der Trans-Canada 105 auf den Cabot Trail ab. Hinter dem Margaree River, der für seine Lachse berühmt ist, und der akadischen Hafenstadt **Chéticamp** 2 führt der Cabot Trail in den **Cape Breton Highlands National Park** *(Tel. 902/224-2306)*. »Wo der Berg die See trifft« ist die passende Beschreibung für diesen Park mit seinen Laubwäldern und Hochplateaus und der felsigen, aber wunderschönen Küste. Der Trail schlängelt sich zwischen Chéticamp und **Pleasant Bay** durch den Park.

Ein kurzer Spaziergang landeinwärts führt Sie zu **Lone Shieling**, dem Nachbau einer Highland-Bauernkate. Auf dem durch das Landesinnere führenden Teilstück zwischen **Cape North** und Neil's Harbour lohnt es sich, nach Elchen Ausschau zu halten.

Von Pleasant Bay aus führt die Straße landeinwärts bis nach Neil's Harbour, wo sie auf die Ostküste trifft. Sehenswert ist **Black Brook Cove**; hier erstrecken sich rosafarbene Felsen in die See, und man hat einen guten Blick auf die Ingonish Bay.

Auf dem **Middle Head**, der die Ingonish Bay in zwei Hälften teilt, steht das Hotel **Keltic Lodge** 3 *(Besucherinformation, Tel. 902/285-2880)*. Parken Sie dort und wandern Sie bis ans Ende der Halbinsel. Von dort aus haben Sie einen guten Blick auf Cape Smokey und Tern Rock, auf dem unter anderem Fluss- und Küstenseeschwalben brüten *(in der Brutzeit von Mitte Mai–Juli ist der Pfad gesperrt)*.

Im Sommer bietet sich die Teilnahme an einer der beliebten **Wal-Beobachtungsfahrten** *(Cape Breton Infomation, Tel. 800/565-0000)* mit dem Boot an.

Der Cabot Trail und die großartige Landschaft des Cape Breton Highlands National Park

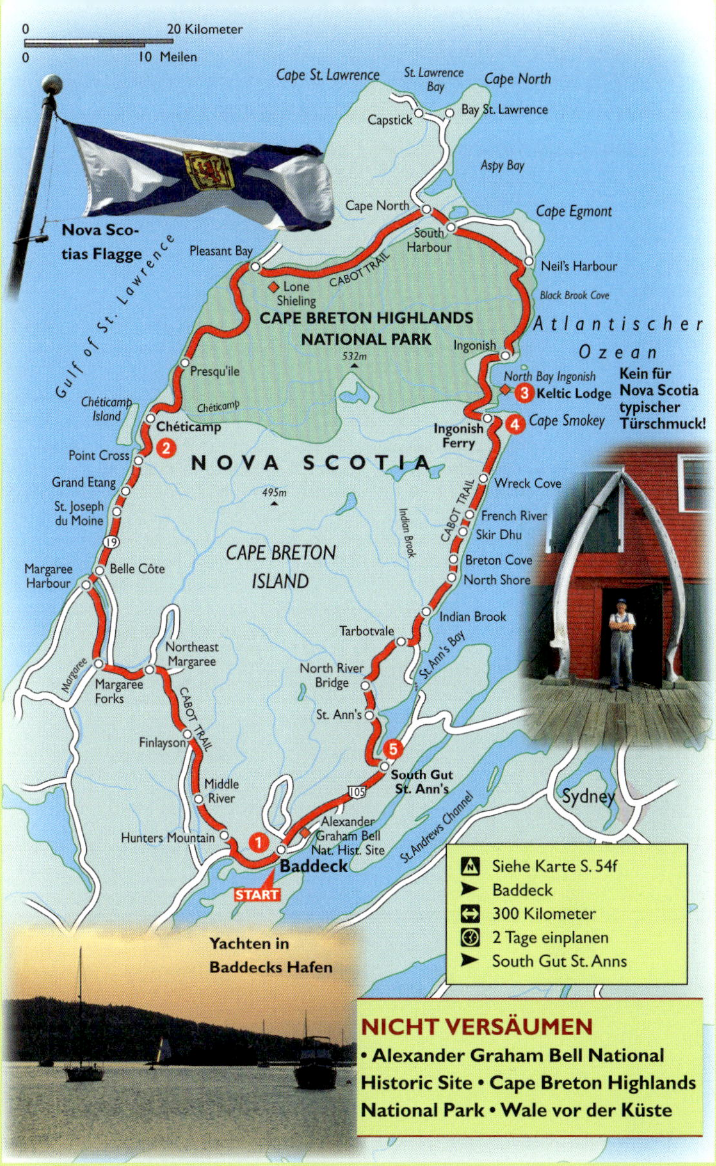

Nova Scotias Flagge

Kein für Nova Scotia typischer Türschmuck!

Yachten in Baddecks Hafen

Siehe Karte S. 54f
Baddeck
300 Kilometer
2 Tage einplanen
South Gut St. Anns

NICHT VERSÄUMEN

• Alexander Graham Bell National Historic Site • Cape Breton Highlands National Park • Wale vor der Küste

Hinter Ingonish führt der Trail durch **Cape Smokey** 4 *(Tel. 902/285-2778)* und durch eine Reihe von gälischen Fischerdörfern, die gefährlich nah an der St. Anns Bay zu stehen scheinen. In **South Gut St. Anns** 5 sollten Sie das **Gaelic College of Arts and Crafts** *(Tel. 902/295-3441)* besuchen, das 1938 gegründet wurde und bei der Wiederbelebung der gälischen Kultur eine entscheidende Rolle gespielt hat. Dort wird auch die einst fast vergessene gälische Sprache gefördert.

Louisbourg

Die Festung von Louisbourg
www.pc.gc.ca
45 B3
35 km südlich von Sydney an der Rte. 22
902/733-2280
Geschl. Nov.–April
$$$

DIE FESTUNG VON LOUISBOURG, EINST KAUM MEHR ALS ein Bauer im Schachspiel der Macht zwischen Großbritannien und Frankreich, wurde mit großem Aufwand rekonstruiert und ist heute eines der größten geschichtlichen Denkmäler in Nordamerika.

Mit einer Grundfläche von fast 5000 Quadratmetern, mehr als 50 rekonstruierten Gebäuden und einer »Besatzung« aus kostümierten Laiendarstellern und Soldaten während der Sommermonate bietet die **Fortress of Louisbourg National Historic Site** den Besuchern einen Einblick in das Leben der Kolonialisten im 18. Jahrhundert.

Nachdem die Franzosen 1713 aus Neufundland vertrieben worden waren und sie zudem die Halbinsel Nova Scotia und ihre Hauptstadt Port Royal verloren hatten, versuchten sie durch den Bau einer Festung auf Cape Breton Island ihre Stellung in der neuen Heimat zu festigen. 1715 entschieden sie sich für Louisbourg, das über einen Hafen verfügte und nicht weit von den Fischgründen der Großen Neufundlandbank und der Cabot Strait entfernt lag, durch die der Seeweg nach Québec führte. In den 30er Jahren des 18. Jahrhunderts lebten in Louisbourg bereits 4000 Zivilisten und ebenso viele Soldaten.

Das um 1730 fertig gestellte Château Saint-Louis in Louisbourg war das beeindruckendste Bauwerk in ganz Neufrankreich

EIN TAUSCHOBJEKT

Die Stärke der Festung provozierte genau die Reaktion, die sie vermeiden sollte. 1745 griffen Neuengländer, unterstützt von einem britischen Marinegeschwader, die Festung an – nicht von der See aus, wie die Franzosen vermutet hatten, sondern vom Land. Nach der ersten von zwei erfolgreichen Belagerungen ergab sich Louisbourg, wurde aber 1749 an die Franzosen zurückgegeben, nachdem die Briten es als nützliches Tauschobjekt erkannt hatten. Eine zweite Belagerung 1758 hatte ein folgenschwereres Ergebnis: Nach der Kapitulation wurde die Bevölkerung nach Frankreich deportiert, und im darauf folgenden Jahr diente die Festung als britische Militärbasis, bis die Briten sie nach der Gründung von Halifax nicht mehr brauchten und dem Erdboden gleichmachten.

Um sich dieses bemerkenswerte Bauwerk mit seinen Kaianlagen, der Zitadelle, den Toren, Wällen und Bastionen in Ruhe ansehen zu können, sollten Sie einen ganzen Tag einplanen. ■

Die Insel in den kalten Gewässern des Nordatlantik, die erst seit 1949 zu Kanada gehört, hat ihren ganz eigenen Charakter

Neufundland und Labrador

Wellen brechen sich an der Felsenküste von Cape Spear

Neufundland und Labrador

KEIN NEUFUNDLÄNDER KÄME AUF DIE IDEE, SEINE INSEL ALS HÜBSCH ZU BEzeichnen. »Ein Riesenhaufen Steine und Geröll … wie etwas Unheimliches aus den Tiefen eines Lochs« ist eine immer wieder zu hörende Beschreibung. Obwohl sich die ersten Europäer schon vor langer Zeit auf Neufundland niederließen, hat die Besiedelung hier wenige Spuren hinterlassen. Ein Großteil der Bevölkerung lebt noch heute an der Küste und betrachtet die See als Einkommensquelle und Verbindung zur Außenwelt.

Typische Siedlungen sind die so genannten Vorhäfen (*outports*), kleine Ansammlungen von Fischerhütten, die nur wegen des einstigen Fischreichtums der Gewässer vor Neufundland noch bewohnt sind – des Fischreichtums, der vor Hunderten von Jahren die Siedler dazu brachte, über den Atlantik zu kommen. St. John's mit seinem schönen Naturhafen ist die einzige größere Stadt, die ebenfalls schon seit langer Zeit von der Fischerei lebt. Im Landesinnern gibt es nur wenige Orte – zu ihnen gehören Gander mit seinem strategisch wichtigen Flughafen und Grand Falls, in dessen Papierfabrik Nadelholz verarbeitet wird. Entfernt man sich von der spektakulären 9650 Kilometer langen Küste, hat man den Eindruck, als wäre ein Großteil des Landes mit seinem Gestrüpp, den Felsen, Teichen und Sümpfen erst vor kurzem unter einem eiszeitlichen Gletscher zum Vorschein gekommen. Neufundland verfügt nicht einmal im Sommer über ein angenehmes Klima und ist deshalb perfekt für jeden, der die Herausforderung sucht, sei es beim Jagen oder Fischen, Kanu fahren oder Wandern. Im Gros Morne National Park gibt es spezielle *Wilderness*-Angebote, aber auch wer sich nicht zu den wetterfesten Naturmenschen zählt, kann sich am Beobachten der Vögel und Wale erfreuen.

Die fischreichen Gewässer der Großen Neufundlandbank waren den Fischern aus dem Nordwesten Europas schon bekannt, bevor John Cabot 1497 seine historische Reise unternahm, doch zu voller Blüte kam die Fischerei erst in den darauf folgenden Jahrhunderten (siehe S. 92f). Eigentlich sollte nur im Sommer gefischt werden, doch zum Missfallen der britischen Regierung begannen die Fischer schon bald mit dem Bau von Siedlungen, die mit den weniger erfolgreichen, von der Regierung eingerichteten und finanzierten Niederlassungen wie etwa Ferryland auf der Avalon-Halbinsel wenig gemeinsam hatten. Die ersten Neufundländer stammten überwiegend aus dem Westen Englands. Ihnen folgten Schotten und zu Beginn des 19. Jahrhunderts unzählige Iren, die schon bald den Großteil der Bevölkerung von St. John's und weiten Küstenstrichen ausmach-

Im Frühjahr und Sommer treibt der Labradorstrom Eisberge in die Buchten, hier in die Trinity Bay in der Nähe von Old Bonaventure an die Küste von Neufundland

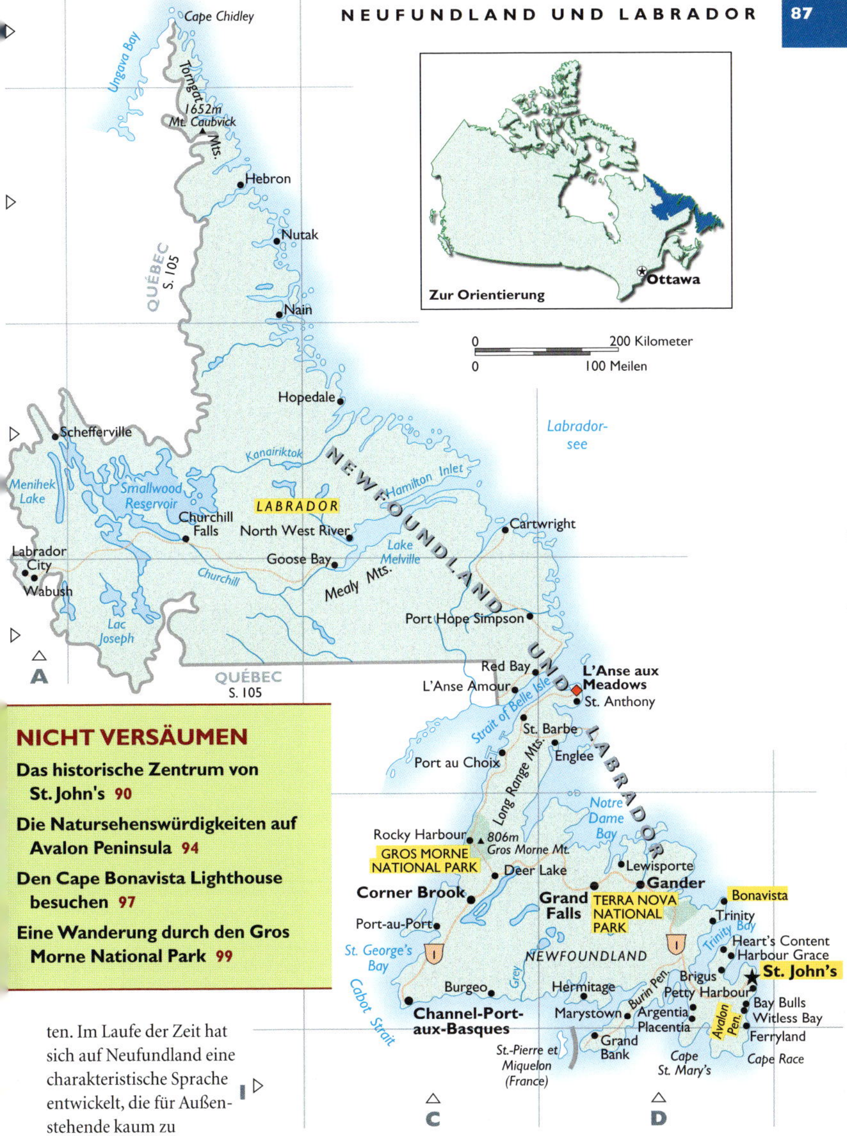

NICHT VERSÄUMEN

Das historische Zentrum von St. John's 90

Die Natursehenswürdigkeiten auf Avalon Peninsula 94

Den Cape Bonavista Lighthouse besuchen 97

Eine Wanderung durch den Gros Morne National Park 99

ten. Im Laufe der Zeit hat sich auf Neufundland eine charakteristische Sprache entwickelt, die für Außenstehende kaum zu verstehen ist. Mittlerweile gibt es sogar ein eigenes Wörterbuch, das *Dictionary of Newfoundland English*. Die Neufundländer sind verschroben, gastfreundlich und etwas altmodisch – und sie begrüßen Besucher so, wie es Menschen tun, die etwas abgelegen leben. Annie Proulx setzte ihnen mit der Novelle *The Shipping News* ein Denkmal. »Komm näher, wenn du dich traust, kanadischer Wolf«, riefen die Neufundländer im 19. Jahrhundert, und erst 1949 entschied man sich, der Konföderation beizutreten. Zur Provinz gehört auch Labrador, eine wilde und zerklüftete Landschaft. ■

St. John's

St. John's
87 D2

Besucher-information
www.stjohns.ca
348 Water St.
709/576-8106
Geschl. Sa–So

Richtung St. John's, Murray Premises, 5 Beck's Cove
709/576-8514
Geschl. Mitte Sept.–Juni

Walbeobachtungs-fahrten
Adventure Tours on the Scademia
709/726-5000
Geschl. Nov.–Mai
$$$$$

J & B Schooner Tours
709/753-7245
Geschl. Nov.–April
$$$$$

DIE GESCHICHTE DER DURCH IHREN FJORDÄHNLICHEN Hafen vor den Atlantikstürmen geschützten Hauptstadt von Neufundland lässt sich zurückverfolgen bis 1583, als Sir Humphrey Gilbert hier landete und im Namen von Königin Elisabeth I. Besitz von der Insel ergriff. Wie bei allen anderen kanadischen Küstenstädten bestimmte auch hier die Größe des Hafens das Wachstum und damit das Schicksal der Stadt. Für die Einwohner von St. John's hat die See noch heute dieselbe Bedeutung wie für alle anderen Neufundländer.

Schon vor Gilberts Ankunft hatten hier Fischer aus der Normandie, der Bretagne, aus Portugal und aus England überwintert, doch feste Gebäude wurden erstmals 1583 errichtet. Übergriffe der Franzosen, Piraterie und verheerende Feuer haben dafür gesorgt, dass von dieser frühen Ansiedlung nichts mehr übrig ist. Die Gebäude dürften aber ohnehin ziemlich provisorischen Charakter gehabt haben, und Mutter England stand dem Gedanken an eine permanente Siedlung jahrhundertelang ablehnend gegenüber. Die ersten Häuser drängten sich um Fort William, eine 1689 errichtete Festung auf dem Gelände, auf dem heute das **Hotel Newfoundland** steht. Spätere Gebäude wurden an der **Water Street** errichtet. Es waren Lagerhäuser, Büros und Geschäfte, die die Fischereiwirtschaft kontrollierten und der Stadt den Wohlstand brachten.

Zu Beginn des 19. Jahrhunderts gab es noch keine Gebäude aus Stein, und Water Street, die Hauptstraße, war immer noch ungepflastert, unbeleuchtet und an manchen Stellen nur 1,80 Meter breit. Auch nach den Bränden, die in der ersten Hälfte des 19. Jahrhunderts wüteten, weigerten sich viele Bewohner, für den Neubau etwas anderes als Holz zu verwenden, und bereiteten damit ungewollt den Weg für die Feuersbrunst von 1892, die zwei Drittel der Stadt vernichtete und 10 000 Menschen obdachlos machte.

Auf den ersten Blick scheint in St. John's ein bauliches Durcheinander zu herrschen, doch sein Grundriss hat Methode. Durchfahrtsstraßen wie Water Street und **Duckworth Street** verlaufen parallel zu der Anhöhe oberhalb des Wassers und sind durch kurze Querstraßen oder Treppen miteinander verbunden. Mittelpunkt der

Stadt ist, aufgrund der küstennahen Erdölfelder, immer noch der Hafen, in dem die alten Anleger einer durchgehenden Kaimauer gewichen sind. Auch wenn im Hafen nicht mehr das einstige Treiben herrscht, ist er doch interessant mit seiner Vielzahl von Booten, zu denen Küstenwachschiffe, Fischerboote, Tanker und Forschungsschiffe ebenso gehören wie Frachter, die Versorgungsschiffe für die Ölbohrinseln und gelegentlich auch ein Kriegsschiff. Segelboote liegen bereit, um Besucher zu den vorbeitreibenden Eisbergen oder zur Walbeobachtung mitzunehmen.

Dicht am Hafen stehen die ehrwürdigen **Murray Premises** (*zwischen Water St. und Harbour Dr.*), der letzte Gebäudekomplex aus dem 19. Jahrhundert, in dem heute ein Luxushotel, Restaurants und Boutiquen untergebracht sind. Mit seinen massiven Steinwänden und dem mit Kopfsteinen geflasterten Hof ist er der ideale Ausgangspunkt für eine Stadtbesichtigung. Etwa einen Häuserblock landeinwärts, hinter den Gasthäusern und Restaurants der **George Street** und neben dem Rathaus aus Beton, verweist ein Schild auf Meile 0 des Trans-Canada Highway, der von hier bis ins 7815 Kilometer entfernte Victoria in British Columbia führt. Am Ostende der Water Street ist das **Courthouse** zu finden, ein 1901 aus Granit errichtetes Gebäude, in dem einst der Premierminister und sein Kabinett tagten. Steile Stufen führen hinauf zur Duckworth Street und dem **Newfoundland Museum** mit einem Fries, der

Farbenfrohe Reihenhäuser säumen die hangabwärts verlaufenden Straßen von St. John's

Kathedrale of St. John the Baptist
- ✉ 16 Church Hill
- ☎ 709/726-5677
- 🕒 Führungen nur nach Anmeldung Sept.–Juni
- $ Spende

Basilica of St. John the Baptist
- ✉ Military Road
- ☎ 709/754-2170
- $ Führungen $$$, Museum $

The Rooms
www.therooms.ca
- ✉ 9 Bonaventure Ave
- ☎ 709/757-8000
- 🕒 Geschl. Mo Mitte Okt.–Mai
- $ $

Auf dem Signal Hill erinnert ein Gedenkstein an den Tag, an dem Marconi ein Radiosignal von der anderen Seite des Atlantik empfing

Szenen aus Bergbau, Fischerei und Forstwirtschaft zeigt, den wichtigsten Wirtschaftszweigen des Landes. Die Exponate im Innern geben einen Überblick über Neufundlands Ökologie und Geschichte, das Leben der Inuit in Labrador und das der Beothuk, der Ureinwohner der Insel.

Die holzverschalten Häuser in den Straßen oberhalb der Duckworth Street wecken Erinnerungen an San Francisco. Große Kirchen beherrschen das Stadtbild, unter ihnen die anglikanische **Cathedral of St. John the Baptist** und die katholische **Basilica of St. John the Baptist**. Beide Kirchen sind dem Heiligen gewidmet, dem die Stadt angeblich ihren Namen verdankt. Die anglikanische Kathedrale, deren Gemeinde bereits seit 1699 besteht und somit die älteste Nordamerikas ist, wurde 1846 von dem britischen Architekten George Gilbert Scott (1811–78) im neugotischen Stil entworfen. Auch Erweiterungen und Reparaturen, die nach dem Brand von 1892 nötig waren, wurden von der Familie Scott ausgeführt. Die Basilika weiter oben am Hang besitzt zwei markante, 1892 fertiggestellte Türme, die den Seeleuten zur Orientierung dienten. Portugiesische Fischer der Weißen Flotte, die St. John's früher anliefen, schenkten der Basilika eine Figur der Muttergottes von Fatima.

Oberhalb der City steht seit 2005 ein Gebäudekomplex, genannt **The Rooms**. Es beherbergt das Provincial Museum, die Art Gallery und Archive.

Weiter nördlich drängen sich historische Verwaltungsgebäude zusammen. Das neoklassizistische **Colonial Building** von 1850 *(Military Rd., Tel. 709/729-3065, Sa und So geschl.)* war bis 1969 Sitz des Parlaments, das heute im modernen Confederation Building am Stadtrand untergebracht ist. Noch beeindruckender ist das **Government House** *(Military Rd., Tel. 709/729-4494,* Erdgeschoss). Das rote Sandsteingebäude war bis 1949 Sitz des Vizegouverneurs. Der Bau begann 1827 nach Plänen, die der zukünftige Gouverneur Sir Thomas Cochrane aus England schickte. Seine ständigen und willkürlichen Planänderungen trieben seinen Baumeister allerdings so zur Verzweiflung, dass dieser schließlich um seine Versetzung bat. Unklar ist auch, warum ein Gebäude in Neufundland von einem Graben umgeben sein muss (offenbar angelegt, um Schlangen und andere eigentlich nur in den Tropen heimische Tiere fern zu halten). Beide Gebäude enthalten Deckenfresken von Alexander Pindokowski, einem verurteilten Fälscher, dem seine gute Arbeit einen Straferlass einbrachte.

In der Nähe der Kirche des heiligen Thomas, der ältesten Kirche Neufundlands, findet sich ein weiteres eindrucksvolles Gebäude, das **Commissariat House** *(Kings Bridge Rd., Tel. 709/729-6730, geschl. Mitte Okt.–Mai)*. Es wurde 1820 erbaut und vom britischen Militär bis zu seinem Abzug 1870 genutzt. Die Innenausstattung ist wieder in den Originalzustand versetzt worden, der Garten wurde im viktorianischen Stil gestaltet, und in einer der Remisen befindet sich ein kleines Informationszentrum.

C.A. Pippy Park liegt an erhöhter Stelle westlich des Stadtkerns. Hier ist das Süßwasser-Forschungszentrum untergebracht, dessen größte Attraktion das **Fluvarium** ist. Die Ausstellung auf informiert über die Süßwasser-Ökologie Neufundlands. Zu den Exponaten zählen Fische, Pflanzen und Modelle von Sümpfen und Flüssen und ein Eisbergmodell.

Obwohl St. John's von ausgedehnten Vororten umgeben ist, ist es im Vergleich mit anderen Haupt-

städten doch eine sehr kleine Stadt, und die Natur ist nie sehr weit weg. Rund 150 Meter über der engen Hafeneinfahrt liegt die **Signal Hill National Historic Site**, eine wilde Landschaft mit der typischen Vegetation aus Rebhuhnbeeren und Ebereschen, die zwischen den blanken Felsen wachsen. Oben auf dem Hügel thront der **Cabot Tower**, errichtet 1897 zu Ehren von Königin Viktorias sechzigjährigem Thronjubiläum sowie des vierhundertsten Jahrestages von Cabots Reise. Vom Beginn des 18. Jahrhunderts an standen Posten auf diesem Hügel, um den Händlern und Schiffseignern unten in der Stadt die Ankunft der Schiffe zu signalisieren. Fast alle Besucher von St. John's finden ihren Weg auf diesen Hügel – die sportlichen über den landschaftlich überaus reizvollen Wanderweg, andere über die gewundene Straße.

Auf halber Strecke liegt das moderne Informationszentrum der kanadischen Parkverwaltung, das nicht nur über die Geschichte von Signal Hill informiert, sondern auch über die Geschichte von ganz Neufundland.

Das Beste an diesem Hügel ist jedoch die grandiose Aussicht, die er bietet: Im Westen liegen der Hafen und die Stadt, und im Osten der von zerklüfteten Klippen gesäumte Atlantik.

Das wahrscheinlich wichtigste Ereignis fand am 12. Dezember 1901 auf dem Hügel statt, als Guglielmo Marconi (1874–1937) einen Drachen 120 Meter hoch in den stürmischen Himmel aufsteigen ließ und mit ihm das erste drahtlos übermittelte Morsesignal aus England empfing. Nördlich des Hügels liegt das attraktive Fischerdorf **Quidi Vidi**. Die malerischen Fischerhütten stehen direkt unter den atemberaubenden Klippen, und eine rekonstruierte Kanonenbatterie *(Tel. 709/729-2977)* aus dem 18. Jahrhundert wacht über die Küste. Im Norden, jenseits des Quidi Vidi Lake, liegt die Vorstadt **Pleasantville**, hervorgegangen aus einer US-Militärbasis im Zweiten Weltkrieg.
Jeden Sommer *(Juli–Mitte Aug., Mi, Do, Sa, So)* weckt eine Militärparade Erinnerungen an die lange Zeit der Stationierung britischer Einheiten in St. John's. ■

Cabot Tower auf Signal Hill erinnert an John Cabots Reise und an Marconis Errungenschaften

Fluvarium

✉ Nagles Pl.
☎ 709/754-3474
🕒 Geschl. Jan.–März
$ $

Signal Hill National Historic Site

www.pc.gc.ca
✉ Cabot Tower und Visitor Reception Centre (Geschl. Jan.–März)
☎ 709/772-5367
$ $

Fisch

»Die Fischgründe von Neufundland sind unerschöpflich und wertvoller für das Empire als alle Silberminen in Peru«, verkündete der englische Schriftsteller Francis Bacon (1561–1626) im frühen 17. Jahrhundert. Und noch heute exportiert Neufundland jedes Jahr Meerestiere im Wert von Millionen von Dollar; allerdings handelt es sich dabei wegen des dramatischen Rückgangs der Bestände und des 1991 erlassenen Verbots der Kabeljaufischerei überwiegend um Krabben und andere Schalentiere.

Früher verachteten die Neufundländer die Krabben. Das einzige der Rede werte Meerestier war der Kabeljau (*cod*). Es ging so weit, dass »Fisch« in der neufundländischen Umgangssprache zum Synonym für Kabeljau wurde. Es war Kabeljau, den Cabots Seeleute 1497 körbeweise aus dem Wasser holten, und es war Kabeljau, der Myriaden von Fischerbooten aus dem Nordwesten Europas in diese Gegend lockte. Die Fische versammelten sich hier aus denselben Gründen wie die Fischer: wegen des überreichlichen Nahrungsangebots. Über den flachen Gründen des Kontinentalschelfs, die als Große Neufundlandbank (Grand Banks) bezeichnet werden, vermischt sich das warme Wasser des Golfstroms mit dem kalten Wasseer des Labradorstroms, wodurch Mineralien vom Meeresboden aufgewirbelt werden. Sie ernähren das Plankton, von dem die Beutefische des Kabeljau leben.

Die Fischerei ist nach wie vor ein bedeutender Wirtschaftszweig in der Region

Anfangs war die Fischerei ein reines Saisongeschäft. Fischereiflotten aus Portugal, der Bretagne, dem Baskenland und von der Westküste Englands kamen im zeitigen Frühjahr und blieben bis September. (Es bürgerte sich ein, den Kapitän, der als erster eintraf, zum »Fischer-Admiral« zu ernennen und ihm das Kommando über alle anderen Fischer zu übertragen.) Die Franzosen nahmen ihren Fang an Bord aus und konservierten ihn in Salz. Die Engländer dagegen, die über geringere Salzvorräte verfügten, brachten ihren Fang an Land und trockneten ihn auf Holzgerüsten, die noch heute in manchen Häfen Neufundlands zu sehen sind.

Erste Siedlungen

Die ersten Jahre der Fischerei waren von der Rivalität zwischen Engländern und Franzosen geprägt. Wenn die Flotten im Herbst heimkehrten, ließen die Engländer Arbeitstrupps zum Bewachen und Instandhalten der Ausrüstung zurück. Im Laufe der Jahre entstanden auf diese Weise die ersten Siedlungen, obwohl die englische Regierung darauf beharrte, dass die Fischerei ein Saisongeschäft bleiben müsse. Eine Reihe von Verträgen aus dem 18. und 19. Jahrhundert erlaubte den Franzosen zwar, Teile der Fanggründe zu nutzen, verbot ihnen jedoch, Außenposten an der Küste zu errichten. Diese Rechte entlang der »französischen Küste« blieben gültig, bis sie 1904 durch ein englisch-französisches Abkommen außer Kraft gesetzt wurden (Frankreich behielt die Inseln St.-Pierre und Miquelon, siehe S. 96).

Im 19. Jahrhundert wurde die Fischerei fast ausschließlich von Händlern in St. John's kontrolliert. Sie vermarkteten den Fang der Fischer aus den rund 600 Häfen entlang der Küste und versorgten sie im Tausch mit Fischereibedarf, Kleidung, Rum und allen Nahrungsmitteln, die auf dem mageren Boden der Küstengebiete nicht wuchsen. Dieses System garantierte den Händlern ihren Profit und sorgte dafür, dass die Fischer sich verschuldeten und von ihnen abhängig wurden. Doch auch wenn die Zeiten noch so hart waren, konnten die Männer

trotzdem noch in ihren selbst gebauten Booten hinausfahren und genug Fisch fangen, um ihre Familien mit einem Eintopf aus Kabeljau, Schiffszwieback und gebratenem Speck (*brewis*) durchzubringen.

Fangverbot

Einst sahen sich die Fischer harten Zeiten gegenüber, wenn die Käufer ausblieben, doch heute ist es der Fisch, der ausbleibt. Ungeklärt ist, ob dies an der Überfischung – vor allem durch hoch technisierte fremde Flotten – liegt oder ob es natürliche Ursachen hat. Sicher ist nur, dass die meisten Neufundländer empört sind über das Fangverbot einer Bundesregierung, die in ihren Augen Schindluder mit Neufundlands größtem Reichtum getrieben hat – seiner überaus produktiven Fischerei. Auch wenn Ottawa noch so viel Geld in die Provinz fließen lässt, um die Arbeitslosen zu unterstützen und die Fischer umzuschulen, kann dies doch niemals genug sein, um die Menschen für den Verlust ihres Lebensunterhaltes zu entschädigen.

Heute sieht man den zum Trocknen ausgelegten Kabeljau (oben und unten) nur noch selten, doch vom 16. Jahrhundert an standen solche Gestelle in allen Häfen

Avalon Peninsula

Avalon Wilderness Reserve
87 D1-2

Besucherinformation
www.gov.nf.ca/parks&reserves
Parks Division, Dept. of Tourism, Culture, and Recreation
800/563-6353

Colony of Avalon Archaeology Site
85 D2
The Pool, Ferryland
709/432-3200
Geschl. Mitte Okt.–Mitte Mai
$$

Papageitaucher sind an der Küste von Avalon heimisch

DIE AVALON-HALBINSEL, DURCH EINE SCHMALE LANDENge mit dem Hauptteil der Insel verbunden, ist das am dichtesten besiedelte Gebiet Neufundlands, obgleich es auch hier viele wildromantische Abschnitte und einsame Regionen gibt. Von St. John's aus können faszinierende Ausflüge auf diese Halbinsel unternommen werden.

NÖRDLICH UND SÜDLICH VON ST. JOHN'S

Die südöstlich von St. John's gelegene **Cape Spear National Historic Site** *(Tel. 709/772-5367, Leuchtturm geschl. Mitte Sep.–Mitte Mai)* ist ein beliebtes Ausflugsziel und zudem der östlichste Punkt Nordamerikas. Ihr 1836 erbauter Leuchtturm, der älteste in ganz Neufundland, ist in seinen Originalzustand zurückversetzt worden, wenn auch seine Aufgaben inzwischen von einer modernen Station wahrgenommen werden. Der Leuchtturm ist der einzige noch existierende auf Neufundland. Die Leuchtkuppel befindet sich über dem zweistöckigen Haus des Leuchtturmwärters.

In südlicher Richtung gewähren die Highways 11 und 10 weite Blicke auf Neufundlands Küstenlandschaft. Der kleine Hafenort **Petty Harbour** mit seinen Gestellen zum Fischtrocknen ist so pittoresk, dass er schon in mehreren Filmen als Kulisse gedient hat. Der Hafen von **Bay Bulls** ist deutlich größer. Von Bay Bulls, Witless Bay und Cape Broyle aus können Bootstouren *(O'Briens Whale and Bird Tours, Tel. 709/753-4850; Gatheralls Puffin and Whale Watch, Tel. 709/334-2887)* zu den Great, Green und Gull Islands unternommen werden, die zusammen die **Witless Bay Ecological Reserve** *(Tel. 709/277-1666)* bilden. Die Inseln sind Heimat unzähliger Möwen, Tordalken, Trottellumme, Gryllteiste, Seetaucher und vor allem Papageitaucher (*puffin*), die zu Neufundlands Wappentieren gehören. Von Mitte Juni bis Ende Juli sind hier viele Wale zu sehen, die sich von Plankton ernähren, das um diese Zeit in den Gewässern besonders reichlich vorhanden ist.

DAS LANDESINNERE

Highway 10 führt ins Landesinnere, über Nebenstraßen gelangt man zu deprimierenden, halb verlassenen Orten wie etwa **Brigus South** sowie zu der 1000 Hektar großen **Avalon Wilderness Reserve** *(Tel. 709/635-4520)*, die nur mit Genehmigung betreten werden darf und vielen Wildtieren, darunter große Herden von Karibus, eine Zuflucht bietet. Etwa 64 Kilometer südlich von St. John's, an der **Colony of Avalon Archaeology Site**, finden Ausgrabungen statt, die immer neue faszinierende Details über das Leben der frühen europäischen Siedler zu Tage fördern. Die Kolonie von Avalon, die heute **Ferryland** heißt, wurde 1621 auf Befehl von Sir George Calvert, später erster Baron Baltimore, gegründet. Auf dem anderthalb Hektar großen, von einer Palisade umgebenen Gelände befanden sich nicht nur das Herrenhaus und Nebengebäude, sondern auch eine Schmiede, eine Salzsiederei und eine Kaianlage. Eine weitere Annehmlichkeit war die vermutlich erste wassergespülte Toilette Nordamerikas. Doch trotz der Bemühungen seines Gefolges konnte Calvert dieser Umgebung nichts abgewinnen. Nach dem harten Win-

ter 1628–29 zog er mit seiner Familie nach Maryland, dessen größte Stadt noch heute seinen Namen trägt. Die interessantesten der rund 500 000 zu Tage geförderten Objekte aus dieser Zeit sind im Besucherzentrum zu besichtigen.

WESTLICH VON ST. JOHNS

Nur 16 Kilometer westlich von St. John's liegt die tief eingeschnittene Küste der **Conception Bay**, an der sich einige der ersten Siedler niederließen. Im malerischen **Brigus** lebten der amerikanische Künstler Rockwell Kent (1882–1971) sowie der Arktisforscher Kapitän Robert Bartlett (1875–1946), dessen **Hawthorne Cottage National Historic Site** *(South St., Tel. 709/528-4004, geschl. Mitte Okt.–Mai)* für Besucher geöffnet ist.

Im nahe gelegenen **Cupids** siedelten sich die Engländer früher

Atemberaubende Küstenlandschaft am Bird Rock, Cape St. Mary's Ecological Reserve

Brigus

87 D

St.-Pierre und Miquelon
87 DI

KRIEGSGIPFEL
Wenige Monate vor dem Eintritt Amerikas in den Zweiten Weltkrieg trafen sich Präsident Franklin Roosevelt und Winston Churchill sowie ihre Stabschefs an Bord eines Kriegsschiffes vor der Küste von Neufundland, nahe dem Ort Argentia, und einigten sich dort über ihre Kriegsziele in einem als Atlantikcharta in die Geschichte eingegangenen Dokument. ■

Künftige Verbündete: Roosevelt und Churchill an Bord des Schlachtschiffes H.M.S. *Prince of Wales* in der Placentia Bay

an als in Ferryland. 1610 landete der Händler John Guy aus Bristol mit 39 Begleitern an dieser Küste und gründete die erste offizielle britische Kolonie in Neufundland. Ein Jahr später errichtete der »Piraten-Admiral« und ehemalige Royal-Navy-Mann Peter Easton etwas weiter nördlich bei **Harbour Grace** eine Festung, von der aus er so erfolgreiche Raubzüge unternahm, dass er als reicher Mann nach England zurückkehren konnte. An der Stelle, an der seine Festung stand, befindet sich heute das **Conception Bay Museum** *(Water St., Tel. 709/596-5465, geschl. Okt.–Mai)*, das unter anderem über die Tatsache informiert, dass viele frühe Transatlantikflüge an diesem Ort starteten, so zum Beispiel Amelia Earharts historischer Flug nach Irland 1932.

Ein weiterer Hinweis auf Neufundlands relative Nähe zu Europa ist in **Heart's Content** an der Trinity Bay zu finden. Hier wurde 1866 nach mehreren Fehlversuchen das erste transatlantische Telegrafenkabel von der S.S. *Great Eastern*, dem größten Schiff seiner Zeit, an Land gezogen. Erst 1965, ein Jahrhundert später, machten neue Techniken das Kabel überflüssig, doch die **Cable Station** *(Hwy. 80, Tel. 709/583-2160 Mitte Juni–Mitte Okt.; 707/729-0592 in Nebensaison)* steht noch heute und informiert über Ausrüstungsgegenstände und die Auswirkungen, die die Kabelverlegung für Nordamerika und Europa hatte.

Eine weitere Verbindung zwischen Neufundland und dem Rest der Welt ist die Fähre nach North Sydney in Nova Scotia, die in **Argentia** in der felsigen Placentia Bay ablegt. Die Bucht war im Zweiten Weltkrieg Stützpunkt der alliierten U-Boot-Abwehr. Vorher stand Placentia, das zu jener Zeit Plaisance hieß, im Mittelpunkt der Bemühungen Frankreichs, Neufundland zu einer französischen Kolonie zu machen. Zu diesem Zweck wurde 1692 die Festung von Castle Hill errichtet und diente als Basis für Angriffe auf die Engländer in St. John's. Die **Castle Hill National Historic Site** *(Tel. 709/227-2401)*, die bunkerähnlich in den Hügel gegraben ist, erzählt diese Geschichte. Südlich von Placentia hat man einen beeindruckenden Ausblick auf die tief unterhalb der Straße liegenden Buchten von **Cape Shore**. Auf der Spitze der Halbinsel ist Neufundlands interessantestes Vogelschutzgebiet zu bestaunen, **Cape St. Mary's Ecological Reserve** *(Hwy. 100, Tel. 709/277-1666, geschl. Nov.–April)*. Auf dem Bird Rock, der nur zu Fuß zu erreichen ist, brütet eine unvorstellbare Anzahl von Tölpeln (siehe auch Bonaventure Island, S. 154).

ST.-PIERRE UND MIQUELON

Nachdem diese kleinen Inseln vor der Burin-Halbinsel mehrfach von britischer zu französischer Herrschaft und zurück wechselten, sind sie in französischem Besitz, seit 1814 im Vertrag von Paris ihre Bedeutung für die französische Atlantikfischerei anerkannt wurde. Ein Abgeordneter der Inseln wird nach Paris in die französische Nationalversammlung und den Senat entsandt; die Straßen von St.-Pierre sind mit typisch französischen Gebäuden gesäumt. Dieses kleine Überbleibsel des einstmals so großen französischen Hoheitsgebiets kann von St. John's aus angeflogen werden und ist auch von Fortune aus mit der Fähre *(St. Pierre Tours, Tel. 800/563-2006)* zu erreichen. ■

Bonavista Peninsula

»O BUONA VISTA!«, SOLL JOHN CABOT AUSGERUFEN HABEN, als er 1497 diese wilde, felsige Küste erreichte –, zumindest wird vermutet, dass er an dieser Stelle gelandet ist. 1997, fünf Jahrhunderte später, wurde seine Ankunft mit großem Aufwand gefeiert, und ein Nachbau seines Schiffes *Matthew* ging im Hafen von Bonavista vor Anker, nachdem es wie sein authentischer Vorgänger den Atlantik überquert hatte.

Bonavista Peninsula
87 D2

An der Spitze der Halbinsel, die Bonavista Bay und Trinity Bay trennt, liegt das im späten 16. Jahrhundert gegründete **Bonavista**. Wer sich für seine Geschichte interessiert, sollte den Gebäudekomplex besuchen, der als **Mockbeggar Property** *(an der Route 230, Tel. 709/468-7300, geschl. Ende Okt.–Mitte Juni)* bekannt ist, sowie die vor wenigen Jahren restaurierte **Ryan Premises National Historic Site** *(Ryan's Hill und Old Catalina Rd., Tel. 709/468-1600, geschl. Ende Okt.– Mitte Mai)*, zu der ein Laden, eine Fischhalle und eine Salzsiederei gehören.

Auf den Klippen nördlich des Ortes wird das leuchtend rot und weiß gestrichene **Cape Bonavista Lighthouse** *(Tel. 709/468-7444, 468-7444, geschl. Nov.–Mai)* von Wind und Gischt umtost. Der Leuchtturm stammt aus dem Jahr 1843 und ist eines der Wahrzeichen Neufundlands.

Viele der kleinen Orte an dieser rauen Küste sind es wert, besichtigt zu werden, doch zu den sehenswertesten zählt **Trinity**. Einst war dieser Ort genauso bedeutend wie St. John's. Sein Name lässt sich möglicherweise darauf zurückführen, dass der Portugiese Gaspar Corte-Real am Trinitatis-Sonntag 1500 in diese Bucht segelte. Gegen Ende des Jahrhunderts war der Ort von den Engländern befestigt worden, im Jahr1615 fand dort Neufundlands erste Seegerichtsverhandlung statt, bei der Zwistigkeiten zwischen den

Einer der ältesten Leuchttürme Neufundlands warnt die Schiffe vor den Gefahren von Bonavistas zerklüfteter Küste

alljährlich auftauchenden Fischern und den Siedlern entschieden wurden. Trinitys Blütezeit lag zwischen dem Ende des 18. und dem Beginn des 19. Jahrhunderts, als wohlhabende Händler hier ein Vermögen machten, doch der danach einsetzende wirtschaftliche Niedergang hat nur zum späteren Charme des Ortes beigetragen.

Heute hat das kleine Städtchen einige Attraktionen zu bieten, darunter das **Trinity Interpretation Centre** *(West St., Mitte Okt.–Mitte Juni)* und die **Green Family Forge** *(West St., Tel. 709/ 464-3599)*. Das **Trinity Historical Society Museum and Archives** *(Church Rd., Tel. 709/464-3599, geschl. Mitte Sept.–Mitte Juni)* ist angefüllt mit zahlreichen Erinnerungsstücken. Die römisch-katholische Kirche ist die älteste von Neufundland, die anglikanische Kirche stellt ein Meisterwerk der Zimmermannskunst dar. ■

Bonavista Peninsula Besucherinformation
Trans-Canada 1 bei Clarenville
709/466-3100
Geschl. Mitte Okt.–Mai

Trinity
87 D2

Terra Nova National Park und das Landesinnere

Terra Nova National Park
www.pc.gc.ca
87 D2
40 km nördlich von Clarenville an der Trans-Canada 1
709/533-2801
$ Mitte Mai–Mitte Okt.

Grand Falls
87 D2

Gander
87 D2

Deer Lake
87 C2

Corner Brook
87 C2

Lewisporte
85 D2

DIE TRANS-CANADA 1 FÜHRT MITTEN DURCH DEN KNAPP 400 Hektar großen Terra Nova National Park. Er bietet gut markierte Wanderwege, Zeltplätze und ein neues Besucherzentrum am Newman Sound und ist damit der ideale Ort, um eine Vielzahl von typisch neufundländischen Landschaften kennen zu lernen.

Merkmale dieser Landschaft sind die stark zerklüftete Küste mit fjordähnlichen Buchten, Sand- und Kiesstränden, Höhlen, Klippen und Felsnadeln, aber auch die landeinwärts liegenden Sumpfgebiete, Ödflächen und borealen Wälder. Einer der besten Orte, um mehr über sie zu erfahren, ist das **Marine Interpretation Centre** *(Salton's day-use area, an der Trans-Canada 1, Tel. 709/533-2801, geschl. Mitte Okt.–Anfang Juni)* im Herzen des Nationalparks.

Die Trans-Canada 1 führt weiter nach **Gander**. In den 30er Jahren als relativ nebelfreie Auftankstation für den transatlantischen Flugverkehr gebaut, gewann der Flughafen im Krieg an Bedeutung, die er erst mit dem Aufkommen der Düsenflugzeuge verlor, die nonstop von Europa nach Nordamerika fliegen konnten. Etwas nördlich vom Highway 340 liegt **Lewisporte**, die Anlegestelle für die Fähren zur Labradorküste.

Grand Falls *(Tel. 709/489-6332)* ist eine der wenigen Städte Neufundlands, die nicht am Meer liegt. Sie entstand zu Beginn des 20. Jahrhunderts als Industriestadt, die Papier an die britischen Zeitungsdruckereien lieferte. Heute befindet sich dort die Nachbildung eines **Beothuk-Dorfes** *(St. Catherine St., Tel. 709/292-4523, geschl. Okt.–Mai)*. Das **Mary March Regional Museum** *(24 St. Catherine St., Tel. 709/292-4523, geschl. Nov.–April)* erinnert an das traurige Schicksal eines der letzten dieser Ureinwohner. Weitere Exponate informieren über die Geschichte der Region. **Deer Lake** *(Besucherinformation am Trans-Canada 1, Tel. 709/635-2202, geschl. Nov.–Juni)* verfügt über einen Flughafen und ist das Tor zu einer der größten Attraktionen Neufundlands, dem Gros Morne Nationalpark, der über den Highway 430 zu erreichen ist. Trans-Canada 1 führt weiter in das belebte **Corner Brook** *(Besucherinformation: Confederation Dr., Tel. 709/634-5831)*, das mit rund 25 000 Einwohnern die zweitgrößte Stadt der Insel ist, vorbei an der Port au Port Peninsula, wo noch Französisch gesprochen wird, und schließlich zum Channel-Port aux Basques, von wo die Fähre nach North Sydney in Nova Scotia ablegt *(Tel. 800/341-7981 für Öffnungszeiten)*. ■

Terra Nova National Park überrascht mit immer neuen wundervollen Landschaften

Gros Morne National Park

AN DER WESTKÜSTE DER NORDHALBINSEL LIEGT GROS Morne National Park, der Höhepunkt jedes Besuches in Neufundland. Beeindruckend sind nicht nur seine natürliche Schönheit, sondern auch die geologischen Besonderheiten, die dazu beigetragen haben, dass der Park von der UNESCO zum Welterbe erklärt wurde.

Gros Morne N. P.
www.pc.gc.ca
87 C2
709/458-2417
$ (Mitte Mai–Mitte Okt.)

Der Park ist über den Highway 430 von Deer Lake aus zu erreichen und besticht durch sein abwechslungsreiches Landschaftsbild. Die Steilküste mit ihren tief ins Landesinnere reichenden Fjorden, Klippen, Dünen und Felsnadeln war einst Teil der französischen Küste, an der die Franzosen im 19. Jahrhundert Fischereirechte besaßen. Obwohl es ihnen verboten war, sich dort niederzulassen, beweisen kleine Orte entlang der Küste, dass manche von ihnen diesem Verbot getrotzt haben. Im Landesinnern, einer schmalen Ebene mit Mischwäldern und Sümpfen, blühen Orchideen und das für Neufundland typische Trompetenblatt. Im Osten erheben sich die **Long Range Mountains**, der nördlichste Ausläufer der Appalachen, deren flache Kuppen eine 600 Meter über dem Meeresspiegel liegende Hochebene bilden. Im Südwesten erstrecken sich die unfruchtbaren **Tablelands**, ein Hochplateau aus giftigem Perioditgestein, das normalerweise nur 16 Kilometer tief im Erdmantel vorkommt, hier aber an die Oberfläche gepresst wurde, als die Urkontinente Nordamerika und Eurasien kollidierten.

Der beste Ausgangspunkt für eine Besichtigung des Parks ist **Rocky Harbour** mit seinem hervorragenden Informationszentrum. Ganz in der Nähe beginnt der schwierige James Callaghan Trail, der erfahrene Wanderer auf den Gros Morne Mountain führt. Sein 806 Meter hoher Gipfel mit einem Gewirr aus Frostschutt bietet einen großartigen Ausblick über die Berge, die Küste und die mit Teichen übersäten glazial geformtenTäler. Weniger anstrengend ist die rund drei Kilometer lange Wanderung durch die Feuchtgebiete bis zur Spitze des Western Brook Pond und die Teilnahme an einer der **Western Brook Pond Boat Tours** *(Bontours, Rocky Harbour, Tel. 709/458-2730)*.

Hinter Gros Morne führt der Highway 430 weiter nach Norden, fast immer an der Küste entlang. Dass an dieser Küste seit 4000 Jahren Menschen lebten, darunter die Eskimos der Dorset-Kultur, beweisen die Funde, die an der **Port au Choix National Historic Site** *(am Hwy 430, Tel. 709/ 864-3522, geschl. Mitte Okt.–Mitte Juni)* zu besichtigen sind. Im weiter nördlich gelegenen **St. Barbe** legt die Fähre nach Labrador ab *(Tel. 709/931-2309, Jan.–März kein Betrieb)*, in der Nähe der Hafenstadt **St. Anthony** befindet sich die rekonstruierte Wikingersiedlung **L'Anse aux Meadows National Historic Site** (siehe S. 100f). ■

Die Sonne versinkt hinter einem Leuchtturm

L'Anse aux Meadows National Historic Site
www.pc.gc.ca
87 D3
Rte. 436, 43 km von St. Anthony entfernt
709/623-2608
Geschl. Mitte Okt.–Mai

Wikinger in Neufundland

An der Spitze von Neufundlands großer Nordhalbinsel stehen einige aus Grassoden erbaute Gebilde, die sich vor dem Wind aus der Epaves Bay zu ducken scheinen. L'Anse aux Meadows erinnert an den unbezähmbaren Entdeckerdrang der Skandinavier, die 500 Jahre vor Kolumbus und Cabot die Neue Welt erreichten, auch wenn diese Tatsache fast ein Jahrtausend lang in Vergessenheit geraten war.

Um 985 n. Chr. wagten sich die Wikinger, die Island kolonisiert hatten, noch weiter von Skandinavien fort und gründeten Siedlungen auf Grönland. Einer dieser wagemutigen Seefahrer, der Händler Bjarni Herjolfsson, kam vom Kurs ab und landete an einer bewaldeten Küste, höchstwahrscheinlich der von Neufundland. Diese erste dokumentierte Reise eines Europäers in die Neue Welt veranlasste den Abenteurer Leif Eriksson, auf eine Erkundungsfahrt in südlicher Richtung zu gehen. Er brach um die Jahrtausendwende auf und überwinterte an einem Ort, den er »Vinland« nannte –, offenbar eine frostfreie Gegend, in der wilder Wein wuchs und die wesentlich weiter südlich gelegen haben muss als das kalte Neufundland. Die genaue Lage dieses Ortes – ganz zu schweigen von seiner korrekten Übersetzung –, ist noch heute ungeklärt.

Ein oder zwei Jahre später, 1004, brach eine zweite Gruppe von Grönland auf, die offenbar einen längeren Aufenthalt geplant hatte, weil die von Thorfinnr Karlsefni angeführten Krieger von Frauen und Vieh begleitet wurden. Ihre Niederlassung am Straumfjord (wahrscheinlich der Strait of Belle Isle zwischen Neufundland und Labrador) gaben sie jedoch nach ein paar Jahren wieder auf. Möglicherweise waren Angriffe von Eingeborenen der Grund für diesen Rückzug; aber allem Anschein nach kamen die Grönländer in den darauf folgenden Jahren zum Fischen wieder.

Die historische Quelle dieser Reisen sind die isländischen Sagas aus dem Mittelalter, deren Wahrheitsgehalt allerdings von vielen Experten angezweifelt wird. Der norwegische Forscher Helge Ingstad gehörte nicht zu diesen Zweiflern; er hat Jahre damit verbracht, an der Küste Nordamerikas nach Beweisen für die Existenz von Vinland zu suchen. Ermutigt durch eine andere Übersetzung von »vin« als »Wiese« an Stelle von »Wein« und von Einheimischen zu einem vermeintlich von den Geistern der Ureinwohner verhexten Ort geführt, kam Ingstad zu dem Schluss, dass das hügelige Grasland an der Epaves Bay, wenn schon nicht das sagenumwobene Vinland, dann zumindest eine altnordische Ansiedlung war. Die Ausgrabungen, die er Anfang der 60er Jahren mit seiner Frau, der Archäologin Anne Stine, unternahm, bewiesen, dass er Recht gehabt hatte. Die Ingstads fanden die Überreste

Oben: In L'Anse aux Meadows umgibt ein geflochtener Zaun das Gelände, auf dem vor tausend Jahren Wikinger lebten
Links: Rekonstruktion eines Wikingerbootes
Unten: In Häusern wie diesem haben die Wikinger vor Stürmen Schutz gesucht

von acht Grassoden-Hütten und etliche Artefakte, die unzweifelhaft altnordischen Ursprungs waren, darunter eine Bronzenadel, Nähzeug und ein Spindel aus Speckstein.

Dies war kein provisorisches Lager. Die über einem Holzgestell aufgeschichteten Grassoden ergaben Gebäude, die stabil genug waren, um über längere Zeit darin zu wohnen.

Von den acht gefundenen Gebäuderesten waren drei lang und schmal und ähnelten Wikingerhäusern in Grönland und Island. Die anderen kleineren Gebäude dürften als Lagerräume und Werkstätten gedient haben, darunter eine Schmiede, in der Eisenerz aus Torfmooren verarbeitet wurde.

Heute ist die kanadische Parkverwaltung für die Ausgrabungsstelle zuständig. Hinter dem aus Ästen geflochtenen Zaun sind drei der Grassodenhäuser in mühevoller Kleinarbeit rekonstruiert worden, unter Zuhilfenahme alter Techniken wie hölzerner »Nägel«, Wurzeln oder Robbenfell. Dächer und Wände bestehen aus Grassoden, wobei die Wände bis zu 1,80 Meter dick sind. Innen sind die Hütten so authentisch wie möglich eingerichtet.

Labrador

Labrador
87 A3-4, B3-6, C3-4, D3-4

LABRADOR, EIN RIESIGES GEBIET SUBARKTISCHER WILDnis, erstreckt sich von der Strait of Belle Isle mehr als 960 Kilometer nordwärts bis nach Cape Chidley an der eisigen Ungava Bay. Nur wenige Menschen trotzen dem rauen Klima; die meisten von ihnen leben von der Fischerei, der Forstwirtschaft, dem Abbau von Eisenerz und dem Betrieb von Wasserkraftwerken.

Verstreut liegende Häuser und der primitive Hafen von Red Bay sind typisch für die Orte an der unwirtlichen Küste von Labrador

Ein Großteil von Labrador ist nur mit dem Flugzeug zu erreichen; allerdings gibt es eine (zum Teil unbefestigte) Straße, die Route 389, die von Baie Comeau am St. Lawrence in die 600 Kilometer entfernten Orte Labrador City und Wabush führt, Städte, die ihre Existenz dem Eisenerz verdanken, das dort seit den 1950er Jahren abgebaut wird.

Eine weitere unbefestigte Straße (Route 500), der Trans-Labrador Highway, führt von **Labrador City** rund 520 Kilometer ostwärts zur Hafenstadt **Goose Bay**.

Goose Bay
87 C3
Nain
87 B5
St. Barbe
87 C3

Die gemütliche Fahrt mit der Fähre *(Labrador coast ferries, Tel. 709/724-9173 oder 866/535-2567)* entlang der Küste bis nach **Nain** wird immer wieder von Zwischenstopps in kleinen Orten unterbrochen, von denen einige ihren Ursprung im Pelzhandel haben, während andere von den Böhmischen Brüdern gegründet wurden. Einige ihrer Missionsstationen aus dem späten 18. und frühen 19. Jahrhundert stehen heute unter Denkmalschutz, darunter auch das **Piulimatsivik-Nain Museum** *(Tel. 709/922-2842)*, in dem faszinierende Inuit-Artefakte zu sehen sind. Weiter im Norden wird die Landschaft noch atemberaubender; vor allem die tief ins felsige Land einschneidenden Fjorde sind sehenswert.

Im Süden führt eine asphaltierte Straße an der Strait of Belle Isle entlang. Die an ihr liegenden Ortschaften erreicht man mit einer Fähre, die von **St. Barbe** in Neufundland abfährt (siehe S. 99). Im 16. Jahrhundert betrieben Walfänger aus dem Baskenland vor dieser Küste Walfang in fast schon industriellem Ausmaß. Die Überreste ihres Hauptlagers in Red Bay sind Teil der **Red Bay National Historic Site** *(an der Route 510, Tel. 709/920-2051, geschl. Mitte Okt.–Mitte Juni)*.

Viel älter ist der Grabhügel in der **Maritime Archaic Burial Mound National Historic Site** *(Tel. 709/920-2142)* in L'Anse Amour. Er ist die älteste Grabstätte dieser Art in Nordamerika und stammt von den über die Beringstraße eingewanderten Menschen, die sich vor ca. 7500 Jahren hier niederließen. Nördlich von Red Bay von St. Mary's Harbour existiert ein Fährdienst *(Juni–Sept.)* zum verlassenen **Battle Harbour**.■

Der Slogan »Je me souviens« beschwört die Siedlungsgeschichte der Franzosen in dieser Region

Québec

Statue in Notre-Dame-de-Bon-secours, Montréal

Québec

DIE PROVINZ QUÉBEC ERSTRECKT sich vom fruchtbaren und dicht besiedelten Tiefland des St. Lawrence über ausgedehnte Wälder und Tundren bis zur trostlose Küste der Hudson Strait. Die Provinz, trotz eines Vierteljahrhunderts der Unsicherheit immer noch ein Teil Kanadas, ist durch die »Stille Revolution« seit den 60er Jahren noch französischer geworden.

Sprachengesetze erzwingen die visuelle Dominanz des Französischen in Werbung und Schildern aller Art, der Vorherrschaft der Englischsprechenden wurde ein Riegel vorgeschoben. Das bedeutet jedoch nicht, dass Sie Französisch sprechen müssen, um einen Aufenthalt in Québec genießen zu können. Fast jeder, dem ein englisch sprechender Besucher begegnet, versteht Englisch und spricht es wahrscheinlich auch. Die Schilder in der Innenstadt mögen zwar französisch sein, das Englisch hat trotzdem seinen Platz neben dem Französischen. In den ländlichen Regionen gibt es zahlreiche englisch sprechende Kommunen, gegründet von Loyalisten, Iren, Schotten oder ehemaligen Bewohnern der Kanalinseln, die auf ihre Identität ebenso stolz sind wie jeder Québécois.

NICHT VERSÄUMEN

Ein Besuch der Basilique Notre-Dame in Montréal 114

Das Musée des Beaux-Arts de Montréal besichtigen 117

Wandern oder Skifahren in den Laurentides 126

Die landschaftliche Idylle der Eastern Townships 130

Die Zitadelle von Québec 140

Ein Besuch des Künstlerdorfes Baie-Saint-Paul in Charlevoix 145

Eine Fahrt durch den Saguenay Fjord 146

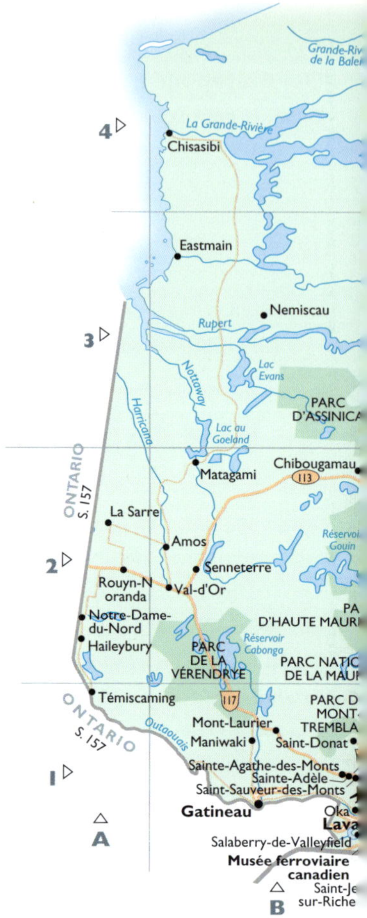

Das weite Land ist die eine Seite der Provinz, die Großstädte sind die andere. Montréal und Québec locken Millionen von Besuchern an, warum wird offensichtlich, sobald man die Städte besucht. Montréal ist eine Metropole, die sich der größten Konzentration historischer Gebäuden in ganz Nordamerika rühmt, aber gleichzeitig ihren Blick voraus richtet, symbolisiert in einer Skyline aus zum Teil sehr sehenswerten Hochhäusern. Um ihre Fundamente wirbelt eine kosmopolitische Bevölkerung, die weiß, wie sie das Leben genießen kann. Essen und Trinken spielen eine wichtige Rolle im Alltag, die Stadt ist stolz auf die besten Restaurants außerhalb New Yorks. Auch in Québec kann man gut essen, aber hier

reizt mehr noch das historische Erbe. Selbst in Europa gibt es nur wenige Städte, die mit Québecs einzigartiger Verschmelzung aus kulturellem Erbe und Natur konkurrieren können: der große, den St. Lawrence überragende Felsen, die Unterstadt, die sich an ihn schmiegt, sowie die Oberstadt mit ihren steilen Dächern, Türmen und der großen Zitadelle.

Die Menschen in Québec fühlen sich ihrer Heimat zutiefst verbunden. Obwohl die Provinz stark urbanisiert ist, spielen ländliche Wurzeln eine wichtige Rolle. Stadtbewohner träumen davon, ein altes *maison québéçoise* aus Feldsteinen und einem spitzen Dach zu besitzen. An den Wochenenden strömen sie in ihre Ferienhäuser in der reizvollen Umgebung der Städte: Montréaler in die Laurentides, die Bewohner Québecs in die Dörfer um Charlevoix.

Bei einer zweiten Reise nach Québec könnten Sie die Nordküste des St. Lawrence erkunden, einige Ortschaften sind hier nur mit dem Boot zu erreichen, oder die Inseln im Golf besuchen. Eine dritte Reise könnte Sie nach Norden führen, zu den Wasserkraftwerken an der James Bay oder zu den Inuit- und Cree-Dörfern. ■

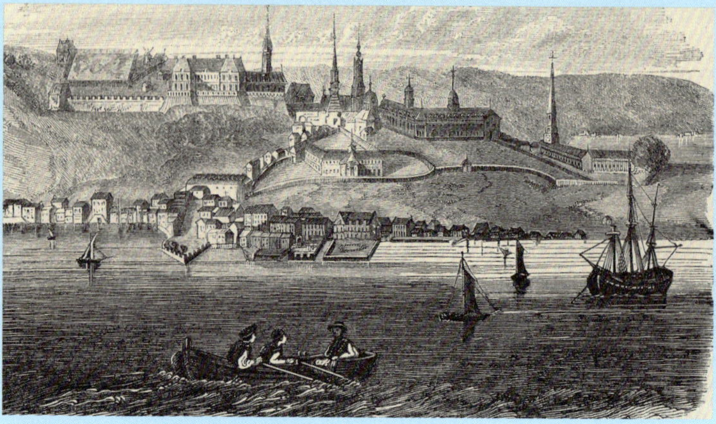

Québec, das Verwaltungszentrum von Neufrankreich um 1720

Neufrankreich

Farmhäuser entlang der Flussufer mit langen und schmalen Grundstücken, die weit ins Hinterland hineinreichen, graue Steinkirchen mit Türmen und funkelnden Dächern, elegante Stadthäuser, die auch in der Bretagne oder der Normandie nicht fehl am Platze wären –, in der Landschaft von Québec gibt es vieles, das noch heute den Geist von Französisch-Nordamerika vor 300 Jahren atmet.

Neufrankreich hatte das Ziel, den Kontinent zu dominieren. Französische Siedler lebten an der Atlantikküste, Händler drangen nach Westen bis zu den Großen Seen und noch weiter vor. Detroit war ein französisches Fort und der Mississippi eine potenzielle Route zur Kolonie Louisiana im Süden. Aber die meisten Franzosen lebten im unteren Tal des St. Lawrence. Hier gab es große Städte: die Hauptstadt Québec, die davon profitierte, dass seetüchtige Schiffe sie erreichen konnten, und das ihr an Einwohnerzahl kaum nachstehende Montréal. Als Missionsposten in der Wildnis gegründet, war es zum Zentrum des Pelzhandels geworden, ihm verdankte die Kolonie ihren Reichtum.

In der Anfangszeit wurde das Leben in der Kolonie vom Pelzhandel sowie den Gesellschaften dominiert, die ihn organisierten (siehe S. 220f), insbesondere der Compagnie des Cent-Associés. Da es der Gesellschaft nicht gelang, über die damaligen 3000 hinaus neue Siedler anzulocken, übernahm König Ludwig XIV. 1663 selbst die Kontrolle über das Land. Bis zur Eroberung durch die Briten ein Jahrhundert später war Neufrankreich eine vom Mutterland aus regierte Kolonie. Stellvertreter des Königs war ein Generalgouverneur, unterstützt (und manchmal ausgebootet) von einem Intendanten, der für die Alltagsgeschäfte zuständig war. Die oberste Gesellschaftsschicht bildete eine Gruppe von Aristokraten, überwiegend Militärs, die die Grenzen der Kolonie zu erweitern suchten und sie vor den Angriffen der Briten und der Irokesen schützten. Weitere wichtige Faktoren in den Städten waren die Kaufleute und die Kirche, die Missionare zur Bekehrung der Heiden ausschickte.

Da nicht die Besiedelung des Landes, sondern der Pelzhandel im Vordergrund stand, entwickelte sich Neufrankreich nur langsam. Nach der Amtszeit von Jean Talon, dem ersten königlichen Intendanten, trafen zunehmend mehr Menschen aus Frankreich ein, die Geburtenrate stieg, die Bevölkerung wuchs, die Nachfrage nach Land wurde größer. Die Landvergabe war semi-feudal. Das Land, das einem *Seigneur* verliehen wurde (der kein Aristokrat zu sein brauchte), wurde streifenweise für je ein Jahr an Pächter vergeben. Diese hatten dafür einen Zehnten zu entrichten und durften ihr Getreide

Ein verklärtes Bild frankokanadischen Lebens von Cornelius Krieghoff

nur in der Mühle mahlen lassen, die der Seigneur im Gegenzug bauen musste.

Die Farmhäuser wurden an den Flussufern errichtet, dicht, aber nicht zu dicht neben denen der Nachbarn. Der Regierung wäre es lieber gewesen, wenn die Landbevölkerung in Dörfern gelebt hätte, wo man sie besser hätte kontrollieren können, aber die Farmer zogen dieses halbautonome Leben vor, bei dem sie ihre Freiheit genießen und notfalls Nachbarn zur Hilfe rufen konnten. Viele blickten auf ein Leben außerhalb der französischen Gesellschaft zurück – als Waisen, ehemalige Sträflinge oder Soldaten –, und genossen ihre Unabhängigkeit. Städtische Beamte hatten Angst, dass ihnen die in den Wäldern lebenden Menschen die Kehle durchschneiden könnten. Viele Kanadier bewunderten diese stolzen und unabhängigen Leute, die sie *les sauvages* (die Wilden) nannten. Die meisten Farmer waren zufrieden, wenn ihr Land genügend Nahrung für ihre Familien erbrachte; die wenigsten von ihnen versuchten zu Geld zu kommen, indem sie die Märkte belieferten. Es kam vor, dass ihre Söhne im Wald verschwanden, für einen Sommer oder manchmal für immer, um Jagd auf Biber und andere Pelztiere zu machen. Weil sie sich der Lebensweise der Eingeborenen anpassten und bereit waren, mit jedem zu handeln, der (wie die sonst verhassten so genannten »Engländer«) gut zahlte, waren diese illegal agierenden *coureurs de bois* (Waldläufer) den Behörden ein Dorn im Auge.

Nach der Eroberung der Kolonie durch die Briten mussten die französischen Beamten in ihr Heimatland zurückkehren, die Farmer jedoch blieben. Sie passten sich der neuen Regierung an, blieben aber ihrer Lebensweise und der Landschaft treu, die sie geschaffen hatten und die sich bis heute erhalten hat.

Die französischen Siedler passten sich ihrer rauen Umgebung an

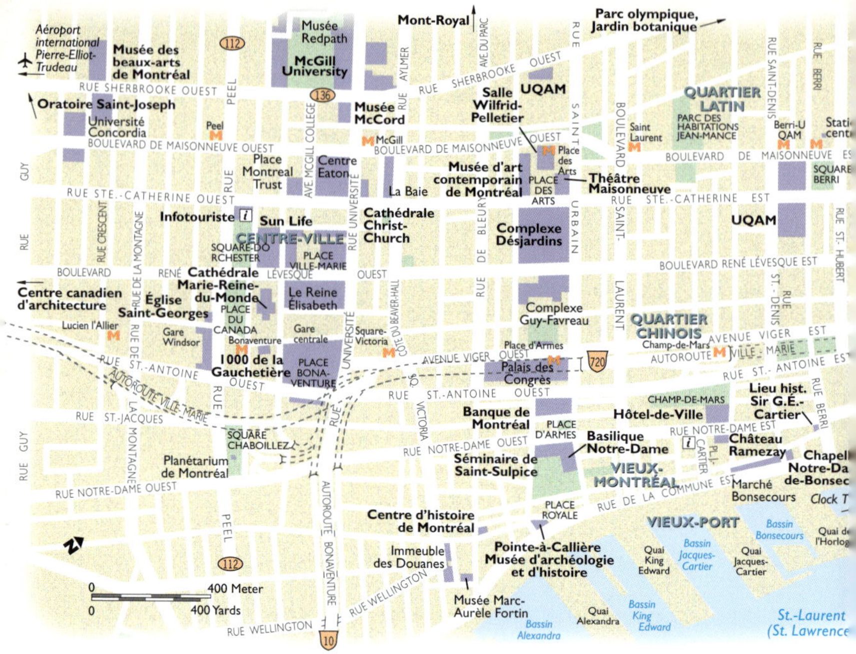

Montréal

105 C1

Besucherinformation
www.tourism-montreal.org
1001, Square-Dorchester
514/873-2015
Metro: Peel

Vieux-Montreal Besucherinformation
174, Rue Notre Dame Est
514/873-2015
Metro: Champs-de-Mars

TORONTO MAG MONTRÉAL DEN RANG ALS GRÖSSTE STADT Kanadas abgelaufen haben, aber Montréal ist nach wie vor die vielfältigste Metropole des Landes, ein faszinierendes Konglomerat aus europäischen Traditionen und nordamerikanischer Moderne. Montréal liegt auf einer Insel, der größten in einem vom Zusammenfluss des St. Lawrence und des Ottawa gebildeten Archipel.

Um ein Gefühl dafür zu bekommen, weshalb hier eine Stadt entstanden ist, sollten Sie (wenn es Ihnen nichts ausmacht, etwas nass zu werden) mit dem Motorboot vom Alten Hafen zu den Stromschnellen von Lachine fahren. Das tosende Wasser machte es den Schiffen aus Übersee unmöglich, weiter stromaufwärts zu fahren; deshalb mussten die Güter von den Schiffen und aus dem Landesinnern hier umgeladen, gelagert und bewacht werden. So kam es, dass sich die 1642 von Paul de Chomedy Maisonneuve (1612–76) gegründete Missionsstation Ville-Marie schnell zu einer Basis für Entdeckungsreisende, die *coureurs de bois* und die Pelzhändler entwickelte (siehe S. 220f). Auch wenn Ville-Marie bald in Montréal umbenannt wurde, behielt die katholische Kirche dennoch ihren enormen Einfluss. Missionare zogen von hier aus übers Land, und der Sulpizianer-Orden, der Maisonneuve finanziert hatte, beherrschte rund 200 Jahre lang die Stadt. Sein 1685 erbautes Seminar steht noch heute neben der Basilika Notre-Dame.

DAS HEUTIGE MONTRÉAL

In Vieux-Montréal, das einst von einer doppelten Mauer geschützt wurde, findet sich die größte Ansammlung historischer Gebäude (19. Jh.) in ganz Nordamerika. Montréals »Wall Street«, die Rue Saint-Jacques, ist trotz ihrer vielen Banken nicht mehr der Motor der kanadischen Wirtschaft; sie hat sich zu einem Anziehungspunkt für Einheimische und Touristen gewandelt.

Der Bau des Lachine-Kanals (1825) zur Umgehung der Stromschnellen des St. Lawrence und der Eisenbahnbau trugen entscheidend dazu bei, dass sich Montréal im 19. Jahrhundert nicht nur zur größten Hafenstadt, sondern auch zu einer bedeutenden Industrie- und Handelsmetropole entwickelte. Einwanderer aus England und Irland strömten hierher, einige Jahrzehnte lang gab es in der Stadt eine anglophone Mehrheit. Das änderte sich, als die aufblühende Industrie frankophone Arbeiter aus der Umgebung anlockte. Die französisch sprechenden Einwohner der Stadt lebten östlich des Boulevard Saint-Laurent, die englisch sprechenden westlich davon; die reichsten unter ihnen bauten sich dort die prächtigen Häuser der Golden Square Mile am Fuße des Mont-Royal, dem größten Wahrzeichen der Stadt.

Zu Beginn des 20. Jahrhunderts verlagerte sich der Schwerpunkt der Stadt nach Westen – eine Reaktion auf die wirtschaftliche Vorherrschaft der anglophonen Bevölkerung. Aber Ende der 50er Jahre griff die von Québec ausgehende »Stille Revolution« auf Montréal über; zugleich änderte sich das Stadtbild. Der kreuzförmige Turm der Place Ville-Marie war einer der ersten von zahlreichen, oft durch ihre Architektur bestechenden Wolkenkratzern. Die Underground City (siehe S. 116) begann Gestalt anzunehmen und Kaufhäuser, Bahnhöfe, Vergnügungsstätten und die funkelnagelneue Métro miteinander zu verbinden. So entstand eine unterirdische, vor den Unbilden des Winters geschützte Welt. Es war die Ära von Jean Drapeau, der 29 Jahre lang als Bürgermeister amtierte und der Stadt nicht nur die Métro schenkte, sondern auch der Expo 1967 und den Olympischen Sommerspielen 1976 vorstand. Mitte der 1970er Jahre begann das Französische im öffentlichen Leben eine wichtigere Rolle zu spielen, zahlreiche englisch sprechende Einwohner verließen die Stadt. Den Auszug kommentierte Drapeau mit den Worten: »Soll Toronto doch Mailand werden; Montréal wird immer Rom bleiben.«

Montréal wurde zwar nicht wie Rom auf sieben Hügeln erbaut, ist aber trotzdem die Heimat von rund 200 000 Italienern. Die ethnische Vielfalt der Einwanderer, die heute mehr als ein Fünftel der Einwohnerschaft ausmachen, hat nicht nur die englisch-französische Polarität abgeschwächt, sondern auch das kulturelle Leben der Stadt ungemein bereichert, gastronomisch kann es Montréal beinahe mit New York aufnehmen.

Nach einem guten Abendessen können Sie feststellen, dass Montréal zu den Städten gehört, die nie schlafen und in denen es eine fast schon grenzenlose Auswahl von Bars, Cafés, Nachtlokalen und Vergnügungsstätten gibt. Und wenn Sie dann ausgeschlafen haben, warten die Museen, von denen einige wie etwa das Musée des Beaux-Arts de Montréal und das Musée d'Art Contemporain in weltweit beachteten Neubauten untergebracht sind. ■

Straßenszene in Vieux-Montréal

Das nächtliche Montréal vom Mont-Royal aus gesehen

Zu Fuß durch Vieux-Montréal

Der historische Stadtkern von Montréal mit seiner Vielfalt an alten Gebäuden erfreut sich zum Leben und Arbeiten wieder großer Beliebtheit. Die Stadtmauern aus dem 18. Jahrhundert stehen schon lange nicht mehr, aber Vieux-Montréal, auf einer Anhöhe oberhalb des St. Lawrence gelegen, ist noch immer eine Welt für sich, die zu durchwandern ein großes Vergnügen ist.

Die wichtigsten Ost-West-Straßenzüge – Rue Saint-Jacques, Rue Notre-Dame und Rue Saint-Paul –, verlaufen noch heute so, wie sie um 1670 angelegt wurden. Hier gibt es Boutiquen, Bars, Restaurants und einige aus dem harten grauen Kalkstein der Region erbaute Pensionen aus dem 18. Jahrhundert. Die von Norden nach Süden verlaufenden Querstraßen fallen zum Vieux-Port hin ab, wo an die Stelle des geschäftigen Hafentreibens von einst jetzt weitläufige Parks getreten sind.

Fahren Sie mit Montréals blitzsauberer Métro zum **Champ-de-Mars** 1 und verlassen Sie die Station durch den Südausgang. Spazieren Sie diagonal über den Champ-de-Mars, den früheren Paradeplatz, auf dem heute Versammlungen aller Art stattfinden.

Von hier aus sind im Westen die hoch aufragenden Türme des Geschäftsviertels zu sehen; unter und vor sich aber sehen Sie die Reste der alten Stadtmauer aus dem 18. Jahrhundert. Widerstehen Sie der Versuchung, die Place Jacques-Cartier hinunter zu gehen, und wandern Sie stattdessen durch die Rue Notre-Dame mit dem massigen **Hôtel de Ville** links und dem bescheidenen **Château de Ramezay** 2 rechts (siehe S. 112).

Einige der zahlreichen Cafés an der Rue Crescent in Vieux-Montréal

Wenn Sie dann in die **Rue Bonsecours** rechts abbiegen, haben Sie abwärts einen schönen Blick auf die **Chapelle Notre-Dame-de-Bonsecours** (siehe S. 112f) am Fuße der Straße. In dieser befinden sich etliche schöne alte Häuser, darunter das **Maison Papineau** (Nr. 440) von 1785 und das **Maison du Calvet** (Nr. 401).

Gehen Sie an der 150 Meter langen Fassade des Marché Bonsecours entlang und biegen Sie dann rechts ab und überqueren Sie die Eisenbahngleise. Von den oberen Stockwerken des **Pavillon Jacques Cartier** aus haben Sie einen Panoramablick über den **Vieux-Port** mit seiner Reihe von Reedereien und Lagerhäusern aus dem 19. Jahrhundert, die früher die Grenze zwischen Stadt und Hafen bildete.

Kehren Sie über die Gleise zurück zur **Place Jacques-Cartier** 3. Von dort geht es in westlicher Richtung durch die Rue Saint-Amable, die Rue Saint-Vincent hinunter und dann wieder westwärts durch die Rue Saint-Paul, vielleicht die attraktivste der Straßen von Vieux-Montréal. An der Place Royale biegen Sie in die Pointe-à-Callière und zum **Musée d'Archéologie et d'Histoire de Montréal** (siehe S.113f) ab. Setzen Sie Ihren Weg nach Westen fort zur **Place d'Youville** 4, wo Sie neben dem **Centre d'Histoire de**

- Siehe Stadtteilkarte S. 104
- Champ-de-Mars
- 2,7 Kilometer
- 3 Stunden
- Basilique Notre-Dame

NICHT VERSÄUMEN

• Chapelle Notre-Dame-de-Bonsecours • Musée d'Archéologie et d'Histoire de Montréal • Basilique Notre-Dame

Die Skyline der Stadt vom Hafen aus

Montréal (siehe S. 114) auch schöne alte Steinhäuser wie die **Écuries d'Youville** (Nr. 298–300) und den **Konvent der Grauen Nonnen** (Rue Saint-Pierre) finden.

Gehen Sie auf der Rue Saint-Pierre nach Norden und biegen Sie rechts in die Rue Saint-Jacques ein, die unter ihrem englischen Namen St. James Street bis weit ins 20. Jahrhundert hinein die »Wall Street« Kanadas war. Das auffälligste unter den prächtigen Bankgebäuden ist das der Banque de Montréal (Nr. 119), das die Form eines römischen Tempels hat. An der angrenzenden **Place d'Armes** 5 steht der erste Wolkenkratzer der Stadt, das New York Life Insurance Building von 1889 sowie das Aldred Building im Stil des Art Déco; im Süden ragen die Türme der **Basilique Notre-Dame** (siehe S. 114) auf.

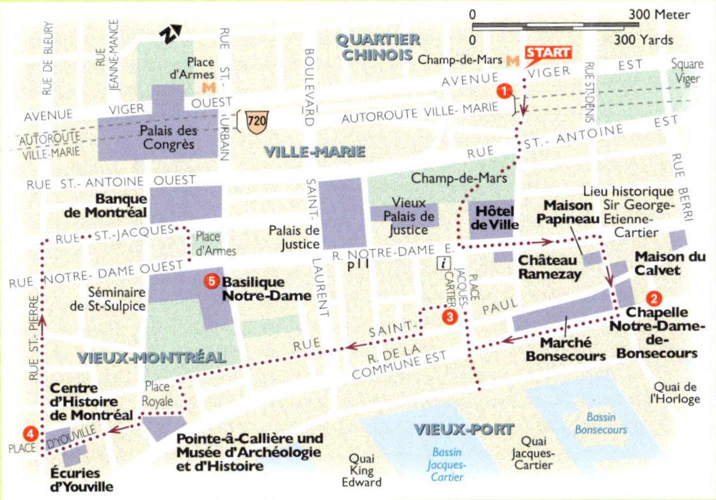

Vieux-Montréal

Château Ramezay
280, rue Notre-Dame Est
514/861-3708
Geschl. Mo Okt.–Mai
$
Metro: Champ-de-Mars

Lieu Historique Sir George Étienne-Cartier
458, rue Notre-Dame Est
514/283-2282
$
Metro: Champ-de-Mars

Chapelle Notre-Dame-de-Bonsecours
400, rue Saint-Paul Est
514/282-8670
Geschl. Mo, verkürzte Öffnungszeiten im Winter
Museum $
Metro: Champ-de-Mars

VIELE LEUTE FINDEN SICH IN VIEUX-MONTRÉAL AM BESTEN zurecht, wenn sie an der Place Jacques-Cartier *(Métro: Champ-de-Mars)* ihren Rundgang beginnen. Der nach dem französischen Entdecker benannte Platz zieht sich von der Nelson-Statue am oberen Ende über die Rue de la Commune zu den Kaianlagen hinunter. Hier besteigen Touristen die Pferdekutschen für eine Stadtrundfahrt, hier lassen sich von Straßencafés aus Darbietungen aller Art verfolgen.

Aber der Platz ist alles andere als eine Touristenfalle. An schönen Sommertagen versammelt sich hier die halbe Stadt und breitet sich über die Rue de la Commune bis zum weitläufigen Gelände des Vieux-Port aus. Bevor Sie sich den Städtern anschließen, sollten Sie noch einen Blick auf die schönen alten Gebäude werfen, die den Platz säumen, darunter das restaurierte **Maison Viger** (Nr. 410) an der Ecke zur Rue Saint-Amable oder das **Maison del Vecchio** (Nr. 404), beide aus dem frühen 19. Jahrhundert.

Ganz in der Nähe steht das **Hôtel de Ville**. Das Rathaus wurde 1878 im Empirestil erbaut und nach einem Brand 1922 originalgetreu restauriert. Hier wurde Montréals oft verworrene Stadtpolitik ausgebrütet. Es errang 1967 internationales Aufsehen, als der in der Stadt zu Besuch weilende französische Präsident Charles de Gaulle der riesigen Menge, die sich vor dem Gebäude versammelt hatte, vom Balkon aus »*Vive le Québec libre!*« zurief. Vom Beifall der Menge überrascht, bat De Gaulle seinen Gastgeber Daniel Johnson, Premier von Québec, um eine Erklärung. »Sie haben gerade den Slogan meiner Gegner bei der letzten Wahl wiederholt«, war die betroffene Antwort.

Château Ramezay ist eines der ältesten und faszinierendsten Gebäude Nordamerikas. Das niedrige, lang gestreckte, einem Farmhaus ähnelnde Gebäude kann auf eine ruhmreiche Geschichte zurückblicken. Es wurde 1705 für Claude de Ramezay, den elften Gouverneur von Montréal, gebaut. Später war es Sitz der Zentrale der großen Pelzhandels-Gesellschaft Compagnie des Indes und danach Sitz des britischen Generalgouverneurs. Während der Besetzung Montréals durch die Amerikaner wohnte Benjamin Franklin hier, dem es jedoch nicht gelang, die Einwohner zum Beitritt als 14. Staat der USA zu bewegen. Seit gut einem Jahrhundert ist das Schloss ein Museum.

Ein neueres Kapitel der kanadischen Geschichte wird im **Lieu Historique Sir George Étienne-Cartier** bewahrt. Von den Föderalisten als Vater der Konföderation verehrt, von Québecs Nationalisten als Handlanger und Kollaborateur beschimpft, ist Sir George Étienne-Cartier (1814–73) noch heute umstritten. Thema des reizvollen Museums in den Häusern, in denen er lebte und arbeitete, ist nicht die hohe Politik, sondern das behagliche Leben der oberen Mittelschicht um die Mitte des 19. Jahrhunderts.

Chapelle Notre-Dame-de-Bonsecours wird auch »die Matrosenkirche« genannt. Die Kapelle wurde im 18. Jahrhundert gebaut und wird von einer großen, kupfernen Marienstatue gekrönt, deren Arme all jenen entgegengestreckt, die den St. Lawrence befahren. Dankbare Seefahrer spendeten die im Innern ausgestellten Schiffsmodelle. Das heutige Gebäude steht an der

gleichen Stelle wie die hölzerne Kapelle, die 1657 auf Veranlassung von Marguerite Bourgeoys errichtet wurde. Die aus Troyes in Frankreich stammende resolute Dame wurde 1982 heilig gesprochen. Sie prägte Ville-Marie nicht unwesentlich, indem sie einen Nonnenorden gründete und Schulen für französische und Indianerkinder errichtete.

Der alte Hafen

Der Sommer ist die beste Zeit, die Parklandschaft auf dem Gelände des Vieux-Port zu genießen. Dann wimmelt es dort von Stadtbewohnern, die spazieren gehen, auf Fahrrädern oder Inline-Skates herumsausen, sehen und gesehen werden und die erfrischende Brise genießen. Der Wind ist im Winter sehr frisch, was aber ganz Tapfere nicht davon abhält, sich hier zum Skaten und Schlittschuhlaufen zu treffen. Hier finden Open-Air-Veranstaltungen statt; hier befindet sich auch das Centre de sciences de Montréal *(Tel. 514/496-4724)*, das auch ein IMAX-Kino beherbergt. Von den zahlreichen Bootsfahrten, die angeboten werden, führt die aufregendste zu den berühmten Lachine-Stromschnellen *(Tel. 514/284-9607)*.

POINTE-À-CALLIÈRE

Alle Themen der Geschichte Montréals sind in dem Gebäudekomplex vertreten, der zusammenfassend als **Musée d'Archéologie et d'Histoire de Montréal** bezeichnet wird. Hier gibt es unter anderem eine faszinierende unterirdische Präsentation von archäologischen Ausgrabungen. Die **Pointe-à-Callière** genannte Gegend ist die Geburtsstätte der Stadt, die Stelle, an der Champlain 1611 landete und Maisonneuve und seine Siedler 1642 an Land gingen. Dies und noch viel mehr wird in einer unterhaltsamen Audiovisions-Show gezeigt, die das englische und das französische Element mühelos kombiniert und Ihnen in ein paar Minu-

Das Rathaus im Empire-Stil wurde nach einem Brand 1922 rekonstruiert

Musée d'Archéologie et d'Histoire de Montréal

- ✉ 350, place Royale
- ☎ 514/872-9150
- 🕒 Geschl. Mo Mitte Sept.–Ende Juni
- $ $$$
- 🚇 Metro: Place-d'Armes

Das beeindruckende Innere der Basilique Notre-Dame

ten das meiste von dem vermittelt, was Sie über die 350-jährige Geschichte von Montréal wissen sollten. Danach gelangt man in eine unterirdische Krypta mit Überresten alter Mauern, Wasserleitungen, Kanalisation und sogar eines Friedhofs. Wieder auf Straßenniveau angelangt, befinden Sie sich im alten **Customs House** an der Place Royale, dem einstigen Standort von Maisonneuves erster Residenz.

Um die an der Pointe-à-Callière begonnene Geschichtslektion zu beenden, sollten Sie das prächtig ausgestattete alte Spritzenhaus betreten, in dem heute das **Centre d'Histoire de Montréal** untergebracht ist. In seinen elf Räumen werden alle Aspekte urbanen Lebens präsentiert; man kann mit einer Lore fahren, eine der berühmten Außentreppen hinaufsteigen oder einen Blick in ein Wohnzimmer aus den 1940er Jahren werfen.

Die **Basilique Notre-Dame** ist ein Meisterwerk der Architektur. 1824 befahlen die Sulpizianer, die damals die Stadt regierten, den Bau einer großen Kirche, in der alle Mitglieder der Gemeinde (die damals die ganze Stadt umfasste) Platz finden würden. Als Architekten beauftragten sie einen irisch-amerikanischen Protestanten namens James O'Donnell, der von der Großartigkeit seines Werks so beeindruckt war, dass er zum Katholizismus konvertierte und in der Kirche beigesetzt wurde. Ein halbes Jahrhundert lang war die neugotische Basilika mit ihren zwei Türmen die größte Kirche Nordamerikas, und trotz der Fülle der seither emporgeschossenen Wolkenkratzer ist sie noch heute ein Wahrzeichen von Montréal. Ihr Inneres ist überaus beeindruckend – eine Kombination aus detailreichem Schnitzwerk, Buntglas und subtil ausgewogenem natürlichem und künstlichem Licht. Die Vergoldung des Schnitzwerks und das Blau des Gewölbes und des Altarraums verleihen dem Raum eine einzigartige Atmosphäre. Die Kanzel wurde vom Bildhauer Henri Bouriché geschaffen, die in Limoges in Frankreich hergestellten Fenster erzählen die Geschichte der Frühzeit von Montréal.

Neben der Basilika steht das älteste Gebäude der Stadt, das **Vieux Séminaire de Saint-Sulpice**. Es wurde 1685 vom Sulpizianer-Orden erbaut, wird noch heute von ihm genutzt und ist der Öffentlichkeit nicht zugänglich. Das aus Quadersteinen errichtete symmetrische Gebäude atmet den Geist von Neufrankreich im 17. Jahrhundert, seine Uhr ist angeblich die älteste ihrer Art in ganz Nordamerika. ■

Centre d'Histoire de Montréal
- ✉ 335, place d'Youville
- ☎ 514/872-0311
- 🕒 Geschl. Mo ganzjährig, Di Mitte Sept.–April
- $ $
- Metro: Square Victoria

Basilique Notre-Dame
www.basiliquenddm.org
- ✉ 110, rue Notre-Dame Ouest
- ☎ 514/842-2925
- $ $
- Metro: Place-d'Armes

Square-Dorchester und Innenstadt

ZUSAMMEN MIT DER PLACE DU CANADA AN DER GEGENüberliegenden Seite des Boulevard René-Lévesque gilt der baumbestandene Square-Dorchester *(Métro: Peel* oder *Bonaventure)* seit jeher als das Herz von Montréal. Für viele Besucher ist er der ideale Ausgangspunkt für eine Erkundung der Innenstadt, nicht zuletzt deshalb, weil sich im Dominion Square Building an der Nordseite des Platzes das Informationszentrum für Touristen *(Center Infotouriste)* befindet.

Die Gebäude, die den Platz säumen, verraten viel über die neuere Geschichte Montréals. Nichts könnte britischer sein als die neugotische **St. George's Church**, das älteste Gebäude an der **Place du Canada**. Neben der Kirche liegt **Windsor Station**, der 1889 im neuromanischen Stil erbaute Endbahnhof der Canadian Pacific Railway.

Trotz der Nähe mehrerer Hochhäuser ist das auffallendste Gebäude nach wie vor die **Cathédrale Marie-Reine-du-Monde**. Sie wurde 1894 nach dem Vorbild des Petersdoms in Rom errichtet und demonstriert auf eindrucksvolle Weise die Macht der katholischen Kirche im Westen des Stadtzentrums, das einst eine Bastion der britischen Protestanten war. Vom Gesims schauen die Schutzheiligen der vielen Gemeinden herab, die zur Finanzierung des Baus beitrugen, das Innere schmückt die Nachbildung eines Baldachins aus dem Petersdom.

An der Ostseite des Platzes nimmt das aus hellem Granit erbaute **Sun Life Building** einen ganzen Block ein. Sein Bau wurde 1914 begonnen und seitdem ständig erweitert. Während des Zweiten Weltkriegs wurden hier die britischen Kronjuwelen aufbewahrt. Es fällt nicht schwer, die Behauptung zu glauben, es wäre einst das größte Gebäude im Britischen Empire gewesen. Größer, aber wesentlich schlanker ist Montréals höchstes Bauwerk (224 Meter), 1000 de la Gauchtière, in dem sich sogar eine Rollschuhbahn befindet.

WEITERE SEHENSWÜRDIGKEITEN

Place Ville-Marie *(Boulevard René-Lévesque an der Rue Université)*, ab 1958 von I.M. Pei erbaut, markiert den Beginn der Modernisierung der Innenstadt von Montréal. An der Esplanade, die einen herrlichen Blick die **Avenue McGill College** hinauf gewährt, ragt der

St. George's Church
- ✉ Ecke Peel und de la Gauchetière
- ☎ 514/866-7113
- 🕒 Geschl. Mo
- 🚇 Metro: Bonaventure

Cathédrale Marie-Reine-du-Monde
- ✉ Boulevard René-Lévesque bei Mansfield
- ☎ 514/866-1661
- 🚇 Metro: Bonaventure

Auf dem Square-Dorchester steht das Denkmal des früheren Premierministers Sir Wilfred Laurier (1841–1919)

McGill University
Rue Sherbrooke Ouest
514/398-4455
Metro: McGill

Musée McCord
www.mccord-museum.qc.ca
690, Sherbrooke Ouest
514/398-7100
Geschl. Mo
$$$
Metro: McGill

Christ Church Kathedrale
635, Ste.-Cathérine Ouest
514/843-6577
Metro: McGill

42 Stockwerke hohe, kreuzförmige Turm aus Glas und Aluminium mit einem rotierenden Suchscheinwerfer an der Spitze auf. Unter der Esplanade liegt ein überdachtes Einkaufszentrum. Es war das erste seiner Art und bildet heute das Kernstück der Underground City.

Nördlich der Place Ville-Marie liegt die Avenue McGill College, die 1988 verbreitert wurde, um ein visuelles Bindeglied zwischen dem Stadtzentrum, der **McGill University** und dem Mont Royal zu schaffen. An der Avenue stehen mehrere eindrucksvolle moderne Gebäude, darunter die **Place Montréal Trust** mit einem fünf Stockwerke hohen Atrium und der aus blauem Glas bestehende **BNP/Laurentian Bank Tower** *(Ecke Ave. McGill College und Ave. du Président Kennedy)* mit der Skulptur *The Illuminated Crowd* des in England geborenen Bildhauers Raymond Mason.

Am Ende der Avenue McGill College liegt die McGill University. Der Campus dieser weltberühmten Universität ist Besuchern zugänglich. Der Campus ist eine grüne Oase in der Innenstadt mit einer erstaunlichen Vielfalt an Gebäuden.

Am oberen Ende der Anhöhe steht das älteste von ihnen, das **Arts Building**. Es wurde 1839 errichtet, nur wenige Jahre, nachdem die Universität 1821 mit Geld aus dem Nachlass des schottischen Pelzhändlers James McGill gegründet worden war.

ERLEBNIS: Underground City

Mon pays c'est l'hiver **(Winter ist der Name meines Landes) sang der Chansonnier Gilles Vignault in den 60er Jahren, und die Menschen in Québec wissen, wie sie das Beste aus dem unwirtlichen Klima machen können – man denke nur an die Wintersportmöglichkeiten. Aber selbst wenn man einkaufen oder ins Theater gehen will, braucht man sich nicht durch Schnee und Schneematsch zu kämpfen. Die Montréaler haben dieses Problem gelöst, indem sie unter die Erde gingen. Seit der Fertigstellung der Place Ville-Marie Anfang der 60er Jahre ist ein fast 30 Kilometer langes Netzwerk aus wettergeschützten Passagen entstanden, die Métro- und Bahnstationen, rund 1700 Ladengeschäfte, Theater, Hotels, Büro- und Wohnhäuser miteinander verbinden. Im Winter braucht man keinen Fuß ins Freie zu setzen, und Klimaanlagen sorgen dafür, dass auch die feuchtheißen Sommer erträglich werden.**

In Montréals unterirdischen Passagen existiert ein riesiges Netzwerk an Métrostationen sowie Restaurants, Geschäften und Büros

Das **Musée McCord** hat die Stadt dem unermüdlichen Sammler David McCord zu verdanken. Trotz einer Erweiterung des Gebäudes kann nur ein Bruchteil der zehntausend Objekte gezeigt werden, die er im Laufe seines Lebens zusammengetragen hat, aber ihre Fülle und Vielfalt ermöglicht es dem Museum, Sonderausstellungen zu allen möglichen Themen von Eishockey bis hin zu Karrikaturen anzubieten. Erkundigen Sie sich, welche Ausstellung gerade läuft. Einer der Schwerpunkte des Museums sind Alltags- und Kunstgegenstände der Ureinwohner, darunter ein grandioser Totempfahl von den Queen Charlotte Islands. Ein weiterer sind die einzigartigen **Notman Photographic Archives**, eine erstaunlich komplette Dokumentation des Lebens in Kanada im 19. und Anfang des 20. Jahrhunderts.

Cathédral Christ Church, die anglikanische Kathedrale der Stadt wurde 1859 im neugotischen Stil erbaut, hatte aber mit schweren baulichen Problemen zu kämpfen. Der steinerne Turm erwies sich als zu schwer für das Fundament und musste durch einen neuen aus Aluminium ersetzt werden. Das Absacken des Fundaments konnte erst gestoppt werden, als in den 1980er Jahren das gesamte 9000 Tonnen schwere Gebäude aufgebockt und ein neues Kellergeschoss konstruiert wurde. In dem unterirdischen Anbau befindet sich ein Einkaufszentrum, **Les Promenades de la Cathédrale**; allerdings durften direkt unter der Kathedrale keine Läden gebaut werden.

Im Verlauf der Stillen Revolution wurde versucht, den östlichen, stärker französisch geprägten Teil der Innenstadt neu zu beleben. Die **Université du Québec à Montréal (UQAM)** wurde ebenso gegründet wie der **Complexe Desjardins** *(Ecke Rue St.-Urbain und Ste.-Cathérine Ouest)*, in dessen riesigem Atrium große Publikumsveranstaltungen stattfinden. Zu der um einen vor allem im Sommer belebten öffentlichen Platz herum angeordneten **Place des Arts** *(Tel. 514/842-2112, Métro: Place des Arts)* zählen mehrere große Säle und das **Musée d'Art Contemporain de Montréal**, das 1992 eröffnet wurde und über eine große Kunstsammlung aus der Zeit nach 1945 verfügt, die überwiegend von Québecer Künstlern geschaffen wurden.

Der größte der Säle ist die **Salle Wilfrid-Pelletier**, die 2890 Zuschauern Platz bietet und in der das l'Orchestre symphonique de Montréal, die l'Opéra de Orchestra de Montréal und die Grands ballets canadiens beheimatet sind.

DIE WESTLICHE INNENSTADT

Das **Musée des Beaux-Arts de Montréal** ist eines der besten in

Cathédral Christ Church wird von einem der vielen modernen Hochhäuser überragt

Musée d'Art Contemporain de Montréal
www.macm.org
✉ 185, rue Ste-Cathérine Ouest
☎ 514/847-6226
🕒 Geschl. Mo
$ $$$
Metro: Place des Arts

Musée des Beaux-Arts de Montréal
www.mmfa.qc.ca
✉ 1379–1380, Sherbrooke Ouest
☎ 514/285-2000
🕒 Geschl. Mo
$ $$$ (nur Wechselausstellungen)
🚇 Metro: Guy-Concordia

Centre Canadien d'Architecture
www.cca.qc.ca
✉ 1920, rue Baile
☎ 514/939-7026
🕒 Geschl. Juni–Sept. Mo , restl. Jahr Mo–Di
$ $$
🚇 Metro: Georges-Vanier oder Guy-Concordia

Oratoire Saint-Joseph
www.saint-joseph.org
✉ 3800, chemin Queen Mary
☎ 514/733-8211
$ Museum Spende erbeten
🚇 Metro: Côte-des-Neiges

ganz Nordamerika, sowohl in Bezug auf die Bestände als die Architektur. Die Gemälde, Skulpturen, Zeichnungen und anderen Kunstgegenstände sind in zwei durch Galerien unter der Sherbrooke Street miteinander verbundenen Gebäuden untergebracht. Der North Pavillon von 1912 ist ein Kunsttempel, innen so grandios wie außen.

Der 1991 fertig gestellte South Pavillon ist das Werk des Montréaler Architekten Moshe Safdie.

Der South Pavillon bietet Platz für Ausstellungen und beherbergt eine große Sammlung europäischer Kunst, zu der mittelalterliche Plastiken ebenso gehören wie Werke von Memling, Mantegna, Rembrandt, El Greco und Gainsborough. Auch Gemälde des 19. und frühen 20. Jahrhunderts werden hier gezeigt. Zeitgenössische kanadische und internationale Kunst ist hier vertreten; die unterirdischen Galerien scheinen genau der rechte Ort für die Kunst der Antike und die aus Asien und Ozeanien zu sein.

Der North Pavillon beherbergt eine umfassende Sammlung kanadischer Kunst, seine Bestände können es mit jedem anderen Museum des Landes aufnehmen. Ausgestellt werden Gemälde, Zeichnungen, Skulpturen und Möbel. Außerdem gibt es Ausstellungen mit Kunsthandwerk vom Mittelalter bis zur Gegenwart zu sehen. Bemerkenswert ist die von Liliane Stewart gestiftete Sammlung aus dem 20. Jahrhundert.

Betroffen vom Verschwinden so vieler alter Gebäude in Montréal, rettete Phyllis Lambert das historische **Shaughnessy House** von 1874 vor dem Abriss und bezog es in einen Komplex ein, der als **Centre Canadien d'Architecture** bekannt ist und seine Aufgabe darin sieht, den Besuchern Architektur und damit verwandte Themen wie Stadtplanung und Landschaftsgestaltung nahe zu bringen.

Mont-Royal

Liebevoll »der Berg« genannt, obwohl er nur eine Höhe von 230 Metern über dem Meeresspiegel hat, ist der baumbestandene Mont-Royal von unschätzbarem Wert in einer Stadt, in der es pro Kopf weniger Grünflächen gibt als in jeder anderen kanadischen Metropole. Verantwortlich für die Bepflanzung und die Anlage der Wege und Aussichtspunkte war der große amerikanische Landschaftsarchitekt Law Olmsted, der auch den Central Park in New York entwarf.

Man kann den Mont-Royal vom oberen Ende der Rue Peel aus über einen Fußweg und Treppen erklimmen, aber bequemer ist Bus Nr. 11, den man an der Métrostation Mont-Royal besteigen kann. Steigen Sie am Lac-aux-Castors (Bibersee) aus und wandern Sie zu dem großen steinernen Chalet hinauf, von dem aus man einen großartigen Panoramablick über die Stadt hat.

Ein weiterer Anstieg bringt Sie zu dem 36 Meter hohen Metallkreuz, das besonders nachts, wenn es angestrahlt ist, eines der Wahrzeichen der Stadt ist. Es ist die moderne Version des Kreuzes, das Paul de Maisonneuve Weihnachten 1642 an dieser Stelle zum Dank für die Errettung von Ville-Marie vor einer Überschwemmung errichtete.

Der Berg ist das ganze Jahr über beliebt. Im Winter bevölkern Schlittschuhläufer die Seen, Skifahrer die Hänge und lassen sich Touristen zu einer romantischen Pferdekutschfahrt verleiten.

Das **Oratoire Saint-Joseph**, die große Pilgerkirche auf dem Nordwestkamm des Mont-Royal, blickt auf ganz bescheidene Anfänge zurück. 1904 baute Bruder André, Pförtner am nahe gelegenen Notre-Dame College, einen kleinen Josephsschrein für die ständig wachsende Zahl an Kranken, die von den Heilkräften des Heiligen profitier-

ten. Als immer mehr Pilger erschienen, wurde 1924 mit dem Bau eines großen Oratoriums begonnen, und alle anfänglichen Probleme wurden auf triumphale Weise von Dom Paul Bellot (1876–1944) gemeistert, dem Mönch und Architekten, der auch die Abtei in St.-Benoît-du-Lac baute. Im Innern spielen Kunstwerke und Buntglas nur eine bescheidene Rolle. Bruder André wurde hier beigesetzt, ein kleines Museum erinnert an ihn. Der ursprüngliche Schrein befindet sich außerhalb des Hauptgebäudes, ebenso die Kreuzwegstationen.

Das Oratorium ist über 99 Stufen zu erreichen, die manche Pilger nach wie vor auf den Knien hinaufsteigen. Von der Terrasse aus hat man einen guten Blick über den Norden von Montréal; besonders auffällig ist der Komplex der Université de Montréal, der größten französischsprachigen Universität außerhalb von Paris. ■

Das gewaltige Oratoire Saint-Joseph krönt eine Anhöhe nordwestlich des Mont-Royal

Two solitudes

T wo Solitudes (Zwei Einsamkeiten), der Titel eines 1945 erschienenen Romans des Montréaler Schriftstellers Hugh McLennan, ist zu einem Synonym für die seit jeher ange-spannten Beziehungen zwischen den beiden Gründernationen Kanadas geworden. Das in viele Sprachen übersetzte Buch beschreibt die Identitätskrise eines jungen Mannes aus dem ländlichen Québec, der sich trotz seiner Zweisprachigkeit bei seinen eigenen Leuten ebenso unbehaglich fühlt wie bei den englisch sprechenden Bewohnern von Montréal.

Montréal ist schon seit langem ein Ort der Konfrontation, oder – häufiger– der Nichtkonfrontation der beiden »Einsamkeiten«. Von hier aus wurde die wirtschaftliche Entwicklung Kanadas im 19. und frühen 20. Jahrhundert von einer fast ausschließlich britischen Geschäftswelt gesteuert, damals waren es englisch sprechende Einwanderer, die das Gros der Arbeitskräfte stellten. Um die Mitte des 19. Jahrhunderts schließlich waren die Anglophonen eine Zeit lang in der Mehrheit.

Andernorts, vor allem auf dem Lande, sah es so aus, als wäre für die Frankokanadier die Zeit in der Mitte des 18. Jahrhunderts stehen geblieben. Nach der Eroberung durch die Briten hatten die Menschen dort versucht, sich an ihre Identität zu klammern und bei der katholischen Kirche Halt zu finden. Die Kirche propagierte eine hohe Geburtenrate, nicht zuletzt deshalb, um den Bestand der Gemeinden in der britisch dominierten Gesellschaft Kanadas zu sichern. Als Montréal gegen Ende des 19. Jahrhunderts zu wachsen begann, strömten immer mehr französisch sprechende Menschen vom Land in die Stadt. Diese Leute, früher »Holzfäller und Wasserträger« genannt, lieferten die Arbeitskraft für Unternehmen, die von Anglokanadiern, Briten oder Amerikanern geleitet wurden.

Ein seltenes Bild: Das Ahornblatt der Förderation und die Québecer Lilien an einem Fahnenmast vereint

Sprache und Prestige

Es war die englische Sprache, die Prestige verlieh. Um in der Geschäftswelt voranzukommen, mussten die Frankokanadier zweisprachig sein; trotzdem standen ihnen nur wenige Möglichkeiten offen. Das Geschäftsviertel von Montréal war fest in englischer Hand, auf den Straßen wurde fast nur Englisch gesprochen, und es gab nur wenig, was Montréal von anderen nordamerikanischen Städten unterschied.

Die Frankokanadier vom Land hatten das Gefühl, dass die Stadt ihnen entglitt. Ins Land strömende Immigranten identifizierten sich mit der dominierenden (anglophonen) Kultur und schickten ihre Kinder auf englischsprachige Schulen. Die Wohlhabenden, die in exklusiven Vororten wie Westmount lebten, hatten im Gegensatz zu ihren Landsleuten in Toronto kaum Kontakt zu ihren französisch sprechenden Mitbürgern. Das Bild, das sie sich von den Frankokanadiern machten, war wenig schmeichelhaft: Für sie waren sie Bauern mit unzähligen Kindern, die in pittoresker Armut auf ihren kleinen Farmen lebten. In der Stadt waren sie nur lästig; »Rede weiß!«, wurden nicht selten Leute angeherrscht, die des Englischen nicht mächtig waren.

Ob die Frankokanadier nun Englisch verstanden oder nicht – ihre Sprache wurde immer stärker vom Englischen beeinflusst, sehr zur Erbitterung der Intellektuellen. Das Vokabular von Arbeit, Technologie und materiellem Vorwärtskommen war durchweg englisch, und die Frankokanadier hatten kein

Auf den Straßen von Montréal sind nur französische Schilder erlaubt

Gegenstück zur Académie Francaise, die das Eindringen unerwünschter Worte in den Sprachgebrauch verhindert. Deshalb fürchteten viele, dass das Französische von der mächtigeren englischen Sprache aufgesogen werden könnte.

Die Wiedergeburt des Französischen

Mit der so genannten »Stillen Revolution« in den 60er Jahren trat die französisch sprechende Gemeinde aus ihrer Einsamkeit heraus. Bereits vor dem Wahlsieg der Parti Québécois 1976 setzte ein Prozess ein, der als »Rückeroberung von Montréal« bezeichnet wurde. In einem rasch wachsenden Dienstleistungssektor fand eine französisch sprechende Mittelschicht Arbeit an Schulen und Universitäten, in Krankenhäusern und Behörden. Der Gebrauch des Französischen im Geschäftsleben, in Schulen und auf Schildern wurde gefördert. Dieser Vorgang wurde durch den Wahlsieg der Parti Québécois noch weiter beschleunigt und fand seinen Ausdruck in der so genannten »Bill 101«, einer Charta der französischen Sprache, die die Vorherrschaft des Französischen in allen Bereichen des öffentlichen Lebens in Québec proklamierte. Viele englisch sprechende Einwohner fanden das unerträglich und emigrierten nach Toronto oder in andere Städte, in denen sie weiterhin ihre »englische Einsamkeit« genießen konnten. Andere, aufgeschlossenere Bürger stellten sich der Herausforderung; sie lösten sich aus der Einsamkeit, lernten selbst Französisch, sorgten dafür, dass ihre Kinder zweisprachig aufwuchsen, und akzeptierten mehr oder minder widerstrebend ihren Minoritätenstatus.

Mit der Zeit ist es in Montréal zu einer Veränderung innerhalb der Einwohnerstruktur gekommen. Die Zahl der nichtenglisch- und nichtfranzösischstämmigen Bevölkerung ist stark angewachsen. Dies trägt jedoch zu einer gewissen Entspannung im Sprachenstreit bei. Heute ist man hier sogar stolz darauf zwei oder gar mehrere Sprachen zu beherrschen.

Der Shanghai Dream Lake Garden im Jardin Botanique de Montréal

Weitere Sehenswürdigkeiten in Montréal

STADE OLYMPIQUE

Eine der spektakulärsten Torheiten, das riesige, für die Olympischen Spiele von 1976 erbaute Stadion, wird von einem schiefen Turm dominiert, an dem mit 26 Kabeln ein einziehbares Dach aufgehängt ist. Beim Bau des von einem französischen Architekten entworfenen Stadions traten immer wieder neue Probleme auf. Der Turm und das aus einem synthetischen Stoff bestehende Dach wurden erst 1987, mehr als ein Jahrzehnt nach den Spielen, fertiggestellt, und die Stadt ächzte bis 2006 unter der Last der Baukosten. Später fanden auf dem Gelände die Expo, Konzerte und Massenveranstaltungen wie der Papstbesuch von 1984 statt. Wer nicht unter Höhenangst leidet, kann zu einer Plattform an der Spitze des Turms hinauffahren und einen einzigartigen Blick über ganz Montréal genießen.

✉ 4141, ave. Pierre-de-Coubertin
☎ 514/252-4737 $ $$ Metro: Pie-IX

BIODÔME

Die elegante Betonmuschel, die für die Radsportveranstaltungen der Olympischen Spiele 1976 gebaut wurde, enthält heute eine sehr überzeugende Präsentation von vier charakteristischen Ökosystemen Nord- und Südamerikas. Man kann dort aus der eisigen Kälte eines Montréaler Winters hinüberwechseln in die Wärme und Feuchtigkeit eines tropischen Regenwaldes mit Faultieren, Affen und rund 340 Fledermaus-Arten oder aber der sengenden Julihitze der Stadt entkommen und den Stränden der Polargebiete mit Schneestürmen und Pinguinen einen Besuch abstatten. Ebenso faszinierend sind die Wälder der Laurentides und das Ökosystem des St. Lawrence.

✉ 4777, ave. Pierre-de-Coubertin
☎ 514/868-3000 $ $$ Metro: Viau

JARDIN BOTANIQUE DE MONTRÉAL

Das Pflanzenparadies, mit einer Fläche von rund 73 Hektar einer der größten botanischen Gärten der Welt, liegt nördlich des Olympia-Komplexes. Selbst wenn Sie eine der kleinen Bahnen benutzen, ist es unmöglich, den ganzen Garten zu besichtigen. Beginnen Sie deshalb Ihren Rundgang am Informationszentrum und entscheiden Sie anhand des riesigen Computermodells, was Sie am meisten interessiert. Die Warmhäuser beherbergen Pflanzen aus aller Welt, den größten chinesischen Garten außerhalb Chinas (Montréal-Shanghai Dream Lake Garden), und einen nicht weniger faszinierenden japanischen Garten. Der Botanische Garten beherbergt die größte Sammlung an Bonsais außerhalb Asiens. Es gibt rund zwanzig Themengärten, ein Arboretum mit mehr als 10 000 Bäumen und das überaus interessante Insektarium.

✉ 4101, rue Sherbrooke Est ☎ 514/872-1400
$ $$ Metro: Pie-IX

PARC-JEAN-DRAPEAU

Die über die Jacques-Cartier-Brücke zugängliche Île Sainte-Hélène wurde für die Expo 67 vergrößert. Ihre Bäume und Hügel schaffen eine fast ländliche Atmosphäre. Eine der größten Attraktionen der Expo war Buckminster Fullers amerikanischer Pavillon, ein Kuppelbau, der heute **Biosphere** genannt wird *(160, chemin du Tour-de-l'Île, Tel. 514/283-5000)* und eine benutzerfreundliche Installation, die ein anschauliches Profil des Ökosystems des St. Lawrence zeigt.

In einem auf Befehl des Herzogs von Wellington erbauten Fort ist eines der interessantesten Geschichtsmuseen der Stadt untergebracht, das **Musée David M. Stewart** *(Tel. 514/861-6701)*. Es verfügt über eine reichhaltige Sammlung an Karten, Waffen und Navigationsinstrumenten, mit denen alle Aspekte der Entdeckung der Neuen Welt veranschaulicht werden. Auf der gegenüberliegenden Seite des Pont Jacques-Cartier liegt **La Ronde** *(Tel. 514/397-2000)*, ein riesiger Vergnügungspark.

Auf der künstlichen **Île Notre-Dame** *(Tel. 514/872-6120)* gibt es einen Strand, ein Open Air-Theater, eine Formel 1-Rennstrecke, weitläufige Gärten und das im französischen Pavillon der Expo untergebrachte Montréal Casino *(Tel. 514/392-2746)*. ☎ 514/872-6120 Metro: Jean-Drapeau ■

Verschnaufpause vor dem Olympiastadion von Montréal

Terre des hommes – Der Mensch und seine Welt

Das war das Thema der Expo 67, der von Kanada anlässlich des hundertsten Geburtstags des Landes ausgerichteten Weltausstellung. Der beim Bau der Métro anfallende Aushub wurde zur Vergrößerung der Île Saint-Hélène und zur Aufschüttung der künstlichen Île Notre-Dame genutzt. Die kanadischen Provinzen, private Unternehmen und Dutzende von Ländern errichteten ihre zum Teil bestechenden Bauten auf den Inseln, die naturnah gestaltet und durch futuristische Transportsysteme miteinander verbunden wurden. Ungefähr 50 Millionen Besucher machten die Expo zu einem finanziellen Erfolg, aber auf die Expo folgten die Oktober-Krise (siehe S. 39) und die gewaltige Etatüberschreitung bei den Olympischen Spielen von 1976, an der die Stadt bis 2006 schwer zu tragen hatte.

Montréals Straßen und Vororte

Altstadt
105 C1 & 108

Parc des Rapides
Ecke boulevard LaSalle und 6e Avenue, LaSalle
514/367-6351
Metro: de l'Eglise, dann mit Bus 58 westwärts

DIE RUE SAINTE-CATHÉRINE OUEST MIT IHREN LÄDEN UND ihrem Freizeitangebot zieht immer noch große Menschenmengen an. Obwohl sie stellenweise ein wenig schäbig ist und einen Teil ihrer Anziehungskraft an überdachte Passagen und die Underground City verloren hat, gehört ein Gang durch sie zum Pflichtprogramm jedes Besuchers. Zwischen Sainte-Cathérine und Sherbrooke liegt die Rue Crescent, die sich viel vom Charme des ausgehenden 19. Jahrhunderts bewahrt hat. An Winterabenden und Sommertagen ist sie Zentrum anglophoner Geselligkeit.

Als Trennlinie zwischen dem französischen Ost-Montréal und dem von englischsprachigen Bewohnern dominierten Westen gilt der **Boulevard Saint-Laurent,** häufig auch als »Main« bezeichnet. Er ist zugleich die Strecke, über die Wellen von Einwanderern vom Hafen Richtung Landesinnere zogen. Besteigen Sie in der Nähe der Métro-Station Saint-Laurent den Bus Nr. 55 *(Fahrplanauskunft: Tel. 514/288-6287)* und fahren Sie in Richtung Norden, vorbei an Ständen mit Rauchfleisch und Bagels, griechischen Reisebüros, portugiesischen Restaurants, einer Filiale der Ukrainian National Bank und einer Fülle von multikulturellen Ladenschildern. Zentrum des italienischen Viertels ist der **Marché Jean-Talon** *(Tel. 514/277-1599).*

Eine unabhängige Insel in Montréal ist **Westmount**, das exklusive Viertel der englisch sprechenden Montréaler, und lange Zeit war sein Name ein Synonym für anglophonen Stil und Macht. Baumbestandene Straßen und teuer aussehende Villen ziehen sich den Westhang des Mont-Royal zum Oratoire Saint-Joseph hinauf. Am Westmount Square dagegen herrscht eine kosmopolitische Atmosphäre; drei elegante schwarze, von Mies van der Rohe entworfene Türme überragen exklusive Läden und die Métro-Station.

Die **Rue Saint-Denis** zwischen Sainte-Cathérine und Duluth verläuft durch Montréals Quartier Latin. Studenten von der nahen Universität (UQAM) frequentieren Cafés, Bistros, Galerien, Buchhandlungen und Restaurants, von denen einige in Stadthäusern aus dem 19. Jahrhundert untergebracht sind. Der Carré Saint-Louis ist der hübscheste Platz der Stadt; er ist umgeben von Häusern, die nicht nur nett aussehen, sondern auch auf den gehobenen Status ihrer Besitzer hinzuweisen scheinen. In der an der Westseite des Platzes abzweigenden, nur für Fußgänger zugänglichen **Rue Prince-Arthur** gibt es eine Fülle von Restaurants aller Art.

Zahlreiche Lokale säumen die Rue Prince-Arthur

PARC DES RAPIDES

Die großen Stromschnellen des St. Lawrence, die einst die ersten Entdecker und Pelzhändler an der Fahrt flussaufwärts hinderten, haben aufgrund von Eindämmungen und Staustufen viel von ihrer Wild-

heit eingebüßt. Im irrigen Glauben in Asien gelandet zu sein, vermuteten die ersten Entdeckungsreisenden, dass hinter den Stromschnellen China (La Chine) liegt, und nannte sie »les rapides de Lachine«. Aufregende Fahrten mit dem Jetboot sind eine Möglichkeit die Stromschnellen zu erkunden (siehe S. 383). Für weniger Verwegene empfiehlt sich der Anblick vom Ufer aus an. Dieser Park, der im Montréaler Vorort La-Salle gelegen ist, beeindruckt zudem mit einer herrlichen Landschaft und wissenswerten Erläuterungen am Wegesrand. Außerdem hat man die Möglichkeit große Blaureiher zu sehen. Die größte Blaureiher-Kolonie Québecs bevölkert die Inseln und Felsen der Stromschnellen.

LACHINE NATIONAL HISTORIC PARK

Herzstück dieses Parks ist das im Jahr 1803 errichtete steinerne Warenhaus, das für den Pelzhandel sehr wichtig war. Hier wurden die Pelze und Felle stapelweise gelagert, bevor sie über Montréal nach Europa verschifft wurden. Diese farbige Ära der kanadischen Geschichte wird hier detailgetreu wieder zum Leben erweckt.

EXPORAIL/MUSÉE FERROVIAIRE CANADIEN

Ohne Eisenbahnen würde es das heutige Kanada so nicht geben. Das **Musée Ferroviaire Canadien** ist das größte Eisenbahnmuseum des Landes mit Lokomotiven, Waggons und Erinnerungsstücken jeglicher Art.

Neben den gewaltigen Dampfloks, die die Rockies bezwangen, stehen ausländische Lokomotiven, darunter auch jene britische, die einst den *Flying Scotsman* zog. Auch der Salonwagen, der Sir William van Horne während der Bauarbeiten der Canadian Pacific Railway durchs Land beförderte, kann hier besichtigt werden. An den Wochenenden können die Besucher mit Dampfeisenbahnen und Straßenbahnen fahren. ■

In Montréals City sind mannigfaltige Baustile integriert

Lachine National Historic Park
www.pc.gc.ca
✉ 1255, boulevard Saint-Joseph, Lachine
☎ 514/637-7433
🕒 Geschl. Nov.–März, Mitte Okt.–Nov. Mo, Di
$ $

Exporail/Musée ferroviaire canadien
www.exporail.org
✉ 110, rue Saint-Pierre, Saint-Constant
☎ 450/632-2410
🕒 Geschl. Nov.–Mitte Mai
$ $$

Die Laurentides

DAS BERGLAND DER LAURENTIDES IST TEIL DES KANADIschen Schilds; es zieht sich von Ottawa im Westen bis Saguenay im Osten quer durch die Provinz Québec. Aber der Teil der Laurentides, der für die Bewohner von Montréal und unzählige Sommer- und Wintergäste wirklich zählt, ist das kleine Hügelland nördlich von Montréal, das man früher mit dem *»l'petit train du Nord«* (dem kleinen Nord-Zug) ereichte und zu dem man heute auf der Autoroute 15 fährt.

Les Laurentides
105 C2

Saint-Jérome
105 C1

Besucher-information
www.laurentides.com
Maison de Tourisme des Laurentides, Autoroute 15, Ausfahrt 15
450/224-7007 oder 800/561-6673

Saint-Saveur-des-Monts
104 B1

Sainte-Adèle
104 B1

Sainte-Agathe-des-Monts
104 B1

In der Region gibt es zahlreiche Ferien- und Wochenendhäuser, Skihotels und Freizeitangebote aller Art, darunter auch zahlreiche Wassersportangebote auf Flüssen und Seen. Mit einer Höhe von 960 Metern ist der Mont Tremblant ein richtiger Berg, aber das bergige Hügelland hat, so reizvoll es ist, keinen alpinen Charakter. Die Hänge sind jedoch für alpine Abfahrten geeignet, und überall im Wald sind Loipen gespurt.

Der Tourismus war die Rettung der Region. In der zweiten Hälfte des 19. Jahrhunderts unternahm Pater Antoine Labelle heroische Versuche, durch die landwirtschaftliche Erschließung des Gebietes die Abwanderung der jungen Leute zu den Mühlen von Neuengland zu stoppen.

Er brachte die Eisenbahn in die Region und gründete mehrere neue Gemeinden, doch der karge Boden gab einfach zu wenig her, und ein Teil des gerodeten Landes musste wieder aufgegeben werden. In den 1890er Jahren kamen dann die ersten Reichen, um hier Sommerurlaub zu machen. Ab etwa wurde hier Wintersport betrieben, doch erst der Bau der Autoroute des Laurentides in den 1960er Jahren machte die Region für alle leicht erreichbar.

Saint-Jérôme, 51 Kilometer von Montréal entfernt an der Stelle gelegen, wo die Rivière du Nord das Hochland verlässt, ist das Tor zu dieser Region. Hier amtierte Pater Labelle viele Jahre als Gemeindepriester, sein Denkmal steht vor der Kathedrale. Richtig lebendig wird es in **Saint-Sauveur-des-Monts** *(Besucherinformation: Parc Filion, Tel. 450/227-2564)*, dem ältesten und elegantesten der Wintersportorte in den Laurentides. Der **Pavillon Soixante-Dix**, ein beeindruckender Holzbau, ist das Werk des postmodernen Montréaler Architekten Peter Rose.

Sainte-Adèle (69 Kilometer von Montréal entfernt) ist ein reizvolles, an einem See gelegenes Städtchen. Es ist berühmt als Heimat des Schriftstellers Claude-Henri Grignon, dessen 1933 erschienener Roman *The Woman and the Miser* verschiedene kanadische Radio- und Fernsehshows hervorbrachte. Zudem bereicherte er den Québecer Wortschatz um den Begriff ein »séraphin« zu sein, übersetzt: Ein Geizhals (miser) sein.

IM ZENTRUM DER LAURENTIDES

Eines der beliebtesten Touristenziele in den Laurentides ist **Sainte-Agathe-des-Monts** *(Besucherinformation 24, rue Saint-Paul Est, Tel. 819/326-0457)*, das Dienstleistungen und touristische Infrastruktur bietet. Ihre Lage am Ufer des Lac des Sables hat die kleine Stadt zu einem beliebten Ort für Zweitvillen der Wohlhabenden ge-

macht, aber es gibt auch öffentliche Strände sowie eine Uferstraße, von der aus man gute Ausblicke hat.

MONT TREMBLANT

Hinter **Saint-Jovite** führt die Route 327 am hübschen Lake Quimet entlang zum großen, an einem langen und schmalen See gelegenen **Mont-Tremblant Resort** *(Besucherinformation: 305, chemin Brébeuf, St.-Jovite)*.

Mont Tremblant erhielt seinen Namen »zitternder Berg« von den Indianern, die glaubten, die Bosheit der Menschen würde den Berg dazu bringen, vor Zorn zu zittern. Bisher hat der Mont Tremblant die vielen Skifahrer ertragen, die sich auf seinen Pisten tummeln. Der **Mont Tremblant Provincial Park** *(Tel. 819/688-2281, einige Straßen im Winter geschl.)* war einer der ersten (1894) in Québec. Er ist rund 2400 Hektar groß und im Herbst, wenn sich das Laub bunt gefärbt hat, besonders reizvoll. Man kann einige seiner Seen und Wasserfälle vom Auto aus sehen, aber einen wirklichen Eindruck von der Landschaft und die Chance, Rotwild, Elche und Bären zu entdecken, bekommt man nur, wenn man auf den Wanderwegen unterwegs ist. ■

Die Laurentides sind nicht nur in der Pracht der Herbstfarben ein lohnendes Ziel

Mont Tremblant Resort
www.tremblant.com
✉ 1000, chemin des Voyageurs
☎ 819/425-3300 oder 800/322-2932

Mont Tremblant Provincial Park
105 B1

Das berühmte Ballonfest von Saint-Jean-sur-Richelieu

Richelieu River Valley

DER RICHELIEU RIVER FLIESST VOM LAKE CHAMPLAIN UND der Grenze zu den USA rund 130 Kilometer nach Norden und mündet bei der Stadt Sorel in den St. Lawrence. Sein Tal war früher eine Art Korridor und Austragungsort nationaler Rivalitäten, doch heute geht es dort sehr friedlich zu. Der Boden am Unterlauf zählt zu den fruchtbarsten Québecs, die landschaftliche Schönheit lockt viele Besucher an.

Blockhaus de Lacolle
- 105 C1
- 1, rue Principale
- 450/246-3227
- Geschl. Mitte Okt.–Mitte Mai, Mitte Sept.–Mitte Okt. Mo–Fr

Fort Lennox National Historic Site
www.pc.gc.ca
- 105 C1
- Fährservice ab Saint-Paul-de-l'Île-aux-Noix
- 450/291-5700
- Geschl. Mitte Okt.–Mitte Mai, Mitte Sept.–Mitte Okt. Mo–Fr
- $$

Besonders reizvoll und abwechslungsreich wird der Richelieu durch die vielen Inseln. Die erste vom Lake Champlain flussabwärts ist **Ash Island**, das früher den grausigen Namen Île aux Têtes (Insel der Köpfe) trug, weil hier nach einer blutigen Schlacht zwischen Irokesen und Algonkin um 1580 die Köpfe der unterlegenen Irokesen auf Pfählen aufgespießt wurden. Auch nach der Ankunft der Europäer gab es Auseinandersetzungen, die dazu führten, dass am Unterlauf des Flusses zahlreiche Befestigungen gebaut wurden und diesem Flussabschnitt den Namen »Tal der Forts« bescherte.

In der Nähe der Mündung des Lacolle in den Richelieu steht das **Blockhaus de Lacolle**, das einzige, das in Québec erhalten geblieben ist. Es wurde 1781 gebaut und war Teil der britischen Verteidigungsanlagen gegen amerikanische Angriffe. Einschusslöcher in seinen Wänden beweisen, dass es im Krieg von 1812 hart umkämpft war.

Die Franzosen waren die ersten, die das Tal des Richelieu befestigten. Zu ihren Anlagen gehört die **Fort Lennox National Historic Site**. Die beeindruckenden Gebäude und Wälle, die man heute besichtigen kann, sind das Werk der Briten, die die Anlagen nach der Besetzung der Insel durch die Amerikaner 1775–76 erneuerten. Ein sternförmig angelegter Graben und Wälle umgeben im Stil der damaligen Zeit erbaute Mannschafts- und

Niedergeschlagener Aufstand

1837 war das untere Richelieu-Tal Schauplatz von Kämpfen zwischen französischen Patriote-Rebellen und britischen Truppen. Von einer Massenversammlung in dem Dorf Saint-Charles alarmiert, auf der die Anführer der Patriotes verkündeten, dass sie »nicht Worte, sondern Kugeln« an den Feind richten wollten, setzten die Briten von Montréal aus Truppen in Marsch. Trotz ihrer zahlenmäßigen Überlegenheit von den zum Teil nur mit Heugabeln bewaffneten Patriotes wurden sie in die Flucht geschlagen. Das blieb jedoch der einzige Sieg der Patriotes. Wenig später wurden sie bei Saint-Charles und danach in der Region Deux-Montagnes geschlagen, wo 70 von ihnen starben, als sie versuchten, aus der brennenden Kirche von Saint-Eustache zu fliehen.

Offiziersunterkünfte sowie ein Wachhaus. Es ist ein Erlebnis, mit der Fähre auf die Insel überzusetzen, den Graben zu überqueren, durch den steinernen Torbogen das Innere der Festung zu betreten und einen Eindruck vom harten Soldatenleben zu gewinnen, das auf überzeugende Art nachgestellt ist.

Das 1666 von den Franzosen als Teil ihrer Verteidigungsanlagen gegen die Irokesen gegründete **Saint-Jean-sur-Richelieu** entwickelte sich zu einer für ihre Töpfer- und Keramikwaren berühmten Industriestadt. 1775 hielt die britische Garnison einer Belagerung durch die Amerikaner 45 Tage stand, bevor sie kapitulierte. Die regionale Geschichte wird mit Schwerpunkt auf Keramik im **Musée du Haut-Richelieu** erklärt.

Auf dem Highway 10 gelangt man von Montréal in das reizvoll an einer Ausbuchtung des Flusses gelegene Chambly, das viele Berufspendler zu ihrem Wohnsitz erkoren haben. Das Städtchen ist berühmt für sein erstmals 1665 gebautes Fort und für den **Chambly-Kanal**, eine Umgehung der Stromschnellen zwischen Chambly und Saint-Jean, die 1843 fertig gestellt und von der Kanadischen Parkverwaltung restauriert wurde. Der Kanal mit den neun Schleusen war ein sehr wichtiger Bestandteil der Handelsroute zwischen Montréal und den Städten am Hudson; heute verkehren auf ihm nur noch Sportboote.

Die ursprünglich aus Holz erbaute **Fort Chambly National Historic Site** wurde 1711 aus Stein neu errichtet und ist in dieser Version restauriert worden.

Am Fuß des in einer Ebene gelegenen **Mont Saint-Hilaire** liegt das hübsche, bei Künstlern sehr beliebte Dorf Saint-Hilaire. Die fast im Urzustand verbliebenen Wälder haben die UNESCO bewogen, diese Gegend zu Kanadas erstem Biosphären-Reservat zu erklären. Ein Teil davon ist allerdings zu Forschungszwecken gesperrt, man kann jedoch noch lange Wanderungen unternehmen, unter anderem zum kleinen Gletschersee **Lake Hertel** oder aber zum Gipfel des **Pain de sucre** (Zuckerhut), von dem aus man einen herrlichen Blick über die Ebene hat. ■

Musée du Haut-Richelieu
www.museeduhaut-richelieu.com
✉ 182, Jaques Cartier Nord
☎ 450/347-0649
🕒 Geschl. Mo
$ $

Chambly
105 C1

Fort Chambly National Historic Site
www.pc.gc.ca
✉ 2, rue de Richelieu
☎ 450/658-1585
🕒 Geschl. Nov.–März, April–Mitte Mai und Sept.–Okt. Mo, Di

Mont-Saint-Hilaire
www.centrenature.qc.ca
✉ 422, chemin des Moulins
☎ 450/467-1755
$ $

Ein seit langem erkalteter Kanonenkugel-Ofen in Fort Lennox

Eastern Townships (Cantons de l'Est)

Besucher-information für die Region
www.easterntownships.org
✉ 20, rue Don-Basco Sud, Sherbrooke
☎ 819/820-2020

Die Region der Eastern Townships steht für eine Mischung aus bewaldeten Höhenzügen und Tälern mit Flüssen und Seen an der Grenze zu Vermont, sie gehört zu den reizvollsten Landschaften Québecs. Kaum eine Fahrstunde von Montréal entfernt ist sie bei Wochenendausflüglern aus der Stadt ebenso beliebt wie bei Besuchern, die die behagliche Atmosphäre genießen, die hübsche Dörfer, holzverschalte Kirchen und überdachte Brücken heraufbeschwören.

Musée des Beaux-Arts de Sherbrooke
105 C1
✉ 241, rue Dufferin
☎ 819/821-2115
Geschl. vormittags und Mo
$

Die Gegend hat ihren Charakter zu einem großen Teil den Loyalisten zu verdanken, die sich nach dem Amerikanischen Unabhängigkeitskrieg hier niederließen. Andere Amerikaner kamen auf der Suche nach billigem Land, nachdem die Regierung nach dem Krieg von 1812 die Restriktionen aufgehoben hatte, und bis weit ins 19. Jahrhundert hinein waren die Townships wirtschaftlich und kulturell weit stärker vom Nachbarn im Süden geprägt als von Lower Canada. In dieser Zeit hatte die Region rund 100 000 englisch sprechende Einwohner, deren Zahl bald von frankokanadischen Einwanderern übertroffen wurde, die sich als Farmer niederließen oder in kleinen Industriebetrieben arbeiteten. Heute spricht der größte Teil der Einwohner Französisch, aber es gibt viele Orte, die wie das Dorf **North Hatley** 19 Kilometer südlich von Sherbrooke einen neuenglischen Charakter haben.

Gäste sind das ganze Jahr hindurch willkommen. Die Herbstfarben der Wälder liefern einen prächtigen Hintergrund für die Obstgärten und Weinberge. **Dunham** ist der älteste Ort der Region. Im Winter sind Abfahrten und Skilanglauf möglich, es gibt Wintersporthotels in **Sutton, Mount Orford** *(Besucherinformation an der Rte. 141, Tel. 819/843-9855)* und an anderen Orten.

Der Owl's Head mount erhebt sich hinter der Abbaye de St.-Benoît-du-Lac

Heimat der Schneemobile

Der Firmenname Bombardier ist einer der bekanntesten in Québec. Sitz der Firma ist Montréal, eine Fabrik befindet sich in dem Townships-Dorf Valcourt, dem Geburtsort des Firmengründers Joseph-Armand Bombardier.
Bereits 1937 baute er ein geländegängiges Fahrzeug mit Kufen und einem Gleisketten-Antrieb, aber es war der Skidoo, der 1959 auf den Markt kam, der weltweites Interesse fand und die Mobilität auf dem winterlichen Land revolutionierte. Das Musée J.-Armand Bombardier informiert über den Erfinder und die Geschichte seiner Firma.

Tausende von Schneemobilen haben das Leben auf dem winterlichen Land verändert

Die Industriestadt **Sherbrooke** am Zusammenfluss des Magog und des Saint-Francois ist die Hauptstadt der Eastern Townships. Außer einer imposanten Kathedrale gibt es hier die sehr amerikanisch aussehende **Plymouth Trinity Church**, die 1848 für eine aus Massachusetts stammende Gemeinde gebaut wurde. Das **Musée des Beaux Arts de Sherbrooke** verfügt über eine reichhaltige Sammlung naiver Kunst aus aller Welt und viele Arbeiten von Künstlern aus Québec. Im 19. und zu Beginn des 20. Jahrhunderts ließen sich die Industriemagnaten von Sherbrooke im **Old Quartier du Vieux-Nord** (Old North Ward District) Villen in einer Vielfalt an extravaganten Stilen bauen. Wer diesen und andere historische Bezirke der Stadt erkunden möchte, sollte sich im **Centre d'Interpretation de l'Histoire de Sherbrooke** nach Stadtführungen erkundigen.

Der größte See der Eastern Townships ist Lake Memphremagog; er erstreckt sich über die Grenze bis nach Newport in Vermont. Zwischen dem Nordende des Sees und Mount Orford liegt **Magog**, der meistbesuchte Ort in den Townships. Eine 19 Kilometer lange Fahrt am Westufer des Sees entlang führt zur **Abbaye de Saint-Benoît-du-Lac** *(Tel. 819/843-4080)*. Die idyllisch im Wald gelegene Abtei wurde 1924 fertig gestellt und in den 1930er Jahren von Dom Bellot, dem Architekten des St.-Josephs-Oratorium in Montréal, erweitert. Besucher können an manchen Gottesdiensten teilnehmen, der Klosterladen verkauft eigenen Käse.

Knowlton (offiziell Lac-Brome), einer der kleinen Orte am Ufer des Lake Brome, hat seine loyalistische Atmosphäre bewahrt. Hier gibt es eine überwiegend englischsprachige Bevölkerung, schöne alte Häuser aus dem 19. Jahrhundert und das in mehreren historischen Gebäuden untergebrachte **Brome County Historical Museum**. Es umfasst ein Gerichtsgebäude, einen Dorfladen und verfügt über eine Sammlung von Militaria, u.a. ein deutsches Jagdflugzeug aus dem Ersten Weltkrieg. ■

Centre d'Interpretation de l'Histoire de Sherbrooke
✉ 275, rue Dufferin, Sherbrooke
☎ 819/821-5406
🕒 Geschl. Mo
$ $

Brome County Historical Museum
✉ 130 Lakeside, Lac-Brome
☎ 450/243-6782
🕒 Geschl. Mitte Sept.–Mitte Mai
$ $

Musée J.-Armand Bombardier
www.fjab.qc.ca
✉ 1001, ave. J.-Armand Bombardier, Valcourt
☎ 450/532-5300
🕒 Geschl. Mitte Sept.–Mai Mo
$ $$

Trois-Rivières

DIESE STADT VERDANKT IHREN NAMEN UND IHREN WOHLstand dem Fluss Saint-Maurice. An der Stelle, an der dieser in den St. Lawrence mündet, teilt er sich in drei Arme *(trois rivières)*, die um zwei Inseln herumfließen. Lange Zeit war die Stadt der größte Produzent von Zeitungspapier, das aus dem den Fluss herabgeflößten Holz hergestellt wurde.

Trois-Rivières
105 C1

Visitor information
www.v3r.net
1457, rue Notre-Dame
819/375-1122
Geschl. an den Wochenenden Okt.–Mai

Centre d'Exposition sur l'Industrie des Pâtes et Papiers
800, Parc Portuaire
819/372-4633
Geschl. Okt.–Mitte Mai
$

Musée des Ursulines
734, rue des Ursulines
819/375-7922
Geschl. Mo im Sommer, Nebensaison und Nov.–Feb. Mo, Di
$

Forges-du-Saint-Maurice National Historic Site
www.pc.gc.ca
10.000, blvd. des Forges
809/378-5116
Geschl. Mitte Okt.–April
$

Die Papierproduktion wurde im 19. Jahrhundert entwickelt, die Stadt ist jedoch wesentlich älter. Trois-Rivières wurde 1634 als Pelzhandels-Station gegründet und ist damit nach Québec die zweitälteste Siedlung der Provinz. Trotz eines verheerenden Brandes 1908 sind noch einige alte Gebäude erhalten, um Besuchern einen Eindruck von der Geschichte des Ortes zu vermitteln.

Der Stadtkern wurde auf einer Anhöhe oberhalb des Flusses gebaut. Die Stelle, an der sich einst das Fort befand, wird **Le Platon** genannt. Gleichfalls oberhalb des Flusses liegt **Parc Portuaire** (Hafenpark), durch den man zum **Centre d'Exposition sur l'Industrie des Pâtes et Papiers** gelangt, in dem alle Aspekte der Industrie präsentiert werden, denen Trois-Rivières und seine Umgebung ihren Wohlstand verdanken.

Nicht weit vom Ufer entfernt liegt die parallel zum Fluss verlaufende Rue des Ursulines, die von dem 1700 gegründeten **Monastère des Ursulines** beherrscht wird. Im Innern des Kuppelbaus befindet sich eine prächtige Kapelle sowie das **Musée des Ursulines** mit einer Fülle von religiösen Objekten und Möbeln, von denen die ältesten aus dem 17. Jahrhundert stammen. Gegenüber der anglikanischen St. James Church stehen ein paar besonders schöne Häuser aus dem 18. und frühen 19. Jahrhundert und westlich davon das **Manoir de Tonnancour** *(864, rue Bonaventure, vorm. und Mo geschl.)*, ein Steinbau aus dem frühen 18. Jahrhundert, und 1795 nach einem Brand erneuert. Heute beherbergt er eine Kunstsammlung. Ein weiteres schönes Herrenhaus steht weiter landeinwärts: Der **Manoir Boucher-de-Niverville** *(168, rue Bonaventure, Tel. 819/375-9628)*, jetzt Sitz der Handelskammer. Es wurde 1730 gebaut und enthält viele schöne alte Möbel; besonders sehenswert ist der Dachboden, dessen Decke ein Meisterwerk der Zimmermannskunst ist.

Am Rande der Altstadt steht das erst kürzlich eröffnete **Musée québecois de culture populaire** *(200, rue Laviolette, Tel. 819/372-0406, www.culturepop.qc.ca, geschl. Mitte Sept–Mitte Juni Mo, $$)*. Das mit dem Stadtgefängnis (1822) kombinierte Museum erzählt die Geschichte des Alltagslebens in Québec von den Anfängen bis zu den Tagen der Entdeckungsreisenden und frühen Siedler.

Fast ein Jahrhundert lang zahlten die Bewohner Neufrankreichs hohe Preise für alle Gegenstände aus Metall, da diese aus dem Mutterland importiert werden mussten. Erst 1734 wurde an der **Forges-du-Saint-Maurice National Historic Site** eine Eisenhütte gebaut. Als Rohmaterial diente das Sumpferz am Flussufer. Rund 150 Jahre lang wurden hier Metallgegenstände hergestellt, von Axtklingen bis hin zu den Motoren für das Dampfschiff *Accomodation* (1809). Das Haus, in dem sich die Büros und Unterkünfte der Mitar-

beiter befanden, steht noch heute, die anderen Gebäude des Komplexes sind durch symbolische Umrisse markiert. Dioramen tun das ihre, um diese Industriewelt zu neuem Leben zu erwecken.

Die einst in Québec verbreitete Frömmigkeit ist noch heute im **Sanctuaire Notre-Dame du Cap** *(3 Meilen östlich von Trois-Rivières, Tel. 819/374-2441, www.sanctuairendc.ca)* zu spüren. Dieser Schrein steht an der Mündung des Saint-Maurice in den St. Lawrence; er gehört zu den bedeutendsten Pilgerstätten der Provinz. Eine kleine Kirche aus dem frühen 18. Jahrhundert ist erhalten geblieben, aber es ist die imposante achteckige, 1964 fertig gestellte und von einem Schüler von Dom Bellot entworfene Basilika, die die Pilgerscharen anzieht; sie gedenken der Wunder, die Pater Luc Désilets Ende des 19. Jahrhunderts hier erlebte.

WEITERE SEHENSWÜRDIGKEITEN

Der Saint-Maurice fließt durch eine der am stärksten industrialisierten Regionen Québecs; hier gibt es Papierfabriken, ein Aluminiumwerk und Wasserkraftwerke. Das industrielle Erbe ist in der **Cité de l'énergie** in Shawinigan mit Videopräsentationen und Ausstellungen zu bewundern

Der **La Mauricie National Park** wurde 1970 zum Schutz eines Teils des Kanadischen Schildes mit dichten Mischwäldern und mehr als 150 Seen eingerichtet. Ein großer Teil kann nur per Kanu erkundet werden, aber etwas von seiner grandiosen Landschaft ist auch von der Straße aus zu sehen. ■

Bootsfahrt im La Mauricie National Park

Cité de l'énergie
www.citedelenergie.com
✉ 1000, ave. Melville, Shawinigan
☎ 819/536-8516
🕒 Geschl. Mitte Okt.–Mitte Juni, Juni, Sept und Okt. Mo
$ $$$

Parc National de la Maurice
www.pc.gc.ca
Karte 105 C1
✉ 48 km nördlich Trois Rivières, Hwy. 55 (Ausfahrt 217/226)
☎ 819/538-3232
$ $

Québec

Québec
105 C1

Besucher-information
www.quebecregion.com
12, rue Sainte-Anne
877/266-5687
835, ave. Wilfred-Laurier
418/641-6290 oder 877/783-1608

Château Frontenac
1, rue des Carrières
418/692-3861
Geführte Tour $$$

Basilique de Notre-Dame-de-Québec
www.patrimoine-religieux.com
20, rue de Baude
418/694-0665, Son-et-lumière-Shows 418/694-4000

Séminaire de Québec und Musée de l'Amérique Française
2, Côte de la Fabrique
418/692-2843
Museum: Geschl. Mo Ende Sept.–Anfang Juni
$$

DIE HAUPTSTADT DER PROVINZ QUÉBEC IST SEIT LANGEM über ihre Mauern hinaus gewachsen und hat sich in ihr Umland ausgebreitet. Das Provinzparlament beherrscht die Grande Allée, in der heute das Herz der Stadt schlägt. Innerhalb der Mauern der Oberstadt scheint die Zeit stehen geblieben zu sein: alte Steinhäuser und aus dem gleichen grauen Stein erbaute Kirchen, überragt vom Château Frontenac, dem Nonplusultra romantischer Hotelarchitektur. Über steile Gassen und Treppen gelangt man in die kaum weniger faszinierenden alten Straßen der Unterstadt am Fuß der Klippe.

HAUTE-VILLE (OBERSTADT)

Ein guter Ausgangspunkt für eine Stadtbesichtigung ist die Place d'Armes. Hier steht das **Château Frontenac** der Canadian Pacific, das mit seinen Türmen, Steildächern und Erkern ein Paradebeispiel der Hotelarchitektur im Château-Stil und zugleich eines der Wahrzeichen von Québec ist. Es wurde zwischen 1893 und 1924 erbaut und 1990 erweitert. Benannt wurde es nach Louis de Baude, Comte de Frontenac, einem Gouverneur Frankreichs im 17. Jahrhundert.

Auf der Anhöhe liegt die **Terrasse Dufferin**, ein Plankenweg, der zur Treppe der Promenade des Gouverneurs unterhalb der Zitadelle (siehe S. 140) führt. Die in ihrer heutigen Form in den 1870er Jahren angelegte Terrasse Dufferin trägt den Namen des damaligen Generalgouverneurs Lord Dufferin, der sich bemühte, den historischen Charakter der Stadt zu erhalten.

Nachdem Sie den Blick auf die Unterstadt und nach Lévis über den St. Lawrence genossen haben, sollten Sie für eine Geschichtslektion eine der nahe gelegenen Einrichtungen besuchen. Dazu gehören ein Wachsmuseum, das **Musée de Cire** *(22, rue Ste.-Anne, Tel. 418/692-2289)*, untergebracht in einem Haus aus dem 18. Jahrhundert, das **Musée du Fort** mit einem Modell der Stadt um 1750 *(10, rue Ste.-Anne, Tel. 418/692-2175)* und **Québec Expérience** *(8, rue du Trésor, Tel. 418/694-4000)*, in dem die Stadtgeschichte mit moderner Multimediatechnik veranschaulicht wird.

Der Vorläufer der heutigen Kathedrale war die erste Gemeindekirche von Neufrankreich, die 1647 aus Stein gebaut wurde und eine 1633 von den Jesuiten erbaute Holzkirche ersetzte. 1657 erlangte die Kirche den Status einer Kathedrale. Nachdem sie 1759 durch britischen Beschuss schwer beschädigt worden war, wurde die **Basilique de Notre-Dame-de-Québec** in den folgenden 200 Jahren von der Architektenfamilie Baillairgé wieder aufgebaut. Ihre Arbeit bildete die Basis für eine Rekonstruktion nach einem Brand 1922. Um einen Eindruck vom Inneren zu bekommen, sollten Sie sich eine der täglichen *son-et-lumière*-Shows ansehen.

Hinter den nüchternen Steinmauern des **Séminaire de Québec** und des **Musée de l'Amerique Française** lag die erste Bildungseinrichtung von Neufrankreich, ein Priesterseminar, das 1663 von Monsignor de Laval, dem späteren ersten Bischof von Neufrankreich, gegründet wurde. Heute ist hier die Hochschule für Architektur untergebracht. Schauen Sie sich die Sonnenuhr an der Wand des Procure-Flügels aus dem späten 17. Jahrhundert an; die Aufschrift bedeutet »Unsere Tage vergehen wie

Schatten«. Das kürzlich renovierte Museum ist seiner eigenen Geschichte und den Anfängen von Besiedlung und Kultur in Neufrankreich gewidmet. Die **Cathédrale Anglicane de la Sainte-Trinité** wurde ab 1800 nach dem Vorbild der berühmten Londoner Kirche St. Martin-in-the-Fields errichtet; sie war die erste anglikanische Kathedrale außerhalb der Britischen Inseln und diente als Modell für viele anglikanische Kirchen in ganz Kanada. Das Innere ist seit 200 Jahren fast unverändert geblieben; sehenswert sind die alten Möbel und ein Königs-Kirchenstuhl aus Eiche.

Das **Hôtel-Dieu Hospital** *(Rue Charlevoix, nicht öffentlich)*, in dem noch heute Patienten behandelt werden, wurde um 1640 von Augustiner-Nonnen gegründet. Der prachtvolle Innenraum der dazugehörigen Kirche, mit deren Bau 1800 begonnen wurde, enthält Skulpturen von Thomas Baillairgé sowie eine Reihe von religiösen Gemälden, die während der Französischen Revolution von antiklerikalen Eiferern konfisziert worden waren. Weitere Gemälde, in diesem Fall aus der Frühzeit von Neufrankreich, hängen im **Musée des Augustines de l'Hôtel-Dieu de Québec**, das den Nonnen gewidmet ist, die dieses Haus 1639 gegründet haben. Zu den vielfältigen Exponaten, die die Geschichte des Klosters dokumentieren, gehört eine Sammlung früher medizinischer Instrumente.

Während sich die Augustinerinnen um die Kranken kümmerten, widmeten sich die Ursulinen, die gleichfalls 1639 in der neuen Kolonie eintrafen, der Erziehung von Mädchen. Das älteste Institut dieser Art in Nordamerika, der **Couvent des Ursulines** *(Rue Donnaconais)*, ist in Gebäuden untergebracht, die zu verschiedenen Zeiten im Laufe der 350-jährigen Geschichte des Klosters erbaut wurden. Die **Chapelle des Ursulines** *(Tel. 418/694-0413, Mo und Nov.–April geschl.)* entstand Anfang 20. Jahrhundert und enthält die Innenausstattung der Kapelle aus dem 18. Jahrhundert, die sie ersetzte. Ein

Die Statue von Samuel de Champlain scheint vor dem Château Frontenac den Hut zu ziehen

Holy Trinity Anglican Cathedral
www.cathedral.ca
✉ 31, rue des Jardins
☎ 418/692-2193

Musée des Augustines de l'Hôtel-Dieu de Québec
✉ 32, rue Charlevoix
☎ 418/692-2492
🕒 Geschl. Mo

Straßenleben auf der Rue Champlain

Großteil der Skulpturen stammt von dem Québecer Künstler Pierre-Noël Levasseur. Das **Musée des Ursulines de Québec** enthält Exponate aus der Frühzeit von Neufrankreich, darunter wundervolle Stickereien der Nonnen.

BASSE-VILLE (UNTERSTADT)

Die Unterstadt ist die Keimzelle, aus der Québec hervorging. Von der Oberstadt aus erreicht man sie über eine steile und gewundene Straße, die Côte de la Montagne, und den Escalier Casse-Cou (die Halsbrecher-Treppe); man kann von der Terrasse Dufferin aus auch die Drahtseilbahn benutzen *(Tel. 418/692-1132)*. In der Unterstadt ist die Frühzeit von Neufrankreich allgegenwärtig. Ihr Zentrum ist die Place Royale, aber Sie sollten auch durch Straßen wie die Rue du Petit-Champlain, die Rue-Saint-Pierre und die Rue Saint-Paul wandern, auf den Plankenwegen des Altens Hafens eine Prise Seeluft schnuppern und das Musée de la Civilisation besuchen.

An der **Place Royale** stehen nicht nur schöne alte Steinhäuser, sondern auch die Kirche Notre-Dame-des-Victoires. Der Platz wurde 1688 dort angelegt, wo sich der Garten von Champlains *Habitation* von 1608 befunden hatte und war als Markt und öffentliches Forum der Mittelpunkt des Lebens in Québec. Seit den 1960er Jahren wurde er in seinen alten Zustand zurückversetzt. Heute ist er der Ausgangspunkt vieler Stadtführungen; im **Place-Royale Information Centre** kann man die Geschichte der Unterstadt nachvollziehen.

Bischof Lavals Kapelle, die ursprünglich dem Christuskind geweiht war, wurde 1690 in **Église Notre-Dame-de-Victoire** umbenannt, nachdem sich 34 britische Schiffe nach fünftägiger Belagerung der Stadt zurückzogen. Als 1711 ein schwerer Sturm einen weiteren britischen Angriff vereitelte, wurde aus dem Singular »victoire« der Plural »victoires«. 1759 griffen die Briten zum dritten Mal an und beschossen die Stadt, wobei die Kirche fast völlig zerstört wurde. Seither ist sie mehrfach wieder aufgebaut worden. In ihrem Innern hängt ein großes Modellschiff, und das Altargemälde ist eine symbolische Darstellung der befestigten Stadt Québec.

Das in einem modernen Bau untergebrachte **Musée de la Civilisation** zeigt bis zu zwölf Ausstellungen gleichzeitig. Zu dem hervorragend in das urbane Gefüge der Unterstadt integrierten Museum gehört das **Maison Estèbe** aus dem 18. Jahrhundert. In der geräumigen Eingangshalle steht eine Betonskulptur, die das Aufbrechen des Eises auf dem St. Lawrence im Frühjahr symbolisiert. Für jeden, der herausfinden möchte, was die Identität der Menschen mit ihrer Provinz Québec ausmacht, dürften die sehenswerten Dauerausstellungen besonders interessant sein. Sie beschreiben anschaulich die wechselhafte Geschichte von Neufrankreich. Einen Schwerpunkt nimmt dabei

Musée des Ursulines de Québec
✉ 12, rue Donnaconais
☎ 418/694-0694
🕒 Geschl. Mo und Dez.–Jan.
$ $

Place-Royale Information Centre
✉ 27, rue Notre-Dame
☎ 418/646-3167
🕒 Geschl. Mo; Mitte Sept.–Mitte Juni

Église Notre-Dame-des-Victoires
✉ Place Royale
☎ 418/692-1650

die Darstellung der Lebensweise der Ureinwohner, der First Nations, in dieser Provinz ein. Unter den vielen gezeigten Gegenständen ragt *La Barque* heraus, ein Boot, das von Archäologen dort gefunden wurde, wo heute das Museum steht. In den Wechselausstellungen werden zahlreichen Exponate des alltäglichen Lebens aus allen historischen Epochen und aus aller Welt gezeigt.

Als Hafenstadt erlebte Québec Anfang des 19. Jahrhunderts eine Blütezeit, als Holz, das man den St. Lawrence und den St. Charles hinunterflößte, auf für England bestimmte Schiffe verladen wurde. In der Gegenrichtung beförderten sie Immigranten, die ein neues Leben anfangen wollten. Als das Jahrhundert zu Ende ging, hatte der Schiffsverkehr erheblich abgenommen, aber von der Aussichtsplattform des **Old Port of Québec Interpretation Centre** kann man noch heute Frachter sehen. In dem in einer früheren Zementfabrik am Bassin Louise untergebrachten Zentrum wird die Blütezeit des Hafens und die Arbeit der Holzfäller, Flößer und Werftarbeiter wieder zu neuem Leben erweckt.

Hinter der Schleuse, die das Bassin Louise mit dem St. Lawrence verbindet, gelangt man über breite Stege ans Flussufer. ■

Musée de la Civilisation
www.mcq.org
✉ 85, rue Dalhousie
☎ 418/643-2158
🕒 Geschl. Ende Sept.–Anfang Juni Mo
$ $$

Old Port of Quebéc Interpretation Centre
www.pc.gc.ca
✉ 100, quai St.-André
☎ 418/648-3300
🕒 Geschl. Ende Okt.–Mitte Mai außer nach Voranmeldung
$ $

Zu Fuß durch die Altstadt von Québec

Dieser Spaziergang führt durch die Ober- und die Unterstadt und bietet viele Überraschungen. Nach einem kurzen Rundgang durch die Oberstadt mit ihrem wundervollen Ausblick auf den großen Strom führt der Weg zu den Straßen und Plätzen der Unterstadt.

Starten Sie an der **Place d'Armes** ❶ am Champlain-Denkmal. Nachdem Sie den Blick auf den St. Lawrence und die Unterstadt genossen haben, gehen Sie an der rechten Seite des Platzes entlang, biegen rechts in die schmale Rue du Trésor ein und wandern links an der Fassade der Notre-Dame entlang (siehe S.134f).

Gehen Sie entlang den hohen Mauern des Seminars der Rue Sainte-Famille, biegen Sie links in die Rue Couillard ein und dann rechts in die Rue Saint-Flavien zu den **Wallanlagen** ❷ mit dem schönen Blick auf den Hafen. Rue Hamel und Rue Charlevoix bringen Sie zum **Musée des Augustines**. Gehen Sie durch die Côte de la Fabrique wieder bergauf und dann durch die Rue des Jardins zur **Place de l'Hôtel de Ville**, die von dem prächtigen, im späten 19. Jahrhundert erbauten **Hôtel de Ville** (Rathaus) dominiert wird. In seinem Kellergeschoss veranschaulicht das **Urban Life Interpretation Centre** *(43 Côte de la Fabrique, Tel. 418/641-6172)* Geschichte und Gegenwart dieser einzigartigen Stadt. Neben dem Rathaus steht das Price Building, ein Hochhaus im Art-déco-Stil.

Folgen Sie der Rue Donnacona bis zum Ursulinenkloster und kehren Sie zu Ihrem Ausgangspunkt zurück; dabei passieren Sie das vermutlich älteste Haus der Stadt, das **Maison Jacquet** ❸ *(34 Rue Saint-Louis)*, heute ein Feinschmecker-Restaurant.

Überwinden Sie die Klippe, die Ober- und Unterstadt voneinander trennt, über die Treppen der Côte de la Montagne. Am Fuß der zweiten Treppenflucht liegt die **Rue du Petit-Champlain** ❹ mit Kunstgewerbeläden und Cafés. Am Ende dieser Straße drehen Sie sich um 180 Grad, gehen Sie durch den Boulevard Champlain und biegen dann links ab, um zum **Maison Chevalier** und seinen Exponaten aus dem **Musée de la Civilisation** (siehe S. 136f) zu gelangen. Rechts führt die Rue Sous-le-Fort zur Batterie Royale, deren Kanonen auf die Feinde gerichtet sind, die einst den Fluss heraufkamen. Gehen Sie durch die Rue Saint-Pierre, biegen Sie links ab und beenden Sie den Rundgang an der **Place Royale** ❺.

Siehe Stadtteilkarte S. 137
➤ Place d'Armes
4,8 Kilometer
2 Stunden
➤ Place Royale

NICHT VERSÄUMEN

• Basilique Notre-Dame • Urban Life Centre • Maison Chevalier

Straßencafés in der Altstadt von Québec

Château Frontenac überragt die Dächer in der Altstadt von Quebec

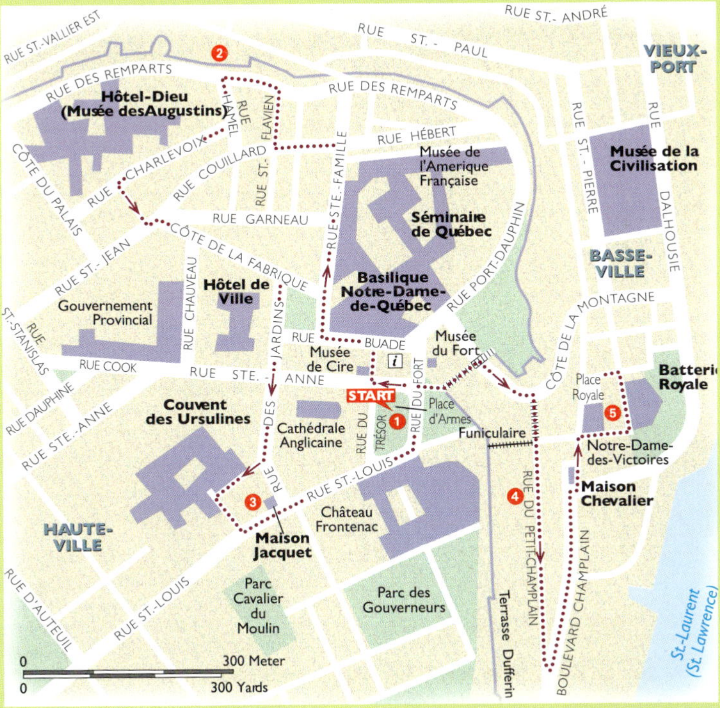

Québecs Verteidigungsanlagen

Artillery Park NHS
www.pc.gc.ca
✉ 2, rue d'Auteuil
☎ 418/648-4205
🕒 Geschl. Nov.–April
$ $

Fortifications Interpret. Centre
www.pc.gc.ca
✉ 100, rue St.-Louis
☎ 418/648-7016
🕒 Geschl. Nov.–März
$ $

Citadel
www.lacitadelle.qc.ca
✉ Zugang über Rue St.-Louis via Côte de la Citadelle
☎ 418/694-2815
🕒 Geschl. Nov.–April
$ $$

National Battlefields Park Interpretation Centre
www.ccbn-nbc.gc.ca
✉ Musée du Québec
☎ 418/648-5641
🕒 Geschl. Mo, Ende Sept.–Mitte Mai
$ $

Wachtposten, Zitadelle in Québec

WEGEN DER STÄNDIGEN GEFAHR EINES ANGRIFFS DER BRITEN oder der Irokesen musste Québec seine Befestigungsanlagen immer wieder verbessern und ausbauen. Mauern wurden errichtet und verstärkt, aber der Plan, auf dem höchsten Punkt von Cap Diamant eine Zitadelle zu bauen, scheiterte an der Knauserigkeit von Paris, und so waren es schließlich die Briten, die die sternförmige Festung bauten, die heute die Stadt und den St. Lawrence überragt.

Es ist ein Erlebnis, in den Festungsanlagen der einzigen ummauerten Stadt Nordamerikas herumzuwandern, die einer der Hauptgründe dafür waren, dass Québec als Welterbe der UNESCO heute einen besonderen Status besitzt. An den rund fünf Kilometer langen Außenmauern sind Hinweisschilder angebracht, und vom **Frontenac Kiosk** *(Tel. 418/648-7016)* auf der Terrasse Dufferin aus werden Führungen veranstaltet. Jedes Stück der Außenmauer ist interessant, ganz besonders aber der **Promenade des Gouverneurs** genannte Weg, der sich unterhalb der Zitadelle an der Klippe entlang zieht.

Sehenswert ist auch der **Artillery Park**, ein Gebäudekomplex, der sich im Laufe von drei Jahrhunderten entwickelt hat und heute eine National Historic Site ist. Dort steht eine 150 Meter lange Kaserne aus dem 18. Jahrhundert, eine Redoute aus der gleichen Zeit und ein altes Gießhaus mit einem Modell der Stadt zu Beginn des 19. Jahrhunderts. Zwischen dem Artillery Park und der Zitadelle sind die massigen Mauern von mehreren Toren unterbrochen. Im **Fortifications Interpretation Centre** in der Nähe des St.-Louis-Tors kann man sich über die Entstehung der Anlage informieren.

DIE ZITADELLE

Nach der Eroberung übernahmen die Briten die stark beschädigten französischen Anlagen, doch erst nach dem Angriff der Amerikaner 1775–76 begannen sie mit der Arbeit an einer provisorischen Festung. Die heutige, 16 Hektar große Zitadelle wurde erst 1831 fertig gestellt. Vorbild der sternförmigen Anlage war der im 17. Jahrhundert in Europa perfektionierte Festungsbau mit vorgebauten Bastionen, von denen aus über Mauern, Gräben und vorgelagerte Wälle hinweg geschossen werden konnte.

In der Zitadelle ist das Royal 22nd Regiment (auch als Van Doos oder *Vingt-deux* bekannt) stationiert, eine französisch sprechende Elitetruppe der kanadischen Armee. Im Sommer locken die Wachablösung *(Juni–Aug, 10 Uhr)* und der Zapfenstreich *(Juli–Aug. Fr–So 19 Uhr)* zahlreiche Zuschauer an.

Ein rund 100 Hektar großes hügeliges Gelände auf den Plains of Abraham wurde als **Parc des Champs-de-Bataille** ausgewiesen; hier fand die nur 15 Minuten dauernde Schlacht statt, die zum Ende der französischen Herrschaft in Nordamerika führte. Am Morgen des 13. September 1759 standen sich hier die britischen Truppen unter General Wolfe und die französischen unter General Montcalm gegenüber. Wolfes Truppen waren heimlich den St. Lawrence heraufgekommen und überwältigten die schlafenden Wachtposten auf dem Gipfel der Klippe. Montcalms aus regulären Soldaten und Milizionären bunt zusammengewürfeltes Heer rückte ungeordnet vor und

wurde dabei vernichtend geschlagen. Wolfe starb auf dem Schlachtfeld, Montcalm erlag am nächsten Tag seinen Verwundungen. Die Ereignisse dieses entscheidendsten Tages in der Geschichte Kanadas werden im **National Battlefields Park Interpretation Centre** rekonstruiert, das im **Musée du Québec** am Rande des Parks untergebracht ist.

Die große Kollektion von Werken Québecer Künstler im Musée du Québec erwachte 1991 zu neuem Leben, als das klassizistische Gebäude durch eine Große Halle mit dem früheren Gefängnis verbunden wurde. Jetzt kann das Museum wesentlich mehr seiner 22 000 Kunstwerke präsentieren als zuvor – Plastiken, Zeichnungen, Drucke, Fotos und viele kunsthandwerkliche Objekte, aber vor allem seinen Schatz an Gemälden. Sie zeigen, wie Künstler, zum Beispiel Arthur Lismer und Clarence Gagnon, die Landschaft von Québec sahen. Die Geschichte der Provinz erzählen großformatige Historiengemälde von Henri Beau und Marc-Aurele Suzor-Côté. ■

Die Wallanlagen der Zitadelle überragen noch heute die Stadt und die Plains of Abraham (obere Bildhälfte)

Musée du Québec

www.mnba.qc.ca

✉ Battlefields Park

☎ 418/643-2150

🕒 Geschl. Ende Sept.–Mai Mo

$ $$

Île d'Orléans und die Beaupré-Küste

Dieser Tagesausflug führt Sie von Québec stromabwärts zur friedlichen Île d'Orléans und dann die Beaupré-Küste entlang zum Schrein von Sainte-Anne, einer der bedeutendsten Pilgerstätten Nordamerikas.

Angesichts des üppigen Graslandes am Ufer des St. Lawrence unterhalb der Gegend, an der sich heute Québec befindet, soll Jacques Cartier ausgerufen haben: »Quel beau pré!« (Was für eine hübsche Wiese!).

Fahren Sie auf dem Highway 440 in nördlicher Richtung aus Québec heraus und überqueren Sie nach ungefähr neun Kilometern die über den nördlichen Arm des St. Lawrence führende Brücke. An der Kreuzung biegen Sie rechts in Richtung **Sainte-Pétronille** 1 ab. Hier haben Farmer die erste Siedlung auf der Insel gegründet, und hier plante General Wolfe seinen Angriff auf das gut einsehbare Québec.

Setzen Sie Ihre Inselrundfahrt fort, indem Sie gegen den Uhrzeigersinn nach **Saint-Laurent** 2 fahren, einen Ort, in dem einst zwanzig Werften massenhaft *chaloupes* (Langboote) bauten. Die Werft, die früher Chalouperie Godbout hieß, ist heute ein Museum, der **Parc Maritime de Saint-Laurent** *(Tel. 418/828-9672)*. In Saint-Jean steht eines der schönsten frühen Herrenhäuser, das imposante **Manoir Mauvide-Genest** *(Tel. 418/829-2630)*, in dem heute ein Restaurant und ein Museum untergebracht sind. In **Saint-François** 3 können Sie den Aussichtsturm besteigen und den Blick in alle Richtungen schweifen lassen.

In **Sainte-Famille** 4 erwarten Sie viele Bauten aus der französischen Ära, das **Maison Drouin** und vor allem die 1749 geweihte Kirche **Sainte Famille**. Von der Nordseite der Insel aus hat man einen herrlichen Blick auf die Beaupré-Küste. Kurz vor der Brücke liegt Saint-Pierre mit der ältesten Kirche der Insel *(Tel. 418/828-9824)*.

Kehren Sie über die Brücke aufs Festland zurück und biegen Sie nach rechts auf den Highway 138 ab. Nach ungefähr 30 Kilometern erreichen Sie den Parkplatz der **Basilique Sainte-Anne-de-Beaupré** 5 *(Ave. Royale, Tel. 418/827-3781)*. Diese große Pilgerkirche ist der Schutzheiligen von Québec geweiht und zieht Gläubige aus ganz Nordamerika an. Der Legende zufolge rettete die heilige Anna, die

Militärparade in Québec

Montmorency Falls

Mutter der Jungfrau Maria, um die Mitte des 17. Jahrhunderts Matrosen vor dem Tod im vom Sturm aufgepeitschten Wasser, als diese sie um Hilfe anriefen. Andere Wunder und Wunderheilungen folgten, und es wurden an dieser Stelle immer größere Schreine gebaut. Der gegenwärtige Bau wurde 1934 fertig gestellt und ist, was Proportionen und Ausstattung angeht, den großen Kathedralen Europas fast ebenbürtig.

Wenn Sie es nicht eilig haben, fahren Sie auf der Route 360 nach Québec zurück – der **Avenue Royale**, Ende des 17. Jahrhunderts von Bischof Laval als eine der ersten Straßen in Québec angelegt. In der Nähe der Brücke zur Île d'Orléans befindet sich der Parkplatz des **Parc de la Chute-Montmorency** 6 *(Tel. 418/663-3330)*, von dem aus Sie zu den **Montmorency Falls** gelangen, einem der größten Naturwunder der Region. Die 83 Meter hohen Wasserfälle sind ein beliebtes Touristenziel und wurden auf vielen Gemälden festgehalten. Im **Manoir Montmorency** *(Tel. 418/663-3330)* gibt es ein Besucherzentrum.

NICHT VERSÄUMEN

• Parc Maritime de Saint-Laurent • Basilique Sainte-Anne-de-Beaupré • Montmorency Falls

Siehe Übersichtskarte S. 104
Québec
120 Kilometer
Einen Tag einplanen
Québec

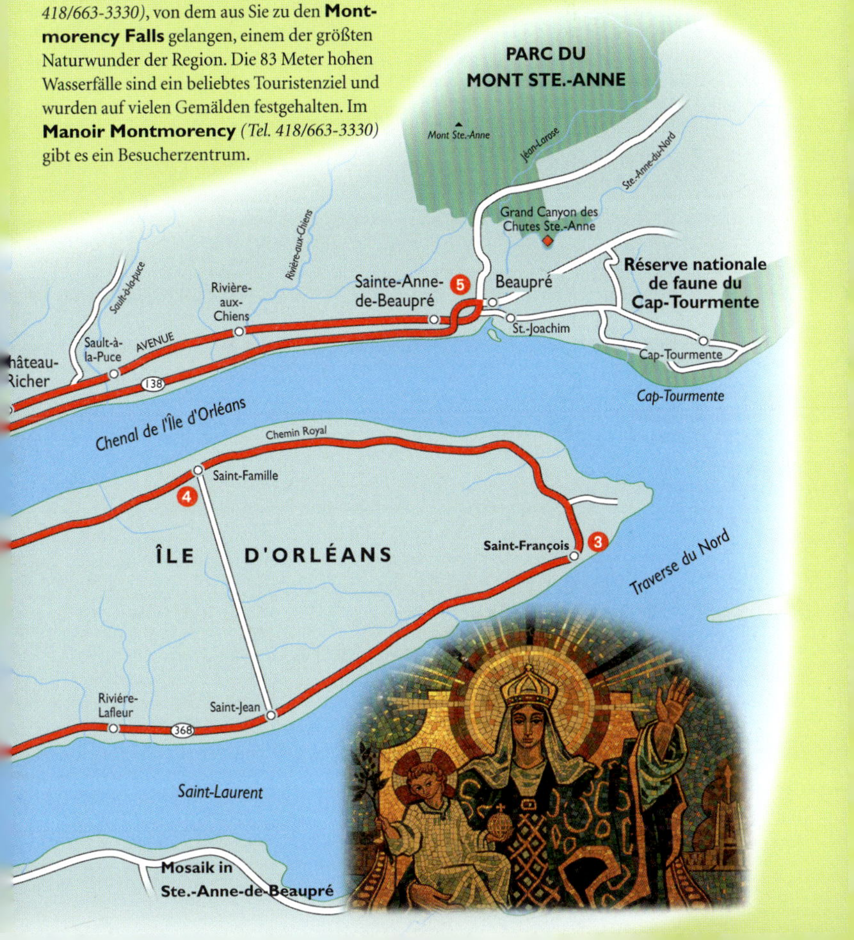

Mosaik in Ste.-Anne-de-Beaupré

Eine idyllische Landschaft mit Wäldern, Farmen und Ferienhäusern bei Saint-Siméon nahe dem Nordende der Charlevoix-Küste

Charlevoix

DIE CHARLEVOIX-KÜSTE AM RANDE DES KANADISCHEN Schilds verdankt ihren unwiderstehlichen Reiz sowohl dem immer breiter werdenden St. Lawrence als auch den dichten Wäldern und den alten Dörfern. Diese Landschaft und das scheinbar zeitlose Leben in ihr inspirierten vor einem Jahrhundert viele Künstler. Sie übt noch heute ihren Charme aus, nicht nur auf Künstler, sondern auch auf Urlauber, die hierher kommen, um frische Luft, große Wildbestände und eine unberührte Szenerie zu genießen.

Baie-Saint-Paul
105 C2

Besucher-information
www.tourisme-charlevoix.com

444, blvd. Mgr.-de-Laval (Hwy. 138)
418/435-4160

Ein Teil des scheinbar ewigen Charmes von Charlevoix lässt sich auf ein Ereignis zurückführen, das vor 350 Millionen Jahren eintrat. Damals prallte ein Meteorit mit einem Durchmesser von etwa 2100 Metern und einer Geschwindigkeit von fast zehn Kilometern pro Sekunde auf der Erde auf. Dabei entstand ein 4800 Meter tiefer Krater, der noch heute unverändert ist. Mit einem Durchmesser von fast 60 Kilometern ist der Charlevoix-Krater einer der größten der Welt; er besteht aus einer zentralen Hochebene, die von einem tiefen Graben und einem äußeren Steilabbruch umgeben ist. Die Hälfte dieser Formation ist im St.

Lawrence verschwunden; der Rest bildet einen außerordentlich vielfältigen Lebensraum, in dem alle Ökosysteme Québecs von Ahornwäldern bis hin zu Tundren vorhanden sind. Diese Vielfalt auf kleinem Raum hat die UNESCO 1988 bewogen, das Charlevoix-Gebiet zu einem Welt-Biosphären-Reservat zu erklären.

BAIE-SAINT-PAUL

Bevor Sie den steilen Hang in dieses Künstlerdorf hinabfahren, sollten Sie in dem neuen **Centre d'Histoire Naturelle de Charlevoix** *(444, blvd. Mgr.-de-Laval, Tel. 418/-435-6275)* in der Nähe des Highways Station machen. Von seinem Balkon aus hat man einen herrlichen Blick auf den Fluss und die Hochebene. Drinnen erzählen Schaukästen die Geschichte dieser Region einschließlich der Auswirkungen, die der Einschlag des Meteoriten hatte.

Nehmen Sie sich die Zeit, durch die Straßen von Baie-Saint-Paul zu schlendern. Es gibt so viele hübsche Häuser (Ende 19. Jh.), dass man versteht, welche Anziehungskraft der Ort seit jeher auf Künstler hatte. Einen modernen Akzent setzt das 1992 eröffnete preisgekrönte **Centre d'Exposition de Baie-Saint-Paul** *(23, rue Ambroise-Fafard, Tel. 418/435-3681, geschl. Mo, $)*, in dem Kunstausstellungen stattfinden.

Auf der **Île aux Coudres** (Haselinsel) haben sich alte Traditionen länger gehalten als auf dem Festland; sie wurden in den 1960er Jahren von Filmemachern dokumentiert. Die elf Kilometer lange Insel war besonders berühmt für den Bau von Schonern, die für viele Anwohner des St. Lawrence die einzige Möglichkeit zur Kommunikation mit der Außenwelt darstellten. Im **Musée les Voitures d'Eau** kann man an Bord von einem dieser »Wasserwagen« gehen, aber die meisten Menschen kommen hierher, um Ruhe und Frieden zu finden und erkunden die Insel per Fahrrad. Zwischen Baie-Saint-Paul und dem Ferienort **La Malbaie-Pointe-au-Pic** verläuft die Route 362 im Zickzack an der Küste entlang und führt durch hübsche Dörfer wie **Les Éboulements** und **Saint-Irénée**. **Saint-Joseph**, wo die Fähre zur **Île aux Coudres** ablegt, war früher gleichfalls ein Zentrum des Bootsbaus, aber seine große Zeit hatte der Ort, als zu Beginn des 20. Jahrhunderts wohlhabende Gäste auf Dampfschiffen eintrafen und entweder im **Manoir Richelieu** abstiegen, einem Grandhotel im Château-Stil, oder, wie der amerikanische Präsident William Howard Taft, in eigenen Ferienvillen wohnten. In dem in einem modernen Gebäude untergebrachten **Musée de Charlevoix** finden Ausstellungen statt.

Zu den spektakulärsten Anblicken in ganz Ostkanada gehört die Schlucht des Malbaie, die heute Bestandteil des **Parc Régional des Hautes-Gorges-de-la-Rivière-Malbaie** ist, den man über eine 32 Kilometer lange unbefestigte Straße erreicht. Die Schlucht beweist, wie unterschiedlich die Vegetation in der Charlevoix-Region sein kann. In dem geschützten Tal stehen hohe Ulmen, aber oberhalb der rund 600 Meter tief abfallenden Wände wachsen Pflanzen der arktisch-alpinen Zone. ■

Musée les Voitures d'Eau
✉ 1922, chemin des Coudriers
☎ 418/438-2208
🕒 Geschl. Mitte Okt.–Mitte Mai
$ $

Musée de Charlevoix
✉ 10, chemin du Havre, La Malbaie
☎ 418/665-4411
🕒 Geschl. Sept.–Juni Mo

Parc Régional des Hautes-Gorges-de-la-Rivière-Malbaie
✉ Über Rte. 138 und Sainte-Aimée-des-Lacs auf ungeteerten Straßen
☎ 418/439-1227
🕒 Geschl. Mitte Okt.–Mitte Mai
$ $

In dem im Château-Stil erbauten Grandhotel Manoir Richelieu befindet sich heute ein Kasino

Saguenay Fjord und die Region um den Lac Saint-Jean

Saguenay Fjord
105 C2

Baie-Sainte-Catherine
105 C2

Tadoussac
105 C2

Centre d'interprétation des mammifères marins
108, rue de la Caie-Seche, Tadoussac
418/235-4701
Geschl. Mitte Okt.–Mitte Mai
$$

Sainte-Rose-du-Nord
105 C2

Chicoutimi
105 C2

DER SAGUENAY BAHNT SICH SEINEN WEG DURCH EINEN Spalt im Kanadischen Schild hindurch, eine Verwerfung mit einer Wassertiefe von bis zu 260 Metern. Dieser 96 Kilometer lange und stellenweise rund anderthalb Kilometer breite Flussabschnitt wird von bewaldeten, fast 450 Meter hohen Klippen gesäumt. Ganz anders sieht es in der Region um den Lac Saint-Jean aus. Sie ist eine fruchtbare Oase im ansonsten so unversöhnlichen Kanadischen Schild.

SAGUENAY-FJORD

Die vereinzelten Dörfer an der Küste des Saguenay-Fjords sind auf der Straße zu erreichen, aber die beste Methode, sich einen Eindruck von dieser majestätischen Wasserstraße zu verschaffen, ist die Teilnahme an einer der vielen Ausflugsfahrten mit dem Boot. Eine Überquerung der Mündung des Saguenay ist rund um die Uhr möglich, kostet nichts und dauert nur acht Minuten. Die Fähre verbindet die **Dörfer Baie-Sainte-Catherine** und **Tadoussac** und hält den Verkehr auf dem an der Küste entlangführenden Highway 138 aufrecht. Diese Vereinigung zweier großer Flüsse ist einer der beliebtesten Orte für Walbeobachtungen in ganz Kanada. Fünf Arten – Finn-, Zwerg-, Beluga-, Buckel- und Blauwale – werden vom Krill und Plankton angezogen, die hier, wo sich das eiskalte Salzwasser des St. Lawrence mit dem Süßwasser des Saguenay vermischt (siehe S. 147), besonders gut gedeihen. Falls Sie nicht an einem der Walbeobachtungs-Ausflüge *(Informationen über Maison du Tourisme, Tel. 418/235-4744)* teilnehmen können, sehen Sie die Tiere vielleicht von einem der Aussichtspunkte aus; versuchen Sie es mit dem **Pointe-Noire Interpretation and Observation Centre** *(Tel. 418/237-4383, geschl. Winter)* in der Nähe der kostenlosen Fähre. In Tadoussac finden Sie das **Centre d'interprétation des mammifères marins**, in dem Sie erfahren, weshalb das Saguenay-St.-Lawrence-Gebiet ein Marinepark geworden ist. Seine Lage machte Tadoussac zu einem Handelszentrum der Indianer, was Pierre Chauvin im Jahre 1600 veranlasste, hier den allerersten Pelzhandelsposten Kanadas zu gründen.
Der Nachbau des alten Holzhauses beherbergt ein kleines Museum, das über die ersten Kontakte zwischen Einheimischen und Europäern informiert.

OBERLAUF UND LAC SAINT - JEAN

Wenn Sie von Tadoussac aus auf der Route 172 fahren, sehen Sie kaum etwas vom Fluss; deshalb sollten Sie auf die nach **Sainte-Rose-du-Nord** *(85 Kilometer westlich von Tadoussac)* führende Nebenstraße abbiegen. Die Route 170 zweigt bei Saint-Siméon *(42 Kilometer südlich der Mündung des Saguenay)* vom Küsten-Highway ab und verläuft parallel zum Südufer. Die besten Ausblicke auf den Fjord hat man von Nebenstraßen aus. Fahren Sie zu der winzigen Siedlung **L'Anse-Saint-Jean** und dann in Rivière-éternité zum **Cap Trinité**, wo auf einer 520 Meter hohen Landzunge eine acht Meter hohe Statue der Jungfrau Maria steht.

CHICOUTIMI

Chicoutimi, die Hauptstadt der Saguenay-Lac-Saint-Jean-Region, lebt

von der Industrie. Diese Industrie in Gestalt des alten Granitbaus einer früheren **Papierfabrik** *(Pulperie de Chicoutimi)* ist seine Hauptattraktion. Die Fabrik ist das erste von Frankokanadiern gegründete Unternehmen, seine Geschichte wird hier dokumentiert. In **La Pulperie**, dem Haus von Arthur Villeneuve, gibt es naive Wandgemälde des zum Künstler gewordenen Barbiers.

LAC SAINT-JEAN

Die Ufer dieses rund 1350 Quadratkilometer großen Sees, die aus halbwegs fruchtbarem Land bestehen, wurden von der Mitte des 19. Jahrhunderts an von Frankokanadiern besiedelt, die im überfüllten Tal des St. Lawrence kein Land mehr fanden. Der See ist ein beliebter Ferienort, zu dessen Attraktionen auch der beste Zoo der Provinz Québec gehört.

Im **Zoo sauvage de Saint-Félicien** sind es die Tiere, u.a. viele einheimische Arten wie Bären, Wölfe und Elche, die frei herumlaufen – sehr beeindruckend im Winter –, wohingegen die Besucher sich in einer Art mobilem Käfig befinden. ■

Den besten Blick auf den Saguenay-Fjord hat man vom Deck eines Ausflugsbootes

Chicoutimi Pulp Mill (La Pulperie)
www.pulperie.com
✉ 300, rue Dubuc
☎ 418/698-3100
🕒 ganzjährig, keine Aktivitäten Nov.–März
$ $

Maison Arthur Villeneuve
✉ Teil von La Pulperie
☎ 418/698-3100

Zoo Sauvage de Saint-Félicien
www.borealie.org
✉ 2230, blvd. du Jardin, Saint-Félicien
☎ 418/679-0543
🕒 Okt.–Mai eingeschränkt
$ $$$

ERLEBNIS: Die Wale des St. Lawrence

Mehr als 30 Walarten halten sich ständig oder vorübergehend in kanadischen Gewässern auf. Seit dem Verbot des Walfangs 1972 ist das Beobachten der Tiere immer beliebter geworden. Der Beluga- oder Weißwal, der bis zu fünf Meter lang wird, ist ein besonders gern gesehener Bewohner des St. Lawrence; allerdings ist sein Bestand von mehreren Tausend auf nur etwa 500 Tiere gesunken.

Außerdem kann man im Strom Zwergwale (Minke whale, bis zu zehn Meter lang), Buckelwale (bis zu 15 Meter lang), Finnwale (bis zu 20 Meter lang) und gelegentlich auch Blauwale sehen, die mit Längen von bis zu 30 Meter und einem Gewicht von bis zu 150 Tonnen die größten Tiere der Welt sind.

Côte Nord

Côte Nord
105 D2–3, E3

Manic 2 & 5
Infos zur Hydro-Québec, Rte. 389, Baie-Comeau
866/526-2642

BEVOR UM 1960 EIN HIGHWAY BIS NACH HAVRE-SAINT-Pierre gebaut wurde, war ein Ausflug entlang der Côte Nord (Nordküste) des St. Lawrence ab Tadoussac nur per Schiff möglich. Doch sogar noch heute muss man, wenn man die wilde Küste weiter erkunden möchte, an Bord des allwöchentlich verkehrenden Schiffes gehen, das zwei Tage braucht, um Blanc Sablon an der Grenze zu Labrador zu erreichen. Hier überquert ein kurzes Stück Highway die Grenze, so dass man einen Eindruck von der Küste Labradors gewinnen kann. Auch die Fähre nach St. Barbe in Neufundland legt hier ab.

DIE ERSTEN SIEDLER

Die in Reservaten entlang der Küste untergebrachten Montagnais-Indianer leben seit mehr als 8000 Jahren an diesem Küstenstreifen; sie gehörten zu den ersten Eingeborenen, die Kontakte mit Europäern hatten. Die baskischen Fischer, die sich im 15. Jahrhundert an der Labradorküste niederließen, gingen auch in diesem Küstengebiet ihrer Arbeit nach. Ihnen folgte eine Hand voll französischer und englischer Fischer und Händler, aber erst im 20. Jahrhundert wurde das Land wirklich erschlossen.

Es entstanden zunächst Papierfabriken, dann wurde weiter landeinwärts Eisenerz entdeckt, und schließlich wurden Wasserkraftwerke gebaut.

Die Stadt **Baie-Comeau** *(200 Kilometer östlich von Tadoussac auf*

Die seltsamen Formen der Monolithen des Mingan-Archipels sind durch Kalksteinverwitterung vor 500 Millionen Jahren entstanden

dem Hwy. 138) entstand weitgehend auf Veranlassung von Colonel Robert McCormick, dem Verleger der *Chicago Tribune*, noch heute gibt es dort eine große Papierfabrik.

Noch größere Ausmaße hat das ein Stück weiter landeinwärts gelegene Wasserkraftwerk, das nur über eine einzige Straße zu erreichen ist, die sich durch die scheinbar endlose Wildnis nördlich des St. Lawrence hindurch zieht. Die Anlage, der **Manic-Outardes Complex**, besteht aus mehreren Staudämmen und Kraftwerken an den Flüssen Manicouagan und Outardes. **Manic 2**, 22 Kilometer nördlich von Baie-Comeau, kann besichtigt werden. Aber den spektakulärsten Anblick bietet der **Daniel Johnson Dam** von Manic 5, der die Fahrt über die lange und gewundene Straße wirklich lohnt. Mit einer Höhe von 214 Metern und einer Länge von 1313 Metern ist er der größte der Welt. Er trägt den Namen des Premierministers von Québec, der am Tag seiner Einweihung 1968 hier starb. Ein Gang auf der Krone dieses gigantischen Bauwerks ermöglicht einen Blick auf einen Teil des fast 2000 Quadratkilometer großen Reservoirs, das weiter stromaufwärts einen Wasserring von 64 Kilometern Durchmesser hat entstehen lassen, wahrscheinlich in einem Meteoritenkrater.

Der Ort **Sept-Îles** *(228 Kilometer östlich von Baie-Comeau)* hat einen Tiefwasserhafen, der von den sieben Inseln geschützt wird, denen er seinen Namen verdankt. Sept-Îles ist die Endstation der Eisenerzbahn, die weit landeinwärts bis nach Shefferville und Labrador City fährt. Außerdem gibt es hier zwei Museen, die dokumentieren, wie Menschen in diesem unwirtlichen Land existieren konnten, zuerst die Montagnais **(Vieux Poste)** und dann die Europäer **(Musée régional de la Côte-Nord)**.

Havre-Saint-Pierre am Ende des Highways *(211 Kilometer östlich von Sept-Îles auf der Rte. 138)* ist nicht nur der Hafen, in dem die wöchentliche Fähre nach Blanc Sablon ablegt, sondern auch der Ausgangspunkt für Fahrten zum Mingan-Archipel und zur Insel Anticosti (siehe S. 150). Der Highway führt weitere 160 Kilometer bis Natashquan.

DER MINGAN-ARCHIPEL

Diese 40 Inseln an der Côte Nord zwischen Longue-Pointe und Baie-Johan-Beetz sind seit 1984 ein Nationalpark. Ihre Ökologie ist einzigartig: Die Kombination von kaltem Wasser des Labradorstroms mit strengen Wintern und einem Kalksteinboden bewirkt, dass hier eine arktisch-alpine Flora weit südlich ihres normalen Verbreitungsgebietes gedeiht. Es wimmelt von Seevögeln, vor allem den lustigen Papageitauchern (Puffin), und Robben. Aber die spektakulärsten Gebilde sind die Kalkstein-Monolithen, denen die Natur die absonderlichsten Formen verliehen hat. Sie wurden im Verlauf von Jahrtausenden von Wind und Wasser modelliert und von den Bewohnern mit fantasievollen Namen versehen.

Der Mingan-Archipel ist von Longue-Pointe und Havre-Saint-Pierre aus per Boot zu erreichen. Die kanadische Parkverwaltung unterhält zwei Besucherzentren. ■

Der Kanadische Schild hat ein immenses Wasserkraft-Potenzial

Daniel Johnson Dam
✉ 213 km nördlich von Baie-Corneau über Rte. 389
☎ 866/526-2642

Vieux-Poste
✉ Blvd. des Montagnais
☎ 418/968-2070
🕒 Geschl. Nebensaison
$ $

Musée Régional de la Côte-Nord
✉ 500, blvd. Laure
☎ 418/968-2070
🕒 Geschl. Sept.–Juni Mo
$ $

Mingan Archipelago NP
www.pc.gc.ca
✉ 625, rue du Centre
☎ 418/949-2126

Havre-Saint-Pierre
✉ 975, rue de l'Escale
☎ 418/538-3285 oder 800/463-6769

Île d'Anticosti

Île d'Anticosti
105 E2

Port-Menier
105 E2

Besucher-information
Île de'Anticosti Tourist Office, 36, chemin des Forestiers, Port-Menier
418/535-0250
Geschl. Winter

AUF ÎLE D'ANTICOSTI LEBEN NUR EINIGE HUNDERT MENschen. Die etwa 225 Kilometer lange Insel liegt im Gulf of St. Lawrence zwischen der Strait Jacques-Cartier und der Honguedo Strait und ist als Schiffsfriedhof berüchtigt, weil Hunderte von Schiffen an ihren Riffen zerschellt sind. Ihr fossilienreiches Kalkstein-Fundament ist zu Klippen, Schluchten und Höhlen verwittert. Ein Großteil ihrer Oberfläche ist mit Nadelwald bedeckt, der östliche Teil der Insel ist sumpfig.

Nach mehreren Besitzerwechseln (eine Zeit lang gehörte Anticosti zu Neufundland) und zumeist fruchtlosen Versuchen, die Wirtschaft zu entwickeln, ist die Insel heute Bestandteil der Provinz Québec. Der Besitzer, der den größten Einfluss hatte, war der französische Schokoladenkönig Henri Menier, der sie 1895 erwarb und einen riesigen privaten Wildpark aus ihr machen wollte. Aus den 220 Weißwedelhirschen, die er importierte, ist inzwischen eine Herde aus mehr als 100 000 Tieren geworden. Meniers berühmte Jagdhütte in **Port-Menier**, dem einzigen Dorf der Insel, ist 1953 abgebrannt. Nur das Fundament erinnert noch an seine Ambition, aus Anticosti eine Art Feudalreich zu machen. Menier ließ zuerst das Dorf Baie-Sainte-Claire wieder aufbauen, das ursprünglich English Bay hieß, aber zu Ehren seiner Mutter umbenannt wurde, zog dann aber nach Port-Menier um. Von Baie-Sainte-Claire sind nur das **Pointe de l'Ouest lighthouse** und der Friedhof erhalten geblieben. Von den Schiffen, die hier scheiterten, sind noch die Überreste der *Calou* zu sehen, die 1982 Schiffbruch erlitt. Port-Menier verfügt über einen Tiefwasserhafen; von hier legen die Fähren *(Tel 418/723-8787)* nach Havre-Saint-Pierre, Sept-Îles und Rimouski ab.

Die meisten Besucher kommen auf die Insel, um Hirsche zu jagen oder in einem der vielen Flüsse zu angeln, aber wer mehr erleben möchte und entsprechend ausgerüstet ist, sollte einen Wagen mit Allradantrieb mieten und von Port-Menier aus auf der einzigen Straße ostwärts fahren. Er wird einsame Strände, steile Klippen und Schiffswracks sehen sowie für ein Kalkstein-Gebiet typische Phänomene besichtigen können, darunter das **La-Patate-Höhlensystem**, das erst 1981 entdeckt wurde, und den **Vauréal Canyon** mit steil abfallenden Wänden und einem 70 Meter hohen Wasserfall. ■

Der Leuchtturm am Cap-du-Rabast ist einer von vielen, die eingerichtet wurden, um die Insel von ihrem Ruf als Schiffsfriedhof des Golfs zu befreien

Îles de la Madeleine

DIESER ZU QUÉBEC GEHÖRENDE ARCHIPEL IN DER MITTE des Gulf of St. Lawrence besteht aus einer halbmondförmigen Kette von Inseln, die zum Teil durch lange, Lagunen umschließende Sandbänke miteinander verbunden sind.

Vom Wind verkrüppelte Bäume und rote, zu Bögen, Höhlen und Nadeln erodierte Sandsteinklippen machen diese Inseln zu etwas Besonderem. Das Gras kontrastiert mit der leuchtend blauen See und den hellen Anstrichen der Fischerhäuser.

Ein Teil der Bewohner kommt zwar aus dem englischen Sprachraum, aber die meisten sind Nachkommen der Akadier, die aus Nova Scotia oder Saint-Pierre und Miquelon hierher flüchteten, weil sie ein Leben unter dem Schutz der britischen Krone demjenigen unter der Herrschaft des republikanischen Frankreich vorzogen.

Jede Insel hat ihren eigenen Reiz. **Cap aux Meules** *(Besucherinformation, Tel 418/986-2245)* ist die am dichtesten besiedelte Insel. Sie verfügt über einen Fischereihafen, in dem auch die Fähre *(Tel. 888/986-3278)* von Souris auf Prince Edward Island und der wöchentlich verkehrende Frachter *(Tel. 888/986-3278)* von Montréal anlegen. Die beste Aussicht hat man vom Gipfel der **Butte-de-Vent**, und einige der spektakulärsten Klippenformationen kann man an **Cap Trou** und **L'Étang-du-Nord** an der Westküste bestaunen. **Notre-Dame-du-Rosaire** in Fatima ist eines der bemerkenswertesten modernen Gebäude von ganz Québec. Alles, von dem muschelförmigen äußeren Umriss bis zur Ausgestaltung des Innenraums, verweist auf das enge Verhältnis der Menschen zur See. Die Insel **Havre-Aubert** verfügt über eine sanftere Landschaft, ein Aquarium, ein Meeresmuseum und **La Grave**, ein Konglomerat aus alten Fischerei-Einrichtungen. Der höchste Punkt der grasbewachsenen Hügellandschaft der **Île d'Entrée** ist der **Big Hill** (174 Meter), von dem aus man einen herrlichen Blick über den gesamten Archipel hat.

Auf der Insel **Havre aux Maisons** findet sich die vielleicht harmonischste Landschaft des Archipels. Hier gibt es alte Höfe mit den für sie typischen Gebäuden, aber auch zerklüftete Felsformationen. **Die östlichen Inseln**, zu denen man über die lange und schmale Dune du Nord gelangt, zeichnen sich durch Sanddünen, herrliche Strände und interessante Wasserwege aus. Der große Sandstrand von **Grand Échouerie** gilt als der schönste der gesamten Inseln. ■

Îles de la Madelaine
105 E2, 55 D4–5

Besucher-information
www.tourismeilesdela madelaine.com
Tourist Office, 128, chemin Principal, Cap-aux-Meules
418/986-2245 oder 877/624-4437

Oben: Weißwedelhirsche auf der Insel Anticosti

Gaspésie

Gaspésie
105 D2, E2

Grosse-Île and the Irish Memorial National Historic Site
2, rue D'Auteuil, Québec
418/234-8841
Geschl. Mitte Okt.–Mitte Mai
$$$

Musée de la Mer
1034, rue de la Phare, 10 km östlich von Rimouski
418/724-6214
Geschl. Mitte Okt.–Mai

GASPÉSIE, DIE HALBINSEL GASPÉ, BESTEHT AUS EINEM BEwaldeten Bergrücken, der zu einer zerklüfteten, dünn besiedelten Küste mit Klippen, Höhlen und vereinzelten Fischerdörfern hin abfällt. In den 20er Jahren wurde durch den Bau einer Straße entlang der Nordküste vergeblich versucht, Siedler in die Region zu ziehen. Die Straße gehört jedoch zu den landschaftlich schönsten in ganz Kanada, vor allem nahe der Spitze der Halbinsel.

Um von Québec aus nach Gaspésie zu gelangen, fährt man auf dem Highway 20 bis kurz hinter Rivière-du-Loup und dann auf dem Highway 132 an der Küste entlang. In **Berthier-sur-Mer**, etwa 48 Kilometer von Québec entfernt, kann man mit einem Schiff zur alten Quarantänestation für Immigranten auf der **Grosse-Île**, Kanadas Gegenstück zu Ellis Island, übersetzen. Die **Grosse-Île and the Irish Memorial National Historic Site** erinnert an die Hoffnungen und Leiden von mehr als vier Millionen Immigranten, darunter vielen Iren. Von **Rivière-du-Loup** und **Trois-Pistoles** knapp 50 Kilometer weiter kann man mit der Fähre zur Nordküste des St. Lawrence übersetzen. Hinter der Industriestadt Rimouski ist das

Musée de la Mer in Pointe-au-Père der Erinnerung an den Untergang der *Empress of Ireland* 1914 gewidmet, die im Nebel auf dem St. Lawrence mit einem Frachter kollidierte, wobei 1014 Menschen ums Leben kamen – eine mit dem Untergang der *Titanic* nur zwei Jahre zuvor vergleichbare Katastrophe.

Knapp zehn Kilometer weiter in Sainte-Flavie an der Route 132 befinden sich die **Jardins de Métis** *(Tel. 418/775-2221, geschl. Nov.–Mai)*. Diese Gärten verdanken einen Teil ihrer Pracht und Vielfalt dem feuchten Mikroklima an der Mündung des Mitis, aber noch wesentlich mehr der Begeisterung und dem gärtnerischen Genie von Elsie Redford, die das, was damals eine Fischerhütte war, von ihrem Onkel George Stephen Redford erbte, dem ersten Präsidenten der Canadian Pacific Railway. Von 1929–54 gestaltete sie die Landschaft zu einem Gartenparadies um.

Wer etwas vom Innern der Gaspé-Halbinsel sehen möchte, sollte einen kurzen Abstecher in den **Parc de la Gaspésie** machen. Hier liegt auf dem Mont Jacques-Cartier, mit 1268 Metern der höchste Punkt im Osten Kanadas, die Grenze zwischen Wald und Tundra, an der Hirsche, Elche und Karibus leben.

DIE SPITZE DER HALBINSEL

Der 2400 Hektar große, 1970 zum Nationalpark erklärte **Parc National de Florillon** *(Tel. 418/368-5505)* liegt dort, wo der Felsrücken der Gaspé-Halbinsel in steilen Kalksteinklippen zum Golf of St. Lawrence abfällt. Hier wimmelt es von Seevögeln, und im dicht bewaldeten Innern des Parks leben zahlreiche Tiere, darunter Luchse und Schwarzbären. Über Ökologie und Geschichte der Region informiert das Besucherzentrum in der Nähe von **Cap-des-Rosiers**.

Aufschlüsse über das Leben in dieser Gegend erhält man in der alten Fischersiedlung der **Grande-Grave National Historic Site**, die von Immigranten der Kanalinseln gegründet und inzwischen von der kanadischen Parkverwaltung restauriert wurde. Auf einer Klippe an der Spitze der Insel erreicht man über einen spektakulären Fußweg Kanadas höchsten Leuchtturm.

Der Tiefwasserhafen **Gaspé** lohnt einen Besuch – wegen seiner modernen **Cathedral of Christ the King**, seines Heimatmuseums und seiner Geschichte, denn dies war der Ort, an dem Jacques Cartier 1534 landete und das Land für Frankreich beanspruchte, indem er im Namen seines Königs Franz I. ein riesiges Holzkreuz errichtete. Ein ähnlich großes Kreuz, in diesem

Parc de la Gaspésie
www.sepaq.com
✉ Besucherinformation 38 km südlich von Sainte-Anne-des-Monts an der Rte. 299
🕒 Park täglich geöffnet, Besucherinformation Mitte Okt.–Mai geschl.
☎ 418/763-3181

Parc National de Florillon
www.pc.gc.ca
Karte 105 E2 ✉ Besucherinformation, 122, blvd. de Gaspé
☎ 418/368-5505

Cap-des-Rosiers
Karte 105 E2

Gaspé
Karte 105 E2

Rocher Percé erhielt seinen Namen 1607 von Samuel de Champlain auf Grund seines durchbrochenen (percé) Küste, doch einer der damaligen Felsbögen ist inzwischen eingestürzt. Die Nadel am seewärtigen Ende des Felsens wird »der Obelisk« genannt

Centre de l'Heritage Britannique de la Gaspésie

Musée de la Gaspésie
- 80, blvd. Gaspé
- 418/368-1534
- Geschl. Mitte Okt.–Ende Juni Mo
- $

Percé
- 105 E2

Musée Acadien du Québec
- 95, ave. Port-Royal, Bonaventure
- 418/534-4000
- eingeschränkte Öffnungszeiten im Winter
- $

Centre de l'Heritage Britannique de la Gaspésie
- 105 D2
- 351, blvd. Perron Ouest, New Richmond
- 418/392-4487
- Geschl. Mitte Okt.–Mitte Juni
- $$

Fall aus Granit, wurde 400 Jahre danach neben der Kathedrale aufgestellt. Ein zeitgenössisches Denkmal steht vor dem **Musée de la Gaspésie**. Hier erfährt man alles über Jacques Cartier und seine Reisen.

Percé

Die lange Fahrt die Küstenstraße hinauf ist ein bescheidener Preis für den Anblick des 450 Meter langen **Rocher Percé** direkt vor der Küste, der sein Aussehen je nach den Lichtverhältnissen ändert. Man kann ihn bei Ebbe zu Fuß erreichen, vielleicht die beste Methode, seine grandiosen, stellenweise fast 90 Meter hohen Klippen zu bestaunen. Einen Panoramablick auf dieses geomorphologische Wunder ermöglicht ein Aufstieg auf den Gipfel des 320 Meter hohen Mont Sainte-Anne direkt hinter der Stadt, und eine weitere Möglichkeit, den Felsen zu betrachten, bieten Ausflugsboote *(Details Touristinfo Percé, Tel. 418/782-5448)*, die Besucher um **Île Bonaventure** und seine Kolonien aus Zehntausenden von Tölpeln herumfahren.

Baie des Chaleurs

An der Baie des Chaleurs, die der Küste von New Brunswick gegenüber liegt, herrscht ein weniger strenges Klima als an der Nordküste der Halbinsel, und auch die Landformen sind sanfter. Sie erhielt ihren Namen von Jacques Cartier wegen ihres (relativ) warmen Wassers. Während an der Nordküste heute fast ausschließlich Französisch gesprochen wird, weist dagegen hier vieles auf eine intensive Besiedelung durch Schotten, Iren, Bewohner der Kanalinseln, Loyalisten und Akadier hin. Besuchen Sie das **Musée Acadien du Québec** und das **Centre de l'Heritage Britannique de la Gaspésie** mit seinen restaurierten alten Gebäuden.

Am Fuße des Küstengebirges liegt der Ferienort **Carleton**, der von Akadiern und Loyalisten gleichermaßen geprägt wurde. Den besten Blick über die Bucht bietet der 550 Meter hohe **Mont Saint-Joseph**, der über der Stadt aufragt und mit dem Auto oder zu Fuß zu erreichen ist. Die kleine **Miguasha-Halbinsel** ist berühmt für ihre Fossilien aus dem Oberen Devon (vor rund 370 Millionen Jahren), von denen viele von Sammlern mitgenommen wurden, bevor die Region als Provinzpark **Parc de Miguasha** *(18 Kilometer westlich von Carleton, Tel. 418/794-2475, geschl. Mitte Okt.–Mai)* unter Schutz gestellt wurde. Im Besucherzentrum sind die interessantesten Fossilien zu besichtigen, auch Führungen durch den Park werden angeboten. In **Pointe-a-la-Croix** *(Rte. 132, Tel. 418/788-5676)* erinnert ein modernes Gebäude an der Mündung des Restigouche daran, dass hier 1760, ein Jahr nach der Schlacht auf den Plains of Abraham, eine französische Flotte von der Royal Navy besiegt wurde. Damit starb die letzte Hoffnung auf eine Rückeroberung von Neufrankreich. Außerdem sind Überreste des französischen Schiffes *Le Machault* ausgestellt. ■

Ontario ist nicht nur ein Erlebnis für Naturliebhaber, sondern auch für Freunde der Architektur und Kultur von Interesse

Ontario

Der Skylon Tower in der Nähe der Niagara Falls

Ontario

DIE PROVINZ ONTARIO IST GRÖSSER ALS FRANKREICH und Spanien zusammen. Zwischen der Küste der Hudson Bay im Norden und den dicht besiedelten Städten im Süden liegen rund 1600 Kilometer. Ein Großteil dieser riesigen Fläche ist Teil des Kanadischen Schildes, zwei Milliarden Jahre altem Gestein, das unter Wäldern, der Tundra und den unzähligen Seen liegt. Hier leben nur wenige Menschen. Der Schild reicht bis fast an Ottawa heran, einst ein rauer Holzfällerort, heute eine echte Hauptstadt mit Museen und vielen anderen Attraktionen. Im Süden liegt eine rund 800 Kilometer lange fruchtbare Halbinsel, die von drei der Großen Seen eingerahmt ist: Lake Huron, Lake Erie und Lake Ontario. Erst gegen Ende des 18. Jahrhunderts wurde der dichte Wald auf der Halbinsel gerodet und das Gebiet in Ackerland umgewandelt. Der Süden von Ontario wurde relativ schnell besiedelt, überwiegend von Einwanderern aus Großbritannien. Eisenbahnlinien und Kanäle legten den Grundstein für die moderne Industrie, die Ontario zum Zentrum der kanadischen Wirtschaft werden ließ.

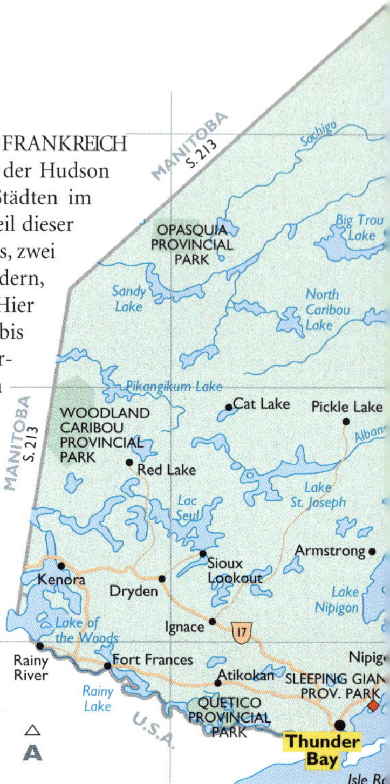

Mit zwölf Millionen Einwohnern ist Ontario die am dichtesten besiedelte Provinz Kanadas. Mehr als 80 Prozent ihrer Bewohner leben in Städten, allein vier Millionen in Toronto. Bis vor kurzem handelte es sich bei ihnen überwiegend um die Nachfahren britischer Immigranten, die an ihren Traditionen festhielten und dem Leben in Ontario einen entschieden britischen »Touch« gaben, wenn auch der ursprüngliche Name des Ortes Kitchener, Berlin, auf einen zweifellos deutschen Einfluss hinweist. Die Französisch sprechenden Einwohner bilden eine Minderheit. Einige von ihnen stammen von Farmern ab, die sich lange vor den Briten im Gebiet um Windsor niederließen, andere kamen auf der Suche nach Farmland den Ottawa herauf, und wieder andere strömten in Bergwerksstädte wie Sudbury.

Im späten 20. Jahrhundert hat eine Welle von Einwanderern aus aller Herren Länder den Charakter vieler Städte Ontarios verändert. Nach der Unterdrückung der angelsächsischen Kultur in Montréal entwickelte sich Toronto zum Zentrum des englischsprachigen Kanada. Damit verglichen scheint in vielen kleineren Orten die Zeit still gestanden zu haben, vor allem in Niagara-on-the-Lake, das sich seit seinem Wiederaufbau zu Beginn des 19. Jahrhunderts kaum verändert hat.

An den Niagarafällen, wo nur das kleine Goat Island die kanadischen Horseshoe Falls von den amerikanischen Wasserfällen trennt, sind die USA besonders nahe. Diese spektakulären Wasserfälle werden zu den größten Attraktionen der Welt gezählt.

Einige der schönsten Landschaften liegen zudem an den Großen Seen. Am Lake Erie liegt Point Pelee, ein dschungelähnlicher Wald, und an der Südseite des Lake Huron dagegen locken feine Sandstrände. Auch die Georgian Bay verfügt über solch herrliche Strände, aber seine Hauptattraktion sind das glasklare Wasser, die schroffen Klippen und die bewaldeten Felseninseln. Der lange und weitläufige Uferbereich des Lake Superior stellt alles andere in den Schatten. ■

NICHT VERSÄUMEN

Die neugotischen Bauwerke von Parliament Hill in Ottawa 162

Ein Besuch der National Gallery of Canada in Ottawa 164

Die Thousand Islands im St. Lawrence 169

Den CN Tower in Toronto 174

Das Royal Ontario Museum besuchen 180

Eine Bootsfahrt zu den Niagarafällen 188

Die vielgestaltige Landschaft im Point Pelee National Park erleben 198

Upper Canada

Ein Jahrhundert früher war Ontario noch nahezu unbesiedelt gewesen. Die schätzungsweise 25 000 Huronen waren seit der Mitte des 17. Jahrhunderts verschwunden, entweder sind sie von den Irokesen, die das Gebiet ebenfalls wieder verließen, getötet worden oder mit ihnen verschmolzen. Die Irokesen vertrieben auch die Jesuiten aus der Mission, die heute Sainte-Marie among the Hurons heißt und die 1639 an der Georgian Bay eingerichtet wurde, um die Huronen zu bekehren. Pelzhändler durchstreiften das Gebiet, doch die einzigen Siedler waren ein paar hundert Franzosen, deren Farmen am Detroit lagen.

Die Besiedelung dieses menschenleeren Landes begann, als rund 10 000 Loyalisten vor der Amerikanischen Revolution und ihren Folgen flohen. Unter ihnen waren Irokesen, die unter der Führung von Häuptling Joseph Brant auf der Seite der Briten gekämpft hatten. Andere Amerikaner lockten die niedrigen Landpreise. Als 1812 der Krieg zwischen Großbritannien und Amerika ausbrach, lebten in diesem Gebiet rund 80 000 Menschen, von denen mehr als drei Viertel amerikanischer Abstammung waren.

Als Gouverneur John Graves Simcoe (1752–1806) 1792 in der neuen Kolonie Upper Canada ankam, hätte er – ihres Namens wegen – gern die Stadt London zur Hauptstadt gemacht, doch die Wahl fiel auf Newark (Niagara-on-the-Lake), das sich jedoch als zu nahe an der Grenze zu den Vereinigten Staaten erwies, und so wurde schließlich York (das spätere Toronto) diese Ehre zuteil.

Im Krieg von 1812 blieben die meisten Siedler der britischen Krone treu. Die Krieger des Shawnee-Häuptlings Tecumseh, die ein Jahr zuvor bei Tippecanoe von den Amerikanern geschlagen worden waren, kamen den Briten zur Hilfe. Der Großteil der Gefechte fand in Upper Canada statt. Truppen marschierten über die Niagara-Halbinsel, und es wurden kanadische Helden geschaffen, wie etwa Laura Secord, die die Briten vor einem bevorstehenden Angriff warnte (siehe S. 192). Die Briten wurden aus York vertrieben und die Stadt teilweise niedergebrannt. Newark wurde fast vollständig zerstört, als sich die Besatzungstruppen zurückzogen.

1813 verloren die britischen Seestreitkräfte die Schlacht auf dem Lake Erie, der damit in die Hände der Amerikaner fiel. Entschlossen, wenigstens den Lake Ontario zu halten, begannen die Briten in ihrer Marinewerft Kingston fieberhaft Schiffe zu bauen, doch bevor die ge-

Die Schlacht am Thames River 1813, in der der britische Verbündete Tecumseh fiel

Viele Entscheidungen im Krieg von 1812 fielen in der Wildnis Ontarios

waltige, mit 112 Kanonen bestückte *St. Lawrence* zum Einsatz kommen konnte, war der Krieg vorbei. Nach dem Krieg schränkten die Briten die Zuwanderung aus dem Süden stark ein und förderten stattdessen den Zuzug aus Großbritannien und in geringerem Maße auch aus Deutschland. Diese Politik erwies sich als erfolgreich; in den 1840er Jahren überquerten jährlich mehr als 100 000 Menschen den Atlantik. Viele von ihnen zogen weiter nach Amerika, aber sehr viele blieben auch in Kanada. Nur rund ein Fünftel von ihnen waren Engländer; die meisten kamen aus Schottland und Irland. Die Iren waren besonders zahlreich vertreten und ließen sich überwiegend im Tal des Ottawa und im Westen von Ontario nieder.

Die Briten wollten unbedingt verhindern, dass demokratische Tendenzen die sich neu entwickelnde Kolonie unterminierten; Tendenzen, die schon in den anderen 13 Kolonien ihre Autorität untergraben hatten. Sie strebten eine Klassengesellschaft an, in der Status und Privilegien die Loyalität gegenüber dem britischen Empire sicherstellten. Zu jedem neu angelegten Ort gehörten große Parzellen, die für reiche Landbesitzer und den Klerus reserviert waren. Stadtversammlungen waren verboten, und es wurden alle Anstrengungen unternommen, um, mit den Worten des ersten Gouverneurs, »dafür Sorge zu tragen, dass die britischen Gebräuche, Sitten und Prinzipien zur Anwendung kommen, in trivialen Angelegenheiten ebenso wie in solchen von entscheidender Bedeutung«. Das führte dazu, dass Upper Canada fast während seiner gesamten Existenz von einer kleinen Gruppe miteinander verbundener Familien regiert wurde, die als »Family Compact« bezeichnet wurden.

Ottawa

157 E2

Besucher-information
http://ottawa.com
90 Wellington St.
800/465-1867 oder 613/239-5000

»WESTMINSTER DER WILDNIS« ODER »WASHINGTON DES Nordens« – zutreffende Bezeichnungen für Kanadas Hauptstadt, wobei erstere den Ursprung Ottawas korrekt wiedergibt, während die zweite eher ein Ziel beschreibt, von dem die Stadt nicht mehr weit entfernt ist. In den anderthalb Jahrhunderten seit seiner Ernennung zur Hauptstadt ist Ottawa der Aufstieg vom kleinen Holzfällerstädtchen zu einer Weltstadt voller Sehenswürdigkeiten gelungen, zu denen nicht nur die berühmten Gebäude auf dem Parliament Hill gehören, sondern auch einige hervorragende Museen.

Wie auf der Staatsfahne findet sich auch in Ontarios Wappen das Ahornblatt

Der erste Ort, der Ende des 18. Jahrhunderts gegründet wurde, war nicht Ottawa, sondern Hull (heute Gatineau), das auf der Québecer Seite des Ottawa liegt. Damals flößten seine Bewohner die ersten Baumstämme den Fluss hinab, Geburtsstunde der Holzindustrie im Tal des Ottawa. Nur wenig später, mit Ausbruch des Krieges von 1812, machte die Nähe des für die Vereinigten Staaten strategisch so wichtigen St. Lawrence die Briten nervös. Deshalb wurde als sichere Verbindung zwischen Upper und Lower Canada von 1826 bis 1832 der Rideau-Kanal gebaut, der Kingston, die Basis der Royal Navy am Lake Ontario, mit Hull verband. Der Konstrukteur dieses technischen Wunderwerks mit seinem ausgeklügelten System von Schleusen war Colonel By. Die von ihm gegründete Stadt Bytown lag beiderseits des Kanals und war schon bald deutlich größer als Hull; ihre Bewohner waren überwiegend Arbeiter, Holzfäller und Flusspiraten, was dem Ort einen recht rauen Charakter verlieh. Als es an der Zeit war, eine Hauptstadt für die neue United Province of Canada zu wählen, waren die Einwohner von Toronto und Québec entsetzt über Königin Victorias scheinbar willkürliche Wahl von Ottawa. Im Nachhinein lässt sich jedoch sagen, dass die Hutnadel der Königin doch am richtigen Punkt der Landkarte gelandet ist. Zum einen war der Ort vor den Angriffen der Amerikaner

Links: Der Rideau-Kanal führt mitten durch Kanadas Hauptstadt hindurch, vorbei am Château Laurier Hotel, eines der Wahrzeichen der Stadt

geschützt, zum anderen bewahrte ihn seine Lage an der Grenze zwischen Ontario und Québec vor den Auswirkungen der anglo-französischen Rivalitäten.

Noch heute spürt man die Wildheit dieser Region; nicht zuletzt in den Fluten des Ottawa, der vom kanadischen Schild kommt. Auch der Wald scheint immer dichter an die Stadt heranzurücken. Eine schon seit langem bestehende Kommission hat für die Erhaltung von Ottawas Grüngürtel gesorgt, sämtliche Eisenbahnschienen entfernt und entlang der Flüsse und Kanäle Parks und Wanderwege angelegt. Der grandiose Anblick der Parlamentsgebäude oberhalb des Flusses dürfte einzigartig sein, und die am Fluss nach Osten über die Klippen führende Route 17 gewährt einen guten Blick auf die Rideau Falls und die Residenz des Premierministers. Im Winter fahren Büroangestellte mit Schlittschuhen auf dem Kanal im Herzen der Stadt zu ihren Arbeitsplätzen. Viele Jahre lang hatte Ottawa den Ruf, ein verschlafenes Provinznest zu sein. Lokale schlossen früh, und Nachtschwärmer verzogen sich über den Fluss nach Hull (Gatineau), weil in Québec erst ein oder zwei Stunden später Sperrstunde war. Inzwischen ist für Unterhaltung gesorgt, wozu auch die guten Läden und Restaurants am belebten Byward Market beitragen. Ottawa und Gatineau haben sich einander angeglichen; in Gatineau sind einige der Holzlager und Sägewerke, die einst das Stadtbild prägten, Regierungsgebäuden gewichen, und Ottawa wird zunehmend zu einer Metropole. Früher kamen die Besucher nach Ottawa, um die Mounties und die Soldaten zu sehen, die in ihren roten Uniformen vor den Parlamentsgebäuden Wache stehen. Sie sind noch heute ein Anziehungspunkt, aber nun reizen auch Museen, die Architektur und das Straßenbild. ■

Parliament Hill

Parliament Hill Visitor Information
www.parl.gc.ca
Infozelt zwischen West Block und Centre Block auf dem Parliament Hill.
613/992-4793
Geschl. Mitte Mai.–Mitte Sept. (dann im Centre Block)

EINE AUSSERGEWÖHNLICHE ANSAMMLUNG NEUGOTIscher Bauwerke krönt den Kalksteinhügel oberhalb des Ottawa. Fast jeder Besucher steigt die sanfte Anhöhe des »Hill« hinauf, um die prächtig ausgestatteten Innenräume der Parlamentsgebäude und die vielen Skulpturen zu bewundern. Im Sommer zieht das farbenfrohe Spektakel der Mounties und die zeremoniellen Wachablösungen Besucherscharen an.

Parliament Hill liegt oberhalb des Confederation Square mit dem **National War Memorial**, einem 21 Meter hohen Granitbogen, geschmückt mit den Bronzefiguren von Frieden und Freiheit und Skulpturen von Soldaten und Hilfstruppen aus dem Ersten Weltkrieg. König Georg IV. enthüllte das Denkmal kurz vor dem Ausbruch des Zweiten Weltkrieges; heute finden dort jedes Jahr am 11. November die Gedenkfeiern zum Waffenstillstandstag statt. Gesäumt wird der Platz von Gebäuden von nationaler Bedeutung. Das eindrucksvollste ist selbst zu einer Institution geworden: **Château Laurier Hotel** *(1 Rideau St., Tel. 613/241-1414)*, 1912 von der Grand Trunk Railway erbaut und mit seinen Türmen, Erkern, steilen Spitzdächern und Giebelfenstern ein typisches Beispiel für den kanadischen Château-Stil. Der Erste, der sich in die Gästeliste eintrug, war Premierminister Sir Wilfred Laurier, der dem Haus seinen Namen gab, und es heißt, dass dort mindestens genauso viel Politik gemacht wurde wie im Parlament, wahrscheinlich weil viele Politiker hier wohnten. Die Grand-Trunk-Gesellschaft hatte ihr Schlosshotel um einen fürstlichen Bahnhof ergänzt, doch Ottawas Züge sind inzwischen in weit entfernte Vororte verbannt worden, und die klassizistische Union Station ist heute Sitz des **Government Conference Centre** *(2 Rideau St., Tel. 514/990-6700)*. Daneben liegt das 1967 erbaute **National Arts Centre** *(53 Elgin St., Tel. 613/947-7000)*.

Die Parlamentsgebäude bilden drei Seiten eines Innenhofs von rund vier Hektar. Absoluter Blickfang ist der 90 Meter hohe **Peace Tower**, von dessen Aussichtsplattform man einen unvergleichlichen Blick über Ottawa hat. Der Turm erhebt sich aus dem **Centre Block**, der in den 1920er Jahren wieder aufgebaut wurde, nachdem ein Feuer das ursprüngliche Gebäude von 1866 zerstört hatte. Der Centre Block, Sitz von Senat und Unterhaus, wird von einem Ost- und Westflügel flankiert, in denen einst der gesamte Regierungsapparat einschließlich der Verwaltung untergebracht war; heute befinden sich dort die Büros der Parlamentsmitglieder und Senatoren, Sitzungssäle und Ähnliches. Einige Räume im Ostflügel sind in den Originalzustand aus dem 19. Jahrhundert zurückversetzt worden. Angegliedert an den Centre Block ist die

Rote Teppiche, Wandgemälde und eine vergoldete Decke schaffen ein passendes Ambiente für Kanadas Senat

große **Bibliothek**, die mit ihren Strebepfeilern und dem konisch geformten Dach das außergewöhnlichste dieser neugotischen Bauwerke ist.

Vermutlich ist die Wahl des neugotischen Stils auf zwei große Gebäudekomplexe zurückzuführen, die zu jener Zeit fast fertig gestellt waren: Großbritanniens Houses of Parliament und Washingtons neoklassizistisches Kapitol. Da Kanadas Parlament weitgehend nach denselben Prinzipien arbeiten sollte wie das des Mutterlandes und der neue Palace of Westminster in London ein Musterbeispiel neugotischer Architektur war, überrascht der Ausgang des Architekturwettbewerbs nicht, obwohl auch andere Entwürfe – von normannisch bis venezianisch – eingereicht worden waren. Die Gebäude sind nicht nur sehr geräumig, es zeichnet sie auch eine ungewöhnliche Liebe zum Detail aus, wie die fast komisch grotesken Wasserspeier beweisen. Bei der Innenausstattung war man bemüht, den Charakter und die Geschichte der Nation wiederzugeben. Buntglasfenster im Unterhaus zeigen Pflanzen, die die Provinzen und Territorien des Landes symbolisieren; im Senat stellt ein Fries kanadische Pflanzen und Tiere dar und Wandgemälde zeigen Szenen aus dem Ersten Weltkrieg. Die Täfelung der Bibliothek passt zu ihrem beeindruckenden Äußeren; eine bleiche Statue von Königin Viktoria scheint die Leser zur Ruhe zu mahnen.

Auch draußen trifft man auf Viktoria – ihre Statue steht links des Hauptgebäudes, während die ihrer Ururenkelin Elisabeth II. auf ihrem Pferd Centennial rechts zu bewundern ist. Eine ähnliche Symmetrie herrscht zwischen den Statuen von zwei der Väter der Konföderation, Sir John A. Macdonald (rechts) und Sir George-Etienne Cartier (links). Die meisten anderen Statuen auf dem Gelände stellen Personen aus der Geschichte Kanadas dar. ■

Der Centre Block von Ottawas neogotischem Parlamentsgebäude ist Sitz von Senat und Unterhaus

Die Museen der Hauptstadt

WIE ES SICH FÜR EINE HAUPTSTADT GEZIEMT, GIBT ES IN Ottawa mehr Museen als in jeder anderen kanadischen Großstadt. Das Canadian Museum of Civilization und die National Gallery of Canada sind in eindrucksvollen modernen Gebäuden untergebracht und ziehen Besucher aus der ganzen Welt an.

NATIONAL GALLERY OF CANADA

Seit 1988 ist Kanadas Kunstsammlung in einem monumentalen Gebäude aus Granit, Glas und Beton untergebracht, ein Meisterwerk des aus Israel stammenden Architekten Moshe Safdie, der sich 1967 auf der Expo einen Namen machte. Das Museum steht auf einer Anhöhe oberhalb einer schmalen Bucht, nur durch den Fluss vom Parlament getrennt. Die glitzernden Prismen von Safdies Bau spiegeln die Formen der gegenüberliegenden Bibliothek.

Das Museum verfügt über eine umfangreiche Sammlung an Fotografien, Drucken und Zeichnungen sowie zeitgenössischer Inuitkunst, häufig finden Sonderausstellungen statt. In der Asian Gallery ist überwiegend indische Kunst vom 3. Jahrhundert bis heute zu sehen, während sich die große Abteilung zeitgenössischer Kunst auf amerikanische und kanadische Werke der letzten Jahrzehnte konzentriert. Die Sammlungen der europäischen und amerikanischen Abteilung dokumentieren die Entwicklung der westlichen Kunst vom Mittelalter bis heute. Zu ihnen gehören Werke von Simone Martini, Hans Memling, Cranach, Rembrandt und El Greco sowie eine wundervolle Büste von Bernini. Außerdem befindet sich hier das Original des berühmtesten Historiengemäldes Kanadas, *The Death of General Wolfe*, das der amerikanische Künstler Benjamin West 1770 malte. Constable und Turner sind ebenso vertreten wie viele französische Künstler des 19. Jahrhunderts, darunter Corot, Cézanne, Monet, Pissarro und Dégas sowie Van Gogh (*Schwertlilien*). Die Bandbreite der Werke aus dem 20. Jahrhundert reicht von Gustav Klimt (*Hoffnung I*) bis zu Jackson Pollock (*No. 29*).

Nicht weiter verwunderlich und vollkommen zu Recht bildet die umfangreiche Sammlung kanadischer Kunst das Herzstück des Museums. Die Gemälde und andere Kunstwerke profitieren ungemein von der Ausgestaltung der Säle, in denen sie präsentiert werden. Zu den Glanzlichtern gehören ein prächtiges Tabernakel aus der Mitte des 18. Jahrhunderts, schöne Porträts von William Bercy (1744–1813) und Antoine Plamondon (1804–95) sowie sehr ansprechende naive Wandmalereien, die einst das Wohnzimmer eines Reeders aus Nova Scotia schmückten. Das faszinierendste Exponat des Museums ist die **Rideau Street Convent Chapel** von 1888, eine wunderbar neugotische Komposition mit schlanken Säulen und Fächergewölben, die vor ihrer Zerstörung bewahrt und hier wieder aufgebaut wurde.

Viel Raum wurde innovativen Künstlern wie dem Montréaler Paul-Emile Borduas (1905–60), dem Pionier des Automatismus, eingeräumt, doch die meisten Besucher zieht es immer wieder in die Räume, in denen die Werke der kanadischsten aller Künstler ausgestellt sind: die der Group of Seven und ihrer Nachfolger (siehe S. 186f). Sie alle sind hier vertreten – häufig mit ihren besten und berühmtesten Wer-

National Gallery of Canada
www.gallery.ca
380 Sussex Drive
613/990-1985
Geschl. Okt.–April Mo, Di
$ (manchmal $$)

Rechts: Der Künstler Paul Kane (1810–71) unternahm viele Reisen durch ein noch relativ unbekanntes Kanada und malte Menschen und Landschaften. Sein majestätisches Porträt des Blackfoot-Häuptlings Big Snake entstand 1856

Das den Parlamentsgebäuden (im Bildhintergrund) auf der anderen Seite des Ottawa River gegenüberliegende Canadian Museum of Civilization besitzt einen ausgezeichneten Ruf

Canadian Museum of Civilization
www.civilization.ca
✉ 100, rue Laurier, Gatineau
☎ 819/776-7000
🕒 Geschl. Okt.–April Mo
$ $$

ken (*The Jack Pine* von Tom Thomson, *Red Maple* von A.Y. Jackson, *North Shore, Lake Superior* von Lawren S. Harris, *Tangled Garden* von J.E.H. MacDonald). Besonders interessant sind die auf Holzschindeln gezeichneten Skizzen und die bemalten Paneele, die früher das Sommerhaus von Dr. James MacCullum, dem Förderer der Gruppe, schmückten.

MUSÉE CANADIEN DES CIVILISATIONS

Im Gegensatz zu der kristallin wirkenden National Gallery of Art erinnert dieses Gebäude an einen von Wind, Regen und Eis modellierten Felsen. Das vom Blackfoot-Architekten Douglas Cardinal entworfene und 1989 eröffnete Museum beherbergt fast vier Millionen Exponate zur Geschichte Kanadas und in geringerem Maße auch zur Weltgeschichte und Völkerkunde. Das Museum, von dem aus man einen guten Blick auf die Parlamentsgebäude auf der anderen Seite des Ottawa hat, besteht aus zwei durch ein Kellergeschoss miteinander verbundenen Gebäudekomplexen: Der sechs Stockwerke hohe Canadian Shield Wing mit seinen Terrassen im Norden dient als Verwaltungs-, Konservierungs- und Lagergebäude, während der Südteil, der Glacier Wing, durch seine Säulen, die hohen glasierten Wände, das geschwungene Dach und die kupferne Kuppeln eine dramatische Kulisse für die Museumsexponate darstellt. Hier befinden sich außerdem ein großer Zuschauerraum, ein IMAX-Kino, das **Canadian Postal Museum** und das immer gut besuchte **Childrens Museum**.

Das ebenerdige Foyer bietet einen beeindruckenden Blick in die geschwungene Große Halle, deren hohe Säulen mit einer imponierenden Reihe von Totempfählen konkurrieren. Die Halle ist der Kunst und Kultur der Indianervölker an der Westküste von British Columbia gewidmet; zu den Exponaten gehören auch Kopien der Behausungen einiger Indianerhäuptlinge. Eine weitere ständige Ausstellung ist in der Canada Hall im dritten Stock untergebracht. Sie vermittelt den Besuchern einen informativen Überblick über die Geschichte Kanadas in den letzten tausend Jahren. Die aufwändig gestalteten Szenen zeigen sowohl rekonstruierte Gebäude als auch authentische Artefakte. Hierzu zählt ein Wikingerdorf, ein baskisches Walfängerlager, ein Marktplatz in Neufrankreich, das Lager eines Pelzjägers, britische Offiziersquartiere, eine Straße aus der Frühzeit Ontarios und eine Präriesiedlung mit Bahnstation, ukrainischer Kirche und Getreidesilos. ■

Weitere Sehenswürdigkeiten rund um Ottawa

BYTOWN MUSEUM

Der Kanal von Colonel By führt über acht massive, aus Kalkstein gebaute Schleusen hinab zum Ottawa. Im dreistöckigen ehemaligen Verwaltungsgebäude, dem ältesten Gebäude der Stadt, befindet sich heute das Bytown Museum, das über den Kanal und seine Erbauer informiert.

613/234-4570 Geschl. dez.–März und April–Mitte Mai Di und Wintermonate $

CANADIAN WAR MUSEUM

In einem am Ottawa River gelegenen spektakulären Gebäude, das von Raymond Moriyama entworfen wurde, ist dieses Museum untergebracht. Zu seiner Sammlung gehören Waffen und Uniformen, Fahrzeuge und Modelle aus der kanadischen Militärgeschichte aus den frühen Tagen Neufrankreichs bis zur Gegenwart. Zudem gibt es faszinierende Dioramen modernster Prägung. Manche Schlachten wie die Schlacht auf der Ebene von Abraham (1759) oder die Schlacht von Vimy Ridge (1917) sind hier nachgestellt worden.

1 Vimy Place 800/555-5621 o. 819/776-7000 Geschl. Okt.–Mai Mo $$$

CANADIAN MUSEUM OF NATURE

Seit dem Umzug des Museum of Civilization in das neue Gebäude in Hull hat das Naturkundemuseum das großartige Gebäude aus dem frühen 20. Jahrhundert für sich allein. Seine Exponate dokumentieren die Erdgeschichte, Flora und Fauna; vor allem die Dinosaurier-Abteilung ist sehenswert, ebenso die über Kanadas vielfältige Tierwelt. Eine neue Abteilung entführt die Besucher in das eisige, aber keineswegs leblose Land im Norden.

Ecke McLeod St. bei Metcalfe 613/566-4700 Geschl. Okt.–April Mo $

GATINEAU PARK

Eine der größten Attraktionen im Großraum Ottawa ist dieses 350 Hektar große Waldgebiet auf der Québecer Seite des Ottawa. Premierminister Mackenzie King hat sich für seine Erhaltung eingesetzt, und auf seinem Landsitz in Moorside *(Tel. 819/827-2020, geschl. Mitte Okt.–Mitte Mai)* ist eine bizarre Ansammlung von Ruinen zu besichtigen. Meech Lake ging in die kanadische Geschichte ein, nachdem das 1979 an diesem See getroffene Abkommen zur Lösung des seit langem schwelenden Problems Québec gescheitert war.

LAURIER HOUSE NATIONAL HISTORIC SITE

Die 1878 erbaute Villa wurde 1897 Wohnhaus von Premierminister Sir Wilfred Laurier und ging 1921 an seinen Nachfolger William Mackenzie King über. Heute steht sie unter Denkmalschutz und enthält viele Erinnerungsstücke an diese beiden großen Männer, darunter auch die berühmte Kristallkugel von Mackenzie King, der sich sehr für Spiritismus interessierte.

335 Laurier Ave. East 613/992-8142 Geschl. Mitte Okt.–März und April–Mai Sa–So $

CANADA AVIATION MUSEUM

Die Flugzeugsammlung unter dem Dach des riesigen, dreieckigen Hangars führt den Besucher auf eine Zeitreise durch die Geschichte des Fliegens. Zu den Ausstellungsstücken gehören ein Nachbau der *Silver Dart*, die 1909 über die Baddeck Bay in Nova Scotia flog, Flugzeuge aus beiden Weltkriegen, aber auch Linienmaschinen, die den Weg in den Norden öffneten. Einen Ehrenplatz nimmt das berühmte Buschflugzeug De Havilland Beaver ein, doch von der Avro Arrow, dem Überschallflugzeug, das Kanada zur Supermacht machen sollte, bis die Pläne am Schwarzen Freitag (20. Februar 1959) für immer in der Schublade landeten, sind nur Bruchstücke vorhanden.

Rockcliffe Airport, 5 km nordöstl. der Innenstadt, Abfahrt Rockcliffe Parkway
613/993-2010
Geschl. Sept.–April Mo u. Di $

CANADIAN SCIENCE AND TECHNOLOGY MUSEUM

Ein Leuchtturm aus Nova Scotia weist den Weg zu diesem Museum, zu dessen Ausstellungsstücken neben vielen Gegenständen zum Anfassen auch Oldtimer, Dampfloks, Schiffe und vieles mehr gehören.

1867 St. Laurent Blvd., 5 km östlich der Innenstadt 613/991-3044 Geschl. Mo von Sept.–April $$ ■

Kingston und der St. Lawrence

Kingston
157 E2

Besucher-information
www.kingstoncanada.com
209 Ontario St.
613/548-4415 oder 888/855-4555
Geschl. im Winter Sa–So

VON 1841 BIS 1843 HATTE DIE ALTE HAFENSTADT KINGSTON, die sich an jener Stelle entwickelte, wo der St. Lawrence den Lake Ontario verlässt und der Rideau-Kanal endet, ihre große Zeit als Hauptstadt der Provinz Kanada.

KINGSTON

Der 1784 gegründeten Loyalistensiedlung »King's Town« war 1673 eine französische Pelzhandelsstation vorausgegangen, die 1758 unter dem Namen Fort Frontenac an die Briten überging. Im Krieg von 1812 war Kingston ein wichtiger Militär- und Marinestützpunkt.

Die Häuser des frühen Kingston waren aus Holz, doch vom 19. Jahrhundert an wurden Häuser und öffentliche Gebäude aus dem für die Gegend typischen blaugrauen Kalkstein gebaut. Von diesen Bauwerken sind zahlreiche erhalten geblieben und rechtfertigen so noch immer den Spitznamen »Limestone-City« (Kalkstein-Stadt). Das parkähnliche Gelände am Wasser wird von der klassizistischen **City Hall** *(216 Ontario St.)* beherrscht, mit deren Bau 1842 begonnen wurde. Sie verkörpert Kingstons Bestrebungen, sich den Titel Hauptstadt zu verdienen. Die nahe gelegene **St. George's Cathedral** stammt ebenfalls aus dem 19. Jahrhundert und ist fast genauso gewaltig wie das Rathaus, während das **Court House** von 1826 ein Musterbeispiel georgianischer Zurückhaltung ist. Als 1841 das **Bellevue House** *(35 Centre St., Tel. 613/545-8666)* für einen reichen Kaufmann gebaut wurde, war von dieser Zurückhaltung nichts mehr zu spüren. 1848–49 bewohnte der spätere Premierminister John A. Macdonald die Villa. Heute ist sie wieder so eingerichtet wie zur damaligen Zeit.

An Kingstons Wasserseite befinden sich nicht nur der belebte Jachthafen und der Fähranleger nach Wolfe Island, sondern auch eine Reihe von Museen. Das **Marine Museum of the Great Lakes** *(55 Ontario St., Tel. 613/542-2261, geschl. So von Nov.–April)* erzählt die faszinierende Geschichte mehrerer hundert Jahre Schifffahrt auf den Großen Seen, und im nahe gelegenen **Pump House Steam Museum** *(23 Ontario St., Tel. 613/542-2261, geschl. Okt.–Mitte Mai)* ist man besonders stolz auf die großen stationären Dampfmaschinen. Das Museum im **Murney Tower** *(Tel. 613/544-9925, geschl. Mitte Sept.–Mitte Mai)* erläutert die militärische Bedeutung des Martelloturms, einem von mehreren, die 1846–48 anlässlich von Grenzstreitigkeiten mit den Vereinigten Staaten gebaut wurden.

Die beeindruckendste Festung Kingstons liegt jedoch auf der anderen Hafenseite, hinter dem Royal Military College. Das beeindruckende **Fort Henry** *(Tel. 613/542-7388, geschl. Mitte Sept.–Mitte Mai)* wurde 1832–36 oberhalb der Navy Bay zum

Die präzise marschierenden Truppen bei den Militärparaden von Fort Henry lassen Ontarios Vergangenheit wieder aufleben

Schutz der dortigen Marinewerft gebaut. Wenn man sich die von viel Geschützdonner begleiteten Militärparaden im Sommer ansieht, käme man nie auf die Idee, dass in Fort Henry nie auch nur ein einziger Schuss mit kriegerischen Absichten abgefeuert wurde.

THE THOUSAND ISLANDS

Die ersten 56 Kilometer des St. Lawrence flussabwärts von Kingston hießen bei den Franzosen *Le lac des mille îles* – See der tausend Inseln –, und die meisten Besucher können bestätigen, dass ihre Zahl durchaus vierstellig sein könnte. Im Krieg von 1812 überfielen zwischen den Inseln lauernde amerikanische Piraten die britischen Konvois auf dem St. Lawrence. Nach dem Krieg einigte man sich freundschaftlich über den Grenzverlauf; die Grenzlinie folgt der Hauptwasserstraße.

Die hübschen bewaldeten Inseln sind seit rund anderthalb Jahrhunderten beliebte Ausflugsziele. Anfangs kamen nur die Reichen und logierten in Luxushotels oder ließen sich extravagante Residenzen bauen, von denen die eindrucksvollste wohl **Boldt Castle** ist, erbaut vom österreichischen Besitzer des New Yorker Waldorf-Astoria. Heute werden die Inseln überwiegend von Wochenendurlaubern bevölkert, die entweder mit dem Dampfer oder per Kanu kommen. Eine andere Möglichkeit, die Inseln zu erreichen, sind Wassertaxis oder die Teilnahme an einer Bootsfahrt von Kingston aus *(Tel. 613/549-5544)* oder Gananoque *(Tel. 613/382-2146)*. Wer lieber auf dem Trockenen bleibt, kann diese Wasserlandschaft auch vom **Thousand Islands Parkway** und vom Aussichtsturm *(geschl. Nov.–Mitte April)*in der Nähe der Thousand Islands International Bridge aus betrachten, die Ontario mit dem Staat New York verbindet.

UPPER CANADA VILLAGE

Das Gebiet entlang des heutigen Thousand Islands Parkway wurde im späten 18. Jahrhundert von Loyalisten besiedelt. Das Museumsdorf Upper Canada Village erinnert an diese Zeit. Zu den rund drei Dutzend Gebäuden, die vor der Überflutung durch das St. Lawrence Seaway Project gerettet wurden, gehören primitive Hütten ebenso wie elegante Häuser aus Stein, Mühlen, Schulen, Geschäfte, Kirchen, eine Schmiede, eine Druckerei und ein Wirtshaus: alle belebt von überzeugend ausstaffiertem Volk aus dem 19. Jahrhundert, das hier seiner Arbeit nachgeht. ■

Eine Insel der Thousand Islands im St. Lawrence

Upper Canada Village
www.uppercanadavillage.com
157 F2
11 km östlich von Morrisburg am Hwy. 2
613/543-4328 oder 800/437-2233
Geschl. Mitte Okt.–Mitte Mai
$$$

Toronto

Toronto
157 E2

Besucher-information
www.torontotourism.com
207 Queens Quay West, Ste. 590
416/203-2500 oder 800-363-1990

OTTAWA IST ZWAR KANADAS HAUPTSTADT, DOCH DIE Finanz- und für die Anglokanadier auch die Kulturmetropole des Landes ist eindeutig Toronto. Seit der 1997 erfolgten Eingemeindung umliegender Orte ist Toronto die viertgrößte Stadt Nordamerikas, deren Ansammlung von Wolkenkratzern in der Innenstadt ihre Dynamik ebenso proklamiert wie der hohe CN Tower ihren Ehrgeiz. Trotz ihrer enormen Größe ist Toronto eine Stadt, in der es sich leben lässt, mit sauberen und relativ sicheren öffentlichen Plätzen, gewachsenen Nachbarschaftsstrukturen, jeder nur denkbaren Möglichkeit zum Einkaufen und zur Freizeitgestaltung, der natürlichen Schönheit des Seeufers und vielen Grünanlagen. Außerdem besitzt Toronto einige der schönsten Museen des Landes, unter ihnen die Art Gallery of Ontario und das großartige Royal Ontario Museum.

Wenn man vom Seeufer absieht, scheint es in Toronto keine landschaftlichen Besonderheiten zu geben, die mit den von Menschen geschaffenen Bauwerken konkurrieren könnten. Im Norden der Innenstadt hat zwar das Ufer des prähistorischen Vorläufers des Lake Ontario einen Hügelkamm hinterlassen, auf dem heute prächtige Villen stehen, doch davon abgesehen ist die Topografie Torontos flach. Ungewöhnlich ist allenfalls das Netzwerk bewaldeter Schluchten, das sich durch die Stadt zieht, eingeschnitten von Flüssen wie dem Don, der nach Süden in den See fließt. Diese Eigentümlichkeit Torontos wird oft mit den Kanälen von Venedig oder natürlich auch mit den Hügeln von San Francisco verglichen.

Der erste Europäer in der Region scheint der Franzose Étienne Brulé gewesen zu sein, der 1615 über einen Eingeborenenpfad vom Lake Huron heraufkam – eine Strecke, die später auch englische und holländische Pelzhändler aus New York benutzten. Anfang des 18. Jahrhunderts bauten die Franzosen eine Festung, um den Handel zu unterbinden, gaben diese jedoch 1759 wieder auf. Im späten 18. Jahrhundert machte die Ankunft der Loyalisten, die sich

Die Skyline Torontos von einer der vorgelagerten Inseln aus gesehen

Das einst das Stadtbild dominierende Royal York Hotel von 1929 wirkt neben den Wolkenkratzern der Innenstadt geradezu winzig

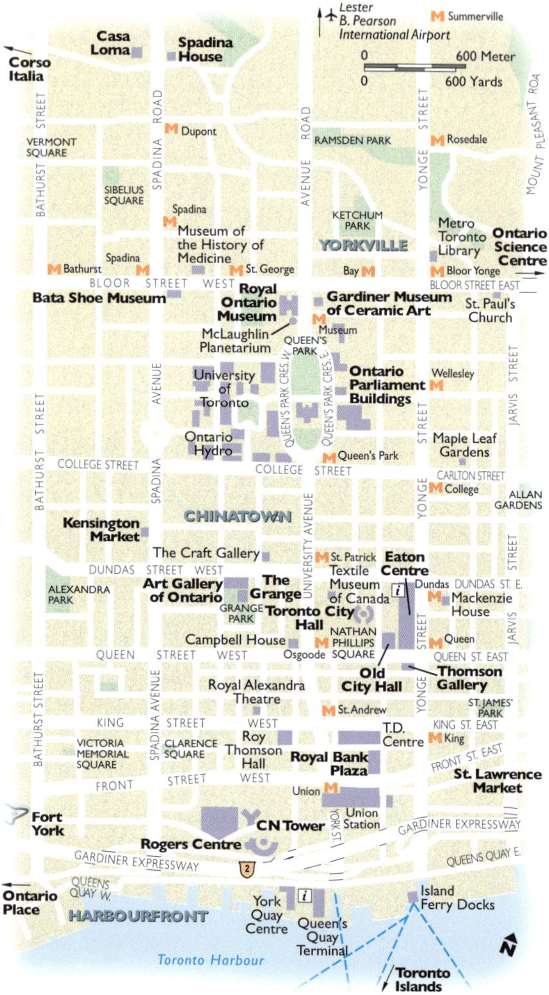

am Ufer des Lake Ontario niederließen, das Gebiet für England interessant; 1794 bestimmten sie Toronto zur Hauptstadt des neu gegründeten Upper Canada und benannten die Stadt zu Ehren des zweiten Sohnes von König Georg III. in York um (ab 1834 wurde wieder der Name der Ureinwohner, Toronto, verwendet).

Bis weit ins 19. Jahrhundert schritt das Wachstum des Ortes nur langsam voran, der kleine Grenzflecken scheint seinen verächtlichen Spitznamen »Muddy York« (schlammiges York) zu Recht getragen zu haben. Doch es scheint fast, als ahnten seine Bewohner etwas vom Schicksal ihrer Stadt: Die durch die

Amerikaner im Krieg von 1812 angerichteten Schäden wurden rasch beseitigt und Kingstons Versuch, den Status der Hauptstadt an sich zu reißen, erfolgreich abgewehrt. Viele Jahre lang beherrschte eine Gruppe von überwiegend britischen Kaufleuten, die als »Family Compact« bezeichnet wurden, die Regierung und das gesellschaftliche Leben.

Nach Fertigstellung des Erie-Kanals 1825 war Toronto nicht länger auf den Hafen von Montréal angewiesen, sondern konnte auch den von New York benutzen. Im 19. Jahrhundert, als die Provinz sich zu dem entwickelte, was sie heute ist, wurde Toronto zum natürlichen Zentrum von Landwirtschaft, Industrie und Handel. Aus »Muddy York« wurde »Toronto the Good«, eine von moralischer Rechtschaffenheit geprägte protestantische Stadt, in der die Sonntagsgebote unbedingt eingehalten werden mussten.

Erst die in der Mitte des 20. Jahrhunderts ins Land strömenden Einwanderer – zunächst aus Nord-, dann aus Südeuropa und schließlich aus der ganzen Welt – schafften es, diese angelsächsischen Moralbegriffe aufzuweichen. Heute ist die Bevölkerung Torontos ein buntes Gemisch aus vielen Nationen; und dies nicht nur in den typisch griechischen, italienischen, portugiesischen, indischen oder chinesischen Vierteln.

Um Toronto kennen zu lernen, genügt es nicht, sich nur die Innenstadt und das Seeufer anzusehen. Unter den umliegenden Vororten stehen **Yorkville**, **Corso Italia** in der Clair Street, **Chinatown** zwischen der Universität und Spadina Avenue oder **Kensington Market** zur Auswahl. Letztgenannter ist jener Ort, an dem viele der Einwanderer ankamen, anfangs vor allem Juden, dann Portugiesen und heute überwiegend Kariben. Die Innenstadt lässt sich mit öffentlichen Verkehrsmitteln am besten erkunden *(Besucherinformation Tel. 416/393-4636, www.toronto.ca/ttc)*, doch für Ausflüge in die Außenbezirke lohnt sich ein Mietwagen. ■

Eines der vielen Schiffe, die am Torontos Queen's Quay festmachen

Das Seeufer und die Inseln

IM LAUFE DER JAHRE HAT SICH TORONTO STETIG WEITER nach Süden in den See hinein ausgeweitet. Die Front Street, die einst ans Wasser grenzte, liegt nun hoch und trocken, und vor ihr erstreckt sich ein bis zu 550 Meter breiter Streifen neu gewonnenen Landes. Dieser überwiegend kommerziell genutzte Bereich mit seinen Docks, Geschäftsgebäuden und Eisenbahnanlagen war zugleich die Ablegestelle für die Vergnügungsdampfer, die früher auf dem See kreuzten. Als der St. Lawrence Seaway 1959 fast fertig gestellt war, wurden Pläne für eine Hafenerweiterung gemacht, doch der erwartete Anstieg des Schiffsverkehrs blieb aus. Seit den 70er Jahren haben sich Hotels, Büro- und Apartmenthäuser sowie eine Mischung aus Yachthäfen, Cafés, Restaurants, Geschäften, Unterhaltungsbetrieben und ein blühender Antikmarkt am Ufer angesiedelt. Die städtebauliche Verschönerung dieses Bereichs hat zu seiner Attraktivität beigetragen, und zu Besichtigung Torontos gehört ein Besuch des so genannten Harbourfront Centre. Weitere spannende Programmpunkte sind der schwindelerregende Ausblick vom CN Tower und eine Fahrt mit der Fähre zu dem kleinen Insel-Archipel vor der Stadt.

CN Tower
www.cntower.ca
301 Front St. W.
416/868-6937
U-Bahn: Union, dann CN Skywalk
$$$

Rogers Centre
www.rogerscentre.com
1 Blue Jays Way
416/341-3663
U-Bahn: Union, dann CN Skywalk
$$$

Toronto Islands
www.toronto.ca/parks
Fähre: 416/392-8193
Island Ferry Docks, Queens Quay East bei Yonge
$

Links: Wolkenkratzer im Bankenviertel von Toronto bilden den Rahmen für einen Blick auf den CN Tower

CN TOWER

553 Meter hoch ragt Torontos unverwechselbares Wahrzeichen in den Himmel. Der Turm ist noch heute das höchste frei stehende Gebäude der Welt, so hoch, dass seine Spitze in den tief hängenden Wolken verschwindet und Besucher auf Flugzeuge beim Landeanflug auf Torontos internationalen Flughafen herabblicken können. Der Turm wurde 1976 gebaut, nicht nur als Funkturm, sondern auch als Mittelpunkt eines gewaltigen Stadterneuerungsprojektes, das jedoch nie ausgeführt wurde. Doch da sich der Turm als Besuchermagnet erwiesen hat, hat er seine Baukosten längst wieder eingespielt.

Das Beste an ihm ist natürlich die Aussicht, sowohl von den Plattformen auf dem Skypod (in 346 m Höhe) als auch denen auf dem noch höheren Space Deck (in 447 m Höhe). Wer die Fahrt in dem außen verlaufenden Fahrstuhl ohne einen Anflug von Höhenangst überstanden hat, kann sich auch auf den Glasboden wagen, auf dem sich zwischen einem selbst und dem Spielfeld des tief unten liegenden Rogers Centre nur noch Luft befindet. Darüber hinaus locken ein Drehrestaurant und, im Fuß des Turms, Attraktionen wie Laserspiele.

ROGERS CENTRE

Der frühere SkyDome bezeichnet sich selbst als größtes Vergnügungszentrum der Welt, obwohl jeder weiß, dass er in Wirklichkeit das Stadion ist, in dem 53 000 Fans ihrer Begeisterung für die Blue Jays Ausdruck verleihen. Auch die Toronto Argonauts (Canadian Football) und die Blizzard-Fußballmannschaft spielen hier; Zirkusvorführungen und Popkonzerte sowie Eis-Shows runden das Angebot ab. Das Rogers Centre ist eine architektonische Attraktion, bei den Führungen wird ein Video gezeigt und erklärt, wie das größte bewegliche Dach der Welt geöffnet und geschlossen wird.

TORONTO ISLANDS

Die 18 grünen Inseln vor Toronto sind ein idyllischer Zufluchtsort vor der Hektik des Stadtlebens. Die baufälligen, aber immer noch hübschen Häuser auf **Ward's Island** und **Algonquin Island** am östlichen Rand des Archipels sind die Überbleibsel einer größeren Ansiedlung, die im Laufe der nächsten Jahre zu einem Freizeitpark umgestaltet werden sollen. Die Fähren bringen Besucher zu Ward's Island, zu Hanlan's Point, zum Centre Island Dock und zum beliebten Vergnügungspark. Da es auf den Inseln keine Autos gibt, empfiehlt es sich, zu ihrer Erkundung ein Fahrrad zu mieten. ■

Das Dach des Rogers Centre wiegt etwa 12 100 Tonnen und ist 91 Meter hoch

Zu Fuß von der Union Station zur City Hall

In den Straßen im Herzen von Toronto finden sich viele interessante Beispiele kanadischer Architektur. Zwischen Union Station und dem Eaton Centre gibt es geliebte Wahrzeichen, innovative Wolkenkratzer und andere Meisterwerke der modernen Baukunst.

Das **Royal York Hotel** ① und die durch eine unterirdische Passage mit ihm verbundene Union Station erinnern an die Blütezeit der Eisenbahnen und des Tourismus. Der Bau des Bahnhofs, des dritten an dieser Stelle, begann 1913 und dauerte 17 Jahre. Hinter der beeindruckenden Fassade mit ihrer Kolonnade im Zentrum liegt die 27 Meter hohe Schalterhalle, die durch riesige Bogenfenster an beiden Stirnseiten erhellt wird.

Das im Jahr 1929 im Art-déco-Stil erbaute Hotel ist ein würdiges Pendant zum sehenswerten Bahnhof und konnte sich lange Zeit rühmen, das größte Gebäude im Britischen Empire zu sein. Das markante Spitzdach wurde später von der Canadian Pacific hinzugefügt, um das Hotel ihren anderen Hotels im Château-Stil anzugleichen. Auf der unter der prachtvollen Hotelhalle liegenden Ebene führt eine unterirdische Passage (genannt PATH) durch die Royal Bank Plaza und schließlich, auf der anderen Seite der Bay Street, hinauf zum **BCE Place**. Dieser 1993 erbaute Komplex schließt eines der ältesten Steingebäude Torontos ein, die Commercial Bank of the Midland District, das abgebaut und knapp 20 Meter weiter südlich wieder errichtet werden musste, um in das Konzept zu passen.

Ein anderes Bankgebäude, die Bank of Montréal an der Ecke Front und Yonge Street, beherbergt heute die **Hockey Hall of Fame** *(Tel. 416/360-7765)*. In östlicher Richtung führt die Front Street vorbei am **St. Lawrence Centre for the Arts**. Auf der südlichen Straßenseite stehen noch einige Lagerhäuser und Läden für Schiffszubehör aus dem 19. Jahrhundert, die daran erinnern, wie nah das Seeufer einst war. Heute überwiegen an dieser Stelle Geschäfte und Cafés. Die Rückseite des 1892 errichteten Flatiron oder **Gooderham Buil-**

Die im 19. Jahrhundert erbaute Old City Hall ist eines der Wahrzeichen Torontos

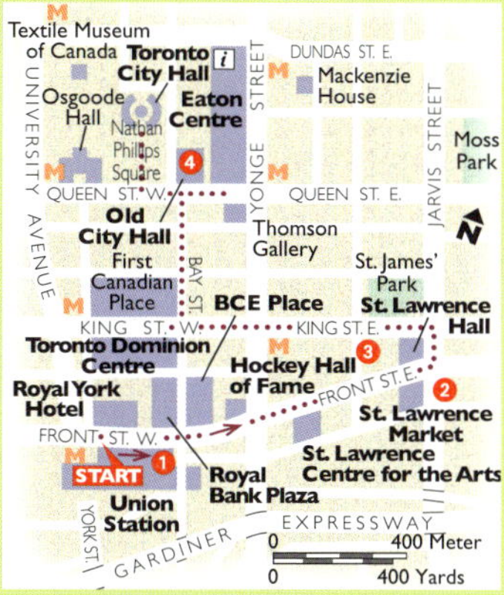

Siehe Stadtplan S. 172
Union Station (U-Bahn: Union)
2,9 Kilometer
Einen Tag einplanen
Nathan Phillips Square
(U-Bahn: Dundass oder Queen)

NICHT VERSÄUMEN

• BCE Place • St. Lawrence Market • Eaton Centre

ding ziert ein wundervolles Wandgemälde, und der Turm gibt vor dem Hintergrund der Wolkenkratzer im Westen ein besonders hübsches Fotomotiv ab.

Nach weiteren 400 Metern auf der Front Street East gelangen Sie an der Ecke Jarvis Street auf den **St. Lawrence Market** 2 *(92 Front St. E., Tel. 416/392-7219, geschl. So)*. Besonders lebhaft geht es samstags auf dem Markt zu, wenn die Leute aus der ganzen Stadt herbeiströmen, um sich auf dem Bauernmarkt im North Building mit frischen Lebensmitteln einzudecken. Zum South Building gehört ein Teil der City Hall von 1845, und der alte Sitzungssaal beherbergt heute die **Market Gallery** mit Ausstellungen zu historischen Themen.

Nur ein paar Schritte nördlich des Marktes, an der Ecke Jarvis Street und King Street East, steht die reich verzierte **St. Lawrence Hall** 3. In der Mitte des 19. Jahrhunderts war das Gebäude, das für die Hundertjahrfeier 1967 aufwendig restauriert wurde, Mittelpunkt des gesellschaftlichen und kulturellen Lebens. Der **St. James' Park**, eine hinter ihm liegende kleine Oase, ist ein idealer Ort, um eine Pause einzulegen. Im Westen ragt der Turm der **St. James' Cathedral** *(65 Church St., Tel. 416/364-7865)* mehr als 91 Meter hoch in den Himmel; viele Jahre lang war er das bedeutendste Wahrzeichen Torontos.

An der King Street West lässt sich die frühe Entwicklung der Wolkenkratzer studieren. Das 15 Stockwerke hohe **Canadian Pacific Building**, ca. 365 Meter hinter der Kreuzung Yonge Street, war bei seiner Fertigstellung 1915 eines der höchsten Gebäude außerhalb New Yorks. Übertroffen wurde es 1931 von der **Bank of Commerce** in der King Street West, Nr. 25, ein gestaffelter Bau mit 34 Stockwerken und einer Vielzahl an kanadischen Symbolen. 35 Jahre lang war es tatsächlich das höchste Gebäude im Britischen Empire. Rund 100 Meter weiter, hinter der Kreuzung Bay Street, stehen die im Stil der klassischen Moderne gebauten Hochhäuser aus schwarzem Stahl und bronzefarbenem Glas, die das **Toronto Dominion Centre** bilden. Die ersten beiden, 1963 und 1969 entstanden, sind das Werk des weltberühmten Architekten Mies van der Rohe. Im Einkaufszentrum unter der Plaza beginnt das PATH-System.

800 Meter nördlich liegt die **Old City Hall** 4. Das Rathaus wurde 1899 eingeweiht – nach zehnjähriger Bauzeit und mehr als zehnmal höheren Baukosten als ursprünglich geplant. Es ist ein großartiges Beispiel für den von Richardson entwickelten neuromanischen Stil und wurde aus zweifarbig marmoriertem Sandstein errichtet. Heute dient es als Gerichtsgebäude.

Öffentliche Proteste verhinderten den Abriss der Old City Hall, die dem Bau des Eaton Centre, seinem direkten Nachbarn, weichen sollte. Das vielgeschossige **Eaton Centre** *(Yonge St., Tel. 416/598-8700)*, das sich 274 Meter die Yonge Street entlang erstreckt, ist mehr als nur einen flüchtigen Blick wert. Unter seinem gewölbten Glasdach befindet sich eines der schönsten Einkaufszentren der Welt, mit mehr als 300 Geschäften und einer wundervollen Skulptur, die Kanadagänse im Flug zeigt.

Vom Eaton Centre geht es 200 Meter die Queen Street West hinunter bis zum Nathan Phillips Square, den Platz vor der **City Hall** (siehe S. 182).

ERLEBNIS: Great Lakes

Von den zahlreichen Hochhäusern in Torontos Innenstadt geht der Blick südwärts über den ozeangleichen Lake Ontario bis zur 56 Kilometer entfernten Küste des Staates New York. Der See erscheint riesig und ist doch der zweitkleinste von den fünf großen Seen in dieser Region, die zusammen das größte Süßwasserreservoir der Erde bilden. Die durch Kanäle verbundenen Seen, aus denen der St. Lawrence austritt, bilden eine natürliche Route, die es den europäischen Entdeckern ermöglichte, tief ins unbekannte Hinterland vorzudringen. Heute ist das Becken, in dem diese Seen liegen, Zentrum von Wirtschaft, Industrie, Kommunikation, Tourismus und grenzüberschreitender Kooperation.

Die Form der Seen spiegelt die unter ihnen liegende geologische Struktur. Während sich Lake Huron und Lake Michigan um das Michiganbecken krümmen, verlaufen Lake Erie und Lake Ontario entlang der Südwest-Nordost-Achse der Appalachen. Die Form von Lake Superior wird durch die Struktur des präkambrischen Gesteins des Kanadischen Schildes bestimmt (siehe S. 20). Als größter (82 100 km^2) und tiefster (durchschnittlich 150 m) ist Lake Superior zugleich der gefährlichste – ein echtes Binnenmeer mit Wellenhöhen bis zu 15 Metern. Lake Michigan (58 000 km^2) ist der einzige ohne kanadische Küste. Der Hauptteil des Lake Huron (59 570 km^2) ist durch das Niagara Escarpment, das die Bruce Peninsula und Manitoulin Island

bildet, vom North Channel und der Georgian Bay nahezu abgeschnitten. Lake Erie ist zwar größer als Lake Ontario, aber flacher als dieser (durchschnittlich 18,9 m), außerdem enthält er die geringste Wassermenge aller fünf Seen (475 km^2 im Vergleich zu den 119 600 km^2 des Lake Superior) und friert deshalb jeden Winter zu.

Der Höhenunterschied von Lake Superior (etwa 182 m ü.M.) zum Lake Ontario (rund 74 m ü.M.) wird durch die Stromschnellen bei Sault Ste. Marie zwischen Lake Superior und Lake Huron sowie durch den Niagara zwischen Lake Erie und Lake Ontario ausgeglichen. Der dramatischste Höhenausgleich vollzieht sich jedoch an den weltberühmten ca. 50 Meter tiefen Niagarafällen. Schon bald wurden die ersten Kanäle gebaut: 1798 bei Sault Ste. Marie, 1829 der erste Welland-Kanal (siehe S. 192), der die Niagarafälle umging. Der stetige Ausbau der Kanäle ermöglichte es immer größeren Schiffen, von See zu See und schließlich auch über den St. Lawrence in den Atlantik zu fahren. Die letzte Stufe des Ausbaus des Kanalsystems war der St. Lawrence Seaway, der 1959 fertig gestellt wurde. Dieses monumentale kanadisch-amerikanische Gemeinschaftswerk mit seinen neuen Kanälen, Schleusen und Verbindungen zwischen Montréal und Lake Ontario ermöglichte Überseeschiffen die 3789 Kilometer lange Fahrt von der Île d'Anticosti an der Flussmündung bis nach Duluth in Minnesota am Westende des Lake Superior. Zu seiner Zeit galt dieses Gemeinschaftswerk nicht nur als technische Meisterleistung, sondern auch als Symbol des guten Willens und der Kooperation; der Einweihungszeremonie am 26. Juni 1959 wohnten sowohl Königin Elisabeth II. als auch der amerikanische Präsident Dwight D. Eisenhower bei. Man versprach sich viel von den für beide Nationen gewonnenen 13 350 Kilometern neuer Küste und rechnete fest damit, dass die neue Wasserstraße einen enormen Wirtschaftsaufschwung mit sich bringen würde. Mit der Zeit wurde jedoch klar, dass der Seeweg mit vielen Einschränkungen kämpfen muss. Einen Teil des Jahres ist er vereist und für Schiffe über 30 000 Tonnen, somit für alle Ozeanriesen, generell unpassierbar.

Der St. Lawrence Seaway war ein Symbol für den wirtschaftlichen Optimismus der 50er und 60er Jahre. In den darauf folgenden 30 Jahren wurden die Großen Seen zunehmend zu einem Studienobjekt, an dem sich die Auswirkungen des vorangegangenen Wirtschaftswachstums ablesen ließen: Nährstoffübersättigung, der Rückgang der Fischbestände und die Identifizierung von mehr als 300 potenziell gefährlichen chemischen Verbindungen und 42 so genannten Hot Spots, Stellen, an denen die Verschmutzung extrem hoch ist, haben die Öffentlichkeit aufgerüttelt. Das 1972 von Kanada und den USA unterzeichnete Great Lakes Water Quality Agreement hat dazu geführt, dass Milliarden von Dollar zur Verbesserung der Wasserqualität ausgegeben wurden –, zum Teil mit spektakulären Resultaten. Doch es wird noch lange dauern, bis die Seen wieder die »Süßwassermeere« sind, die sie einst waren.

Blick von der Nordküste auf Ontarios Binnenmeer – Lake Superior

Das Royal Ontario Museum

Royal Ontario Museum
www.rom.on.ca
100 Queen's Park, Eingang Bloor St.
416/586-8000
U-Bahn: Museum
$$$

SECHS MILLIONEN EXPONATE UND MEHR ALS 40 AUSSTELLungsräume machen Kanadas größtes Museum zu einem Ort, dem man mit einem einzigen Besuch unmöglich gerecht werden kann. Nach einem umfassenden Umbau, für dessen Entwurf der Architekt Daniel Libeskind verantwortlich zeichnete, verfügt das Museum über eine erweiterte Ausstellungsfläche. Dafür wurden alte Gebäudeteile abgerissen und durch eine riesige Kristallform ersetzt.

Die großartige China-Sammlung im Erdgeschoss besteht aus einer Vielzahl von dekorativen, zeremoniellen und funktionalen Objekten. Mittelpunkt der T.T. Tsui Galleries ist ein Ming-Grab, das einzige vollständig erhaltene in der westlichen Welt. Vermutlich als letzte Ruhestätte eines Kriegers aus dem 17. Jahrhundert gedacht, besteht es aus einer Prozessionsstraße, die an Bogengängen und monumentalen Tier- und Menschenfiguren vorbei zum Grabhügel führt. In der Bishop White Gallery of Temple Art fühlt man sich in einen Tempel des 14. Jahrhunderts versetzt; dafür sorgen die lebensgroßen Buddhafiguren und die großflächigen Wandmalereien.

In der naturgeschichtlichen Abteilung im ersten Stock sind es besonders die Dinosaurier, die Jung und Alt anziehen. Mehr als ein Dutzend Skelette sind in sorgfältig nachgebildeten Landschaften des Jura und der Kreide aufgestellt. In der Bat Cave erwartet den Besucher eine verblüffend reale Begegnung mit Tausenden von Fledermäusen. Über Ontarios Feuchtgebiete informieren ausgestopfte Vögel und ein großartiges Diorama.

Im dritten Stock kann die antike Welt des Mittelmeerraums erforscht werden, denn das Museum verfügt über eine umfangreiche Sammlung ägyptischer, griechischer und römischer Kunstgegenstände. Die Masken und Mumien sind von außerordentlicher Qualität, ebenso die Abgüsse von Wandreliefs aus dem berühmten Tempel der Königin Hatschepsut.

Griechische Skulpturen sind wirkungsvoll in einem Innenhof arrangiert.

Die Entwicklung der dekorativen Kunst Europas vom Mittelalter an lässt sich in den Samuel European Galleries studieren, zu deren Ausstellungsstücken Waffen und Rüstungen, ausgewählte Stücke aus Kanadas größter Kostümsammlung und eine Reihe originalgetreu eingerichteter Räume gehören.

Im Untergeschoss sind weitere Inneneinrichtungen zu finden: Die Sigmund Samuel Canadiana Gallery widmet sich der Kultur und der Gegenwartskunst in Französisch- und Britisch-Kanada vom 17. bis zum Anfang des 19. Jahrhunderts. ■

Das Museum ist nicht nur ein Besuchermagnet, sondern auch ein bedeutendes Forschungszentrum

Art Gallery von Ontario

Art Gallery of Ontario

www.ago.net

317 Dundas St. West

416/979-6648

U-Bahn: St. Patrick

Spende $$

IM MUSEUM SIND VIELE EUROPÄISCHE UND KANADISCHE Künstler vertreten, doch seine Sammlung an Plastiken von Henry Moore ist einzigartig. Seit dem Beginn des 20. Jahrhunderts, als das Museum The Grange erbte, ein wundervolles georgianisches Herrenhaus, ist es mehrmals, so auch in den letzten Jahren, erweitert worden, um beispielsweise die Thomson Collection auszustellen.

Zur europäischen Sammlung gehören Werke vieler alter Meister, unter ihnen Brueghel d.J., Tintoretto, Rembrandt, Frans Hals, de la Tour und Poussin. Fast alle Stilrichtungen aus dem späten 19. und frühen 20. Jahrhundert sind vertreten; die Impressionisten zum Beispiel werden repräsentiert durch Werke von Monet, Gauguin, Dégas und Renoir, die klassische Moderne durch Arbeiten von Chagall, Picasso, Dufy und Modigliani. Auch Werke von Rubens, Teil der Thomson Collection, sind zu sehen. Die Entwicklung der kanadischen Kunst in Québec lässt sich anhand der Werke von Künstlern wie Joseph Legare und James Morrice nachvollziehen, und diejenige des englisch sprechenden Kanadas anhand der Arbeiten der Group of Seven (siehe S. 186f) und ihrer Nachfolger. Besonderer Anziehungspunkt ist eine moderne Installation, mit der die Besucher mit einem von Kanadas modernen Meisterwerken »auf Tuchfühlung« gehen können.

Die Räume, in denen die Skulpturen von Henry Moore untergebracht sind, wurden 1974 erbaut und vom Künstler selbst entworfen. Plastiken aus Bronze sind in einem großen lichtdurchfluteten Raum zu besichtigen. Beeindruckend ist das Tannenbaum Sculpture Atrium, dessen Glaswand das Museumsgebäude mit The Grange verbindet. ■

Die Henry-Moore-Sammlung enthält mehrere der *Reclining Figures*, die eines der Lieblingsthemen des Künstlers waren

Weitere Sehenswürdigkeiten in Toronto

BATA SHOE MUSEUM

Nach bescheidenen Anfängen in der Tschechischen Republik ist die Firma Bata heute der größte Schuhhersteller der Welt. Die mehr als 10 000 Ausstellungsstücke in dem witzigen, von Raymond Moriyama entworfenen Gebäude, das wie ein Schuhkarton aussieht, erzählen auf informative und humorvolle Weise die Geschichte der Fußbekleidung. Ausgestellt werden auch Schuhe von Pablo Picasso, Elizabeth Taylor, Indira Gandhi, Winston Churchill, Pierre Trudeau und Elton John.

✉ 327 Bloor St. West ☎ 416/979-7799 www.batashoemuseum.ca 🕒 Geschl. Sept.–Mai Mo 🚇 U-Bahn: St. George $ $$

CASA LOMA

Casa Loma, das »Haus auf dem Hügel«, wurde 1914 gebaut, um die architektonischen Phantasien von Sir Henry Pellatt zu befriedigen und den enormen Reichtum zur Schau zu stellen, den er mit dem Bau von Wasserkraftwerken erworben hatte. Der Mammutbau ist eine Art Souvenir von Sir Henrys Reisen zu Europas Hauptsehenswürdigkeiten. Entworfen wurde er von E. J. Lennox, der für Pellatt bereits das noch monumentalere (aber nicht so geschmacklose) Wasserkraftwerk an den Niagarafällen gebaut hatte. Das Haus hat 98 üppig eingerichtete Räume, eine 21 Meter hohe Halle und ist mit allen technischen Errungenschaften seiner Zeit ausgestattet. Anfang der 20er Jahre musste sich Sir Henry jedoch von seinem Prachtbau trennen, als in der Provinz die Stromversorgung in die öffentliche Hand überging und diese das Gebäude wegen unbezahlter Schulden enteignete.

✉ 1 Austin Terrace ☎ 416/923-1171 www.casaloma.org 🚇 U-Bahn: Dupont $ $$$

CITY HALL

Als 1957 die Ausschreibung für ein neues Rathaus stattfand, wurden 510 Entwürfe aus aller Welt eingereicht. Das Rennen machte der Finne Viljo Revell; trotz bissiger Beschreibungen wie »zwei Bumerangs über einer halben Grapefruit« ist sein originelles Gebäude inzwischen längst zu einem der großen Wahrzeichen Torontos geworden. Der schüsselförmige Ratssaal wird von zwei verschieden hohen, gebogenen Türmen flankiert. Es lohnt sich, hineinzugehen und mit dem Fahrstuhl in den einem Amphitheater ähnelnden Ratssaal zu fahren oder sich zumindest die große pilzförmige Säule anzusehen, die ihn trägt. Vor dem Gebäude liegt der **Nathan Phillips Square**. Phillips war der Bürgermeister, der meinte, dass die Stadt ein einer modernen Metropole würdiges Ratsgebäude besitzen müsse. Im Winter wird der Platz zur Schlittschuhbahn umfunktioniert. Die Skulptur, die ihn schmückt, ein bronzener »Bogenschütze« von Henry Moore, hat ebensolche Kontroversen ausgelöst wie das Rathaus selbst.

✉ 100 Queen St. West ☎ 416/338-0338 🚇 U-Bahn: Osgoode oder Queen

FORT YORK

Eingekeilt zwischen Eisenbahnschienen und überragt vom mehrspurigen Gardiner Expressway sieht Fort York heute noch weniger bedrohlich aus als am 27. April 1813, als schwer bewaffnete Amerikaner es stürmten und seine Besatzung aus Soldaten, Milizionären und Eingeborenen in die Flucht schlugen. Vor ihrem Rückzug über den Don befahl der in Amerika geborene Kommandant der Festung, die im Fort lagernden 500 Fässer Schießpulver in die Luft zu sprengen. Was heute von Fort York zu besichtigen ist, ist ein Nachbau, komplett mit Wallanlagen, Blockhäusern und Magazinen. Die Offiziersquartiere sind im Stil der Zeit eingerichtet. Die Blue Barracks enthalten Ausstellungsstücke über das frühe Toronto und seine Militärgeschichte, im Sommer finden historische Militärschauen statt.

✉ 100 Garrison Rd. bei Fleet St. ☎ 416/392-6907 $ $$

GARDINER MUSEUM OF CERAMIC ART

Das Spezialmuseum, einst Teil des Royal Ontario Museum, enthält mehr als 2000 Keramiken von präkolumbianischen Werken über Majoliken und Fayencen aus der italienischen Renaissance bis hin zu klassischem Porzellan aus Meißen, Sèvres, Chelsea und Bow. Nach einem umfassenden Umbau konnte das Museum seine Ausstellungsfläche verdoppeln.

www.gardinermuseum.on.ca ✉ 111 Queen's Park ☎ 416/586-8080 🚇 U-Bahn: Museum $ $$

In Fort York erwecken authentisch kostümierte Soldaten die Militärgeschichte zu neuem Leben

THE GRANGE

The Grange wurde 1818 von D'Arcy Boulton gebaut, dem Mitglied einer »der skrupellosesten Familien des Tory Compact«, wie es ein politischer Rivale einmal ausdrückte. Das Gebäude, eines der ältesten und schönsten der Stadt, ist im Stil der 40er Jahre (19. Jh.) eingerichtet, als Macht und Prestige des »Family Compact« ihren Höhepunkt erreicht hatten und vieles von dem, was in Toronto passierte, in seinen eleganten Räumen entschieden wurde.

✉ 317 Dundas St. West, Eingang durch Art Gallery von Ontario (AGO) ☎ 416/979-6648 🚇 U-Bahn: St. Patrick $ $

ONTARIO PARLIAMENT

Das massive Sandsteingebäude, das den Queen's Park und das Universitätsviertel dominiert, ist Sitz einer Regierung, die für rund elf Millionen Einwohner zuständig ist. Ursprünglich wurde Ontario von einem Nachbau des Britischen Parlaments aus regiert, doch der aus Amerika stammende Architekt Richard Waite schaffte es 1893 trotz der Ablehnung durch die einheimischen Architekten, den Zuschlag für seinen moderneren neuromanischen Entwurf zu bekommen. Das schlichte Äußere des Gebäudes lässt keinen Schluss auf seine üppige und zum Teil sogar verspielte Innenausstattung zu.

✉ Queen's Park ☎ 416/325-7500 🕒 Im Winter Sa und So geschl. 🚇 U-Bahn: Queen's Park

ONTARIO PLACE

Dieser Freizeitpark, Torontos Antwort auf Montréals Expo 1967, liegt auf einer Reihe von Inseln vor dem heute ein wenig heruntergekommenen Canadian National Exhibition Centre. Mit seinen Strukturen aus Stahl und Glas war der in den frühen 1970er Jahren von Eberhard Zeidler, dem Architekten des Eaton Centre, entworfene Ontario Place ausgesprochen innovativ. Seitdem bemühen sich seine Betreiber mit Erfolg, den neuesten Trends zu folgen. Die Besucher erwarten Restaurants, eine Freiluftarena und ein sechs Stockwerke hohes IMAX-Kino.

✉ 955 Lake Shore Blvd. ☎ 416/314-9900 🕒 Geschl. Sept.–Mitte Mai

SPADINA HOUSE

Der vom Einzelhandel ins Bankgeschäft umgestiegene James Austin erwarb im Jahr 1866 das Spadina-Grundstück auf dem Hügel über der Stadt. Das von seinen Erben erweiterte Gebäude war schon damals sehr eindrucksvoll und ist etwas geschmackvoller als die nahe gelegene Casa Loma.

www.toronto.ca/culture ✉ 285 Spadina Rd. ☎ 416/392-6910 🕒 Geschl. Mo und Jan.–März Sa–So 🚇 U-Bahn: Dupont $ $$

HOCKEY HALL OF FAME

Die ultimative Verbeugung vor dem kanadischen Nationalsport! Hier soll es die größte Sammlung zum Thema Eishockey weltweit geben, darunter auch Memorabilia und viel Wissenswertes über die großen Eishockey-Stars wie Maurice »The Rocket« Richard, Bobby Orr und Wayne Gretzky. Besuchen Sie die ehemalige Umkleidekabine der berühmten Montréal Canadiens aus dem alten Montréal Forum. Versuchen Sie ihr Eishockey-Glück bei einem interaktiven Spiel. In der Great Hall werden Trophäen der Major National Hockey League (NHL) ausgestellt. Besonderes Highlight ist natürlich ein echter Stanley Cup, die älteste Sportrophäe Nordamerikas. Diese wurde im Jahr 1893 von Generalgouverneur Lord Stanley gestiftet.

www.hhof.com ✉ 30 Yonge St. ☎ 416/360-7765 🚇 U-Bahn: Union $ $$ ■

Ausflüge rund um Toronto

Diese Kutschenmanufaktur ist eines der Industrie- und Werkstattgebäude, die im Black Creek Pioneer Village wieder aufgebaut wurden

BLACK CREEK PIONEER VILLAGE

Im Mittelpunkt des Museumsdorfes steht das Original-Farmhaus einer deutschen Familie aus Pennsylvania, die 1816 an dieser Stelle ihr erstes Blockhaus errichtete. Zusätzlich zu ihrem zweiten Haus, dem Räucherhaus und der Scheune wurden noch 30 Gebäude aus dem 19. Jahrhundert aus anderen Orten in das Freilichtmuseum gebracht. Zu ihnen zählen eine Mühle, eine Druckerei und das Half Way House, ein Wirtshaus, das einst auf halbem Wege zwischen York und Scarborough stand. Gärten, Zäune und Holzstege komplettieren die rustikale Szene, und auch die alten Haustierrassen, die auf dem Gelände gehalten werden, tragen zur Authentizität des Dorfes bei.
www.blackcreek.ca ✉ 1000 Murray Ross Pkwy., Downsview, 30 km nordwestl. der Innenstadt ☎ 416/736-1733 🕒 Geschl. Jan.–April $ $$

McMICHAEL CANADIAN ART COLLECTION

1954 kauften Bob und Signe McMichael ihr erstes Gemälde – *Montréal River* von Lawren Harris – für 250 Dollar, die sie in Raten abzahlten. Im Laufe der Jahre sammelten sie weitere Werke der kanadischen Künstlergruppe Group of Seven (siehe S. 186f). 1965 schenkten sie ihre einzigartige Sammlung der Provinz Ontario. Die Sammlung, heute die größte dieser Gruppe, ist in mehreren Holz- und Feldsteingebäuden untergebracht, in deren Mitte das Originalblockhaus der McMichaels steht. Die vielen Fenster gewähren einen guten Blick auf das bewaldete Humber Valley, eine Landschaft, die derjenigen auf den Werken der Künstler sehr ähnlich ist. Heute besteht die Sammlung aus fast 6000 Bildern, von denen die meisten von Privatsammlern gestiftet wurden.

Neben den Arbeiten der Group of Seven beinhaltet die Sammlung Werke von indianischen und Inuit-Künstlern und von zeitgenössischen Malern. Besonderes Interesse wird jedoch den Bildern der Gruppenmitglieder Tom Thomson, Lawren Harris, A.Y. Jackson, J.E.H. MacDonald, Franklin Carmichael, Arthur Lismer, Frederick Varley und Frank Johnston entgegengebracht.
www.mcmichael.com ✉ 10365 Islington Ave., Kleinburg, 40 km nordwestlich ☎ 905/893-1121 🕒 Öffnungszeiten telefonisch erfragen 🚌 U-Bahn: Yorkdale und Busfahrt $ $$

METRO TORONTO ZOO

Mehr als 4000 Tiere leben in den Pavillons und Freigehegen dieses rund 300 Hektar großen Zoologischen Gartens. Die üppige Vegetation im Afrika-Pavillon bietet Affen, Zwergflusspferden und Pythonschlangen nahezu natürliche Lebensbedingungen, während draußen Zebras, Löwen, Leoparden und Elefanten herumstreifen. Andere Pavillons sind der Tierwelt Eurasiens, Nord- und Südamerikas, Südostasiens und Australiens gewidmet.
www.toronto2000.com ✉ 361A Old Finch Ave., Meadowvale Road, Scarborough,40 km nordöstl. der Innenstadt ☎ 416/392-5900 $ $$$

ONTARIO SCIENCE CENTRE

Das 1969 eröffnete Ontario Science Centre, eines der Ersten seiner Art, vermittelt einen Einblick in Wissenschaft und Technik, der nicht nur interessant, sondern auch sehr spannend ist. Untergebracht ist es in einem frühen Meisterwerk des Architekten Raymond Moriyama, einer Reihe von gläsernen Pavillons, die sich harmonisch in die Form der Senke einfügen, in der sie errichtet wurden. In ihrem Innern befinden sich mehr als 800 Exponate »zum Anfassen«, die jeden Aspekt der Beziehung zwischen Mensch und Wissenschaft abdecken. Man kann dort auf dem Mond landen, einen Heißluftballon fahren, ein Erdbeben auslösen und sich mittels einer elektrostatischen Aufladung die Haare zu Berge stehen lassen.
www.ontariosciencecentre.ca ✉ 770 Don Mills Rd., Don Mills, 22 km nordöstl. der City über den Don Valley Parkway ☎ 416/469-1000 $ $$$

OSHAWA

Einst war Oshawa eine Hafenstadt, doch seinen Wohlstand verdankt es der Automobilfabrik von Robert S. McLaughlin (1871–1972). Er war es, der die Produktion des Familienbetriebes von Kutschen auf Autos umstellte. 1918 verkaufte er die Firma an General Motors und wurde Vizepräsident dieses Konzerns. Sein Haus mit dem üppigen Garten in **Parkwood** *(270 Simcoe St. North, Tel. 905/433-4311)* ist ein Beweis für seinen Reichtum und seinen guten Geschmack. Die Fahrzeuge aus seiner Produktion und alle Weiterentwicklungen sind im Canadian Automotive Museum *(99 Simcoe St. South, Tel. 905/576-1222)* zu bewundern. ■

Haarsträubend – der Van-der-Graaf-Generator im Ontario Science Centre

Kanadische Malerei und die Group of Seven

Bis zum Beginn des 20. Jahrhunderts war die kanadische Kunst eng mit der europäischen verbunden. Die Künstler waren in den traditionellen Techniken von jenseits des Atlantiks ausgebildet und mit deren Stilrichtungen vertraut. Trotzdem gelang es ihnen, dem besonderen Charakter der kanadischen Wildnis und ihrer Bewohner unvoreingenommen gegenüberzutreten. Die in den Museen des Landes ausgestellten Bilder zeigen auf faszinierende Weise, wie sich die Sicht der Künstler auf ihre Heimat verändert hat.

Der deutschstämmige Cornelius Krieghoff (1815–72) malte unzählige Bilder vom Leben in Québec, überwiegend Schneeszenen, die eindeutig von den holländischen Genremalern beeinflusst waren. Krieghoffs Zeitgenosse Paul Kane, der 1810 in Irland geboren wurde, begleitete Pelzhändler über die Prärien und die Rockies bis an die Pazifikküste und malte unterwegs alles, was er sah (darunter auch die letzte große Bisonjagd). Seine Bilder, immer noch im Genrestil, sind wundervolle Erinnerungen an den Westen kurz vor dem Anbruch einer neuen Ära. Gegen Ende des 19. Jahrhunderts wurden die Maler in Québec stark von den französischen Impressionisten beeinflusst und malten die Landschaften und Orte im Osten Kanadas in deren Stil. In Montréal werden die Menschen beim Anblick einer Schneelandschaft wohl auch in Zukunft an die verschneiten Stadtlandschaften von Maurice Cullen (1866–1934) denken; in gleicher Weise wird die Stadt Québec und ihre Umgebung mit den Werken von James Wilson Morrice (1865–1924) verbunden.

Eine spätere Generation von Künstlern aus Toronto gründete eine eigene Schule der Malerei, die nicht nur die kanadischen Landschaften darstellen, sondern auch eine eigene kanadische Identität haben sollte. Die Künstler schlossen sich zur Group of Seven zusammen und verkündeten in ihrem Ausstellungskatalog von 1920 ihre Überzeugung, »dass die Kunst im Lande wachsen und gedeihen muss, bevor dieses Land zu einer wirklichen Heimat für seine Bevölkerung werden kann«.

Alles begann, als A.Y. Jackson aus Montréal 1911 sein Gemälde *At the Edge of the Maple Wood* in Toronto ausstellte. Die Textur und die lebhaften Farben beeindruckten die dortigen Künstler so sehr, dass sie Jackson überredeten, nach Toronto zu ziehen. Hier teilte er sich ein Atelier mit seinen Bewunderern und begann, den Autodidakten Tom Thomson auf seine Zeichenausflüge in den Algonquin Park nördlich der Stadt zu begleiten.

Thomson war ein Landmensch, der perfekt mit Angelrute, Gewehr und Paddel umgehen konnte. Sein grober Malstil verfeinerte sich unter dem Einfluss von Jackson und den anderen; diese wiederum ließen sich von Thomsons Naturkenntnis und seinem kühnen Pinselstrich inspirieren.

Der wohlhabende Gönner Dr. James MacCallum stellte der Gruppe sein Sommerhaus an der Georgian Bay zur Verfügung. Zusammen mit dem Künstler Lawren Harris (1885–1970) finanzierte MacCallum das berühmte Ateliergebäude mit Blick auf Torontos Rosedale Ravine. In einer Hütte auf dem Ateliergelände schuf Thomson einige seiner schönsten Gemälde nach Zeichnungen, die er in der Wildnis gemacht hatte, unter ihnen *The West Wind* und *The Jack Pine*. Er ertrank 1917 – ein harter Schlag für seine Freunde, die aber trotzdem 1920 offiziell die Group of Seven gründeten.

Weitere Mitglieder außer Jackson und Harris waren Frederick Varley, Frank Johnston, Arthur Lismer, Franklin Carmichael und J. E. H. MacDonald. Sie widmeten ihre Arbeiten überwiegend dem wilden Kanadischen Schild, doch jedes Mitglied hatte seine eigene Vision und seinen ganz persönlichen Stil. MacDonalds Bilder waren denen von Thomson am ähnlichsten, während Lismers Darstellungen des »kanadischen Dschungels« eine ganz eigene Intensität ausstrahlen. Varley war ein ausgezeichneter Porträtmaler, während Carmichael auf Farmen und in Bergwerksstädten ebenso zu Hause war wie in der Natur. Harris malte immer elementarere Landschaften im hohen Norden, bis er sich schließlich der abstrakten Kunst zuwendete.

Links: Die Group of Seven im Arts and Letters Club in Toronto (um 1920)
Unten: *In Algonquin Park* (um 1914, Öl auf Leinwand) von Tom Thomson

Niagarafälle

157 E1

Niagara Falls Visitor & Convention Bureau
www.niagarafallstourism.com
✉ 5400 Robinson St.
☎ 905/356-6061 oder 800/563-2557

Maid of the Mist
www.maidofthemist.com
✉ Zugang über Lift von 5920 River Rd.
☎ 905/358-5781
Täglich von Ende April–Okt., witterungsabhängig
$ $$$

»JEDES WORT ÜBER DIESEN WUNDERVOLLEN ORT KÖNNTE nur reiner Unsinn sein«, rief Charles Dickens aus, als er 1842 die Niagarafälle besuchte. Dann bemerkte der große englische Schriftsteller noch, dass »es einem Mann schwer fallen dürfte, Gott näher zu sein, als er es hier ist«. Noch heute bleibt kaum jemand unbeeindruckt von dieser Manifestation elementarer Kräfte, und viele werden Dickens zustimmen, dass diese Wasserfälle einfach unbeschreiblich sind.

Auch wenn die Zeiten des Seiltanzens und Hinabstürzens in einem Fass längst vorüber sind, gibt es verschiedene Wege, die Niagarafälle zu erleben. Seit 1876 bahnen sich die stabilen kleinen ***Maid-of-the-Mist***-Boote ihren Weg durch das aufspritzende Wasser vorbei an den **American Falls** zum Fuß der **Horseshoe Falls**. Ein Fahrstuhl befördert die Besucher auf die Aussichtsplattform oder in einen Tunnel, der einen grandiosen Blick auf die Rückseite der Horseshoe Falls erlaubt. Auf der Kuppe des steilen Hügels am Rand von Niagara Falls sind Plattformen errichtet worden, und schließlich begleiten eine Promenade und eine Aussichtsstraße den Niagara, wenn er auf die Fälle zuströmt, in die Tiefe stürzt und sich unten angekommen wieder in einen schaumigen Strom verwandelt. Beliebtester Aussichtspunkt ist **Table Rock**, wo die Promenade direkt über den Wasserfall führt.

Die Niagarafälle sind das Resultat eines geologischen Prozesses, der noch heute andauert. Als die Gletscher am Ende der letzten Eiszeit vor rund 12 000 Jahren schmolzen, suchte sich das Wasser des Lake Erie, das bisher nach Süden abgeflossen war, einen Weg über das Niagara Escarpment in den Lake Ontario. Seitdem sind der weichere Schieferton und Sandstein dieser Formation durch das herabstürzende Wasser wegerodiert worden, was dazu führte, dass die oben liegenden härteren Kalksteinschichten freigelegt wurden. Der Wasserfall bleibt unverändert, doch er wandert immer weiter flussaufwärts und lässt eine stetig länger werdende Schlucht hinter sich zurück. Inzwischen ist er

Die amerikanische Seite ist nachts beleuchtet

bereits rund elf Kilometer von **Queenston** entfernt, dem ursprünglichen Mündungsort in den damals viel höher liegenden Lake Ontario.

Die für die Wasserkraftgewinnung abgepumpten Wassermengen haben das Tempo der rückschreitenden Erosion von etwa einem Meter pro Jahr auf rund 30 Zentimeter alle zehn Jahre verringert. Irgendwann in ferner Zukunft wird Goat Island, das zur Zeit noch die amerikanischen Fälle (328 Meter breit) von den Horseshoe-Fällen (800 Meter breit) trennt, verschwinden, die Fälle werden den Lake Erie erreichen und dann vermutlich zu Stromschnellen werden.

Das Niagara-Gebiet, ursprünglich die Heimat der Neutral-Indianer, die von den Irokesen fast vollständig ausgelöscht wurden, verfügt über ein mildes Klima, fruchtbaren Boden und eine strategisch günstige Lage zwischen zwei der Großen Seen. Die frühen Entdeckungsreisenden waren fasziniert von den Berichten über einen großen Wasserfall irgendwo im Landesinnern. Jean Louis Hennepin schrieb 1678 über »Wasser, das von einem grauenvollen Abgrund stürzt … dabei einen höllischen Lärm macht, schlimmer

Die Kanadier betonen gern, dass »ihre« Wasserfälle spektakulärer sind als die der Amerikaner

als Donner«. Hennepins französische Landsleute gründeten 1721 in Lewiston einen Handelsposten und bauten Fort Niagara (heute USA), um die Mündung des Flusses in den Lake Ontario überwachen zu können. 1759 übernahmen die Briten die Kontrolle über das Gebiet, das während des Revolutionskrieges und während des Krieges von 1812 stark umkämpft war. Der 1814 geschlossene Frieden erlaubte es Kanadiern und Amerikanern, sich auf die Probleme, aber auch die Chancen zu konzentrieren, die die Fälle mit sich brachten. Die Beschränkung, die sie für den Schiffsverkehr bedeuteten, wurde überwunden, zuerst durch den Bau des Erie-Kanals 1825, der den Oberlauf des Niagara mit dem Hudson verband, und später durch den Welland-Kanal (1829; siehe S. 192), der über die Niagara-Halbinsel Lake Erie mit Lake Ontario verband.

Touristen besuchen die Niagarafälle seit ihrer Entdeckung. Ende des 18. Jahrhunderts wurde bei Table Rock ein primitives Gasthaus gebaut, doch die wirkliche Kommerzialisierung setzte erst zu Beginn des 19. Jahrhunderts ein.

In den 70er Jahren des 19. Jahrhunderts legten es so viele Besitzer schäbiger Buden und maroder Hütten darauf an, die Besucher auszunehmen, dass eine Kommission (die Vorläuferin der heutigen Niagara-Parkverwaltung) gegründet wurde, um die Bedürfnisse der ständig steigenden Besucherzahlen zu erfüllen (zur Zeit sind es rund 14 Millionen pro Jahr). Die Aussichtspunkte und der gepflegte **Niagara Parkway** sind der Beweis für die Effizienz, mit der die Parkverwaltung arbeitet; die Schausteller und Budenbesitzer haben sich in den Ort Niagara Falls zurückgezogen.

Die wackere *Maid of the Mist* ist von den Niagarafällen nicht mehr wegzudenken

WELLAND-KANAL

Der 1932 fertig gestellte Kanal, die vierte Verbindung zwischen Lake Erie und Lake Ontario, führt von Port Colbourne, Ontario, ins 45 Kilometer entfernte Port Weller. Er ist ein Teil des St. Lawrence Seaway; seine acht Schleusen gleichen einen Höhenunterschied von 99 Metern aus. Der Kanal kann auch von Schiffen mit mehr als 30 000 Tonnen befahren werden. Vom Besucherzentrum an der Schleuse Nr. 3 in der Nähe der Stadt St. Catherines aus können die Schiffe beobachtet werden. ■

Major General Sir Isaac Brock, der tapfere britische Offizier, der in der Schlacht um Queenston Heights fiel

NIAGARA PARKWAY

Der 56 Kilometer lange Parkway, der 1923 fertig gestellt wurde und zwischen Lake Erie und Lake Ontario am Niagara entlang führt, wurde von Winston Churchill als »die hübscheste Sonntagnachmittagsstrecke der Welt« bezeichnet.

Am Südende der Strecke, 32 Kilometer von den Fällen entfernt, steht das restaurierte **Fort Erie** *(Tel. 905/871-0540)*. Die 1764 von den Briten erbaute Festung wurde zweimal von an Land drängenden Eismassen zerstört. 1814 eroberten amerikanische Truppen das dritte Fort und demolierten es, bevor sie sich wieder zurückzogen.

Ein Stück oberhalb der Wasserfälle beeindruckt die riesige, 1913 fertig gestellte **Toronto Power Generating Station**, deren Generatoren zwar seit 1974 stillstehen, die aber trotzdem ein eindrucksvolles Relikt aus der Zeit ist, als beiderseits der Grenze begonnen wurde, die enorme Kraft des Wassers zur Energieerzeugung zu nutzen. Um den Wasserfluss über die Wasserfälle nicht zu stören und den Touristen die Show zu bieten, derentwegen sie gekommen sind, hat man sich auf beiden Seiten darauf geeinigt, wie viel Wasser entnommen werden darf, wobei die Menge nachts und außerhalb der Saison gesteigert wird. Jenseits der Wasserfälle verengt sich der Fluss zu schäumenden Stromschnellen. Der Fahrstuhl vom **White Water Walk** *(Tel. 905/374-1221)* führt hinab zu einem Holzsteg, von dem aus man das tosende Wasser aus der Nähe betrachten kann. In einer Biegung 800 Meter weiter nördlich sind Kabel gespannt, an denen der hübsche alte **Whirlpool Aero Car** *(Tel. 905/354-8983)* hängt, mit dem man über die Whirlpool Rapids fahren kann.

Das **Niagara Glen Nature Reserve** bietet die Möglichkeit, den Besucherscharen zu entfliehen und eine Wanderung durch eine Landschaft voller Felsen und Laubwälder zu machen. Noch mehr Bäume und gepflegte Blumen- und Strauchanlagen gibt es im Botanischen Garten der **Niagara Parks Commission's School of Horticulture** *(Tel. 905/371-0254)*.

Ursprünglich stürzten die Fälle bei **Queenston Heights** auf dem Niagara Escarpment herab, wo sich heute ein beliebter Park befindet *(13 km nördlich der Fälle, Tel. 877/642-7275)*. Die Anhöhe war im Krieg von 1812 stark umkämpft, und bei einem dieser Kämpfe fiel Major General Sir Isaac Brock, als er einen kanadischen Gegenangriff gegen die Amerikaner leitete. Noch eine weitere Heldenfigur wird mit einem Denkmal auf dieser Anhöhe geehrt, zusätzlich aber auch durch das **Laura Secord Homestead** *(29 Queenston St., Tel. 905/262-4851)*. 1813 belauschte Laura Secord amerikanische Offiziere, die ihre Angriffspläne besprachen, und rannte dann 32 Kilometer durch unwegsames Gelände, um die Briten zu warnen, was diese in die Lage versetzte, ihren Gegnern zuvorzukommen und sie in der Schlacht am Biberdamm zu besiegen.

NIAGARA-ON-THE-LAKE

Schöne, mit Holz verkleidete Ziegelhäuser aus dem frühen 19. Jahrhundert säumen die baumbestandenen Straßen und machen dieses kleine Städtchen an der Mündung des Niagara in den Lake Ontario zu einem der hübschesten in Kanada.

Ursprünglich war sein Name Newark, 1792 wurde es die erste Hauptstadt von Upper Canada, doch schon nach zwei Jahren war die Angst vor Übergriffen der Amerikaner so groß, dass York (später umbenannt in Toronto) diese Rolle

zufiel. Die Angst war wohlbegründet; 1813 brannten die Amerikaner die Stadt nieder und vernichteten dabei einige der schönsten georgianischen Villen Kanadas. Die Bewohner begannen umgehend mit dem Wiederaufbau, seither hat sich das Stadtbild kaum verändert. Ein Grund liegt darin, dass hier nach dem Bau des Welland-Kanals 1832 kaum noch Schiffe anlegten und dadurch auch kein Geld mehr in die Stadt floss. Zu den interessanten Geschäften auf der Queen Street mit ihrer eindrucksvollen Turmuhr gehört die **Apothecary** aus dem Jahr 1866 *(Tel. 905/468-3845, geschl. Sept.–Mitte Mai)*. Die **St. Andrew's Church** ist ein besonders schönes Beispiel georgianischer Kirchenbaukunst.

Am Stadtrand liegt **Fort George National Historic Site** *(Queens Parade, Tel. 905/468-4257, geschl. Nov.–März)*. Im Krieg von 1812 wurde die Festung zwar niedergebrannt, doch die Schanzen blieben erhalten, und nach 1930 wurden die Palisaden und die meisten Gebäude wieder aufgebaut. ■

Die Eleganz des frühen 19. Jahrhunderts wird in Niagara-on-the-Lake wieder lebendig

Niagara-on-the-Lake

157 E1

Besucherinformation

www.niagaraonthelake.com

26 Queens St.

905/468-1950

Kanadische Weine

Zum Erstaunen vieler Besucher werden in Kanada nicht nur Qualitätsweine produziert (deren Quantität sich ebenfalls sehen lassen kann), sondern es finden sich hier auch eine Reihe von Weinbergen und Kellereien, die einen Besuch lohnen. Weinbergbesuche und Weinproben laden zu einem längeren Aufenthalt in den Hauptanbaugebieten im Süden von Ontario und im Süden von British Columbia ein.

Die Qualität der kanadischen Weine dürfte so manchen Weinkenner überraschen

Mit einer Gesamtfläche von rund 7300 Hektar ist der Süden Ontarios das größte Weinanbaugebiet Kanadas. Die meisten Weine stammen von der Niagara-Halbinsel, aber es gibt auch Weinberge bei Windsor am Nordufer des Lake Erie und auf Pelee Island. Der Erfolg des Weinbaus in dieser Gegend ist nicht überraschend, wenn man bedenkt, dass die Weinberge auf demselben Breitengrad liegen wie die Weinberge des spanischen Rioja und des französischen Languedoc-Roussillon. Der Unterschied liegt natürlich im Klima, doch die harten kanadischen Winter werden durch den Lake Erie und den Lake Ontario etwas gemildert. Beide Seen speichern im Sommer die Hitze und geben sie im Winter, wenn das Land auskühlt, langsam wieder ab. Von den Seen weht auch immer ein frischer Wind, der die Auswirkungen der sommerlichen Hitze in Grenzen hält.

Die ersten Weinstöcke wurden hier vor mehr als 150 Jahren gepflanzt, doch die Kanadier als eingefleischte Bier- und Whiskytrinker nahmen den Wein nur in homöopathischen Dosen zu sich. Die Traubenernte wurde fast ausschließlich zur Herstellung starker Sherrys und Portweine verwendet, die kein echter Weinkenner anrühren würde. Doch in den letzten Jahrzehnten hat sich das geändert; die Zahl der Feinschmecker ist gestiegen, und die Weinbauern bemühen sich nun, den neuen Bedarf zu decken.

Einige Weinbauern waren klug genug, die zuverlässige, aber langweilige Fuchsrebe gegen europäische oder Hybrid-Sorten auszutauschen, die perfekt an das jeweilige Anbaugebiet angepasst sind. Das war ein voller Erfolg. Seit Anfang der 90er Jahre gewinnnen Weine aus Ontario internationale Preise und werden bei Weinkennern immer beliebter.

Die gut ausgeschilderte **Wine Route** *(Informationen beim Besucherzentrum in Niagara-on-the-Lake, siehe S. 193)*, die um die Niagara-Halbinsel herumführt, ist eine ideale Möglichkeit, diese Gegend mit ihren Weinbergen, Kellereien, Obstgärten, Naturschönheiten, historischen Stätten und den vielen Festivals besser kennen zu lernen. Die Kellereien sind für das Publikum geöffnet und bieten Weinproben und Weinberg-Besichtigungen, aber auch Bistros, Restaurants, Unterhaltung und sogar Übernachtungsmöglichkeiten an.

Die meisten Niagara-Weine sind Weißweine, vor allem Chardonnay, Pinot Blanc, Riesling und Vidal, aber es werden auch sehr gute Rotweine produziert, unter anderem Cabernet, Gamay Noir und Merlot. Eine besondere Spezialität ist der Eiswein. In Deutschland, seinem Ursprungsland, kann er nur hergestellt werden, wenn es einen frühen Winter gibt, was ihn bei uns sehr teuer macht. In Kanada ist er wesentlich günstiger zu bekommen, weil der kanadische Winter zuverlässig ist. Die Trauben werden erst im Dezember oder Januar geerntet und noch gefroren gepresst. Da das Wasser in den Trauben zu Kristallen gefroren ist, ist die dabei entstehende sirupartige Flüssigkeit besonders

Die zuverlässige Sommersonne und viel Feuchtigkeit lassen den Wein in den Anbaugebieten im Süden von Ontario reifen

köstlich. Dieser Wein kann nicht in unbegrenzter Menge hergestellt werden (er kommt in 375-Milliliter-Flaschen in den Handel) und sollte deshalb für besondere Gelegenheiten aufgehoben werden.

In British Columbia konzentriert sich der Weinanbau auf das Okanagan-Gebiet nahe der Grenze zu den USA, obwohl auch im Fraser Valley und auf Vancouver Island Weinstöcke stehen. Während der Süden Ontarios auf dem gleichen Breitengrad liegt wie Bordeaux, entspricht die Lage des weiter nördlichen Okanagan derjenigen der Champagne und des Rheintals. Wie in Ontario mildert auch hier ein großer See die Winterkälte, und Bewässerungssysteme ersetzen den Regen, von dem im Süden manchmal nur 15 Zentimeter im Jahr fallen. In dieser Provinz werden überwiegend Weißweine produziert, aber auch eine zunehmende Zahl leichter, sehr angenehmer Rotweine. ■

Huron-Erie Peninsula

Kitchener und Waterloo
157 D1

Besucher-information
www.kitchener.ca
200 King St. W.
519/745-3536 oder 800/265-6959
Geschl. am Wochenende Sept.–Juni

DIE SÜDWESTLICH VON TORONTO GELEGENE HURON-Erie-Halbinsel ragt Richtung Grenze zum US-Staat Michigan. Sie trennt zwei der Großen Seen und ist der südlichste Punkt des kanadischen Festlands. Unterwegs Richtung Inselspitze, verändert die Halbinsel ihren Charakter: Auf die Wirtschaftszentren Kitchener, Waterloo und Hamilton folgen zunehmend ländlich geprägte Gebiete.

KITCHENER UND WATERLOO

Bis zum Ausbruch des Ersten Weltkrieges, in dem die Stadt den Namen eines britischen Feldmarschalls bekam, hieß Kitchener Berlin – ein deutlicher Hinweis auf die überwiegend deutschstämmige Einwohnerschaft. Die ersten Deutsch sprechenden Bewohner waren Mennoniten aus Pennsylvania, die 1805 hierher übersiedelten, weil ihre pazifistische Einstellung in den USA unerwünscht war. Ihnen folgten deutsche Einwanderer, Bauern, aber auch Handwerker und Geschäftsleute, die Wirtschaft und Handel in der Stadt aufbauten. Heute sind rund die Hälfte aller Einwohner von Kitchener und der Nachbarstadt Waterloo deutschstämmig. Die dunkel gekleideten, einfach lebenden Mennoniten haben sich aufs Land zurückgezogen; manchmal sieht man ihre kleinen schwarzen Pferdewagen auf Nebenstraßen, vor allem in der Nähe des Marktfleckens **St. Jacobs**, wo sie kunsthandwerkliche Gegenstände zum Verkauf anbieten.

Besonders stark wird man in Kitchener mittwochs und samstags im Sommer an Deutschland erinnert, wenn auf dem **Farmer's**

Hamiltons Botanischer Garten ist ein beliebtes Ziel für Naturfreunde, in dem aber auch Botanikstudenten und -professoren auf ihre Kosten kommen

Market *(Market Square, 300 King Street E)* die verschiedensten Wurstsorten verkauft werden. Im Herbst sind überwiegend Weißwürste gefragt – und natürlich Bier, denn auch in Kitchener feiert man das Oktoberfest.

Das älteste Gebäude der Stadt war einst der Wohnsitz des ersten Wurstkönigs Joseph Schneider. Das um 1816 erbaute Fachwerkhaus ist heute ein Museum für deutsch-kanadische Geschichte *(Joseph Schneider Haus, 466 Queen St. South, Tel. 519/742-7752)*. Eine andere der Öffentlichkeit zugängliche Residenz ist das Elternhaus von Premierminister William Lyon Mackenzie King, **Woodside National Historic Site** *(528 Wellington St. N, Tel. 519/571-5684)*. In seinen späten Jahren konsultierte man King zur Renovierung und Umgestaltung des Hauses, zu dessen Inventar auch Stücke aus dem Besitz seines gleichermaßen berühmten Großvaters William Lyon Mackenzie, dem Anführer der fehlgeschlagenen Revolution von 1837 (siehe S. 36), gehören.

HAMILTON

Die am Westende des Lake Ontario gelegene Stahlstadt Hamilton hat neben der **Art Gallery of Hamilton** *(123 King St. West, Tel. 905/527-6610, geschl. Mo)* mit ihrer beeindruckenden Sammlung kanadischer und internationaler Kunst noch zwei weitere Attraktionen zu bieten.

Dundurn Castle, eine klassizistische Villa mit einem prachtvollen Säulengang *(York Blvd., Tel. 905/546-2872, geschl. von Sept.–Mai Mo)*, wurde 1835 für Sir Allen Napier MacNab gebaut, eines der mächtigsten Mitglieder des »Family Compact«. MacNab gelangte aus bescheidenen Anfängen zu großem Reichtum, wurde für seinen Beitrag bei der Niederschlagung der Mackenzie-Revolution geadelt und schließlich zum Premierminister der neu gegründeten Provinz Kanada ernannt. Der Park, der sein Schloss umgibt, bietet einen schönen Ausblick über den Hafen und die Stadt, in der er mit Landverkäufen sein Vermögen machte.

Auf der Landenge zwischen Hamilton und Burlington befinden sich die **Royal Botanical Gardens** *(680 Plains Rd. W, Tel. 905/527-1158)*. Diese am Hafen liegende, gut 1093 Hektar große Anlage verlangt förmlich nach mehreren Besuchen. Besonders interessant sind der Fliedergarten mit mehr als 800 Sorten, der Steingarten in einem früheren Steinbruch, ein 8000 Quadratmeter großer Rosengarten und ein terrassenförmig angelegter Mittelmeergarten, der zwar Süd-Ontarios strahlende Sonne genießen darf, zum Schutz vor dem strengen Winter aber unter Glas liegt.

STRATFORD

Die ehemalige Eisenbahnstadt Stratford ist heute berühmt für ihr jährliches Shakespeare-Festival *(Tel. 800/567-1600, www.stratford-festival.on.ca)*. Das erste Festival

Der Blaureiher findet in den Feuchtgebieten im Süden Ontarios ideale Lebensbedingungen vor

Hamilton
157 D1
Besucherinformation
http://tourismhamilton.com
2 King St. W., Unit 274 (Jackson Sq.)
905/546-2666

Stratford
157 D1
Besucherinformation
www.visitstratford.ca
York St.
519/273-3352

47 Downie St.
519/271-5140
Geschl. am Wochenende

Mohawk-Häuptling Joseph Brant

fand 1953 statt; damals spielte Sir (zu jener Zeit noch Mr.) Alec Guinness die Hauptrolle in *Richard III.* in einem großen Zelt. 1957 wurde ein Theater nach elisabethanischem Vorbild errichtet, in dem das Publikum auf drei Seiten der Bühne sitzt. Heute ist das Festival eines der besten in Nordamerika und zieht jedes Jahr rund 600 000Besucher an.

BRANTFORD

Das Landstädtchen verdankt seinen Namen dem Mohawk-Häuptling Joseph Brant, der in der Amerikanischen Revolution für die Briten kämpfte. Nach dem Krieg gezwungen, die USA zu verlassen, ließen sich Brant und seine Leute auf Land nieder, das ihnen die britische Regierung in dieser Gegend zuwies. König George III. bezahlte auch für **Her Majesty's Chapel of the Mohawks** *(291 Mohawk St., Tel. 519/756-0240)*, ein bescheidenes, holzverschaltes Gebäude von 1785, das heute das älteste Gotteshaus Ontarios ist.

Brantford ist auch die Heimat von Alexander Graham Bell (1847 bis 1922), dem Erfinder des Telefons, der 1870 von Schottland hierher zog. Die **Bell Homestead** *(94 Tutela Heights Rd., Tel. 519/756-6220, Mo geschl.)* legt Zeugnis vom Erfindungsreichtum dieses Mannes ab. Von hier wurde 1876 das erste Ferngespräch der Welt ins elf Kilometer entfernte Paris (in Ontario) geführt.

Brantford
157 D1
Besucherinformation
www.discoverbrantford.com
519/751-9900

Point Pelee NP
157 D1
Besucherinformation
www.pac.gc.ca
519/322-2365
$

POINT PELEE NATIONAL PARK

Point Pelee, die südlichste Spitze des kanadischen Festlands, besteht aus Sandböden und erstreckt sich etwa 16 Kilometer weit in den Lake Erie. Die im Jahr 1918 zum Nationalpark erklärte Landzunge verfügt über eine vielseitigere Flora und Fauna als jede andere Region Kanadas. An manchen Stellen ist der Bewuchs so urwaldähnlich, dass man das Gefühl hat, in den Südstaaten der USA gelandet zu sein. Hinzu kommt, dass Point Pelee an der Schnittstelle zweier Vogelflugrouten liegt und somit unzählige Zugvögel im Frühjahr und Herbst hier Station machen. Alljährlich finden sich Vogelliebhaber aus aller Welt ein, um wenigstens einige der rund 350 hier durchziehenden Arten zu beobachten.

Im Mai macht das bunte Balzgefieder die Vögel noch interessanter, doch im Herbst bleiben die Vögel länger – gewöhnlich von September bis Oktober.

Ein weiterer Gast, der Monarchfalter, lässt sich im Herbst auf den Zürgelbäumen an der Spitze der Halbinsel nieder, bevor er seine lange Reise nach Mexiko in die Sierra Madre antritt.

Parkplätze an der Straße entlang der Westküste bieten die Möglichkeit, die verschiedenen Landschaftsformen des Parks, darunter ausgedehnte Feuchtgebiete und abwechslungsreiche Uferbereiche, zu Fuß zu erkunden. Vom Besucherzentrum aus fährt ein Shuttlebus Besucher zur Spitze der Halbinsel. ■

Point Pelee National Park

Weitere interessante Orte auf Huron-Erie Peninsula

FORT MALDEN

Als der Grenville-Jay-Vertrag die Briten 1794 zwang, ihre Festung Detroit aufzugeben, zogen sie sich an diese Stelle zurück, an der der Detroit in den Lake Erie fließt. Sie errichteten dort nicht nur ein Fort, sondern auch eine Marinewerft, in der Schiffe bis zu 400 Tonnen gebaut wurden, um die britischen Interessen auf den Großen Seen verteidigen zu können. Das Fort wurde im Krieg von 1812 von den Amerikanern erobert und spielte auch bei der Mackenzie-Revolution von 1837 (siehe S. 36) eine wichtige Rolle. Erhalten geblieben sind die Mannschaftsunterkünfte und ein großer Teil der Schanzanlagen.

157D1 www.pc.gc.ca 100 Laird Ave., Amherstburg 519/736-5416 $

GODERICH

Der Hafen- und Ferienort am Lake Huron war der Ausgangspunkt der berühmten Huron Road, die um 1820 in den Wald geschlagen wurde, um die Besiedelung von Ontarios Westen voranzutreiben. Die Stadt hat noch heute den Charakter einer Reißbrettstadt, deren Straßen alle von einem achteckigen Platz abgehen. Das 1842 erbaute **Huron Historic Gaol** *(181 Victoria St. North, Tel. 519/524-6971, geschl. Nov.–Mai)* war Gerichtsgebäude und Gefängnis zugleich. 1865 fand hier die letzte öffentliche Hinrichtung statt. Die Exponate im **Huron Country Museum** *(110 North St., Tel. 519/524-2686, geschl. Sa, Dez.–März)* machen deutlich, wie mühsam es war, den Wald in fruchtbares Ackerland zu verwandeln.

157D1 www.town.goderich.on.ca 91 Hamilton St. 519/524-6600

WINDSOR

Kanadas südlichste Stadt am Detroit ist mit ihrem wesentlich größeren Gegenüber am anderen Flussufer nicht zu vergleichen. Die Ursprünge von Windsor reichen zurück bis zum Beginn des 18. Jahrhunderts, als sich französische Siedler hier niederließen.

1904 begann man in Windsor, Autos zu bauen, denn in diesem Jahr wurde die Ford Motor Company of Canada gegründet. Sie entwickelte sich zum größten Arbeitgeber neben der berühmten Branntweinbrennerei, in deren Gebäuden heute das **Windsor Community Museum** *(254 Pitt St. W., Tel. 519/253-1812, geschl. Mo und Okt.–April So)* untergebracht ist. In den 1920er Jahren bezeichnete Windsor sich als Auto-Hauptstadt des Britischen Empire und beherbergte Dutzende von Fertigungs- und Zulieferbetrieben.

157D1 Besucherinformation, 333 Riverside Dr. W. www.visitwindsor.com 519/255-6530 Sa und So geschl. ■

Das Windsor Community Museum ist in diesem hübschen, von François Baby gebauten Ziegelhaus aus dem frühen 19. Jahrhundert untergebracht

Süd-Ontarios Wochenendparadies

Peterborough
157 E2

Besucher-information
www.thekawarthas.net
1400 Crawford Drive
705/742-2201
Geschl. So, Mo

Petroglyphs Provincial Park
54 km nordöstlich von Peterborough über Hwy. 28
705/877-2552
Geschl. Mitte Okt.–Mitte Mai
$$

Peterborough Lift Lock Visitor Centre
www.pc.gc.ca
Hunter St. E., Peterborough
705/750-4900
Geschl. Mitte Okt.–Mitte März
$$

FÜR BESUCHER IST DIE FAHRT ZU DEN NIAGARAFÄLLEN EIN Muss, doch die Städter Ontarios zieht es jedes Wochenende nordwärts an den Rand des Kanadischen Schilds, wo nur zwei oder drei Autostunden von Toronto entfernt direkt hinter den Ferienhäusern die Wildnis beginnt.

PETERBOROUGH

Peterborough, einst ein großer Holzumschlagplatz, ist heute die größte Stadt am 385 Kilometer langen **Trent-Severn Canal**, der Trenton am Lake Ontario mit dem Ostufer der Georgian Bay verbindet. Die Stadt ist das urbane Zentrum des beliebten Feriengebietes **Kawartha Lakes**, das sich nach Westen bis zum **Lake Simcoe** erstreckt.

Die Fracht, die einst auf dem Kanal transportiert wurde, wird heute längst auf Schienen und Straßen befördert, wodurch der Kanal für Urlauber freigegeben werden konnte. Viele Freizeitkapitäne entscheiden sich für die eine Woche dauernde Fahrt vom Lake Ontario zum Lake Huron. Das beeindruckendste Bauwerk in Peterborough ist die **Schleuse (Lock Nr. 21)**, mit genau 19,8 Metern Hubhöhe zur ihrer Bauzeit 1904 die höchste der Welt. In zwei Kammern, von denen jede 1700 Tonnen Wasser fasst, können Boote gleichzeitig abgesenkt und gehoben werden. Ein modernes Besucherzentrum *(Tel. 705/750-4950, geschl. Nov.–April)* informiert über dieses fast ein Jahrhundert alte technische Meisterwerk.

Der Wald nahe dem **Stony Lake**, 55 Kilometer nordöstlich von Peterborough, enthält Kanadas größte Ansammlung von indianischen Felsritzungen und -malereien. Die mehr als 800 Felsschnitzereien im **Petroglyphs Provincial Park** sind bis zu tausend Jahre alt und stammen vermutlich von einem zur Sprachfamilie der Algonkin gehörenden Volk. Den heute lebenden Angehörigen des Ojibwa-Stammes ist dieser Ort heilig, und sie messen jedem Zeichen und jeder Figur eine bestimmte Bedeutung zu.

Muskoka Lakes ist das ultimative Feriengebiet; ein großartiger Teil des Kanadischen Schildes, der nur zwei Autostunden von Toronto entfernt liegt.

Zum Urlauberzentrum wurde dieses Gebiet im späten 19. Jahrhundert, als Luxushotels reiche Gäste anlockten, die die Wildnis erleben, dabei aber nicht auf den gewohnten Komfort verzichten wollten. Neue Lebensgewohnheiten und mehrere Brände, die viele der großen Hotels vernichteten, haben den Charakter der Region verändert; jetzt stehen rund 20 000 Wochenend- und Ferienhäuser an den Ufern des Joseph-, Rosseau- und Muskoka-Sees. Die Orte **Bracebridge**, **Gravenhurst** und **Huntsville** tragen zur Versorgung der jährlich rund anderthalb Millionen Urlauber bei. Im Sommer kann man sich mit dem 1887 gebauten Vergnügungsdampfer ***Segwun*** *(Tel. 705/687-6667)* gemütlich zwischen den unzähligen Inseln umherschippern lassen.

GEORGIAN BAY

Diese gewaltige Wasserfläche, die durch Bruce Peninsula und die Insel Manitoulin nahezu vom Lake Huron abgeschnitten ist, wird manchmal als sechster der Great Lakes bezeichnet. Ihr zerklüftetes Ostufer und die vielen Inseln sind bei Urlaubern besonders beliebt. Auch die Maler der Group of Seven liebten diese Landschaft mit ihrem glitzernden Wasser, dem nackten Fels und den vom Wind gekrümmten Kiefern.

Georgian Bay

157 D2

Midland

Ein beliebter Ausgangsort für Bootsausflüge um die Inseln der Georgian Bay ist diese Hafen- und Industriestadt, die das meiste aus ihrer Lage im ehemaligen Huronia macht, wo zur Zeit der ersten französischen Siedler der Huronen- oder Wendat-

Wer die Einsamkeit sucht, wird sie in den Wäldern und an den Gewässern im Süden von Ontario finden

Midland
157 D2

Besucher-information
www.town.midland.on.ca
208 King St.
705/526-7884
Geschl. Sa und So Okt.–Mai

Sainte-Marie among the Hurons
www.saintemarieamongthehurons.on.ca
157 D2
4,8 km östlich von Midland am Hwy. 12
705/526-7838
Geschl. Mitte Nov.–April
$$$

Penetanguishene
157 D2

Georgian Bay Islands National Park
157 D2

Besucher-information
www.pc.gc.ca
901 Wye Valley Rd., P. O. Box 9, Midland
705/756-9804

Stamm lebte. Das **Huronia Museum** und das nachgebaute **Huron Indian Village** (beide im Little Lake Park) erinnern an die unruhige Vergangenheit dieser Region.

SAINTE-MARIE AMONG THE HURONS

Im frühen 17. Jahrhundert betrieben die Huronen auf der Huron-Erie Peninsula Ackerbau in von Palisaden umgebenen Dörfern und dienten den Europäern als Mittelsmänner beim Pelzhandel (siehe S. 220f). Doch die ständigen Attacken der französischen Missionare auf ihren Glauben und die zunehmende Einschleppung europäischer Krankheiten zerbrachen allmählich ihre Gesellschaftsstruktur. Sie wurden zu einer leichten Beute für die aus dem Süden kommenden Irokesen, die sie entweder umbrachten oder ihrem eigenen Stamm einverleibten. Im 18. Jahrhundert war die Region fast menschenleer.

Diese Ereignisse und der Zusammenhang, in dem sie auftraten, sind in Sainte-Marie among the Hurons brillant dargestellt. Die Station ist ein Nachbau der Mission, die Jesuiten 1639 am Ufer des Wye in der Nähe des heutigen Midland errichteten. Dem Besuch der Station mit ihren rund zwanzig von einer Palisade umgebenen Gebäuden geht eine faszinierende audiovisuelle Dokumentation voraus. Die Missionare und ihre Helfer hatten eigene Gebäude, während die Eingeborenen in Tipis und Langhäusern lebten, die viele der Jesuiten nur ungern betraten. Wegen der ständigen Übergriffe durch die Irokesen verließen die Jesuiten und viele ihrer Schützlinge 1649 die Mission, die sie zuvor in Brand steckten. Der Misserfolg der Mission und die Brutalität der Irokesen hinterließen bei den Europäern einen bleibenden Eindruck. Goya malte die grausame Ermordung mehrerer Missionare.

Penetanguishene

Dieser kleine zweisprachige Ort an der Georgian Bay war ursprünglich ein Treffpunkt französischer Pelzjäger und Entdecker. 1817 gesellten sich die Soldaten und Seeleute vom Royal-Navy-Stützpunkt **Discovery Harbour** *(93 Jury Dr., Tel. 705/549-8064)* zu ihnen, deren Aufgabe es war, über die amerikanischen Aktivitäten auf den Oberen Seen zu wachen. Mehr als ein Dutzend Gebäude des Stützpunktes sind rekonstruiert worden, im Hafen liegen immer einige Schiffe. Zu ihnen gehören authentische Nachbildungen der Versorgungsschoner, die einst den See befuhren. Heute kann man Vergnügungsfahrten mit diesen Schonern unternehmen, auf denen ebenso authentisch aussehende Besatzungen arbeiten.

GEORGIAN BAY ISLANDS NATIONAL PARK

Ausgangspunkt für eine Bootsfahrt zu den rund 60 Inseln vor dem Ostufer der Georgian Bay ist der kleine Ort Honey Harbour am Ende der Route 3, zu der Highway 69 führt. Die größte Insel ist **Beausoleil**, hier führen Wanderwege durch zwei sehr unterschiedliche Landschaftstypen. Im Süden wachsen Mischwälder auf fruchtbarer Erde, die die zurückweichenden Gletscher hinterließen, während dieselben Gletscher im Norden Granit, Gneis und Quarz abschliffen und damit die ursprüngliche Schildlandschaft formten, von der sich die Maler der Group of Seven inspirieren ließen (siehe S. 186f).

BRUCE PENINSULA

An der Spitze der 80 Kilometer langen Bruce Peninsula, die die Georgian Bay teilweise vom Rest des Lake Huron trennt, liegen zwei der faszinierendsten Nationalparks Ontarios. Das hervorstechendste Merkmal von »The Bruce« ist das Niagara Escarpment, das hier 60 Meter hohe Klippen entlang der Ostküste der Halbinsel bildet. Der verwitterte Kalkstein kontrastiert eindrucksvoll mit dem intensiv blauen Wasser und dem dunklen Grün der Bäume. Auf dem Escarpment verläuft Kanadas erster Fernwanderweg, der **Bruce Trail** *(Tel. 416/529-6821)*. Er beginnt rund 650 Kilometer entfernt in Queenstown, hat hier seinen landschaftlichen Höhepunkt und endet schließlich in **Tobermory**, dem Fährhafen für die Überfahrt nach Manitoulin Island *(Tel. 519/376-6601)*. Den letzten, besonders spektakulären Abschnitt des Trails erreichen Sie vom **Cyprus Lake** im **Bruce Peninsula National Park** *(P.O. Box 189, Tobermory, Tel. 519/596-2233)*, einem 142 Quadratkilometer großen Park mit Wäldern und Feuchtgebieten, in dem mehr als 40 Orchideenarten wachsen.

Das andere Naturschutzgebiet der Halbinsel, der **Fathom Five National Marine Park** *(Tel. 519/596-2233)*, wurde 1987 eingerichtet, um die unberührte Seenlandschaft zu erhalten. Neben Unterwasserhöhlen und anderen Besonderheiten des Niagara Escarpment ragen die frei stehenden Kalksteinsäulen heraus, die wegen des Bewuchses auf ihrer Spitze den Spitznamen »Blumentöpfe« erhalten haben. Sporttaucher lieben das außergewöhnlich klare Wasser und freuen sich besonders über die vielen Schiffswracks, von denen einige auch von Glasbodenbooten aus betrachtet werden können.

ALGONQUIN PROVINCIAL PARK

Der Park am Rand des Kanadischen Schildes, mit seinen 7725 Quadratkilometern größer als Prince Edward Island, markiert den Übergang von den Nadelwäldern des Nordens zu den Ahorn-, Buchen- und Birkenwäldern im Süden. Naturgemäß sind hier viele Tiere beheimatet, neben rund 250 Vogelarten auch Elche, Hirsche, Biber, Bären und Wölfe. Mehr als 2500 Seen verteilen sich über den Park, von denen viele durch ein 1600 Kilometer langes Netz von Kanu-Trails verbunden sind.

Als das Gebiet 1893 zum Park ernannt wurde, beschloss man, nicht nur die Natur zu schützen, sondern auch weiterhin Holzwirtschaft zu betreiben; noch heute wird Holz geschlagen, doch das Forstmanagement sorgt dafür, dass dies keine Auswirkungen auf die von Touristen meistbesuchten Gebiete hat.

Zur Hundertjahrfeier wurde im Algonquin Park ein neues **Besucherzentrum** eingerichtet. Sie finden es am Parkway Corridor, dem Landstreifen am Highway 60 in der südwestlichen Ecke des Parks, in dem sich auch die meisten anderen touristischen Einrichtungen konzentrieren. ■

Camping am Barron River im Algonquin Provincial Park

Bruce Peninsula
157 D2

Algonquin Provincial Park
157 E2

Algonquin Visitor Center
www.algonquinpark.on.ca
48 km von West Gate (Hwy. 60)
705/633-5572
Geschl. Mitte Nov.–April Mo–Fr

Bodenschätze

Als unvorstellbar heiße Magmaströme aus dem Innern der Erde das Gestein des Kanadischen Schildes sprengten, schufen sie damit die besten Voraussetzungen für die Entstehung von Mineraladern. Im 19. und 20. Jahrhundert lockten reiche Vorkommen an Gold und Silber, Nickel, Kobalt, Zink, Kupfer und Eisen die Schürfer in den Norden von Ontarios eigentlich lebensfeindlichem Schildland. Viele Minen sind längst erschöpft und aufgegeben; manche sind einfach verschwunden und wieder vom Wald zurückerobert worden, andere sind heute zu Touristenattraktionen geworden. An manchen Orten gibt der Schild noch immer seinen Reichtum her, so zum Beispiel in Sudbury (siehe S. 206), wo Nickel im Milliardenwert abgebaut wird, was an der Landschaft natürlich nicht spurlos vorübergeht.

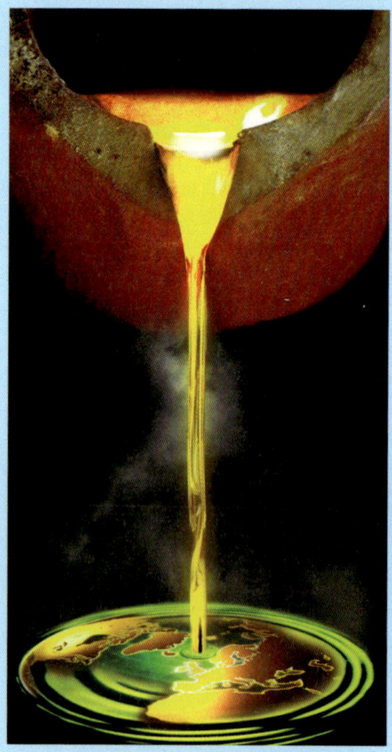

Geschmolzenes Gold, glühendes Symbol für Kanadas Reichtum an Bodenschätzen

Das 56 Kilometer lange und 26 Kilometer breite Sudbury Basin könnte durch Vulkanaktivitäten oder durch einen Meteoriteneinschlag entstanden sein. Inzwischen hat Sudbury Wiedergutmachung geleistet für ein Jahrhundert des skrupellosen Bergbaus, ein Teil der aufgerissenen und verschmutzten Erde rund um die Stadt ist wieder begrünt worden. Mit der 3-D-Film- und Lasershow von Science North erweckt die Stadt fünf Milliarden Jahre ihrer geologischen Geschichte zum Leben (siehe S. 208).

GOLD UND SILBER

An zweiter Stelle nach dem Nickel kommt Gold, und die Suche nach dem wesentlich prestigeträchtigeren Material hat dazu geführt, dass Goldgräber im ganzen Norden Kanadas von Québec bis Manitoba ihre Zelte in der Hoffnung auf Reichtum aufschlugen. Wenn Sie heute mit dem Auto von Ignace (240 km nördlich von Thunder Bay) nordwärts zum Pickle Lake fahren, werden Ihnen sicher nicht mehr als eine Hand voll anderer Autos begegnen, doch zu Beginn des Jahrhunderts strömten die Massen in Ontarios Goldgürtel, dessen Minen ertragreicher waren als alle anderen Goldminen der Provinz zusammen. Die größten Lager entstanden, als 1909 in South Porcupine besonders reiche Vorkommen entdeckt wurden und die Schächte Tiefen von bis zu 1500 Metern erreichten. Die verstreut liegenden Ansiedlungen in diesem Gebiet wurden 1971 zur Gemeinde Timmins zusammengefasst, die mit 3200 Quadratkilometern flächenmäßig die zweitgrößte Stadt Nordamerikas ist – wenn auch mit nur knapp 50 000 Einwohnern. Timmins wurde nach Noah Timmins benannt, der sich dort niederließ, nachdem er ein paar Jahre zuvor beim Cobalt-Silberrausch ein Vermögen gemacht hatte. Das Silber war 1903 von Streckenarbeitern der Eisenbahn nahe der Grenze zu Québec entdeckt worden. Wenige Monate später waren bereits Dutzende von Schächten abgesenkt worden, und um 1910 war Cobalt eine der ertragreichsten Silberfundstätten der Welt. Bezahlt hat es dafür mit einer ruinierten Landschaft ohne Bäume, die mit Schlacke bedeckt und von aufgegebenen Schächten und Stollen unterminiert ist. Wer es sich leisten konnte, hielt sich von hier

Der Eingang zu einer Goldmine

fern und zog es vor, in Haileybury und New Liskeard am Ufer des nahe gelegenen Lake Temiskaming zu wohnen. Der Wohlstand der Stadt endete, als der Silberpreis auf dem Weltmarkt sank. Besucher können sich auf den Silver Heritage Trail begeben, eine sechs Kilometer lange Fahrt zu verlassenen Fördertürmen und Schächten. Ausgerüstet mit Overall, Lampe und Helm können sie sogar in die alte Hollinger Mine hinabsteigen *(1 Shania Twain Drive, Tel. 705/360-2619, www.timminsgoldminetour.com)*, durch die Tunnel wandern, den Maschinen bei der Arbeit zusehen und vielleicht sogar etwas Gold als Souvenir mitnehmen.

Ontarios Norden und Nordwesten

EIN GROSSER TEIL VON ONTARIOS NORDEN IST FÜR BESUcher unerreichbar, doch Straßen und das Eisenbahnnetz ermöglichen es zumindest, ausgewählte Orte und Nationalparks anzufahren, die Einblicke in die Großartigkeit des Schildlandes bieten. Wenn Sie nach Westen fahren, können Sie North Bay oder Sudbury ansteuern oder in Tobermory auf der Bruce Peninsula die Fähre nehmen und auf die 160 Kilometer lange Insel Manitoulin übersetzen, die die Ojibwa »Insel des Großen Geistes« nannten. Auf dieser Insel findet jedes Jahr im Juli und August im Wikwemikong Reserve ein großes *powwow* statt.

Auf dem Festland, am Nordufer der Georgian Bay, liegt der von Sudbury aus zu erreichende **Killarney Provincial Park** *(Tel. 705/287-2900)*. Er gilt als die Perle unter Ontarios Parks, doch die landschaftlichen Höhepunkte, darunter die vielen Seen und die beeindruckenden Quarzit-Klippen, sind nur zu Fuß oder per Kanu zu erreichen.

Das 560 Kilometer lange Ufer des Lake Superior zwischen Sault Ste. Marie und Thunder Bay zählt zu den landschaftlich reizvollsten Gebiete Kanadas. Der See selbst ist jedoch wenig einladend. Oft weht dort ein stürmischer Wind, der die Wellen bis zu 15 Meter hoch aufpeitscht. Einige der schönsten Ufergebiete gehören zum **Lake Superior Provincial Park** *(Tel. 705/856-2284)*, der etwa 110 Kilometer nordwestlich von Sault Ste. Marie liegt und auf der Trans-Canada 17 durchfahren werden kann. Hier findet sich der Agawa Rock, eine Klippe, die sich 30 Meter hoch aus dem Wasser erhebt und mit Gravuren bedeckt ist, von denen eines Mishipizjhiw, den »Gott des aufgewühlten Wassers«, darstellt. Im **Pukaskwa National Park** *(P.O. Box 212, Heron Bay, Tel. 807/229-0801)* trifft der Granit des Schildes in Form massiger Landspitzen und mit Felsbrocken übersäter Strände auf den See. **Sleeping Giant Provincial Park** *(Tel. 807/977-2526)* besteht aus einer Hochebene, die 40 Kilometer in den See hineinragt und Thunder Bay vor den schlimmsten Auswirkungen der Stürme schützt.

NORTH BAY

Die Straßen- und Eisenbahnanbindung von North Bay am Lake Nipissing unterstreicht den Anspruch der Stadt, das Tor zu Ontarios »Near North« zu sein. Urlauber lieben den See und die ihn entwässernden Flüssen. North Bay ist der Geburtsort der Dionne-Fünflinge (siehe S. 209). Im **Dionne Quints Museum** *(1375 Seymour St., Tel. 705/472-8480, geschl. Mitte okt.–Mitte Mai)* erfährt man alles über sie.

SUDBURY

Sudbury, entstanden aus dem skrupellosen Abbau der Mineralvorkommen (siehe S. 204) und der rücksichtslosen Zerstörung der Natur, hat sich inzwischen in eine Stadt mit vielen Annehmlichkeiten verwandelt.

Der Mineralreichtum des Sudbury Basin wurde beim Bau des Canadian-Pacific-Eisenbahnnetzes entdeckt; später wurden dort Nickel, Kobalt, Gold, Blei, Platin, Selen, Silber, Tellur und Zink abgebaut. Zu Beginn des 20. Jahrhunderts stammten mehr als drei Viertel der Welt-Nickelproduktion aus Sudbury – allerdings mit verheerenden Auswirkungen auf das Land, die Seen und

North Bay
157 D3

Besucher-information
www.city.north-bay.on.ca
City Hall, McIntyre St. E.
705/474-0400

Sudbury
157 D2

Besucher-information
www.sudburytourism.ca
Welcome Centre, südlich von Sudbury am Hwy. 69
705-688-7570

Rechts: Langstreckenfahrten sind eine einsame Sache ... der Trans-Canada Highway schlängelt sich durch den Norden von Ontario

Das faszinierende Gebäude von Science North und seine Attraktionen machen die Bergwerksstadt Sudbury zu einer Pflichtstation für jeden Besucher

Sault Ste. Marie

157 C3
Sault Ste. Marie Besucherinformation
www.sault-canada.com
261 Queen St. W.
705/945-6941 oder 800/461-6020

die Vegetation. Die Luftverschmutzung durch das Rösten des Erzes war immens und der Tagebau und die unkontrollierte Ausdehnung der Stadt ein weiterer schädigender Faktor. Ab den 70er Jahren begann die Stadt, an ihrer »Renaturierung« zu arbeiten. Tausende Hektar zerstörten Landes wurden saniert, und die dabei verwendeten neuen Umwelt-Technologien fanden weltweite Anerkennung. Inzwischen sind sogar viele Seen im Stadtgebiet nicht länger übersäuert, was zum Teil dem auffallendsten Wahrzeichen der Stadt zu verdanken ist, dem höchsten Industrieschlot der Welt, der sich 380 Meter über das Gelände von International Nickel erhebt.

Sudburys zweites Wahrzeichen ist die neun Meter hohe Fünf-Cent-Münze (im amerikanischen *Nickel* genannt) am Trans-Canada 17, nahe dem Eingang zur **Dynamic North** *(122 Big Nickel Rd., Tel. 705/523-4629, geschl. Nov–März)*. In dieser Mine kann man im Förderkorb tief in den Schacht einfahren und mittels einer Multimedia-Präsentation viel über den Bergbau erfahren.

Einen wesentlich umfassenderen Einblick in den Erzabbau bekommen Sie in **Science North** *(Ramsey Lake Rd., Tel. 705/523-4629)*. Dieses am Ufer des Lake Ramsey gelegene Wissenschaftszentrum ist in zwei Gebäuden untergebracht: einem wie eine Schneeflocke geformten Gebilde, das von dem Architekten Raymond Moriyama entworfen wurde, und einer in das Gestein am Seeufer gehauenen Kammer. Im Innern erwachen alle möglichen »…ologien« auf interaktiven Displays zum Leben. Eine faszinierende 3-D-Show lässt Sie Milliarden Jahre zurückreisen und miterleben, wie Sudburys Mineralvorkommen entstanden sind.

SAULT STE. MARIE

Sault Ste. Marie, von den Einheimischen liebevoll »The Soo« genannt, liegt am Nordufer des St. Mary's River, der vom Lake Superior in den Lake Huron fließt und die Grenze zu Michigan bildet. Die Stromschnellen des Flusses lockten bereits die Ureinwohner zum Fischen hierher, später kamen die französischen Entdecker und gaben dem Ort den Namen Sault (Wasserfall). Um den Fluss leichter befahrbar zu machen, baute die North West Company 1798 die erste Schleuse, die jedoch im Krieg von 1812 von den Amerikanern zerstört wurde. Als kanadischen Truppen 1870 im Einsatz gegen die Red River Rebellion (siehe S. 228f) das Passieren der Schleuse auf US-Territorium verweigert wurde, stand fest, dass eine neue kanadische Schleuse gebraucht wurde. Der Bau begann 1887. Mit ihrem 1,6 Kilometer langen Kanal, der größten Schleusenkammer der Welt und den elektrisch angetriebenen Schleusentoren war sie ein Meisterwerk der zeitgenössischen Ingenieurskunst, das fast ein Jahrhundert lang störungsfrei funktionierte. Heute ist sie als **Sault Canal National Historic Site** *(1 Canal Dr., Tel. 705/941-6262)* geschützt, zusammen mit Originalgebäuden, die aus dem beim Kanalbau ausgeschachteten roten Sandstein gebaut wurden.

»The Soo« ist keineswegs weltabgeschieden. Die vier amerikanischen Schleusen werden von mehr Schiffen befahren als der Suez- oder der Panamakanal, stromaufwärts liegt ein großes Stahlwerk. Direkt am Fluss steht auch das **Ermatinger House** mit seinen fünf Erkern, das 1814 für den Schweizer Direktor der North West Company und seine Ojibwa-Frau Charlotte gebaut wurde. Es ist das älteste Steinhaus westlich von Toronto und befindet sich wieder im Originalzustand.

Sault Ste. Marie ist der Ausgangspunkt für eine Eisenbahnrundfahrt, die Sie auf den Spuren der Maler der Group of Seven wandeln lässt. Zwischen 1918 und 1923 mieteten Lawren Harris, A. Y. Jackson, Frank Johnston, J. E. H. MacDonald und Arthur Lismer einen Eisenbahnwagen, den sie bei ihren Exkursionen in die Algoma-Region im Norden als mobiles Atelier benutzten.

Der Algoma Central Railway existiert noch heute, und auch wenn Sie keinen ganzen Wagon mehr mieten können, können Sie doch an einem ein- oder zweitägigen Ausflug in die Wildnis Ontarios teilnehmen.

THUNDER BAY

Thunder Bay liegt in der geographischen Mitte Kanadas und direkt am Lake Superior; das machte den Ort zu einem Transferhafen zwischen der östlichen und der westlichen Hälfte Kanadas. In den ersten Jahrzehnten des 19. Jahrhunderts entstand hier eine befestigte Niederlassung der North West Company, die unter dem Namen Fort William der Treffpunkt zwischen Nachschublieferanten aus Montréal und Pelzhändlern war (sie-

Ermatinger House
831 Queen St. E.
705/759-5443
Geschl. Dez.–Mitte April
$

Algoma Central Railway
www.agawacanyontourtrain.com
129 Bay St.
705/946-7300 oder 800/242-9287
Geschl. Mitte Okt.–Mitte Juni
$$$

Thunder Bay
154 B3
Besucherinformation
www.thunderbay.ca
Terry Fox Centre, östlich der Stadt am Hwy. 11
800/667-8386

Kanadas Fünflinge

Annette, Emilie, Yvonne, Cecile und Marie, die Töchter von Elzire und Oliva Dionne, waren bei ihrer Geburt am 28. Mai 1934 ein Lichtblick in dem von der Weltwirtschaftskrise gebeutelten Land. Nicht nur die Kanadier, sondern Menschen in aller Welt waren fasziniert von diesen Fünflingen, denn Mehrlingsgeburten kamen damals nur selten vor. Aus Furcht vor einer kommerziellen Ausbeutung der Kinder verlegte die Regierung von Ontario sie in ein speziell erbautes Krankenhaus, in dem sie von Hunderttausenden betrachtet werden konnten. Man war überzeugt, das Richtige zu tun, doch später wurden Vorwürfe des Kindesmissbrauchs laut; zudem wurden Fonds zu Gunsten der Kinder fehlinvestiert. Emilie starb 1954, Marie 1970. Nach einem gescheiterten Versuch der Wiedergutmachung reiste Ontarios Premierminister Mike Harris 1998 nach Montréal, um sich bei den drei überlebenden Schwestern öffentlich für die Fehler der damaligen Regierung zu entschuldigen.

Hier weist noch nichts auf das Schicksal hin, das die Dionne-Fünflinge erwartete

Außerhalb von Old Fort William wird jedes Jahr im Juli das Treffen der Pelzhändler mit den Handelsreisenden nachgestellt

Fort William Historical Park
www.fwhp.ca
✉ 16 km südwestl. von Thunder Bay am Hwy. 61
☎ 807/473-2344
🕒 Geschl. Mitte Okt.–Mitte Mai
$ $$$

he S. 220f). 1870 gingen die Streitkräfte auf ihrem Weg zur Niederschlagung der Rebellion am Red River (siehe S. 228f) sechs Kilometer nördlich an einer Stelle an Land, die später den Namen Port Arthur erhielt. Zwischen Fort William und Port Arthur entbrannte sofort ein erbitterter Konkurrenzkampf, der an Intensität gewann, als Fort William zum Ausgangspunkt für den Bau der Canadian-Pacific-Eisenbahnstrecke in den Westen erwählt wurde. Die Eisenbahn brachte Getreide aus den Prärien in den Hafen von Thunder Bay, der seit dem Beginn des 20. Jahrhunderts über riesige Getreidesilos verfügt, die noch heute das Stadtbild beherrschen. Ihr Inhalt wird in Schiffe verladen, die zu den Häfen der Großen Seen und auf den Atlantik hinaus fahren.

Seit Fort William und Port Arthur von der Provinzregierung unter dem Namen Thunder Bay zusammengelegt wurden, haben sie ihre alte Rivalität begraben und können Besuchern jetzt einiges bieten. Thunder Bay gilt als Hochburg des Sports. Außerdem besitzt es ein sehr schönes neues Auditorium, in dem das Symphonieorchester der Stadt spielt, und ein Museum, das der Indianerkunst gewidmet ist. Die größte Attraktion ist jedoch das **Fort William**. Hinter seinen Palisaden sind die rund 40 Gebäude des einstigen Handelspostens wieder aufgebaut worden, und in ihnen leben und arbeiten Händler, ihre Dienstboten und eingeborene Helfer in zeitgenössischer Kleidung, dargestellt durch Schauspieler und Studenten. ■

Das weite Land zwischen dem Kanadischen Schild und den Rockies ist das eigentliche Herz Kanadas

Die Prärie-provinzen

Strohballen auf einem Feld in Saskatchewan

Die Prärieprovinzen

DIE KANADISCHEN PRÄRIEPROVINZEN MANITOBA, SASKATCHEWAN UND das östliche Alberta werden von vielen Kanadareisenden, die zumeist die Rocky Mountains und die Städte im Osten besuchen, übergangen, doch bieten sie neben einem reichen kulturellen Erbe vielfältigere Landschaften als allgemein angenommen.

Die weiten Ebenen, das markanteste Merkmal der Prärien, stehen für eine Welt, in der jedes vertikale Element eine besondere Bedeutung erhält. Doch dieser Teil Kanadas besteht nicht nur aus flachem Land und Prärie. Von der auf Meereshöhe liegenden Hudson Bay steigt das Gelände stufenförmig über das Manitoba Escarpment zum Hochland des Missouri Coteau an und erreicht schließlich die Ausläufer der Rockies. Überall haben Flüsse tiefe Täler gegraben, zwischen Saskatchewan und Alberta finden sich über das Hochland verstreut isolierte Erhebungen wie die Cypress Hills. Entlang der Ufer der Hudson Bay zieht sich ein Streifen mit Tundrenvegetation, südlich davon sind weite Teile mit borealem Nadelwald bedeckt.

Im Südwesten weichen Fichten, Kiefern und Tamarakholz des borealen Nadelwaldes einer etwa hundert Meilen breiten Zone mit Grünland und Zitterpappeln, das zum Großteil landwirtschaftlich geprägt oder besiedelt ist. Die echte Prärie, oder besser gesagt das, was davon übrig ist, liegt südwestlich davon, da nahezu alles, was ehemals ein Meer aus Gras und Wildblumen war und sich von Manitoba bis zu den Rockies erstreckte, inzwischen landwirtschaftlich genutzt wird. Durch die Entwicklung winterharter Getreidesorten und die Bewässerung der trockenen Gebiete gehört der Getreideanbau hier zu den rentabelsten der Welt.

Getreidefelder und Rinderweiden haben die Weidegründe des Bisons abgelöst. Das Bison war für die nomadisierenden Prärieindianer von unschätzbarem Wert, da es Nahrung, Kleidung und das Material für die Tipis lieferte. Im Mesozoikum, vor 225 bis 63 Millionen Jahren,

NICHT VERSÄUMEN

Einen Besuch im naturgeschichtlichen Manitoba Museum 217

Eisbären in der Nähe von Churchill beobachten 219

Die unberührte Prärielandschaft im Grasslands National Park 230

Einblicke in die Welt der Dinosaurier im Royal Tyrell Museum gewinnen 234

Einen Besuch der Rodeoshow Calgary Stampede 238

dominierten die Landschaft Albertas warme Meere und Sümpfe – Heimat verschiedener Dinosaurierarten. Heute findet man in den Badlands Albertas die weltweit reichsten Fossilienfundstätten. Im Dinosaur Provincial Park können Ausgrabungen besichtigt werden.

Die Prärien waren ein wichtiger Pfeiler der modernen kanadischen Nation, und ihre Geschichte ist faszinierend. Zur Kontrolle dieses riesigen Terrains wurde die North West Mounted Police (siehe S. 225) gegründet, und viele ihrer Forts stehen noch heute – entweder in ihrer ursprünglichen isolierten Lage oder wieder erbaut in den Städten, deren städtische Keimzelle sie einst waren. Vom Widerstand der Métis gegen die zunehmende Besiedelung der Prärien kann man in Batoche noch Spuren finden. Hier fand 1885 die Schlacht statt, die das Ende ihrer Rebellion manifestierte. Heute durchqueren die meisten Reisenden die Prärien mit dem Flugzeug oder nehmen den Highway. Trans-Canada 1, der Winnipeg mit Calgary verbindet, folgt einer südlichen Route, während der Yellowhead Highway weiter nördlich durch Saskatoon führt und Zugang zu zwei schönen Nationalparks, Riding Mountain in Manitoba und Prince Albert in Sakatchewan, gewährt. ■

Die Bevölkerung der Prärieprovinzen

Traditionelle Karten der südlichen Prärieprovinzen sind mit einem breiten Pinsel gemalt und zeigen sich über Hunderte von Meilen erstreckende Grassteppen und Grünland. Im Gegensatz dazu ist die ethnische Karte ein Kaleidoskop von Farben und spiegelt Kanadas einstigen Ruf an die landhungrigen Bauern Europas wider, das nur spärlich besiedelte Land zu kolonisieren.

Die Métis, Nachfahren europäischer Pelzhändler und indianischer Frauen, hatten schon früh einen einzigartigen Lebensstil entwickelt; einige Siedler hatten sich in der Red River Colony niedergelassen. In den Augen der Politiker in Ottawa aber waren die Prärien in den 70er Jahren des 19. Jahrhunderts ein leeres Land, (»Empty Quarter«). Nach eine Landvermessung wurde das Gebiet nach dem amerikanischen Schachbrettmodell aufgeteilt und interessierten Farmern 160 Morgen Land unter der Voraussetzung angeboten, dass sie das Land innerhalb eines vorgeschriebenen Zeitraumes kultivieren und ein Wohnhaus errichten. Aus Ontario, Großbritannien und Amerika kamen englischsprachige Siedler, denen sich Franko-Kanadier, Mennoniten aus Russland, Skandinavier, Belgier, Deutsche anschlossen. Sogar Isländer verschlug es hierher, sie gründeten in Gimli an den Ufern des Lake Winnipeg die Republik von Neuisland.

Ende des 19. Jahrhunderts wurde die Einwanderung durch einen wirtschaftlichen Aufschwung und Initiativen des Innenministers Clifford Sifton gepuscht. Zwar wurden Siedler kanadischer oder amerikanischer Abstammung bevorzugt, aber Sifton ermutigte auch Landarbeiter aus den slawischen Ländern Ost- und Zentraleuropas, einzuwandern.

Viele Siedler mussten sich einen Hof aus den Materialien bauen, die sich ihnen boten: aus Holz in den bewaldeten Gebieten; aus Grassoden, Schlamm und Stroh im Grasland. Später wurden diese durch dauerhaftere Gebäude im traditionellen Baustil des Ursprungslandes der Siedler ersetzt. Als dann genormte Materialien und sogar vorfabrizierte Gebäude zur Verfügung standen, war es, so der Schriftsteller Harold Kalman, den »Bodnarchuks, Tatasoffs und Silbersteins möglich … mit den Nachbarn mitzuhalten«.

Die ersten Siedler, die weder französisch- noch englischsprachig waren und in den 70er Jahren des 19. Jahrhunderts ankamen, waren Mennoniten, Mitglieder einer deutschsprachigen, kulturell-religiösen Gruppe aus Russland und Zentraleuropa. Ihre Siedlungen in den Ost- und Westreservaten südlich von Winnipeg sind Straßendörfer, deren Gehöfte nahe beieinander und nicht über die Landschaft verstreut liegen. Ein Beispiel mit typisch mennonitischen Häusern ist in Neubergthal, Manitoba, erhalten. Gegen Ende des Jahrhunderts gründeten auch die Doukhobors, eine pazifistische Sekte aus Südrussland, Gemeinden. Auf alten Fotografien sieht ihr Dorf Khristianovka in Saskatchewan mit über 40 reetgedeckten Häusern und neu gepflanzten Bäumen entlang der gepflegten Hauptstraße aus, als stünde es am Ufer des Schwarzen Meeres. Zusammen mit

Wandteppiche

Größere Auswirkungen auf die Landschaft als die ukrainischen Kirchen hatte jedoch ein ganz anderer Gebäudetyp, der Getreidesilo. Diese großartigen Holzkonstruktionen, die den Spitznamen »Kathedralen der Prärie« tragen, wurden in Abständen entlang der Eisenbahnschienen errichtet und lagen normalerweise in einer mit Pferdewagen erreichbaren Distanz von den örtlichen Farmen entfernt. Sie waren leuchtend bunt angestrichen und trugen Firmennamen oder auch den Namen der Bahnstation. Einige waren bis zu 30 Meter hoch, aber 20 Meter waren die Regel. Die einfache, unverkennbare Silhouette verbarg recht komplizierte Maschinen zum Wiegen, Hochheben, Lagern und Entladen des Getreides. In den 30er Jahren gab es noch etwa 6000; seither hat sich ihre Zahl auf etwa 1500 verringert. Um zu vermeiden, dass dieses Symbol der kanadischen Prärien völlig verschwindet, wurde eine Reihe von fünf Getreidesilos zur Inglis Elevators National Historic Site *(Tel. 204/564-2589)* erklärt.

anderen Wanderarbeitern kamen sie in so großer Zahl, dass sich in den zwanzig Jahren zwischen der Fertigstellung des Haupteisenbahnnetzes und dem Kriegsausbruch 1914 die Bevölkerung der Prärien von etwa 150 000 auf 1,5 Millionen fast verfünffacht hatte.

Ebenso exotisch und inzwischen ein fester Bestandteil der Prärieprovinzen sind die ukrainischen Kirchen, die ihre Zwiebeltürme in das riesige Himmelsgewölbe über der Prärie erheben. Errichtet seit den frühesten Tagen des ukrainischen Zustroms, der gegen Ende des 19. Jahrhunderts begann, sind sie Heimat von Gemeinden des römisch-katholischen wie des russisch-orthodoxen Glaubens. Ein gut erhaltenes Beispiel mit einer reich ausgestatteten Inneneinrichtung ist die 1899 fertig gestellte Kirche St. Michael's in Gardenton, Manitoba. Viele ukrainische Kirchen sind das Werk des außergewöhnlichen Father Ruh. Während seiner 50-jährigen Amtszeit errichtete der Geistliche, der sich Architektur durch Selbstunterricht beigebracht hatte, überall in den Prärieprovinzen Gotteshäuser.

Winnipeg

Winnipeg
213 E2

Tourism Winnipeg
www.tourismwinnipeg.com
259 Portage Ave.
204/943-1970
oder 800/665-0204

TROTZ DES WACHSTUMS DER GROSSEN STÄDTE IM WESTEN noch immer das »Tor zu den Prärien«, liegt Winnipeg, Manitoba, strategisch an dem Punkt, an dem der Kanadische Schild auf die kanadische Grenze stößt. Hier treffen sehr kalte Windsysteme Nordamerikas aufeinander; die Stadt hat einen phantasievollen Weg gefunden, sich vor ihnen zu schützen, indem ein Großteil der Geschäfte unterirdisch gelegt wurde.

Der Zusammenfluss des Assiniboine und des Red River diente schon lange als Treffpunkt für die Ureinwohner. Später errichteten die Hudson's Bay Company und die North West Company hier Forts. Heute ist dieser historische Kern als **The Forks** bekannt, ein Treffpunkt für Bürger und Touristen.

Zum Westen hin, beim Broadway, ist ein Portal aus dem 19. Jahrhundert alles, was noch vom Upper Fort Garry der Hudson's Bay Company übrig geblieben ist, aber der eigentliche Kern der modernen Metropole liegt 1,6 Kilometer weiter nördlich. Hier, an der Kreuzung der Portage Avenue und der Main Street, steht Henry McKenney's Royal Hotel, erbaut 1862, als die Red River Colony sich von einer isolierten Grenzsiedlung zu einer modernen Handelsstadt entwickelte.

Die Bewohner Winnipegs sind paradoxerweise stolz darauf, dass die Kreuzung **Portage Avenue** und **Main Street** den Ruf hat, die windigste Ecke Nordamerikas zu sein. Fußgänger können auf unterirdische Fußwege ausweichen.

Winnipeg verfügt über eine faszinierende Ansammlung älterer Gebäude. Viele datieren aus der Boomzeit Ende des 19. und Anfang des 20. Jahrhunderts, als die Besiedelung der Prärien zu einer starken Nachfrage nach Gütern und Dienstleistungen führte. Große Banken und prunkvolle Warenhäuser spiegeln die Dynamik dieser Pioniertage insbesondere im Exchange District, nördlich von Portage Avenue und Main Street, wider. Das französische **St. Boniface**, das erst 1971 eingemeindet wurde, kann seine Wurzeln zu einer 1818 gegründete Mission zurückverfolgen. Im Gegensatz dazu erhielt das **North End** seine entscheidende Prägung durch den Zustrom skandinavischer und slawischer Einwanderer zu Beginn dieses Jahrhunderts.

Die kulturelle Dynamik Winnipegs spiegelt sich auch im jeden August stattfindenden **Folklorama Festival** und dem Angebot seiner kulturellen Einrichtungen, dem Theater, der Oper, dem Symphonieorchester und dem Royal Winnipeg Ballet (*Tel. 204/956-0183*) wider.■

Jede der Prärieprovinzen rühmt sich eines neoklassizistischen Parlamentsgebäudes. Das Legislative Building von Manitoba wurde als Letztes dieser Art 1920 fertig gestellt

Manitoba Museum

DIESES MODERNE NATURGESCHICHTLICHE MUSEUM, DAS im Jahr 1974 anlässlich der Hundertjahrfeier Winnipegs eröffnet wurde, ist äußerst erfolgreich mit seiner ambitionierten Zielsetzung, die zum Teil hochkomplexen Beziehungen und Wechselwirkungen zwischen dem Menschen und seiner natürlichen Umwelt in dieser Region von Kanada in anschaulicher und verständlicher Art und Weise darzustellen.

Viele Abteilungen werden durch anschauliche Dioramen belebt, aber wenige übertreffen die Wirkung des Dioramas einer Büffeljagd am Red River, bei dem ein Métis seinem anvisierten Beutetier bedrohlich nahe kommt. Andere zeigen eine Eishöhle in der Arktis, in der ein Eisbär einen Seehund verschlingt, oder Karibus, die durch die subarktische Landschaft des Wolverine River wandern. Die Besucher spazieren an einem Wasserfall im borealen Nadelwald vorbei und treffen auf eine von Elchen und Cree-Indianern bevölkerte Szenerie. Aber noch beeindruckender als diese Dioramen ist die Nachbildung der *Nonsuch* in Originalgröße. Diese in Devon (England) gebaute 15-Meter-Ketsch ist eine orginalgetreue Kopie jener *Nonsuch*, die 1688 in die Hudson Bay segelte und das Hinterland dem Fellhandel öffnete. Sie segelte im Sommer 1969 über den Englischen Kanal, wurde dann nach Nordamerika überführt und ruht heute hier, tief im Inland des Kontinents, auf dem künstlichen Schlamm eines exakt nachgebauten englischen Hafens mit dem dazugehörigen Pub Boar's Head.

Neben diesen Höhepunkten hat das Museum aber noch mehr zu bieten. Ein seltsamer, wie ein Mann geformter *inukshuk*, ein Wegweiser der Inuit aus Stein, bewacht den Eingang der Abteilung Arctic/Sub-Arctic. Der einen nicht loslassende Schrei des Seetauchers beschwört die Einsamkeit der nördlichen Wildnis herauf, während andere Vitrinen die Natur sowie die Heimtücken der sie bewohnenden Stechmücken – Sandfliegen und *no-see-ums*, Moskitos, schwarze Blattläuse und Pferdebremsen – zeigen. Die Abteilung über das winterliche Kanada veranschaulicht, wie Schnee und Permafrost eine erstaunliche Vielzahl an Lebensformen schützen. Zu sehen ist auch ein Beispiel des berühmten Red-River-Pferdewagens, dem wichtigsten Transportmittel der Region vor der Eisenbahn. Flugblätter mit der Aufschrift »Kanada, Deine Neue Heimat« erinnern an den europaweiten Aufruf, die bis dahin unberührten Prärieprovinzen zu besiedeln und zu bewirtschaften. ■

Manitoba Museum
www.manitobamuseum.ca
190 Rupert St.
204/956-2830
Geschl. Mo
$$

Besucher des Manitoba Museum of Man and Nature werden mit diesem dramatischen Diorama von Büffeln auf wilder Flucht begrüßt

Ausflüge rund um Winnipeg

THE FORKS NATIONAL HISTORIC SITE

Winnipegs **Union Station** ist einer der prachtvollsten Bahnhöfe Kanadas. Er wurde 1911 im Beaux-Arts-Stil erbaut. Das ausgedehnte Gebiet zwischen dem Bahnhof und dem Red River und Assiniboine, das einst von zahllosen Güterwagen und Getreidefuhrwerken bevölkert war, wurde in The Forks umbenannt und als Parkanlage angelegt. Der archäologisch wertvollste Teil des Flussufers ist die Forks National Historic Site, ergänzt um ein Amphitheater, einer »Path-of-the-Time«-Skulptur und Schiffsanlegern für Ausflüge auf dem Fluss. Alte Eisenbahnlagerhallen beherbergen einen Markt, Spezialgeschäfte und Cafés sowie die kunstvollen Auslagen des Manitoba Travel Ideas Centre und ein Kindermuseum. www.pc.gc.ca ✉ Nebenstraße der Main St., bei Water Ave. ☎ 204/983-6757

MANITOBA LEGISLATIVE BUILDING

Das beeindruckende Gebäude, das in einem etwa zwölf Hektar großen Park, der sich bis zum Ufer des Assiniboine erstreckt, steht, ist die Heimat des Parlaments von Manitoba. Es wurde 1920 fertig gestellt und ist eines von mehreren Beaux-Arts-Gebäuden, die bürgerlichen Stolz ausdrücken und die städtische Bevölkerung in den Prärien vereinigen sollte. Das Gebäude ist reich mit allegorischen Skulpturen verziert. Die hohe Kuppel schmückt der berühmte »Golden Boy«, ein vergoldeter Knabe, der in einer Hand eine Fackel, stellvertretend für den wirtschaftlichen Fortschritt, in der anderen eine Weizengarbe, Symbol der Landwirtschaft, hält. Hinter dem Portikus befindet sich ein sehenswerter Treppenaufgang, der durch ein Paar in New York gegossene bronzene Bisons bewacht wird.
✉ 405 Broadway Ave. ☎ 204/945-5813

RIEL HOUSE NATIONAL HISTORIC SITE

Das bescheidene Haus der Familie Riel (siehe S. 228f) wurde entsprechend dem ursprünglichen Erscheinungsbild restauriert und renoviert. Louis Riel bewohnte das 1881 hauptsächlich aus dem Holz des vorherigen Wohnhauses erbaute Anwesen nur während einiger kurzer Aufenthalte im Sommer 1883. Er wurde hier nach seiner Hinrichtung 1885 aufgebahrt. www.pc.gc.ca ✉ 330 River Rd., St. Vital ☎ 204/257-1783 🕒 Geschl. Sept.–Mitte Mai 💲 $

ST. BONIFACE MUSEUM

Das frühere Kloster der Grauen Nonnen wurde 1851 fertig gestellt. Es ist das älteste Gebäude Winnipegs und ein schönes Beispiel der Red-River-Rahmenkonstruktionsbauweise. Es beherbergt heute ein Museum, das die Geschichte Westkanadas aus der Sicht der Métis und der frankophonen Gemeinde Manitobas erzählt. Diese stellen heute etwa zehn Prozent der Bevölkerung und leben meist in St. Boniface und anderen Stadtteilen Winnipegs. In der Nähe steht die moderne St. Boniface Cathedral, das sechste Gotteshaus an diesem Standort. Der 1972 errichtete Bau integriert die beeindruckende zweitürmige Fassade der alten Kathedrale aus hellem Stein, die 1969 ausbrannte.
✉ 494 Ave. Taché, St. Boniface ☎ 204/237-4500 🕒 Geschl. im Winter Sa 💲 $

WINNIPEG ART GALLERY

Diese bedeutende, 1971 erbaute Kunstgalerie ist sowohl wegen ihrer Architektur als auch wegen der ausgezeichneten Kunstsammlungen beachtenswert. Dank eines enthusiastischen Wiener Kurators Anfang der 50er Jahre besitzt die Galerie eine unübertroffene Sammlung an Inuit-Kunstwerken – etwa 10 000 Skulpturen, Drucke, Zeichnungen, Textilien und Gemälde. Eine immer wieder wechselnde Auswahl dieses Schatzes ist zu besichtigen. Neben einer Sammlung verschiedener kanadischer Gemälde ist der zweite große Schwerpunkt des Museums die Gort Collection mit Gemälden aus der Gotik und der Renaissance – in Kanada ohnegleichen. Zu diesen meist deutschen und niederländischen Meisterwerken, die noch immer Lebendigkeit ausstrahlen, gehören Werke von Cranach und eine überragende »Anbetung der Heiligen Drei Könige« von einer Künstlergruppe, die als Meister der Heiligen Sippe bekannt sind.
www.wag.ca ✉ 300 Memorial Blvd. ☎ 204/786-6641 💲 $ ■

Churchill

DIESER VORPOSTEN AM TROSTLOSEN, SÜDWESTLICHEN Ufer der Hudson Bay blickt auf eine lange Geschichte als Handelsposten, Fort und Hafen zurück. Die Anbindung über Eisenbahn und Flugzeug macht seine außergewöhnliche arktische und subarktische Tierwelt und Landschaft einer wachsenden Zahl von Besuchern zugänglich, die die »Eisbärenhauptstadt der Welt« besuchen.

Der dänische Forschungsreisende Jens Munck besuchte diesen Platz an der Mündung des Churchill River im Jahre 1619, doch erst als die Hudson's Bay Company hier 1717 einen Posten gründete, kam es zur ersten dauerhaften Besiedlung durch Europäer. Anglo-französischer Wettbewerb über die Kontrolle der Hudson Bay führte zur Konstruktion des großen, sternförmigen Prince of Wales Fort. Es wacht noch immer über die Tundra und den Eingang zum Hafen. Trotz der zwölf Meter dicken Wände ergab es sich den Franzosen 1872 widerstandslos.

Im späten 19. Jahrhundert kursierte in den Prärien das Gerücht vom Bau einer Eisenbahn-Hafenverbindung. Nach mehreren vergeblichen Anläufen wurden Geldmittel zur Verfügung gestellt und das technische Problem, Schienen auf Permafrost zu verlegen, überwunden. Die Hudson Bay Railroad nach Churchill wurde 1929 eröffnet; zwei Jahre später erreichte die erste Ladung Prärieweizen England.

Der Hafen erlangte nie den erhofften wirtschaftlichen Erfolg, nicht zuletzt deshalb, weil er acht Monate im Jahr vom Eis eingeschlossen ist. Aber Züge aus Winnipeg (*VIA Rail, Tel. 204/944-8780*) bringen Besucher, die wegen des Vogelreichtums (mehr als 200 Arten), der Seehunde, der Belugawale, vor allem aber wegen der Eisbären den Weg nach Norden nehmen. Eine kurze Bootsfahrt über die Flussmündung führt zum **Prince of Wales Fort National Historic Site** (*Tel. 204/675-8863*) sowie zum **Eskimo Museum** (*242 La Vérendrye Ave., Tel. 204/675-2030, So geschl.*). Das **Parks Canada Visitor Reception Centre** (*Tel. 204/675-8863*) ist ein guter Startpunkt für die Erkundung dieses für die meisten Besucher ungewohnten Landstrichs. ■

ERLEBNIS: Churchills Eisbären

Eisbären sind groß und wunderschön. Ein Weibchen wiegt durchschnittlich 300 Kilogramm, ein Männchen bis zu 650 Kilogramm. Von September bis Anfang November, wenn sie von ihren Sommergebieten im Süden Churchills zurückkehren, sammeln sie sich an der Bucht und warten auf die Packeisbildung, die ihnen den Zugang zu ihrer Lieblingsnahrung, den Seehunden, ermöglicht. Moderne Umweltstudien hätten Churchill wahrscheinlich als Standort einer Stadt ausgeschlossen, da es direkt auf der Bärenroute zum Ufer liegt. Einheimische nehmen sich vor diesen großen Fleischfressern sehr in Acht, und auch Besucher sollten auf diesen Rat hören, bevor sie versuchen, sich ihnen zu nähern. Tundra-Buggy-Touren *(Tel. 204/949-2050 oder 800/663-9832)* bieten eine gute Möglichkeit zur gefahrlosen Beobachtung.

Churchill
213 E4

Besucherinformation
www.churchill.ca
Town Centre Complex
204/675-8871
Geschl. Sa–So.

Oben: Winterliche Nordlichter über Churchill

Unten: Eisbär

Die Hudson's Bay Company und der Pelzhandel

Fisch brachte die Europäer an die Küsten Kanadas, Pelze ins Inland. Es zeigte sich, dass das riesige Land nur so von Tieren wimmelte, deren Pelze in Europa hohe Preise einbrachten. Dort stand der Biber, das begehrenswerteste aller Pelztiere, kurz vor der Ausrottung. Biberpelze waren besonders wertvoll, da sie nach Bearbeitung durch einheimische Experten zu dauerhaftem, geschmeidigem Filz verarbeitet werden konnten – dem idealen Material für die von europäischen Herren im 18. und 19. Jahrhundert getragenen Hüte.

Zunächst dominierten die Franzosen den Pelzhandel; sie knüpften gute Verbindungen zu den Indianern, deren Sachkenntnisse beim Jagen, Fallenstellen und Verarbeiten eine unabdingbare Voraussetzung für den Erfolg waren. Die Handelsrouten führten von den berühmten Stromschnellen von Lachine bei Montréal nach Westen weit ins Landesinnere. Der Handel dehnte sich bis zum Lake Michigan und Lake Superior aus, Mitte des 18. Jahrhunderts sogar noch weiter über die Prärien hinaus in den fernen Nordwesten. Hier wartete ein mächtiger Gegner, die Hudson's Bay Company (HBC).

Die Suche der Engländer nach der unauffindbaren Nordwestpassage vom Atlantik zum Pazifischen Ozean brachte Matrosen durch die lange Meerenge und in die große, nach Henry Hudson benannte Bucht, der die Uferlinie 1610 erforschte. Doch es sollten zwei Franzosen sein, die die wahre Bedeutung der Bucht als Tor zu den Reichtümern des Pelzhandels erkannten. Médart Chouart, Sieur des Groseilliers und Pierre Esprit Radisson erfuhren durch die Cree-Indianer von der Existenz der Bucht, erhielten aber von den französischen Behörden keine Unterstützung für eigene Forschungsreisen. Am englischen Hof dagegen erwartete sie ein enthusiastischerer Empfang. Unterstützt durch ein Konsortium von Geschäftsleuten und Adeligen liefen die beiden 1668 an Bord der *Nonsuch* und der *Eaglet* aus. Nur die *Nonsuch* erreichte die Hudson Bay und kehrte, zur Freude des Konsortiums, beladen mit Pelzen von hoher Qualität in unvorstellbaren Mengen zurück. Die 1670 gegründete Hudson's Bay Company erhielt weit reichende Privilegien und ein Handelsmonopol für das ganze Einzugsgebiet der Bucht, ein riesiges Gebiet, das heute den Namen Rupert's Land trägt.

Es entwickelte sich ein Handelsstil, der sich grundlegend von dem Stil der abenteuerlustigen Franzosen unterschied. Diese pflegten einen vertrauten Umgang mit den Indianern und zeigten Bereitschaft, von den Einheimischen zu lernen. Die Beamten der Hudson's Bay Company lebten dagegen in der Regel in ihren Forts an den Flussmündungen der Bucht und warteten dort auf die jährliche Ankunft der Indianer mit ihrer Pelzladung. Geschäfte wurden nun nicht mehr während den von den Indianern bevorzugten und von den Franzosen begeistert übernommenen, komplizierten Zeremonien getätigt, sondern häufig durch einen Durchlass in der Wand abgewickelt. Angestellten der Gesellschaft war es untersagt, mit indianischen Frauen zusammenzuleben.

Diese mühevolle Annäherung erwies sich als unzureichend, als die Franzosen ihren Operationsradius in den Nordwesten ausdehnten. Die Gesellschaft begann, von den Standorten in der Bucht aus neue Handelsposten weit im Binnenland zu gründen. Auch nachdem Québec an die Engländer gefallen war, hörte die Rivalität nicht auf.

Oben: Fort Garry im 19. Jahrhundert
Rechts: Im 18. und 19. Jahrhundert führten Fallensteller ein einsames Leben

Jene 50 Jahre nach der Eroberung durch die Briten waren zugleich die letzten glanzvollen Jahre des Pelzhandels mit Sitz in Montréal. Französische Händler mit ihren beispiellosen Gespür für das Land bildeten noch immer die Elite unter den Händlern. Diejenigen, die zumindest einmal im fernen Nordwesten, dem *pays d'en haut*, überwintert hatten, genossen hohes Ansehen, während die *mangeurs de lard* (Schweineesser), die im Herbst in die Bequemlichkeiten der Zivilisation zurückkehrten, einen weit niedrigeren Status hatten. In Montréal wurde der Beaver Club gegründet, in dem nur diejenigen Mitglied werden konnten, die die Entbehrungen des Nordwestens erfahren hatten. Die beschwerliche Strecke zwischen Montréal und Fort William am Lake Superior wurde durch Straßen und Schleusen bei Sault Ste.-Marie verbessert. Im ersten Jahrzehnt des 19. Jahrhunderts hatten Männer der North West Company Strecken durch die Berge zum Pazifik, 4830 Kilometer von Montréal entfernt, ausfindig gemacht und dem Handel die letzten unerschlossenen Tierreservate zugänglich gemacht.

Die Rivalität zwischen den Gesellschaften endete 1821 mit der Übernahme der North West Company durch die Hudson's Bay Company. Eine Zeit lang übte die HBC noch ihre fast diktatorischen Privilegien über ihr Einzugsgebiet aus. Gegen Mitte des Jahrhunderts jedoch wurde klar, dass die Zukunft der Prärien eher den Farmern als den Bisonjägern oder Pelzhändlern gehören würde. 1870 verkaufte die HBC Rupert's Land an die kanadische Regierung.

Dank der Ländereien, die sie behielt, blieb die Gesellschaft wohlhabend. Abgekürzt zu The Bay (oder *La Baie*) beherrscht der Name auch heute noch so manchen Geschäftsbezirk. Die von Angestellten verwalteten Unterlagen bilden ein riesiges Archiv, die vielleicht wichtigste Quelle der kanadischen Geschichte. Im Manitoba Museum (siehe S. 217) steht ein Nachbau der *Nonsuch*.

Lower Fort Garry National Historic Site

Lower Fort Garry National Historic Site

213 E2

www.pc.gc.ca

32 km nördlich von Winnipeg am Hwy. 9

204/785-6050 oder 888/773-8888

Geschl. Okt.–Mai

$$

1826 verursachte eine der periodisch auftretenden Überflutungen des Red River am Zusammenfluss von Red River und Assiniboine schwere Schäden am Fort Garry. Gouverneur George Simpson entschied daraufhin, sein Hauptquartier stromabwärts an einen geschützten Standort zu verlegen, der nicht nur als Fort und Handelsposten, sondern auch als Zentrum eines vornehmen Landsitzes dienen sollte.

1883 wurde mit dem Bau des Lower Fort Garry genannten Standortes begonnen. Im von Parks Canada restaurierten Gebäudekomplex stellen Angestellte in Kostümen des 19. Jahrhunderts das Leben nach, wie es hier stattgefunden haben dürfte, bevor Eisenbahn und Dampfschiffe den Red River Cart und das York Boot ersetzten.

Das Kernstück des Komplexes ist das Big House, eine eineinhalb Stockwerke umfassende Konstruktion aus Stein mit einem hohen Dach und einer Veranda. Obgleich vornehm eingerichtet, wurde es nicht zu dem kultivierten, gesellschaftlichen Zentrum, wie Simpson es geplant hatte, und so segelte er 1833, enttäuscht von seinen Bemühungen, nach England zurück. Um das Herrenhaus herum gruppieren sich Lagerhäuser, ein Kornspeicher und ein gut gefüllter Pelzspeicher. ■

Mennonite Heritage Village

Mennonite Heritage Village

www.mennoniteheritagevillage.com

213 E2

Nördlich von Steinbach am Hwy. 12

204/326-9661

Okt.–April: Sa, So geschl.

$$

Hinter dem modernen Besucherzentrum, das die oftmals bewegte Geschichte der Mennoniten seit 1500 erzählt, breitet sich ein 16 Hektar großes Gelände aus, auf dem eines ihrer Präriedörfer wieder aufgebaut wurde. Dabei wurden sowohl hier stehende Originalhäuser als auch Gebäude, die an anderen Orten gerettet wurden, verwendet.

Zum Angebot gehört die Möglichkeit, typisch mennonitische Kost zu probieren. Fast alle Häuser, Kirchen, Schulen, Geschäfte, Werkstätten und Bauernhäuser stehen entlang einer Straße und unterscheiden sich dadurch grundsätzlich von den isolierten Gehöften, die in den Plänen der Landvermesser für den größten Teil der Prärien vorgesehen waren. Das erste Gebäude ist eine Kopie eines *semlin*, ein Haus aus Grassoden, das als vorläufiger Schutz nach Ankunft der Pioniere in ihrer neuen Umgebung erbaut wurde. Diese wurden jedoch schnell durch das dauerhaftere und solidere so genannte Hochfeld-Haus, einer Kombination aus Haus und Scheune mit einem zentralen Heizungssystem aus Ziegelsteinen, ersetzt. Dieser Gebäudetyp kann bis ins mittelalterliche Friesland an der Nordseeküste zurückverfolgt werden. Im Dorf steht auch der Nachbau der Steinbach-Windmühle, der einzigen ihrer Art in Kanada. ■

Traditionell wieder aufgebaute Bauernhäuser im Museumsdorf der Mennoniten

Riding Mountain National Park

ZU DIESEM WESTLICH VON LAKE MANITOBA GELEGENEN Nationalpark gehören die höchstgelegenen Landesteile der Provinz – Teil der als Manitoba Escarpment bekannten Hochfläche, die sich über 1600 Kilometer von North Dakota bis Saskatchewan erstreckt. Die Anhöhe liegt etwa 500 Meter über dem flachen Ackerland der angrenzenden Prärie.

Riding Mountain National Park
213 D2
www.pc.gc.ca
Wasagaming
204/848-7275
$$

Die 2978 Quadratkilometer des Parks stehen seit seiner Ausweisung als Waldreservat im Jahre 1906 unter Schutz. 1930 wurde er zum Nationalpark erklärt, der Ort Wasagaming angelegt und einige Gebäude, unter anderem das Interpretive Centre, eingerichtet. Durch den Park entwickelt sich die Siedlung im Sommer, wenn Sonnenbadende den Strand des **Clear Lake** bevölkern, zu einem geschäftigen Badeort. Im Winter bietet **Agassiz Ski Hill** Skiabfahrten.

Aber die wirkliche Faszination des Riding Mountain National Park bilden drei direkt nebeneinander liegende sehr unterschiedliche Ökosysteme. In der östlichen Ecke gedeiht an den Fußflächen der Anhöhe, weit westlich seines normalen Vorkommens, artenreicher Laubwald. Ulmen, Eichen und Manitoba-Ahorn schützen ein reichhaltiges Unterholz aus Reben, Sträuchern und Farnen; ein Lebensraum, der sonst von der Grassteppe praktisch verschwunden ist. Westlich der Anhöhe wurde das Plateau durch Gletscher abgeschürft, die Felsnasen, zahllose *potholes* (kleine und größere Tümpel) und einen Streifen borealen Nadelwaldes zurückließen. Weiter im Westen vermischen sich Espenwälder und Grassteppe zum Espen-Parkland.

Riding Mountain hat sich teilweise von der Fallenstellerei erholt, die einen Großteil der Tierwelt auszulöschen drohte. Es gibt Bären, Elche, Luchse, Biber und Wölfe und eine Bisonherde in einem großen Gehege am **Lake Audy**. Im Sommer stehen Wanderern etwa 400 Kilometer Wanderwege zur Verfügung, von denen einige im Winter für Langlauf oder Schneeschuhlaufen gespurt sind. Auf ihnen kann man den Park erkunden und die Hütte des frühen Umweltschützers Grey Owl (1888–1938) am **Beaver Lodge Lake** besuchen. ■

Clear Lake, die größte Wasserfläche im Riding Mountain National Park, wird von einem herrlichen Koniferenwald gesäumt

Regina

Regina
213 C2
Besucher-information
www.tourismregina.com
Östl. der Stadt, Hwy. 1
306/789-5099

Saskatchewan Legislative Building
Wascana Centre
306/787-5358

Royal Saskatchewan Museum
www.royalsaskmuseum.ca
Wascana Centre, College Ave. u. Albert St.
306/787-2815
Spende

R.C.M.P. Training Academy
Dewdney Ave. W.
306/780-5838

Weizengarben zieren das Wappen von Saskatchewan

»EINE STADT, DIE MIT WENIG VIEL ERREICHTE« – SO LAUTETE Bertons Tribut an die Hauptstadt von Saskatchewan, einer Stadt, die mitten auf einer baumlosen Ebene, praktisch ohne Wasser, und auf Erde, die sich nach jedem Regen in Matsch und im Sonnenschein in Staub verwandelte, gegründet wurde. Etwas mehr als ein Jahrhundert nachdem die Canadian Pacific Railway diesen trostlosen Platz erreichte, rühmt sich Regina heute herrlicher städtischer Gebäude und Einrichtungen, hat fast ebenso viel Grünland wie Ottawa und einen 350 000 Bäume umfassenden Stadtwald.

Die Stadt entstand 1883 als Hauptstadt der North West Territories am Wascana Creek. Zunächst war das Wachstum genauso träge wie das trübe Wasser des Baches, aber um die Jahrhundertwende erlebte Regina einen Aufschwung, als Siedler in die Ebenen drängten. 1905 wurde sie Hauptstadt der neuen Provinz Saskatchewan.

Die Unverwechselbarkeit von Regina liegt weniger im Straßennetz des Geschäftskerns als in dem als **Wascana Centre** bekannten, 930 Hektar großen Park. Um teilweise das Problem der Wasserversorgung lösen zu können, wurde der Bach in Form eines großen, gewundenen Sees gestaut. Das ihn umgebende Grünland wurde im Rahmen eines ambitionierten Beaux-Arts-Projektes von Thomas Mawson landschaftlich gestaltet, erhalten geblieben ist die viel bewunderte, formal angelegte Gartenanlage um das Parlamentsgebäude. Der Park bildet für viele Attraktionen der Stadt einen grünen Rahmen.

LEGISLATIVE BUILDING

Das 1912 fertig gestellte Parlamentsgebäude Saskatchewans ist ein prächtiger Bau mit einer hohen Kuppel und langen Seitenflügeln. Neben den Gesetzgebungsräumen sieht man auf der Führung auch einige Stücke der reichhaltigen Kunstsammlung, die ebenfalls hier untergebracht ist.

ROYAL SASKATCHEWAN MUSEUM

Hervorragende Schaukästen in der Earth Sciences Gallery (Erdgeschichtliche Abteilung) des Museums zeigen die außergewöhnliche geologische Vergangenheit und legen dabei besondere Aufmerksamkeit auf die reichhaltigen Fossilienvorkommen in der Provinz. Besucher können sogar ihren eigenen Dinosaurier entwerfen. Daneben erzählt die First Nations Gallery auf eine verständliche und zugängliche Art und Weise mit Hilfe von Dioramen und anderen Ausstellungsstücken die Geschichte der Ureinwohner der Provinz. Die Life Sciences Gallery ist ausgezeichnet.

ROYAL CANADIAN MOUNTED POLICE TRAINING ACADEMY

Eine Besichtigung des Platzes, an dem die zukünftigen Mounties ausgebildet werden, ist der Höhepunkt eines jeden Besuches in Regina. Jeden Wochentag um 12.45 Uhr findet ein Sergeant Major's Drill auf dem Exerzierplatz statt und im Sommer jeden Dienstag das großartige Spektakel der Sunset Retreat Ceremony, das feierliche Einholen der Flagge. Im **R.C.M.P. Centennial Museum** erfährt man die Geschichte der Streitkräfte, Schwerpunkt sind geschichtliche »Großereignisse« wie die Riel-Rebellion 1885 oder der Klondike-Goldrausch. ■

Pferde und Reiter bei einer Mounted Police Show

ERLEBNIS: Die Mounties

Rekonstruktion eines NWMP-Büros in Fort Calgary

Wenige Figuren symbolisieren ein Land so wirksam wie der Mountie in seinem (oder heutzutage auch ihrem) roten Uniformrock und dem flachkrempigen Stetson. Ursprünglich die North West Mounted Police (berittene Polizei des Nordwestens) genannt, wurden die Streitkräfte zunächst in aller Eile zusammengestellt, um sich um die Nachwirkungen des Cypress-Hills-Massakers von 1873 zu kümmern und um dem Westen Gesetz und Ordnung zu bringen. Die Farbe der Uniform sollte majestätische, britische Autorität ausstrahlen. Das Netzwerk der von den Mounties errichteten Forts legte ein charakteristisches Siedlungsmuster im Westen an (Fort Edmonton, Fort Calgary, Fort Macleod); die Männer erwarben sich den Ruf der Furchtlosigkeit und einer gerechten Rechtssprechung. Ein Häuptling der Blackfoot erklärte: »Die Polizei hat uns beschützt, wie die Federn eines Vogels ihn vor dem Frost des Winters schützen«. Die Tatsache, dass die Besiedelung des Westens so friedvoll voranging, wurde dem Respekt, den alle Parteien gegenüber dieser fast legendären Einrichtung hatte, zugeschrieben. Überraschenderweise stand die NWMP schon mehr als einmal kurz vor ihrer Auflösung, überlebte aber jedes Mal und nahm 1920 den königlichen Titel und die Rolle als Bundesstreitkraft an.

Saskatoon

Saskatoon
213 C2

Tourism Saskatoon
www.tourismsaskatoon.com
101-202 Fourth Ave. N. Saskatoon
306/242-1206 oder 800/567-2444

AUCH WENN SIE NOCH IMMER UNTER DEM STATUS VON Regina als Hauptstadt leidet und größer als ihre Konkurrentin im Süden Saskatchewans ist, so rühmt sich Saskatoon seiner schönen Lage entlang dem Ufer des South Saskatchewan und seinem eleganten Universitätscampus. Die Stadt wurde 1882 von Bürgern Ontarios als Zentrum einer Kolonie gegründet. Das Wachstum war langsam, um die Jahrhundertwende zählte die Stadt nur etwa 100 Einwohner. Der Aufschwung kam plötzlich, als alle drei Linien der kanadischen Eisenbahn hier zusammenliefen und Siedler die umliegende Prärie besiedelten. Bis Ausbruch des Ersten Weltkrieges war die Bevölkerung auf fast 20 000 gestiegen. Heute spielt die Stadt eine wichtige Rolle bei der Förderung und Verarbeitung der Pottasche- und Uranvorkommen.

Der gewundene South Saskatchewan, der von sieben Brücken überquert wird, wird vom **Meewasin Trail**, einer 17 Kilometer langen Wander- und Fahrradstrecke, begleitet, die viele Sehenswürdigkeiten der Stadt miteinander verbindet. Im **Meewasin Valley Centre** (*3rd Ave. S, Tel. 306/665-6888*) auf dem Westufer werden den Besuchern die Stadt und ihre Umgebung vorgestellt. Auf derselben Flussseite liegt eines der urkrainischen Museen Saskatoons, das **Ukrainian Museum of Canada** (*910 Spadina Cres., E., Tel. 306/244-3800*) mit traditionellen Kunstgegenständen und Ausstellungen über die Entwicklung der großen kanadisch-ukrainischen Gemeinde und ihrer Kultur. Weiter nördlich bietet die **Mendel Art Gallery** (*950 Spadina Cres. E., Tel. 306/975-7610*) einen üppig bepflanzten Wintergarten sowie eine reichhaltige Sammlung an Ton- und Glaswaren der Inuit, die von Fred Mendel, einem ortsansässigen Millionär mit Gemeinschaftssinn, zusammengetragen wurde. Auf dem Gelände der Universität von Saskatchewan auf der anderen Flussseite liegt das **Diefenbaker Canada**

Der beliebte Bauernmarkt in Saskatoon

Centre (*101 Diefenbaker Pl., Tel. 306/966-8384*), das an John Diefenbaker, »The Chief«, erinnert, der von 1957–63 Premierminister war.

Etwas vom Fluss entfernt liegt das **Western Development Museum** (*2610 Lorne Ave. S., Tel. 306/931-1910*) und der **Wanuskewin Heritage Park** (*4,8 km nördl. von Wanuskewin Rd. und Hwy. 11, Tel. 306/931-6767*). Ersteres gedenkt der Besiedelung der Prärien durch die Europäer mit einer Sammlung landwirtschaftlicher Alltagsgegenstände und der »Boomtown«, der Kopie einer Straße zu Anfang des 20. Jahrhunderts. Der Park widmet sich der Geschichte der First Nations, vor allem der Prärieindianer.

BATOCHE NATIONAL HISTORIC SITE

Den South Saskatchewan überblickend, war das Dorf Batoche ein Zentrum der Métis und kurzzeitig Hauptstadt von Louis Riels »provisorischer Regierung von Saskatchewan«. Hier fand 1885 das letzte Gefecht seiner Anhänger unter dem Kommando des geschickten Guerrilaführers Gabriel Dumont gegen die Streitkräfte unter Führung von Major General Frederick Middleton statt. Die zahlenmäßig unterlegenen Métis hielten zwar Middletons Angriff auf Batoche stand, aber nach vier Tagen machten die minderwertigen Waffen und der Munitionsmangel ihre Niederlage unausweichlich (siehe S. 228f).

Auch wenn der Großteil des Dorfes Batoche verschwunden ist, so sind die Kirche und das Pfarrhaus, die als Riels Hauptquartier dienten, noch intakt, man kann Spuren der Gewehrgräben der Verteidiger sehen sowie den Friedhof besichtigen.

FORT BATTLEFORD NATIONAL HISTORC SITE

Nach der Errichtung eines Handelspostens am North Saskatchewan River durch die North West Mounted Police 1876 wurde Battleford für kurze Zeit die Hauptstadt der North West Territories; eine Ehre, die es an Regina verlor, nachdem die Canadian Pacific Railway sich entschloss, ihre Linie Richtung Süden zu bauen. Während der Northwest Rebellion 1885 plünderten Cree-Indianer die Stadt; die Bewohner zogen sich in den Schutz des Forts zurück. Innerhalb der rekonstruierten Palisade wurden mehrere der ursprünglichen Teile des Forts renoviert; die Kaserne außerhalb der Umzäunung beherbergt ein Besucherzentrum. ■

Das Rathaus mit seiner modernen Fassade und Park

Batoche National Historic Site
- 213 C2
- www.pc.gc.ca
- 88 km nordöstlich von Saskatoon am östlichen Ufer des South Saskatchewan River
- 306/423-6227
- Geschl. Mitte Okt.–Mitte Mai
- $$

Fort Battleford National Historic Site
- 213 C2
- www.pc.gc.ca
- Abseits Yellowhead über Hwy. 16, 153 km nordwestlich von Saskatoon
- 306/937-2621
- Geschl. Mitte Okt.–Mitte Mai
- $$

Louis Riel und seine Aufstände

Louis Riel (1844–85), der auch über ein Jahrhundert nach seinem Tod noch immer eine umstrittene Persönlichkeit ist, führte nicht einen, sondern zwei Aufstände gegen das Vordringen Kanadas in die Prärien an. Eine traurige Aufeinanderfolge von Missverständnissen und unzureichender Kommunikation, kombiniert mit Riels eigenem unberechenbarem Verhalten, führte zu seiner tragischen Verurteilung und seiner Hinrichtung.

Oben: Louis Riel wurde 1885 hingerichtet
Oben rechts: Einheimische Kanadier und Métis mussten sich der überwältigenden Übermacht der 3000 Soldaten aus Ontario beugen
Unten rechts: Louis Riels letzte Ruhestätte neben der St. Boniface Basilica in Winnipeg

Riel, zu sieben Achtel französischer und einem Achtel indianischer Abstammung, wurde in Montréal für das katholische Priesteramt ausgebildet, fand seine Berufung jedoch in der Politik, als er 1869 von den Métis, die über die Aktivitäten kanadischer Landvermesser auf dem traditionell ihnen gehörenden Land beunruhigt waren, aufgefordert wurde, ihnen zu helfen. Obwohl es von Seiten Ottawas keine Pläne gab, die Métis umzusiedeln, ging doch die Angst um, dass dies geschehen könne. Riels National Committee hinderte den Lieutenant Governor von Rupert's Land daran, das Gebiet zu betreten, und nahm Fort Garry am Zusammenfluss des Red River und Assinoboine ein. Während Riel Verteidigungsreden verfasste und Ottawa besänftigende Erklärungen abgab, äußerte eine Gruppe Freibeuter aus dem nahen Portage La Prairie, Ontario, angeblich Drohungen gegen die Métis. Sie wurden von diesen gefangen genommen und in Fort Garry inhaftiert, ein Störenfried gar hingerichtet. In den Augen der Anglo-Kanadier war dies der Untergang Riels; es wurde ihm auch später nicht vergeben. Obwohl Manitoba, das 1870 gegründet wurde, Riels erfolgreichen Verhandlungen mit der kanadischen Regierung viel verdankte, machte es ihm die unerbittliche Feindseligkeit Ontarios unmöglich, seinen gewonnenen Sitz im Parlament einzunehmen; er war gezwungen, nach Amerika ins Exil zu gehen.

Mitte der 80er Jahre begann sich die Geschichte zu wiederholen. Viele Métis waren aus dem Gebiet des Red River, das ihnen von der Regierung zugesprochen worden war, nordwärts an die Ufer des South Saskatchewan River gezogen, weil sie von Spekulanten vertrieben worden waren. Nun hofften sie, hier weiter in ihrem traditionellen Lebensstil leben zu können. Aber wieder kamen Landvermesser, die Vorhut der Landspekulanten und Siedler. Riel, der inzwischen amerikanischer Staatsbürger geworden war, wurde in seinem Exil in Montana gebeten, bei der Verteidung der Landrechte zu helfen. 1884 kam er in Batoche am North Saskatchewan River an.

Irritiert durch die angebliche Untätigkeit der Regierung und von einigen seiner Anhänger wegen seiner scheinbaren Unfähigkeit verspottet, schien Riel das Gleichgewicht zu verlieren, das er sich nach einem nervösen Zusammenbruch zehn Jahre zuvor wieder mühsam aufgebaut hatte. Er erklärte sich selbst zum »Propheten der Neuen Welt«, richtete sich sein Hauptquartier in der Pfarrkirche von Batoche ein und befahl der North West Mounted Police, das Gebiet zu verlassen, und drohte mit ihrer

ansonstigen Vernichtung. Ottowa, das nicht geneigt war, diese Drohung unbeantwortet zu lassen, holte sich Verstärkung. Eine 3000 Mann starke Truppe eilte aus Ontario heran, so dass die Rebellion trotz einer geschickten Verteidigung im Guerilla-Stil durch Riels militärischen Kommandanten Gabriel Dumont zum Scheitern verurteilt war. Als die Schlacht nach vier Tagen beendet war, floh Dumont in die Vereinigten Staaten, Riel wurde gefangen genommen und in Regina angeklagt.

Die Anklage gegen ihn lautete auf Hochverrat. Auch wenn er selbst nie einen Schuss abgegeben hatte, so wurde er doch der Anzettelung einer Rebellion angeklagt, in deren Verlauf etwa hundert Menschen ihr Leben verloren hatten. Sympathie seitens Québecs für sein Anliegen stand im Gegensatz zur unnachgiebigen Feindseligkeit Ontarios. Riels Anwälte plädierten auf Geisteskrankheit, aber der Angeklagte selbst sprach so gewandt, dass der Antrag abgelehnt wurde. Am 16. November 1885 wurde Riel gehängt.

Ein einsamer Bison durchstreift den weiten Grasslands National Park in Saskatchewan

Parks in Saskatchewan

PRINCE ALBERT NATIONAL PARK

Die besondere Faszination dieses 3875 Quadratkilometer großen Nationalparks, der 1927 im Herzen Saskatchewans gegründet wurde, liegt im Nebeneinander zweier wichtiger Ökosysteme Kanadas. Im Süden stellt das Ineinandergreifen von Espen-Parklandschaft und Grassteppe einen wichtigen Lebensraum für viele Tiere vom Eichhörnchen bis zu einer Herde eingeführter Präriebisons (in diesem Lebensraum ist normalerweise das Waldbison beheimatet) dar. Im Norden weicht das Parkland einem borealen Nadelwald aus Fichten, Tamarackholz und Bankskiefer, Lebensraum für Nerze, Otter, Füchse, Schwarzbären und Wölfe. Der einst seltene Biber ist, nicht zuletzt dank der wegweisenden Naturschutzarbeit von Grey Owl wieder weit verbreitet. Unzählige Seen, Flüsse und Tümpel ziehen viele Urlauber und Vergnügungssüchtige besonders um die Gegend der Stadt **Waskesiu Lake** an. **Lavallée Lake** ist jedoch gesperrt, da er die Heimat eines Schwarms weißer Pelikane ist.

213C3 www.pc.gc.ca 80 km nördlich von Prince Albert über Hwy. 2 306/633-4522 $$

GRASSLANDS NATIONAL PARK

Der Auftrag des Nationalparks liegt in der Erhaltung einer der letzten unberührten Prärielandschaften Nordamerikas. Ein Informationszentrum steht in **Val Marie** (*im Winter Sa–So geschl.*); der Park gibt einen Einblick in die Prärie mit ihren Wildblumen und über 40 Grasarten, die die robuste Grasdecke bilden. Zur Tierwelt zählen Ziesel, Gabelbock, Maultierhirsch und Kanadas einzige Präriehundkolonie.

213C1 www.pc.gc.ca zwischen Val Marie und Kildeer, südlich des Hwy. 18 877/345-2257

CYPRESS HILLS INTERPROVINCIAL PARK

Die zu Saskatchewan und Alberta gehörenden Cypress Hills sind die höchstgelegene Region (1463 m) zwischen Labrador und den Rockies. Mit ihrem feuchteren Klima, der üppigen Vegetation und einem abwechslungsreichen Relief erschienen sie dem Landvermesser John Palliser 1859 wie eine »perfekte Oase in der Wüste«.

212B1 www.cypresshills.om 27 km südlich von Maple Creek über Hwy. 21 und 271 306/662-5411 ■

Edmonton

»EINE STADT, AUS DER MAN STAMMT, ABER NICHT EINE Stadt, die man besichtigt«, war die mürrische Einstellung von Mordecai Richler aus Montréal in Bezug auf die Hauptstadt von Alberta, einer der nördlichsten Großstädte der Welt mit einem schwer erträglichen Winterklima. Aber Edmonton hat auch viele schöne Seiten und erfüllt alle Erwartungen an eine moderne Metropole: Es gibt Museen, ein Symphonieorchester, viele Feste, dazu ein Netzwerk an Grünflächen im Tal des North Saskatchewan, der das Stadtgebiet in zwei Hälften teilt. Ein System von überdachten »ped-ways«, Fußgängerwegen, bieten Schutz vor den strengen Wintern.

Edmonton

212 B3

Besucherinformation

www.edmonton.com

www.infoedmonton.com

9990 Jasper Ave. N.W.

780/496-8400 oder 800/463-4667

Geschl. Sa–So

Gateway Park

2404 Gateway Blvd. S.W.

780/496-8400

Das Tal des North Saskatchewan mit seinen reichhaltigen Naturschätzen (Wasser, Holz und Tierwelt) wird schon seit Jahrtausenden von Menschen bewohnt. Gegen Ende des 18. Jahrhunderts entstanden Handelsposten, die mehrmals aufgelassen und wieder aufgebaut wurden, bevor Fort Edmonton auf dem Gelände, auf dem nun das Legislative Building (*97th Ave. und 107th St.*) steht, befestigt wurde. Edmonton, immer schon das Tor zum Norden, zog 1883 den Kürzeren, als die Canadian Pacific ihre Schienen auf einem südlicheren Abschnitt nach Calgary legte. Die Ankunft der anderen transkontinentalen Eisenbahnen zu Anfang des 20. Jahrhunderts war eine kleine Entschädigung, wie auch die Wahl zur Provinzhauptstadt (1905) und der Sitz der Universität von Alberta. Während des zweiten Weltkriegs war Edmonton das Hauptquartier für den Bau des Alaska Highway und der Canol-Ölpipeline. 1947 wurde das erste von mehreren Ölfeldern entdeckt, die seitdem das Geschick der Stadt prägen.

Den Stadtkern bildet der **Churchill Square** mit vielen modernen Gebäuden, zu denen auch das gefeierte Rathaus (1993), das **Citadel Theater** mit fünf Zuschauersälen (*0928-101A Ave., Tel. 780/425-1820*), das Gerichtsgebäude und die **Art Gallery** (*2 Churchill Sq., Tel. 780/422-6223*) mit wechselnden Ausstellungen und dem Schwerpunkt auf kanadischer Kunst gehören. Im Tal des 65 Meter tiefer gelegenen North Saskatchewan liegt das ungewöhnliche Konferenzzentrum, auf der anderen Flussseite das **Muttart Conservatory** (*9626-96 A St., Tel. 780/496-8787*) mit seinen eindrucksvollen Glaspyramiden. Hier gedeihen exotische Pflanzen aus Wüste, Urwald und gemäßigtem Wald. Flussaufwärts trifft man nach einer Flussbiegung auf das **Alberta Legislative Building** im Beaux-Arts-Stil. Fertig gestellt 1913, ist es mit seinem großartigen Eingang und seiner Kuppel vielleicht das eindrucksvollste aller Prärieprovinzparlamente – und etwas ganz anderes als das primitive Fort, das einst an dieser Stelle stand. ■

Von einigen auch das »Gizeh am Saskatchewan« genannt, sind die Glaspyramiden des Muttart Conservatory (1977) eine eindrucksvolle Ergänzung des Stadtbilds von Edmonton

Weitere Sehenswürdigkeiten um Edmonton

FORT EDMONTON PARK

Der angeblich größte Geschichtspark Kanadas ist ein Versuch, Edmontons Vergangenheit mittels authentisch aussehender Nachbildungen von Gebäuden und authentisch kostümierten und mit Skript versehenen Stadtbewohnern nachzustellen. Die Zeitreise behandelt vier Zeitabschnitte, veranschaulicht anhand eines Pelzhandelspostens von Fort Edmonton mit dem Big House des Hauptkommissionärs von 1846, der Jasper Avenue mit ihren Geschäften und dem NWMP-Posten aus dem Jahr 1885, einer Straße mit Straßenbahn von 1905 und einer Straßenszene aus dem Jahr 1920.
www.edmonton.ca/fort ✉ Beim Whitemud Dr., 8 km südwestl. der City ☎ 780/442-5311 🕒 Okt.–April geschl. $ $$$

ROYAL ALBERTA MUSEUM

Dieses Museum gibt eine Einführung in die Geschichte der Menschen und der Natur dieser Provinz. Ein Höhepunkt ist die erst kürzlich renovierte Aboriginal Peoples Gallery, die das Leben der Ureinwohner der westlichen Ebene dokumentiert. In anderen Abteilungen werden die wichtigsten Ökosysteme der Provinz, ihr außergewöhnlicher Reichtum an Naturschätzen, ihre Frühgeschichte und die Geschichte der europäischen Siedlungen erklärt.
www.royalalbertamuseum.ca ✉ 12845–102nd Ave. ☎ 780/453-9100 $ $$

WEST EDMONTON MALL

Über 800 Läden, ca. 100 Restaurants, Nachtclubs, eine riesige Eislaufbahn, ein großer überdachter Vergnügungspark und der größte überdachte Wasserpark der Welt, der weltweit größte überdachte See (in dem man, wie einige scherzen, mehr U-Boote findet, als die Kanadische Marine besitzt)... die Liste der Superlative ließe sich beliebig ergänzen. Das 13,4 Quadratkilometer große Einkaufszentrum mag architektonisch mittelmäßig sein, aber die schiere Größe und Beliebtheit (über 6 Mio. Besucher im Jahr) machen einen Besuch fast zur Pflicht.
www.westedmontonmall.com ✉ 70th St. und 87th Ave., 8 km westlich der Innenstadt ☎ 780/444-5321 oder 800/661-8890 ■

Die florierende Edmonton Mall hat Kritiker widerlegt, die der Meinung waren, dass die dünn besiedelten Provinzen niemals ein solches wirtschaftliches Wagnis unterstützen würden

Alberta Badlands

ÜBER VIELE KILOMETER ENTLANG DEM DURCH DEN RED River erodierten Tals formen Rinnen, Hügel, Tafelberge und die als Hoodoos bekannten Erdpyramiden eine unheimliche Mondlandschaft, die als Alberta Badlands bekannt ist. In diesem Gebiet, einer der reichsten Dinosaurierfundstellen, liegt auch der zum UNESCO-Welterbe erklärte Dinosaur Provincial Park sowie das Royal Tyrrell Museum of Palaeontology, das eines der besten seiner Art ist.

Alberta Badlands
212 B2

In totalem Gegensatz zu der ihn umgebenden gesichtslosen Prärie ist der tiefe Kanal, der von einem glazialen Vorläufer des Red River geformt wurde, voller seltsamer, sogar unheimlicher Formen, die dem Ganzen durch das Fehlen von Vegetation und die düsteren Farben der exponierten Felsen einen unheimlichen Charakter verleihen. Die Hoodoos sind am spektakulärsten, ihre Kappen aus widerstandsfähigem rotem Eisengestein schützen darunter liegende weichere Schichten aus Sandstein und Schwemmsand – zumindest vorübergehend, denn die ganze Landschaft ist einer konstanten Veränderung unterworfen. Die Erosionsrate ist hier mit bis zu 0,50 Zentimeter im Jahr sehr hoch, 2000-mal höher als die der härteren Felsen der Berge im Westen. Aber auch Besucher, die auf ihnen herumklettern und sich an ihnen zu schaffen machen, hinterlassen Schäden und werden deshalb gebeten, die seltsamen und wunderschönen, aber auch sehr zerbrechlichen Formen zu respektieren und zu schützen.

Für Besucher, die aus Calgary ankommen, bietet ein Aussichtspunkt mit einer Panoramasicht über den **Horseshoe Canyon** (Hwy. 9) eine eindrucksvolle Einführung in das Gebiet. Nordwestlich der alten Minenstadt **Drumheller** bietet der 48 Kilometer lange, kreisförmige **Dinosaur Trail** einen Überblick über die sich verändernden Landschaften des Tales sowie eine Fährüberfahrt über den Fluss. Die besten Hoodoos findet man 16 Kilometer südöstlich von Drumheller, unweit vom Highway 10.

Aus den Sedimentablagerungen eines alten Binnensees erodierten Wind und Wasser die spektakulären und weltweit einzigartigen Formen der Alberta Badlands

Der schrecklichste aller Dinosaurier, der *Tyrannosaurus rex*, ist selbst als Skelett beeindru-ckend

ROYAL TYRRELL MUSEUM OF PALAEONTOLOGY

Bewacht durch scheinbar lebendige Dinosaurier, spiegelt dieses lange und niedrige Museum die Formen und Farben seiner Umgebung wider. Besucher können die farbenprächtigen Bewohner eines Riffs zur Zeit des Devons bewundern, zwischen den urzeitlichen Pflanzen eines Paläo-Wintergartens umhergehen, ihre Hände tief in einen simulierten Dunghaufen eines *Triceratops* stecken, um so herauszufinden, was er gegessen hat, an Computern arbeiten und Labormitarbeiter beobachten, die Fossilien präparieren. Aber das Herzstück des Museums ist die meisterhafte Anordnung der Skelette in der Dinosaur Hall. Mit insgesamt 35 Skeletten ist diese die weltweit größte Ausstellung dieser Art. Hier findet man den *Albertosaurus* mit seinem dolchartigen Fang und seinen mit einer Kralle versehenen Hinterläufen und den *Edmontia*, der ein schwaches Gebiss hat, aber gut gepanzert ist, sowie den *Quetzacoatlus*, die größte fliegende Kreatur, die es gegeben hat, und natürlich den *Tyrannosaurus rex*. Eine weitere Ausstellung widmet sich der Burgess Shale, einer bedeutenden Fossillienlagerstätte (siehe S. 265.

DINOSAUR PROVINCIAL PARK

Gegründet im Jahr 1955, wurde der 728 Quadratkilometer umfassende Park, der außer dem Nemegt-Tal in der Mongolei in seinem Reichtum als Fossilienfundstätte unübertroffen ist, 1979 zum Welterbe der UNESCO erklärt. Zur Badland-Szenerie des Parks gehören schöne Bestände an Pyramidenpappeln, Lebensraum für ein viele Vögel.

Es gibt Zeltplätze und andere Einrichtungen, aber der Mittelpunkt des Parks ist die **Field Station** des Royal Tyrrell Museum. Sie dient als Basis für die kontinuierlich fortschreitende wissenschaftliche Arbeit. In einem Ausstellungsgebäude werden Skelette und andere Funde ausgestellt. Neben Wegen mit Erklärungstafeln und geführten Wanderungen gibt es Busfahrten zu Ausgrabungsstätten, die der Öffentlichkeit sonst nicht zugänglich sind (*Reservierung notwendig*). ■

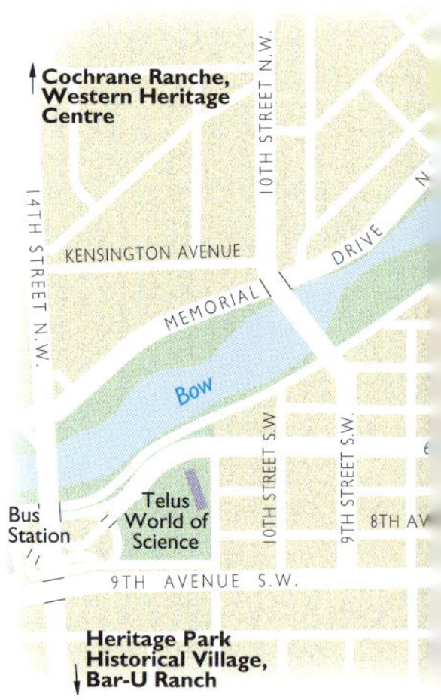

Royal Tyrrell Museum of Palaeontology
- Karte: 212 B2
- www.tyrrellmuseum.com
- 6 km nordwestlich von Drumheller im Midland Provincial Park
- 403/823-7707 oder 888/440-4240
- Geschl. Okt.–Mitte Mai Mo
- $$

Dinosaur Provincial Park
- Karte: 212 B2
- www.dinosaurpark.ca
- 48 km nordöstlich vom Trans-Canada 1 von Brooks aus
- 403/378-4342
- Besucherzentrum Okt.–Mai geschl.
- $$

Calgary

CALGARY LIEGT 100 METER ÜBER DEM COWBOYLAND VON Alberta – mit den östlichen Ausläufern der Rockies als unvergleichlichen Hintergrund. Seine eindrucksvolle Skyline wurde in den letzten Jahren um eine Gruppe attraktiver Bürotürme erweitert. Trotz der Abhängigkeit von unsicheren, auf den natürlichen Rohstoffen basierenden Industrien, zunächst die Landwirtschaft und dann das Öl, und den damit verbundenen, teilweise heftigen wirtschaftlichen Schwankungen behielt es stets seine fröhliche Western-Atmosphäre. Sogar das Klima ist freundlich: Die Sonne scheint hier öfter als im übrigen Kanada, und die Winterkälte wird oft durch den Chinook, einen warmen Westwind, gemildert.

Calgary
212 B2

Besucher-information
www.tourismcalgary.com
Calgary Tower Centre, 101 9th Ave. S.W.
403/263-8510 oder 800/661-1678

Die Anfänge der Stadt reichen bis 1875 zurück, als die North West Mounted Police am Zusammenfluss des Bow und Elbow ein Fort errichtete. Als die Schienen der Canadian Pacific 1883 Fort Calgary erreichten, baute die Eisenbahn ihre Bahnstation und die dazugehörigen Gebäude auf ihrem eigenen Land, auf der gegenüberliegenden Flussseite von der um das Fort angewachsenen Siedlung. Die Einwohner seilten schon bald ihre Häuser zusammen und zogen sie über den gefrorenen Fluss auf die andere Seite, da offen-

Zuschauer bei der Calgary Stampede mit dem Saddledome Stadium im Hintergrund

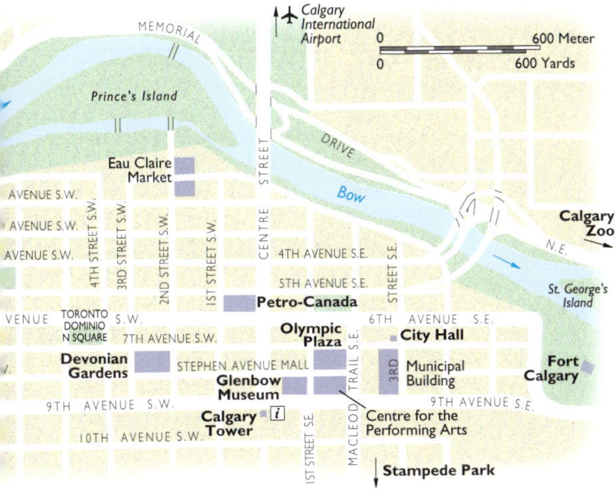

Hinter einer Bahn- und Fußgängerbrücke erhebt sich die Skyline Calgarys

sichtlich war, dass sich die Gegend um den Bahnhof zur »Boomtown« entwickeln würde.

Als sich die Prärien mit Bauern und Siedlern füllte, entwickelte Calgary sich zu einem landwirtschaftlichen Zentrum. Öl wurde 1914 südwestlich der Stadt entdeckt, aber der wahre Ölboom kam nach dem Zweiten Weltkrieg und kurbelte das Bevölkerungswachstum an. Es folgten der Bau mondäner Firmengebäude und einer städtischen Schnellstraße sowie ein leistungsfähiges, öffentliches Verkehrssystem, das auf Schnellzügen basiert.

DIE INNENSTADT

Die eng aneinander gebauten Wolkenkratzer geben der Stadt ein charakteristisches Profil, ganz gleich, ob man sie aus der Ferne von den Prärien oder vom hohen Rand des vom Bow Fluss gegrabenen Tales aus sieht. Viele aus dem späten 19. Jahrhundert datierende Gebäude, von denen einige entlang der **Stephen Avenue Mall**, einer der wichtigsten Ost-West-Straßen – heute eine Fußgängerzone –, stehen, wurden aus örtlichem Sandstein erbaut. Im Osten, hinter der **Olympic Plaza**, die anlässlich der Winterspiele 1988 angelegt wurde, steht der raue Sandstein des **Rathauses** in faszinierendem Kontrast zu dem glatten, blauen Glas des neuen Anbaus. Im Westen kennzeichnen die gemeißelten und 1984 fertig gestellten Türme des Petro-Canada-Komplexes das Stadtbild.

Wie mehrere andere kanadische Städte, verfügt auch Calgary über eine wetterfeste Fußgängerzone, die »Plus-15«, da ihre etwa 40 Brücken und elf Kilometer umfassenden Fußwege 15 Fuß (4,5 m) über der Straße liegen. Von den über den Straßen liegenden **Devonian Gardens**, einem ein Hektar großen Paradies aus Wasserspielen und üppigen Pflanzen, hat man Zugang zu den meisten Geschäften und Büros. ■

Weitere Sehenswürdigkeiten in Calgary

CALGARY TOWER

Auch wenn seine Wirkung durch die Bürotürme etwas gemindert wurde, so bietet der Calgary Tower trotzdem die beste Rundumsicht über die Stadt und ihre Umgebung. Der 1968 fertig gestellte Turm mit einer Höhe von 191 Meter wird noch durch ein Drehrestaurant gekrönt. www.calgarytower.com ✉ 9th Ave. und Centre St. S. ☎ 403/266-7171 $ $$$

CALGARY ZOO, BOTANIC GARDEN UND PREHISTORIC PARK

Der auf einer Insel im Bow liegende Zoo beherbergt Tiere aus der ganzen Welt. Seine Originalität liegt jedoch im Nachbau charakteristischer nordamerikanischer Lebensräume, die die Tiere in ihrem »natürlichen« Lebensraum zeigen. Nachgebildet wurden bisher Eurasien, Australien, Afrika und die kanadische Wildnis . Auch der Prähistorische Park ist beliebt; allerdings wirken die künstlichen Dinosaurier in einer Einrichtung, die ansonsten von lebenden Tieren bewohnt wird, etwas eigenartig. www.calgaryzoo.org ✉ 1300 Zoo Rd. N.E., Whitecorn C-Train zur Station Zoo ☎ 403/232-9300 $ $$$

FORT CALGARY

Die das NWMP-Fort umgebende Palisade wurde schon 1882 niedergerissen, während das Fort selbst nach seiner Zerstörung durch einen Brand 1887 wieder aufgebaut wurde. 1914 verschwand es unter den Einrichtungen der Grand Trunk Railway. Diese historische Stätte wurde anlässlich der Hundertjahrfeier von Calgary 1975 als Parklandschaft angelegt. Das frisch renovierte Fort von 1875 wird durch das Interpretive Centre ergänzt, das eine Zusammenfassung über die Stadtentwicklung gibt. www.fortcalgary.com ✉ 750 9th Ave. S.E. ☎ 403/290-1875 $ $$

GLENBOW MUSEUM

Eine gigantische, einem Eiszapfen gleichende und das nördliche Polarlicht symbolisierende Skulptur erstreckt sich über alle Stockwerke dieses modernen Gebäudes, das nach der Ranch eines Ölmagnaten benannt wurde, der den Grundstock der Sammlung des schönen Museums stiftete.

Der Zoo hat sich auf Lebensräume des westlichen Nordamerikas spezialisiert

Eine stattliche Ansammlung von Gegenständen illustriert das Leben der unterschiedlichen Völker, die den kanadischen Westen gestaltet haben. In der First Nations Gallery sieht man Objekte von außergewöhnlicher Schönheit und Interessantes wie den Kopfschmuck der Stony-Indianer aus 96 Adlerfedern und ein großes Tipi, dessen Eingang nach Osten zeigt, um die Sonne und den Schöpfer willkommen zu heißen. Die ethnische und kulturelle Vielfalt der europäischen Siedler wird in der Abteilung »Homage to the Homeland« vermittelt. Das goldene Zeitalter der Viehzüchter in den 80er Jahren des 19. Jahrhunderts wird hier zum Leben erweckt.

Weitere interessante Ausstellungen zeigen die kulturellen Errungenschaften Westafrikas; die Abteilung »Warriors« widmet sich der Militärgeschichte über mehrere Jahrhunderte. www.glenbow.org ✉ 130 9th Ave. S.E. ☎ 403/268-4100 $ $$

HERITAGE PARK HISTORICAL VILLAGE

Dieser Park, angeblich der größte seiner Art in Kanada, ist ein Versuch, die Atmosphäre des kanadischen Westens vor 1914 mit mehr als 150 Gebäuden und Ausstellungsstücken, Kutschen, Straßenbahnen, einem Dampfzug und einem Volksfest nachzubilden, belebt durch Angestellte in historischen Kostümen. www.heritagepark.ca ✉ 1900 Heritage Dr. S.W. ☎ 403/268-8500 🕒 Geschl. Mitte Nov.–April und Sept.–Okt. Mo–Fr $ $$ ■

ERLEBNIS: Calgary Stampede

Jedes Jahr im Juli blicken die schlanken Wolkenkratzer Calgarys auf eine bunte, chaotische Szenerie, wenn Anzüge mit dem Western-Outfit und Cowboystiefeln vertauscht werden und die Stadtbewohner zehn Tage lang ihre Herkunft als Cowboystadt feiern. Die Rodeoshow bietet Sensationen in Hülle und Fülle: *bronco busting*, Reiten auf Wildpferden, *bull riding*, Reiten auf Stieren, *steer wrestling*, Niederringen von Stieren, *calf roping*, das Einfangen von Kälbern mit dem Lasso, und das äußerst spannende *chuck-wagon race*, das Wettrennen der Proviantwagen.

Die erste, von dem amerikanischen Rodeo-Cowboy Guy Weadick organisierte Stampede wurde am 2. September 1912 mit einer spektakulären Parade aus 1000 Cowboys und 3000 Indianern in zeremonieller Kleidung sowie Veteranen aus den frühen Tagen der North West Mounted Police eröffnet. Skeptiker hatten einen Reinfall vorhergesagt, in der Meinung , die Blütezeit der Viehzucht und der Cowboys wäre längst vorüber und die Zukunft gehöre den Landwirten und ihrem Weizen. »Umso mehr ein Grund, eine Stampede zu veranstalten«, war Weadicks Antwort. Tatsächlich überlebte die Viehzucht, während viele Landwirte in den trockenen Jahren der Dirty Thirties zu Grunde gingen. Diese erste Stampede war mit schätzungsweise 40 000 Zuschauern ein großer Erfolg, und das zu einer Zeit, als Calgary nur 60 000 Einwohner zählte.

Während des Ersten Weltkriegs wurde die Veranstaltung ausgesetzt, aber 1923 wieder au genommen und mit der großen jährlichen Landwirtschaftsausstellung zur Calgary Exhibition and Stampede zusammengelegt. Heute betragen die Preisgelder bis zu 600 000 US-$, und die Besucherzahlen erreichen die Millionengrenze. Sie füllen den Stampede Park südlich der Innenstadt nicht nur wegen der Sensationen und des Nervenkitzels des Rodeos und der *chuck wagon races*, sondern auch wegen der Viehausstellungen, des Rummelplatzes und anderer Attraktionen. Am Abend finden auf der Haupttribüne Tanzvorführungen und andere spektakuläre Darbietungen statt. Die Straßen der Innenstadt sind mit Feiernden und Country-Musik belebt. Strikte Vegetarier kämpfen in Anbetracht der vor allem Rindfleischgerichte anbietenden Speisekarten mit ihren Prinzipien. Am nächsten Morgen geht es dann, gestärkt mit einem kostenlosen Frühstück aus Pfannkuchen und Kaffee, weiter.

Chuck-wagon race: **Ursprünglich dienten die Planwagen zum sicheren Transport von Lebensmitteln und Alltagsgegenständen**

Sich auf einem Bronco acht oder mehr Sekunden zu halten, ist eine Herausforderung für jeden ambitionierten Reiter

Die *chuck wagon races*, die zum ersten Mal 1923 stattfanden, entwickelten sich aus den Postkutschenrennen. Jedes Team besteht aus einem Fahrer, vier Pferden und vier Begleitern. Vor dem Start wird der Wagen mit Zeltstangen und einem Herd beladen, die während des Wettbewerbs gut verstaut bleiben müssen. Der Wagen wird dann um einen in Achterform gelegten und mit Tonnen markierten Kurs gesteuert, bevor er über die eine halbe Meile lange Hauptstrecke jagt. Trotz Verschärfung der Regeln werden immer wieder Reiter oder Pferde verletzt. Tierschützer haben sich gegen das Rennen eingesetzt, aber die Teilnehmer verfolgen das Rennen mit einer Leidenschaft, die sich dem Risiko gebrochener Knochen widersetzt.

DAS VERMÄCHTNIS DER VIEHZÜCHTER

In den 80er Jahren des 19. Jahrhunderts wurden große Rinderherden von Montana in die Gegend um Calgary getrieben, um den gesunden Appetit der neu angekommenen Mounties zu stillen, aber auch als alternative Proteinquelle zu dem einst reichlich vorkommenden Bisonbestand. Große Viehfarmen wurden gegründet, einige von Großgrundbesitzern aus Großbritannien sowie aus Ostkanada. Anlaufschwierigkeiten und die Ankunft der Bauern, die fest zum Getreideanbau entschlossen waren, schienen das Ende der Viehzüchter vorherzusagen. Aber sie überlebten und spielen noch heute eine wichtige Rolle im wirtschaftlichen und kulturellen Leben der Provinz.

Einige der berühmtesten Viehfarmen sind der Öffentlichkeit zugänglich. Die über 400 Hektar umfassende **Cochrane Ranch** (*Tel. 403/932-2902*) am Bow River im Westen Calgarys informiert beispielsweise über die Geschichte des Rodeo und die Viehhaltung, während die renommierte **Bar U Ranch** (*Tel. 403/395-2212 oder 800/568-4996*) inzwischen von Parks Canada als eine National Historic Site geführt wird.

Ausflüge rund um Calgary

Head-Smashed-In Buffalo Jump wurde von den frühen Jägern optimal genutzt

HEAD-SMASHED-IN BUFFALO JUMP

Der Büffel-Sprung in den Porcupine Hills im südwestlichen Alberta ist eine der eindrucksvollsten Indianerstätten Nordamerikas, deren Bedeutung 1981 durch die Gewährung des Status als UNESCO-Welterbe gewürdigt wurde. Im Interpretive Centre erfährt man viel über die lange Geschichte dieser Bisonjagdstätte.

Ein zehn Meter dickes Knochenbett an der Basis der Klippen, über die die Büffel zu Tode gestürzt wurden, zeigt, dass die Klippen schon seit etwa 5700 Jahren benutzt wurden. Dieser für archäologische Untersuchungen unschätzbare Fund ist besonders in Bezug auf die Herstellung und Anwendung von Werkzeugen faszinierend. In dem Zentrum geben Schautafeln umfassende Informationen über die Techniken des Büffelsprungs, des verwendeten Materials und der spirituellen Bedeutung. Ein Pfad führt von der obersten Terrasse des Gebäudes die Klippe entlang und bietet wunderbare Ausblicke auf die Prärie im Osten und auf das Terrain im Westen, das die Indianer so geschickt nutzten, um die Büffelherden in den Tod zu treiben.
www.head-smashed-in.com 🅰 212 B2 ✉ 18 km nordwestl. von Fort Macleod über Route 785 ☎ 403/553-2731 $ $$

FORT MACLEOD

Dieses Fort, der Kern der kanadischen Präsenz im Westen, wurde in ehrendem Angedenken an den NWMP Assistant Commissioner Macleod benannt, der half, die lange und abenteuerliche Expedition von 1874 zu führen. Die Holzpalisade sowie einige reproduzierte Gebäude wurden als Rahmen für Ausritte und andere Veranstaltungen *(Juli–Aug.)* wieder aufgebaut.
www.nwmpmuseum.com 🅰 212 B2 ✉ Fort Macleod ☎ 403/553-4703 🕒 Jan.–Feb. geschl.

FRANK SLIDE INTERPRETIVE CENTRE

Die Straße zum **Crowsnest Pass**, Teil der südlichsten Route durch die kanadischen Rockies, verbindet viele Erinnerungen an die Kohleindustrie, die hier zu Beginn des 20. Jahrhunderts kurzzeitig florierte. Wenn man sich dem schönen alten Kraftwerk der **Leitch Collieries** nähert, scheint ein riesiger Steinhaufen den Weg zu blockieren. Es ist der Frank Slide, ein Erdrutsch von mehr als 28 Millionen Kubikmeter Kalkstein, der sich im April 1903 vom Turtle Mountain löste, talwärts stürzte und dabei 70 Menschen in ihren Häusern unter sich begrub. Die Geschichte des Erdrutsches und der Region werden im Interpretive Centre dokumentiert, das hoch auf einem das Tal überblickenden Felsvorsprung erbaut wurde.
www.frankslide.com 🅰 212 B2 ✉ Crowsnest Pass am Hwy. 3 ☎ 403/562-7388 $ $

REMINGTON-ALBERTA CARRIAGE CENTRE

Cardston wurde 1887 von Mormonen gegründet, die mit einem der letzten Trecks ankamen, und ist der passende Rahmen für diese großartige Zusammenstellung von Pferdegespannen, der größten in Nordamerika. Die mehr als 250 Objekte umfassende Sammlung, die in einem modernen Gebäude untergebracht ist, reicht von einfachen Karren bis zu kunstvollen Parkschlitten und luxuriösen Leichenwagen, von denen viele in einer sorgfältig gestalteten Umgebung gezeigt werden.
www.remingtoncarriagemuseum.com ✉ 623 Main St., Cardston ☎ 403/653-5139 $ $$ ■

Die schneebedeckten Gipfel spiegeln sich im Namen »Shining Mountains« wider, den die Indianer den Rockies gaben

Die Rockies

Maligne Lake im Jasper National Park

Die Rockies

ES IST LEICHT ZU VERSTEHEN, WARUM DIE KANADISCHEN ROCKY Mountains zu den faszinierendsten Attraktionen des Landes zählen und auch Besucher anderer alpiner Länder anziehen. Die meisten Kanadareisenden besuchen das durch die Nationalparks Banff, Jasper, Yoho und Kootenay gebildete Zentrum des Gebirgszuges, dessen globale Bedeutung 1985 durch die Ausweisung als UNESCO-Welterbe gewürdigt wurde. Die sich aus dem Prärieland im Osten erhebenden Rockies werden im Westen durch den als Rocky Mountain Trench bekannten großen Grabenbruch begrenzt. Nach Westen schließen sich die Columbia Mountains mit den Nationalparks Glacier und Revelstoke an, sie werden zusammen mit Albertas Waterton Lakes National Park auf Grund ihrer engen Verbindungen zu den Rocky Mountains ebenfalls in diesem Kapitel beschrieben.

Ende des 19. und Anfang des 20. Jahrhunderts, als sich die Eisenbahntrassen den Rockies aus dem Osten näherten, taten sich Regierung und Geschäftsleute zusammen, um ein Konzept auszuarbeiten, das einerseits Besucher anziehen, zugleich aber auch die Umwelt schützen sollte. Mit Werbung wurde die feine Gesellschaft Europas und Nordamerikas ermuntert, die als Bergwildnis angepriesene Landschaft zu besuchen, verbunden mit einem Aufenthalt in einem der luxuriösen Hotels. Gleichzeitig wurden Reservate gegründet, die zunächst zu Waldparks, später zu Nationalparks erweitert wurden. Banff gehörte zu den ersten Landschaften weltweit, die auf diese Weise geschützt wurden.

Ein Jahrhundert Naturschutz bedeutet, dass Besucher aus aller Welt heute einzigartige Landschaften in einem nahezu ursprünglichen Zustand besuchen können. Ein Netzwerk von Straßen, wie der Icefields Parkway, führen nicht nur entlang den Flusstälern, sondern überqueren auch Pässe und ermöglichen sogar den Zugang zum beeindruckenden Athabasca Glacier. Mit einer Bahndurchquerung der Rockies ist nur eine Fahrt auf dem einzigartigen Icefields Parkway vergleichbar.

Lake Louise im Banff National Park

In Banff und Jasper schweben Gondeln über die Berghänge, während am Columbia Icefield die *Snocoaches* (Spezialfahrzeuge) über das ewige Eis knirschen. Aber um die Landschaft wirklich zu erleben, muss man schon wandern gehen. Die Rockies bieten einige der schönsten Wanderwege Nordamerikas. Die Mehrheit der Besucher ist mit dem ausgezeichneten Netzwerk an Fußwegen, die von behindertengerechten Spaziergängen an den Seen bis zu Halbtages- und Tageswanderungen reichen, mehr als zufrieden. Fahrradfahren wird ebenfalls immer beliebter, der Icefields Parkway zählt zu den besten Radrouten der Welt. Für diejenigen, die vom Wasser angezogen werden, reichen die Möglichkeiten vom Kanufahren auf einem ruhigen See bis zum Wildwasser-Rafting.

Das Skigebiet des Sunshine Village von Banff bietet die zweitlängste Saison in Kanada. In den Nationalparks selbst gibt es viele Langlaufloi-

NICHT VERSÄUMEN

Einen Besuch im Banff National Park 244

In den Upper Hot Springs ein warmes Bad genießen 248

Eine Fahrt entlang des Icefields Parkway Drive 252

Eine Wildwasserfahrt auf dem Maligne im Jasper National Park 261

Die Natur und Berge im Waterton Lakes National Park erleben 270

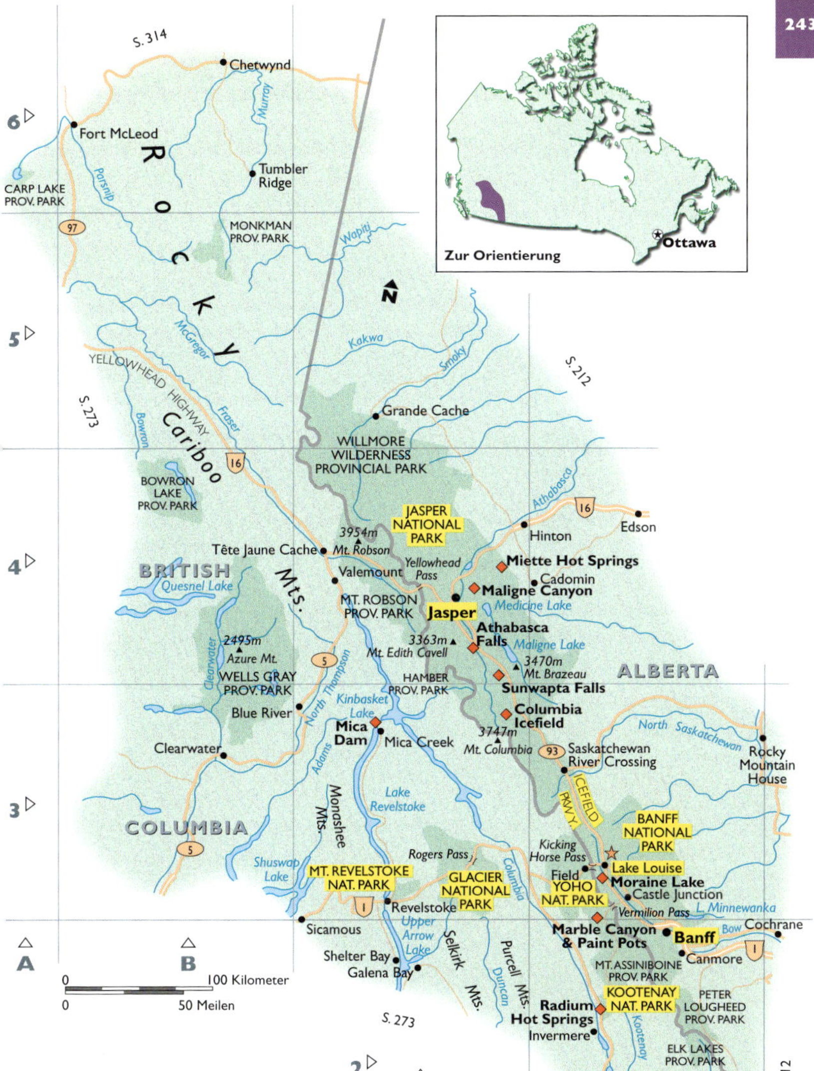

pen sowie drei weitere Skigebiete. Hinzu kommt noch ein Skigebiet in Kananaskis Country, ein 4027 Quadratkilometer umfassendes Gebiet südöstlich von Banff. Hier findet man die gleichen Landschaften wie in den Nationalparks vor, doch wird hier ein kontrollierter Ausbau der Freizeiteinrichtungen gefördert, um verletzlichere Gebiete entlasten zu können. Wenn Banff und Jasper ausgebucht sind, empfiehlt es sich hier, vor allem in Canmore *(www.canmorealberta.com)* nach einer Unterkunft zu fragen. ■

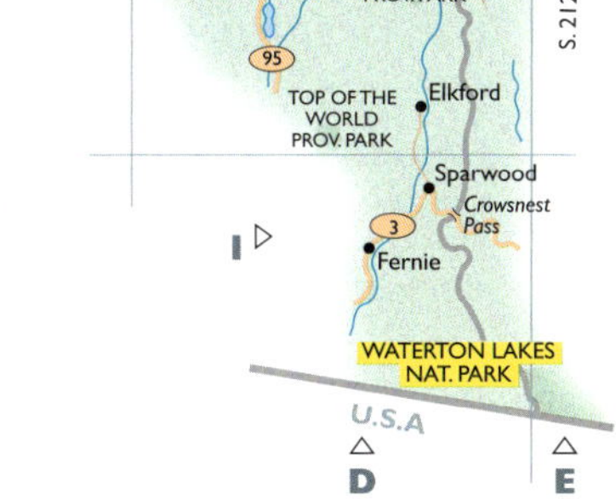

Banff National Park

Banff NP
243 D3

Parkinformation
www.pc.gc.ca
224 Banff Ave.
403/762-1550
$$

Banff Visitor Information Centre
www.banfflakelouise.com
224 Banff Ave.
403/762-8421

KANADAS ERSTER UND BERÜHMTESTER NATIONALPARK kombiniert atemraubende Landschaften in den Rockies mit leichter Erreichbarkeit und langer touristischer Tradition.

Die Ursprünge des Parks reichen bis 1883 zurück. Der Bau der Canadian Pacific Railway im Tal des Bow River war über den Winter eingestellt worden, und ein paar Arbeiter suchten rund um das kurz zuvor fertig gestellte Rangiergleis der Siding No. 29 nach Bodenschätzen. Statt auf Edelmetall stießen sie auf einen ähnlich gewinnbringenden Schatz: heiße Schwefelquellen, die schon durch einen früheren Forschungsreisenden bekannt waren. Der Versuch der Männer, sich ein Anrecht darauf zu

OUTDOOR-AKTIVITÄTEN

Für diejenigen, die sich nach einer Pause vom Luxus des Banff Springs Hotel sehnen oder einfach das Beste aus der Umgebung machen möchten, bietet Banff eine große Auswahl an Freizeitaktivitäten. Das Banff Visitor Centre hält Informationen über viele Möglichkeiten bereit, ganz oben stehen derzeit je nach Saison Wildwasser-Rafting und Heli-Wandern. Für die umliegenden Bergen zeigen Karten viele erprobte Bergtouren und Wanderungen auf. Reiten und Mountainbiking sind rund um Banff ebenfalls sehr beliebt. Weniger anstrengend, aber nicht weniger unterhaltsam sind Gletschertouren in den Snocoaches oder Kanufahrten auf dem Lake Minnewanka. ■

sichern, scheiterte. Innerhalb von zwei Jahren wurde das Gebiet um die Quellen als Banff Hot Springs Reserve ausgewiesen und 1887 in Rocky Mountains Park umbenannt. Er wurde somit nach Yellowstone und Australiens Royal National Park der dritte Nationalpark weltweit. 1902 erweiterte ihn die Regierung auf seine gegenwärtige Größe von 6638 Quadratkilometern.

Bereits 1887 hatte der geschäftstüchtige Manager der Canadian Pacific Railway, Van Horne, seinen Architekten mit dem Entwurf eines 250-Betten-Kurhotels beauftragt, um die Reichen und Berühmten, natürlich per CPR-Zug, zum »Mountain Playground of the World« (Alpiner Spielplatz der Welt) zu locken. Der Weg von der Siding No. 29 bis zum **Banff Springs Hotel** erwies sich jedoch als unpraktisch, und so wurde der Bahnhof schon bald an seinen jetzigen Standort verlegt. Heute gibt es dort keinen regelmäßigen Personenzugverkehr mehr. Im Gegensatz dazu wurde das Hotel

Banff Springs Hotel
www.fairmont.com
✉ Spray Ave.
☎ 403/762-2211
$ $$ geführte Touren

Ein einsamer Wanderer bewundert das grandiose Panorama im Banff National Park

Banff Townsite
243 D2

immer größer und durch aufeinander folgende Erweiterungen zum unangefochtenen Paradebeispiel für den kanadischen Château-Baustil; heute ist es ein ebenso bedeutendes Highlight eines Banff-Besuches wie die umliegenden Berge.

BANFF STADT

Die meisten Besucher erreichen Banff auf dem Highway Trans-Canada 1, der aus der Prärie das Tal des Bow River hinaufsteigt. Die Einwohnerzahl schwillt im Sommer von 5000 auf über 30 000 an. Die meisten der jährlich fast vier Millionen Besucher des Nationalparks verbringen einige Zeit hier.

Die Stadt bietet viele Attraktionen: Es ist ein Leichtes, seinen Aufenthalt damit zu verbringen, die Straßen entlangzuschlendern, einzukaufen, sehen und gesehen zu werden. Aber entscheidend ist, dass Banff der optimale Startpunkt für die Fahrten und Wanderungen in die umliegende Bergwelt ist. Parks Canada bietet ein ausführliches pädagogisches Programm an, ein Besuch des Banff Visitor Centre ist ein lohnender Startpunkt für einen Aufenthalt im Nationalpark. ■

Banff Springs Hotel im typischen Château-Baustil

Rund um Banff Stadt

BANFF PARK MUSEUM NATIONAL HISTORIC SITE

Das 1903 gegründete Museum ist das älteste naturgeschichtliche Museum Westkanadas. Die Sammlung ausgestopfter einheimischer Tiere ist museumspädagogisch überholt, doch das Museum hat noch immer viel Charakter.
✉ 91 Banff Ave. ☎ 403/762-1558 ⏲ Nov.–April geschl. $ $

BOW FALLS

Kurz bevor er mit dem Spray River unweit des Banff Springs Hotels zusammenfließt, hat der Bow River diese Wasserfälle in eine Felsnase des Sulphur Mountain geschnitten. Auf beiden Seiten des Bow River ermöglichen Pfade leichten Zugang zu Aussichtspunkten.

CAVE AND BASIN NATIONAL HISTORIC SITE

Die ersten Einrichtungen, die die heißen Quellen von Banff kommerziell nutzten, waren 1887 errichtete Badehäuser. Diese wurden 1914 durch aufwendigere Bauten und ein Schwimmbad ersetzt, das jedoch schnell baufällig wurde. Die Badeanlage wurde gemäß ihrem Erscheinungsbild von 1914 restauriert – allerdings darf man heute nicht mehr darin schwimmen. Schautafeln erzählen von der Geschichte der Quellen, vom Ursprung des Banff National Parks und von der Canadian-Parks-Bewegung.
www.pc.gc.ca ✉ Am Ende der Cave Ave.
☎ 403/762-1566 $ $

BUFFALO NATIONS MUSEUM

Norman Luxton siedelte sich hier 1901 an und verbrachte den Großteil seines Lebens damit, Banff als Urlaubsort anzupreisen. Er verstand sich gut mit den Indianern der Region, organisierte die Indian Days und widmete ihrem kulturellen Erbe ein Museum. Nach Luxtons Tod übernahm zunächst das Glenbow Museum von Calgary dessen Sammlung, heute kümmern sich die hier ansässigen Indianer darum.
✉ 1 Birch Ave. ☎ 403/762-2388 ⏲ Mitte Okt.–Mitte Mai geschl. $ $$

WHYTE MUSEUM OF THE CANADIAN ROCKIES

Der in Banff geborene Peter Whyte und seine amerikanische Frau Catherine, beide Künstler, widmeten ihr Leben dem Malen der einheimischen Bevölkerung und der Landschaft sowie dem Sammeln von Dokumenten und Gegenständen der Region. Ihre Sammlung bildet den Grundstock des Archives of the Canadian Rockies. Schaukästen geben einen Überblick über die Bezwingung der Rockies und die Entwicklung von Banff zum Urlaubsort. Das Archiv befindet sich, zusammen mit der Bücherei des Alpine Club of Canada und Wechselausstellungen, in einem modernen Gebäude.
www.whyte.org ✉ 111 Bear St. ☎ 403/762-2291 $ $ ■

Kurze Ausflüge rund um Banff Stadt

BOW VALLEY PARKWAY

Die 1920 gebaute Straße, die Banff und den 48 Kilometer entfernten Lake Louise verbindet, ist eine ruhige Alternative zum neueren, belebteren Highway Trans-Canada 1, der stark vom Schwerverkehr frequentiert wird. Zahlreiche Abzweigungen bieten Ausblicke auf das Tal und die Bergkulisse, mit viel Glück trifft man sogar auf Karibus, Rotwild oder Elche.

Am **Johnston Canyon**, 25 Kilometer von Banff entfernt, hat der Johnston Creek eine tiefe Spalte in den Sandstein erodiert. Wo das Wasser auf Schichten härteren Dolomits trifft, findet man Wasserfälle, darunter die 15 Meter hohen Lower Falls und die 30 Meter hohen Upper Falls. Weiter entfernt liegen die Ink Pots (»Tintenfässer«), eine Reihe von Quellen, die normalerweise blau sind, ihre Farbe aber manchmal zu einem tintigen Schwarz ändern.

Folgt man dem Pfad bis zur **Castle Junction**, gehören die gezackten Berge im Nordosten zur unverwechselbaren Sawback Range, die zur vorderen Bergkette der Rocky Mountains (Front Range) gehört. An der Castle Junction wird die Verwerfungslinie überschritten, die die Front Range von den östlichen Hauptketten (Main Range) trennt. Das weithin sichtbare Wahrzeichen des Castle Mountain (2977 m), 33 Kilometer nordwestlich von Banff, der zur östlichen Hauptkette gehört, ist mit seinen typischen Schichten aus Klippen und Felsvorsprüngen ein gutes Beispiel für einen »zinnenbewehrten« Berg.

HOODOO TRAIL

Ein kurzer, mit Erklärungstafeln versehener Fußweg entlang dem Bow River führt zu einem Aussichtspunkt, von dem man diese seltsamen Erdpyramiden gut sehen kann. Die Hoodos sind eine geologische Laune der Natur, hartes Gestein wurde dabei aus weicheren Geröllablagerungen herauserodiert.

✉ 4 km von Banff am Tunnel Mountain Drive

LAKE MINNEWANKA LOOP DRIVE

Dieser Stausee, der primär der Stromgewinnung dient, ist zugleich der größte See des Nationalparks, ein beliebter Treffpunkt für Kanuten und Angler.

243 D3 ✉ 19 km Rundfahrt von Banff

MOUNT NORQUAY

Eine steile Straße mit einer Reihe von Haarnadelkurven klettert die nördliche Flanke des Bow Valley hinauf und gibt dabei immer schönere Ausblicke auf die Berge frei. Ein Netz von Wegen führt vom Parkplatz in die Berge; Mount Norquay ist auch mit dem Sessellift erreichbar.

243 D2 ✉ 8 km von Banff auf der Norquay Rd.

SULPHUR MOUNTAIN

Der 2282 Meter hohe Gipfel des Sulphur Mountain, der in einer achtminütigen Gondelfahrt erreicht werden kann, bietet denen, die keine anstrengende Wanderung unternehmen wollen, ein großartiges Panorama auf Banff und Umgebung. Das Restaurant ist das höchstgelegene Kanadas, am Gipfel sieht man oft Dickhornschafe, die nach Leckereien Ausschau halten. Ein ein Kilometer langer Pfad führt zur restaurierten Wetterstation von 1903.

www.banffgondola.com ✉ 4,8 km von Banff auf der Mountain Ave. ☎ 403/762-2523 $ Gondel: $$$

UPPER HOT SPRINGS

Die Upper Hot Springs sind seit der Jahrhundertwende eine Touristenattraktion. Das Wasser in diesem großen Freiluftpool, der in den 30er Jahren zeitgleich mit der Sanierung der Quellen gebaut wurde, hat eine Durchschnittstemperatur von 38 °C. Sauna, Massage und ein Tauchbecken runden ein Bad ab. Ein Restaurant am Pool bietet Stärkung.

✉ 4,8 km von Banff auf der Mountain Ave. ☎ 403/762-1515 $ $$

VERMILION LAKES DRIVE

Die vier Kilometer lange Fahrt führt an einigen flachen Seen in der breiten Schwemmebene des Bow River vorbei und bietet schöne Ausblicke auf den Mount Rundle. Die Seen werden von Bibern (die zwei davon aufgestaut haben), Elchen, Rotwild, Dickhornschafen und Wölfen aufgesucht und eignen sich, vor allem in den frühen Morgenstunden und in der Dämmerung, gut zur Vogelbeobachtung.

243 D2 ✉ 3,2 km westlich von Banff, abseits der Norquay Rd. ■

Der unverwechselbare Gipfel des Mount Assiniboine

ERLEBNIS: Mount Assiniboine

Mount Assiniboine Provincial Park in British Columbia, Teil der UNESCO-Welterbestätte und ein Paradies aus Gletscherseen und alpinen Wiesen, gibt seine Geheimnisse nur denen Preis, die ihn erwandern. Zum Park, der nach den Assiniboine, Mitgliedern der Sioux Confederation, benannt wurde, führen keine Straßen. Der Park zählt zwanzig über 2400 Meter hohe Gipfel. Der mächtigste von allen ist Mount Assiniboine selbst (3618 m), der an das berühmte Matterhorn in der Schweiz erinnert. *(Besucherinformation: BC Parks 250/422-4200).*

Lake Louise

243 D3

Parks-Canada-Besucherzentrum
www.pc.gc.ca
Nahe der Samson Mall
403/522-3833

Château Lake Louise
www.fairmont.com
Lake Louise Dr.
403/522-3511

ES GIBT WENIGE ÄHNLICH FOTOGENE SZENERIEN WIE Château Lake Louise mit den davor liegenden Wiesen. Der smaragdgrüne See, eingerahmt vor dunklem Wald und vor der Kulisse weiß gekrönter Berge, bildet ein unwiderstehliches Motiv für die Kameras der vielen Touristen.

Der See, der seine Sommerfarbe dem im Wasser schwebenden Gesteinsmehl verdankt, wurde 1882 das erste Mal von einem Europäer erblickt. Damals wurde Tom Wilson, der als Besitzer von Packpferden für die Canadian Pacific Railway arbeitete, durch seinen Stoney-Führer Edwin Hunter hierher gebracht. Die Stoney nannten ihn den »See der kleinen Fische«, aber für Wilson gab es keinen besseren Namen als Emerald Lake. Zwei Jahre später wurde der See offiziell nach Prinzessin Louise Caroline Alberta, einer Tochter von Königin Victoria und Ehefrau des damaligen Generalgouverneurs, in Lake Louise umbenannt.

Die CPR erkannte schon bald das Potenzial der von Wilson als »einzigartig« beschriebenen Landschaft, und so wurde schon 1890 die erste Unterkunft in Form einer Holzhütte gebaut. Dieser folgte das Château Lake Louise, das, wie sein Gegenstück in Banff Springs, nach und nach ausgebaut wurde. 1900 konnten 200 Gäste untergebracht werden, 1913 schon 400 und in den 90er Jahren 1100.

Das schlossartige Hotel steht auf einer Moräne am Ostende des Sees. Die Stadt Lake Louise mit Motels und anderen Einrichtungen ist vier Kilometer entfernt. Die Stadt verfügt über ein ausgezeichnetes **Parks-Canada-Besucherzentrum** mit Ausstellungsstücken und einer audiovisuellen Show über die Geschichte der Natur und der Menschen in dieser Gegend. Auf der Ostseite des Trans-Canada 1 liegt das größte Skigebiet Kanadas, die **Lake Louise Ski Area** *(Skiing Lake Louise, P.O. Box 5, Lake Louise, Tel. 403/522-3555)*. Mit der **Mount-Whitehorn-Gondelbahn** *(Tel. 403/522-3555, www.skihouse.com)*

Ein junger Schwarzbär

Bären

In fast allen kanadischen Nationalparks sind Schwarzbären weit verbreitet, während man Grizzlies inzwischen nur noch in westlichen und nördlichen Parks findet. Beide Arten werden von den Abfällen von Campern angezogen. Wenn man zeltet, sollte man deshalb alles in sicheren Containern aufbewahren oder außer Reichweite in die Bäume hängen. Man sollte das Zelt nicht auf (Bären-)Pfaden aufstellen und möglichst in Gruppen wandern.

Sollten Sie plötzlich einem Bären gegenüberstehen, bleiben Sie stehen und bewegen Sie sich nicht; plötzliche Bewegungen oder Geräusche könnten einen Angriff provozieren. Entfernen Sie sich leise und langsam und vermeiden Sie Augenkontakt mit dem Bären. Stellen Sie sicher, dass Sie nicht zwischen einer Mutter und ihre Jungen geraten. Ein Rucksack auf dem Boden könnte den Bären ablenken. Wenn es zum Schlimmsten kommt und ein Schwarzbär angreift, schlagen Sie zurück! Sie haben nichts zu verlieren! Bei einem Grizzly ist es besser, sich tot zu stellen.

Trotz seiner Größe erscheint das Hotel Château Lake Louise im Vergleich zur Umgebung klein

kann man im Sommer zu einem Aussichtspunkt hoch über dem See schweben. Es ist sehr verlockend, um den See zu wandern, leider bietet aber das Südufer keinen erkennbaren Weg. Die im Folgenden beschriebenen Tageswanderungen sind für fast alle Besucher geeignet.

PLAIN OF SIX GLACIERS

Dieser Weg am Nordufer des Lake Louise führt an 91 Meter hohen Klippen am Ende des Sees entlang und steigt dann durch Wald und über Lawinenhänge zu den Moränen hinauf, von hier öffent sich der Blick auf sechs Gletscher. Der eindrucksvolle **Victoria Glacier**, der sich einst bis zum Ufer des Sees erstreckte, hat sich in den letzten 150 Jahren um 1,2 Kilometer zurückgezogen. Der Weg steigt weiter bergan bis zu einem 1924 erbauten Teehaus.

⊠ 11,2 km Rundwanderung, 365 m Höhenunterschied

LAKE AGNES

Diese beliebte Sommerwanderung führt durch den Wald bergan. Während die Aussicht immer spektakulärer wird, passiert man den kleinen **Mirror Lake** und die **Bridal Falls**, bevor man den in einer wunderschönen Berglandschaft eingebetteten Lake Agnes erreicht. Auch hier steht ein Teehaus, Nachfolger des CPR-Chalets von 1901. Von hier bieten sich kurze Spaziergänge zu den **Big** und **Little Beehives** an oder eine anstrengende Verbindungswanderung zum Teehaus der Plain of six Glaciers.

⊠ 6,4 km Rundwanderung, 396 m Höhenunterschied

MORAINE LAKE

Das Wasser des Moraine Lake, der etwa halb so groß wie Lake Louise ist, hat eine noch intensivere blaugrüne Färbung als dieser. Auch seine Lage am Fuß der 914 Meter hohen Wände der Wenkchemna Peaks ist einzigartig. Walter Wilcox gab dem See seinen irreführenden Namen, denn sein Wasser wird nicht durch eine Moräne, sondern durch einen Felsrutsch zurückgehalten. Eine Hütte und Chalets, die vom Architekten Arthur Erickson aus Vancouver entworfen wurden, passen sich gut in die Landschaft ein.

Der See ist Ausgangspunkt verschiedener Wanderungen. Man kann einen kurzen Spaziergang entlang dem westlichen Seeufer oder eine drei Kilometer lange Wanderung durch das **Consolation Valley**, vorbei am Gipfel des **Tower of Babel** zu den kleinen Consolation Lakes unternehmen. Ein beliebter, aber anstrengender Ausflug ist der Aufstieg durch das **Larch Valley** auf den 720 Meter über dem See gelegenen **Sentinel Pass**. ■

Icefields Parkway Drive

Der 230 Kilometer lange Highway zwischen Lake Louise und Jasper gilt als eine der schönsten Strecken der Welt. Die sorgfältige Konstruktion der Straße und die großzügige Verteilung von Haltestellen, Aussichtspunkten und Erklärungstafeln ermöglichen es, die erhabene und wunderbare Vielfalt der Berglandschaft zu erleben.

Die Straße, die die Täler des Bow, Mistaya, North Saskatchewan, Sunwapta und Athabasca verbindet, führt Besucher zu den höchsten Bergen der kanadischen Rockies, zu Gletschern und Eisfeldern, unberührten Wäldern, Seen, Wasserfällen und tosenden Flüssen.

Die während der Weltwirtschaftskrise als Arbeitsbeschaffungsmaßnahme begonnene Straße wurde 1940 eröffnet und in den 60er Jahren ausgebaut. Es ist ein großzügig dimensionierter, zweispuriger Highway mit mäßigen Steigungen und asphaltierten Seitenstreifen. Die Beschreibung in diesem Buch beginnt am Lake Louise, die Kilometerangaben beziehen sich auf den Ausgangspunkt.

Beachten Sie bitte, dass sich zwischen Lake Louise und Jasper nur am Saskatchewan Crossing und dem Columbia Icefield Tankstellen und Rasthäuser befinden.

17 Kilometer auf dem Icefields Parkway Richtung Lake Louise unterwegs, trifft man auf den **Hector Lake** (1). Der zu Füßen der Waputik Range und des Eisfeldes liegende See ist der zweitgrößte im Banff National Park. Nach weiteren 16 Kilometern umrundet die Straße den isolierten Bow Peak und erreicht einen Aussichtspunkt, von dem man den **Crowfoot Glacier** sehen kann, den ersten einer Reihe von Gletschern. Er hatte ursprünglich drei an einen Krähenfuß erinnernde Ausbuchtungen, inzwischen aber hat sich der Gletscher so weit zurückgezogen, dass er seinem Namen nicht mehr gerecht wird.

Nach weiteren 4,8 Kilometern erreicht man den wunderschönen **Bow Lake,** der durch den Bow Glacier, einen von acht Gletschern des **Waputik Icefield**, gespeist wird. Das Gebäude ist der Nachfolger einer Anfang der 20er Jahre durch den berühmten Fallensteller und Führer Jimmy Simpson erbauten Hütte. Der 2069 Meter hohe **Bow Summit** ist der höchste Punkt entlang der Strecke sowie die Wasserscheide zwischen dem Bow River und dem Mistaya. Ein kurzer Weg führt zu einem Aussichtspunkt, von dem man auf den Peyto Lake mit seinem blaugrünen Gletscherwasser blickt.

Die Straße steigt nun ins **Mistaya Valley** hinab und führt über eine Strecke von 19 Kilometern an einer Reihe von Seen vorbei, bevor sie den **Upper Waterfowl Lake** (2) erreicht. Vom Aussichtspunkt am See

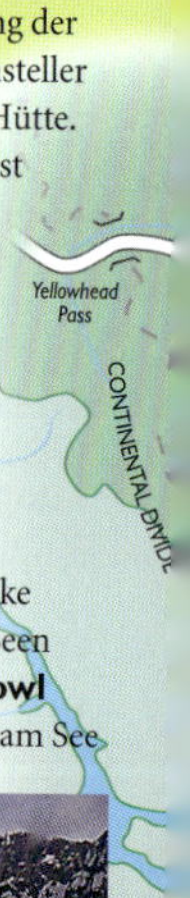

Seen und Gletscher säumen den kurvenreichen Parkway.

kann man die Continental Divide bestaunen. Zu dieser gehört ein 9,6 Kilometer langer Höhenzug, dessen höchste Gipfel der majestätische **Howse Peak** (3290 m) und der pyramidenartige **Mount Chephren** (3307 m) sind. Auf seinem Weg in das Becken des North Saskatchewan fräst sich der Mistaya auf 16 Kilometern immer tiefer in den Kalkstein. Ein kurzer Fußweg führt zum **Mistaya Canyon** 3, einer Klamm mit vertikalen Mauern, Höhlen und einer natürlichen Brücke. Nach weiteren 4,8 Kilometern erreicht man **Saskatchewan River Crossing**. Etwa 609 Meter unterhalb des Gipfel des Bow Summit gelegen, gehört das Tal des North Saskatchewan mit Mischwald und einem weniger rauen Klima zur montanen Zone der Rockies. Der North Saskatchewan, der 1989 zum »Heritage River« erklärt wurde, legt von seiner Quelle etwa 1206 Kilometer zum Lake Winnipeg und der Hudson Bay zurück. Früher hatten Reisende, insbesondere während des Hochwassers, bei der Überquerung des Stromes mit großen Schwierigkeiten zu kämpfen. Selbst in den 30er Jahren hatten die Ingenieure des Highways Probleme, eine geeignete Stelle zum Bau einer Brücke zu finden. Hier gibt es Tankstellen, Raststätten und Unterkünfte. Kurz vor der Brücke ist die Kreuzung mit dem Highway 11 oder David Thompson Highway, der nach dem Entdecker und Kartografen benannt ist und der nach **Red Deer**, 255 Kilometer weiter westlich, führt. Im Norden der Kreuzung sieht man den **Mount Wilson** (3621 m).

Siehe Karte S. 243
- Lake Louise
- 230 km
- 1–2 Tage einplanen
- Jasper

NICHT VERSÄUMEN

• Hector Lake • Peyto Lake • Columbia Icefield • Sunwapta Falls • Athabasca Falls

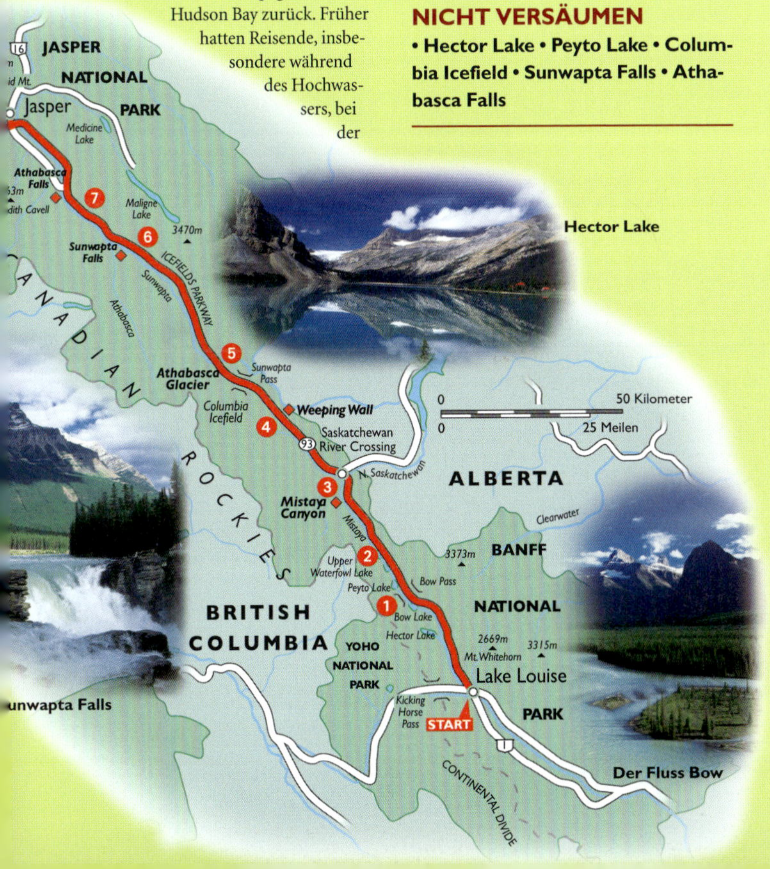

Wenn man 27 Kilometer weiter die **Weeping Wall** ④ erreicht, ist das Tal viel schmaler und wird auf der Ostseite durch 609 Meter hohe, mit Wasserfällen überzogenen Klippen dominiert, die vom Schmelzwasser des Cirrus Mountain gespeist werden. Die Straße steigt an und führt um eine Haarnadelkurve, die als **Big Bend** bekannt ist, zu zwei weiteren Aussichtspunkten. Der erste, der **Cirrus Mountain Viewpoint**, bietet ein großartiges Panorama auf das North Saskatchewan Valley, während man vom zweiten die **Bridal Veil Falls** überblickt. Ein kaum sichtbarer Pfad führt hinüber zu den **Panther Falls**.

Nach weiteren 12,8 Kilometern erreicht man **Parker Ridge**. Ein steiler, aber sehr lohnenswerter Weg (2,4 km Rundweg) steigt etwa 274 Meter durch subalpinen Wald und Tundra an und belohnt den Wanderer mit einem unvergesslichen Blick auf den Saskatchewan Glacier, dem mit 9,6 Kilometern längsten Gletscher des Columbia-Eisfeldes.

Der **Sunwapta Pass** markiert auf 2022 Meter Höhe die Grenze zwischen den Nationalparks Banff und Jasper und ist die Wasserscheide zwischen dem North Saskatchewan und dem Sunwapta (»dem Turbulenten«), der ins Nordpolarmeer fließt. Reisenden wurde das Sunwapta Valley früher durch den Athabasca Glacier blockiert, den sie umgehen und überklettern mussten. Als der Parkway gebaut wurde, hatte sich der Gletscher bereits so weit zurückgezogen, dass ein Umweg nicht länger erforderlich war.

Nach der Parker Ridge führt eine 9,6 Kilometer lange Straße zu **Columbia Icefield** und **Athabasca Glacier** ⑤. Das Columbia Icefield, das ein Gebiet von etwa 325 Quadratkilometer bedeckt und bis zu 300 Meter dick ist, ist das ausgedehnteste seiner Art in den Rockies. Viele Gletscher haben ihren Ursprung in diesem Eisfeld. Vom Parkway sieht man den Athabasca, **Dome**, **Kitchener** und **Stutfield**, während der längste, der **Saskatchewan**, von der Parker Ridge aus zu sehen ist. Das Schmelzwasser der Gletscher fließt über den Athabasca und den Mackenzie ins Nordpolarmeer, über den North Saskatchewan in den Atlantik und über den Columbia in den Pazifik.

Machen Sie am **Icefields Centre** (*Tel. 780/852-6177, geschl. Mitte Okt.–April*) gegenüber vom Athabasca Glacier halt. In einem der klobigen *Ice Explorers*, Spezialfahrzeuge, die Platz für 56 Passagiere bieten, kann man auf den Gletscher fahren (*Tel. 877/423-7433, www.brewster.ca, geschl. Mitte Okt.–Mitte April*). Die

Ausflüge mit sogenannten *Ice Explorers* sind eine Möglichkeit, die Schönheit des Athabasca Glacier zu erleben

Der Icefields Parkway zählt zu den schönsten Highways der Welt

Fahrzeuge machen einen atemraubend steilen Abstieg von der Seitenmoräne und legen eine kleine Strecke auf dem Gletscher zurück. Nach einem kurzen Spaziergang auf dem Eis geht es wieder zurück. Eine dreistündige geführte Wanderung bietet einen gründlicheren Einblick in die Gletscherwelt, man kann vom Parkplatz am Gletschersee, der als **Sunwapta Lake** bekannt ist, auch selbst bis zum Fuß des Gletschers gehen. Mehrere Markierungen zeigen das Ausmaß, in dem sich der Gletscher in den vergangenen Jahren zurückgezogen hat.

Nach 48 Kilometern auf dem Parkway erreicht man die **Sunwapta Falls** 6. Hier stürzt der Sunwapta River in eine Schlucht, durch die sich ein Pfad schlängelt, der zu kleinen Wasserfällen und Stromschnellen führt.

Nördlich der Wasserfälle fährt man auf dem Parkway in das **Athabasca Valley**, das wildeste und weiteste Tal in den Rockies. Der 1222 Kilometer lange Athabasca fließt im Nordwesten Albertas durch ein Delta, dem er seinen Cree-Namen »Platz des Schilfrohrs« verdankt, in den **Lake Athabasca**.

Der **Goats and Glaciers Viewpoint**, 17,6 Kilometer nach den Sunwapta Falls, bietet ein eindrucksvolles Panorama über das Tal, das mit einem Wald aus Drehkiefern bedeckt ist.

Fünf Kilometer nach dem Goats and Glaciers Viewpoint biegt eine Straße nach links zum Parkplatz der **Athabasca Falls** 7 ab. Der Athabasca, der unter allen Flüssen des Rocky Mountains das meiste Wasser führt, stürzt hier 23 Meter donnernd und Gischt spritzend in die Tiefe. Wenn man sich der Stadt Jasper nähert, ragt im Norden die mächtige Silhouette des Pyramid Mountain auf.

Fels, Eis und Wasser

Die Bausteine der kanadischen Rockies bestehen aus Sedimenten, die von Flüssen aus dem Gestein erodiert wurden, das älter als der Kanadische Schild ist. Etwa eine Milliarde Jahre lang sammelten sich Sand, Schwemmsand, Ton und Kalkstein auf dem Meeresboden, erreichten teilweise eine Mächtigkeit von 19 Kilometern und verhärteten schließlich zu Sandstein, Schiefer und Kalkstein.

Moraine Lake ist das ausgezeichnete Beispiel eines durch einen Gletscher gespeisten Sees

Vor etwa 175 Millionen Jahren kollidierte die Kontinentalplatte unter Nordamerika mit Landmassen vor der Küste und löste damit eine Reihe von Stoßbewegungen aus, die die Sedimentablagerungen in Bewegung setzten und anhoben, wodurch zuerst die Columbia Mountains und dann die Hauptkette der Rockies gebildet wurden. Eine weitere Kollision vor etwa 120 Millionen Jahren führte zu weiteren Hebungen und Faltungen; die Hauptketten wurden weiter angehoben und die so genannte Front Range und deren Ausläufer geschaffen. Teilweise war die Kraft hinter diesen Prozessen so groß, dass große Felsplatten alten Gesteins über viel jüngere Schichten geschoben wurden. Solche Überschiebungen, wie der Lewis Overthrust im Waterton Lakes National Park (siehe S. 270), bewegten sich bis zu 100 Kilometer nach Osten.

Seit ihrer Entstehung werden die Rockies durch einen bis heute andauernden Erosionsprozess wieder abgetragen. Ihre gegenwärtige Silhouette ist das Ergebnis mehrerer aufeinander folgender Eiszeiten, die vor etwa 250 000 Jahren begannen. Die endgültige Formgebung erfolgte in der letzten Eiszeit, die vor etwa 11 000 Jahren endete. Große Gletscher erweiterten einst enge, steile Täler wie die des Bow, Athabasca und Kicking Horse zu charakteristischen U-förmigen Trogtälern. In höheren Lagen arbeiteten kleinere Gletscher an über den Haupttälern hängenden Nebentälern. Heute stürzen aus einigen dieser so genannten Hängetälern spektakuläre Wasserfälle, wie die Takakkaw Falls im Yoho National Park. Trafen sie auf weicheres Gestein, schufen die Flüsse Schluchten wie diejenige des Maligne Canyon. Nischengletscher höhlten Bergflanken aus und bildeten natürliche Amphitheater. Einige Berge wurde auf diese Art von mehreren Seiten angegriffen, was ihnen ihre unverwechselbaren Gipfelform gab. Als *horn mountains* (Hornberge) bekannt, gehören Mount Chephren und Mount Assiniboine (siehe S. 249) zu diesen

Während die Gletscher, die wir heute in den Rockies sehen, ohne Zweifel eindrucksvoll sind, sind sie doch nur noch Überreste riesiger Eisflächen, die den Gebirgszug vor Jahrmillionen geformt haben

Wahrzeichen der Rockies. Andere charakteristische Formen sind beispielsweise die durch Überschiebung gebildeten »*writing desks*« (Schreibtische), hier trifft ein südwestlicher Abhang auf eine fast vertikale Nordostwand; ein gutes Beispiel hierfür ist Mount Rundle bei Banff. Wo die einst horizontal liegenden Felsschichten in eine vertikale Position gekippt wurden, hat die Erosion der schwächeren Schichten resistentere Felsen in Form von Gipfeln und Turmspitzen hinterlassen. Mount Edith Cavell im Jasper National Park ist ein schönes Beispiel eines solchen »*dogtooth*« (Hundezahn) genannten Berges. Der als »*castellated*« (mit Türmen und Zinnen versehen) bezeichnete Typus ist der bekannteste der in den kanadischen Rockies vorkommenden Bergformen. Diese natürlichen Festungen bestehen aus Schichten weichen Schiefers, die sich mit härteren Bändern aus Kalkstein, Dolomit und Quarz abwechseln. Der Schiefer erodiert in Form von Felsvorsprüngen, während das härtere Gestein als Klippen erhalten bleibt und dem Berg das Aussehen einer »Schichttorte« gibt.

Durch das raue Klima mit hohem Regen- und Schneefall erodieren die Berge weiter. Es wird geschätzt, dass die Berge alle 17 000 Jahre etwa 90 Zentimeter an Höhe verlieren. Was aus den Gipfeln wird, kann man entlang den Flüssen wie Sunwapta und Athabasca sehen. Das Wasser in den oberen Bereichen dieser Flüsse ist grau. Aber die kleinsten Gesteinspartikel absorbieren in den Seen alle Farben außer Blau und Grün, was ihnen im Sommer ihren typischen smaragdgrünen Schein verleiht.

Jasper National Park

Jasper NP
243 C4

Parks-Canada-Information Centre
www.pc.gc.ca
500 Connaught Dr.
780/852-6176
Park $$

Stadtinformation
www.jaspercanadianrockies.com
409 Patricia St.
780/852-3858

Yellowhead Museum and Archives
400 Pyramid Lake Rd.
780/852-3013
$

JASPER, DER WENIGER VON BESUCHERN FREQUENTIERT wird als Banff, aber mit ebenso spektakulären Bergen, Seen und Wäldern aufwarten kann, ist mit 10 878 Quadratkilometern der größte Nationalpark der Rockies.

Jasper National Park wurde (ursprünglich als Waldpark) 1907 gegründet. Die erfolgreiche Einrichtung des Banff National Park mehrere Jahre zuvor hatte bewiesen, das die Kombination aus Eisenbahnbau, Tourismus und Naturschutz überzeugend war, und diente als Modell für die Grand Trunk Pacific Railway, die mit der Verlegung einer zweiten transkontinentalen Eisenbahnlinie durch die Berge startete. Die Ausrichtung dieser Linie, die schon früher vermessen worden war und dann von der CPR abgelehnt wurde, folgte einer alten Route, die von Pelzhändlern und Goldsuchern entlang dem Athabasca und seinem Nebenfluss, dem Miette, benutzt wurde. Die Strecke überquerte die Continental Divide auf dem niedrigsten Pass, dem Yellowhead Pass.

Sowohl der Nationalpark als auch die Stadt wurden nach Jasper House, einem Depot der North West Company am Brule Lake, benannt.

JASPER STADT

Jasper Stadt ist der Mittelpunkt des Parks. Die Stadt wurde als Bahnstation gegründet und dient noch immer als Haltestelle auf dem Weg von Ostkanada nach Vancouver und Prince Rupert. Das berühmte Jasper Park Lodge Hotel wurde 1922 von der Canadian National Railway außerhalb der Stadt errichtet und drückt auch etwas von der unterschiedlichen Atmosphäre der beiden Orte aus: Während Banff Springs als Zitadelle des Luxus gilt und sich hoch über der Stadt erhebt, ist die Jasper Park Lodge ein niedriges Gebäude, dessen Holzkonstruktion sich unaufdringlich dem Seeufer anpasst.

Auch das 1914 aus Stein und Holz erbaute **Parks Canada Information Centre**, das inzwischen zur National Historic Site erklärt wurde, passt sich gut in die Umgebung ein. Es ist ein ausgezeichnetes Informationszentrum und wird von **Yellowhead Museum and Archives** bei historischen Fragen unterstützt. ■

Die winzige Spirit Island liegt im 22 Kilometer langen und bis zu 96 Meter tiefen Maligne Lake, der durch Schmelzwasser von Gletschern an seinem südlichen Ende gespeist wird

Ausflüge rund um Jasper

Das Tal des Athabasca rund um Jasper ist viel breiter als das des Bow um Banff, und so bilden die Berge einen weit entfernten Hintergrund. Für die besten Ausflüge benötigt man ein Fahrzeug; allerdings sind einige der Seen, die im Tal verstreut liegen, leicht von der Stadt aus erreichbar und verfügen über Wanderwege an ihren Ufern. Zu den beliebtesten gehören **Patricia Lake** und **Pyramid Lake** (etwa 4,8 km nordwestlich) sowie **Lake Edith** und **Lake Annette** (etwa 6,4 km nordöstlich).

JASPER TRAMWAY

Kanadas längste Drahtseilbahn transportiert Passagiere in sieben Minuten fast 1000 Meter zu einem Chalet auf einem Höhenzug unterhalb des Gipfels von **Whistler Mountain**, der nach dem Warnruf der Murmeltiere benannt wurde. Man kann von hier die Rundumsicht auf den Ort Jasper genießen oder – wenn man sich sportlich fühlt und entsprechendes Schuhwerk trägt – auf einem Weg die 182 Meter bis zum Gipfel (2470 m) hinaufklettern (1,5 Std.). www.jaspertramway.com 243 C4
7,2 km südl. auf der Whistler Mountain Rd.
780/852-3093 Mitte Mitte Okt.–Mitte April geschl. $$$

MOUNT EDITH CAVELL

Diese Fahrt bringt den Besucher zur Nordwand des Berges, der nach einer englischen Krankenschwester benannt ist, die während des Ersten Weltkrieges hingerichtet wurde; er ist mit 3368 Metern der höchste Gipfel unweit von Jasper. Die Strecke verläuft auf einer früheren Teilstrecke des Icefields Parkway, der in Athabasca Parkway umbenannt wurde, und steigt eine parallel zum Astoria River verlaufende enge

Straße hinauf, die für Wohnmobile gesperrt ist. Von einem Punkt nahe dem Startpunkt zur **Tonquin-Valley**-Wanderung hat man eine schöne Aussicht auf den **Cavell Lake**. Vom Ende der Straße schaut man auf Klippen, die selbst für erfahrene Kletterer eine Herausforderung darstellen. Mount Edith Cavell Trail ist eine Lehrstunde über die Auswirkungen des Gletscherrückzugs.

243 C4 28 km südlich Hwy. 93A
Im Winter geschl.

MALIGNE VALLEY

Maligne Valley gehört zu den beliebtesten Ausflügen in den Rockies und widerlegt seinen Namen, der auf Französisch »boshaft« bedeutet.

Der bis zu 50 Meter tiefe **Maligne Canyon** gehört zu den spektakulärsten Canyons in den Rockies. Der Maligne fräste ihn auf seinem Weg in den Kalkstein. Die feuchte, bewaldete Schlucht ist an manchen Stellen so eng, dass Eichhörnchen von einer Seite auf die andere springen. Wenn Sie wandern, sollten Sie ihrem Beispiel jedoch nicht folgen, sondern auf den Brücken des 3,2 Kilometer langen ausgeschilderten Weges bleiben.

Das Felsenbett des Maligne River windet sich durch den Maligne Canyon

Der wunderschöne **Medicine Lake** ist wegen seiner unterschiedlichen Wasserstände bekannt. Das See hat keinen Abfluss, das Wasser versickert in einer Reihe von Sickerlöchern am Grund, typisch für eine Karstregion wie dieser. In Perioden mit hohem Ablauf (Frühling) wird die Aufnahmekapazität der unterirdischen Spalten und Höhlen überschritten, das Wasser kann dann sogar über das Ufer treten. In Perioden mit geringem Ablauf (im Herbst) ist der See dagegen fast leer. Der Maligne bildet zusammen mit einem unterirdischen Flusssystem eines der größten Karstgebiete der Welt. Der in einem Ring schneebedeckter Berge eingebettete **Maligne Lake** ist von unerreichbarer Schönheit. Mit 22 Kilometer Länge ist er der längste natürliche See der Rockies. Das vom Brazeau Icefield gespeiste Wasser wird durch einen Erdrutsch gestaut. Die Farbe ändert sich nach Süden mit der Zunahme der Schwebenstoffe von Grün in Türkis. Der See kann nur zu Fuß oder mit dem Boot besichtigt werden. Hinter **Samson Narrows**, wo ein

Schwemmfächer in den See ragt, liegt **Spirit Island** (siehe Bild S. 258), auf dem einige Koniferen wachsen.
🅼 243 C4 ✉ 88 km Rundfahrt von Jasper ☎ Maligne Tours 780/852-3370, Bootstouren und Vermietung von Ausrüstung *(geschl. Mitte Okt.–Mitte Mai)*

MIETTE HOT SPRINGS

Versteckt in einer Schlucht, die vom Athabasca Valley nach Osten führt, liegen die mit fast 54 °C heißesten Quellen der kanadischen Rockies. Die Quellen waren den Indianern schon lange bekannt, 1910 bahnten Bergarbeiter der Pocahontas Coal Mine einen Weg dorthin. Ein geplantes Luxusresort wurde nie verwirklicht, denn der Präsident der Grand Trunk Railway nahm die Pläne dafür beim Untergang der *Titanic* mit in die Tiefe. Heute speisen die Quellen einen heißen Pool mit einer Temperatur von 39 °C sowie einen kühleren Pool, in dem man schwimmen kann.

Die Strecke zu den Quellen führt auf dem Yellowhead Highway in östlicher Richtung entlang des Athabasca, vorbei am **Jasper Lake** und einer Steinpyramide, die an den alten Handelsposten des Jasper House auf der anderen Flussseite erinnert. Am **Disaster Point** gibt es Salzlecken, die oft von Dickhornschafen aufgesucht werden. Der isolierte

Für viele Besucher gehört eine Wildwasserfahrt auf dem Maligne zum Pflichtprogramm im Jasper National Park

Kalksteingipfel des **Roche Miette** (2316 m) ist ein auffallendes Wahrzeichen. Die gewundene, 17 Kilometer lange Straße zu den Quellen verlässt den Yellowhead Highway in der Nähe der alten Pocahontas Mine, die 1921 geschlossen wurde.
🅼 243 C4 ✉ 60 km östlich von Jasper über Yellowhead Hwy. ☎ 780/866-3939 🕒 Mitte Okt.–April geschl. $ $ ■

ERLEBNIS: Mount Robson Provincial Park

Mit 3954 Metern ist Mount Robson der höchste Gipfel der kanadischen Rockies und wurde erst 1913 das erste Mal bestiegen. Er ist von überwältigender Schönheit und dominiert den Provincial Park. Der Gipfel ist oftmals von Wolken verdeckt, und der Aufstieg gilt noch immer als besonders schwierig. Der visuelle Eindruck dieses großartiges Berges wird dadurch, dass er auf der Zufahrt von Osten lange Zeit nicht sichtbar ist, noch verstärkt.

Der Yellowhead Highway folgt dem Tal des Miette und der Canadian-National-Bahnlinie auf den Yellowhead Pass, dem niedrigsten der Continental Divide und zugleich die Grenze zwischen Alberta und British Columbia. Westlich des Passes überquert die Straße kurz vor dem Yellowhead Lake den Fraser River und erreicht den 12,8 Kilometer langen Moose Lake. Ein Wanderweg

(30 Minuten Rundwanderung) führt zu den Overlander Falls, hier stürzt der Fraser River in eine tiefe Schlucht. Vom nahen Visitor Centre auf dem Highway hat man eine gute Sicht auf Mount Robson, auch wenn ein näherer Kontakt mit dem Berg den Wanderern vorbehalten bleibt. Der Berg Lake Trail ist 22 Kilometer lang und überwindet einen Höhenunterschied von 792 Metern. Die Belohnung ist ein unvergesslicher Ausblick auf die Flanken des Berges, die sich vom See 2438 Meter hoch erheben. Die Bergflanke hinab fließen zwei Gletscher, von denen einer den See mit Eisbergen speist. 🅼 243 C4 ✉ 88 km westlich von Jasper über Yellowhead Hwy.

Die Erschließung der Rockies

Alles was ich sagen kann, ist, dass die Arbeit sehr gut ausgeführt wurde«, waren die nüchternen Worte, mit denen William Cornelius Van Horne am 7. November 1885 die einfache Zeremonie beendete, die die Fertigstellung der Canadian Pacific Railway (CPR) würdigte. Sein Kollege im Vorstand der CPR, Donald Smith, hatte gerade in einem zweiten Versuch erfolgreich den letzten Nagel (aus Eisen, nicht wie in den USA aus Gold) auf dem Eagle Pass in British Columbia eingeschlagen.

Vielleicht war selbst der normalerweise überschwängliche Van Horne von seiner Leistung überwältigt – eine 4800 Kilometer lange Eisenbahnlinie quer durch den Kontinent in weniger als der vorgesehenen Zeit zu bauen.

Van Horne war berühmt für seine *»can-do«*-Qualitäten, als er von der CPR 1882 eingestellt wurde, um den Bau der transkontinentalen Eisenbahn, Verbindung zwischen dem Atlantik und dem Pazifik, fertig zu stellen. Indem er aus seinen Erfahrungen im amerikanischen Bürgerkrieg schöpfte, organisierte er den Bau entlang militärischen Linien und konnte beeindruckende Ergebnisse vorweisen: Die Schienen schoben sich mit einer Geschwindigkeit von manchmal mehr als neun Kilometern am Tag durch die Prärie. Aber verglichen mit der mächtigen Bergbarriere im Westen, die noch weitgehend unerforscht war, waren die Prärien einfaches Gelände. 1872 hatte der Landvermesser Sandford Fleming einen Streckenverlauf von Edmonton über den relativ niedrigen Yellowhead Pass vorgeschlagen. Aus Angst vor einem möglichem Vordringen der USA im Nordwesten Richtung Norden ordnete die kanadische Regierung jedoch an, dass die Eisenbahn, ungeachtet möglicher technischer Schwierigkeiten, weiter südlich verlaufen müsse.

1883 wurden die Schienen im Bow Valley Richtung Kicking Horse Pass verlegt. Im nächsten Jahr folgten die Bezwingung des Passes und der Bau der Linie entlang des Kicking Horse Canyon. Vorsichtsmaßnahmen auf dem Gefälle zur Stadt Field geboten den Bau von Tunneln, um die starke Neigung zu reduzieren. Van Horne wollte nichts davon hören. Die CPR sollte so bald als möglich gewinnbringend arbeiten, der Bau von Tunneln würde die Eröffnung der Linie um mindestens ein Jahr zurückwerfen. Die Schienen wurden daraufhin in einem unvorstellbaren Neigungs-

Eine der berühmtesten Fotografien in der kanadischen Geschichte zeigt, wie Donald Smith, Direktor der CPR, 1885 den letzten Nagel in Craigellachie, hoch auf dem Eagle Pass, einschlägt

Eisenbahnen winden sich seit den 1880er Jahren durch die Rockies

winkel von 4,5 Prozent verlegt. Der sechs Kilometer lange »Big Hill« war ein Alptraum. Der erste Zug, der sich über die Strecke wagte, stürzte in den Canyon, wobei drei Arbeiter getötet wurden. Züge, die die fertig gestellte Linie befuhren, mussten in Bezug auf Länge und Gewicht begrenzt werden. Züge Richtung Osten benötigten mehrere Lokomotiven, um den Hang hinaufzukommen, während Züge Richtung Westen nicht viel schneller als Schrittgeschwindigkeit fahren durften.

Durch den Bau eines der »Eisenbahnwunder der Welt« wurde es der CPR Anfang des 20. Jahrhunderts möglich, den Big Hill zu umgehen: Die Spiral Tunnels, die eine große Acht in die Flanken von Mount Ogden und Cathedral Mountain bohrten, wurden 1909 fertig gestellt. Damit wurde der Neigungswinkel auf zu bewältigende 2,2 Prozent reduziert.

Weiter im Westen hatte der Landvermesser Albert B. Rogers 1881 einen Weg durch die scheinbar undurchdringliche Bergfeste aus Eis, Schnee und Lawinen gefunden, der nun als Glacier National Park bekannt ist. 35 Jahre folgte die Eisenbahn dem nach ihm benannten Pass und schützte sich durch Tunnel und Schneegalerien vor den Elementen. Diese alte Strecke ist inzwischen eine Touristenattraktion und vom Trans-Canada 1 aus zu erreichen. Die Eisenbahnlinie verläuft nun, geschützt vor Lawinen, unterirdisch in dem acht Kilometer langen Connaught Tunnel.

Auch wenn es die Eisenbahn war, die die Rocky Mountains erschloss, wurden schon früher verschiedene Alternativen diskutiert, zu denen auch eine Straße für Fuhrwerke und sogar eine »Schlittenbahn«, auf der Passagiere mit einer Geschwindigkeit von bis zu 160 Kilometer in der Stunde vorbeischießen würden, gehörten. Das erste Auto erreichte Banff entlang den Eisenbahnschienen und bewirkte einen Bann des Kraftfahrzeugverkehrs, der erst 1915 wieder aufgehoben wurde. Der Vorläufer des Trans-Canada-Highway erreichte Lake Louise 1921 und überquerte die Continental Divide nach Field 1926. Der moderne Trans-Canada wurde in den 1950er und frühen 1960er Jahren gebaut.

Yoho National Park

Yoho NP
243 D3

Besucher-information
www.pc.gc.ca
1,6 km östlich von Field
250/343-6783
Park-Eintritt $

BRITISH COLUMBIAS YOHO NATIONAL PARK LIEGT ZU beiden Seiten des Kicking Horse River Valley, der Hauptroute des Trans-Canada 1 und der CPR-Eisenbahnlinie. Mit spektakulären Seen, Wasserfällen und Berglandschaften verdient der Park seinen Namen, der von dem Cree-Wort für »Ehrfurcht« abgeleitet wird, zu Recht. Straßen, die Eisenbahn und ein gut ausgebautes Netzwerk an Wanderwegen ermöglichen den Zugang zu einigen der schönsten Stellen des Parks.

Wie bei Banff war auch die Ernennung von Yoho zur geschützten Landschaft eng mit den Aktivitäten der Canadian Pacific Railway verbunden. Die Bezwingung der Continental Divide stellte eine gewaltige Anstrengung dar, und selbst heute ist die Strecke über den **Kicking Horse Pass** ingenieurstechnisch bewundernswert. Wie anderswo in den Bergen sah die CPR auch hier sofort das Potenzial für eine touristische Erschließung. Der Bahnhof von **Field** (*Informationen: Tel. 250/343-6783, Sa und So geschl.*), der atemraubend zu Fuß des **Mount Stephen** liegt, erhielt zunächst einen Speiseraum, der später zu einem Hotel ausgebaut wurde. Mount Stephen House wurde in den Rocky Mountains schnell zum Treffpunkt von Alpinisten, Künstlern und wohlhabenden Besuchern. Das 16 Quadratkilometer große Schutzgebiet wurde 1911 vergrößert und zum zweiten Nationalpark des Landes erklärt.

Trans-Canada 1 führt parallel zu den Schienen von Alberta zur Grenze von Britisch Columbia auf den 1625 Meter hohen **Kicking Horse Pass** hinauf, dem höchsten Punkt entlang der ganzen Strecke. Der Pass und das Tal im Westen verdanken ihren Namen dem Fußtritt eines Pferdes, den der Schotte James Hector erlitt, als er und seine Truppe das Gebiet 1858 erforschten.

Im Yoho National Park stehen mehr als 30 Dreitausender

Das erste von mehreren Seitentälern, die von Osten kommend vom Highway abzweigen, ist das des **Cataract Brook**, der vom **Lake O'Hara** gespeist wird. Im Gegensatz zum belebten Lake Louise auf der anderen Seite der Bergkette liegt Lake O'Hara abgelegen. Die Sensibilität des alpinen Ökosystems führte zu einer Zugangsbeschränkung; Autos (und selbst Fahrräder) sind verboten, und das Hotel und der Zeltplatz können nur zu Fuß oder mit einem Busshuttle (dreimal täglich) auf der zwölf Kilometer langen Straße erreicht werden *(Reservierung unter Tel. 250/343-6433)*. Durch ein Netz von Wanderwegen sind die kleinen Seen und alpinen Wiesen bequem zu erreichen.

Am **Spiral Tunnel Viewpoint** *(9,6 Kilometer vom östlichen Eingang)*, dem beliebtesten Aussichtspunkt aller kanadischen Nationalparks, drängen sich Besucher, um die langen Güterzüge zu sehen, die sich durch die gewundenen Tunnel der Canadian Pacific Railway schlängeln (siehe S. 262f).

Eine enge Straße mit Haarnadelkurven zieht sich 13 Kilometer das **Yoho Valley** *(11 Kilometer vom Osteingang)* zu den **Takakkaw Falls** hinauf. Diese vom Waputik-Eisfeld gespeisten Wasserfälle gehören zu den höchsten in Nordamerika und stürzen in einer Reihe von Kaskaden 254 Meter in die Tiefe.

Die aus dem mittleren Kambrium vor mehr als 500 Millionen Jahren datierenden Fossilienlagerstätten in den Bergen am **Mount Burgess** liefern wichtige Informationen über die Evolution des Lebens auf der Erde. Auf Grund ihrer paläontologischen Bedeutung wurden sie 1981 zum UNESCO-Welterbe erklärt *(Information Tel. 800/343-3006)*. Im Besucherzentrum in Field *(Führungen Tel. 800/343-3006)* und im Royal Tyrrell Museum (siehe S. 234) sind Fundstücke ausgestellt.

Emerald Lake, Yoho National Park

Die etwa acht Kilometer lange Straße zum **Emerald Lake** *(3,2 km westlich von Field)* führt an einer Naturbrücke vorbei. Diese entstand, als der Kicking Horse River weichere Schiefersedimente erodierte und einen natürlichen Bogen aus härterem Kalkstein stehen ließ. Der Emerald Lake ist der größte See im Yoho National Park.

Etwas weiter entfernt findet sich auf der Straße der Startpunkt für die Wanderung zu den **Wapta Falls** *(4,8 km Rundwanderung)*. Ein Großteil des Niederschlags im Yoho National Park stürzt schlussendlich über diesen Wasserfall, dessen geringe Höhe von nur 30 Metern durch die Wassermassen mehr als ausgeglichen wird. ■

Kootenay National Park

Kootenay NP
243 D2

Parkinformation
7556 Main St. E., Radium Hot Springs
250/347-9505
$$

Park Lodge Visitor Centre
Abseits Hwy. 93, bei Vermilion Crossing
403/762-9196
$$

Die Vielfalt an Lebensräumen im Kootenay National Park ist erstaunlich. Hochlandwiesen und Nadelwäldbestände im Tal des Kootenay kontrastieren mit Kakteen und Feigenkakteen am warmen Westabfall der Rocky Mountains.

IM WESTEN DER CONTINENTAL DIVIDE VERBINDET DER 1406 Quadratkilometer große Kootenay National Park die hohen Berge mit der sanfteren Landschaft des Rocky Mountain Trench.

Während Banff, Jasper und Yoho National Park ihre Existenz der Eisenbahn verdanken, war es beim Kootenay eine Straße. Der Kootenay Parkway wurde schon vor dem Ersten Weltkrieg konzipiert, um Obst aus dem Columbia Valley nordostwärts transportieren zu können. Als den privaten Initiatoren und der Provinzregierung von British Columbia das Geld ausging, stellte die Bundesregierung die Straße unter der Bedingung fertig, dass auf jeder Straßenseite ein Streifen von acht Kilometern zum Nationalpark erklärt würde. Kootenay wurde 1920 zum Nationalpark erklärt und der 93 Kilometer lange Parkway 1923 eröffnet.

Die Straße steigt von **Castle Junction** aus dem Bow Valley an und bietet schöne Ausblicke zurück auf den Castle Mountain. Acht Kilometer nach Castle Junction markiert Vermilion Pass (1651 m) sowohl die Grenze zwischen B.C./Alberta als auch zwischen den Nationalparks Banff und Kootenay. Der kurze **Fireweed Trail**, der durch ein Gebiet führt, das 1968 durch einen Waldbrand zerstört wurde, demonstriert, wie Feuer die Artenvielfalt unterstützen kann und wie wichtig kontrollierte Brände für die Bergwelt sind.

Der tosende **Tokkum Creek** hat den 609 Meter langen **Marble Canyon** (*17 Kilometer von Castle Mountain*) in den Dolomit und Kalkstein gegraben, der vom sedimentreichen Wasser so stark poliert wurde, dass er wie Marmor aussieht.

19 Kilometer westlich von Castle Junction, vom Highway 93 abgehend, überquert man auf einem knapp ein Kilometer langen Weg eine Hängebrücke über den **Vermilion River**. Hier haben mineralreiche, durch eisenhaltige Lehmschichten nach oben steigende Quellwasser die **Ochre Beds**, farbige Tonablagerungen, geschaffen. Die **Paint Pots** selbst sind eine Aneinanderreihung von Tümpeln, deren Färbung ebenfalls von eisenhaltigen Mineralquellen herrühren. Die Kutenai-Indianer (nach denen dieser Park benannt wurde) entwickelten einen regen Handel mit der »roten Erde« dieses heiligen Platzes. Diese wurde zu Pigmenten verarbeitetet, die für Fels- , Körper- oder Tipibemalung verwendet wurden. Relikte eines kurzzeitigen industriellen Abbaus sind noch zu sehen.

Nach den Paint Pots folgt der Highway 93 dem Tal des Vermilion in südöstlicher Richtung. Im Westen verläuft eine der beliebtesten Wanderungen der Rockies am Fuß der **Rockwall**, einer spektakulären, 914 Meter hohen Kalksteinklippe.

Vermilion Crossing verfügt über Tankstellen und Raststätten sowie über ein neues **Besucherzentrum** (*am Ortseingang, in den Wintermonaten geschl.*) und bietet wunderschöne Ausblicke auf einen der spektakulärsten Gipfel des Parks, den Mount Verendrye (3086 m). Am Fuß des **Mount Wardle** sieht man manchmal Elche, Maultierhirsche oder aber auch Bergziegen – das Symbol dieses Parks –, an den Salzlecken neben der Straße. **Kootenay Crossing** markiert den Beginn des **Kootenay Valley**, in dessen Verlauf der feuchte, subalpine Wald dem trockeneren, aufgelockerten Waldland von British Columbia weicht, das durch Douglastannen charakterisiert wird.

Sinclair Pass und **Sinclair Valley** sind nach dem Führer einer Siedlergruppe benannt, die von der Hudson's Bay Company in einem (erfolglosen) Versuch, der Kolonisierung von Oregon durch die Vereinigten Staaten zuvorzukommen, auf diesen Weg geschickt wurde.

RADIUM HOT SPRINGS

Diese Quellen, die mit einer Temperatur von 40 °C aus einer Verwerfung der Erdkruste sprudeln, waren den Indianern bekannt, die die Quellen als heilige Stätte betrachteten. Der Mineralanteil ist minimal, und daher ist das Wasser fast geruchlos. Allerdings ist es leicht radioaktiv, was früher als gesundheitsfördernd angesehen wurde.

Gegen Ende des 19. Jahrhunderts wurden die Quellen von privater Hand ausgebaut, bis die Regierung sie 1922 als Teil des Nationalparks übernahm. Heute gibt es zwei beliebte Pools, von denen einer heiß und der andere kalt ist. ■

Radium Hot Springs

243 D2

www.hotsprings.ca

3,2 Kilometer östlich der Stadt Radium, vom Kootenay Parkway abbiegen

250/347-9485

$$

Glacier und Mount Revelstoke National Parks

Mount Revelstoke NP und Glacier NP
243 C3
www.pc.gc.ca

Glacier NP
Rogers Pass Visitor Centre, 1,2 km westl. vom Rogers Pass
250/837-7500
Besucherzentrum Nov. geschl.
$

Mount Revelstoke NP
Park admin. office, Revelstoke
250/837-7500
$

BEIDE NATIONALPARKS WURDEN INS LEBEN GERUFEN, UM die zerklüfteten Selkirk Mountains, Teil der parallel zu den Rocky Mountains verlaufenden Columbia Range, zu schützen. Deren Gipfel sind ebenso beeindruckend wie diejenigen der Rockies im Osten. Der höchste Gipfel, Mount Dawson, ist 3390 Meter hoch. Das Klima ist hier besonders rau, die mehr als 400 Gletscher des Glacier National Park werden von Schneefällen von insgesamt bis zu neun Metern im Jahr gespeist. Regelmäßig gehen in den steilen Tälern Schneelawinen ab, die den Trans-Canada Highway unter sich begraben können.

GLACIER NATIONAL PARK

Glacier National Park teilt seine Entstehungsgeschichte mit Yoho und Banff. Seine Ernennung zum Nationalpark 1886 fiel mit der Öffnung der CPR-Eisenbahnlinie über einen Pass zusammen, den der Landvermesser Albert Rogers wenige Jahre zuvor entdeckt hatte. Auf Grund des inzwischen zerstörten Glacier House Hotels, das als Eisenbahnrestaurant gedacht war, um den Lokomotiven die Last der schweren Speisewagen auf den steilen Anstiegen zu ersparen, kamen viele Touristen. Sogar aus Europa reisten Bergkletterer an, heute betrachten Alpinisten den Glacier National Park als den Geburtsort des nordamerikanischen Bergsteigens. Die Blütezeit der Region endete 1916, als die CPR, müde vom hohen Verschleiß ihrer Anlagen und der Reparatur von Lawinenschäden, den Rogers Pass für den acht Kilometer langen Tunnel durch Mount Macdonald aufgab. Nach Jahrzehnten der Isolation brachte der Bau des Trans-Canada Highway über den Pass 1962 wieder Besucher in das Gebiet. Das Lawinenproblem wird durch Schneegalerien entlang der Straße und durch kontrolliertes Auslösen von Lawinen in Grenzen gehalten.

Ein Großteil des Glacier National Park ist nur Bergsteigern und Wanderern zugänglich, aber auch eine Fahrt auf der Straße oder mit dem Zug ist ein unvergessliches Erlebnis. Eine Reihe kurzer Wanderungen, die am oder nahe dem Highway starten, führen in die Bergwelt und die Geschichte des Parks ein. Zu diesen gehört **Abandoned Rails Trail** (1,2 km einfache Strecke), der der alten Strecke der CPR über den Rogers Pass folgt. Der Pass selbst wurde zur National Historic Site erklärt, hierzu gibt es Schaukästen im Besucherzentrum. Der **Illecillewaet Campground** (4 km westlich des Besucherzentrums) ist Ausgangspunkt für unterschiedlich lange Wanderungen. **Bear Falls Trail** und **Hemlock Grove Trail** führen auf Grund der reichlichen Niederschläge durch überraschend üppige Wälder.

MOUNT REVELSTOKE

Auch Revelstoke National Park bietet eine ausgedehnte Bewaldung. Nicht weit vom Osteingang zum Park auf dem Trans-Canada 1 führt der Holzsteg des **Giant Cedar Trail** durch einen majestätischen Bestand von 600 Jahre alten Rotzedern und Hemlocktannen, einem schönen Beispiel für die inländischen Regenwälder British Columbias. Die Hauptattraktion dieses kleinen Nationalparks (259 km²) ist die Leichtigkeit, mit der Besucher den Blütenreichtum der

Eine Gedenktafel erinnert an den Ingenieur Walter Moberley, der eine Route durch die scheinbar undurchdringlichen Monashee Range fand

Almwiesen genießen können, die 1914 Hauptgrund für die Ernennung des Parks waren.

Der 26 Kilometer lange **Meadows in the Sky Parkway** *(im Winter geschl.)* steigt vom Westeingang des Parks auf den 1938 Meter hohen Gipfel des Mount Revelstoke. Die Straße bietet Ausblicke über die sich weit ausdehnende Landschaft des **Columbia River Valley** und die **Monashee Mountains** im Westen, aber die wahre Belohnung erwartet den Besucher am Gipfel. Hier führt der 1,2 Kilometer lange Wanderweg **Meadows in the Sky Trail** durch schöne Almwiesen. Mehrere Wege enden an Bergseen.

Die Stadt **Revelstoke** liegt am Zusammenfluss des vom Glacier National Park nach Westen fließenden Illecillewaet in den Columbia. Die Stadt, in der man Tankstellen und Rasthäuser findet, ist nach Lord Revelstoke von der Barings Bank in London benannt, der um 1880 die Canadian Pacific Railway in ihrer schwersten Zeit vor dem Bankrott rettete. Im Norden der Stadt werden die Wassermassen des Columbia durch den riesigen, 175 Meter hohen **Mica Dam** zurückgehalten. Im Besucherzentrum des Staudamms (*Tel. 250/814-6697 Mitte Okt.–Mitte April geschl.*) erläutern Schaukästen die Details dieser Ingenieursleistung. ■

Eine von vielen Bergwiesen am Mount Revelstoke

Waterton Lakes National Park

Waterton Lakes NP
241 DI

Besucher-information
In Waterton
403/859-2224
Geschl. Winter

Park Admin. Office
215 Mount View Rd.
403/859-2244

DIE BERGE DES WATERTON LAKES NATIONAL PARK, DIE SICH abrupt aus den Prärien im Südwesten Albertas erheben, sind zu Recht zum UNESCO-Welterbe ernannt worden. Vor 175 bis 125 Millionen Jahren wurde ein 160 Kilometer langes und 6,4 Kilometer dickes Gesteinspaket angehoben und 96 Kilometer in nordwestlicher Richtung auf die viel jüngeren Gesteinsschichten der Prärie geschoben. Als Lewis Thrust bekannt, hat dieses außergewöhnliche Ereignis die übliche geologische Reihenfolge umgekehrt, nach der junge Gesteinsschichten über älteren liegen, und erklärt den fehlenden Übergang zwischen Prärie und Bergen; an einigen Stellen findet man auf kurze Distanz einen Höhenunterschied von 1220 Metern.

Der Park ist klein (523 km²) und hat keine Durchgangsstraßen. Besucher können an den Seen (**Maskinonge Lake** und **Lower**, **Middle und Upper Waterton Lakes**) entspannen und 240 Kilometer an Wanderwegen erkunden. Der Park wurde 1895 gegründet, um ihn vor Besiedelung zu schützen. 1932 wurde er mit Montanas **Glacier National Park** zum weltweit ersten internationalen Friedenspark erklärt.

Das auffälligste Merkmal des Parks ist die Holzkonstruktion des **Prince of Wales Hotel** (*Waterton Lake, Tel. 403/236-3400*), das 1926 als Standort für Busfahrten in die Rocky Mountains gebaut wurde. Das Hotel überblickt den Upper Waterton Lake und **Waterton Townsite**. Hier befindet sich der Ausgangspunkt für viele Wanderungen und für Bootsausflüge auf dem Upper Lake (*Tel. 403/859-2362, Mitte Okt.–Mitte Juni, $$$*). Die Boote überqueren die Grenze und ermöglichen den Zugang zu einem spektakulären Weg, der durch einen Tunnel zum **Crypt Lake** (*17,6 km Rundwanderung, 640 m Höhenunterschied*) führt, der hoch oben in einem natürlichen Amphitheater liegt. Diese Wanderung sollte nur von erfahrenen Wanderern unternommen werden. Es gibt auch viele einfache Wanderungen im Park, zu denen auch der durch eine 19 Meter tiefe Spalte mit violetten, grünen, gelben und roten Felsen führende **Red Rock Canyon Trail** gehört. ■

Im Waterton Lakes National Park liegt in herrlich alpiner Landschaft das Prince of Wales Hotel

Das hinter der Barriere der Rocky Mountains gelegene British Columbia ist die westlichste und drittgrößte Provinz Kanadas

Westküste

Herbst in British Columbia

Westküste

BRITISH COLUMBIA (B.C.) BIETET EINE VERBLÜFFENDE VIELZAHL VON KLIMAzonen und Landschaften. Die Gipfel der parallel zu den Rocky Mountains verlaufenden Bergketten sind von ewigem Schnee bedeckt, während Wasserknappheit an der Grenze zu den Vereinigten Staaten eine Bewässerung der Obstplantagen und Weinberge notwendig macht. Von der fjordartig eingeschnittenen Küstenregion breiten sich urzeitliche Regenwälder landeinwärts aus, während im Landesinneren, im Regenschatten der Coast Mountains, wüstenartige Gebiete neben gutem Weideland existieren. Die trostlose Nordhälfte der Provinz ist kaum bewohnt: Mehr als die Hälfte der Bevölkerung lebt im Lower Fraser Valley rund um Vancouver und eine weitere halbe Million in Victoria.

Die meisten Besucher der Provinz zieht es in den Großraum Vancouver an den sanften Ufern der Strait of Georgia. Ausgestattet mit all den Reizen einer großen Stadt, genießt Vancouver eine unübertroffene Lage am Wasser und den Bergen. Auf der gegenüberliegenden Seite der Meerenge liegt das kleinere Victoria – kaum weniger attraktiv, zufrieden mit seiner Rolle als Provinzhauptstadt und kokett mit seiner britischen Vergangenheit spielend. Beide Städte verfügen über hervorragende Museen. In Vancouver beherbergt das University of British Columbia Museum of Anthropology eine unübertroffene Sammlung an Kunst und Alltagsgegenständen der Ureinwohner des Nordwestens.

Von beiden Städten aus ist man in kurzer Zeit in der Wildnis. Der Großteil der Bevölkerung von Vancouver Island lebt an der Ostseite der Meerenge; durch den Bergrücken gegen Regen und den Sturm der Westküste geschützt. Hier wird mit dem Pacific Rim National Park eine wilde Uferlandschaft mit starker Brandung und mit Regenwald bedeckten Höhen geschützt. Gleich im Norden ermöglichen es eine ganze Reihe von Parks, darunter auch der Garibaldi Provincial Park, der Großstadt in die Wälder und alpinen Bergwiesen der Coast Mountains zu entfliehen.

Touristische Routen führen aus dem städtischen Herzland der Provinz hinaus. Der wichtigste Highway auf Vancouver Island endet in Port Hardy, Startpunkt für die spektakuläre Fahrt durch die Inside Passage, der einfachste Weg für Besucher, etwas von der Pracht der Inseln und Fjorde der einsamen Nordwestküste zu sehen. Im Osten von Vancouver folgen zwei Eisenbahnlinien sowie der Trans-Canada Highway dem Fraser flussaufwärts durch üppiges Weideland und Schluchten, die schon die ersten Erforscher und Goldsucher beeindruckten. In Kamloops biegt der Canadian National nach Norden und überquert am Yellowhead Pass die Rockies, während die Canadian Pacific, begleitet vom Tans-Canada Highway, durch immer dramatischer werdendes Bergland auf den Ki-

cking Horse Pass führt. Kamloops, ursprünglich ein Pelzhandelsposten, florierte als Versorgungslager während der Goldrauschära, die das Landesinnere der Provinz Mitte bis Ende des 19. Jahrhunderts der Welt bekannt machte. Viele Goldsucher folgten der berühmten Cariboo Road, die sich vom Thompson, einem Nebenfluss des Fraser, nach Norden erstreckt.

Eine Alternativroute in das Cariboo folgt der Meeresenge des Howe Sound, vorbei am Whistler-Skigebiet. Alternativ zum Highway wird diese Strecke auch regelmäßig von einem Personenzug von B.C. Rail befahren, der in der größten Stadt im Inland, in Prince George, endet. Ab hier verlaufen Schiene und Straße auf dem langen Weg nach Westen Richtung Prince Rupert parallel. Das letzte Stück entlang dem Skeena führt durch Dörfer, in denen auf Grund des Wiederauflebens der Gitskan-Kultur neue Totems neben alten aufgestellt wurden. Die Inside-Passage-Fähren legen in Prince Rupert an, wie auch die Schiffe von und zu den Queen Charlotte Islands oder Haida Gwaii, Heimat der Haida. Entlang der Grenze zu den Vereinigten Staaten im Süden der Provinz dienten die von Nord nach Süd verlaufenden Flusstäler mit ihren Seen als natürliche Routen für die ersten weißen Siedler. Der gegen den Strich des Landes angelegte moderne Crowsnest Highway, Nachfolger des Dewdney Trail aus den 60er Jahre des 19. Jahrhunderts, ist eine faszinierende Alternative zum Trans-Canada zwischen der Pazifikküste und der Prärie. Über eine Reihe von hohen Pässen führt er durch das mit Obstplantagen gemusterte Flachland des Okanagan. ■

NICHT VERSÄUMEN

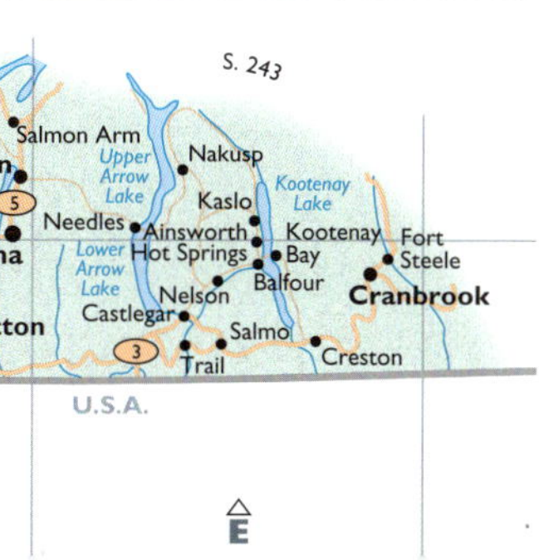

Die Naturschätze British Columbias

Das unglaubliche Angebot an natürlichen, im Ozean, in den Flüssen und Wäldern vorhandenen Ressourcen verhalf den Indianern des Nordwestens schon lange vor der Ankunft der Europäer zu einem ungewöhnlich hohen Lebensstandard. Auch die Europäer wurden durch diese Naturschätze angezogen. Zunächst kamen die Pelzhändler, dann die Erz- und Goldsucher, Fischer, Viehzüchter und Holzfäller. Auch heute hängt die Wirtschaft der Provinz größtenteils von der Ausbeutung der einst als endlos angesehenen Naturschätze, vor allem der Wälder, ab.

Die Forstwirtschaft, die meist in der Hand von Großkonzernen liegt, ist noch immer der wichtigste Industriezweig der Provinz. Gleichzeitig werden die hoch mit Mineralien angereicherten Gesteine British Columbias entsprechend der schwankenden Weltmarktnachfrage von A wie Antimon bis Z wie Zink abgebaut. Der vom Pazifik nahende Regen speist auf den Hochebenen und Bergen Seen und Flüsse, von denen viele zur Energieerzeugung genutzt werden, die bis in die Vereinigten Staaten exportiert wird. Die »Stars« der Fischindustrie sind die fünf Lachsarten. Der Stau der Flüsse für Wasserkraftwerke und die sich daraus ergebende Blockade des natürlichen Weges der Lachse zu ihren Laichgründen ist einer von vielen Gründen für den bestürzenden Rückgang der Lachsbestände.

FORSTWIRTSCHAFT

Die Forstwirtschaft von B.C. steht bereits seit den 1980er und 1990er Jahren im Brennpunkt vieler nationaler und internationaler Kontroversen. Fast 60 Prozent der Provinz sind von Bäumen bedeckt, aber es ist der gemäßigte Küstenregenwald mit seinen gewaltigen Rotzedern, westamerikanischen Hemlocktannen, Douglasien und Sitkafichten, der die Aufmerksamkeit auf sich zieht. Hier, wo die feuchten Böden die Ausbreitung von Großfeuern verhindert haben, sind die Bäume teilweise bis zu 91 Meter hoch. Das üppige Unterholz und langsam verwesende Bäume wirken als Filter und stellen die Reinheit der Flüsse und Seen sicher. Das aromatische und leichte Holz der Zeder war schon für die Ureinwohner des Nordwestens ein wichtiges Ausgangsmaterial – der Stamm wurde zum Bau von Kanus und Totems genutzt, das Holz für den Hausbau zu Brettern gespalten oder zu Masken geschnitzt und über Dampf zu Aufbewahrungsbehältern gebogen. Aber die Holzindustrie hat für fast alle Bäume eine Verwendung gefunden: Der gerade Stamm der Douglasie war schon immer ideal für den Hausbau, und selbst das einst verachtete, weiche Holz der Hemlocktanne wird zu Zellstoff für die Papier und Synthetikherstellung verarbeitet. Der Angriff auf die Wälder begann schon in den ersten Tagen der Kolonisation entlang der Küste und der Flüsse, denn dort waren die Bäume gut erreichbar und die Stämme auf dem Wasser leicht transportierbar. Durch die Eisenbahn dehnte sich der Operationsradius beträchtlich aus, Straßen und moderne Maschinen machen heute die Exploration praktisch jeden Waldareals, selbst in Gegenden, in einst als unerreichbar galten, rentabel.

Die ökologischen Auswirkungen der Abholzung sind verheerend. Die Entfernung des Baumdachs durch Kahlschlag führt zur hoher Bodenerosion und Erdrutschen (oft lange nach der Abholzung), Flüsse verschlammen, der Laichgrund der Lachse wird zerstört. Der Verlust des Lebensraumes der Tierwelt hat, besonders im Fall großer Säugetiere wie der Grizzlies oder Berglöwen, die einen großen Lebensraum benötigen, schwerwiegende Auswirkungen. Die Bemühungen der Holzkonzerne um Wiederaufforstung sind langwierig, zudem ist es unmöglich, den ökologischen (und ästhetischen) Wert der Wälder mit ihrem alten Baumbestand jemals wiederherzustellen.

Great Bear Rainforest Park

Der Widerstand gegen die Zerstörung dieses großartigen Naturschatzes führte zu Kanadas größten Kampagne zivilen Ungehorsams, nachdem die Provinzialregierung im Jahr 1993 die Abholzung weiter Teile des Gebietes genehmigte (galt es doch eine Industrie zu unterstützen, die über eine Viertel Million Menschen

Die Holzindustrie bleibt ein Hauptwirtschaftszweig der Wirtschaft British Columbias und Kanadas (oben); auch wenn man nicht mehr auf den Schwung und Wagemut der *white-water men* (links) angewiesen ist, die aufgestaute Holzstämme wieder freilegen

beschäftigt, vielfach in Gemeinden, in denen es keine alternativen Arbeitsplätze gibt). Die Täler am Clayoquot Sound an der Westküste von Vancouver Island waren mehrere Jahre lang Schauplatz von Protesten von Umweltschützern und der indianischen Urbevölkerung gegen die Abholzung. Dies führte 2006 zur Gründung des Great Bear Rainforest Park, der sich vom Norden der Vancouver Island über 400 Kilometer bis in das Grenzgebiet von Alaska erstreckt und eine Fläche von 20 400 Quadratkilometer einnimmt. Holzeinschlag soll jedoch weiterhin erlaubt sein, solange er umweltverträglich ist, Abholzung im großen Stil dagegen verboten. Dieses Abkommen zwischen Industrie, Regierung, Umweltschützern und Einwohnern wurde von den Beteiligten als Zukunftsmodell für das 21. Jahrhundert gefeiert.

Vancouver

Vancouver
273 CI–DI

Besucher-information
www.tourismvancouver.com
200 Burrard St.
604/683-2000

www.hellobc.com
800/435-5622
(Tourism B.C.)

KANADAS WESTLICHSTE STADT LEBT VON SEINER GROSS-artigen Lage zwischen Meer und Bergen. Seine Bewohner genießen einen vielfach geneideten Lebensstil, in dem Freizeit und Vergnügen sich auf einen Wohlstand stützen, den Vancouvers Lage am Pazifik möglich macht. Städtischer Mittelpunkt Vancouvers ist der durch den fjordartigen Burrat Inlet gebildete Handelshafen. Im Westen erheben sich die Gipfel von Vancouver Island aus den Wassern der Strait of Georgia, während im Süden bei klarem Wetter Mount Baker, der Gigant der amerikanischen Cascade Range, zu sehen ist.

Die Bewohner werden nicht müde, von den wunderbaren Möglichkeiten der Stadt zu erzählen; sie können nach Lust und Laune schwimmen, segeln oder Ski fahren gehen oder in kürzester Zeit in die Wildnis entschwinden – und gleichzeitig all die kulturellen Möglichkeiten einer multikulturellen Weltstadt genießen. Auch wenn auf den Berggipfel häufig Schnee liegt, genießt Vancouver ein mildes Klima; allerdings ist es oft neblig und regnerisch (etwa 1,5 m jährlich).

Die Stadt liegt auf einer Halbinsel, die durch den **Burrard Inlet** im Norden und das Mündungsgebiet des **Fraser** im Süden definiert wird. Vom etwa 250 Hektar großen, kompakten Stadtkern weicht das dicht bebaute und beliebte West End im Westen dem berühmten, bewaldeten Stanley Park, der die Spitze der Halbinsel einnimmt. Im Osten liegt die attraktive renovierte Gastown, die Keimzelle der Stadt.

Die langsam wachsende Stadt wurde Granville genannt, ein Name, der auf Initiative von William van Horne, dem Hauptgeschäftsführer der Canadian Pacific Railway, im 19. Jahrhundert zu Gunsten von Vancouver aufgegeben wurde.

Die CPR traf, sehr zum Verdruss von Spekulanten, die Land um den ursprünglichen Bahnhof in Port Moody – einige Meilen flussaufwärts – gekauft hatten, 1886 hier ein (siehe S. 262f). Van Hornes Name blieb, trotz ärgerlichen Grollens auf Vancouver Island, bestehen.

Obwohl die Holzhäuser 1886 in einem großen Feuer zerstört wurden, florierte Vancouver, wurde in Stein und Ziegeln wieder aufgebaut und übertraf Victoria schon bald an Größe und Bedeutung. 1820 war es die drittgrößte Stadt Kanadas. Die anfänglich sehr britische Stadt zog nicht nur Siedler aus Europa, sondern auch von der anderen Seite des Pazifiks an; die alteingesessene chinesische Gemeinde zählt inzwischen zu einer der größten Nordamerikas.

Die Innenstadt Vancouvers vom Hafen aus gesehen

Heute, mit einer weltstädtischen Bevölkerung, die sich der Zwei-Millionen-Grenze nähert, ist die Stadt ein ausgezeichneter Standort für viele Wirtschaftszweige. Die vielen Wolkenkratzer, die die Skyline der Innenstadt prägen, zeigen, dass eine Reihe namhafter Firmen hier ihren Sitz haben. Einige davon, darunter die gemeißelte Spitze der Cathedral Place, sind schöne Beispiele postmoderner Eleganz und würdige Nachfolger des extravagant verzierten **Marine Building** im Art-déco-Stil (1930).

Es macht Spaß, Vancouver zu entdecken. Die Innenstadt ist kompakt und leicht zu Fuß zu erkunden, das Ufer des Burrard Inlet wird mit der fortschreitenden Sanierung der alten Hafenanlagen nach und nach zugänglich. Der in den Hafen ragende Canada Place, von dem man wunderschöne Blicke auf die Stadt hat, ist eine von mehreren Errungenschaften der Expo '86. Eine Fahrt auf dem Wasser darf bei einem Besuch auf keinen Fall fehlen. Am günstigsten ist eine Fährfahrt nach North Vancouver mit dem Seabus, Teil des öffentlichen Transportsystems (*B.C. Transit, Tel. 604/521-0400*), zu dem auch der Skytrain gehört, ein futuristischer, führerloser Zug, der die Innenstadt mit mehreren Vororten verbindet.

Andere Attraktionen, wie das lebhafte Marktviertel auf Granville Island und die Museen im Vanier-Park, können mit dem Bus erreicht werden, aber es macht mehr Spaß, die kleinen Fähren zu nehmen, die auf dem False Creek verkehren. Etwas abseits liegt der Campus der University of British Columbia mit seinem ausgezeichneten Museum of Anthropology, das wegen seiner wunderbaren Sammlung an Kunst- und Alltagsgegenständen der First Nations auf jeden Fall einen Besuch wert ist.

Der mit einem Luxushotel am Ufer verankerte **Canada Place** gleicht einem großen Segelschiff, das jede Minute ablegt. Mit unübertroffenen Ausblicken auf den Hafen und

die Berge ist dies vielleicht der beste Platz zur Erkundung der Innenstadt. Entworfen vom Architekten Eberhard Zeidler, der auch für Torontos Eaton Centre verantwortlich zeichnet, wurde er als der kanadische Pavillon für die Expo ’86 erbaut und beherbergt heute ein Konferenzzentrum und ein IMAX-Kino unter seinen fünf großen Segeln aus Fiberglas. In Erinnerung an vergangene Zeiten – er steht an der Anlegestelle B-C des Hafens, an der einst die berühmten Schiffe der White Empress Line anlegten – begrüßt der Canada Place heute Kreuzfahrtschiffe aus aller Welt, gelegentlich auch Marineschiffe.

Granville Square, den eine rätselhafte, moderne Skulptur ziert, überblickt die Anlegestelle des Seabus, der die Innenstadt mit North Vancouver verbindet. Auch wenn er nicht mehr als Endstation der transkontinentalen Züge dient, so ist der grandiose Bahnhof der Canadian Pacific Railroad von 1914 (*Tel. 604/669-3050*) noch immer ein Knotenpunkt des öffentlichen Verkehrs.

Wie in fast jeder Großstadt, die etwas auf sich hält, findet man auch hier ein Drehrestaurant mit einem Aussichtsdeck. Hier ist es der Vancouver Lookout, 167 Meter hoch mit einem Schwindel erregenden Aufzug an der Außenseite. Er ist die Krönung des **Harbour Centre.**

Die heutigen Bewohner British Columbias werden sich des kulturellen Erbes der First Nations immer bewusster. Diese Totempfähle stehen in Vancouvers Stanley Park

Gastown

Bedroht durch eine Totalsanierung Anfang der 60er Jahre, wurde Vancouvers Stadtkern durch die Bemühungen von Bewohnern und Bauträgern gerettet, die die alten Gebäude restaurierten und renovierten und sicherstellten, dass alle neue Gebäude in das gewachsene Stadtbild passen. Heute ist Gastown eine geschäftiges und selbstbewusstes Viertel mit modernen Boutiquen, Souvenirgeschäften, Bars und Restaurants, das jedoch durch seine Nähe zum Ostende der Stadt und dessen zum Teil ziemlich heruntergekommenen Gebäuden vor Selbstgefälligkeit bewahrt wird.

Das Straßennetz von Gastown ist in einem Winkel angelegt und zieht den Umriss des Hafenviertels nach. An den ungewohnten Ecken einiger

Kreuzungen stehen »bügeleisenähnliche« Gebäude, wie das **Europe Hotel**. Bei Flut schwappte früher das Wasser bis zur Ecke der **Water Street**, der heutigen Hauptdurchgangsstraße. An der Kreuzung Cambie Street steht die **Steam Clock**, ein beliebtes Motiv für Fotografen. Die 1977 eingeweihte Uhr treibt die Pfeife eines alten Schaufelraddampfers mit Dampf aus dem Heizungssystem des Viertel an. Dem eher unwahrscheinlichen Gründer des Viertels, dem redseligen Saloon-Besitzer »Gassy Jack«, wird mit einer Statue am **Maple Tree Square** gedacht.

Chinatown

Östlich von Gastown liegt Kanadas größte Chinatown, eine über

Harbour Centre – Vancouver Lookout
www.vancouverlookout.com
✉ 555 W. Hastings St.
☎ 604/689-0421
$ $$

Dr. Sun Yat-Sen Garden
www.vancouverchinesegarden.com
578 Carrall St.
604/662-3207
Geschl. im Winter Mo
$$

Art Gallery
www.vanartgallery.bc.ca
750 Hornby St.
604/662-4719
$$$

250 000 Mitglieder zählende Gemeinde, deren Ursprung auf den Goldrausch und den Bau der Canadian Pacific Railway zurückgeht.

Hinter hohen weißen Mauern liegt der **Dr. Sun Yat-Sen Garden**, die exquisite Nachbildung einer Landschaft aus der Ming-Dynastie, die für die Expo '86 von einem Gärtnerteam aus der Volksrepublik China gestaltet wurde.

Cathedral Place

Dieser 1991 fertig gestellte Büroturm mit einer getriebenen Kupferspitze wurde zum Wahrzeichen der Stadt. Er veranschaulicht das Anliegen der Städtebauer, durch die Integration von Einzelheiten des hoch geschätzten Art-déco-Gebäudes, das er ersetzte, und durch seine Sensibilität zu seinen Nachbarn, der **Christ Church Cathedral** und dem **Hotel Vancouver**, einen städtebaulichen Kontext zu schaffen. Das ähnliche, aber viel kleinere Gebäude des **Canadian Craft Museum** erreicht man über einen attraktiven Hof. Es beherbergt eine beispiellose Auswahl schöner Objekte internationaler und kanadischer Kunsthandwerker. Vancouvers öffentliche Kunstsammlung, die **Art Gallery**, befindet sich im früheren Gerichtsgebäude, einem klassizistischen Gebäude, das von Francis Rattenbury entworfen und durch Arthur Erickson sorgfältig zu einem eleganten Rahmen für Kunstausstellungen umgestaltet wurde.

Eine Glanzleistung des fortschrittlichen Architekten und Landschaftsgestalters Arthur Erickson ist **Robson Square**, ein siebenstöckiges Gerichtsgebäude mit umfangreichen und attraktiven Freiluftbereichen auf mehreren Stockwerken. Mit seiner üppigen Bepflanzung und vielen Wasserspielen umfasst der Komplex zwei ganze Straßenblöcke und führt unter der Robson Street via Rollschuhbahn und Tagungszentrum zur Art Gallery.

Stanley Park

Stanley Park, mit 404 Hektar so groß wie die Innenstadt Vancouvers, ist ein luxuriöser Besitz für eine Stadt, die ohnehin mit herrlicher Landschaft gesegnet ist.

Hauptsächlich bewaldet, erstreckt sich der Park bis zur Spitze der Halbinsel bei den **Narrows**, dem Eingang zum Burrard Inlet. Die Halbinsel war früher eine militärische Zone, die ohne Zweifel irgendwann abgeholzt worden wäre. Der Voraussicht der Stadtväter ist es zu verdan-

Emily Carr

Emily Carr (1871–1945), die als Tochter englischer Eltern in Victoria geboren wurde, zählt zu den schillernsten Persönlichkeiten der kanadischen Kunstszene. Erst in der Mitte ihres Lebens wurde ihr Talent gewürdigt. Vorher war sie einen einsamen Weg gegangen und hatte die Dörfer und die Kunst der First Nations des Nordwestens aufgenommen und sich mit Hilfe einer Pension über Wasser gehalten. Als sie bei einem Treffen 1927 mit Mitgliedern der Group of Seven (siehe S. 186f) deren Arbeiten zu sehen bekam, rief sie aus: »Oh, Gott, was habe ich gesehen? Wo bin ich gewesen?« Unterstützt von Lawren Harris, einem Mitglied der Gruppe, kehrte sie zu ihren früheren Themen zurück und malte monumentale Bilder der Totempfähle – ihre bekanntesten Werke, die »mit der vitalen Energie der Überzeugung pulsieren und schwingen«. Ihre späteren Arbeiten widmen sich mit der gleichen Intensität der Darstellung der Wälder von British Columbia.

ken, dass dies verhindert wurde, sie setzten sich schon im ersten Monat nach der Gründung Vancouvers (1886) für den Erhalt des Parks ein. Es gibt zahlreiche Einrichtungen und Attraktionen, im Wesentlichen dient der Park als großer, offener Bereich, der schnell und direkt von der Stadt aus erreichbar ist und in dem man tun kann, was man will: joggen, spazieren gehen, rollerbladen, Rad fahren, schwimmen oder einfach faulenzen. Eine Fahrt auf dem 9,6 Kilometer langen Stanley Park Drive oder auf der Seawall Promenade, die am Ufer entlangführt, ist ein Muss für alle Besucher. Sinnvollerweise leiht man sich ein Fahrrad (der Radweg ist eine Einbahnstraße im Gegenuhrzeigersinn), so kann man oft unterwegs anhalten und die wechselnden Ausblicke auf die Stadt, das Meer und die Berge genießen.

Während sich der Stanley Park Drive um den **Coal Harbour** mit dem Royal Yacht Club und dem Rowing Club zieht, liegt zur Linken die vogelreiche **Lost Lagoon**, ein ehemaliger Meeresarm, der während Ebbe fast vollständig austrocknet. Kurz vor dem **Hallelujah Point** steht zwischen den Bäumen eine leuchtend angemalte Gruppe von Totems. Beim **Prospect Point** überquert der Weg den Zugang zur 1524 Meter langen **Lions Gate Bridge** über die First Narrows, die 1938 gebaut wurde, um die Stadt mit dem exklusiven Wohngebiet von West Vancouver zu verbinden. Von hier sieht man die Schiffe, die vom Prospect Point in den Burrard Inlet einfahren. Zwischen hier und dem nach Westen blickenden Ferguson Point gibt der Wald aus Zedern, Hemlocktannen und Douglasien eine gute Vorstellung davon, wie Vancouver ausgesehen haben muss, bevor in den 1880er Jahren mit der Abholzung begonnen wurde.

Im Stanley Park finden sich zwei der beliebtesten Attraktionen Vancouvers: der **Children's Zoo** und das international berühmte **Vancouver Aquarium** (*Tel. 604/268-9900*). Der Schwerpunkt liegt auf der Meeresfauna und -flora des Nordwestens. Die echte Nachbildung eines dampfigen Amazonas-Regenwaldes mit seinem üppigen Vogelreichtum, Fischen und Reptilien sowie die Nachbildung eines indonesischen Korallenriffs begeistern alle Besucher. ■

Der Balkon am Canada Place bietet fantastische Ausblicke auf das Hafenviertel von Vancouver

Vancouver Aquarium Marine Science Center

www.vanaqua.org

☎ 604/659-3474

🕒 Geschl. Mitte Sept.–Mitte Juni Mo

$ $$$

Weitere Sehenswürdigkeiten in Vancouver

GRANVILLE ISLAND

Granville Island, einst eine 1915 für industrielle Zwecke geschaffene Mülldeponie im **False Creek**, ist heute ein lebendiger Treffpunkt, der das Ziel des Granville Island Trust, sie zu einem Platz des »Zufalls, der Neugier, der Freude und Überraschung« zu machen, erfüllt hat. Industrielle Relikte finden sich neben vielen Freizeitangeboten, zu denen Geschäfte, Studios, Restaurants, Galerien, Theater, ein Yachthafen, eine Brauerei und ein großer, überdachter Markt gehören. An schönen Wochenenden scheint jeder, der nicht am Strand ist, hierher zu kommen, es herrscht ein unglaubliches Gedränge auf der Insel, über das sich aber niemand beschwert. Die alten Industriegebäude wurden leuchtend bunt angestrichen. Im Markt mit seinen verlockenden Lebensmitteln und anderen Artikeln hängen noch immer Flaschenzüge und Montagekräne von der Decke. In der Mitte von allem und tonangebend ist das **Emily Carr College of Art and Design**.

VANCOUVER MUSEUM

Vor dem Gebäude steht die riesige, glitzernde Skulptur einer Krabbe, die nach den Legenden der First Nations der Wächter des Hafens ist. Das Museum präsentiert pflichtbewusst die Geschichte Vancouvers seit der Ankunft der ersten Europäer sowie in rotierenden Schaukästen eine sehenswerte Sammlung an Kunstgegenständen der First Nations. Gezeigt werden Nachbildungen eines Pelzhandelspostens, die Quartiere auf dem Zwischendeck eines Immigrantenschiffes und die Innenausstattung eines »Colonist Car« der Eisenbahn, die alle in starkem Kontrast zu den opulenten, städtischen Inneneinrichtungen um die Jahrhundertwende ste-

Straßenkünstler unterhalten an einem sonnigen Tag die Besucher auf Granville Island

hen. Ein zum Nachdenken anregendes Modell von Vancouver zeigt die heutige, große Metropole zu einer Zeit, als sie nicht viel mehr als eine dicht bewaldete Halbinsel mit einem einzigen Weg zum Hafen war.

An das Museum angeschlossen ist das kürzlich eröffnete und aufwendig eingerichtete **Pacific Space Centre**, zu dem auch das seit langem bestehende **H.R. MacMillan Space Centre** gehört. Besucher können an einer virtuellen Reise auf den Mars teilnehmen, in deren Verlauf sie an der Sonne vorbeifliegen und einen Zusammenprall mit einem Meteroitenschauer überstehen.

www.vanmuseum.bc.ca; www.spacecentre.ca
✉ 1100 Chestnut St., Vanier Park
☎ 604/736-4431 (Museum), 604/738-7827 (Space Centre) 🕒 Geschl. Sept.–Juni $ $$

MARITIME MUSEUM

Das Kernstück dieses relativ kleinen Museums in einem auffallenden Gebäude ist das RCMP-Schiff *St. Roch*. 1940 sandte Kanada dieses große Versorgungs- und Patrouillenboot von Vancouver auf die erste West-Ost-Reise durch die Nordwestpassage, um seine Anwesenheit im hohen Norden zu betonen. Die Reise nach Halifax dauerte 27 Monate, aber unbeschädigt kehrte die *St. Roch* nach Vancouver zurück und war damit das erste Schiff, das die Passage in beiden Richtungen durchquert hatte. Die Rückfahrt dauerte nur 86 Tage. Die *St. Roch* wurde, einschließlich eines Huskie-Teams auf dem Deck, gemäß ihrem Erscheinungsbild von 1944 restauriert. Die anderen Ausstellungsstücke sind, verglichen mit der *St. Roch*, von geringerer Bedeutung, machen aber die Seefahrt wieder lebendig. Zu sehen sind Erinnerungsstücke an Kanadas furchtbarstes Schiffsunglück, den Untergang der *Empress of Ireland* im St. Lawrence 1914, viele faszinierende Schiffsmodelle sowie die Gelegenheit, einen Schleppkahn auf seinen Weg aus dem False Creek zu führen.

Bill Reids *Bear* im U.B.C. Museum of Anthropology. Der von den Haida abstammende Künstler widmete sein Werk der Wiederbelebung und Neuinterpretation der künstlerischen Tradition der First Nations

Am Pier der English Bay liegen kleine Boote, von denen die meisten fahrbereit sind.
www.vancouvermaritimemuseum.com
✉ 1905 Ogden Ave., Vanier Park ☎ 604/257-8300 ⌚ geschl. Anfang Sept.–Anfang Mai
$ $$

UNIVERSITY OF BRITISH COLUMBIA

Der riesige Campus der University of British Columbia auf Point Grey mit etwa 500 Gebäuden ist fast eine Stadt für sich und blickt über die Georgia Strait und die Berge von Vancouver Island. Seit den ersten Tagen spielen Land- und Forstwirtschaft eine wichtige Rolle im Leben der Universität, und 28 Hektar des Geländes werden von den Bäumen und Sträuchern des **University of British Columbia Botanical Garden** (*Tel. 604/822-3928*) eingenommen. Zusätzlich gibt es noch den exquisiten **Niobe Japanese Garden** (*Tel. 604/822-9666*), die meisten Besucher aber kommen wegen des **Museum of Anthropology** (*6393 Northwest Marine Dr., Tel. 604/822-5087, www.moa.ubc.ca, geschl. Mitte Sept.–Mitte Mai Mo*).

Umschlossen von Waldland und mit Aussicht auf das Meer und die Berge präsentiert das Museum eine faszinierende Sammlung an Skulpturen, Schnitzereien, Totems und anderem Kunst- und Kunsthandwerk. Das Gebäude wurde von Arthur Erickson entworfen und 1976 vollendet. Die Inspiration hierzu wurzelte in den traditionellen Pfosten- und Balkenstrukturen der Kwakwaka'wakw-Indianer. Die Betonpfosten der von Glasmauern umgebenen und von oben beleuchteten großen Halle sind bis zu 15 Meter hoch und entsprechen in ihrer Größe den imponierenden Totems, die in der Halle ausgestellt werden. Die Totempfähle werden von anderen großen Schnitzereien ergänzt, aber man findet hier auch Objekte aller Größen aus Edelmetall, Argillit oder Knochen, die teilweise sehr fein und zerbrechlich sind. Obwohl der Schwerpunkt den Völkern des Nordwestens gewidmet ist, beinhaltet die Sammlung auch Gegenstände aus der Arktis und anderen Gebieten der Welt.

Im Herzen des Gebäudes, einem Rundbau mit Oberlicht, steht die Skulptur *Raven and the First Men* vom weltbekannten indianischen Künstler Bill Reid. Das 40 Tonnen schwere Werk aus Zedernholz wird von einem massiven Raben auf einer Venusmuschel dominiert, aus der menschliche Figuren zu entkommen versuchen, eine Allegorie der Schöpfung. Von Reid sind noch viele weitere Werke ausgestellt.

Im Gelände stehen weitere Totempfähle sowie zwei Haida-Langhäuser.

QUEEN ELIZABETH PARK

Die von der Innenstadt nach Süden verlaufende schnurgerade Cambie Street umkurvt diesen wunderschönen, auf einem Hügel gelegenen Park. Die wunderbaren Ausblicke auf die Stadt, die reich bepflanzten Gärten und die geodätische Halle des **Bloedel Floral Conservatory** (*West 33rd Ave. und Cambie St., Tel. 604/257-8584*) mit seiner üppigen Vegetation konkurrieren um die Aufmerksamkeit der Besucher.

SIMON FRASER UNIVERSITY

Wenige Kontraste können größer sein als die zwischen dem Campus der University of British Columbia und Simon Fraser, Vancouvers »anderer« Universität. Erstere, 1914 gegründet, ist gemäß Beaux-Arts-Richtlinien entlang breiter Avenuen angelegt, während die andere, in den 60er Jahren gegründete Universität auf dem Höhenzug des Burnaby Mountain aus mehreren, miteinander verbundenen Betongebäuden besteht. Simon Fraser war nicht nur architektonisch eine »Akropolis unserer Zeit«, sondern auch in Bezug auf akademische Strukturen wegbereitend und genießt einen Ruf als fortschrittliche Institution.
☎ 604/291-3210

THE NORTH SHORE

Die Berge des North Shore können auf Grund ihrer Nähe zur Stadt leicht erkundet werden und sind auf Straßen problemlos zu erreichen. Der Ausflug zum Gipfel des **Grouse Mountain** (*12,8 km von der Lions Gate Bridge, Tel. 604/980-9311, www.grousemountain.com*) ist dank der Seilbahn, die die Gäste zur Gipfelstation (1211 m) bringt, sowohl im Sommer als auch im Winter beliebt. Am Gipfel können

Eine Gondel führt auf den Grouse Mountain, der nur eine kurze Fahrt mit dem Bus und der Fähre von der Innenstadt entfernt ist

die Besucher speisen, sich vom »Theater in the Sky«, einer Videoinstallation, bezaubern lassen, Hubschrauberflüge und Holzfäller-Shows genießen oder unter Flutlicht Ski fahren. Die eigentliche Attraktion aber ist die wunderbare Aussicht auf die Stadt, mit einem Panorama, das sich an klaren Tagen sogar bis Vancouver Island und gen Süden in Richtung USA erstreckt. Ein weites Netz von Wanderwegen führt in die Berge.

Mit seinen schönen Fichten- und Zedernbeständen ist **Capilano Canyon** (*9,6 km von der Lions Gate Bridge auf der Capilano Rd., Tel. 604/985-7474*) auch zu Fuß vom Mount Grouse aus erreichbar und verfügt ebenfalls über einige Attraktionen, unter anderem einem Laichplatz für Lachse. Die Hauptattraktion ist die spektakuläre und mit 137 Meter längste Hängebrücke der Welt. Ein nicht enden wollender Strom mutiger Besuchern bezahlt eine nicht unerhebliche Summe, um dem Schwindel zu trotzen und über die Brücke zu gehen, die 76 Meter über dem Canyon schwingt. Aussichtspunkte entlang des kurvenreichen **Mount Seymour Provincial Park** (*16 km via Second Narrows Bridge, beim Mount Seymour Parkway, Tel. 604/986-2261*) bieten wunderbare Blicke auf die Stadt und den Indian Arm, die Verlängerung des Burrard Inlet. Die Straße klettert bis auf etwa 1000 Meter hinauf und endet an einem Sessellift, der im Winter von Sikifahrern benutzt wird. Von hier sind verschiedene Tages- und Halbtageswanderungen möglich, zu denen auch eine auf den Gipfel des Mount Seymour (1452 m) gehört. ■

Ausflüge rund um Vancouver

Vancouver eignet sich gut als Ausgangspunkt für längere Ausflüge in die reizvolle Umgebung. Bei einigen Vorschlägen empfiehlt sich eine Übernachtung, aber meist sind es Tagesausflüge, die auch zu einer Rundfahrt kombiniert werden können.

HOWE SOUND UND THE SEA TO SKY HIGHWAY

Ein Ausflug entlang des fjordartigen Howe Sound zu der Holzfällerstadt Squamish und dem international bekannten Whistler-Skigebiet umfasst viele der Attraktionen, die das Leben an der kanadischen Westküste so angenehm machen.

Highway 99, der auch die zutreffende Bezeichnung »Sea to Sky Highway« trägt, ist nicht die einzige Verbindung nach Squamish. Mit dem Whistler Mountaineer kann man eine dreistündige Fahrt zwischen Vancouver und Whistler unternehmen. Betrieben wird diese Strecke von der Rocky Mountain Company (siehe S. 387).

Nördlich der Horseshoe Bay, einem Hafen für Fähren nach Vancouver Island, zwängen sich Straße und Schiene zwischen die Klippen und die Uferlinie und eröffnen spektakuläre Ausblicke auf den in die Bergwelt eingebetteten Howe Sound.

BRITANNIA BEACH

In ihrer Glanzzeit in den 20er und 30er Jahren (20. Jh.) war die Britannia-Kupfermine die produktivste im britischen Weltreich. Insgesamt wurden etwa 50 Millionen Tonnen Kupfer abgebaut, bevor die Weltmarktpreise fielen und das Erz zur Neige ging. Seit 1974 ist die Mine geschlossen und heute das **British Columbia Museum of Mining** (*Britannia Beach, Tel. 604/896-2233, geschl. Nov.–April Sa, So*), eine National Historic Site mit einer anschaulichen Darstellung ihrer oft schwierigen Geschichte (Unfälle, Felsrutsche, Feuer und Überflutungen) sowie Minenführungen.

SQUAMISH

Sqamish mit seiner wunderbaren Lage am Fuße des schneebedeckten Mount Garibaldi (2678 m) ist die Endstation der Dampflokomotive. Im **West Coast Railway Heritage Park** (*39645 Government Rd., Tel. 604/898-9336, geschl. Nov.–April*) befindet sich ein Eisenbahnmuseum. Squamish bedeutet in der Sprache der Coast Salish »Mutter des Windes«, und Windsurfer nutzen die steife Brise in der Meeresenge, um Geschwindigkeiten von fast 64 Stundenkilometern zu erreichen.

273 C1 Besucherinformation, Cleveland Ave. 604/892-9244

GARIBALDI PROVINCIAL PARK

Dieser Park umfasst etwa 1940 Quadratkilometerof an Gebirgswildnis im Herzen der Coast Mountains nördlich von Vancouver. Schneebedeckte Berge, Gletscher, Seen, blumenübersäte Bergwiesen, Wanderwege und eine reiche Tierwelt haben ihn sehr beliebt gemacht. Dominiert wird der Park vom Mount Garibaldi (2678 m), benannt nach dem italienischen Freiheitskämpfer, und vom Wedge Mountain (2249 m). Bekannt ist der Park auch für geologische Besonderheiten wie Black Tusk und Barrier, die durch vulkanische Aktivitäten entstanden sind.

Eine grandiose Landschaft zieht viele Besucher zum Whistler Mountain
Gegenüberliegende Seite: Die *Queen of Surrey* befördert Passagiere zur Vancouver Island

Ⓜ 273 D2 www.bcparks.ca ✉ 70 Kilometer nördlich von Vancouver über Hwy. 99 ☎ 604/898-3678

WHISTLER

Dieses weltberühmte Skigebiet wirbt mit wohlbegründeten Superlativen, die sich in seinen guten Platzierungen im internationaler Vergleich widerspiegeln. Der Wintersportort, der von den Gipfeln des **Whistler Mountain** (2182 m) und des **Blackcomb Mountain** (2284 m) überblickt wird, rühmt sich einer langen Saison und Schneehöhen von neun (!) Metern, Hochgeschwindigkeitsliften und langen Abfahrten. Auch im Sommer kann man Ski fahren, es ist das einzige Gletscherskigebiet in Nordamerika. Ⓜ 273 D2 www.tourismwhistler.com ☎ 800/WHISTLER

FORT LANGLEY NATIONAL HISTORIC SITE

1858 wurde das Fort der Hudson's Bay Company am Fraser River beinahe zur Hauptstadt der neu gegründeten Provinz British Columbia. Ursprünglich wurde dieser für die HBC zentrale Nachschubposten für den ganzen Columbia District 1827 erbaut, vier Kilometer flussabwärts von seinem gegenwärtigen Standort. Nachdem der Pelzhandel zurückging, wuchs die Bedeutung der Farm des Forts sowie die des Lachs-Verpackungsbetriebs; Vorräte wurden von hier nach Hawaii und Australien sowie nach San Francisco und zu den russischen Vorposten in Nordamerika exportiert.

Innerhalb der Palisade, heute ein National Historic Site, ist als einziges Originalgebäude das von 1840 datierende Lagerhaus erhalten. Es gilt als das älteste nicht-einheimische Gebäude in British Columbia und diente eine Zeit lang als Böttcherei, da die Herstellung von Fässern eine Voraussetzung für den erfolgreichen Export von Fisch ist. Die anderen Gebäude, zu denen auch das Big House des Kommissionärs gehört, wurden sorgfältig wieder aufgebaut. Ⓜ 273 D1 www.pc.gc.ca ✉ 23433 Mavis St. ☎ 604/513-4777 🕒 geschl. Nov.–März Mo ■

Vancouver Island und Victoria

MIT EINER LÄNGE VON RUND 480 KILOMETERN UND EINER Gesamtfläche von 31 000 Quadratkilometern ist Vancouver Island die größte Insel vor der Westküste Nordamerikas. Der Gebirgsgrat der Insel besteht aus Bergen vulkanischen Ursprungs, die Teil einer fast vollständig unter Wasser liegenden Formation sind, zu denen auch die Queen Charlotte Islands und die Wrangell Mountains in Alaska gehören. Im feuchten Klima gedeihen üppige Regenwälder mit beeindruckenden Beständen an Fichten, Zedern und Hemlocktannen.

Die Bevölkerung konzentriert sich hauptsächlich auf Victoria und das Flachland entlang der Strait of Georgia. Nur wenige Menschen leben abseits des Highway, der Victoria an der Südspitze der Insel mit Port Hardy im Norden verbindet, dem Hafen für die Fähren der Inside Passage. Fast jeder Besucher Vancouver Islands wird von Victoria angezogen. Andere steuern auf die Brecher und Strände der spektakulären Küstenlinie des Pacific Rim National Park zu oder genießen die Wildnis des Strathcona Provincial Park mit dem höchsten Gipfel der Insel, dem Golden Hinde.

VICTORIA

Das gemächliche Victoria, das von Vancouver schon lange in Bezug auf weltstädtische Ambitionen überholt wurde, ist Hauptstadt von British Columbia. Es ist zufrieden mit seinem Image als einladender Altersruhesitz und Reiseziel vieler Besucher aus aller Welt. Ein Image, das auf Tatsachen beruht: günstig an einem Naturhafen gelegen, ausgestattet mit einem Klima, das als mediterran eingestuft wird, ein gemächlicher Lebensrhythmus und eine sorgfältig gepflegte Innenstadt, in der man nur wenige Hochhäuser, aber viele Blumen findet. Zu den kulturellen Highlights zählt ohne Zweifel das Royal British Columbia Museum.

Victorias vielgerühmtes britisches Flair gründet sich nicht nur auf Doppeldeckerbusse und den

Vancouver Island

272–273 C1–2, B2

Besucherinformation

www.tourismvictoria.com

Victoria Infocentre, 812 Wharf St.

250/953-2033

Von Victorias Parlamentsgebäude hat man Aussicht auf den Hafen der Stadt

Nachmittagstee mit *crumpets*, einem süßen, pfannkuchenartigen Gebäck, im Empress Hotel. »Cheltenham mit Seeluft« wurde es von einem Amerikaner genannt, und wirklich: Victorias mildes Wetter ist dem des berühmten englischen Badeortes und Alterswohnsitzes nicht unähnlich (allerdings um einiges besser)und ebenso wohltuend für ältere Menschen. Nachdem sie das Arbeitsleben mit dem Kampf gegen die Unbilden anderer Klimazonen Kanadas verbracht hatten, waren viele Anglo-Kanadier mehr als glücklich, wenn sie sich hier niederlassen und ihre letzten Jahre in einem klassizistischen Tudorherrenhaus oder einer nachgebauten Cotswold-Villa verbringen durften. Sie legten ihre Gärten im englischen Stil an, von denen noch schöne im südöstlichen Teil der Insel existieren. Kenneth McKenzie, der Gutsverwalter der Hudson's Bay Company, der den Auftrag hatte, auf den Farmen der Firma so viel als möglich zu produzieren, musste schon Mitte der 80er Jahre des 19. Jahrhunderts feststellen, dass seine Kollegen mehr damit beschäftigt waren, die Annehmlichkeiten und Sitten des englischen Adels einzuführen, als sich um Gewinnerzielung zu kümmern.

Wälder, Berge und Buchten wie die Half Moon Bay im Pacific Rim National Park Reserve sind charakteristischer für Vancouver Island als das kultivierte Stadtbild von Victoria

Fort Rodd Hill National Historic Site
www.pc.gc.ca
✉ 603 Fort Rodd Hill Rd.
☎ 250/478-5849
$ $

Bastion Square und Fort Street erinnern an Victorias Ursprung als befestigter Posten der Hudson's Bay Company (siehe S. 220f), der 1843 von Fort Vancouver, das heute zu Washington State gehört, hierher verlegt wurde und als Basis an der Pazifikküste diente. Das schon lange zerstörte Fort war der Kern, um den sich die Stadt ab 1850 entwickelte. Die 1851 angelegte **Government Street** war die erste Straße im britischen Nordamerika westlich der Rockies. Der Goldrausch 1858 und die plötzliche Ankunft von 20 000 bis 30 000 Goldsuchern auf ihrem Weg zum Fraser River gaben der Entwicklung der Stadt ungeahnten Auftrieb und führten zur Gründung der Chinatown von Victoria. Die dürftigen ein- und zweigeschossigen Gebäude dieser Zeit mit ihrer flachen Vorderfront über den hochgelegten Holzstegen gaben der Stadt ein sehr unenglisches Aussehen.

Auch das wilde Verhalten der zumeist amerikanischen Goldsucher wurde von den Behörden als sehr unenglisch angesehen. Um Recht und Ordnung aufrechtzuerhalten, übernahm die Regierung die Kontrolle über Vancouver Island von der Hudson's Bay Company und gründete die neue Kolonie British Columbia. Victoria war nun eine Regierungsstadt; die ersten kolonialen Verwaltungsgebäude wurden 1897 durch die imposanten Regierungsgebäude ersetzt, die auch heute noch den Hafen dominieren. **Fort Rodd Hill**, inzwischen eine National Historic Site und noch immer ein wunderbarer Aussichtspunkt, wurde als Teil eines Verteidigungssystems entwickelt.

ROYAL BRITISH COLUMBIA MUSEUM

Dieses in den 60er Jahren groß angelegte Museum beherbergt sowohl temporäre Ausstellungen internationalen Rangs als auch eine permanente Sammlung mit ausgezeichneten naturgeschichtlichen Dioramen und

Überall auf Vancouver Island trifft man auf die Traditionen der First Nations. Von diesem Totempfahl hat man eine Aussicht auf Saanich Inlet

Modellen sowie Abteilungen über die Provinzgeschichte. Die First Peoples Gallery dokumentiert umfassend und spannend das Lebens der Indianier entlang der Pazifikküste. Die filigran und luftig wirkende Eingangshalle des Museums ist groß genug für Totempfähle aus dem 19. Jahrhundert.

Seine großen Stoßzähne bedrohlich auf den Besucher gerichtet, bewacht ein wolliges Mammut den Eingang der **Living Land, Living Sea Gallery**. Diese Ausstellung beschäftigt sich außerdem mit den gewaltigen Kräften, die die Erdoberfläche von British Columbia in den letzten 90 Millionen Jahren gestaltet und geformt haben und dies immer noch tun.

In der **Natural History Gallery** findet man große detailgetreu ausgestaltete Dioramen mit besonderen Toneffekten und Beleuchtung. Sie helfen bei der Darstellung der Ökosysteme dieser großen Provinz, die mit Kanadas regenreichsten Bergen, trockensten Tälern, höchsten Schneefällen und wärmsten Küsten aufwartet. Große Bäume der verschiedenen Waldtypen dominieren die Schaukästen: Küstenwälder, subalpine und boreale Wälder, die einen Großteil der Provinz bedecken, sind vor allem zu nennen. Auf einem der lebensechten Dioramen hat man den Eindruck, am simulierten Strand der guanoüberzogenen Landspitze von Vancouver Island zu stehen, zusammen mit verspielten Seehunden und einem triumphierenden Seelöwen auf seinem Felsen.

Die Ausstellungen in der **Modern History Gallery** befassen sich mit der relativ kurzen, aber bewegten Geschichte der Provinz und schlagen den Bogen von der Gegenwart in die Vergangenheit. Das bemerkenswerteste Ausstellungsstück ist vielleicht die Rekonstruktion einer Straße um die Jahrhundertwende mit Geschäften, Büros, der schwach beleuchteten Chinatown und der feudalen Einrichtung des Grand Hotel. Im Bahnhof arbeitet ein Telegraf, bis er vom Lärm eines ankommenden und wieder abfahrenden Zuges übertönt wird.

Andere Ausstellungsstücke erwecken überzeugend die Atmosphäre der Tremblay Farmstead im Peace River District, die ungastliche Landschaft von Stikine Country, dem Schauplatz englisch-russischer Rivalität, sowie eine Fischkonservenfabrik (komplett mit den aasfressenden Möwen und einer glitschigen Bank, an der Fische ausgenommen werden) zum Leben. Die Abteilung endet mit dem Beginn der europäischen Geschichte in B.C. auf dem Dreimaster *Discovery,* in dem das Quartier von Kapitän Vancouver als Kartentisch, botanisches Labor und Kabine diente.

Die schwache Beleuchtung der **First Peoples Gallery** verstärkt den Eindruck der dort präsentierten Ausstellungsstücke noch. Die Galerie, die in zwei Sektionen unterteilt ist, zeigt die Kunst und Kultur der Völker im Nordwesten vor und nach der Ankunft der Europäer, ihre der Umwelt angepassten Technologien und erzählt von den Folgen eingeschleppter Krankheiten. Es ist die bestmögliche Einführung in dieses Thema mit einer Sammlung, die die Reichhaltigkeit und Vielfalt der Kultur der unterschiedlichen Gruppen hervorragend zeigt und einen Einblick in das magische, rituelle und spirituelle Leben gewährt. Die Hauptattraktion ist die Nachbildung des Holzhauses von Chief Kwakwabalasami mit einem glühenden Feuer. Verpassen Sie nicht die audiovisuellen Präsentationen über die indianische Kosmologie, ihre Mythen und spirituelle Gedankenwelt, in denen das Übernatürliche durch Lieder, Tanz, Kostüme und unheimlich beleuchtete Masken heraufbeschworen wird. ■

Royal British Columbia Museum
www.royalbcmuseum.bc.ca
✉ 675 Belleville St.
☎ 250/356-7226 oder 888/447-7977
$ $$

Zu Fuß durch Victoria

Dieser kurze Spaziergang führt durch die Innenstadt dieser Kleinausgabe einer Provinzhauptstadt, vorbei an seinem faszinierenden Hafen und den grandiosen Gebäuden, die das Hafenviertel dominieren. Sie sollten für diesen Spaziergang etwa eine Stunde einplanen und sich bis dahin genug Appetit geholt haben, um den Nachmittagstee im Empress Hotel einzunehmen.

Karte S. 272f
Parliament Buildings
2,4 Kilometer
Ungefähr 1 Stunde
Empress Hotel

NICHT VERSÄUMEN

• Parliament Buildings • Thunderbird Park • Crystal Garden • Empress Hotel • Maritime Museum

Starten Sie am **Parliament Building** 1 (*Südseite der James Bay, Tel. 250/387-3046*), das 1898 durch den jungen englischen Architekten Francis Mawson Rattenbury fertig gestellt wurde. Mit diesem Gebäude begann die Karriere Rattenburys als städtischer Architekt Victorias.

Nach Osten, entlang der Belleville Street und hinter den Archivgebäuden mit der Glockenstube liegt **Thunderbird Park** 2 (*gegenüber vom Royal British Columbia Museum*). Um die Rekonstruktion eines *Bighouse* steht eine schöne Sammlung von Totempfählen, darunter einige wunderbare Kopien von Mungo Martin, Meister der Schnitzerei vom Stamm der Kwakwaka'wakw. In der Nähe stehen die zwei ältesten Gebäude Victorias, das **St. Anne's Schoolhouse** und ein bescheidenes Haus, das der Pionierarzt John Sebastian Helmcken 1852 erbaute.

Gehen Sie auf der Douglas Street nach Norden. Die Glanzzeit des **Crystal Garden** 3 (*317 Douglas St., Tel. 250/360-2055*) war die Zeit zwischen den Weltkriegen, als Tanztees stattfanden und Schwimmer den größten überdachten Pool des Landes belebten. Der renovierte Garten beherbergt heute ein Restaurant, Geschäfte und einen tropischen Wintergarten. Gehen Sie die Stufen hinauf zum **Victoria Conference Centre** von 1989, das sehr zurückhaltend in das ehrwürdige **Empress Hotel** (*721 Government St., Tel. 250/384-8111*) integriert wurde, und wandeln Sie durch die prunkvollen Räume im Erdgeschoss des ehrwürdigen edwardianischen Gebäudes. Verlassen Sie das Hotel durch den Haupteingang und gehen Sie die **Government Street** mit ihren gestutzten Bäumen und harmonischen Gebäuden hinauf. Selbst Eatons neues Einkaufszentrum liegt diskret hinter Originalfassaden aus dem 19. Jahrhundert versteckt. Biegen Sie nach links in den nach dem Fort der Hudson's Bay Company benannten **Bastion Square** 4 ein, dessen nordöstliche Bastion dort lag, wo

Doppeldeckerbusse, die zur britischen Atmosphäre in Victoria beitragen, warten vor dem prächtigen Empress Hotel auf Touristen

ERLEBNIS: Empress von Victoria

Nach der Fertigstellung des Parlamentsgebäudes von Victoria entwarf Architekt Francis Rattenbury das Empress Hotel im Château-Stil, Auftraggeber war Canadian Pacific Railway. 1904 wurde mit dem Bau begonnen, das Hotel wurde als »passender Begleiter zu dem historischen ehrwürdigen Gebäude auf den Höhen von Québec«, also Château Frontenac gesehen, das ein Jahrzehnt früher fertig gestellt wurde. Das Hotel wurde auf Pfählen erbaut, die 38 Meter tief in dem früher den Gezeiten unterworfenen Sumpfgebiet versenkt wurden, und diente seit jeher nicht nur als Hotel, sondern auch als städtische Einrichtung. Zu einer Besichtigung Victorias gehört ein Bummel durch die Hallen und Foyers des Hotels oder besser noch ein Drink in der Bengal Lounge mit seinen Erinnerungen an das Empire.

der Platz auf die Government Street trifft. Der Platz beherbergt eine Anzahl älterer Gebäude, zu denen auch das frühere Gerichtsgebäude gehört, in dem heute das **Maritime Museum** (*Tel. 250/385-4222*) untergebracht ist.

Folgen Sie der Wharf Street mit ihren renovierten Lagerhäusern. Östlich davon findet man sowohl in der Yates Street als auch in der Johnson Street schöne Geschäftsgebäude aus dem späten 19. Jahrhundert. Überqueren Sie die Wharf Street und gehen Sie vorbei an Felsnasen hinunter zur **Uferpromenade** des Hafenviertels. Auf der **Johnson Street Bridge** verlaufen die Eisenbahnschienen von Vancouver Islands einziger Eisenbahn. Gehen Sie am Wasser entlang nach Süden und genießen Sie die Aktivitäten des **Hafens** 5. Steigen Sie die Stufen beim Art-déco-Turm des **Tourist Information Centre** (*Tel. 250/478-5849*) wieder hinauf und beenden Sie den Spaziergang bei der Statue von Captain Cook gegenüber dem Empress Hotel.

Ausflüge rund um Victoria

CRAIGDARROCH CASTLE

Der in Schottland geborene Robert Dunsmuir gab 1887 den Auftrag zum Bau dieses auf einem Gipfel stehenden Schlosses, starb aber vor dessen Fertigstellung 1890. Nach einer mittellosen Ankunft in der Provinz machte Dunsmuir ein Vermögen mit Nanaimo-Kohle. Mit seinem Sohn James baute er die Nanaimo and Esquimault Railway, um die Kohle zu exportieren, und bekam dafür Land übertragen, das etwa ein Viertel des Gebietes von Victoria umfasste. Der Besitz einer Eisengießerei, einer Handelsflotte, einer Zeitung sowie die Ernennung von James Dunsmuir zum Provinzgouverneur folgten. Das Haus ist eine architektonisch und stilistische Mixtur, seine überzogenen Proportionen sind eher die Prahlerei eines Emporkömmlings denn architektonischer Geschmack.

www.thecastle.ca ✉ 1050 Joan Crescent ☎ 250/592-5323 $ $$

ART GALLERY OF GREATER VICTORIA

Dieses solide Gebäude mit Schindeln wurde etwa 1890 von einem Bankier erbaut und diente einige Jahre lang als Gouverneursresidenz. 1958 wurde es vergrößert und beherbergt nun die Kunstgalerie der Stadt, die eine kleine Sammlung europäischer Kunst und zwei Highlights vorweisen kann: eine schöne Sammlung asiatischer Kunst sowie Arbeiten von Emily Carr, die 1871 in Victoria geboren wurde (siehe S. 280). Gemälde, Entwürfe und andere Memorabilien erinnern die Besucher an ihre Leidenschaft für den Nordwesten und die Kultur der First Nations und daran, wie sehr sie »an der Erde und ihren Formen hing«.

www.aggv.bc.ca ✉ 1040 Moss St. ☎ 250/384-4101 $ $$

BUTCHART GARDENS

Das milde, feuchte Klima im Südosten von Vancouver Island begünstigt das Pflanzenwachstum; bald nachdem die ersten Siedler sich niedergelassen hatten, begannen sie damit, Gärten im englischen Stil anzulegen. **Government House** in Victoria verbindet formelle Vorgaben mit der informellen Verwendung einheimischer Pflanzen, während man im **Beacon Hill Park** sowohl Schaugärten als

Der beliebte Sunken Garden in Butchart Gardens

Alte Lokomotiven fahren durch Duncan's Forest Museum Park

auch Wiesen mit Wildblumen findet. Die **University of Victoria** rühmt sich einer wunderbaren Rhododenrensammlung und das Royal British Columbia Museum seiner Sammlung einheimischer Pflanzen.

Der größte Garten der Insel, Butchart Gardens auf Saanich Peninsula im Norden Victorias, ist ein privates Unternehmen. Die Gärten haben ihren rein zweckmäßigen Ursprung im Kalksteinbruch von Robert Pim Butchard, der am Tod Inlet eine Zementfabrik gegründet hatte. 1904 inspirierte die ausgebeutete Mine, ein gut geschützter Lebensraum für eine Vielzahl von Pflanzen, seine Frau Jenny Butchart dazu, hier Gärten anzulegen. Kernstück ist der **Sunken Garden**, der auf dem Boden und den Flanken des ursprünglichen Steinbruchs angelegt wurde. Ein beeindruckender Steingarten erinnert an die industriellen Anfänge. Aber zu dem zwanzig Hektar umfassenden Gelände gehört noch viel mehr: ein duftender Rosengarten, in dem das Parfüm der Blüten die Sinne umschmeichelt, ebenso wie kunstvoll angelegte japanische oder italienische Gärten.

273 C1 www.butchartgardens.om 20 km nördlich von Victoria beim Hwy. 17A
250/652-5256 $$$

DUNCAN

Die Stadt Duncan zollt den Cowichan, auf deren Land die Stadt steht, Tribut, indem sie sich selbst die »Stadt der Totempfähle« nennt und eine Sammlung von Totempfählen ausstellt, von denen viele entlang des Trans-Canada 1 stehen. Das **Quw'utsun' Cultural Centre** (*200 Cowichan Way, Tel. 250/746-8119*) ist ein ausgezeichneter Ort, um einen Einblick in das Leben der First Nations zu bekommen: Hier hat man die Möglichkeit, beim Schnitzen eines Totems und anderer Kunstwerke zuzusehen, an Veranstaltungen teilzunehmen oder die größten Kunsthandwerksläden von Vancouver Island zu besuchen. In der Nähe der Stadt liegt auch der **British Columbia Forest Discovery Centre** (*1,6 km nördl. von Duncan am Trans-Canada 1, Tel. 250/715-1113, Mitte Okt.–Mitte April geschl.*). Hier erfährt man alles über die Forstwirtschaft. Eine Schmalspurbahn fährt über das 40 Hektar große Gelände, u. a. an einer Sägemühle vorbei.

273 C1 Besucherinformation: 381 Trans-Canada Hwy. 250/746-4636

CHEMAINUS

Die Kleinstadt, die sich rühmt, der älteste Hochseehafen British Columbias zu sein, war früher von der ortsansässigen großen Sägemühle abhängig und stand nach deren Schließung 1983 vor dem Aus. In einer gemeinsamen Aktion wurden so viel Wandfläche als möglich mit Wandgemälden zur Geschichte der Region bemalt. Die Ergebnisse sind beeindruckend und unterhaltsam und halfen, neues Leben in die Stadt zu bringen.

273 C1 Besucherinformation, 9796 Willow St. 250/246-3944 ■

Der Westen und Norden von Vancouver Island

PACIFIC RIM NATIONAL PARK RESERVE

Einige der schönsten Abschnitte der wilden Westküste von Vancouver Island werden durch dieses Reservat geschützt, das aus drei unterschiedlichen Einheiten besteht. Im Norden krachen große Wellen auf den Strand und die felsige Landspitze von **Long Beach**; im Süden liegt das Archipel der **Broken Group Islands** malerisch im **Barkley Sound**, und noch weiter im Süden windet sich der für schiffbrüchige Matrosen angelegte **West Coast Trail**, heute einer der anspruchsvollsten mehrtägigen Wanderwege Nordamerikas, seinen Weg durch die Wildnis. Am schmalen Küstenstreifen findet man Klippen, Höhlen, Regenwald und Wasserfälle, während sich im Inland schneebedeckte Berge erheben. Der Park kann über Highway 4 von **Parksville** an der Ostküste aus erreicht werden. Die Strecke verläuft quer über Vancouver Island und führt durch einige ihrer markantesten Landschaften.

273 C1 www.pc.gc.ca ✉ Hauptverwaltung des Parks in Ucluelet; Besucherzentrum in Wickaninnish am Hwy. 4. ☎ 250/726-7721 ⌚ Besucherzentrum geschl. Mitte Okt.–Mitte März $ $

ENGLISHMAN RIVER & FALLS PROVINCIAL PARK

Der Name dieses Flusses erinnert an einen unbekannten Engländer, der hier im tosenden Wasser der Fälle ums Leben kam. Die Wasserfälle liegen eingebettet in das üppige Grün der Bäume, Sträucher und Farne des gemäßigten Regenwaldes dieses Parks.

✉ 8 km entlang einer Seitenstraße, 4 km westlich von Parksville

LITTLE QUALICUM FALLS PROVINCIAL PARK

Zwischen den oberen und unteren Wasserfällen tost der Little Qualicum durch einen Canyon, den man von einem Wanderweg im Wald aus einsehen kann.

✉ 25 km westlich von Parksville via Hwy. 4

CATHEDRAL GROVE

Kurz nach dem westlichen Ende von Cameron Lake führt ein kurzer Weg zu diesem Bestand an Douglasien. Die vielleicht bis zu tausend Jahre alten Giganten lösen bei fast allen Besuchern Ehrfurcht aus, deshalb auch der Name Cathedral Crove.

✉ 35 km westlich von Parksville via Hwy. 4

PORT ALBERINI

Auf einem langen Meeresarm, der ihn mit dem Barkley Sound verbindet, liegt der Fischerhafen Port Alberni. Lachsfang und Holzindustrie

Der Pacific Rim National Park erstreckt sich an der Westküste von Vancouver Island und verzeichnet einen Niederschlag von 3000 Millimeter im Jahresdurchschnitt; ohne die hohe Feuchtigkeit ist die Entstehung des gemäßigten Regenwaldes nicht möglich

dominieren den Hafen. Die beste Möglichkeit, etwas vom Sund und seinen Inseln zu sehen, ist an Bord der M.V. *Mary Rose* (*Tel. 250/723-8313*), die täglich von Port Alberni nach **Bamfield** oder **Ucluelet** und zurück fährt. Sägemühlen bieten Touren an, im Sommer kann man am Hafen eine alte Holzfäller-lokomotive sehen. Außerhalb der Stadt steht die **McLean Mill** (*8 km nordwestl. über Beaver Creek Rd. und Smith Rd., Tel. 250/723-1376, www.alberniheritage.com*), die letzte mit Dampf betriebene Sägemühle Kanadas.

273 C1 ✉ Besucherinformation, 2533 Redfod St. ☎ 250/724-6535

LONG BEACH

Auf dem Weg nach Tofino, einem Fischerdorf kurz nach der nördlichen Grenze des Nationalparks, führt der Highway an mehreren kurzen Pfaden vorbei, die zum unberührten Long Beach führen, der sich von Ucluelet etwa 16 Kilometer nordwärts erstreckt. Vom **Radar Hill**, einer Militärbasis aus dem Zweiten Weltkrieg, hat man den besten Ausblick auf die Küste und die Berge. Im **Wickanninish Interpretive Centre** (siehe S. 296) erklären ausgezeichnete Schaukästen die komplexe und faszinierende Ökologie der Gegend. Auf dem Weg liegt **Lismer Beach**. Bis zu 20 000 Grauwale schwimmen zwischen Februar und Mai auf ihrer jährlichen Wanderung von der Baja California nach Alaska hier vorbei. Auch andere Wale, wie beispielsweise Schwertwale (Orcas), kann man von hier aus auf der Jagd nach Seelöwen, deren Lieblingsplatz der **Sea Lion Rock** ist, sehen.

Tofino (*Besucherinformation: 380 Campbell St., Tel. 250/725-3414*) selbst steht auf einer schmalen Landzunge am Ende von Highway 4 mit Blick auf den **Clayoquot Sound**. Das Dorf, das im Sommer voller Menschen ist, ist nicht nur Ausgangspunkt für Erkundungen der Küstenlinie des Nationalparks, sondern auch des wunderbaren und noch intakten Regenwaldes von Clayoquot Sound, der Gegenstand einer erbitterten Auseinandersetzung zwischen Holzfällern und Umweltschützern ist. Auf **Meares Island**, kurz vor Tofino, findet man einen schönen Wald mit altem Baumbestand.

273 C1

BROKEN GROUP ISLANDS

Die Broken Group Islands können am leichtesten mit einer Tagesfahrt auf der *M.V. Mary Rose* (siehe S. 297) besucht werden; jeoch bleiben ihre speziellen Reize den Kajakfahrern und Tauchern vorbehalten. Wegen der vielen Schiffswracks, von denen viele erkundet werden können, ist der Name »Friedhof des Pazifiks« sehr passend.

WESTKÜSTE TRAIL

Nach dem Untergang der *Valencia* 1906, den niemand überlebte, wurde der Vorläufer des 72 Kilometer langen **West Coast Trail** zwischen **Bamfield** und **Port Renfrew** angelegt, ausgestattet mit Hütten, die mit Notvorräten und Telefonen für Überlebende von Schiffsunglücken ausgerüstet waren. Nachdem die Rettungseinrichtungen verbessert worden waren, wurde der Weg überflüssig und verfiel. Heute stellt der restaurierte Weg eine einwöchige Herausforderung für erfahrene Wanderer dar.

CAMPBELL RIVER

Eine Fähre verbindet die Stadt mit **Quadra Island**, auf der seit über 2000 Jahren ein Indianerdorf steht. Im muschelförmigen **Kwagiulth Museum** (*Cape Mudge Village, Tel. 604/285-3733, im Winter So geschl.*) sind bei Potlatch verwendete Gegenstände (siehe.S. 304f) und andere faszinierende Objekte ausgestellt.

273 C2

STRATHCONA PROVINCIAL PARK

Dieser 1911 ernannte Provincial Park, der älteste in British Columbia, schützt die Bergwelt von Vancouver Island. Zahllose Gipfel erheben sich aus den Wäldern und alpinen Bergwiesen, unter ihnen auch der Golden Hinde (2201 m). Zur Tierwelt gehören Rotwild, Elche, Wölfe und sogar der scheue Berglöwe. Viele Wanderwege im Park sind erfahrenen Wanderern vorbehalten, aber es gibt auch kürzere Wanderungen wie die um den beliebten **Buttle Lake**.

273 C1 www.env.gov.bc.ca/parks ✉ Besucherinformation, Kreuzung von Hwy. 28 und Buttle Lake Rd. ☎ 604/954-4600

PORT MCNEILL

Von Port McNeill, einer modernen Holzfällerstadt, geht eine Fähre zum Fischerdorf **Alert Bay** auf Cormorant Island. Das **U'Mista Cultural Centre** (*Front St., Tel. 250/974-5403, Sa und So in der Nebensaison geschl.*) leitet seinen Namen von einem einheimischen Wort ab, das »die aus der Sklaverei Zurückgekehrten« bedeutet. Mitglieder der örtlichen Bevölkerung standen im Zentrum der Ereignisse, die dazu führten, dass die Kwakwaka'wakw 1922 ihrer Potlatch-Kunst beraubt wurden. Die inzwischen zurückgegebenen Objekte sind im Kulturzentrum ausgestellt, in dem auch Veranstaltungen und Kurse stattfinden.

In der Nähe von Port McNeill liegt das Dorf **Telegraph Cove**, das aus den ersten Jahren des 20. Jahrhunderts datiert und dessen Holzstege und viele auf Pfählen gebaute Häuser noch intakt sind.

✉ 180 km nördlich von Campbell River ■

Inside Passage

Auch wenn sich die Entdeckung der Nordwestpassage für die europäischen Erforscher als unerreichbar herausstellte, so entpuppte sich die Entdeckung der Inside Passage entlang der Pazifikküste Kanadas als ein lohnenswertes – und malerisches – Ziel. Heute zählt sie zu den eindrucksvollsten Schiffsreisen weltweit und verläuft von der Nordspitze Vancouver Islands bis zur Grenze zwischen Kanada und Alaska.

Die Hecate Strait, die die Queen Charlotte Islands von den vielen kleinen Inseln trennt, die am Ufer des Pazifiks aufgereiht sind, und der Queen Charlotte Sound, der Vancouver Island von den gleichen, kleinen Inseln trennt, sind tückisch. Ungeachtet der Tatsache, dass schon die auf Queen Charlotte Islands lebenden Haida (die eng mit den Tlingit verwandt sind) diese Wasser befuhren und auch spätere Erforscher wie die Russen und Captain Cook hier segelten, wurde eine ruhigere, weniger gefährliche Strecke entlang der Küste benötigt. Die Haida hatten diese Strecke schon vor Ankunft der Europäer gefunden und zeigten den ersten Siedlern die Route of the Haidas, wie sie viele Jahre lang hieß. Inside Passage ist ein weniger romantischer, aber zutreffenderer Name für diese Strecke, die sich ihren Weg zwischen den Inseln und dem Festland der Pazifikküste Kanadas sucht.

IN DEN NORDEN NACH ALASKA

Die Inside Passage kann von Vancouver bis zum Lynn Canal in Alaska befahren werden. Der Lynn Canal selbst ist ein in einer Sackgasse endender Fjord, an dessen Ende Skagway liegt. Für viele Reisende beginnt die kanadische Passage an Bord der Fähre, die die Strecke von **Port Hardy** 1 an der Nordküste von Vancouver Island bis Prince Rupert an der Mündung des Skeena befährt. Die etwa 15 Stunden dauernde Fahrt, die in den Sommermonaten bei Tageslicht stattfindet, führt an wunderbaren Landschaften mit einer reichen kulturellen Vergangenheit vorbei.

Port Hardy wurde nach Thomas Masterman Hardy benannt, der 1805 Kapitän der H.M.S. *Victory* während der Schlacht von Trafalgar war. Heute ist die Stadt ein Zentrum für Bergbau, Holzindustrie und Fischfang. Vom Hafen überquert das Schiff die ungeschützte **Queen**

Green Island Lightstation in Chatham Sound ist einer von mehreren Leuchttürmen an Westküste von British Columbia, die den Schiffen bei der Fahrt durch die Inside Passage helfen.

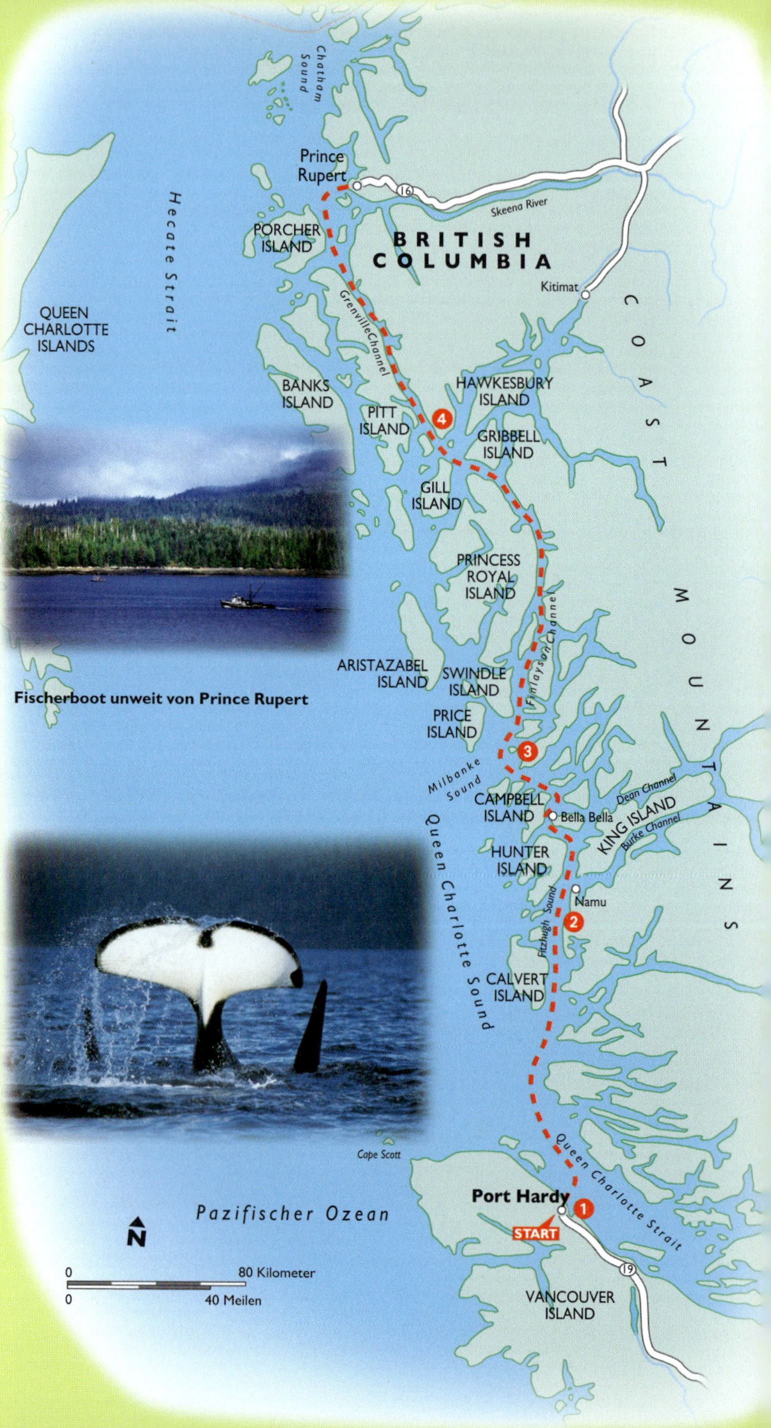

Fischerboot unweit von Prince Rupert

Siehe Karte S. 272f
➤ Port Hardy
186 km
Ungefähr 15 Stunden
➤ Prince Rupert

INFORMATION
British Columbia Ferries:
www.bcferries.com
B.C. Ferries, 1112 Fort St., Victoria, B.C.
250/386-3431 oder 888/223-3779

Charlotte Strait, die manchmal die Seefestigkeit der Reisenden testet. Hier befindet sich das Schiff auf dem offenen Pazifik: Nach Westen erstreckt sich das Wasser bis zur Ostküste von Russland. Am anderen Ende des Sunds steht der den Elementen ausgesetzte Leuchtturm von **Egg Island**. 1948 wurde der Leuchtturm in einem Sturm zerstört, kurz nachdem der Leuchtturmwärter und seine Frau ihn verlassen hatten.

Der Leuchtturm markiert die Ankunft im **Fitzhugh Sound** 2 und und zugleich den Beginn der Inside Passage. Am nördlichen Ende des Fitzhugh Sound liegt auf der rechten Seite die Stadt **Namu**. In der Sprache der First Nations bedeutet der Name »Wirbelwind« und bezieht sich auf die Winde, für die der Sund berühmt ist und die von den Einheimischen *williwaws* genannt werden. Das Schiff umrundet nun das nördliche Ende von **Hunter Island**: Die Fahrrinne führt zum **Dean Channel**, dem Punkt, an dem Alexander Mackenzie den Pazifik am Ende der ersten Landüberquerung Nordamerikas am 22. Juli 1793 erreichte.

Das Schiff dreht nach Norden, vorbei am Dorf **Bella Bella**, umrundet **Campbell Island** und erreicht den **Milbanke Sound** 3. Auch hier ist das Schiff dem Pazifik ausgesetzt, was bei schlechtem Wetter rauen Seegang bedeutet. An einem schönen Tag ist der Sund jedoch wunderschön. Wenn die Pazifiklachse, sei es der Chinook (Königslachs), Sockeye, Pink, Coho (Silberlachs) oder der Chum auf dem Weg zu ihren Laichplätzen sind, wetteifern Fischerboote mit den natürlichen Feinden der Lachse. Mit Glück kann man Orcas oder Schwertwale (der richtige Name für die unpassenderweise Killerwal genannten Säuger), Steller-Seelöwen und Seehunde sehen. Der Schwertwal ist mit einer Länge von sieben Metern, dem schwarz-weißen Muster und der durchs Wasser pflügenden hohen Rückenflosse sehr beeindruckend. Man kann auch Weißköpfigen Seeadlern beim Fischen zusehen. Die Heringsschwärme ziehen Buckelwale an, die man manchmal dabei beobachten kann, wie sie aus dem Wasser springen.

Nach Norden folgt man dem Finlayson Channel und erreicht das **Boat Bluff Lighthouse** an der Südspitze von Sarah Islands. Boat Bluff ist der malerischste Leuchtturm der Passage. Zur Linken liegt **Princess Royal Island**, die Heimat weißer Schwarzbären und schwarzer Grauwölfe. Nach der Insel überquert das Schiff den **Whale Channel** und erreicht den **Grenville Channel** 4, der von Kapitän George Vancouver nach William Grenville (1759–1834) benannt wurde, der kurzzeitig britischer Premierminister war. Grenville Channel liegt elf Stunden Fahrt von Port Hardy und wenige Stunden von Prince Rupert entfernt. Der Kanal wartet mit den spektakulärsten Ausblicken der Reise auf: Die Berge, die sich auf beiden Seiten bis zu 1066 Meter hoch erstrecken, sind mit Fichten- und Zedernwäldern bedeckt. Der Kanal ist sehr tief, etwa 487 Meter, und fällt steil ab, so dass das Schiff sehr nahe an der Küste entlang fahren kann. Am engsten Punkt ist der Kanal nur 548 Meter breit. Hinter Grenville Channel ist die Landschaft weniger atemraubend, aber weiter zurückgesetzt. Nun sind es nur noch wenige Minuten bis zur Anlegestelle in **Prince Rupert**.

Prince Rupert markiert das Ende der Inside Passage, es ist aber möglich, auf dem Alaska Marine Highway (*Tel. 800/642-0066, www.ferryalaska.com*) bis zur US-Grenze und weiter bis nach **Ketchikan**, der ersten Stadt in Alaska, weiterzufahren. Weiter nordwärts folgt man der Clarence Strait nach Wrangell und kommt von dort via »Inselhüpfen« nach **Petersburg**. Die Alaska-Passage teilt sich nun in eine äußere Route, die **Baranof Island** anläuft, bevor sie den **Lynn Canal** erreicht, und eine innere Route nach **Juneau**, der Hauptstadt von Alaska. Der Lynn Canal nach **Skagway** ist das letzte Stück der inneren Passage, viele aber zieht es zum **Glacier Bay National Park** (*Tel. 907/697-2230, www.nps.gov/glba*).

Prince Rupert, Skeena Valley und Queen Charlotte Islands

Prince Rupert
27023
Besucher-information
www.visitprincerupert.com
215 Cow Bay Rd.
250/624-5637

Museum of Northern British Columbia
www.museumofnorthernbc.com
100 1st Ave. W.
250/624-3207
Geschl. So im Winter
$$

North Pacific Historic Fishing Village
1889 Skeena Dr. Port Edward
250/628-3538
Geschl. Mitte Okt.–Mitte Mai
$$

'Ksan Historical Village Museum
www.ksan.org
Nordwestl. von New Hazleton
250/842-5544
$

DER HAFEN VON PRINCE RUPERT VERLOR AN WIRTSCHAFTlicher Bedeutung, als er bei der Entscheidung um den Endpunkt der transkontinentalen Eisenbahn gegen Vancouver verlor. Er bleibt jedoch trotz alledem eine wichtige Verbindung in den weniger erforschten Nordwesten von British Columbia. Das Tal des mächtigen Skeena ist seit vielen Jahrhunderten ein wichtiger Handelskorridor und blickt auf eine lange Geschichte als Transportweg der einheimischen Bevölkerung zurück. Vor der Küste liegen die regennassen und geologisch faszinierenden Queen Charlotte Islands.

PRINCE RUPERT

Prince Rupert, das auf einer Insel an der Mündung des Skeena liegt, verdankt seine Existenz als moderne Stadt der Hoffnung der Grand Trunk Railway, dass die Stadt als westlicher Endpunkt der transkontinentalen Linie mit Vancouvers Hafen und Weltstadtstatus konkurrieren könne. Aber 1912 ging der visionäre Präsident der Eisenbahngesellschaft, Charles M. Hays, mit der *Titanic* unter. Die Anlage der Stadt folgte noch seinen kühnen Plänen, die er in Auftrag gegeben hatte, aber der Hafen erreichte nie das Potenzial, das sich der Visionär vorgestellt hatte.

Prince Rupert ist jedoch ein wichtiges Kommunikationzentrum; der Yellowhead Highway endet hier sowie die transkontinentale Verbindung der VIA Rail, deren Passagiere von hier nach Vancouver Island, Alaska und den Queen Charlotte Islands weiterfahren. Prince Rupert ist auch das Zentrum des **Great Bear Rainforest Park** (siehe S. 274f).

Schon Jahrhunderte vor der Ankunft der Europäer trafen sich hier die Tsimshian und Haida. Das kürzlich renovierte **Museum of Northern British Columbia** verfügt über eine ausgezeichnete First-Nations-Sammlung, die die 10 000 Jahre andauernde Besiedlung entlang der nordwestlichen Küste zum Leben erweckt. Im Museum befindet sich eine Holzschnitzerei, in der Schnitzer bei der Arbeit beobachtet werden können, und es organisiert auch Ausflüge zu einigen der vielen archäologischen Stätten in der Umgebung. Die Produktion von Fischkonserven war eine der Hauptindustrien British Columbias, Ende des 19. Jahrhunderts operierten mehr als 200 Konservenfabriken an der Küste. Bei **Port Edward**, zwanzig Kilometer südöstlich von Prince Rupert, wurde eine der letzten Konservenfabriken inzwischen zur National Historic Site erklärt und ist als **North Pacific Cannery Village Museum** bekannt.

SKEENA VALLEY

Der wilde und wunderschöne **Skeena**, nach dem Fraser der zweitlängste Fluss, der vollständig durch British Columbia fließt, war schon lange ein Handelskorridor. Die Tsimshian gaben dem oft von Nebelschwaden umhüllten Fluss den Namen »Wasser der Wolken«. Er wurde von Einheimischen auf 18 Meter langen Kanus befahren. Heute wird der Fluss durch die 1829 Meter hohen **Coast Mountains** von dem Yellowhead Highway begleitet.

Überall im Tal sind die First Nations präsent. Die National Historic Site **Fort Kitwanga** auf einem

Gletscherhügel war eine Festung der Gitwangak People. Die wahre Faszination des Skeena Valley liegt in seiner Ansammlung an Totempfählen (einige modern, andere aus der Mitte des 19. Jahrhunderts). Es gibt Totempfähle in Kitwanga selbst und in Kitwancool, Kitseguecla und Kispiox. Das rekonstruierte traditionelle Dorf **'Ksan** liegt am Zusammenfluss des Skeena mit dem Bulkley. Dort findet man Totempfähle und mehrere stattliche Langhäuser, die eine Schnitzereischule und eine Sammlung indianischer Kunstgegenständen beherbergt.

QUEEN CHARLOTTE ISLANDS

Der abgelegene, vom Festland durch die bis zu 128 Kilometer breite Hecate Strait getrennte regenreiche Archipel aus etwa 150 Inseln blieb von der Eiszeit weitgehend unberührt. So haben hier bis heute mehrere vorsintflutliche Arten überlebt, darunter *Deer Mouse* oder *White-Footed-Mouse*, der *Lairly Woodpecker*, einer Spechtart, außerdem leben hier Schwarzbären. Haida Gwaii (»Inseln der Menschen«), wie die Heimat der Haida von diesen selbst genannt werden, geben Zeugnis von ihrer vergangenen wie gegenwärtigen Kreativität. Durch Abholzung wurde ein Teil des herrlichen Regenwaldes der Inseln zerstört, aber besonders im **Gwaii Haanas National Park Reserve** (*Tel. 250/559-8818*), der einen Großteil von **Moresby Island** umfasst, ist noch viel erhalten. Die Fähre von Prince Rupert nach **Graham Island** (*B.C. Ferries, Tel. 250/386-3431*), der größten und bevölkerungsreichsten Insel des Archipels, endet an den Skidegate-Landungsbrücken. Westlich davon liegt **Queen Charlotte City**, eine Gemeinde von etwa 1000 Einwohnern, die auch als nicht-indianische Verwaltungsbehörde für die Inseln fungiert. In Skidegate selbst zeigen die Ausstellungen im **Haida Gwaii Museum** (*Tel. 250/559-4643*) eine Sammlung von Argillit-Schnitzereien: eine wunderbare Einführung in die Haida-Kultur. ■

Dezimiert durch Krankheiten verließen viele Haida gegen Ende des 19. Jahrhunderts ihre Küstendörfer und ließen Totempfähle wie diesen am Rand des vordringenden Regenwaldes zurück

Queen Charlotte Islands
272 A3

Besucherinformation
Infocentre,
3220 Wharf St.,
Queen Charlotte City
250/559-8316

Die First Nations in British Columbia

Das Erbe der First Nations im Westen von British Columbia ist in seiner Art einzigartig in Nordamerika. Für alle, die sich für diesen Aspekt der kanadischen Geschichte interessieren, ist der Besuch der historischen Stätten der First Nations in der Provinz ein Muss.

Die Athapaskan bewohnten im Norden des Landesinneren ein riesiges Gebiet mit Wald und offenen Ebenen. Sie waren Halbnomaden, denen die Einführung des *Potlatch*, ein zeremonielles Geschenkverteilungsfest, zu der ein Festmahl und Tanz gehört, zugeschrieben wird. Die europäischen Siedler verboten den Potlatch zwischen 1880 und 1950 aus Angst, durch die Feste könne eine Rebellion ausgelöst werden. Vor kurzem wurde viele der zeremoniellen Objekte des Potlatch, die einst konfisziert und in Museen ausgestellt wurden, wieder an ihre Besitzer zurückgegeben. Eine Sammlung kann noch heute im Kwagiulth Museum auf Quadra Island (siehe S. 298) am Nordende der Strait of Georgia besichtigt werden.

Eine anderes, bedeutendes Küstenvolk sind die Tlingit, die das Gebiet nördlich der Queen Charlotte Islands und auch diese selbst bewohnten. Obwohl die Küste zerklüftet ist und die Winter hart waren, war es dennoch ein Gebiet mit einem reichhaltigen Nahrungsangebot.

Berühmt sind die Totempfähle der Tlingit. Über Totempfähle gibt es viele irrtümliche Annahmen. Manche behaupten, dass alle Stämme der First Nations Totempfähle geschnitzt haben und dass sie religiöse Objekte waren. Tatsache ist jedoch, dass das Schnitzen von Totems fast ausschließlich eine Tradition der an der Westküste Nordamerikas lebenden Völker war. Totems repräsentieren den Stolz einer Familie auf ihre Vorfahren und üben keine rituelle oder religiöse Funktion aus. Die verschiedenen Schnitzereien auf einem Totem repräsentieren übernatürliche Kreaturen (Menschen und Tiere),

Links: Historisches Foto einer Kwakiuti-Hochzeitsgruppe von Edward S. Curtis. Die Braut steht zwischen zwei Tänzern, die speziell für die Feier angestellt wurden
Rechts: Typischer Totempfahl der Westküste

deren Formen je nach Familie und Gruppe verschieden waren. Das Schnitzen von Totems war wie die Potlatchs viele Jahre verboten, und daher existieren nur wenige ältere Totems. In Hazleton – unweit des 'Ksan Historical Village Museum (siehe S. 303) in der Nähe von New Hazleton im Skeena River Valley – kann man sie noch an ihrem ursprünglichen Standort bewundern. Dort stehen auch traditionelle Tlingit-Langhäuser. Auch im Quw'utsun'Cultural Centre (siehe S. 295) bei Duncan auf Vancouver Island findet man Totempfähle.

Sowohl in 'Ksan als auch in Duncan sind schöne Beispiele der wunderbaren Holzschnitzereien der Küstenvölker zu sehen. Beachtenswert sind auch die im Kwagiulth Museum ausgestellten Arbeiten. Viele stellen Monster und übernatürliche Kreaturen dar, von denen der berühmteste der Donnervogel ist, der Herr des Himmels, der mächtigste Geist der Geisterwelt. Auch wenn der Donnervogel die berühmteste Schnitzerei ist, ist der exotischste der Rabe der Kwakwaka'wakw, die die Küste südlich des Tlingit-Gebietes bewohnten (mit denen sie verwandt waren). Die Rabenmaske ist ein 1,5 Meter langer Kopf, sein Schnabel in Schwarz, Rot und Weiß gehalten, mit »Federn« aus zerkleinerter Zedernrinde, die auf die Schultern des Tänzers fielen, wenn er sie trug. Während des Tanzes »klapperte« der Tänzer mit dem mit Scharnieren versehenen Schnabel.

Um mehr vom Geist der Haida Gwaii zu verstehen, muss man jedoch weiter fahren. Nahe der Stadt Masset, am Ende von Graham Island, liegt die größte Haida-Gemeinschaft der Queen Charlotte Islands. Früher als Old Masset bekannt, heißt es heute meist Haida. Die Bevölkerung stellt nicht nur Andenken für Besucher her, sondern hat auch viele neue Totempfähle aufgestellt. Im Süden findet man auf Moresby Island, das zu den Queen Charlotte Islands gehört, ergreifende Beweise über den hohen Entwicklungsstand, den die Haida im späten 19. Jahrhundert erreicht hatten, bevor Tod und Krankheit sie aus ihren Dörfern vertrieb. Diese Dörfer mit ihren Ruinen und verwitterten Totempfählen sind außergewöhnlich atmosphärische Orte. Einige davon, die von Haida-Gwaii-Wächtern geschützt werden, sind auf dem See- und Luftweg für Besucher zugänglich; allerdings sind die Besucherzahlen beschränkt. Skedans ist eines dieser Dörfer, während Ninstints als UNESVCOWelterbe geschützt ist.

Foto von E. S. Curtis von zwei Tänzern, die die Legende der mythologischen Vögel Kotsuis und Hohhuq nachspielen

Cariboo

Cariboo
273 D2–D3

CARIBOO WIRD DAS HÜGELIGE HOCHLAND DER INNEREN Ebene genannt, das im Westen durch die Coast Mountains und im Osten durch die Cariboo Range begrenzt wird. Der Fraser windet sich durch das Land, in dem man noch immer Spuren aus der Zeit findet, als sich Zehntausende von Goldsuchern auf der Suche nach Reichtum auf den Weg nach Norden machten.

Die Goldschätze von Barkerville verschafften den Goldsuchern nur zehn Jahre ein gutes Leben, aber die Stadt steht noch immer und ist heute ein faszinierendes Relikt aus jener »goldenen Ära«

Schlüssel zum Gebiet war die **Cariboo Road**, die teilweise vom Königlichen Pionierkorps vermessen und gebaut wurde. 1863 erstreckte sich die Straße von Yale bis zum **Soda Creek**, wo Passagiere an Bord der Dampfschiffe nach Quesnel im Herzen der Goldfelder gingen. Entlang dem Highway wurden in mehr oder weniger regelmäßigen Intervallen Rasthäuser errichtet, die als Hotels und Mietställe dienten. Die Pioniere mussten sich ihren eigenen Weg in diese wilde Gegend suchen. Der erste Goldfund wurde 1860 gemacht; der größte Fund von allen fand zwei Jahre später statt, als Billy Barker in einer Tiefe von mehr als 15 Metern auf eine reiche Ader stieß. Als im Zuge des Goldrauschs überall Siedlungen aus dem Boden gestampft wurden, zogen Viehzüchter nach Norden, um die Goldsucher mit Rindfleisch zu versorgen, der Ursprung der immer noch florierenden Viehzucht in dieser Gegend.

Die ursprünglich einstöckige Hütte, die als **Hat Creek House** (*11 km nördl. von Cache Creek an der Kreuzung von Hwy. 97 und 99, Tel. 800/782-0922*) bekannt ist, wurde einst als ungehobeltes Rasthaus von Donald McLean erbaut, ist nun aber integriert in ein elegantes, zweistöckiges Gebäude mit einer Doppelveranda. Es wurde restauriert und bildet mit seinen Nebengebäuden eine Besucherranch, die vom B.C. Heritage Trust geführt wird. Der Ort **Clinton**, der als 47 Mile House seinen Anfang nahm, markiert den Anfang des eigentlichen Cariboo.

Die Cariboo Road umging **Williams Lake**, Zentrum eines großen Viehzucht- und Holzfällergebietes. Erst nach Ankunft der Pacific Great Eastern Railway 1920 entwickelte sich die Stadt. Heute ist sie der Ausgangspunkt der 456 Kilometer langen, teilweise asphaltierten Straße, die über das Hochland und die Coast Mountains zum abgelegenen Fischerdorf **Bella Coola** am Nordarm des Burke Channel am Pazifik führt.

Goldsucher gingen in **Quesnel** (*Besucherinformation in Le Bourdais Park, 703 Carson Ave., Tel. 250/992-8716*) von Bord der Schaufelraddampfer, die sie auf dem Fraser in das Herz des Goldrauschlandes gebracht hatten. In Quesnel steht noch immer das Lagerhaus der Hudson's Bay Company von 1867, sonst aber ist die Stadt von der Holzindustrie geprägt.

Auf dem Weg von Quesnel nach Barkerville führt die Route 26 an Relikten aus der Zeit der Goldminen sowie am restaurierten **Cottonwood House** (*Tel. 250/992-2071, Sept.–April geschl.*) vorbei. Das 1864 errichtete Cottonwood House diente als Rasthaus und wurde im Lauf der Zeit für verschiedenste Zwecke genutzt, bevor es als Provincial Historic Site restauriert wurde.

Barkerville (*Besucherinformation Pooley St., Tel. 250/994-3332, Okt.–Mitte Mai geschl.*) wird seit den 1950er Jahren restauriert und ist inzwischen das schönste Beispiel einer Stadt aus der Goldgräberära in British Columbia. Kurz nach Billy Barkers Goldfund zählte die Stadt mehr als 10 000 Einwohner und pries sich selbst als die größte Stadt westlich von Chicago und nördlich von San Francisco an. Es blieb aber eine Siedlung mit groben Holzstegen hoch über einer schmalen Straße. 1868 brannte die Stadt ab, wurde aber wieder aufgebaut. Um 1930 war sie schon fast vergessen; bei der Renovierung wurden einige rekonstruierte Gebäude zu den Originalbauten hinzugefügt. ■

Die einfache Einrichtung eines der vielen Gebäude von Barkerville ruft Erinnerungen an die Blütezeit der Stadt (1860–1870) herauf

Von Hope nach Kamloops

Auf seinem Weg von Vancouver in das trockene Landesinnere British Columbias folgt der Trans-Canada Highway der Route, die von Reisenden im 19. Jahrhundert genommen wurde, die damals jedes denkbare Beförderungsmittel nutzten, um die gewaltigen Hindernisse in Form tiefer Canyons zu überwinden. Die Fahrt, die heute keine den damaligen vergleichbaren Strapazen mehr fordert, folgt den Canyons des Fraser und des Thompson.

Der moderne vierspurige Highway täuscht über die Schwierigkeiten, mit denen diese Pioniere zu kämpfen hatten, hinweg. »Wir passierten eine Gegend, in die sich kein Mensch wagen sollte«, war Simon Frasers Kommentar nach seiner Reise entlang dem Fluss, dem er seinen Namen gab. Seine Reisegefährten wagten sich nur mit Hilfe einheimischer Führer in den Fraser River Canyon hinab und suchten sich ihren Weg entlang der scheinbar unpassierbaren Klippen auf fragilen Strukturen aus Pfählen und Zweigen hoch über dem tödlich schäumenden Wasser. Unterhalb von Yale war der Fraser schiffbar, und die Goldsucher konnten während des Goldrausches 1858 bis hierher mit dem Dampfschiff kommen. Ab hier legten die Minenarbeiter einen rauen Maultierpfad nach Norden an. Dieser unsichere Pfad wurde ab 1863 durch die berühmte Cariboo Road (siehe S. 306) ersetzt. Spuren dieser schmalen und schwindelerregenden Straße sind auch heute noch sichtbar.

Der Bau der CPR durch die Canyons warf große Probleme auf. Die Schwierigkeiten wurden von ihrem Auftragnehmer, dem New Yorker Andrew Onderdonk, dem eine Armee kanadischer, chinesischer, ortsansässiger und norwegischer Arbeiter zur Seite stand, ohne Umweg angegangen: Die Arbeiter hingen zum Teil an Seilen über dem Abgrund, um Tunnel und schmale Felsvorsprünge zu sprengen, auf dem später die Schienen verliefen. Onderdonk beendete seine Arbeiten1885. 1914 wurde die Linie durch den Fraser Canyon mit derjenigen der Great Northern Railway, dem Vorläufer der CNR, verbunden, und heute durchqueren beide Eisenbahnlinien, zusammen mit dem Trans-Canada Highway, dieses früher so schwierige Hindernis.

Die Fahrt beginnt in **Hope** ❶, 149 Kilometer östlich von Vancouver. 1848 als Handelsposten der Hudson's Bay Company gegründet, liegt die kleine Stadt an dem Punkt, an dem das Tal des Fraser schmaler wird. Folgen Sie von Hope dem Tans-Canada 1 entlang dem Fraser 21 Kilometer in nördlicher Richtung nach **Yale** ❷. In dieser kleinen Stadt wimmelte zu Zeiten des Goldrausches von 1858 nur so von »Spielern, Schlägern, Trinkern, Überläufern, Wegelagerern, Dieben, Mördern und Flittchen«. Im **Historic Yale Museum** *(Douglas St., Tel. 604/863-2324)* sind Andenken an den Goldrausch und den Bau der Eisenbahn ausgestellt.

Verlassen Sie Yale Richtung Norden und überqueren Sie den Fluss auf der Brücke bei Spuzzum. Folgen Sie dem Fraser Canyon Highway entlang dem bewaldeten Ostufer. Dies ist der spektakulärste Abschnitt des Fraser. Die 183 Meter tiefe Spalte von **Hells Gate** ❸ zwingt den Fluss in einen unglaublich schmalen Kanal, durch den er mit hoher Geschwindigkeit tost. Eine lohnenswerte Fahrt mit der **Airtram** *(Tel. 604/867-9277, Mitte Okt.–Mitte April geschl.)* führt in die Schlucht, in der man auf einer Hängebrücke den Fluss überqueren kann.

Die Fahrt geht weiter Richtung Norden und führt nun in das trockene Landesinnere. Nach etwa 48 Kilometer erreicht man, am Zusammenfluss des himmelblauen Thompson mit dem schlammigen Wasser des Fraser, die heißeste Stadt Kanadas, **Lytton** ❹. Dutzende von Stromschnellen machen sie zur »White-Water Rafting Capital of Canada«. Folgen Sie dem Highway in Richtung Nordosten durch die unfruchtbare Landschaft entlang dem Thompson.

Siehe Karte S. 272f
Hope
322 km
Ungefähr 2 Tage
Kamloops

NICHT VERSÄUMEN

• Hells Gate • Stromschnellen bei Lytton • Cache Creek

Queren Sie bei der Spences Bridge zum Westufer hinüber und fahren Sie zum Gebiet des **Cache Creek**, das auf Grund seiner wüstenähnlichen ökologischen Gegebenheiten mit Salbei, Feigenkakteen und sogar Klapperschlangen oft als das Arizona Kanadas bezeichnet wird.

Nehmen Sie von Cache Creek die Route 97 und folgen Sie ihr zum geschäftigen **Kamloops** 5. Der vom Shuswap-Wort Cumloops abgeleitete Name bedeutet »wo sich die Wasser treffen«. Die Stadt liegt am Zusammenfluss von North Thompson und South Thompson, die hier in den 40 Kilometer langen **Kamloops Lake** fließen. Von hier fährt die Canadian National Railway nordwärts nach Jasper und Edmonton und die Canadian Pacific ostwärts nach Revelstoke, Banff und Calgary.

Cache Creek

Fraser River

Die Alexandra Bridge über dem Fraser Canyon

Die Kootenays

Die Kootenays
273 E1–E2

Castlegar Besucherinformation
www.castlegar.com
273 E1
1995 6th Ave.
250/365-6313

Doukhobor Discovery Centre
112 Heritage Way abseits Hwy. 3 nahe Castlegar Airport
250/365-5327
Geschl. Okt.–April
$$

Nelson Besucherinformation
www.discovernelson.com
273 E1
225 Hall St.
250/352-3433

Balfour
273 E1

Ainsworth Hot Springs
273 E2

Kaslo
273 E2

IN DER SÜDÖSTLICHSTEN ECKE VON BRITISH COLUMBIA treffen Kootenay und Columbia beinahe in Canal Flats aufeinander, bevor Ersterer in einem großen Bogen, der bis in die USA hineinreicht, nach Süden fließt und in Castlegar endgültig in den Columbia mündet. Im Großteil des Kootenay Country genannten Gebietes mit seinen Nord-Süd verlaufenden Tälern fällt viel Regen und Schnee, während im Süden ein kleiner Landstrich ein ähnlich warmes und mildes Klima wie das des benachbarten Okanagan Valley (siehe S. 312) genießt.

Nachdem David Thompson die Region 1808 kartografiert hatte, wurde sie von den Europäern bis 1860, als der Dewdney Trail von Hope in die Rockies gebaut wurde, ignoriert. Dann, um 1880, wurden Minerale gefunden. Viele der Städte, die auf Grund dieses Booms entstanden, verschwanden wieder; andere, wie Nelson, überlebten; auch wenn Holzindustrie und Tourismus den Bergbau fast überall ersetzt haben.

Auf einem Plateau am Zusammenfluss von Columbia und Kootenay liegt Castlegar, hier befindet sich auch die Grenze zwischen dem Territorium der Salish und der Kutenai. Beide Völker kamen hierher, um den reichlich vorkommenden Lachs zu fangen. Die moderne Siedlung wuchs zu einem bedeutenden Zentrum, als Schaufelraddampfer Passagiere auf dem Columbia und dem Arrow Lake (die jetzt gestaut sind) nach Revelstoke brachten. Viele Doukhobors siedelten sich in der Gegend an und das **Doukhobor Discovery Centre** gibt den Besuchern einen Eindruck vom spartanischen Leben dieser Sekte. Auf **Zuckerberg Island**, das über eine kleine Hängebrücke erreicht werden kann, steht noch immer die von einem russischen Mystiker, der in den 30er Jahren zur Unterrichtung der Doukhobor-Kinder hierher kam, erbaute Kirche.

Attraktiv am Ausfluss des Kootenay aus dem Westarm des Kootenay Lake liegt **Nelson**, das sich nach der Entdeckung von Silber 1886 auf dem **Toad Mountain** entwickelte. Die Stadt florierte als Dienstleistungszentrum für diese und andere Minen und überlebte sogar deren Ende. Heute ist sie stolz auf das Restaurierungsprogramm, das dem aus dem späten 19. Jahrhundert stammenden Stadtbild mit ungefähr 350 denkmalgeschützten Gebäuden neues Leben einhauchte. Zu diesen gehört das **Courthouse**, ein Zeichen bürgerlichen Stolzes um die Jahrhundertwende, das von Francis Rattenbury, Architekt des Parlamentsgebäudes von Victoria, entworfen wurde.

Die Straße, die von Nelson am Seeufer entlang nach Norden führt, passiert **Balfour**, die Anlegestelle der kostenlosen Fähre nach Kootenay Lake. Sie ist Teil einer Ost West Verbindung zum Highway 3 über den Kootenay Pass.

14 Kilometer hinter Balfour erreicht man **Ainsworth Hot Springs**, eine kleine Stadt, die als Bergbausiedlung begann und heute ein Kurort ist (*Ainsworth Hot Springs Resort, Tel. 250/229-4212*). Das Wasser hat einen höheren Mineralanteil als alle anderen heißen Quellen Kanadas. Weiter nördlich liegt **Kaslo** (*Besucherinformation: 324 Front St., Tel. 250/353-2525*), eine Miniaturversion von Nelson mit ähnlichem Charme. Heute entspricht die Bevölkerung etwa einem Zehntel der ursprünglichen Bevölkerung, die hier zur Glanzzeit des Ortes als Zentrum der Silberminen im Westen lebten.

Auf dem See findet man eine Erinnerung an die glorreiche Vergangenheit: Die S.S. *Moyie* (*Besucherinformation, Kaslo Visitor Center*) ist ein schönes Beispiel für die Schaufelraddampfer, die einst den See befuhren. Das 1898 zu Wasser gelassene Schiff ist das älteste noch existierende Schiff seiner Art in Kanada.

Fort Steel Heritage Town, das schön am Fuß der Rockies gelegen ist, hat seinen Ursprung als Fährhafen über den Kootenay River und erhielt seinen Namen, als der berühmte Superintendent Sam Steel 1987 hierher kam, um einen Streit zwischen Siedlern und Kutenai zu schlichten. Die Entscheidung der Canadian Pacific Railway 1898, die Stadt zu Gunsten von Cranbrook zu umgehen, bedeutete das Ende von Fort Steel. Heute unterstehen die Gebäude aus der Siedlerzeit der Provinz, die sie um andere zeitgenössische Gebäude ergänzt hat. Im Provincial Heritage Park flanieren kostümierte Einwohner, fahren eine Postkutsche und ein Dampfzug. In **Cranbrook**, wo das **Canadian Museum of Rail Travel** eine Tour durch eine Sammlung luxuriöser Passagierwagen aus der Zeit von 1900 anbietet, findet man weitere Eisenbahnzüge. ■

Als Bergsteiger oder Bergwanderer kann man die imposante Gebirgswelt der schneebedeckten Rockies hautnah erleben

Die Doukhobors

Der russische Autor Leo Tolstoi und amerikanische und britische Quäker halfen den etwa 7500 Mitgliedern dieser pazifistischen Sekte – Abweichler der russisch-orthodoxen Kirche –, sich Ende des 19. Jahrhunderts in Saskatchewan anzusiedeln. Als ihre Befreiung vom Treueeid widerrufen wurde, zogen viele unter der Führung von Peter Wasilewitsch Verigin in den Süden von British Columbia, wo sie eine anfangs erfolgreiche, unabhängige Gemeinde von etwa 6000 Menschen bildeten. Nach dem Tod Verigins bei einer Zugexplosion wurde die Gemeinde durch interne Zwistigkeiten, zu denen auch Proteste nackter Mitglieder einer fanatischen Untersekte gehörten, gespalten. 1939 konfiszierte die Provinzregierung das Land der Doukhobors.

Cranbrook und Fort Steele
273 E1

Fort Steele Heritage Town
www.fortsteele.ca
16 km nordöstlich von Cranbrook via Hwy. 95
250/426-7352
$ (Mai–Mitte Okt.)

Canadian Museum of Rail Travel
www.trainsdeluxe.com
Hwy. 3/95 in Cranbrook
250/489-3918
$$

Okanagan Valley
273 D1/D2

Penticton
273 D1

Kelowna
273 D2

Vernon
273 D2

Historic O'Keefe Ranch
www.okeeferanch.bc.ca
11 km nördlich von Vernon neben Hwy. 97
250/542-7868
Geschl. Mitte Okt.–April
$$

Okanagan Valley

DER SONNIGE KORRIDOR DES OKANAGAN VALLEY MIT seinem Fluss und seinen Seen führt von der Grenze zu den USA durch Obstplantagen und Weinberge nach Norden. Das milde Klima, die wunderschöne Landschaft und die leichte Erreichbarkeit aus dem Norden wie Süden ziehen sowohl Urlauber als auch Ruheständler an. Attraktionen und Freizeiteinrichtungen reichen von Wassersport bis zu Tierparks. Eine der besten Möglichkeiten, das Okanagan Valley zu erkunden, ist eine Fahrt auf der ausgeschilderten Okanagan Wine Route, an der 25 Kellereien der Region liegen, die derzeit eine Renaissance erleben.

Den Salish war **Penticton** als Pentak-Ton bekannt, was bedeutet »ein Platz, an dem man immer leben kann«, denn durch sein günstiges Klima konnte man ganzjährigenhier leben. Die Stadt liegt zwischen zwei Seen, dem **Skaha Lake** und dem größeren **Okanagan Lake**. Das Besucherzentrum teilt sich ein modernes Gebäude mit dem **British Columbia Wine Centre** (*Besucherinformation, Tel. 250/490-2006*) und bietet ausführliche Informationen über Weingüter, Weintouren und sonstige Großereignisse an. An einem Ende der mit Pappeln bestandenen Uferpromenade befindet sich der Schaufelraddampfer S.S. *Sicamous* (*Tel. 250/492-0403*). Das von 1914 datierende 500-Personenschiff ist wieder in Betrieb.

Im schnell expandierenden **Kelowna**, das vom Westufer des Lake Okanagan durch eine ungewöhnliche Schiffsbrücke erreicht wird, begann die moderne Geschichte des Tals. Eine Mission, die hier in der Nähe von Mitgliedern der Oblate Order 1859 gegründet worden war, war zugleich die erste europäische Siedlung in British Columbia, die sich unabhängig von der Hudson's Bay Company entwickelte. Es wird Pater Charles Pandosy zugeschrieben, hier die ersten Weinreben und Obstbäume angepflanzt zu haben. Um 1890 kaufte dann der kanadische Generalgouverneur Lord Aberdeen zuammen mit seiner Frau Isabel eine Ranch und förderte Obstplantagen im großen Stil.

Der Urlaubsort **Vernon** (*Besucherinformation 701 Hwy. 97 S., Tel. 250/542-1415*) nördlich von Kelowna wurde 1860 von den Vernon-Brüdern, gegründet. Die O'Keefe Ranch stammt ebenfalls aus dieser Zeit und blieb für 100 Jahre im Familienbesitz. Sie ist nun als die **Historic O'Keefe Ranch** der Öffentlichkeit zugänglich. Zu dem Dutzend Originalgebäude gehören das Herrenhaus, eine Schmiede, eine Gemischtwarenhandlung und die St. Anne's Church. ■

Weine der Weingüter aus dem Okanagan Walley sind in den Restaurants in Vancouver sehr beliebt

Die nördlichen Territorien sind von herber Schönheit und stehen in totalem Kontrast zu den gepflegten Städten im Süden

Der Norden

Inukshuk aus Stein, Northwest Territories

Der Norden

DIE NÖRDLICHEN TERRITORIEN DES YUKON, DIE NORTHWEST Territories (N.W.T.) und Nunavut machen rund 40 Prozent der Landfläche Kanadas aus. Allerdings ist die subarktische Region, abgesehen von einigen Städten, ein leeres Land, dessen kleine Gemeinden, in denen der Pioniergeist noch immer lebendig ist, durch Kilometer unberührter Landschaft voneinander getrennt sind. Nördlich des Polarkreises liegen noch weniger Siedlungen, die zumeist von Inuit bewohnt werden. Die arktischen Inseln sind weitgehend unbewohnt.

des alten N.W.T. geteilt. Ein Ausschuss der territorialen Gesetzgebung stimmte 1998 dafür, den Namen Northwest Territories weiter zu verwenden. Nunavut, das in der Inuitsprache »unser Land« bedeutet, ist das Ergebnis langjähriger Verhandlungen zwischen den Inuit und der kanadischen Regierung, ihnen das Land zur Selbstverwaltung zu überlassen.

Am 1. April 1999 wurden die Northwest Territories in das neu geschaffene Territorium von Nunavut und den verbliebenen westlichen Teil

NICHT VERSÄUMEN

(Bei viel Zeit) Eine Fahrt auf dem 2400 Kilometer langen Alaska Highway 320

Einen Besuch in Dawson mit seiner Atmosphäre einer Stadt im Goldrausch 328

Eine Fahrt an Bord der M.S. Norweta auf dem Mackenzie 332

Wanderungen und Kanufahrten im Nahanni National Park 333

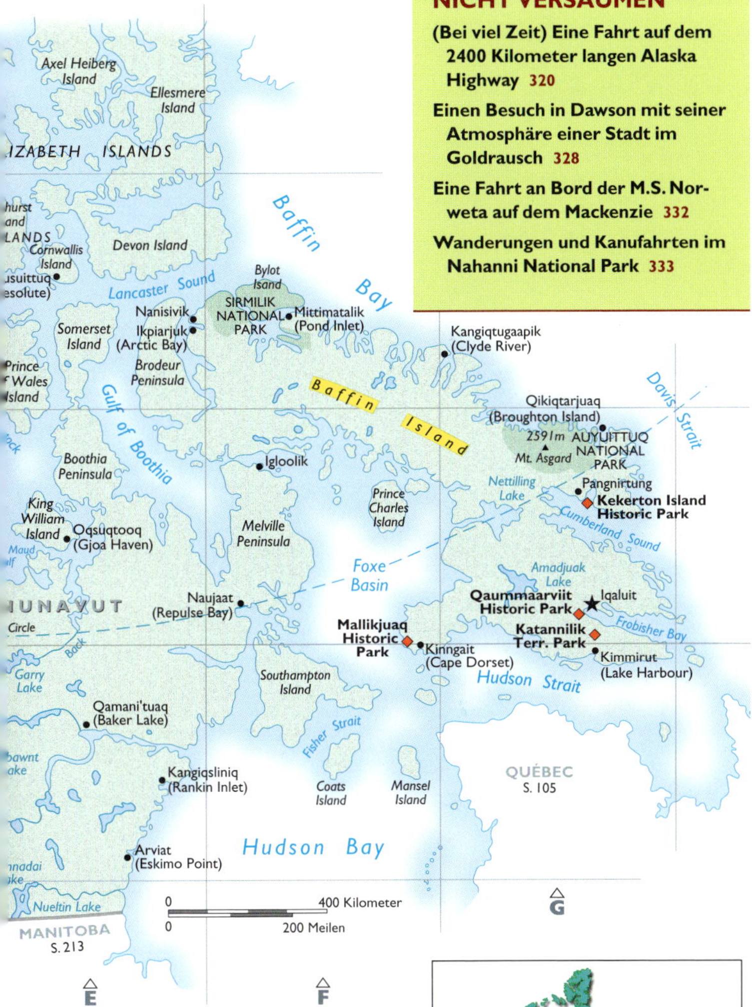

YUKON TERRITORY

Wenn man vom Yukon spricht, assoziiert man damit den Klondike-Goldrausch. Dawson strahlt noch immer die Atmosphäre einer Stadt im Goldrausch aus. Aber Yukon bietet viel mehr. Die ihn durchquerenden Highways erlauben Besuchern, seine subarktische Wildnis leichter als in einem anderen Teil des kanadi-

schen Nordens zu erkunden. Reisende können vom Kluane National Park, in dem wilde Schafherden das Land in der Nähe des höchsten Bergs Kanadas durchwandern, bis zum Polarkreis fahren. Der Dempster Highway durchquert dieses Land bis Inuvik, N.W.T., eine Stadt am Delta des Mackenzie.

NORTHWEST TERRITORIES

Die Northwest Territories werden vom Flusssystem des Mackenzie durchzogen, der mit 4183 Kilometern länger als der Mississippi oder Missouri ist. An den Quellflüssen des Mackenzie, am Great Slave Lake, liegt Yellowknife, die Hauptstadt des Territoriums. Die Holzhäuser und Wolkenkratzer, die man vom Seeufer aus sieht, charakterisieren die Northwest Territories: eine Mischung aus dem Pioniergeist der ersten Siedler der Region und der modernen Wirtschaftswelt Kanadas. Die N.W.T. sind dem Besucher weniger zugänglich als das benachbarte Yukon. Die beeindruckende Schönheit des Nahanni National Park kann man nur im Kanu oder zu Fuß wirklich genießen.

Im Sommer wandern große Karibuherden über die arktische Tundra

NUNAVUT

Auch wenn die Inuit die Uferlinie des Nordpolarmeeres schon vor mehreren tausend Jahren besiedelten, sind die gegenwärtigen Bewohner Nachfahren der Thule-Völker, die vor etwa 4500 Jahren die Beringstraße überquerten. Die Cree-Indianer gaben diesem Volk den Namen Eskimo, was so viel heißt wie »die, die ihr Fleisch roh essen«. Die Cree benutzten diesen Ausdruck, um ihrem Widerwillen Ausdruck zu geben, und über die Jahre wurde es zum Schimpfwort. Als solches wird dieser Ausdruck heute zu Recht schlecht gemacht und wurde durch den Begriff »Inuit« ersetzt. Die Gründung von Nunavut ist ein Meilenstein für die Inuit. Nun können sie endlich die Entwicklung des Landes, das ihre Vorfahren schon so lange besiedeln, selbst in die Hand nehmen. Und es ist ein wunderbares Land, eine zerklüftete Wildnis unvergleichlicher Schönheit. ■

ERLEBNIS: Die Tierwelt der Arktis

Von den weltweit über 4000 Tierarten verbringen weniger als 50 ihr ganzes oder einen Großteil ihres Lebens in der Arktis. Von diesen wiederum leben 31 in der kanadischen Arktis. Dieser kleine Bruchteil verdeutlicht, wie rau die arktische Umwelt ist: Pflanzen fressende Tiere müssen sich mit wenigen, weit verstreut wachsenden Pflanzen begnügen, und auch die Fleischfresser finden nur wenig Beute. Die Tiere haben sich jedoch bewundernswert an diese Umwelt angepasst.

Den Großteil der arktischen Tierwelt machen Nagetiere aus, die nahe der Baumgrenze oder in der Tundra leben. Aber für die meisten Menschen sind es die großen Tiere des hohen Nordens, die die Region so einmalig machen.

Eisbären

Der Eisbär stammt von den gleichen Vorfahren wie der Braunbär ab, unterscheidet sich aber inzwischen sehr von seinem auf dem Land lebenden Cousin. Um die arktische Kälte zu überleben, hat der Bär zwischen seiner Haut und dem dicken Pelz, der seinen ganzen Körper, mit Ausnahme der Nase und der Fußballen bedeckt, eine dicke Speckschicht eingelagert. Die Haut des Bären ist schwarz, eine gute Farbe, um die Sonnenhitze zu absorbieren, im Pelz transportieren hohle Haare das Sonnenlicht zur Haut. Der weiße Pelz, der im Licht auch cremefarben oder hellgelb erscheint, dient eher der Tarnung als der Isolierung. Wie bei allen arktischen Tieren verkürzten sich im Laufe der Evolution die Extremitäten der Bären – kleine Ohren und kurzer Schwanz helfen, Wärmeverlust zu vermeiden. Eine Ausnahme sind die riesigen Füße der Bären, mit denen sie ihr beträchtliches Gewicht auf dem dünnen Eis verteilen und die auch als Paddel beim Schwimmen dienen. Auch die Nahrung der Bären hat sich der Arktis angepasst – er ist der einzige nur Fleisch fressende Bär der Welt und ernährt sich von Seehunden, die er im Eis erlegt.

Erwachsene Eisbären beim Kräftemessen

An Land werden die Eisbären oft von Polarfüchsen verfolgt, die sich an den Überresten der Beute der Bären gütlich tun. Während die Bären fast ihr ganzes Leben auf dem Eis verbringen, ist der Fuchs ein Landsäuger, dessen Fell sich den Jahreszeiten anpasst. Im Sommer ist es zur Tarnung gegen die Erde dunkel, und im Winter, wenn der Winterschnee fällt, wird es dichter (und somit viel wärmer) und weiß.

Das zottelige Fell der Moschusochsen mag verlottert aussehen, ist aber für das Überleben in diesem rauen Klima lebenswichtig

Moschusochsen

Ein weiteres typisches Tier der Arktis ist der Moschusochse mit seinem dunkelbraunen Fell. Dieses besteht aus einer inneren Schicht feiner Haare, das durch lange, seidige »Schutzhaare« geschützt wird. Das Deckfell reicht fast bis zum Boden, was dem Tier ein fast drolliges Aussehen gibt. Das Unterfell wächst jedes Jahr neu, die Haare fallen in großen Büscheln aus, was den Tieren ein ungekämmtes Aussehen gibt.
Das Gewicht der großen Hörner der Moschusochsen ist über der Stirn konzentriert. Die männlichen Tiere verwenden sie während der Brunft, wenn zwei Tiere in erbitterten und lautstarken Platzkämpfen gegeneinander prallen. Die weiblichen Tiere schützen die Jungtiere mit ihren Hörnern. Um angreifende Wölfe abzuwehren, bilden die erwachsenen Moschusochsen einen Kreis um die Jungtiere, so dass die Angreifer einer Barriere aus schweren, spitzen Hörnern gegenüberstehen. Nur wenn die Wölfe den Moschusochsen einen Schrecken einjagen und sie zur Flucht bewegen können, haben sie eine Chance, ein junges oder krankes Tier zu erwischen. Dieser Kreis wirkt effektiv gegen Wölfe, aber bei einem Jäger mit Gewehr ist er wirkungslos. Aus diesem Grund waren Moschusochsen fast vom Aussterben bedroht. Heute nimmt ihre Zahl wieder zu.

Arktische Vögel

Im Unterschied zu den Landsäugern ziehen die Vögel bei Beginn des Winters aus der Arktis nach Süden – eine Strategie, der sich fast alle Arten angepasst haben. Von den ganzjährig hier lebenden Arten tragen sowohl das amerikanische Alpenschneehuhn als auch das Moorschneehuhn im Winter weiße Federn. Zusätzlich verdichten sie das Federvolumen und reduzieren ihren Stoffwechsel. Die Schnee-Eule ist immer weiß: Ihre Federn weisen die höchste Isolierung aller Vogelfedern auf. Trotz dieser Anpassung an die arktische Kälte ziehen die Schnee-Eulen im Winter nach Süden, wo sie sicher sein können, genügend Lemminge, ihre Hauptbeute, zu finden, die sie in der arktischen Nacht bei Kräften halten.

Alaska Highway

Nach den aufregenden Tagen des Goldrausches ging auch der Bergbau zurück. Die folgenden 40 Jahre blieb die Region sich selbst überlassen. Nach dem Angriff auf Pearl Harbour, veranlasste Präsident Franklin D. Roosevelt aus Angst vor einer Invasion der Japaner via Alaska den Bau eines Highway von Dawson Creek, British Columbia, das bereits durch Straße und Eisenbahn mit Washington State verbunden war, nach Fairbanks, Alaska.

Der Highway war ein gewaltiges Projekt, das den Bau von mehr als hundert Brücken und über 2400 Kilometern Straße umfasste. Erstaunlicherweise war die Straße in nur acht Monaten für Militärverkehr befahrbar und wurde im November 1942 offiziell mit einer Zeremonie am Soldiers Summit *(Meile 1061)* über dem Kluane Lake eröffnet. Es dauerte noch ein weiteres Jahr bis zur vollständi-

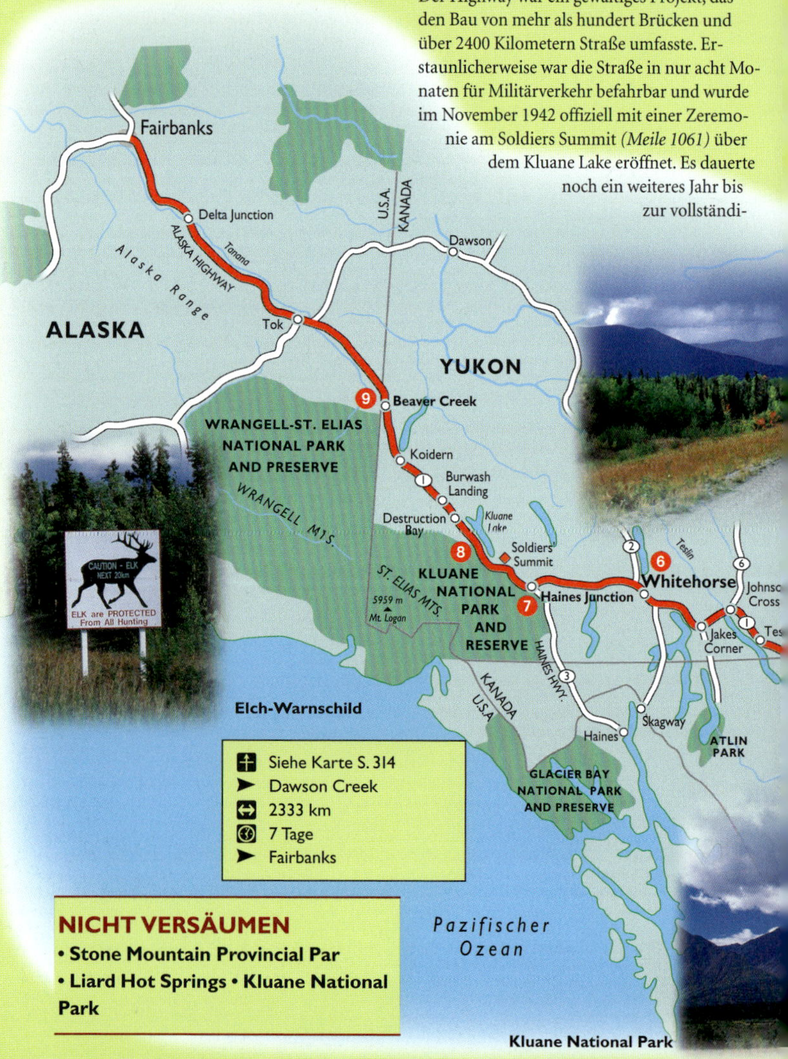

Elch-Warnschild

Siehe Karte S. 314
Dawson Creek
2333 km
7 Tage
Fairbanks

NICHT VERSÄUMEN

- **Stone Mountain Provincial Par**
- **Liard Hot Springs • Kluane National Park**

Kluane National Park

gen Fertigstellung der Straße. Die Straße öffnete den Yukon für den Rest der Welt, aber erst in den 70ern wurde sie vollständig asphaltiert.

Der Highway ist mit historischen Meilensteinen markiert (Entfernungen werden in Kanada in Kilometern angegeben), die Meilenangaben spiegeln aber nicht die tatsächlichen Entfernungen wider!

Am besten beginnt man eine Fahrt auf dem Highway bei Meile 0, auf der Tenth Street im Herzen von **Dawson Creek** 1 (*Besucherinformation, 250/782-9595*) in British Columbia. Folgen Sie der Straße in nordwestlicher Richtung aus der Stadt. Bei Meile 21 befindet sich die elegante **Kiskatinaw Bridge**, die einzige noch existierende Originalbrücke aus Holz. Einige Meilen weiter nördlich, bei Meile 35, führt die Straße über die **Peace River Bridge**. Die First Nations benannten den Fluss nach einem Vertrag, der den breiten Fluss als Grenze zwischen zwei Stämmen auswies. Auf dem Straßenabschnitt auf halbem Weg zwischen Dawson Creek und Suicide Hill wird man an die militärische Bedeutung der Straße erinnert. Der **Beatton River Airstrip** 2 (*Meile 73*) diente dem amerikanischen Militär in Notfällen, und die **Blueberry Control Station** (*Meile 101*) war ein bemannter Kontrollpunkt, der während des Zweiten Weltkriegs 24 Stunden am Tag besetzt war.

Fahren Sie weiter in nordwestlicher Richtung durch Wonowon in Richtung Suicide Hill. Hier beginnt der lange, bergige Abschnitt des Highway. Durch umfangreiche Bauarbeiten wurden 1992 viele Kurven begradigt, dies schmälert aber keineswegs die großartigen Ausblicke auf dem Weg nach **Fort Nelson** 3 (*Besucherinformation, Tel. 250/774-6400*) bei Meile 300. Folgen Sie dem Highway in westlicher Richtung aus der Stadt und Sie werden feststellen, dass die bisherigen Ausblicke nur ein Auftakt waren. Auf der Fahrt zum

Beim Yukon Sourdough Rendevouz treffen sich Jung und Alt

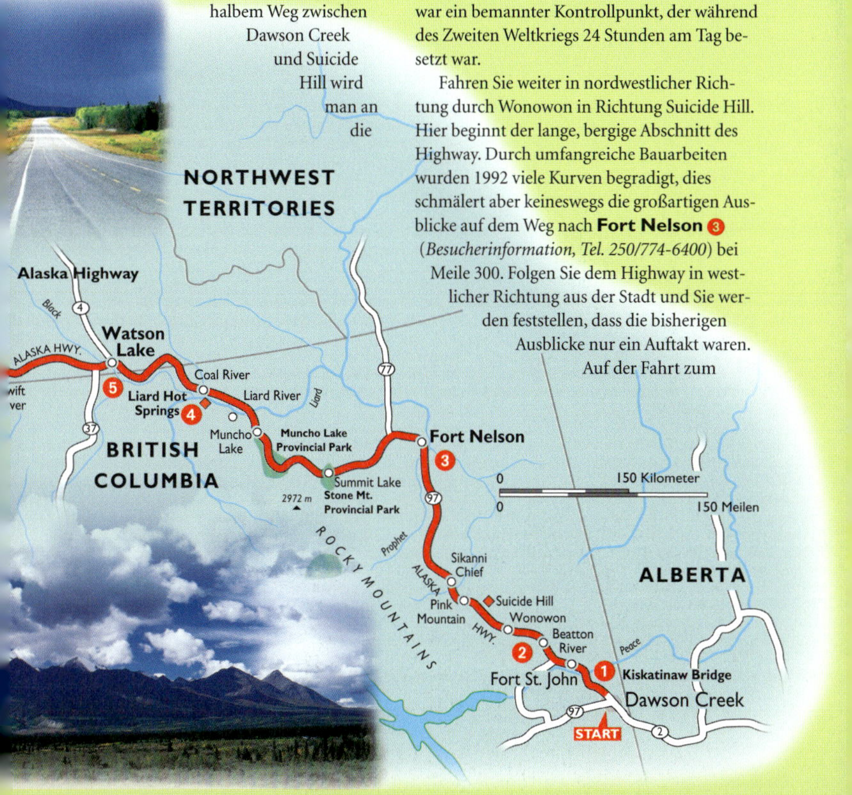

Unberührte Seen sind im Kluane National Park nichts Ungewöhnliches

Rechts: Die berühmte Anglican Log Cathedral in Whitehorse

Stone Mountain Provincial Park *(Meile 392)*, der mit 1295 Metern den höchsten Punkt der Straße darstellt, wird die Landschaft immer spektakulärer. Die Ausblicke auf diesem Abschnitt des Highway zählen zu den großartigsten seiner gesamten Strecke. Halten Sie sich auf dem Weg durch den **Muncho Lake Provincial Park** links, überqueren Sie den Liard River, und Sie erreichen bei Meile 496 **Liard Hot Springs** 4. Während des Baus des Highway wurden diese Quellen an sechs Tagen in der Woche von den Soldaten als natürliches Bad genutzt, während der siebte Tag für die weiblichen Mitarbeiter reserviert war.

Bleiben Sie von Liard Hot Springs an auf dem Highway, der dem Nordufer des Liard River folgt. Von hier ist es nur eine kurze Fahrt nach **Watson Lake** 5 (*Meile 635*), der ersten Stadt im Yukon. Nachdem Sie die Stadt in Richtung Westen verlassen haben, werden Sie feststellen, dass der Highway nochmals kurz in British Columbia verläuft, bevor **Teslin** (*Meile 804*) erreicht wird, ein See, der seinen Namen von der Beschreibung der First Nations ableitet, die ihn »langer, schmaler See« nannten. Nachdem der Highway den See umrundet hat, führt er in westlicher Richtung nach **Whitehorse** 6 bei Meile 918 (siehe S. 323).

In Whitehorse wechseln manche auf den romantischen Klondike Highway (siehe S. 324f).

Bei **Haines Junction** 7 (*Meile 1016*) trifft der Alaska Highway auf den Haines Highway, der aus dem Süden und vom Lynn Canal kommt, biegt nach Norden ab und führt entlang der Grenze zum **Kluane National Park** 8 (*Besucherinformation, Tel. 867/634-7207*). Zusammen mit dem Wrangell-St. Elias National Park auf der anderen Seite der Grenze bewahrt dieser atemraubende Park eine der ursprünglichsten Wildnisse der Welt.

Folgen Sie dem Highway zum Kluane Lake. **Destruction Bay** (*Meile 1083*) verdankt seinen Namen einem Wintersturm, in dem fast das ganze Camp und die Maschinen des Bautrupps zerstört wurden.

Am **Beaver Creek** 9 (*Meile 1202*) traf der von Süden kommende Bautrupp auf den Bautrupp aus Fairbanks. Die Grenze nach Alaska ist nun nur noch wenige Meilen entfernt (*Meile 1221*), ab dort sind es noch etwa 354 Kilometer bis nach Fairbanks.

Whitehorse

DIE GOLDSUCHER, DIE DEN CHILKOOT TRAIL AUF IHREM Weg nach Dawson überstanden hatten, verbrachten den Frühlingsanfang am Lake Bennett kampierend und warteten darauf, dass der Yukon auftaute, so dass er auf Flößen befahrbar wurde. Die Flussfahrt war voller Schwierigkeiten, eine der größten Gefahren war der Miles Canyon nahe dem See. Durch den Canyon toste das wildeste Wasser des Yukon.

Die Stromschnellen beendeten so manche Expedition auf tragische Weise. Die Mounties versuchten, die Flößer zu kontrollieren, indem sie die Tollkühnen entmutigten und erfahrene Bootsführer ermutigten. Es heißt, dass 1898 Jack London 3000 $ als Flößer verdiente. Dann richtete eine geschäftstüchtige Gruppe eine acht Kilometer lange Pferdebahn um den Canyon herum ein, die flussabwärts wieder auf den Fluss traf, wo sich schon bald eine Stadt entwickelte. Die Stadtgründer nannten sie, in Erinnerung an die Stromschnellen, Whitehorse.

Während der beste Ort, um einen Besuch von Whitehorse zu beginnen, das **Tourist Information Centre** ist, gehen viele Besucher direkt zur **S.S. *Klondike*** (*Waterfront, Tel. 800/661-0486, Mitte Sept.–Mitte Mai geschl.*), einem Schaufelraddampfer von 1937, der den Yukon zwischen Whitehorse und Dawson befuhr. Die Reise flussabwärts dauerte eineinhalb Tage und verbrannte 40 Klafter Holz; die Rückfahrt flussaufwärts dauerte fünf Tage, hierfür benötigte man 120 Klafter Holz.

Das **MacBride Museum** (*1st Ave., Tel. 867/667-2709, Okt.– Mitte Mai So–Mo geschl.*) hat eine schöne Sammlung von Fotos aus der Zeit des Goldrausches und einige bemerkenswerte Ausstellungsstücke, z. B. eine Sammlung präparierter Tiere aus Yukon. Der **»Holz-Wolkenkratzer«** steht an der Ecke von Lambert und Second. Kurz vor dem Gebäude führt eine Abzweigung nach rechts auf die Elliot zur **Log Church** (*3rd Ave., Tel. 867/668-2555, Mitte Sept.–Mitte Mai geschl.*). Diese wunderschöne, 1900 erbaute Kirche ist heute ein Museum. ■

Whitehorse
314 B2

Besucherinformation
Second Ave., Whitehorse
867/668-8687 oder 867/667-3084 (Verwaltung von Yukon)

Einst ein wichtiges Versorgungsschiff für Dawson, ist die S.S. *Klondike* heute ein Museumsschiff

Klondike Highway

Information am Highway:
☏ 800/661-0494

DER KLONDIKE HIGHWAY BEGINNT IN SKAGWAY, ALASKA. Aber für die meisten ist der echte Klondike Highway die Strecke zwischen Whitehorse und Dawson, die dem Pfad der Goldsucher der späten 90er Jahre des 19. Jahrhunderts folgt.

Der Klondike Highway zweigt nördlich von Whitehorse vom Alaska Highway ab und erreicht schon bald das Ufer des **Lake Laberge**. Während des Goldrausches wurden die Forellen des Sees nach Dawson transportiert. Hinter dem See führt eine Nebenstraße am Fox Lane Campground zum malerischen **Little Fox Lake.**

Der Highway folgt nun dem Nordenski River, der in **Carmacks**, 190 Kilometer von Whitehorse entfernt, in den Yukon fließt. **Five Finger Rapids**, 25 Kilometer weiter nördlich, liegt auf halbem Weg zwischen Whitehorse und Dawson und war bei den Flößern gefürchtet. Hier bildet der Fluss fünf parallel verlaufende Kanäle mit gefährlichen Stromschnellen.

Der Highway folgt dem majestätischen Fluss nun durch unberührte Landschaften, vorbei an **Minto** und **Pelly Crossing**, die nicht viel mehr als Proviantstellen sind, bevor man **Stewart Crossing** erreicht. Der abenteuerlustige amerikanische Autor Jack London verbrachte seinen einzigen Winter im Yukon in Stewart Crossing. Seine Hütte wurde inzwischen abgebaut und in **Dawson**

Die Bergziege scheint in keiner Weise die Störung zu ahnen, die sie verursacht

Überall im Yukon findet man Dallschafe

Links: In Dawson ist die Hütte von Robert Service, Dichter, Abenteurer und Autor von *Die Verbrennung von Sam McGee*, genauso erhalten, wie er sie verlassen hat

wieder aufgebaut (siehe S. 328). Stewart wurde nach dem Entdecker des Stewart River benannt. Die nächste Stadt, **McQuesten**, erinnert ebenfalls an einen Yukon-Pionier, an Leroy (Jack) McQuesten, der im Stewart River Gold fand. Hinter McQuesten erreicht der Highway den Klondike River. Der Name rührt von einer fehlerhaften Aussprache seines einheimischen Namens – *thron diuck* (Hammerwasser) – her, hier hatten die Indianer Pfosten in sein Wasser geschlagen, um besser Lachse zu fangen. Der gleiche Stamm benannte auch den Yukon: Für sie war er *yuckoo* – klares Wasser. Nach wenigen Kilometern erreicht man entlang dem Klondike die klaren Wasser des Yukon in Dawson. ■

Der Goldrausch

Die Entdeckung von Gold im kanadischen Norden ist von so vielen Legenden umgeben, dass die ganze Wahrheit über diesen faszinierenden Moment in der Geschichte der Region wohl niemals ganz enthüllt werden wird. Eine wahrscheinliche Geschichte begann 1895, als Robert Henderson, ein Goldsucher, der in Neuschottland geboren wurde, in der Nähe des heutigen Dawson ankam und in den dortigen Bächen Gold wusch. In seinem ersten Sommer hatte er nur wenig Erfolg, aber im darauf folgenden Frühjahr erklomm er den 1234 Meter hohen King Solomon Dome, einen Gipfel östlich des Zusammenflusses von Klondike und Yukon. Am Gipfel entspringen viele kleine Bäche. Henderson suchte sich einen davon aus und begann, Gold zu waschen. Schon beim ersten Versuch fand er mehr Gold, als er je zuvor in einer einzigen Goldpfanne gesehen hatte.

In der Anfangszeit, mit nur wenigen Goldsuchern in der Gegend, war es ein ungeschriebenes Gesetz unter den Pionieren, dass solche Neuigkeiten geteilt wurden. Henderson informierte sofort seine Kollegen, und sie bearbeiteten den Bach bis zum nächsten August. Henderson reiste dann in den Süden, um neuen Proviant zu holen. Auf dem Rückweg traf er George Washington Carmack, der mit seiner indianischen Frau und zwei ihrer Verwandten, Tagish Charlie und Skookum Jim, unterwegs war. Henderson erzählte ihnen von seinem Fund und kehrte zu seinem Bach zurück.

Carmack und seine Begleiter steuerten auf den Gipfel zu, aber anstatt Henderson zu folgen, wählten sie einen Bach auf der Westseite des Berges, der schon bald als Bonanza Creek bekannt wurde, denn die erste Goldpfanne der Männer enthielt nochmals mehr Gold, als Henderson gewaschen hatte. Im Nachhinein war dieser Fund einer der Auslöser des Klondike-Goldrausches. Ironischerweise war Henderson der Einzige, der nicht von dem Fund profitierte. Carmack und seine Begleiter steckten drei Claims ab und reisten nach Süden, um sie eintragen zu lassen. Sie erzählten in den Dörfern von ihrem Fund, woraufhin alle ihre Häuser und Läden verließen und nach Norden zogen, aber sie vergaßen, den Gipfel des King Solomon Dome zu überqueren und Henderson zu informieren.

Die Außenwelt erfuhr erst im Sommer 1897, als die ersten mit Gold beladenen Goldsucher auf Dampfschiffen in Seattle und anderen Häfen der amerikanischen Westküste ankamen, von dem Fund. Innerhalb weniger Tagen machten sich viele auf der Suche nach Reichtum auf den Weg nach Norden. Es wird geschätzt, dass sich mindestens 100 000 Menschen auf den Weg nach Dawson machten. Die schnellsten nahmen ein Schiff nach Skagway und wanderten dann über den Chilkoot oder White Pass, um Lake Bennett und den Yukon zu erreichen.

Viele kamen im Spätsommer an und erreichten die Pässe Anfang des Winters. Da am Klondike nur wenige Nahrungsmittel erhältlich waren, trugen sie große Mengen Proviant mit sich. Viele waren jedoch auf den Schnee und die bittere Winterkälte nicht vorbereitet, und so erfroren unzählige Goldsucher auf den Pässen, am Ufer des Lake Bennett und entlang dem Yukon, erlagen Krankheiten oder begingen Selbstmord, um so den entsetzlichen Bedingungen zu entkommen. Andere kehrten um. Und selbst die, die überlebten, bis das Eis des Yukon auftaute, waren noch nicht gerettet. Nachdem sie ein Floß gebaut hatten, fuhren sie den Fluss bis Dawson hinunter, die meisten jedoch ohne die geringste Ahnung, wie man ein Floß baut noch wie man es richtig steuert. Die White Horse Rapids des Miles Canyon und die Five Finger Rapids weiter im Norden zerschmetterten viele Flöße, die Männer ertranken.

Viele machten dennoch ihr Glück in Gold. 1896 wurden etwa 3969 Kilogramm Gold aus den Flüssen und dem gefrorenen Boden rund um Dawson gewonnen. Bis 1897 waren es über 34 020 Kilogramm und 1900 über 283 500 Kilogramm. In Dawson taten die Spielhöllen und Freudenmädchen ihr Bestes, die Goldsucher um ihr Gold zu erleichtern.

1901 ging das aus dem Klondike gewaschene Gold zurück, und drei Jahre später, als große Firmen mit dampfbetriebenen Schaufelradbaggern anrückten, hatten alle Stampeders das Gebiet verlassen. Der Klondike-Goldrausch war kurzlebig, bleibt aber eine der buntesten Episoden in der Geschichte Nordamerikas.

Die ersten Goldsucher wuschen Gold in den Bächen, aber die Suche wurde schon bald arbeitsintensiver. Bagger hinterließen große Geröllhalden

Dawson

Dawson
314 B3

Besucher-information
Front St.
867/993-5566
Geschl. Mitte Sept.–Mitte Mai

DER GOLDBOOM VON DAWSON HIELT NUR WENIGE JAHRE an, in dieser kurzen Zeit brannte die Stadt dreimal ab und wurde wieder neu aufgebaut. Nach dem dritten Feuer gab es kaum noch genügend Einwohner, um die Stadt wieder aufzubauen. Die Nachricht von einem neuen Goldfund in Nome in Alaska hatte auch den Rest weiter gen Westen getrieben.

Dawson am Zusammenfluss von Klondike und Yukon wurde auf Dauerfrostboden erbaut. Von Oktober bis April oder Mai liegen die Temperaturen unter dem Gefrierpunkt, während sie im Sommer bis auf 15 °C steigen und den Boden sumpfig werden lassen. Die Straßen in Dawson sind nicht asphaltiert, die Häuser stehen auf hölzernen Pfosten, damit sie nicht einsinken und um zu vermeiden, dass die Hitze aus den Häusern den Boden mehr als einmal auftaut.

Die Stadt ist in einem Schachbrettmuster zwischen den zwei Flüssen angelegt. Die Fähre über den Yukon zum Top of the World Highway legt von der Front Street ab, wo das Tourist Information Office gegenüber dem **Dänoja Zho Cultural Centre** (*Tel. 867/993-6708, Ende Sept.–Ende Mai*) steht. Hier wird die Geschichte der ersten Bewohner dieser Gegend erforscht. Auf der King Street steht das **Palace Grand Theatre**, das 1899 von Charlie Meadows erbaut wurde. Der Originalpalast wurde 1959 zerstört, aber der neue ist eine exakte Kopie des alten. **Diamond Tooth Gerties** (*Kreuzung 4th St. und Queen St., Tel. 867/993-5575*) war das erste Kasino Kanadas. Näher am Klondike, beim **Minto Park**, ist das **Dawson City Museum** (*Tel. 867/993-5291, Mitte Sept.–Mitte Mai*), auf dessen anderer Seite **Robert Service's Cabin** (*8th Ave.*) steht, die noch immer so aussieht, wie der berühmte Dichter und Abenteurer (Autor von *Die Verbrennung von Sam McGee*) sie verlassen hat. In der Nähe steht **Jack London' Cabin** (*8th Ave., Tel. 867/993-5575, Mitte Sept.–Mitte Mai geschl.*), die von Stewart Crossing hierher gebracht wurde und in der täglich Lesungen aus den Werken des berühmten Autors stattfinden. ■

Vom Midnight Dome hat man einen wunderbaren Blick auf Dawson, das am Zusammenfluss von Klondike und Yukon liegt

Inuvik

SEIT 700 JAHREN VERLASSEN DIE GWICH'IN DENE INUIT, Jäger der Küste und der Tundra, ihre Siedlungen am Peel River und am Delta des Mackenzie (den die Inuit Deh Cho nennen) und fahren auf ihren Hundeschlitten zum Yukon, um ihre Pelze zu handeln. Eine ihrer wichtigsten Siedlungen, Inuvik in den Northwest Territories, genießt seit kurzem ein Wiederaufleben als Basis zur Erforschung der Arktis mit ihrem gefährdeten Ökosystem.

Bis vor einigen Jahren war Inuvik ein enttäuschender Ort, in dem die Inuit in recht ärmlichen Wohnungsverhältnissen an einem Ende der Stadt und die wohlhabendere weiße Bevölkerung in besseren Häusern am anderen Ende der Stadt wohnten. Dank einer fortschrittlicheren Politik und Einstellung wurden diese Gegensätze überwunden. Heute ist Inuvik eine lebhafte Stadt, die Häuser bunte Farbkleckse in der unwirtlichen Wildnis. Auf der Mackenzie Road steht die kreisförmige **Our Lady of Victory**, eine Kirche in Igluform mit einem Kuppeldach, deren Design so aussieht, wie es in dieser Region südlich des Polarkreises üblich ist. Ihre Kreuzwegbilder sind Werke der Inuit Mona Thresher.

ARKTISCHE BASIS

Als Besucherzentrum für die westliche Arktis hat Inuvik hervorragende Unterkünfte und bietet viele Möglichkeiten für Tages- oder Mehrtagestouren in die umliegenden Nationalparks, die zum Erhalt des verletzlichen arktischen Ökosystems gegründet wurden. **Aulavik National Park** *(Tel. 867/690-3904)* mit seiner kurzen Vegetationsperiode schützt Gräser, Riedgras, Heidekraut und Zwergweiden, Futter für die Moschusochsen. Der auf der anderen Seite vom Amundsen Gulf auf Banks Island gelegene Park ist Brutplatz für zahlreiche arktische Vögel. Auch auf **Cape Parry**, östlich von Inuvik, in der Nähe des **Tuktut Nogait National Park** *(Tel. 867/580-3233)*, dem neuesten Reservat der Arktis, gibt es ein ausgezeichnetes Vogelreservat. Im Süden des Parks, zwischen dem Peel und dem Arctic Red River, findet man Dallschafe, Karibus, Grizzlies und den scheuen Gerfalken. An der Beaufort-Küste, in der Nähe der Inuit-Siedlung **Tuktoyaktuk** *(www.tuk.ca)*, steht eine bedeutende Sammlung an Pingos: Kuppen aus Kieseln oder Erde, die durch den Druck des darunter liegenden Eises nach oben gepresst wurden. Die Pingos des Mackenzie-Deltas, von denen einige bis zu 39 Meter hoch und an der Basis fast 305 Meter breit sind, gehören zu den beeindruckendsten der Arktis. ■

Inuvik
314 B3
www.inuvik.ca

Besucherinformation
Inuvik Visitor Centre, Mackenzie Rd.
867/777-4727 oder 867/777-7237 (Nebensaison)
Geschl. Okt.–Mai

www.pc.gac.ca
Parks Canada Infocentre, Mackenzie Rd. (über der Post)
867/777-8800

Die Kunst der Inuit ist eine stimmungsvolle Mischung aus Mythen und Realität

Die Inuit

Durch die unversöhnliche Umwelt der Arktis war Nordkanada eine der letzten Gegenden der Welt, in der sich Menschen auf Dauer ansiedelten. Im Vergleich zur riesigen Weite des Landes waren es jedoch nur wenige, die sich dort niederließen. Die Bevölkerung anderer Kontinente nahm zu, während sie das Land bevölkerten, aber in der Arktis stieg die Bevölkerung nie über die Hand voll Siedlungen und nomadischer Gruppen, die das Gebiet zuerst in Besitz genommen hatten.

Nachdem sich die Eispanzer der letzten Eiszeit zurückgezogen hatten, erreichten kleine Gruppen von Paläo-Eskimos die kanadische Arktis. Die Siedler kamen aus Alaska und hatten zuvor die Beringstraße von Siberien kommend überquert.

Die ersten Bewohner lebten wahrscheinlich das ganze Jahr über in Zelten mit einem Gerüst aus Knochen, über das Tierhäute gespannt waren. Im Winter waren die Zelte mit einer doppelten Schicht aus Tierhäuten bespannt, zwischen die eine Isolationsschicht aus Heidekraut oder anderer Vegetation eingefügt wurde. Die Menschen fertigten Werkzeuge aus Elfenbein, Knochen, Geweihen und Steinen an. Sie jagten Land- und Meeressäuger sowie Süßwasserfische auf ihren Wanderungen entlang den Flüssen. Es waren Nomaden, die meist zu Fuß unterwegs waren. Zum Fischen verwendeten sie ein Ein-Personen-Boot, das *qajaq* (Kajak). Dann, vor etwa 2800 Jahren, tauchten, wahrscheinlich als Folge einer Klimaabkühlung, die eine Änderung des Lebensstils notwendig machte, die ersten als »Dorset« bekannten Menschen auf, (benannt nach Cape Dorset auf Baffin Island). Diese bauten die ersten Iglus, das bekannteste Merkmal der Inuit, und benutzten diese als Winterquartiere. Vielleicht weil die Klimaänderung einen Rückgang der Tiere an Land bedeutete, verwendeten sie nicht länger Pfeil und Bogen. Stattdessen harpunierten sie Meeressäuger von Eisschollen oder Atemlöchern aus. Die Dorset schnitzten auch Knochen, Elfenbein und Geweihe zu rituellen Kunstwerken.

Die Kultur der Dorset existierte etwa 2000 Jahre lang. Dann, mit einer neuerlichen Klimaerwärmung, kamen Neo-Eskimos aus dem Westen und brachten größere, mit Tierhäuten bespannte Boote, in denen eine ganze Familie transportiert werden konnte und die *umiat* genannt wurden, sowie Hundeschlitten mit. Auf Grund von Ausgrabungen in Thule an der Westküste von Grönland trugen sie den Namen Thule. Wie die Angehörigen der Dorset-Kultur, jagten auch die Thule Meeressäuger, aber anstatt ihren Fang auf Walross, Seehund, Beluga und Narwal zu begrenzen, entwickelten sie sich technisch so weit, dass sie sogar den riesigen Pottwal jagen konnten. Die Thule waren ebenfalls Nomaden und lebten im Winter in Häusern aus Stein- und Grassoden oder in Iglus und im Sommer in Zelten. Ihre Zeltplätze wurden an mehreren Stellen, zum Beispiel auf Ellesmere Island, freigelegt, wo man noch immer die Steinkreise sehen kann, an denen die Tierhäute befestigt wurden, sowie ausgeblichene Walknochen. Ein überraschender Aspekt der Thule-Kultur ist, dass sie nur wenige Kunstwerke schufen. Allerdings stellten sie wunderbare Schnitzereien aus Knochen, Elfenbein und Holz her. Diesen Aspekt der Thule-Kultur findet man auch in der heutigen Inuit-Bevölkerung.
Die Thule-Inuit siedelten sich vor etwa 1000 Jahren in der kanadischen Arktis an, aber binnen 600 Jahren wurde ihr Lebensstil durch das erste Treffen mit Europäern tief erschüttert; ein Schock, von dem sie sich nie ganz erholten. Auf der Suche nach einer Passage zwischen Atlantik und Pazifik war es unvermeidlich, dass Forscher wie Martin Frobisher auf die Inuit trafen. Allerdings hinterließen diese ersten Europäer kaum eine Auswirkung im Leben und der Kultur der Inuit. Zu Beginn des 19. Jahrhunderts, als englische Walfänger begannen, die Westküste von Baffin Island auszubeuten, nahmen die Veränderungen jedoch rasant zu. Die Europäer brachten zwar verbesserte Waffen zur Jagd, vor allem aber schleppten sie bei den Inuit unbekannte Krankheiten ein, denen die Inuit hilflos ausgeliefert waren.

Im 20. Jahrhundert waren die Änderungen am einschneidendsten: Der Lebensstil der Inuit wurde durch den industriellen Bergbau und den Walfang bedroht. Durch die massenhafte Abschlachtung dieser Kreaturen durch die Europäer waren die Wale schon bald vom Ausster-

Jedes Inuit-Kind muss lernen, tragfähige Eisschollen von instabilen zu unterscheiden

ben bedroht. Für die Inuit, in ihrem Lebensstil vom Walfang abhängig, waren die Auswirkungen verheerend. Gemeinden wurden entwurzelt und umgesiedelt.

Die Arbeit in den Minen zwang viele junge Inuit-Männer in die neue Wirtschaft, wodurch viele Traditionen verloren gingen. Seit kurzem bedrohen nun Umweltschützer ihren Lebensstil, indem sie die Jagd und Fallenstellerei verbieten lassen wollen.

Durch die Gründung von Nunavut, seit dem 1. April 1999 ein neues kanadisches Territorium, wurde den Inuit ein Teil ihres Land zurückgegeben. Man hofft, dass Nunavut eine positivere Zukunft für die Inuit bereitstellt, indem sie ihr Schicksal selbst in die Hand nehmen können.

Mackenzie River

Mackenzie River
314 B3, C2–C3

Besucher-information
www.explorenwt.com
N.W.T. Arctic Tourism, P.O. Box 610, Yellowknife
867/873-7200 oder 800/661-0788

M.S. *Norweta*
www.norweta.com
8 Riverview Circle, Cochrane, Alberta
403/932-7590 oder 866/667-9382

Auf dem Weg nach Inuvik quert der Dempster Highway den Mackenzie beiTsiigehtchic (früher Arctic Red River)

DER MACKENZIE, EINER DER GROSSEN FLÜSSE NORDAMErikas, verläuft vom Great Slave Lake 1718 Kilometer in nordwestlicher Richtung, bevor er in die Beaufortsee fließt. Er erhielt seinen Namen vom schottischen Forscher Alexander Mackenzie, dessen Reise entlang dem Fluss im 18. Jahrhundert mit der Erforschung des pazifischen Nordwestens durch Meriwether Lewis und William Clark von 1804–06 konkurrierte.

Als Angestellter einer Pelzhandelsgesellschaft leitete Mackenzie eine Expedition, die am **Lake Athabasca** die Erforschung des kanadischen Nordens fortsetzte. Zwischen dem 3. Juni und dem 12. September 1783 bereiste die Expedition den Fluss und folgte ihm über 1700 Kilometer bis zum Nordpolarmeer.

Der Mackenzie wurde seitdem viele Male mit dem Kanu bereist, aber eine komfortablere Möglichkeit, den Strom zu erfahren, ist eine Reise an Bord der **M.S. *Norweta*** (*Box 2216., Yellowknife, Tel. 866/667-9382*), die zwischen **Hay River** und **Inuvik** jeden Sommer Rundreisen anbietet. Die Reise flussabwärts dauert zehn Tage, flussaufwärts zwölf Tage.

Von **Norman Wells** können echte Abenteurer auch dem **Canol Heritage Trail** folgen (*A Hikers Guide, erhältlich unter P.O. Box 130, Norman Wells, Tel. 867/587-3500*), der einem im Zweiten Weltkrieg gebauten Straßenbett folgt, das 1945 aufgegeben wurde. Der Weg führt nach Südwesten zum **MacMillan Pass**. Nur wenige werden die Energie oder Zeit haben, den gesamten Weg von 370 Kilometern zu wandern, aber dank der Start- und Landebahnen unterwegs kann man auch Teilabschnitte erwandern. Mancher Wanderer hat das Glück und sieht Elche, Wölfe, Schwarzbären, Karibus oder vielleicht sogar einen Grizzlie. ■

Nahanni National Park

NORDKANADA IST EIN LAND DER SUPERLATIVE. MAN glaubt, dass das Panorama, das man gerade sieht, das schönste im Land ist, nur um ein paar Meter weiter ein noch beeindruckenderes zu erblicken. Während viele Landschaften atemraubend sind, wird im Nahanni National Park die wiederholte Entdeckung wunderbarer Landschaften groß geschrieben.

Nahanni NP
314 C2
www.pc.gc.ca
Box 348, Fort Simpson
867/695-3151
$$$

Man kann den Park am besten vom Fluss aus entdecken; es gibt viele Möglichkeiten für Kanutrips, die von Tages- bis zu mehrwöchigen Trips reichen.

Die **Virginia Falls** sind die berühmteste Attraktion des Parks. Hier stürzt der Fluss über zwei mächtige naturbelassene Fälle, von denen der obere 90 Meter und der untere 52 Meter hoch ist. Die Gesamthöhe der Fälle ist doppelt so hoch wie die der Niagarafälle.

Weiter flussaufwärts liegen die **Rabbitkettle Hotsprings**, vulkanische Quellen, aus denen das Wasser mit einer Temperatur von 21°C sprudelt. Im Winter frieren die Virginia Falls fast vollständig zu, während die heißen Quellen weitersprudeln. Das heiße Wasser ist reich an Kaliumkarbonat, das sich rund um die Quellen ablagert und Tuffgestein in seltsamen Formen bildet.

Im Park liegt auch ein ausgedehntes Karstgebiet: Löst Wasser den Kalkstein auf, schafft es Canyons und Schluchten mit steilen Klippen, und es entstehen so ungewöhnliche Felsformationen wie der Doppelbogen beim Raven Lake.

In komplettem Kontrast dazu findet man außerhalb des Nationalparks eine der eindrucksvollsten Felswände der Welt; die hartem Granitklippen des **Cirque of the Unclimbables**. Diese riesigen, mehrere hundert Meter hohen Wände erschienen denen, die sie zuerst sahen, so einschüchternd, dass sie annahmen, niemand wäre geschickt (oder verrückt) genug, sie zu erklettern. Die Geschichte hat sie eines Besseren belehrt. Zusammen mit den Canyons, durch die der Nahanni fließt, und den Gletschern auf den hohen Bergen am Oberlauf des Flusses gehört die Landschaft zu einer der eindrucksvollsten der Welt. ■

Die Kraft der Virginia Falls hat einen schmalen Canyon (Fourth Canyon) für den Nahanni River geschaffen

Die Nordwestpassage

Im 15. Jahrhundert, konfrontiert mit feindlichen Königreichen im Osten, suchten die Länder Westeuropas eine alternative Route zu den sagenhaften Schätzen Chinas und Japans. Davon und weniger von der Idee einer neuen Welt angespornt, machte sich Christoph Kolumbus auf die Reise, die ihn an den nördlichen Strand von Kuba brachte. Viele andere Europäer folgten Kolumbus auf der Suche nach der Westroute in den Osten, aber es wurde schon bald klar, dass Amerika eine solide Barriere darstellte: Die Suche nach einer Route um den Kontinent begann. Die Strecke um das Kap der Guten Hoffnung war zu lang, die um Kap Hoorn zu gefährlich. Gab es eine Route, die den Atlantik mit dem Pazifik um das Nordende von Kanada verband? Die Suche nach der Nordwestpassage hatte begonnen.

Im 16. Jahrhundert sandten Spanier, Franzosen und Portugiesen Expeditionen zur Erforschung der nördlichen Atlantikküste, des heutigen Kanada, aus. Sie wurden alle vom Eis zurückgedrängt, wie auch die Engländer, deren erste Versuche, China zu erreichen, sich auf die Erforschung der Nordküsten von Norwegen und Russland konzentrierten, immer in der Hoffnung, dort eine Nordostpassage zu finden.

Durch spanische Erfolge in Lateinamerika wurde klar, dass England, wollte es seine Position als bedeutende europäische (und damit Welt-) Macht behalten, die Handelsrouten in den Osten beherrschen musste. Und so begannen auch die Engländer Ende des 16. Jahrhunderts mit der Suche nach der Nordwestpassage. Die ersten englischen Entdecker benannten die Orte, die sie entdeckten, nach sich selbst.

1607 begann Henry Hudson mit der Erforschung der kanadischen Arktis und kehrte 1609 und 1610 dorthin zurück. Auf der letzten Reise entdeckte er die Bucht, die als Hudson Bay bekannt werden sollte, die Reise endete jedoch tragisch, als seine Crew meuterte. Hudsons Schiff war unzureichend mit Lebensmitteln ausgerüstet und seine Männer schlecht gekleidet. Als das Schiff, nachdem es einen Winter im Eis festgelegen war, wieder frei kam, verkündete Hudson seine Absicht, weiter nach der Passage suchen und nicht nach England zurückkehren zu wollen. Entsetzt über diese Aussicht, setzte die Crew ihn, seinen vierzehnjährigen Sohn und sieben andere Männer in einem Boot mit nur einer Muskete und einem Teekessel in der Bucht aus. Sie wurden nie wieder gesehen.

1631, mit der Unterstützung von Charles I, sandten die rivalisierenden Häfen London und Bristol zwei Schiffe auf ein Wettrennen um die Entdeckung der Passage. Jeder Kapitän trug einen Begrüßungsbrief an den japanischen Kaiser mit sich, der vom König unterzeichnet war. Kapitän James trägt die zweifelhafte Auszeichnung, seine Männer auf einer Insel, die nun als James Bay bekannt ist, fast zu Tode geröstet zu haben. Als sie im arktischen Winter halb erfroren waren, entfachte James ein Feuer, das jedoch außer Kontrolle geriet und den Wald der Insel niederbrannte, die Männer waren gezwungen, vor den Flammen zu fliehen.

Wann genau die Engländer realisierten, dass, selbst wenn es eine Passage geben würde, diese keine sehr praktikable Handelsroute sein würde, ist nicht ganz klar. Das Problem war und ist, dass der Routenverlauf durch das Eis diktiert wird. Dies kann Schiffe dazu zwingen, in einem Jahr an einer Seite einer Insel vorbeizufahren

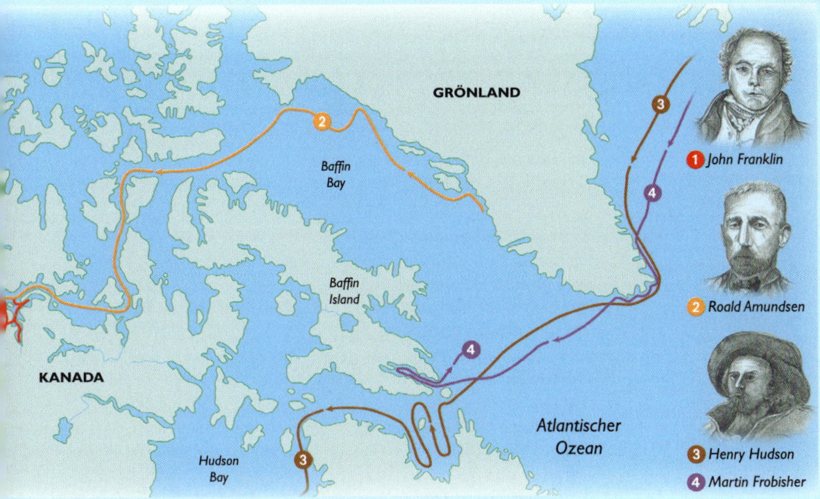

Während mehrerer Reisen um 1850 untersuchte Francis Leopold McClintock (1819–1907) das Schicksal von Sir John Franklins Expedition. Dessen tragische Geschichte kam in Gesprächen mit den Inuit der Region ans Licht

und im nächsten Jahr auf der anderen Seite. Im darauf folgenden Jahr könnte eine Durchfahrt gar unmöglich sein. Die Passage ist zudem umständlich, denn sie schlängelt sich durch ein Labyrinth von Inseln vor der Nordküste Kanadas.

Als Sir John Franklin 1845 zu seiner berühmte Expedition aufbrach, war der Zweck wissenschaftliche Forschung und nationales Prestige. Unglücklicherweise verschwanden Franklin, seine Schiffe *Erebus* und *Terror* und all seine Männer. Die Wahrheit kam schließlich ans Licht – die Expedition hatte sich dem arktischen Winter und Skorbut beugen müssen und war auf einem Treck über Land sogar zum Kannibalismus gezwungen gewesen.

Aber die Suche nach Franklin führte zu einem wichtigen Ergebnis. Indem er sich den nördlichen Wassern von der pazifischen Seite über die Beringstraße näherte, entdeckte Robert McClure das letzte Stück der Nordwestpassage, aber erst Roald Amundsen, der Norweger, der als erster Mensch am Südpol war, vollendete 1903–06 die Passage. Heute können Eisbrecher der Passage leicht folgen, aber es ohne moderne Geräte zu versuchen, erfordert noch immer großen Mut und Ausdauer.

Yellowknife

Yellowknife
314 C2

Besucherinformation
www.northernfrontier.com
Northern Frontier Visitors' Association 4-4807, 49th St., Yellowknife
867/873-4262 oder 877/881-4262

Besucherinformation für die Region
www.explorenwt.com
N.W.T. Tourism, P.O. Box 610, Yellowknife
867/873-7200 oder 800/661-0788

BESUCHER WERDEN IN YELLOWKNIFE VON EINEM GROSSEN *inuksuit*, einem »Mann« aus Steinblöcken, begrüßt. Solche Statuen sind alte Markierungen, die aufgestellt wurden, um Reisende über eine Landschaft ohne charakteristische Merkmale zu leiten. Dahinter erheben sich die Wolkenkratzer von Kanadas nördlichster Stadt.

Yellowknife, die Hauptstadt der Northwest Territories, ist das Zentrum zur Entdeckung des Nordens, das **Prince of Wales Northern Heritage Centre** (*beim Ingraham Trail, Tel. 867/873-7551*) ist ein guter Startpunkt. Yellowknife ist, vor allem während eines seiner zahlreichen Festivals, eine lebhafte Stadt. Im März beginnt und endet hier ein dreitägiges, 240 Kilometer langes Hundeschlittenrennen, bei dem das höchste Preisgeld Kanadas ausgesetzt wird. Zeitgleich belebt der **Caribou Carnival** die Stadt mit Eisskulpturen, einem Wettrennen der Kellner/Kellnerinnen, Tanzveranstaltungen, Festessen und vielem mehr. Im Juli wird anlässlich des einwöchigen **Festival of the Midnight Sun** die Kultur des Nordens gefeiert.

Von Yellowknife aus bringen Linienflüge Besucher an Orte, die so unterschiedlich voneinander sind, wie man sich es nur vorstellen kann. Ein kurzer Flug nach Süden führt nach **Fort Smith**, wo Besucher durch den subarktischen **Wood Buffalo National Park** (*Fort Smith, Tel. 867/872-7960*) fahren können. Durch diesen Park zieht, gejagt von Wölfen, die größte Bisonherde Kanadas. Ein Flug nach Norden, via Cambridge Bay nach **Resolute**, bringt einen in die echte Arktis. Resolute auf **Cornwallis Island**, weniger als 320 Kilometer südlich des Nordpols gelegen, ist eine Inuit-Siedlung, deren Einwohner der alten Lebensweise von Jagd und Fallenstellerei auf der Tundra und dem Eis nachgehen, hat aber einige komfortable Unterkünfte. An der Nordküste von **Somerset Island** kann man Belugawale und Eisbären sehen; Narwale in der Nähe von **Devon Island** und auf der nahen **Beechey Island** Gräber der Mitglieder von Franklins Expedition (siehe S. 334f). ■

Zur Erkundung der Gegend um Yellowknife bieten sich Wasserflugzeuge und Kanus an

Baffin Island

BAFFIN IST DIE GRÖSSTE INSEL DER KANADISCHEN ARKTIS. Mit über 492 100 Quadratkilometern ist sie die fünftgrößte Insel der Welt. Doch trotz ihrer Größe ist sie nur spärlich besiedelt, einige Siedlungen liegen an der Nordküste, doppelt so viele an der Südküste, und eine Siedlung findet sich im Zentrum. Diese zentrale Region ist zugleich küstennah: Es sind Plätze von majestätischer Schönheit in einem wilden, zerklüfteten Terrain.

Im Norden von Baffin schützt der **Sirmilik National Park** (*Tel. 867/899-8092*) die Klippen von Bylot Island, wo zahlreiche Vögel nisten, darunter etwa 300 000 Dickschnabellummen und etwa 80 000 Dreizehenmöven. In den Wassern von Pond Inlet, zwischen Bylot Island und dem Festland, sowie im **Lancaster Sound**, im Norden von Bylot, sind Walrosse, Beluga- und Pottwale, Narwale und Schwertwale und verschiedene Seehundarten beheimatet, die von Eisbären gejagt werden. In dem Ort **Mittimatalik** (*Besucherzentrum, Tel. 867/899-8225*) können Fahrten nach Bylot zur Vogel- und Walbeobachtung organisiert werden. Das Dorf verfügt nur über eine begrenzte Anzahl von Unterkünften, aber es gibt ein gutes Restaurant. Von Iqaluit im Süden von Baffin und von Resolute fliegen regelmäßig Flugzeuge nach Pond Inlet. Auch die beiden anderen Siedlungen im Norden von Baffin können mit regelmäßigen Flugverbindung erreicht werden. In **Nanisivik** findet jedes Jahr der nördlichste Marathon der Welt statt.

Der zentrale Teil von Baffin ist eine abgelegene, isolierte Wildnis;

Baffin Island

315 F3–F4, G3

Besucher-information

www.nunavuttourism.com

Nunavut Tourism, P.O. Box 1450, Iqaluit

876/979-6551 oder 866/686-2888

Visitor Centre, Iqaluit

876/979-4636

Ein Inuit bei der Seehundjagd auf Baffin Island

Auyuittuq National Park
www.pc.gc.ca
✉ P.O. Box 353, Pangnirtung
☎ 867/473-2500

allerdings wird das Gebiet nördlich des **Cumberland Sound** bei Wanderern und Kletterern, die den **Auyuittuq National Park**, den ersten arktischen Nationalpark Kanadas, besuchen, immer beliebter. Die beliebteste Wanderung durchquert den Park von **Broughton Island** nach **Pangnirtung**, aber viele Wanderer ziehen eine kürzere Route vor und wandern von Pangnirtung zum **Summit Lake**, wo man die riesigen, vertikalen Wände von Mount Asgar sehen kann.

Babysitting auf Baffin Island

Pangnirtung, ein kleines Dorf, ist der Ausgangspunkt für Besuche des **Kekerton Island Historic Park** (*Angmarlik Interpretative Centre, Pangnirtung, Tel. 867/473-8737*). Hier stößt man auf die Ruinen einer Walfangstation. Ende der 50er bis Anfang de 60er Jahre (19. Jh.)wurde der Pottwal in Lebensräumen wie dem bei Kekerton durch die Walfänger praktisch ausgerottet.

Am Kopf der Frobisher Bay liegt **Iqualuit**, die Hauptsiedlung auf Baffin und seit 1. April 1999 die Hauptstadt des neuen Territoriums Nunavut. Es ist ein schöner Ort mit einer Bevölkerung von mehr als 4400 Menschen, von denen mehr als 60 Prozent den Inuit angehören. Es verfügt über eine Reihe guter Hotels und Restaurants, und das **Nunatta Sunakkutaangit Museum** (*Tel. 867/979-5537, Nov.–Mai geschl.*) in einem alten Posten der Hudson's Bay Company ist mit seiner Sammlung über die Geschichte von Baffin einen Besuch wert. Außer nach Pangnirtung und Auyuittuq ist Iqualuit auch der Ausgangspunkt für Ausflüge zu anderen Parks. Im **Qauummaarviit Historic Park** (*Unikkaarvik Visitor Cenre, Iqualuit, Tel. 867/979-4636*) – etwa elf Kilometer per Boot von der Stadt entfernt – findet man die Überreste von etwa 1000 Jahre alten Inuit-Häusern aus Grassoden, die auf die Thule-Zeit datiert werden. Etwa eine halbe Stunde zu Fuß im Norden von Iqualuit liegt der **Sylvia Grinnel Territorial Park** (*Unikkaarvik Visitor Centre, Iqualuit, Tel. 867/979-4636*), ein ruhiger Ort, bekannt für den Fischfang und seine Karibus und Polarfüchse.

Im Süden von Iqualuit liegt **Kimmirut** (früher Lake Harbour), ein wunderschönes Dorf am Rand des **Katannilik Territorial Park** (*Park Interpretative Centre, Kimmirut, Tel. 867/939-2416*). Der Name bedeutet »Platz der Wasserfälle«, und die Fälle tragen ihren Teil zur Schönheit dieser überraschend fruchtbaren Gegend bei. Hier kann man Polarfüchse und Schneehasen, Karibus, Wanderfalken, Gerfalken und Raufußbussar de sehen.

Im Westen von Iqualuit liegt **Kinngait** (früher Cape Dorset), das berühmte Künstlerzentrum der Inuit. Die Werke dieser Künstler, die mit Geweihen, Knochen, Elfenbein und Stein arbeiten, werden in Museen in ganz Kanada ausgestellt. Die Ateliers der Künstler können (und sollten) besucht werden. Im Nordwesten des Dorfes erreicht man auf einem Fußweg von etwa 45 Minuten den **Mallikjuaq Historic Park** (*Mallikjuaq Visitors Centre, Kinngait, Tel. 867/897-8943 oder 867/897-8996*), wo die eintausend Jahre alten Ruinen einer Thule-Siedlung sorgfältig gepflegt werden. ■

Reise-informationen

Wasserflugzeug auf dem Thelon River

REISEINFORMATIONEN

REISEPLANUNG

REISEZEIT

Kanada ist zu jeder Jahreszeit eine Reise wert, aber die Ziele sind abhängig von den jeweiligen Interessen. Kaltes Winterwetter ermöglicht aufregende Skifahrten, und warme Sommertage sind die Zeit für Festivals und Freizeitgestaltung im Freien.

Generell ist das Klima an den Küsten mild, besonders auf Vancouver Island. Das, was den Ost- und Westküste an Schnee fehlt, bekommen sie an Regen und Nebel. Im Landesinneren ist der Winter bitterkalt und lang, aber der Sommer wunderbar warm. In Ontario und Québec kann es im Hochsommer schwül und im Winter sehr kalt werden, aber diese werden unterbrochen vom kurzen frischen Frühling und einem sehr milden, farbenreichen Herbst. Im Norden des Landes ist der Sommer kurz und warm, hat aber 24 Stunden Tageslicht, der Winter ist lang und fast so kalt wie in Sibirien.

Da die Provinzen extrem groß sind, variiert das Klima natürlich innerhalb ihrer Grenzen. Québec, zum Beispiel, zieht sich vom gemäßigten Süden bis in den arktischen Norden, dementsprechend unterschiedlich ist das Wetter.

Die meisten Touristen kommen zwischen Mitte Mai und Mitte Oktober nach Kanada. Die Möglichkeiten in den anderen Monaten können etwas eingeschränkt sein, außer wenn man zum Skilaufen kommt oder die großen Städte sehen will. Darum ist es besser vorher zu klären, ob Hotels und Sehenswürdigkeiten in der Nebensaison geöffnet sind.

NICHT VERGESSEN

Im südlichen Kanada ist das Klima mit dem der nördlichen USA vergleichbar, dementsprechend sollte man sich kleiden. Die Sommertage sind heiß, aber am Abend wird es kühler. Wenn man sich in den Rocky Mountains, an den Seen oder Küsten aufhält, können die Abende sogar im Hochsommer kalt werden. Es empfiehlt sich, einen Pullover oder eine leichte Jacke mitzunehmen.

An den Küsten regnet es häufig, und man sollte immer eine Regenjacke mitnehmen. In den Städten empfiehlt sich ein Regenschirm. Die Bewohner von Vancouver scheinen nie Regenschirme zu benutzen. Seien Sie also gewarnt, wenn Sie dort einen Schirm kaufen, wird er wahrscheinlich die Aufschrift »Tourist in Vancouver« tragen.

Im Mai oder Juni wird man im Norden oder in den Seengebieten Insektenschutz brauchen, vor allem beim Campen oder auf Ausflügen. Abhängig von den Niederschlägen können die Insekten an Seen und Flüssen so angriffslustig sein, dass ein Hut mit Moskitonetz eine gute Idee ist.

Nicht nur im Süden, wo man es erwartet, ist eine Sonnenbrille nötig. Auch im Norden ist das Licht überraschend hell, und im Sommer hat man 24 Stunden Tageslicht. Man sollte, wenn man sich länger im Freien aufhält, unbedingt Sonnenschutzcreme benutzen.

Im Winter sollte Ihr Auto wintertauglich ausgerüstet sein, Schneeketten sind, außer in den großen Städten, unbedingt erforderlich. Man sollte sich mit warmen Handschuhen, einem Hut, Schal, einem Wintermantel, Stiefeln und langer Unterwäsche gegen die Kälte schützen.

EINREISE

REISEDOKUMENTE

Für die Einreise nach Kanada wird kein Visum benötigt, ein Reisepass bzw. Kinderausweis (ab dem 10. Lebensjahr mit Lichtbild), der noch mindestens sechs Monate gültig ist, reicht aus.
Alle Personen unter 19 Jahren, die alleine oder in einer Gruppe reisen, benötigen zusätzlich einen Brief der Eltern oder Erziehungsberechtigten, dass sie Kanada besuchen dürfen. Solch ein Brief sollte den Namen des Reisenden und die Dauer der Reise enthalten. Kanadische Beamte sind auf der Hut, wenn Kinder unbegleitet die Grenze überqueren.

ZOLLBESTIMMUNGEN

Wenn man nach Kanada fährt, gelten folgende Einfuhrbeschränkungen: Raucher dürfen maximal 200 Zigaretten, 50 Zigarren oder 400g Tabak einführen. Die Grenze für alkoholische Getränke und Wein liegt bei einem Liter, für Bier bei 24 Dosen (0,33l).

Es gibt sehr strenge Bestimmungen, was die Einfuhr von Pflanzen oder Blumen betrifft. Es ist nicht anzuraten, sie einzuführen. Genauso ist es ratsam sich vorher zu erkundigen, welche Waffen man nach Kanada mitbringen darf.

Canadian Border Services Agency: Tel. 800/461-9999 oder 204/983-3500 (innerhalb Kanadas); 506/636-5064 (außerhalb Kanadas); oder /www.cbsa-asfc.gc.ca/noncan-eng.html

IMPFUNGEN

Impfungen sind nicht vorgeschrieben.

HAUSTIERE

Amerikaner dürfen ihre Hunde und Katzen nach Kanada mitbringen, wenn sie ein Gesundheitszeugnis (von einem Tierarzt ausgestellt) und einen Impfnachweis gegen Tollwut mitführen. Eine solche Impfung muss mindestens 30 Tage alt sein, aber nicht mehr als ein Jahr.

Beschränkungen für Tiere unterscheiden sich von Provinz zu Provinz. In Québec sind Hunde beispielsweise in Nationalparks nicht gestattet, auch nicht an der Leine. In Ontario dürfen sie an der Leine mitgeführt werden. Tiere, außer Blindenhunden, sind in Restaurants nicht erwünscht.

Einige Hotelketten erlauben das Mitbringen von Tieren – oft gegen ein Entgeld. Es ist immer besser sich zu erkundigen, bevor man reserviert.

ANREISE

MIT DEM FLUGZEUG

Da Kanada ein riesiges Land ist (das zweitgrößte der Welt), ist Reisen per Flugzeug die schnellste und angenehmste Art der Fortbewegung. Im Norden ist es oft auch die einzige Möglichkeit.

Die Hauptflughäfen in Kanada sind:

Pierre Elliott Trudeau International Airport, Tel. 514/394-7377, Montréal, Qué.

Lester B. Pearson International-Airport, 416/247-7678 (Terminal 1 & 3) oder 866/207-1690, Toronto, Ont.

Vancouver International Airport, Tel. 604/207-7077, Vancouver, B.C.

Darüber hinaus haben größere Städte wie Halifax, N.S., Edmonton, Alb., Calgary, Alb., und Winnipeg, Man., wichtige Flughäfen, die untereinander und mit den benachbarten US-amerikanischen Städten verbunden sind.

In Kanada gibt es nur eine nationale Fluggesellschaft: Air Canada (Tel. 888/247-2262 oder www.aircanada.ca). Air Canada hat seinen Hauptsitz in Montréal und fliegt mehr als 120 nationale und internationale Ziele an. Alternativ bietet Air Canada durch seine Tochtergesellschaften Air Canada Jazz auch Billigflüge an (Tel. 888/247-2262, www.flyjazz.ca

Regionale Fluggesellschaften sind unter anderem Westjet mit Sitz in Calgary (Tel. 403/250-5839 und 888/937-8538, www.westjet.com), Canjet mit Sitz in Nova Scotia (Tel. 902/873-7800 oder 800/809-7777, www.canjet.com), Pacific Coastal Airlines in Vancouver (Tel. 604/273-8666 oder 800/663-2872, www.pacificcoastal.com) sowie Air Transat mit Sitz in Montréal (Tel. 514/636-3631 oder 877/872-67288, www.airtransat.com).

Im Norden Kanadas sind die wichtigsten Fluggesellschaften: Canadian North, Tel. 867/669-4000, und First Air, Tel. 867/669-6600. Außerdem gibt es viele Chartergesellschaften, die Flüge in entfernte Gegenden anbieten. Die Touristeninformationen der einzelnen Provinzen bieten hier weitere Informationen.

Darüber hinaus verkehren US-amerikanische Gesellschaften zwischen den Vereinigten Staaten und Kanada. American Airlines, Continental Airlines, Delta Air Lines, Alaska Airlines und US Airways fliegen die Hauptflughäfen in Kanada an. Verbindungsflüge gehen von dort zu weiteren 75 Orten.

Es lohnt sich, nach Sonderangeboten für die beliebten Routen zwischen den USA und Kanada zu suchen; es gibt Sonderangebote, die abhängig von Flugzeit oder bestimmten Tagen sind. Flüge innerhalb Kanadas sind generell preiswerter als von den USA aus. Manchmal lohnt es sich also, erst über die Grenze zu fahren und von dort aus zu fliegen.

MIT DEM EIGENEN AUTO

Mit dem eigenen Auto von den USA nach Kanada zu fahren, ist kein Problem. Es gibt mehr als ein Dutzend Haupt-Grenzübergänge, andere, kleinere Übergänge sind nur zeitweise geöffnet.

In Kanada gilt Rechtsverkehr, man überholt links. Geschwindigkeitsvorschriften sind in Kilometern angezeigt.

Geschwindigkeitsbeschränkungen sind in den Provinzen unterschiedlich, aber generell gilt: auf den Autobahnen 100 km/h, 90 km/h auf den Trans-Canada- und Yellowhead-Schnellstraßen, 80 km/h auf den meisten Landstraßen, und zwischen 40 und 60 km/h in geschlossenen Ortschaften. Es wird häufig kontrolliert, und Übertretungen werden sofort und hart geahndet.

Benzin, Gas oder Diesel wird in Litern in drei Oktanzahlen verkauft, außerdem bleifreien Kraftstoff.

In allen Provinzen herrscht Gurtpflicht für Fahrer und Beifahrer. Fahrer müssen Fahrzeugschein und Versicherungsnachweis mitführen. Rechts abbiegen bei roter Ampel ist, außer in Québec, überall erlaubt.

AUTOVERMIETUNG

Ein Auto zu leihen ist in Kanada meistens sehr einfach. Man muss über 21 sein, Ausweis und Führerschein, der mindestens ein Jahr alt ist, vorlegen.

Autovermieter erwarten, dass man eine Kreditkarte hat, anderenfalls muss man ein hohes Pfand hinterlegen. Achten Sie auf Zusatzkosten, vor allen Dingen GST, Provinzsteuern und »drop-off«-Gebühren (oft so hoch wie die Leihgebühr für eine Woche), die anfallen, wenn man den Wagen in einer Stadt mietet und in einer anderen abgibt.

Gegen eine Zusatzgebühr kann eine Unfallversicherung abgeschlossen werden. Allerdings ist es auch sinnvoll, sich vorher bei der Kreditkarten- oder Versicherungsgesellschaft zu erkundigen, ob solch eine Versicherung nicht schon inbegriffen ist. Achten Sie auch darauf, ob der Mietvertrag Kilometerbeschränkungen enthält, so dass ab einer bestimmten Kilometeranzahl Zusatzkosten entstehen.

Leihgebühren sind im Land sehr unterschiedlich, in großen Städten kann man einen Wagen pro Tag ab ca. 30 Dollar mieten, in entlegeneren Gegenden ab ca. 40 Dollar.

Alle großen Autovermieter haben Niederlassungen in Kanada. Sie können unter folgenden Telefonnummern erreicht werden:

National car rental (Kanada): Tel. 800/468-3334

Dollar: Tel. 800/800-4000

Hertz: Tel. 800/654-3001 (weltweit)

Budget: Tel. 800/268-8900 (Kanada), Tel. 800/527-0700 (USA)

Thrifty: Tel. 800/367-2277

Avis: Tel. 800/879-2847 (weltweit)

Im Notfall wende man sich an die Canadian Automobile Association (Tel. 800/268-3750) oder das Mietbüro. Mitglieder von anderen (auch europäischen) Automobilclubs erhalten Pannenhilfe.

EISENBAHN

Zugfahren ist ein schöne Alternative zum Autofahren und häufig preiswerter als Fliegen. Es ist meistens langsamer und teurer als die entsprechende Busreise, aber es kann eine angenehme Art sein, die Landschaft in aller Ruhe zu genießen, vor allem wenn man den erstklassigen Service der »Silver and Blue«-Zügen auf den Trans-Canada-Strecken nutzt.

Diese Züge haben häufig die berühmten Wagons mit Glasdach, aus denen man einen unbehinderten Blick auf die Landschaft genießen kann.

AMTRAK

Aus den USA kann man durchgängig mit AMTRAK, Tel. 800/872-7245 oder www.amtrak.com von New York nach Montréal und Toronto, von Chicago nach Toronto und von Seattle nach Vancouver fahren.

VIA RAIL

In Kanada werden die meisten Personenzüge von VIA Rail Canada, Tel. 888/VIA–RAIL (Kanada) (von den USA rufen Sie AMTRAK an oder www.viarail.com) gestellt, die guten Komfort und Service bieten. Reservieren Sie, wann immer möglich, auf jeden Fall für Trans-Canada-Reisen (Toronto –Vancouver).

Via-Rail-Regionalbüros finden sich in mehr als 400 Städten in allen Provinzen außer in Neufundland, Labrador und Prince Edward Island.

Die beliebteste Route ist The Canadian (von Montréal nach Vancouver), aber es gibt viele andere malerische Strecken wie beispielsweise The Ocean (von Montréal nach Halifax) und The Skeena (von Jasper nach Prince Rupert).

FÄHREN

Fähren sind wesentlicher Bestandteil des Wegesystems in einem Großteil Kanadas. Sie verbinden außerdem das Festland mit den Inseln im Westen und Osten.

WESTKÜSTE

Mehrere Fährgesellschaften verkehren zwischen dem US-Bundesstaat Washington und Victoria, der Hauptstadt von British Columbia. Black Ball Transport, Tel. 250/386-2202, verkehrt zwischen Port Angeles, Wash. und Victoria; Washington State Ferries, Tel. 888/808-7977, zwischen Anacortes, Wash. und Victoria; Victoria Clippers, Tel. 250/382-8100 zwischen Seattle, Wash. und Victoria.

Kanadas größte Fährgesellschaft ist die British Columbia Ferry Corporation, 1112 Fort Street, Victoria, BC V8V 4V2, Tel. 888-BCFERRY (in B.C., sonst 250/386-3431, www.bcferries.com). Ihre Hauptstrecken verlaufen zwischen dem Festland von British Columbia und Vancouver Island (Horseshoe Bay, North Vancouver nach Nanaimo, und Tsawwassen nach Swartz Bay); zwischen Vancouver Island und Prince Rupert); und zwischen Prince Rupert und den Queen Charlotte Islands.

OSTKÜSTE

Zwei Strecken verbinden Nova Scotia und den US-Bundesstaat Maine.

Scotia Prince Cruises, P.O. Box 609, Yarmouth, NS B5A 4B6 oder P.O. Box 4216, Station A, Portland, ME, 04101, Tel. 866/412-5270, www.scotiacruises.com, verkehrt zwischen Portland, Maine, und Yarmouth, N.S.

Bay Ferries, 94 Water St., P.O. Box 634, Charlottetown, PE, C1A 7L3, Tel. 888/249-7245 oder 902/566-3838, verkehrt zwischen Bar Harbor, Maine, und Yarmouth, N.S., und zwischen Digby, N.S., und Saint John, N.B.

Schließlich auf kanadischem Staatsgebiet angelangt, verkehren die Fähren der Gesellschaft Marine Atlantic, 355 Purves St., North Sydney, NS, B2A 3V2, Tel. 800/341-7981, www.marine-atlantic.ca, von Nova Scotia in die Provinz Neufundland.

Diese Fähren verkehren zwischen North Sydney, N.S., und Port-aux-Basques oder Argentia, Nfld.

Trotz des Baus der Confederation Bridge ist die Provinz Prince Edward Island immer noch durch Fähren erreichbar. Northunberland Ferries, 94 Water St., P.O. Box 634, Charlottetown, PE, C1A 7L3, Tel. 902/566-3838, verkehrt auf der heutzutage einzigen Strecke zwischen Caribou, N.S., und Wood Island, P.E.I.

BUSSE

Lange Strecken mit dem Bus zu fahren ist relativ preiswert, man kann fast alle Ziele in Kanada auf diesem Weg erreichen. Es gibt keine nationale Busgesellschaft. Stattdessen teilen sich verschiedene private Gesellschaften die Straße.

Die wichtigsten sind: Greyhound Canada (Tel. 800/661-8747, www.greyhound.ca) versorgt Westkanada, Yukon und große Teile von Ontario (zusammen mit Voyageur). In Westkanada ist Brewster Transportation die größte Busgesellschaft (Tel. 877/791-5500, www.brewster.ca), wohingegen Coach Canada (Tel. 800/461-7661, www.coachcanada.com) eine Alternative in Ontario darstellt. In Québec ist Orléans Express (Tel. 888/999-3977, www.orleansexpress.com) das wichtigste Busunternehmen, und in Atlantic Canada fahren verstärkt die Busse der Acadian Lines (Tel. 800/567-5151, www.acadianbus.com).

Wenn man längere Strecken mit dem Bus fahren möchte, lohnt es sich einen Buspass zu kaufen. Greyhound hat viele verschiedene Angebote. es gibt gewisse Beschränkungen, daher empfiehlt es sich, vorher Informationen einzuholen, bevor man eine Resie plant.

Häufig gibt es Ermäßigungen, wenn man die Bustickets vor der Reise kauft.

PRAKTISCHE TIPPS

BESUCHER-INFORMATIONEN

Alle kanadischen Provinzen haben Touristeninformationen, die von den Regierungen betrieben werden und auch gerne Anrufe aus dem Ausland bearbeiten. Sie haben alle Homepages im Internet. Die Qualität und Quantität der Informationen, die man dort bekommt, sind allerdings sehr unterschiedlich. Einige Provinzen verfügen über ausführliche Listen mit Übernachtungsmöglichkeiten und Sehenswürdigkeiten und sind benutzerfreundlich zu bedienen, andere dagegen sind komplizierter und wenig hilfreich.

Alberta: Travel Alberta, P.O. Box 2500, Edmonton, AB T5J 2Z4, Tel. 800/252-3782; www.travelalberta.com
British Columbia: Tourism British Columbia, Box 9830, 1803 Douglas St., Ste. 300, Victoria, BC V8W 9W5, Tel. 800/435-5622 oder 604-435-5622; www.helloBC.com
Manitoba: Travel Manitoba, 7th Floor, 155 Carlton St., Winnipeg, MB R3C 3H8, Tel. 800/665-0040; www.travelmanitoba.com/
New Brunswick: Tourism and Parks, Centennial Bldg., P.O. Box 6000, Fredericton, NB E3B 5H1, Tel. 800/561-0123; http://tourismnewbrunswick.ca
Neufundland und Labrador: Newfoundland and Labrador Department of Tourism, Recreation and Culture, P.O. Box 8700, St. John's, NF A1B 4J6, Tel. 800/563-6353; www.gov.nf.ca/tourism
Northwest Territories: Northwest Territories Tourism, P.O. Box 1320, Yellowknife, NWT X1A 2N5, Tel. 800/661-0788; www.spectacularnwt.com
Nova Scotia: Nova Scotia Tourism, P.O. Box 456, Halifax, NS B3J 2R5, Tel. 800/565-0000; www.novascotia.com
Nunavut: Nunavut Tourism, P.O. Box 1450, Iqaluit, NT X0A 0H0, Tel. 867/979-6551 oder 866/686-2888; www.nunavuttourism.com
Ontario: Ontario Tourism, 10th Fl., Hearst Block, 900 Bay St., Toronto, ON M7A 2E1, Tel. 800/668-2746; www.ontariotravel.net
Prince Edward Island: Tourism PEI, P.O. Box 940, Charlottetown, PE C1A 7N8, Tel. 888/PEI-PLAY (734-7529); www.peiplay.com
Québec: Tourisme Québec, P.O. Box 979, Montréal, QC H3C 2W3, Tel. 514/873-2015 oder 877/266-5687; www.bonjourQuébec.com
Saskatchewan: Tourism Saskatchewan, 1922 Park Street, Regina, SK S4N 7M4, Tel. 877/237-2273; www.sasktourism.com
Yukon: Department of Tourism and Culture, P.O. Box 2703, Whitehorse, YK Y1A 2C6, Tel. 800/661-0494; www.touryukon.com

BIER, WEIN & SPIRITUOSEN

In ganz Kanada sind die Provinzregierungen für die Gesetzgebung zuständig. Alkohol wird in bestimmten Spirituosenläden verkauft. In Québec kann Bier und Wein außerdem in Lebensmittelgeschäften gekauft werden, in anderen Provinzen in speziellen Bier- und Weinläden der Regierung.

Das Mindestalter für Alkoholkonsum ist in Kanada 19 Jahre, außer in Québec (18 Jahre). Einige Gemeinden im Norden sind »trockene« Städte, wo der Verkauf oder Genuss von Alkohol generell verboten sind.

EINRICHTUNGEN FÜR BEHINDERTE

Kanada ist in zunehmendem Maße sensibel, wenn es um die Bedürfnisse von Behinderten geht. Alle öffentlichen Gebäude müssen mit dem Rollstuhl zugänglich sein und behindertengerechte Toiletten haben. In den meisten Städten sind die Bordsteine an den Ecken abgesenkt. Schwierigkeiten können in öffentlichen Verkehrsmitteln auftreten, obwohl auch Busse heutzutage so konstruiert werden, dass Rollstuhlfahrer leichter einsteigen können. In den VIA-Zügen können Rollstühle bis zu einem Gewicht von ca. 100 Kilogramm und einer Größe bis zu 80 mal 180 Zentimeter untergebracht werden. Allerdings muss man sich 48 Stunden vor der Abfahrt anmelden.

Einige der großen Hotels sind für Rollstuhlfahrer zugänglich und haben besondere Zimmer für Gäste mit Behinderungen. In alten Hotels und Restaurants aber stößt man immer wieder auf Schwierigkeiten. Für neuere Gebäude gibt es strenge Bestimmungen. Informationen über behindertengerechte Hotels erteilen die Touristeninformationen der Provinzen.

Die folgenden Agenturen in Kanada und den USA bieten Informationen über Touren, spezielle Führer und andere Aspekte von Auslandsreisen mit Behinderten:

Canadian Paraplegic Association, 230-1101 Prince of Wales Dr., Ottawa, ON K2C 3W7, Tel 613/723-1033, www.canparaplegic.org

Council of Canadians with Disabilities, 926-294 Portage Ave., Winnipeg, MB R3C 0B9, Tel 204/947-0303, www.ccdonline.ca

SATH (Society for Accessible Travel & Hospitality), 347 Fifth Ave, Suite 610, New York, NY 10016, Tel 212/447-7284, www.sath.org

ETIKETTE

Kultur und Gebräuche in Kanada ähneln in vielfacher Hinsicht denen in den USA und Großbritannien, aber man sollte empfindsam auf das traditionellere Leben in den ländlicheren Gegenden reagieren. Es ist wichtig, dass man die Gebräuche der *First Nations* und *Inuit* – der Ureinwohner Kanadas – respektiert. Sie machen zunehmend ihre Rechte und abweichenden kulturellen Identitäten geltend. So ist es z. B. eine Beleidigung, Inuit als Eskimos oder First Nations als Indianer anzureden.

Im französisch-sprachigen Teil Kanadas, besonders in Québec, sollte man Französisch als erste und manchmal einzige Sprache anerkennen. Französisch ist die offizielle Sprache der Provinz, und alle offiziellen Aufschriften sind in dieser Sprache gehalten. Abseits der touristischen Hauptrouten (Montréal, Québec) und der großen Hotelanlagen kann es schwierig werden, sich auf Englisch zu verständigen. Als Besucher sollte man einige Sätze Französisch beherrschen, um sich in solchen Situationen zu helfen.

Die meisten Restaurants, sicherlich die in den Touristengebieten, haben englische Versionen der Speisekarte, aber vielleicht muss man danach fragen.

FESTIVALS

Eine Aufzählung der wichtigsten regionalen Festivals findet sich im Teil »Unterhaltung & Freizeit« (S. 380ff).

GELD

US-amerikanisches Geld wird in Kanada oft akzeptiert. Im Moment (2012) steht der kanadische Dollar bei 1,00 US-Dollar. Wechselkurse ändern sich, darum sollte man sich vor einer Reise etwa auf der Website der Bank of Canada (www.bankofcanada.ca/rates/exchange/daily-converter/) nach dem Stand erkundigen.

In Kanada gibt es etwa die gleichen Noten und Münzen wie in den USA, mit der Ausnahme, dass es keine 1- und 2-Dollar-Noten gibt. Dollarmünzen in Kanada sind goldfarbene Münzen mit einem Sterntaucher darauf (engl. *loon*, daher der Spitzname des Geldstücks *loonie*), 2-Dollar-Münzen haben eine goldene Mitte mit Silberrand.

Außerhalb der großen Städte und Erholungsgebiete gibt es relativ wenige Plätze, wo man Geld tauschen kann. Wechselstuben finden sich in großen Hotels, Flughäfen und Bahnhöfen, aber die Kurse sind schlecht und die Gebühren hoch. Darüber hinaus kann man in den meisten Banken wechseln, aber auch hier werden oft Gebühren verlangt.

Am besten nimmt man Geld in Form von Reiseschecks mit, die in den meisten Geschäften, Restaurants und Tankstellen des Landes eingelöst werden, wenn sie auf kanadische Dollar ausgestellt sind (Wechselgeld gibt es bar). American Express und Visa sind die gängigen Schecks. Es gibt keine Begrenzung an kanadischem oder ausländischem Geld, das man ins Land oder aus dem Land nehmen kann.

BANKAUTOMATEN

Die einfachste Möglichkeit, Bargeld zu bekommen, ist es, an einem Bankautomaten Geld zu ziehen. Sie vermeiden damit den Ärger, den Umtausch und Gebühren mit sich bringen, da Ihre Bank das Geld tauscht. Aber auch hier fallen Gebühren an.

Wenn Sie Ihre Scheck- oder Kreditkarte benutzen wollen, brauchen Sie eine PIN-Nummer. Dann können Sie direkt von Ihrem Bank- oder Kreditkarten-Konto Geld abheben. Allerdings sollten Sie sich vorher erkundigen, wie viel Geld Sie auf einmal oder an einem Tag ziehen können.

JAGEN UND FISCHEN

Jagen wird durch Gesetze des Staates, der Provinzen und der Regionen geregelt. Man muss eine Jagderlaubnis der Provinz oder der Region haben, in der man jagen möchte.

Bestimmte Tierarten zu jagen, ist streng geregelt, und manchmal werden nur sehr wenige Erlaubnisse pro Jahr ausgegeben.

Für Informationen wende man sich an die Touristeninformationen der jeweiligen Provinz oder Region, wie man eine Jagderlaubnis am einfachsten bekommt.

Fischen wird ebenfalls durch Gesetze geregelt, und auch hier muss man eine Erlaubnis der Provinz oder Region haben, in der man fischen will. Meistens kann man diese in Sportgeschäften bekommen. Auch in diesen Fällen helfen die Touristeninformationen gerne weiter.

KOMMUNIKATION

POST

Es kostet mindestens 61 Cents, einen Standardbrief innerhalb des Landes zu verschicken, das sind 1,05 Cents in die benachbarten USA und 1,80 Can$ ins Ausland.

Priority Post ist ein schneller, aber teurer Service, der verspricht, dass der Brief in Kanada am nächsten Tag ausgeliefert wird. Dies ist zu jeder Tageszeit möglich. Ansonsten wird die Post einmal pro Tag von Montag bis Freitag ausgetragen.

Postämter sind normalerweise Montag bis Freitag von 8.30 bis 17.30 Uhr geöffnet. Einige Ämter in den größeren Städten sind auch Samstag, Sonntag und an Feiertagen geöffnet.

Briefmarken können auch an anderen ausgewählten Stellen gekauft werden, z.B. in Hoteleingangshallen, Flughäfen oder Zeitungsständen. Einigen kleineren Geschäften auf dem Land ist es ebenfalls erlaubt, Briefmarken zu verkaufen, und man findet Postämter häufig in größeren Läden und Bahnhöfen integriert, achten Sie einfach auf das Zeichen der kanadischen Post.

TELEFON

Öffentliche Telefone werden wie in den USA benutzt, sind zahlreich und relativ preiswert. Münztelefone akzeptieren auch US-amerikanische Münzen und Telefonkarten. Es ist problemlos, direkt durchzuwählen. Wenn man Probleme mit Telefonaten ins Ausland hat, kann man über die »0« die Vermittlung erreichen.

Um die Auskunft zu bekommen, wähle man die 1, die Vorwahl und 555-1212.

Die Vorwahlen der Provinzen:

Alberta – Calgary und Süd-Alberta 403; Edmonton und Nord-Alberta 780
British Columbia – Vancouver 604; das übrige BC 250
Manitoba – 204
New Brunswick – 506
Neufundland und Labrador – 709
Northwest Territories – 867
Nove Scotia – 902
Nunavut – 867
Ontario – Toronto 416 und 647; Mitte und Nord 705; Südwest Peninsula 519; Ottawa und St. Régis, Qué. Region 613; Süd-

Ontario 905 und 289; Nordwest-Ontario 807
Prince Edward Island – 902
Québec – Montréal 514; Großraum 450; Mitte und Nord 819; Osten 418
Saskatchewan 306
Yukon 867

MASSE UND GEWICHTE

In Kanada wird das metrische System für Entfernungen, Gewichte und Temperaturen benutzt.
Auf den Straßen werden die Geschwindigkeiten wie bei uns in Kilometern pro Stunde angegeben, Benzin pro Liter verkauft und Gewichte werden in Gramm, Kilogramm usw. angegeben.

MEDIEN

ZEITUNGEN

In Kanada gibt es zwei nationale Zeitungen, *The Globe & Mail* und *The National Post*. Beide bekommt man an Zeitungsständen und in Zeitschriftenläden überall im Land. Darüber hinaus erhält man Zeitungen der *Sun*-Gruppe in einem Großteil des Landes.

Alle großen Städte rühmen sich ihrer eigenen Zeitungen, die oft ein großes Verbreitungsgebiet haben. Beispiele hierfür sind: *Toronto Star*, *Calragy Herald*, *Edmonton Journal*, *Winnipeg Free Press*, *Ottawa Citizen*, *Vancouver Sun*, *The Gazette* in Montréal und *Chronicle Record Mail Star* in Halifax. In Montréal sind die großen französischen Zeitungen *Le Devoir*, *Le Journal de Montréal* und *La Presse*.

Auch in dieser Hinsicht werden die englisch- und französischsprachigen Zeitungen von einer Brandbreite an ethnischen Publikationen ergänzt.

Man bekommt die großen US-amerikanischen Zeitungen (*New York Times*, *Wall Street Journal* etc.) und die der Nachbarstädte (*Detroit Free Press–Detroit News* in Windsor) in den großen Städten des Landes.

FERNSEHEN UND RADIO

Heuzutage gibt es in ganz Kanada Fernsehen, auch im hohen Norden, wo der Empfang durch Satelliten gesichert ist. Dadurch gibt es eine Vielfalt an Kanälen. In den großen Städten bietet Kabelfernsehen durchschnittlich 12 bis 15 verschiedene Sender an.

Die *Canadian Broadcasting Corporation (CBC)*, ein öffentlicher Radio- und Fernsehsender, sendet im ganzen Land auf Englisch und Französisch. Ihre Radiosender bieten stündliche Nachrichten, Informationsprogramme und werbefreie Musiksendungen. *CBC* hat ebenso einen 24-Stunden-Nachrichtensender im Kabelnetz, der in Englisch und Französisch sendet.

Einige der größeren Regionalsender sind: *CTV* und *Global*. Unter den Kabelsendern sind die beliebtesten: *Weather Network*, *Bravo* (ein Kulturkanal), *TSN* (Sport), *MuchMusic* (Rockmusik), *Discovery Channel* (Wissenschaft), der *Canadian History Channel* und *Life Network* (Lifestyle-Kanal).

Darüber hinaus bekommt man in weiten Teilen des Landes auch die vier großen US-Sender und in Grenzgebieten die amerikanischen Lokalsender.

NATIONALE-FEIERTAGE

In Kanada gibt es sieben landesweite Feiertage:
Neujahr (1. Januar)
Karfreitag
Victoria Day (dritter Montag im Mai)
Canada Day (1. Juli)
Labour Day (erster Montag im September)
Thanksgiving Day (zweiter Montag im Oktober, nicht US-amerikanischer Thanksgivging Day)
Christmas Day (25. Dezember)

Einige Provinzen begehen außerdem folgende Feiertage:
Ostermontag
Remembrance Day (11. November)
Boxing Day (26. Dezember)
2. Januar

Darüber hinaus gibt es Tage, die nur in bestimmten Provinzen oder Städten gefeiert werden:
John the Baptist Day (Johannes der Täufer, 24. Juni) – Québec
Natal Day (erster Montag im August) – Halifax und Dartmouth, Nova Scotia
Civic Holiday (erster Montag im August) – Ontario

An den Feiertagen bleiben Banken und öffentliche Gebäude geschlossen, Geschäfte und Sehenswürdigkeiten sind dagegen immer häufiger geöffnet.

ÖFFNUNGSZEITEN

Im Allgemeinen sind in Kanada die Geschäfte montags bis samstags zwischen 9 und 18 Uhr geöffnet, donnerstags und freitags auch länger. Wenn sie auch sonntags geöffnet sind, dann von 12 bis 17 Uhr. Einkaufszentren haben meistens länger geöffnet als die Geschäfte in den Innenstädten und schließen zwischen 19.30 und 21 Uhr. In einigen Vororten der großen Städte haben Supermärkte bis 22 oder 23 Uhr geöffnet. Außerdem gibt es in den meisten Städten Apotheken und Läden, die die ganze Nacht geöffnet sind.

Banken sind normalerweise von 10 bis 15 Uhr geöffnet, manche auch zu anderen Zeiten (9 bis 16 Uhr). Oft gibt es längere Öffnungszeiten (10 bis 17 oder 18 Uhr) an einem Tag der Woche, meistens Donnerstag oder Freitag.

RAUCHEN

Viele Kanadier rauchen auch heute noch, aber das Rauchen in der Öffentlichkeit ist immere häufiger verboten. In den meisten Einkaufszentren, in öffentlichen Gebäuden, Banken, Krankenhäusern und in öffentlichen Verkehrsmitteln ist es untersagt.

Einige kanadische Provinzen, besonders British Columbia, Ontario und Québec experimentieren mit einer Nichtraucher-Politik in allen Bars und Restaurants. Ansonsten gibt es an öffentlichen Orten (einschließlich Restaurants, Bars und Cafés) gesetzlich vorgeschriebene Raucher- und Nichtraucher-Zonen.

Man kann Zigaretten in Lebensmittel- und Zeitschriftenläden, Bars und in den meisten Eckläden kaufen.

RELIGIÖSE STÄTTEN

Große Hotels in den kanadischen Städten haben Listen der religiösen Stätten in der Nähe. Wenn das nicht der Fall sein sollte, kann die Touristeninformation weiterhelfen. Im Allgemeinen gibt es eine römisch-katholische Kirche, eine anglikanische Episkopalkirche, eine Vereinigte Kirche (Methodisten und Presbyterianer), manchmal eine Baptistenkirche. Darüber hinaus gibt es in den großen Städten Synagogen und Moscheen, außerdem buddhistische und hinduistische Tempel.

STEUERN

Auf alles, was man in Kanada kauft, wird eine Verkaufssteuer (*Goods and Services Tax* – GST) erhoben. Das gilt für Hotel- und Restaurant-Rechnungen, Fahrscheine und Eintrittskarten, nur nicht für Lebensmittel. Darüber hinaus erheben die meisten Provinzen noch eine zusätzliche *Provincial Sales Tax* (PST). Man bezahlt also Steuern zwischen sieben Prozent in Alberta, wo es keine PST gibt, und 19 Prozent in Newfoundland, wo die PST zwölf Prozent plus sieben Prozent GST beträgt.

Dies sind keine verborgenen Steuern. Sie werden zu der Rechnung addiert und gesondert ausgewiesen. In einigen Fällen können Touristen sich die Steuern zurückerstatten lassen, wenn sie Waren aus dem Land ausführen. Hierfür gelten besondere Bedingungen (Art der Ware, Wert usw.), so dass man die Quittungen am besten aufhebt. Alle großen Hotels und Touristeninformationen haben Formulare für die Erstattung. In Québec und Manitoba wird auch die PST rückerstattet.

Für mehr Informationen wenden Sie sich bitte an: Revenue Canada, Summerside Tax Centre, 275 Pope Road, Suite 104, Summerside, P.E.I. CIN 6C6, Tel. 800/668-4748 (Kanada) oder 902/432-5608 (von außerhalb), www.cra-arc.gc.ca.

TRINKGELD

Wie im übrigen Nordamerika erwartet man auch in Kanada Trinkgeld. Besonders Angestellte im Dienstleistungsgewerbe rechnen mit diesen Einkünften.

Trotzdem ist ein Trinkgeld ein Ausdruck dafür, dass man mit dem Service zufrieden war. Wenn Sie es nicht waren, dann geben Sie kein Trinkgeld.

Die Bedienung wird in den meisten Lokalen und Restaurants nicht auf die Rechnung aufgeschlagen. Es ist üblich, Kellnern und Kellnerinnen ein Trinkgeld von ca. 15 Prozent (von der Rechnung vor Steuer) zu geben.

Als generelle Regel gibt man Kofferträgern einen Dollar pro Gepäckstück, Zimmermädchen zehn Prozent der Rechnung vor der Steuer und Taxifahrern etwa 15 Prozent der Summe.

Auch Fremdenführer sollten ein kleines Trinkgeld bekommen, ein Dollar pro Person ist allerdings angemessen, wenn man mit der Führung zufrieden war.

ZEITZONEN

Kanada ist in sechs Zeitzonen unterteilt. Angegeben wird der Zeitunterschied zur *Eastern Standard Time.*

Eastern Standard Time (EST) = Mitteleuropäischen Zeit (MEZ) -6 Stunden

Atlantic Standard Time (AST):
Atlantikprovinzen, Labrador und der östlichste Teil von Québec (EST + 1 Std.; MEZ -5 Std.)
Newfoundland Standard Time (NST):
Die Insel Neufundland hat ihre eigene Zeitzone, die Differenz zu den Atlantikprovinzen beträgt 30 Minuten (EST +1,5 Std.; MEZ -4,5 Std.)
Eastern Standard Time (EST):
Großteil von Québec und Ontario östlich der Thunder Bay (MEZ -6 Std.)
Central Standard Time (CST):
Äußerste Nordwesten von Ontario, Manitoba und Nunavut (EST -1 Std.; MEZ -7 Std.)
Mountain Standard Time (MST):
Saskatchewan, Alberta, die Südostecke von British Columbia und die Northwest Territories (EST -2 Std.; MEZ -8 Std.)
Pacific Standard Time (PST):
Restliche Provinz British Columbia und Yukon (EST -3 Std.; MEZ -9 Std.)

Sommerzeit:
Alle kanadischen Provinzen außer Saskatchewan stellen die Uhren von März bzw. April bis Oktober bzw. November auf Sommerzeit, die sogenannte *Daylight Saving Time*, um.

IM NOTFALL

BOTSCHAFTEN UND KONSULATE

Botschaft der Bundesrepublik Deutschland:
1 Waverly St. Ottawa
Ontario K2P 0T8
Tel.: 613/232-1101 oder
613/853-6731 (Notfall)
www.canada.diplo.de

GENERALKONSULATE
Montréal
Consulate General of the Federal Republic of Germany, 1250 Boulevard René-Lévesque Ouest, Suite 4315, Montréal, Québec H3B 4W8, Kanada
Toronto
Consulate General of the Federal Republic of Germany, Postal Station
P.O. Box 523, Toronto, Ontario, M5S 2T1, Kanada
Vancouver
Consulate General of the Federal Republic of Germany, Suite 704, World Trade Centre, 999 Canada Place, Vancouver, B.C. V6C BE1, Kanada

Botschaft von Kanada in Deutschland
Konsularabteilung
Leipziger Platz 17
10117 Berlin
Tel.: 030/203 12-470
www.Kanada-info.de

Botschaft der Republik Österreich:
445 Wilbrod St., Ottawa, Ontario K1N 6M7
Tel.: 613/789-1444
www.austro.org
Generalkonsulate in Montréal, Toronto und Vancouver.

Botschaft der Schweiz:
5 Marlborough Ave., Ottawa, Ontario K1N 8E6
Tel.: 613/235-1837 oder 416/709-1249 (Notfall)
www.eda.admin.ch/canada
Generalkonsulate in Montréal, Toronto und Vancouver.

GESUNDHEIT UND VERSICHERUNGEN

Der Gesundheitsdienst in Kanada wird von der Regierung unterstützt und ist für Kanadier umsonst. Der Standard ist normalerweise sehr hoch, aber Ausländer werden nicht umsonst behandelt. Daher ist es ratsam, vor der Reise eine Reisekrankenversicherung abzuschließen. Wenn Sie auf der Reise krank werden und ins Krankenhaus müssen, werden Sie behandelt und bezahlen später. In einigen Provinzen müssen Auswärtige Zuschläge von bis zu 30 Prozent bezahlen.

Die Reisekrankenversicherung sollte so umfangreich wie möglich sein. Gehen Sie sicher, dass Krankenhausaufenthalt, Arzt- und Pflegekosten abgedeckt sind. Ebenso sollte der Transport nach Hause bezahlt werden, falls Sie nicht mehr dazu in der Lage sind.

Wenn Sie in Kanada medizinische Hilfe brauchen, wenden Sie sich am besten an Ihr Hotel. Die meisten Hotels haben Listen, auf denen Ärzte und Krankenhäuser verzeichnet sind, was im Notfall Zeit spart. Anderenfalls suchen Sie in den Gelben Seiten der Telefonbücher. Sie sollten alle Rechnungen oder Quittungen für die Abrechnung mit Ihrer Versicherung aufheben.

Ein weitere Vorsichtsmaßnahme ist es, den Gattungsnamen der Medikamente, die Sie regelmäßig einnehmen, vor der Reise aufzuschreiben. Sie könnten in Kanada unter einem anderen Markennamen verkauft werden.

Die Hauptgefahren warten in Kanada bei den Aktivitäten im Freien. Giardia lamblia (Giardiasis, Biberfieber) ist ein Parasit, der in warmem Wasser gedeiht. Daher kann jeder auch noch so kleine Bach oder See im Sommer Brutstätten von Erregern sein. Kontrollieren Sie Leitungswasser auf Campingplätzen und kochen Sie das Wasser ab, wenn Sie im Hinterland campen, um sich davor zu schützen. Medizinische Hilfe sollte in Anspruch genommen werden, wenn das Fieber anhält.

Lyme Borreliose wird ebenfalls immer häufiger in den Wäldern im Süden Kanadas. Sie wird durch Bisse von Waldzecken verursacht. Symptome sind Ausschlag und ein Grippe-ähnlicher Krankheitsverlauf. Man kann Zeckenschutzmittel kaufen, und man kann dem Risiko vorbeugen, indem man dicke Socken, lange Hosen und Ärmel trägt. Auch in diesen Fällen sollte medizinische Hilfe in Anspruch genommen werden, wenn das Fieber anhält.

In den bewaldeten Gegenden von Ontario und Québec können Büschel von Giftefeu Ausschläge, Blasen und wunde Stellen hervorrufen. Man kann überall Cremes und Salben erhalten, die die Beschwerden mildern. Ausschläge verschwinden nach etwa zehn Tagen, daher ist es nicht nötig, medizinische Hilfe zu suchen, außer wenn die Beschwerden länger andauern sollten.

Besonders lästig und unangenehm sind die Myriaden an Fliegen und Mücken, die im Norden jederzeit Ende April, besonders aber im Mai und Juni, ausschwärmen. Alle handelsüblichen Insektenschutzmittel sind in den Läden und Geschäften käuflich zu erwerben.

SICHERHEIT UND POLIZEI

Zum größten Teil ist Kanada ein bemerkenswert sicheres Land ohne große Kriminalität. Die Straßen der Großstädte sind wesentlich sicherer als z.B. in den USA. Trotzdem sollte man vorsichtig sein. Es ist ratsam, Parks, Nebenstraßen und unbeleuchtete Ecken im Dunkeln zu meiden. In allen großen Städten sollte man sich in Menschenmengen und in der U-Bahn vor Taschendieben in Acht nehmen. Vermeiden Sie es, Gepäck und Wertsachen im Auto zu lassen, nehmen Sie keine größeren Mengen Bargeld mit, tragen Sie keinen wertvollen Schmuck und tragen Sie Pässe und Kreditkarten nicht offen herum. Wenn Ihnen etwas gestohlen wird, melden Sie es sofort der Polizei und/oder Ihrem Hotel.

In Notfällen erreichen Sie die Polizei, die Feuerwehr oder die Krankentransporte unter der Nummer 911 in den meisten Provinzen. In den Northwest Territories, in Nunavut und Yukon (außerhalb von Whitehorse) wählen Sie die 0 für die Vermittlung. Das ist die einfachste Art, einen Notfall zu melden, und man braucht nicht nach einer Polizeistation oder einem Krankenhaus zu suchen.

Die *Royal Canadian Mounted Police* ist Kanadas Bundespolizei. Die »Mounties« bilden auch die normale Polizei in allen Provinzen außer Ontario und Québec, die ihre eigenen Polizeikräfte haben. Im Dienst sehen die Beamten der RCMP wie andere Polizeibeamte aus und fahren Autos. Die roten Jacken, die Stetsonhüte und die Pferde werden nur bei offiziellen Anlässen gebraucht.

HOTELS & RESTAURANTS

Unterkünfte in Kanada sind vielfältig, relativ preisgünstig und normalerweise qualitativ gut. Dennoch gibt es große Unterschiede. Wenn man sie kennt, ist es leichter zu entscheiden, wo man bleiben möchte. Denken Sie daran, dass manche Gegenden sehr abgelegen sind, daher können Hotels im Sommer schnell überfüllt sein. Es ist also immer angeraten, sich zu erkundigen, bevor man sich auf den Weg macht. Die Restaurantvielfalt ist in den meisten Großstädte ähnlich wie in Europa. Die Preise sind normalerweise angemessen, oft kann man köstliche Regionalspezialitäten probieren.

PREISKATEGORIEN

HOTELS

Die Preiskategorie für ein Doppelzimmer ohne Frühstück wird angegeben mit $

$$$$$	über 280 Can$
$$$$	200–280 Can$
$$$	120–200 Can$
$$	80–120 Can$
$	unter 80 Can$

RESTAURANTS

Die Preiskategorie für ein Drei-Gänge-Menü ohne Getränke wird angegeben mit $

$$$$$	über 80 Can$
$$$$	50–80 Can$
$$$	35–50 Can$
$$	20–35 Can$
$	unter 20 Can$

Unterkunft

Es gibt drei Kategorien an Unterkünften: Preiswerte, einfache Zimmer in einer weniger attraktiven Umgebung, die Studenten häufig aufsuchen. Zur mittleren Preisklasse zählen Hotels und Motels, die man überall und leicht findet und die durchgehend gute Ausstattung und Qualität bieten. Schließlich gibt es die großen Luxushotels in den Städten und Erholungsgebieten, die hohe internationale Standards an Qualität und Service setzen. In der Liste unten finden sich einige gehobene und zuverlässige Hotelketten im mittleren Preisniveau, die man kostenlos anrufen kann:

Best Western International; Tel. 800/358-7234; www.bestwestern.com
Choice Hotels International; Tel. 800/4CHOICE; www.choicehotels.ca
Days Inn; Tel. 800/329-7466; www.daysinn.com
Delta Hotels; Tel. 877/4-7706 (in Städten) oder 888/778-5050; www.deltahotels. com
Four Seasons Hotels; Tel. 819-5058; www.fourseasons.com
Hilton Hotels; Tel. 888/HILTONS; www.hilton.com
Holiday Inns; Tel. 800/HOLIDAY; www.ichotelsgroup.com
Hyatt Hotels; Tel. 800/223-1234; www.hyatt.com
Marriott Hotels; Tel. 888/236-2427; www.marriott. com
Novotel Hotels Tel. 800/668-6835; www.novotel.com
Radisson Hotels; Tel. 800/333-3333; www.radisson. com
Ramada; Tel. 800/272-6232; www.ramada.com
Renaissance Hotels; Tel. 800/HOTELS1; www.marriott.com/renaissancehotels
SheratonHotels; Tel. 800/598-1753; www.starwoodhotels.com/sheraton
Travelodge; Tel. 800/578-7878; www.travelodge.com
Westin Hotels; Tel. 800/228-3000; www.starwoodhotels.com/westin

Bed-and-Breakfast-Unterkünfte findet man in den meisten kanadischen Städten und ländlichen Gegenden. Wenn Sie reservieren, denken Sie daran, sich nach Einzelheiten zu erkundigen, z. B. nach den Preisen und ob Kreditkarten akzeptiert werden. Wenn Sie Hilfe brauchen, wenden Sie sich an die zuständige Touristeninformation, dort erhalten Sie eine Liste mit B&Bs oder werden zur entsprechenden Stelle verwiesen. Außerdem gibt es Verbände, an die Sie sich direkt wenden können. Telefonnummern finden Sie unten in den einzelnen Abschnitten der Regionen. Beachten Sie, dass außer wenn es ausdrücklich erwähnt ist:
1. alle Hotels Speisesäle und Zimmer mit eigenem Bad haben.
2. Hotels ganzjährig geöffnet sind.

Restaurants

An Werktagen sollte man mittags und an den Freitagen und Samstagen für den Abend reservieren. Die meisten Restaurants sind von 12 bis 22 Uhr geöffnet, an Wochenenden länger. Restaurants in kleineren Städten und Dörfern schließen vielleicht früher (20–21.30 Uhr). Die folgende Liste enthält eine Auswahl an Restaurants im ganzen Land. Wenn möglich wurden Häuser ausgewählt, die sowohl individuell als auch typisch sind, vielleicht auch mit besonderen regionalen Anklängen.

Trinkgeld

In Kanada gibt man üblicherweise Trinkgeld. Selten werden Kosten für den Service berechnet, und auch in kleinen Restaurants verlässt sich die Bedienung auf ein Trinkgeld. Es ist üblich, ein Trinkgeld von etwa 15 Prozent zu geben. Es sollte aber auch den Standard der Bedienung widerspiegeln, man muss also keines geben, wenn man nicht zufrieden war. In Bars werden die Getränke oft an den Tisch gebracht, auch hier gibt man Trinkgeld.

Kreditkarten

Es ist unbedingt nötig, mindestens eine Kreditkarte auf eine Reise nach Kanada mitzunehmen. Häufig kann man nur über die Kreditkartennummer ein Hotelzimmer buchen. Die gängigen Kreditkarten sind Visa, Mastercard, Diners Club und American Express.

ATLANTIKPROVINZEN

Die Gastfreundschaft der Küstenbewohner ist warmherzig, es herrscht eine freundliche Atmosphäre. Die Meeresfrüchte und Fische der Region sind ausgezeichnet. Verwechseln Sie nicht St. John's in Neufundland mit Saint John in New Brunswick.

B&B and Country Inns Association of P.E.I., www.bandbpei.com

FREDERICTON, N.B.

DELTA FREDERICTON
$$$
225 WOODSTOCK RD.
TEL. 888/462-8800,
www.deltafredericton.com
Preisgekrönter Besitz am majestätischen Saint John River, ausgestattet im eleganten französischen Landhausstil, fünf Minuten von der City entfernt.
223 Alle gängigen Kreditkarten

CARRIAGE HOUSE INN
$$
230 UNIVERSITY AVE.
TEL. 506/452-9924, FAX 506/452-2770, www.carriagehouse-inn.net
Ein viktorianisches, im Jahr 1987 renoviertes Herrenhaus, das mit Antiquitäten möbliert ist. Das ausgezeichnete Frühstück wird im gläsernen Solarium serviert.
10 Alle gängigen Kreditkarten

KINGS HEAD INN
$$$
5804 ROUTE 102, PRINCE WILLIAM
TEL. 506/363-4999,
www.kingslanding.nb.ca
Im Gasthaus von Kings Landing wird man im Ambiente des 19. Jahrhunderts bedient. Serviert werden hausgemachte Gerichte nach Saison.
50 Alle gängigen Kreditkarten

MONCTON, N.B.

RAMADA PLAZA CRYSTAL PALACE
$$
499 PAUL ST., DIEPPE
TEL. 506/858-8584,
www.crystalpalacehotel.com
Haus im Vorort Dieppe mit einem Dutzend kunstvoller Themenräume, von denen die »viktorianische Phantasie« bei weitem die beliebteste ist. Es gibt aber auch ganz normale Zimmer.
115 MC, V

HOTEL DELTA BEAUSÉJOUR
$$
750 MAIN ST.,
TEL. 506/854-4344 ODER 888/351-7666,
www.deltahotels.com
Modernes Haus in der Innenstadt mit Landhaus-Flair und Blick auf den Fluss. Das elegante Windjammer-Restaurant serviert zeitgenössische Küche.
310 Alle gängigen Kreditkarten

FISHERMAN'S PARADISE
$$
330 DIEPPE BLVD., DIEPPE, MONCTON
TEL. 506/859-4388
Das Fisherman's Paradise ist ein beliebtes Restaurant, das lokale Spezialitäten, unter anderem – nomen est omen – eine große Auswahl an Fisch und Muscheln, serviert.
350 Alle gängigen Kreditkarten

PASTELLI PASTA HOUSE
$$
611 MAIN ST.
TEL. 506/383-1050
Ein preiswertes italienisches Restaurant, das eine große Auswahl an Pizza und Pasta serviert.
54 Alle gängigen Kreditkarten

ST. ANDREWS, N.B.

THE ALGONQUIN HOTEL & RESORT
$$$$
184 ADOLPHUS ST.
TEL. 506/529-8693 ODER 855/529-8693,
www.algonquinresort.ca
Als »Schloss am Meer« der Eisenbahngesellschaft Canadian Pacific wurde dieses berühmte Hotel im Neu-Tudor-Stil 1889 gebaut und nach einem Feuer 1914 restauriert. Heute ist es komplett renoviert, hat einen modernen Anbau und dominiert das charmante und ruhige Städtchen in New Brunswick. Golfplatz, Tennisplätze und Walbeobachtung.
234 Zimmer und Suiten Geschl. Okt.–Mai (Hotel) Alle gängigen Kreditkarten

SEASIDE BEACH RESORT
$$
339 WATER ST.
TEL. 506/529-3846 ODER 800/506-8677, www.seaside.nb.ca
Charmante, rustikale Chalets an der Passamaquoddy Bay mit Uferpromenade und Grillplätzen. Wunderbare Ausblicke und Sonnenuntergänge. Verkauf von frischem Fisch in der Nähe. Achtung: Baden verboten.
24 Einige Chalets von Jan.–März geschl.
MC, V

SAINT JOHN, N.B.

SAINT JOHN HILTON
$$$
1 MARKET SQ.
TEL. 506/693-8484 ODER 800/561-8282, www.hilton.com
Dieses Hotel am Wasser ist mit dem Einkaufszentrum verbunden. Die meisten Zimmer haben Hafenblick. Das Restaurant The Turn of the Tide ist auf Lachs und Hummer aus dem Bay of Fundy spezialisiert.
197 Alle gängigen Kreditkarten

SHADOW LAWN COUNTRY INN
$$
3180 ROTHESAY RD.
TEL. 506/847-7539 ODER 800/561-4166, www.shadowlawninn.com
Altes viktorianisches Haus in vornehmer Umgebung, 15 Minuten von der Innenstadt. Im eleganten Restaurant gibt es köstliche Meeresfrüchte.
10 P 2 Zimmer Alle gängigen Kreditkarten

THANDI'S
$$
33 CANTERBURY ST.
TEL. 506/648-2377, www.singhdining.com/Thandi/Tabout_page.htm
In dem indischen Restaurant serviert man Steaks, Fisch und Meeresfrüchte, chinesische und natürlich indische Küche.
100 Alle gängigen Kreditkarten

MEXICALI ROSA'S
$
88 PRINCE WILLIAM ST.
TEL 506/652-5252
Kalifornisch-mexikanische Gerichte wie *chimichangas* (gefüllte, frittierte Tortillas) werden stilvoll in einem Raum mit Lehmziegeln serviert, der direkt aus New Mexiko zu kommen scheint.
92 P Alle gängigen Kreditkarten

BAY FORTUNE, P.E.I.

INN AT BAY FORTUNE
$$$
RTE. 310
TEL 902/687-3745 ODER 860/563-6090 (AUSSERHALB DER SAISON), www.innatbayfortune.com
Haus mit Blick auf Fortune Harbour und die Northumberland Strait. Einst Wohnsitz von Broadway-Autor Elmer Harris und später die Adresse der Schauspielerin Colleen Dewhurst. Restaurant (nur Dinner).
17 P Geschl. Mitte Okt.-Ende Mai MC, V

BRACKLEY BEACH, P.E.I.

DUNES CAFE
$$
RTE. 15
TEL 902/672-1883
Probieren Sie regionale Produkte, Meeresfrüchte und Desserts beim Blick auf die Dünen der Covehead Bay.
53–75 P Geschl. Okt.–Mai MC, V

CHARLOTTETOWN, P.E.I.

RODD CHARLOTTETOWN
$$$$
75 KENT ST.
TEL. 902/894-7371 ODER 800/565-7633, www.roddvacations.com/rodd-charlottetown
Mitten in der Stadt strahlt es altmodischen Charme aus. Viktorianische Möbel mit Kristallleuchtern und viel Holz.
115 P Alle gängigen Kreditkarten

DUNDEE ARMS
$$
200 POWNAL ST.
TEL. 902/892-2496, www.dundeearms.com
Zwei kontrastreiche Stile unter einem Dach – wählen Sie die gemütliche viktorianische Herberge oder fahren Sie im Motel von 1956 vor.
22 P MC, V

PRINCE EDWARD DELTA HOTEL
$$
18 QUEEN ST.
TEL. 902/566-2222 ODER 866/894-1203, www.deltaprinceedward.com
Ein modernes Haus direkt am Wasser, mit tosendem Wasserfall in der Eingangshalle.
211 P Alle gängigen Karten

DANIEL BRENAN BRICKHOUSE
$$
125 SYDNEY ST.
TEL. 902/566-4620
Exzellentes Essen in Olde Charlottetown. Abgeschiedene Ecken und preisgünstige kontinentale Küche, darunter Meeresfrüchte, Crêpes und exzellente Desserts.
50 P Alle gängigen Kreditkarten

THE SELKIRK
$$
PRINCE EDWARD HOTEL
18 QUEEN ST.
TEL. 902/984-1208
Höhepunkte auf der anspruchsvollen Speisekarte sind regionale Produkte und Meeresfrüchte. Live-Klaviermusik und bequeme Ohrensessel.
126 P Alle gängigen Kreditkarten

TYNE VALLEY, P.E.I.

THE LANDING
$$
RTE. 167
TEL. 902/831-2992
Das Austernrestaurant bietet eine Speisekarte mit frischen Meeresfrüchten.
Geschl. Mitte Okt.–Mitte Mai Alle gängigen Kreditkarten

CHESTER, N.S.

THE KIWI CAFE
$-$$
19 PLEASANT ST.
TEL. 902/275-1492, www.kiwicafechester.com
Hier kann man gut frühstücken, ein kleines Lunch zu sich nehmen oder bei Kaffee und hausgemachten Kuchen entspannen. Im Sommer wird auch auf dem Patio serviert. Außerdem verkauft das Cafe Marmeladen, Kaffe, Tee, Brot und Gebäck zum Mitnehmen.
40 Alle gängigen Kreditkarten

DIGBY, N.S.

PINES RESORT HOTEL
$$$$
SHORE RD.

TEL. 902/245-2511 ODER 800/667-4637, www.digbypines.ca
Elegantes Hotel und reizvolle Cottages auf bewaldetem Grundstück mit Blick auf Digby Gut. Wanderwege, Golf- und Tennisplätze.
83 (Hotel), 30 Cottages (61 Zimmer) P Geschl. Mitte Okt.–Mitte Mai Alle gängigen Kreditkarten

CHURCHILL'S RESTAURANT & LOUNGE
$$$$
PINES RESORT HOTEL
TEL 902/245-2511 ODER 800/667-4637, FAX 902/245-6133
Hervorragende Meeresfrüchte, z.B. die Digby-Jakobsmuscheln, die auf verblüffende Weisen zubereitet werden. Abends und sonntags Brunch.
180 P Geschl. Mitte Okt.–Mitte Mai Alle gängigen Kreditkarten

HALIFAX, N.S.

DELTA HALIFAX
$$$
1990 BARRINGTON ST.
TEL. 902/425-6700 ODER 888/890-3222, www.deltahalifax.com
Große Zimmer mit wunderbarem Hafenblick.
296 P Alle gängigen Kreditkarten

CASINO NOVA SCOTIA HOTEL
$$$-$$$$
1919 UPPER WATER ST.
TEL.902/421-1700 ODER 888/782-9439, www.casinonovascotia.com
Dieses Hotel mit Meeresblick ist mit dem Casino verbunden. Historische Örtlichkeit mit moderner Ausstattung.
325 P Alle gängigen Kreditkarten

THE HALLIBURTON
$$$
5184 MORRIS ST.
TEL.902/420-0658, FAX 902/423-2324
Drei Stadthäuser aus dem 19. Jahrhundert komplett renoviert. Unweit vom Wasser.
29 P Alle gängigen Kreditkarten

GIORGIO'S RESTAURANT
$$
PRINCE GEORGE HOTEL
1725 MARKET ST.
TEL. 902/425-1987
In diesem Restaurant im Prince George Hotel dominiert die asiatische Küche. Probieren Sie thailändische Jakobsmuscheln, Lammkarree oder Schweinelendchen.
78 P Alle gängigen Kreditkarten

MACASKILL'S RESTAURANT
$$
88 ALDERNEY DR.
DARTMOUTH FERRY TERMINAL BUILDING
TEL. 902/466-3100
Romantischer Speisesaal mit Blick auf den Hafen von Halifax. Für die Gerichte aus Meeresfrüchten, Huhn, Rind und Nudeln werden regionale Zutaten verwendet.
150 P Geschl. mittags Sa und So Alle gängigen Kreditkarten

SALTY'S ON THE WATERFRONT
$$
1869 UPPER WATER ST.
TEL. 902/423-6818
Ausgezeichnet zubereiteter Fisch, Pasta und Steaks. Die belgische Schokoladenmousse ist zu Recht berühmt.
120 P Alle gängigen Kreditkarten

INGONISH, N.S.

KELTIC LODGE
$$$$
MIDDLE HEAD PENINSULA, INGONISH BEACH
TEL. 902/285-2880 ODER 800/565-0444, http://kelticlodge.ca
Spektakuläre Lage auf einer Halbinsel mit Ausblicken auf Berge und Meer in alle Richtungen. Gelegen am schönen Cabot Trail und Teil des Cape Breton Highlands National Park, nahe an Wanderwegen und Vogel- und Walbeobachtungspunkten; Golfplatz und Skizentrum im Winter.
32 (Hotel), 10 Cottages (30 Zimmer) P Geschl. Ende Okt–Mitte Mai Alle gängigen Kreditkarten

PURPLE THISTLE ROOM
$$$
KELTIC LODGE
INGONISHBEACH
TEL. 902/285-2880 ODER 800/565-0444
Meerefrüchte sind die Stars auf der Speisekarte dieses Restaurants, das auf der Hälfte des Cabot Trail im Cape Breton Highlands National Park hoch an den Klippen liegt.
160 P Geschl. Ende Okt.–Mitte Mai AE, D, DC

LISCOMB MILLS, N.S.

LISCOMB LODGE
$$$$
LISCOMB MILLS, GUYSBOROUGH COUNTY
TEL. 902/779-2307 ODER 800/665-6343, www.signatureresorts.com
Am Liscomb River nahe Chedabucto Bay gelegen, ist das moderne Hotel ein Refugium für Naturliebhaber. Yachthafen, Mietkanus und -räder, Tennis.
68 Einheiten (Hotel und Cottages) P Geschl. Mitte Okt.–Mitte Mai Alle gängigen Kreditkarten

NEUFUNDLAND

Kanadische Landsleute ziehen die Neufundländer gerne damit auf, dass diese Kabeljauzunge und Robbenflossen-Pie essen, aber der Fischfang ist ein hartes Geschäft. Leider ist Kabeljau nicht mehr immer und überall zu bekommen.

CAPE ONION

TICKLE INN
$
R.R. 1
TEL 709/452-4321 (JUNI-SEPT.) ODER 709/739-5503
www.tickleinn.net
Preiswerte Gerichte werden im Speisesaal eines renovierten Fischerhauses serviert, nur 25 Minuten Fahrt bis zur L'Anse aux Meadows National Historic Site.
4 Geschl. Okt.–Mai MC, V

CORNER BROOK

THE CARRIAGE ROOM UND THE WINE CELLAR
$$
GLYNMILL INN, RTE. 1
TEL. 709/634-5181 ODER 800/563-4400
Das Glynmill Inn, im Tudor-Stil erbaut, beherbergt verschiedene Restaurants. Das familienfreundliche Carriage House bietet Spezialitäten aus Neufundland wie z.B. Fischfrikadellen, Kabeljaufilets und Nachspeisen mit heimischen Rebhuhnbeeren und gebackenen Äpfeln. Im Keller kommen Steaks vom Holzkohlegrill und Meeresfrüchte auf den Tisch – Reservierung empfohlen.
80 Wine Cellar So geschl. AE, MC, V

GROS MORNE NATIONAL PARK

SUGAR HILL INN
$$$
115–119 SEXTONS' RD. NORRISPOINT
TEL. 709/458-2147,
www.sugarhillinn.nf.ca
Ein bezauberndes Hotel mit kathedralenartigen Decken und moderner Ausstattung. Der Speisesaal, nur für Gäste, ist spezialisiert auf gesundheitsbewusste Feinschmeckerküche. Kajakfahren auf dem Meer und Radtouren in der Wildnis sind möglich.
7 Geschl. Nov.–Feb. AE, MC, V

ST. JOHN'S

DELTA ST. JOHN'S
$$$$
120 NEW GOWER ST.
TEL. 709/739-6404 ODER 800/263-1133,
www.deltahotels.com
Nahe den Geschäfts- und Unterhaltungsvierteln bietet das Konferenz-Hotel besondere Annehmlichkeiten in seinen Zimmern.
403 Alle gängigen Kreditkarten

SHERATON HOTEL NEWFOUNDLAND
$$$$
CAVENDISH SQ.
TEL. 709/726-4980 ODER 800/441-1414,
www.starwoodhotels.com
Bequeme, moderne Zimmer mit Ausblick auf den Hafen. Gutes Essen im preisgekrönten Cabot Club; der Sonntags-Brunch im Bona Vista Restaurant hat Tradition im Ort.
301 Alle gängigen Kreditkarten

COMPTON HOUSE BED & BREAKFAST
$$
26 WATERFORD BRIDGE RD.
TEL. 709/722-0387,
FAX 709/739-1835
Charmantes Haus, von der Innenstadt aus zu Fuß zu erreichen. Die Zimmer sind einzigartig möbliert, einige haben Whirlpool, Kamin, Küche oder Solarium.
11 Alle gängigen Kreditkarten

THE CELLAR RESTAURANT
$$
152 WATER ST.
TEL. 709/579-8900
Gutes europäisches Essen mit lokalen Einflüssen. Exzellente Weinkarte mit 250 Sorten. Anders als der Name vermuten lässt, liegt es im 3. Stock. Reservierung erforderlich.
100 Geschl. mittags Sa und So Alle gängigen Kreditkarten

THE HUNGRY FISHERMEN
$$
MURRAY PREMISES, 5 BECK'S COVE
TEL. 709/726-5791
Köstlichkeiten aus dem Meer, aber auch Lamm, Huhn, Kalb und Steak. Meeresfrüchte mit Tomatensauce in Blätterteig sind ein Renner, ebenso der selbst gemachte Rum-Schokoladen-»Screech«-Pie.
75 Alle gängigen Kreditkarten

BLUE ON WATER RESTAURANT
$$$
319 WATER ST.
TEL. 709/754-2583
Dieses Restaurant, das zum gleichnamigen Hotel gehört, serviert die frischesten Meeresfrüchte der Stadt. Die Speisen werden sehr originell und speziell für Feinschmecker arrangiert. Reservierung empfohlen.
34 Alle gängigen Kreditkarten

PREISKATEGORIEN

HOTELS
Die Preiskategorie für ein Doppelzimmer ohne Frühstück wird angegeben mit $

$$$$$	über 280 Can$
$$$$	200–280 Can$
$$$	120–200 Can$
$$	80–120 Can$
$	unter 80 Can$

RESTAURANTS
Die Preiskategorie für ein Drei-Gänge-Menü ohne Getränke wird angegeben mit $

$$$$$	über 80 Can$
$$$$	50–80 Can$
$$$	35–50 Can$
$$	20–35 Can$
$	unter 20 Can$

QUÉBEC

Liebenswürdige Gastfreundschaft wie in Europa herrscht in La Belle Province. In Montréal und Québec wird auch Englisch gesprochen, aber es empfiehlt sich, sein Schulfranzösisch für die ländlichen Gebiete etwas aufzupolieren. Aber was könnte *plus charmant* sein, als ein *tartine de jambon* zu bestellen, auch wenn es ein einfaches Schinkenbrot ist?

AYER'S CLIFF

RIPPLECOVE INN
$$$$
700 RIPPLECOVE RD.
TEL. 819/838-4296 ODER 800/668-4296, FAX 819/838-5541
www.ripplecove.com
Attraktives Hotel in wunderbaren Gärten am Südende des Lake Massawippi. Fein möbliertes Interieur.
35 Alle AE, MC, V

BAIE-ST.-PAUL

AUBERGE LA MAISON OTIS
$$$
23, RUE ST.-JEAN-BAPTISTE
TEL. 418/435-2255 ODER 800/267-2254
www.maisonotis.com
Ruhiges, romantisches Hotel mit Zimmern, die Veranda und/oder Kamin haben.
30 MC, V

KNOWLTON

AUBERGE LAKEVIEW INN
$$$
50, RUE VICTORIA
TEL. 450/243-6183 ODER 800/661-6183,
www.aubergelakeviewinn.com
Dieses Hotel, 1874 gebaut, ist ein wunderbares Beispiel für viktorianische Architektur, hat schön renovierte Zimmer und liegt in Reichweite der Geschäfte und Antiquitätenläden. Speisesaal, Pub, Gartenterrasse im Sommer. Bäume versperren den Blick auf den See.
28 Alle gängigen Kreditkarten

LAURENTIANS

FAIRMONT TREMBLANT
$$$$$
3045 CHEMIN DE LA CHAPELLE, MONT TREMBLANT
TEL. 819/681-7000 ODER 800/441-1414, www.fairmont.com
Modernes Hotel mit altmodischer Holzvertäfelung und bunten Glasfenstern. Ganzjährige Erholungsmöglichkeiten.
316 Alle gängigen Kreditkarten

LE CHANTECLER
$$$$
1474 CHEMIN CHANTECLER, STE.-ADÈLE
TEL. 450/229-3555 ODER 888/916-1616,
www.lechantecler.com
22 Skipisten beginnen vor der Tür dieses bequemen Hotels. Im Sommer spielt man Golf oder Tennis, außerdem gibt es einen Strand und Boote.
216 167 Zimmer

AUBERGE DU COQ DE MONTAGNE
$$
2151 CHEMIN DU VILLAGE, MONT TREMBLANT
TEL. 819/425-3380 ODER 800/895-3380,
www.recreation.ca
Gemütliches Haus am Lac Moore mit moderner Ausstattung und ganzjährigen Freizeitmöglichkeiten. Das Restaurant bietet italienische Festessen.
16 Restaurant geschl. Mitte Okt.–Mitte Nov. Alle gängigen Kreditkarten

BISTRO À CHAMPLAIN
$$$$
75 CHEMIN MASSON, STE-MARGUERITE-DU-LAC-MASSON
TEL. 450/228-4988
Französisches Restaurant, das besonders berühmt für seine offenen Weine und die Kunst von Jean-Paul Riopelle ist. Touren durch den Weinkeller. Reservierung empfohlen
150 Geschl. Mo–Mi im Winter Alle gängigen Kreditkarten

L'EAU À LA BOUCHE
$$$
3003 BLVD. STE.-ADÈLE, STE.-ADÈLE
TEL. 450/229 2991
Küche der Extraklasse bietet innovative, saisonal ausgerichtete und traditionelle Gerichte aus Québec; 25 Zimmer. Reservierung empfohlen.
75 Geschl. mittags Alle gängigen Kreditkarten

LA CLEF DES CHAMPS
$$
875 CHEMIN PIERRE-PÉLADEAU, STE.-ADÈLE
TEL. 450/229-2857
Romantisches Hotel auf dem Land mit eleganter französischer Küche, die Geflügel und lokale Gänseleberpastete in den Mittelpunkt stellt. Reservierung erforderlich.
50 Geschl. Mo mittags Alle gängigen Kreditkarten

MONTEBELLO

CHÂTEAU MONTEBELLO
$$$$
392 NOTRE-DAME ST.
TEL. 819/423-6341 ODER 800/441-1414, www.fairmont.com
Dieses außergewöhnliche Holzgebäude in Sternform wurde in den 30er Jahren aus 10 000 roten Zedernholzstämmen als Privatclub gebaut. Heutzutage ist es ein Fairmont-Hotel und liegt abgelegen am Ottawa River. Golf und Tennisplatz, Wanderwege und Skilanglaufloipen. Renommierte Küche.
214 Alle gängigen Kreditkarten

MONTRÉAL

BONAVENTURE HILTON
$$$$
900, DE LA GAUCHETIÈRE OUEST
TEL. 514/878-2332 ODER 800/445-8667, www.hiltonmontreal.com

Dieses Stadthotel in den oberen Stockwerken des riesigen Place-Bonaventure-Einkaufszentrums hat ausgedehnte Dachgärten und einen beheizten Pool im Freien.
395 P Place Bonaventure Alle gängigen Kreditkarten

LE CENTRE SHERATON
$$$
1201 BLVD. RENÉ-LÉVESQUE OUEST
TEL. 514/878-2000 ODER 800/325-3535, www.starwoodhotels.com

Sowohl Geschäftsleute als auch Touristen schätzen die Innenstadtlage und die kleinen Extras dieser Hotelkette, so z.B. die Kaffeemaschinen.
825 P Peel Alle gängigen Kreditkarten

DELTA MONTRÉAL
$$$$
475 AVE. DU PRÉSIDENT-KENNEDY
TEL. 514/286-1986 ODER 877/286-1986, www.deltamontreal.com

Modernes Hotel in der Innenstadt mit großen Zimmern, meist mit Balkon. Spielraum für Kinder.
453 + 6 Suiten P Place des Arts Alle gängigen Kreditkarten

INTER-CONTINENTAL MONTRÉAL
$$$$
360, RUE ST.-ANTOINE OUEST
TEL. 514/987-9900 ODER 800/361-3600, www.montreal.intercontinental.com

Dieses luxuriöse Haus nahe Vieux-Montréal bietet große Gästezimmer, die entweder Blick auf die Innenstadt oder aufs Wassser haben.
357 P Square Victoria Alle gängigen Kreditkarten

OMNI MONT-ROYAL
$$$$
1050, RUE SHERBROOKE OUEST
TEL. 514/284-1110 ODER 800/843-6664 www.omnihotels.com

Englische Möbel und Chintz zeichnen die Zimmer dieses Hauses aus, das in der Woche gerne von Geschäftsleuten bewohnt wird. Das Zen-Restaurant im Keller hat eine ausgezeichnete chinesische Küche.
300 P Peel Alle gängigen Kreditkarten

LOEWS HÔTEL VOGUE
$$$$
1425, RUE DE LA MONTAGNE
TEL. 514/285-5555 ODER 800/465-6654, www.loewshotels.com

Dieses Hotel ist schick und liegt zentral.
142 P Guy Alle gängigen Kreditkarten

MAISON PIERRE DU CALVET
$$$$
405, RUE BONSECOURS
TEL. 514/282-1725 ODER 866/544-1725, www.pierreducalvet.ca

Romantische Auberge im europäischen Stil im Herzen von Vieux-Montréal, zum Teil in einem Haus von 1725 aus der französischen Zeit. Die Zimmer sind mit Antiquitäten und Erbstücken eingerichtet, das Frühstück wird im viktorianischen Wintergarten gereicht.
10 P Champ de Mars Alle gängigen Kreditkarten

RITZ-CARLTON
$$$$
1228, RUE SHERBROOKE OUEST TEL. 514/842-4212 ODER 800/363-0366, www.ritzcarlton.com

Persönliche Aufmerksamkeit ist das Markenzeichen dieses Hotels im europäischen Stil. Die Zimmer kombinieren moderne Akzente mit dem Stil der Alten Welt.
229 P Peel Alle gängigen Kreditkarten

CHÂTEAU VERSAILLES
$$$
1659 RUE SHERBROOKE OUEST
TEL. 514/933-3611 or 888/933-8111, www.chateauversaillesmontreal.com

Wählen Sie zwischen Zimmern in einem modernen Turm oder in einem edwardianischen Stadthaus. Beschränkter Zugang für Behinderte.
177 P Guy-Concordia Alle gängigen Kreditkarten

FAIRMONT QUEEN ELIZABETH HOTEL
$$$
900 BLVD. RENÉ-LÉVESQUE OUEST
TEL. 514/861-3511 ODER 800/441-1414, www.fairmont.com

Typisches Bahnhofshotel über dem Hauptbahnhof, das zur Fairmont-Kette gehört und mit dem Labyrinth von Montréals unterirdischer Stadt verbunden ist. Obwohl einige Zimmer renoviert sind, bleiben andere sehr eng. Das Hotel liegt ausgezeichnet, um einkaufen oder essen zu gehen.
963 + 57 Suiten P Place Bonaventure Alle gängigen Kreditkarten

HÔTEL DE LA MONTAGNE
$$$
1430, RUE DE LA MONTAGNE
TEL. 514/288-5656 ODER 800/361-6262, www.hoteldelamontagne.com

In diesem schrulligen Hotel trifft Rokoko auf Jugendstil. Die Zimmer sind groß und

bequem, ihre Ausstattung ist wesentlich zahmer als die der extravaganten Eingangshalle.
134 Peel
Alle gängigen Kreditkarten

HOTEL NELLIGAN
$$$
106 SAINT-PAUL OUEST
TEL. 514/788-2040 ODER 877/788-2040
www.hotelnelligan.com
Ein nettes Boutique-Hotel in einem renovierten Gebäude aus dem 19. Jahrhundert in der Altstadt Montréals. Innen findet man Stein- und Backsteinwände, ein Atrium mit Springbrunnnen und Bar sowie das elegante Restaurant Verses. Der Name des Hotels bezieht sich auf den Québecer Dichter Emile Nelligan, dessen Verse auf die Wände des Hotels geschrieben sind.
64 Place d'Armes
Alle gängigen Kreditkarten

HYATT REGENCY
$$$
4 COMPLEXE DESJARDINS UND 1255 JEANNE-MANCE ST.
TEL. 514/982-1234 ODER 800/361-8234,
www.montrealregency.hyatt.com
Über den Geschäften des Complexe Desjardins gebaut, prahlt dieses ultramoderne Haus mit schicken Zimmern voll Designer-Möbel.
600 Place des Arts Alle gängigen Kreditkarten

L'APPARTEMENT-IN-MONTRÉAL
$$
455, RUE SHERBROOKE OUEST
TEL. 514/284-3634 ODER 800/363-3010,
www.appartementhotel.com
Preiswerte Einzimmer-Appartments mit Kochnische, Fernseher und Telefon. Zimmermädchen stehen zur Verfügung, Personal 24 Stunden am Tag.
126 Place des Arts oder McGill
Alle gängigen Kreditkarten

AUBERGE DE LA FONTAINE
$$
1301, RUE RACHEL EST
TEL. 514/597-0166 ODER 800/597-0597,
www.aubergedelafontaine.com
Charmantes kleines Hotel in einem viktorianischen Haus am La Fontaine Park im Osten der Stadt. Ruhig, aber nahe der pulsierenden Rue Saint-Denis. Frühstück, kein Restaurant, Küche nur für Kleinigkeiten.
21 Mont-Royal
Alle gängigen Kreditkarten

AUBERGE DU VIEUX-PORT
$$
97, RUE DE LA COMMUNE EST
TEL. 514/876-0081 ODER 888/660-7678,
www.aubergeduvieuxport.com
Wunderschön renoviertes Lagerhaus in Vieux-Montréal, das interessante Zimmer mit Stein- und Ziegelwänden und massiven Holzbalken besitzt. Gutes Essen im Restaurant Les Remparts.
27 Place d'Armes
Alle gängigen Kreditkarten

HÔTEL LE SAINT-ANDRÉ
$$
1285, RUE ST.-ANDRÉ
TEL. 514/849-7070 ODER 800/265-7071,
www.hotelsaintandre.ca
Preisgekröntes Hotel, das nahe am historischen Vieux-Montréal und dem Quartier Latin liegt.
62 Berri-UQAM
Alle gängigen Kreditkarten

LE JARDIN DU RITZ
$$$$$
1228, RUE SHERBROOKE WEST IN RITZ-CARLTON HOTEL
TEL. 514/842-4212
Exquisite Lage, ausgezeichnetes Essen, tadelloser Service, hohe Preise – das Ultimative für ein besonderes Dinner. Reservierung erforderlich. Auch zum Frühstück geöffnet.
125 Geschl. Okt.–Mitte Mai Peel
Alle gängigen Kreditkarten

BEAVER CLUB
$$$$$
HÔTEL REINE ELIZABETH, 900 BLVD. RENÉ LÉVESQUE OUEST
TEL. 514/861-3511
Klassische Gerichte wie *Roastbeef au jus* und *Ente à l'orange* werden in diesem ehemaligen Pelzhändlerclub serviert; das Ambiente der *old boys* lebt darin weiter, dass Herren gerne in Jackett und Krawatte gesehen werden. Mit Festpreis-Menü.
200 Geschl. So und Sa mittags Bonaventure Alle gängigen Kreditkarten

DER BESONDERE TIPP

TOQUÉ
Vielerorts wird das Toqué als das Top-Restaurant der Stadt genannt, das seine Gäste immer wieder mit originellen Speisen und deren liebevoller Präsentation zu begeistern versteht (der Name bedeutet »völlig verrückt« und bezieht sich auch auf die Mütze, die der Koch trägt). Das Haus ist auf frische Gerichte spezialisiert, die Speisekarte wechselt täglich, aber die berühmte Entenleberpastete ist häufig zu bekommen, natürlich auch die leckeren Desserts. Um die Küche vollends würdigen zu können, probieren Sie das siebengängige Menü des Chefkochs. Reservierung empfohlen.
$$$$
900 PLACE JEAN-PAUL-RIOPELLE
TEL. 514/499-2084
www.restaurant-toque.com
95 Place Victoria
Geschl. So–Mo Alle gängigen Kreditkarten

AUBERGE SAINT-GABRIEL
$$$-$$$$$
426 SAINT-GABRIEL, MONTRÉAL
TEL. 514/878-3561
Die Auberge Saint-Gabriel beansprucht für sich, das älteste Gasthaus Nordamerikas zu sein, da sie in einem Komplex von Steinbauten aus dem 18. Jahrhundert liegt. Das Lokal beeindruckt mit einem offenen Kamin im Winter und der Terrasse im Sommer. Die Küche ist tendenziell eher französisch geprägt, mit einigen regionalen Speisen aus der Gegend rund um Québec.
450 Place d'Armes Alle gängigen Kreditkarten

BONAPARTE
$$$
443, RUE ST.-FRANÇOIS-XAVIER
TEL. 514/844-4368
Freiliegende Ziegelwände schaffen eine warme Atmosphäre; so lässt sich die zeitgenössische französische Küche im Herzen von Vieux-Montréal wunderbar genießen. Probieren Sie die Schnecken, Hummer oder Jakobsmuscheln.
120 P Place d'Armes Alle gängigen Kreditkarten

GIBBYS
$$$
298 PLACE D'YOUVILLE
TEL. 514/282-1837
Nimmt einen Teil der historischen d'Youville-Ställe ein, die 1800 erbaut wurden. Steinmauern schmücken die Speisesäle auf verschiedenen Ebenen. Gibbys ist bekannt als Steakhouse, serviert aber auch Meeresfrüchte und selbst gemachte Desserts. In den Sommermonaten gibt es draußen eine Bar. Reservierung empfohlen.
450 P Geschl. mittags Place Victoria Alle gängigen Kreditkarten

LA MARÉE
$$$
404, PLACE JACQUES CARTIER
TEL. 514/861-9794
Im Herzen von Vieux-Montréal am lebhaften Place Jacques Cartier liegt dieses Hotel und gibt der sonst sehr touristischen Gegend einen Hauch von Eleganz. Formeller Service im Speisesaal im Stil von Louis XIII. und attraktive Terrasse in den Sommermonaten. Wunderbare, frische Meeresfrüchte. Reservierung empfohlen.
90 P Geschl. Sa–So mittags (im Winter) Champ de Mars Alle gängigen Kreditkarten

MILOS
$$$
5357 AVE. DU PARC
TEL. 514/272-3522
Ausgezeichnete griechische Küche, die frischen Fisch und Meeresfrüchte serviert.
180 P Geschl. Sa und So mittags Laurier AE, MC, V

PIERRE DU CALVET
$$$
405, RUE BONSECOURS
TEL. 514/282-1725
Gute französische Küche in eleganter viktorianischer Umgebung mit riesigem Kamin (im Winter) in Vieux-Montréal. Sonntags Brunch. Reservierung empfohlen.
100 P Champ de Mars Geschl. mittags Alle gängigen Kreditkarten

LES CAPRICES DE NICHOLAS
$$$
2072, RUE DRUMMOND
TEL. 514/282-9790
Romantisches Interieur, Garten und eine ausführliche Weinkarte erhöhen das Vergnügen an Gerichten wie frischer Gänseleberpastete auf Lachs-Kartoffel-Crêpe.
65 P Geschl. mittags Peel Alle gängigen Kreditkarten

PREISKATEGORIEN

HOTELS
Die Preiskategorie für ein Doppelzimmer ohne Frühstück wird angegeben mit $

$$$$$	über 280 Can$
$$$$	200–280 Can$
$$$	120–200 Can$
$$	80–120 Can$
$	unter 80 Can$

RESTAURANTS
Die Preiskategorie für ein Drei-Gänge-Menü ohne Getränke wird angegeben mit $

$$$$$	über 80 Can$
$$$$	50–80 Can$
$$$	35–50 Can$
$$	20–35 Can$
$	unter 20 Can$

BORIS BISTRO
$$
465 RUE MCGILL
TEL. 514/848-9575
Am Westende der Altstadt bietet dieses Bistro mit seiner hübschen Sonnenterrasse Räucherfisch, Lachstartar, gegrillte Forelle, Salat mit Ente und Würstchen. Probieren Sie das Maracuja-Mousse zum Nachtisch. Im Sommer ist es mittags oft sehr voll.
100 Place Victoria Alle gängigen Kreditkarten

LE BOURLINGUEUR
$$
363 SAINT-FRANÇOIS-XAVIER AT SAINT-PAUL OUEST
TEL. 514/845-3646
Das einfache, aber zauberhafte Lokal in der Altstadt Montréals serviert gute Speisen zu vernünftigen Preisen. Gedünsteter Lachs ist eine Spezialität. Mittags oft überfüllt.
100 Place Victoria oder Place d'Armes MC, V

CHEZ LA MÈRE MICHEL
$$
1209, RUE GUY
TEL. 514/934-0473

Exzellente französische Küche wird in einem umgebauten Herrenhaus serviert; der ummauerte Garten ist mit ungewöhnlichen Jugenstilkacheln gefliest. Zu den Spezialitäten gehören Coq au Vin und Büffeltournedos. Probieren Sie das bemerkenswerte Grand-Marnier-Soufflé.
90 P Geschl. Sa und Mo mittags, So Guy Alle gängigen Kreditkarten

L'EXPRESS
$$
3927, RUE ST.-DENIS
TEL. 514/845-5333
In diesem Bistro im Pariser Stil wird das einfache, aber gute Essen schnell serviert. Achtung, draußen hängt kein Schild.
85 P Sherbrooke Alle gängigen Karten

FOURQUET FOURCHETTE
$$
265 SAINT-ANTOINE OUEST, IN THE PALAIS DES CONGRÈS
TEL. 514/789-6370
Geführt wird dieses Restaurant von einer klitzekleinen Brauerei, serviert werden regionale Speisen, darunter tradionelle und indianische, zu denen man die Biersorten des Hauses trinkt. Reservierung besonders zu Kongresszeiten mittags empfohlen.
250 Place d'Armes Alle gängigen Kreditkarten

MEDITERRANEO GRILL & WINE BAR
$$
3500 BLVD. ST.-LAURENT
TEL. 514/844-0027
Pasta-Gerichte fehlen in diesem neuen mediterranen Lokal völlig. Nehmen Sie stattdessen gegrillten Thunfisch, *magret de canard* oder Lamm. Eine Reservierung ist unbedingt erforderlich.
150 P Geschl. mittags St.-Laurent AE, MC, V

MOISHE'S STEAKHOUSE
$$
3961 BLVD. ST.-LAURENT
TEL. 514/845-3509
Große Stücke durchwachsenes Rindfleisch, kostenlose Mixed Pickles und Krautsalat serviert das Familien-Steakhouse in riesigen Portionen. Umfangreiche Weinkarte.
200 P Geschl. Sa mittags und So St.-Laurent Alle gängigen Kreditkarten

BARRACA RHUMERIE & TAPAS
$-$$$
1134 MONT-ROYAL ST. E.
TEL. TEL. 514/525-7741, www.barraca.ca
Große Auswahl an Tapas und Getränken. Beeindruckend die Auswahl an Rumsorten aus 18 Ländern.
100 tgl. 15–3, Küche 17–23 Uhr Alle gängigen Kreditkarten

LE POIS PENCHÉ
$$-$$$
1230 DE MAISONNEUVE ST. W.
TEL. 514/667-5050, www.lepoispenche.com
Hier fühlt man sich wie in einer Pariser Brasserie der 1940er Jahre. Bistro- und mediterrane Küche.
100 Mo–Fr 11–23, Sa–So 10–23 Uhr Alle gängigen Kreditkarten

SCHWARTZ'S DELICATESSEN
$
3895 BLVD. ST.-LAURENT
TEL. 514/842-4813
Lange Warteschlangen vermindern nicht das Vergnügen an Sandwiches mit Rauchfleisch, Rib-eye-Steaks und Hühnerleber.
68 P St.-Laurent Nur Bargeld

NORTH HATLEY

MANOIR HOVEY
$$$$
575 CHEMIN HOVEY
TEL. 819/842-2421 ODER 800/661-2421, www.manoirhovey.com
Mit Antiquitäten und Spitze ausgestattete Zimmer, einige mit Kamin, Blick über den Lac Massawippi. Das Restaurant serviert französische Küche.
40 P 38 Zimmer Alle gängigen Kreditkarten

QUÉBEC CITY

CHÂTEAU FRONTENAC
$$$$$
1, RUE DES CARRIÈRES
TEL. 418/692-3861 ODER 800/441-1414, www.fairmont.com
Dieses weithin sichtbare Hotel bietet allen erdenklichen Luxus und wunderbare Ausblicke. Der Brunch am Sonntag ist berühmt und im Le Champlain wird klassische französische Küche serviert.
618 P Alle gängigen Kreditkarten

AUBERGE SAINT-ANTOINE
$$$$
10, RUE ST.-ANTOINE
TEL. 418/692-2211 ODER 888/692-2211, www.saint-antoine.com
Charmantes Hotel in einem alten Schiffs-Lagerhaus; Zimmern mit Ausblick auf den Fluss oder Terrasse.
95 P Alle gängigen Kreditkarten

HÔTEL LOEWS LE CONCORDE
$$$
1225, COURS DU GÉNÉRAL MONTCALM
TEL. 418/647-2222 ODER 800/463-5256, www.loewshotels.com
Zeitgenössische Ausstattung und eine wunderbare Lage nahe der belebten Grande Allée machen dieses Hotel sowohl bei Touristen als auch bei Geschäftsleuten beliebt.
409 P Alle gängigen Kreditkarten

QUÉBEC HILTON
$$$
1100 BLVD. RENÉ LÉVESQUE OUEST
TEL. 418/647-2411 ODER 800/447-2411,
www.hiltonquebec.com
FAX 418/647-6488/2986
Das Haus liegt außerhalb der Stadtmauern und hat ultramoderne Zimmer.
571 Alle gängigen Kreditkarten

HOTEL CLARENDON
$$
57, RUE STE.-ANNE
TEL. 418/692-2480 ODER 888/222-3304,
www.hotelclarendon.com
Zentral gelegenes Hotel mit wunderschön renovierten Zimmern und gehobenem Restaurant.
143 Alle gängigen Kreditkarten

L'HÔTEL DU CAPITOLE
$$$
972, RUE ST.-JEAN
TEL. 418/694-4040 ODER 800/363-4040, www.lecapitole.com
Sternchen gibt es reichlich in diesem Hotel, das in einem ehemaligen Theater eingerichtet wurde.
40 Alle gängigen Kreditkarten

L'AUBERGE DU QUARTIER
$$
170 GRANDE ALLÉE OUEST
TEL. 418/525-9726
www.aubergeduquartier.com
Das Hotel, ein Gebäude von 1852 und außerhalb der Stadtmauern gelegen, bietet freundliche Zimmer.
15 1 Zimmer Alle gängigen Karten

L'AUBERGE ST-LOUIS
$$
48, RUE ST-LOUIS
TEL. 418/692-2424 ODER 888/692-4105
Zentrale Lage mit kleinen Zimmern, wenig Mobiliar und freundlichem Service.
27, 14 mit Bad MC, V

LE CHÂTEAU DE PIERRE
$$
117 AVE. STE.-GENVIÈVE
TEL. 418-694-0429 ODER 888/694-0429
Ein renoviertes Herrenhaus von 1853 mit prunkvollen Kronleuchtern und viktorianischen Zimmern, manche mit Balkon oder Kamin. Zimmer auf der Vorderseite haben Blick auf den Park.
20 3 Zimmer AE, MC, V

HÔTEL CHÂTEAU BELLEVUE
$$
16, RUE DE LA PORTE
TEL. 418/692-2573 ODER 877/849-1877,
www.hotelchateaubellevue.com
Bequeme Unterbringung in exzellenter Lage direkt hinter dem Château Frontenac. Moderne Zimmer, die sich in ihrer Größe unterscheiden.
57 Alle gängigen Kreditkarten

MANOIR D'AUTEUIL
$$
49, RUE D'AUTEUIL
TEL. 418/694-1173,
www.manoirdauteuil.com
Atemberaubende Kleinigkeiten in Jugendstil und Art déco machen dieses frisch renovierte Hotel zu einem der prunkvollsten in der Stadt.
16 9 Zimmer Alle gängigen Kreditkarten

MANOIR STE-GENVIÈVE
$$
13 AVE. STE.-GENVIÈVE
TEL. 418/694-1666
Kunstvolle viktorianische Möbel und ein vornehmer Service erzeugen in dem Gebäude von 1880 eine Atmosphäre wie in einem Landhaus.
9 8 Zimmer Alle gängigen Kreditkarten

LE SAINT-AMOUR
$$$$
48, RUE STE.-URSULE
TEL. 418/694-0667
Haute Cuisine in einer freundlichen Atmosphäre. Spezialitäten sind u.a. Meeresfrüchte, Fisch, Geflügel und üppige Schokoladendesserts. Garten und hübscher Weinkeller.
150 Geschl. Sa mittags–So Alle gängigen Kreditkarten

AUX ANCIENS CANADIENS
$$$
34, RUE ST.-LOUIS
TEL. 418/692-1627
Traditionelle französisch-kanadische Favoriten wie *ourtière* (Pastete) und *fèves au lard* (Saubohnen in Speck) stehen in einem Steinhaus in der Oberstadt im Mittelpunkt.
115 Alle gängigen Kreditkarten

LE CHARLES BAILLAIRGÉ
$$$
57, RUE STE.-ANNE
TEL. 418/692-2480
Dieses Restaurant liegt im Hotel Clarendon und serviert raffinierte Speisen zwischen vertäfelten Wänden, begleitet von Klavier-und Kammermusik.
125 Alle gängigen Kreditkarten

LAURIE RAPHAËL
$$$
117, RUE DALHOUSIE
TEL. 418/692-4555
Klassische *Haute cuisine* mit internationalem Touch. Bei gedämpftem Licht kann man z.B. geräucherten Stör, Süßwasserlangusten, Atlantiklachs, Wachteln, Kalb und Rindfleisch aus Alberta genießen. Reservierung erforderlich.
90 Geschl. So–Mo Alle gängigen Kreditkarten

LE MARIE CLARISSE
$$$
12, RUE DU PETIT-CHAMPLAIN
TEL. 418/692-0857

Einzigartige Fischgerichte lohnen den Besuch dieses gemütlichen Restaurants in der Unterstadt; Menüs zum Festpreis sind mittags und abends ein echtes Schnäppchen. Sommerterrasse.
48 Geschl. im Winter Sa und So mittags Alle gängigen Kreditkarten

LE PARIS BREST
$$$
590 GRANDE-ALLÉE
TEL. 418/529-2243
Französische Gerichte mit kalifornischem Touch serviert in Räumlichkeiten mit zeitgenössischem Dekor.
130 P Geschl. Sa und So mittags Alle gängigen Kreditkarten

RESTAURANT LOUIS HÉBERT
$$$
668 GRANDE-ALLÉE EST
TEL. 418/525-7812
Dieses Restaurant mitten in Quebécs berühmter Restaurantmeile übertrifft all seine Nachbarn. Die Küche ist im Wesentlichen französisch, der Service ist herzlich und die Ausstattung zauberhaft. Sommerterrasse.
100 Alle gängigen Kreditkarten

L'ECHAUDÉ
$$
73 SAULT-AU-MATELOT
TEL. 418/692-1299
Ein schickes Bistro in der Unterstadt zieht sowohl Einheimische als auch Touristen mit gut zubereiteten Wild- und Fischgerichten an. Sommerterrasse.
70 Geschl. im Winter Sa mittags und So abends Alle gängigen Kreditkarten

QUÉBEC CITY REGION

AUBERGE BAKER
$$$
8790 AVE. ROYALE, CHÂTEAU-RICHER
TEL. 418/824-4478
Dieses Restaurant in einem hübschen alten Québecer Haus serviert traditionelle Québecer und moderne Gerichte. Terrasse im Sommer.
100 P Geschl. im Winter mittags Alle gängigen Kreditkarten

MANOIR MONTMORENCY
$$
2490 AVE. ROYALE, BEAUPORT
TEL. 418/663-3330
Dieses Restaurant lädt zwar nur zum Sonntagsbrunch, im Sommer auf der Terrasse, ein, bietet jedoch einen spektakulären Blick auf die Montmorency Falls. Es hat sich auf die Québecer Küche spezialisiert.
130 P nur So mittags geöffnet; geschl. Mo–Sa, Okt.–Mai Alle gängigen Kreditkarten

SAINT-GEORGES-DE-MALBAIE (GASPÉSIE)

FORT PRÉVEL
$$
2053 BLVD. DOUGLAS, PRÉVEL
TEL. 418/368-2281 ODER 888/377-3835, www.sepaq.com
Dieses Ferienmotel liegt an der Spitze der Gaspé Peninsula.Golfplatz, feine Küche.
58 P Geschl. Mitte Sept.–Mitte Juni Alle gängigen Kreditkarten

ST.-MARC SUR RICHELIEU

LES TROIS TILLEULS
$$$
290, RUE RICHELIEU
TEL. 450/856-7787 ODER 800/263-2230
Traditionelle französische Küche, die in einem Lokal (mit 40 Räumen für Übernachtungsgäste) und Blick auf den Richelieu River serviert wird, ungefähr eine Stunde von Montréal entfernt. Regionale Gourmet-Gerichte mit Gänseleberpastete, Ente, Lamm, Wild und Perlhuhn.
120 P Alle gängigen Kreditkarten

ONTARIO

Ontario ist eins der beiden kanadischen Weinanbaugebiete. Die Weinberge im Süden produzieren exzellente Weine, manche haben in weltweiten Vergleichen Auszeichnungen erhalten.

Federation of Ontario Bed and Breakfast Accomodations, 95 King St. W., Gananoque, ON K7G 2G2; www.fobba.com

Ontario Farm and Country Vacations Assoc., 8724 Wellington Rd. 18, R.R. 5, Belwood, ON N0B 1R0; www.countryhosts.com

ALLISTON

NOTTAWASAGA INN
$$$$
1110 HWY. 89
TEL. 705/435-5501 ODER 800/669-5501
www.nottawasagaresort.com
Großes und luxuriöses Ferienhotel. Golfplatz, Langlaufski und Sport. Angebote für Kinder und andere Freizeitmöglichkeiten.
269 P Alle gängigen Kreditkarten

ALTON

MILLCROFT INN
$$$
55 JOHN ST.
TEL. 519/941-8111
www.millcroft.com
Schönes Hotel in einer umgewandelten Strickfabrik. Die mennonitischen Dörfer St. Jacobs und Elmira liegen 30 Minuten entfernt.
50 P Alle gängigen Kreditkarten

CAMBRIDGE

LANGDON HALL COUNTRY HOUSE
$$$–$$$$
1 LANGDON DR.

TEL. 519/740-2100 ODER
800/268-1898,
www.langdonhall.ca
Großartiges Herrenhaus aus der Zeit des *Federal Revival* mit allen erdenklichen Annehmlichkeiten. Das preisgekrönte Restaurant kocht mit Zutaten aus dem Küchengarten.
53 Geschl. erste Woche Jan. Alle gängigen Kreditkarten

COLLINGWOOD

BLUE MOUNTAIN INN
$$
R.R. 3
TEL. 705/445-0231 ODER
877/445-0231
www.bluemountain.ca/lodging
Das größte Skigebiet in Ontario bietet im Sommer ausgezeichneten Golf. Auch Chalets und Ferienwohnungen.
93 Alle gängigen Kreditkarten

ELORA

VILLAGE INN
$$
66 COUNTY RD. 7
TEL. 519/846-5333 ODER
888/733-3567,
www.villageinnelora.com
Das kleine Motel bietet saubere und zweckmäßig eingerichtete Zimmer. Zwei Zimmer verfügen über Jacuzzi. Alle Zimmer sind mit Kabelfernsehen, WLAN-Anschluss und Minibar ausgestattet.
20 AE, MC, Visa

HUNTSVILLE

DEERHURST RESORT
$$$
1235 DEERHURST DR.
TEL. 705/789-6411 ODER
800/461-4393
www.deerhurstresort.com
Ultra-luxuriöses Ferienhotel, das moderne Unterbringung und ganzjährig Freizeitaktivitäten bietet.
410 Alle gängigen Kreditkarten

INGERSOLL

ELM HURST INN
$$$
415 HARRIS ST.
TEL. 519/485-5321 ODER
800/561-5321
www.elmhurstinn.com
Das viktorianische Landhaus verfügt über reizende Zimmer und ist nicht weit entfernt von Stratford gelegen. Vom Hotel hat man einen ausgezeichneten Zugang zum Golfplatz und zu den Wanderwegen.
49 Alle gängigen Kreditkarten

MCKELLAR

DER BESONDERE TIPP

THE INN AT MANITOU
Luxuserholungsort am Ufer des Lake Manitouwabing. Gourmetküche, Tennisunterricht, Heilbad und Musikfestival im Sommer. Mahlzeiten sind im Preis inbegriffen.
$$$$
CENTRE RD.
TEL. 705/389-2171 (MAI–OKT.)
oder 800/571-8818
www.manitou-online.com
33 Mitte Okt.–Anfang Mai geschl. Alle gängigen Kreditkarten

KINGSTON

HOLIDAY INN KINGSTON WATERFRONT
$$$
1 PRINCESS ST.
TEL. 613/549-8400 ODER
800/465-4329,
www.hikingstonwaterfront.com
Hotel mit großartige Lage – und wie der Name schon besagt direkt am Wasser gelegen mit schönem Blick auf den Lake Ontario.
195 Alle gängigen Kreditkarten

PREISKATEGORIEN

HOTELS
Die Preiskategorie für ein Doppelzimmer ohne Frühstück wird angegeben mit $

$$$$$	über 280 Can$
$$$$	200–280 Can$
$$$	120–200 Can$
$$	80–120 Can$
$	unter 80 Can$

RESTAURANTS
Die Preiskategorie für ein Drei-Gänge-Menü ohne Getränke wird angegeben mit $

$$$$$	über 80 Can$
$$$$	50–80 Can$
$$$	35–50 Can$
$$	20–35 Can$
$	unter 20 Can$

NIAGARA FALLS

DIVERSE HOTELS
$$$$$
In den vergangenen Jahren haben große Ketten hohe Hotelblocks errichtet, von deren Zimmern aus sich spektakuläre Ausblicke auf die Niagarafälle bieten. Diese Zimmer sind extrem teuer. Informationen bei Best Western, Hilton, Marriott, Renaissance und Sheraton oder bei Niagara Falls Tourism (Tel. 906/356-6061 oder 800/563-2557; www.niagarafallstourism.com).

TERROIR LA CACHETTE
$$$
1389 LAKESHORE ROAD
TEL. 905/468-1222
www.lacachette.com
Dieses Restaurant auf dem Weingut Strewn bietet regionale Speisen aus Niagara mit provenzalischer Note. Alle Weinsorten stammen von der Halbinsel Niagara.
80 Alle gängigen Kreditkarten

HILLEBRAND WINERY RESTAURANT
$$$$
1249 NIAGARA STONE ROAD

TEL. 905/468-7123 ODER 800/582-8412
www.hillebrand.com
Gehobene Küche, serviert mit den Spitzenweinen aus der Region.
140 Alle gängigen Kreditkarten

NIAGARA-ON-THE-LAKE

OBAN INN
$$$
160 FRONT ST.
TEL. 905/468-2165 ODER 866/359-6226, www.obaninn.ca
Große Veranden und gepflegte Gärten umgeben diese historische Landherberge mit Blick auf den See. Das Restaurant serviert moderne und tradionelle Speisen mit heimischen Zutaten.
26 Alle gängigen Kreditkarten

THE PRINCE OF WALES
$$$
6 PICTON ST.
TEL. 905/468-3246 ODER 888/669-5566, www.vintageinns.com
Der Anbau hat weniger Charme als das Originalgebäude, aber die hellen Zimmer und die ausgezeichnete Innenstadtlage sind unübertrefflich.
114 Alle gängigen Kreditkarten

QUEEN'S LANDING
$$$
155 BYRON ST.
TEL. 905/468-2195 ODER 888/669-5566, www.vintageinns.com
Betörende Ausblicke und alte Himmelbetten. Innovative Küche und regionale Weine ziehen viele Gäste in den preisgekrönten Speisesaal.
142 Alle gängigen Kreditkarten

OTTAWA

CHÂTEAU LAURIER
$$$$
1 RIDEAU ST.
TEL. 613/241-1414 ODER 800/441-1414,
www.fairmont.com
Das ehrwürdige Haus, eines der großen Eisenbahnhotels, bietet ausgezeichneten Service und bequeme Zimmer am Fuß des Parliament Hill. Der Sonntags-Brunch ist wahrhaft üppig.
428 Alle gängigen Kreditkarten

WESTIN HOTEL
$$$
11 COLONEL BY DR.
TEL. 613/560-7000 ODER 800/937-8461,
www.westin.com
Hochhaus-Hotel, an das Rideau Centre angebaut. Moderne Zimmer in Pastellfarben haben raumhohe Fenster.
484 Alle gängigen Kreditkarten

LORD ELGIN HOTEL
$$
100 ELGIN ST.
TEL. 613/235-3333 ODER 800/267-4298,
www.lordelginhotel.ca
Preiswert für die zentrale Lage, Sehenswürdigkeiten sind zu Fuß erreichbar. Speisesaal.
355 Alle gängigen Kreditkarten

LE CAFÉ
$$$
53 ELGIN ST. (IM NATIONAL ARTS CENTRE)
TEL. 613/594-5127
Blick auf den Rideau Canal mit einer Sommerterrasse. Le Café hat sich auf kanadische Küche für Gourmets spezialisiert.
160 Geschl. So Alle gängigen Kreditkarten

FISH MARKET RESTAURANT
$$
54 YORK ST.
TEL. 613/241-3474
Dieses beliebte Restaurant in einem ehemaligen Hotelgebäude im Byward Market serviert viele Fisch- und Meeresfrüchtegerichte mit Zutaten aus aller Welt. Die Weinkarte ist beeindruckend.
140 Alle gängigen Kreditkarten

COURTYARD RESTAURANT
$$–$$$
21 GEORGE ST.
TEL. 613/241-1516
Das Courtyard ist in einem Steinbau von 1827 untergebracht und serviert internationale Küche. Spezialitäten sind Shrimps und Jakobsmuscheln mit einer Pesto-Sahnesauce aus getrockneten Tomaten sowie Lamm und Rinderfilet mit Sesam-Ingwer-Sauce.
150 Alle gängigen Kreditkarten

FRESCO
$$
354 ELGIN ST.
TEL. 613/235-7541
Diese unscheinbare Trattoria serviert mediterrane Speisen, insbesondere Kalbfleisch, Meeresfrüchte und Nudelgerichte mit verschiedenen Saucen.
60 Alle gängigen Kreditkarten

PICTON

ISAIAH TUBBS RESORT
$$$
WEST LAKE RD., PICTON, QUINTE'S ISLE
TEL. 613/393-2090 ODER 800/724-2393,
www.isaiahtubbs.com
Picton auf Quinte's Isle wurde 1786 von den Loyalisten gegründet. Das Ferienhotel liegt zwischen Kiefern am West Lake und besteht aus einer Herberge aus dem 18. Jahrhundert und modernen Selbstversorger-Cottages.
65, 14 Cottages Alle gängigen Kreditkarten

PORT CARLING

SHERWOOD INN
$$$
1090 SHERWOOD RD.

TEL. 705/765-3131 ODER 866/844-2228, www.sherwoodinn.ca
Am Lake Joseph in der Region Muskoka Lakes von Ontario liegt dieses schöne und sehr persönliche Ferienhotel mit Cottages am See. Landhausküche und feine Weine.
49 Alle gängigen Kreditkarten

ST. JACOBS

JACOBSTETTEL GUEST HOUSE
$$$
16 ISABELA ST.
TEL. 519/664-2208 ODER 800/431-3035
www.jakobsstettel.com
Das viktorianische Gästehaus liegt in reizvoller Umgebung. Es ist ein großes Bed and Breakfast mit schönen Zimmern, alle mit eigenem Bad.
10 AE, MC, V

ST. MARYS

WESTOVER INN
$$$
300 THOMAS ST.
TEL. 519/284-2977 ODER 800/268-8243, www.westoverinn.com
1867 während der *Confederation* gebaut, hat dieses Herrenhaus aus Kalkstein mit Pfefferkuchendekoration attraktive Zimmer und zwei Speisesäle.
22 Alle gängigen Kreditkarten

STRATFORD

QUEEN'S INN AT STRATFORD
$$
161 ONTARIO ST.
TEL. 519/271-1400 ODER 800/461-6450, www.queensinnstratford.ca
Ländliches Hotel mitten in Stratford, das preiswert ist und ein guter Ausgangspunkt für das weltberühmte Stratford Festival sein kann.
32 Alle gängigen Kreditkarten

TORONTO

DER BESONDERE TIPP

FOUR SEASONS TORONTO
In der Innenstadt gelegen, erfüllt es alle Ansprüche an Luxus und Service, mit wunderbar ausgestatteten Zimmern und einer Bedienung, die jeden Wunsch erfüllt.
$$$$
21 AVENUE RD.
TEL. 416/964-0411 ODER 800/332-3442
www.fourseasons.com
380 Museum, Bay Alle gängigen Kreditkarten

INTER-CONTINENTAL
$$$$
220 BLOOR ST. W.
TEL. 416/960-5200 ODER 800/267-0010, http://toronto.intercontinental.com
Nur einen Block vom Royal Ontario Museum und Einkaufsmöglichkeiten entfernt. Gut ausgestattete Zimmer.
209 St. George Alle gängigen Kreditkarten

WESTIN HARBOUR CASTLE
$$$$
1 HARBOUR SQ.
TEL. 416/869-1600 ODER 800/937-8461, www.starwoodhotels.com/westin
Erstklassige Seelage und Ausstattung. Jeder Raum mit Seeblick. Mehrere Restaurants.
977 Union Alle gängigen Kreditkarten

DELTA CHELSEA
$$$
33 GERRARD ST. W.
TEL. 416/595-1975 ODER 800/243-5732, www.deltahotels.com
Großes, gut geführtes Haus. Exzellente Spielmöglichkeiten für Kinder, z.B. ein beaufsichtigter Kreativ-Spielplatz für die Drei- bis Achtjährigen.
1,590 College 2 Alle gängigen Kreditkarten

LE ROYAL MERIDIEN KING EDWARD
$$$
37 KING ST. E.
TEL. 416/863-3131 ODER 800/543-4300, www.starwoodhotels.com
Elegantes Understatement prägt dieses 1903 gebaute Hotel. Trinken Sie in der mit Palmen bestückten Eingangshalle Tee oder dinieren Sie im Victoria's.
261 King Alle gängigen Kreditkarten

METROPOLITAN
$$$
108 CHESTNUT ST.
TEL. 416/977-5000 ODER 800/668-6600, www.metropolitan.com
Hotel mit günstigen Preisen, das auf dem Luxussegment große Hotels herausfordert.
355 St. Patrick Alle gängigen Kreditkarten

SUTTON PLACE HOTEL
$$$
955 BAY ST.
TEL. 416/924-9221 ODER 866/378-8866, www.suttonplace.com
Modernes Hochhaus mit Zimmern, die mit Antiquitäten gefüllt sind; nahe Queen's Park, der Universität von Toronto und exquisiten Läden.
230 Wellesley Alle gängigen Kreditkarten

PARK HYATT TORONTO
$$$
4 AVENUE RD.
TEL. 416/925-1234 ODER 800/233-1234, www.parktoronto.hyatt.com
Das Luxushotel liegt im Herzen von Torontos teuerstem Einkaufsviertel. Die geräumigen Zimmer haben einen abgeschlossenen Wohnbereich.
348 Museum Alle gängigen Kreditkarten

HYATT REGENCY TORONTO
$$
370 KING ST. W.
TEL. 416/343-1234, www.hiok.com
Preiswert und in guter Lage zum Rogers Centre, CN Tower und Unterhaltungsviertel.
394 St. Andrew Alle gängigen Kreditkarten

RADISSON PLAZA HOTEL ADMIRAL
$$
249 QUEENS QUAY W.
TEL. 416/203-3333 ODER 800/967-9033, www.radisson.com
Hotel am Wasser mit Pool, Bar und Dachterrasse. Zimmer sind gut ausgestattet. Zwei Restaurants und Bar.
157 Union Alle gängigen Kreditkarten

FAIRMONT ROYAL YORK HOTEL
$$
100 FRONT ST. W.
TEL. 416/368-2511 ODER 800/257-7544, www.fairmont.com
Das Originaldekor von 1929 wurde aufpoliert; Zugang zu den Läden und Büros des unterirdischen PATH-Systems.
1365 Union Alle gängigen Kreditkarten

SHERATON
$$
123 QUEEN ST. W.
TEL. 416/361-1000 ODER 800/325-3535, www.starwoodhotels.com/sheraton
Trotz seiner Größe verfügt das Hotel über einen leistungsstarken Service. Drei Restaurants.
1377 Osgoode Alle gängigen Kreditkarten

WESTIN PRINCE
$$
900 YORK MILLS RD., DON MILLS
TEL. 416/444-2511 ODER 800/437-8461, www.starwoodhotels.com
Das Hotel in japanischem Besitz liegt im Don Valley. Das Katsura-Restaurant bietet Sushi- und Robata-Bars, Tatami-Räume und Küche im Teppanyaki-Stil. Tennisplätze und kleiner Golfplatz (putting green).
384 Suiten York Mills Alle gängigen Karten

CLARION HOTEL & SELBY SUITES
$
592 SHERBOURNE
TEL. 416/921-3142 ODER 800/387-4788, www.hotelselby.com
Das Hotel in einem hübschen viktorianischen Haus in der Stadtmitte ist eines der besten Angebote der Stadt. Die Zimmer haben hohe Decken und sind individuell ausgestattet.
82 Sherbourne Alle gängigen Kreditkarten

HOTEL VICTORIA
$
56 YONGE ST.
TEL. 416/363-1666 ODER 800/363-8228, www.hotelvictoria.toronto.com
Nur wenige Schritte vom Herzen des Finanzviertels entfernt, bietet dieses freundliche Hotel saubere Zimmer zu erschwinglichen Preisen.
56 Union, King Alle gängigen Karten

TRUFFLES
$$$
21 AVENUE RD. (IM FOUR SEASONS HOTEL)
TEL. 416/928-7331
Ein Gastronomie-Tempel mit tadellosem Service. Wunderbar angerichtete Gerichte. Reservierung erforderlich.
80 Geschl. mittags und So Bay Alle gängigen Kreditkarten

360 REVOLVING RESTAURANT
$$$$
CN TOWER, 301 FRONT ST. W.
TEL. 416/362-5411
Das Essen ist teuer, aber köstlich, zum Lunch ist der Ausblick einfach umwerfend, aber nachts noch besser. Reservierung erforderlich.
400 Geschl. im Winter mittags Union Alle gängigen Kreditkarten

AUBERGE DU POMMIER
$$$$
4150 YONGE ST.
TEL. 416/222-2220
Moderne französische Küche in einem romantischen Cottage am Nordende der Stadt. Die Speisekarte ändert sich regelmäßig.
160 Geschl. Sa mittags und So York Mills Alle gängigen Kreditkarten

AVALON
$$$
270 ADELAIDE ST. W.
TEL. 416/979-9918
Erstklassige Zutaten, zubereitet nach europäischer Art und mit viel Kreativität.
65 Geschl. mittags außer Do und So St. Andrew Alle gängigen Kreditkarten

CENTRO GRILL AND WINE BAR
$$$
2472 YONGE ST.
TEL. 416/483-2211
Hier wird norditalienische Küche großgeschrieben und mit kanadischen Elementen durchsetzt. Am Abend R&B-Musik.
220 Geschl. mittags und So Eglinton Alle gängigen Kreditkarten

COURTYARD CAFÉ
$$$
18 ST. THOMAS ST.
TEL. 416/971-9666
Das Restaurant im Windsor Arms Hotel serviert nachmittags Tee, aber auch gehobenen Lunch und Dinner.
250 Bay Alle gängigen Kreditkarten

Nichtraucher Klimaanlage Hallenbad Pool im Freien Fitnessclub Kreditkarten

NORTH 44°
$$$
2537 YONGE ST.
TEL. 416/487-4897
Kreative kontinentale Küche in einer anspruchsvollen Umgebung mit exquisiten Weinen. Spezialität des Hauses sind Fischgerichte.
202 P Geschl. mittags und So Eglinton Alle gängigen Karten

OPUS RESTAURANT
$$$
37 PRINCE ARTHUR AVE.
TEL. 416/921-3105
Umgebautes Sandsteinhaus nahe Yorkville, das kalifornische Küche serviert. Weinkenner schätzen die Bandbreite des erstklassigen Kellers.
60 P Geschl. mittags St. George Alle gängigen Kreditkarten

SCARAMOUCHE RESTAURANT
$$$
1 BENVENUTO PL.
TEL. 416/961-8011
Die herausragende Küche, der ausgezeichnete Ausblick und das Luxusambiente machen dieses Restaurant zum wohl besten in Toronto.
100 P Geschl. mittags, So Alle gängigen Kreditkarten

SPLENDIDO BAR & GRILL
$$$
88 HARBORD ST.
TEL. 416/929-7788
Mediterrane Küche nahe der Universität von Toronto. Probieren Sie die Tagesangebote und die Probiermenüs.
100 P Geschl. mittags und So Spadina Alle gängigen Kreditkarten

ALICE FAZOOLI'S
$$
294 ADELAIDE ST. W.
TEL. 416/979-1910
Dieses Restaurant ist ein umgebautes Warenhaus und bietet italienische Küche mit einigen Einflüssen der amerikanischen Golfküste. Spezialitäten sind frischer Fisch, Meeresfrüchte und Nudelgerichte.
400 St. Andrew Alle gängigen Kreditkarten

ARLEQUIN
$$
134 AVENUE RD.
TEL. 416/928-9521
Dieses Café am Rande von Yorkville serviert großartige leichte Lunchgerichte und am Wochenende ein gehobenes Dinner.
46 Geschl. Mo, Di–Do mittags, Fr–Sa abends Museum Alle gängigen Kreditkarten

CAFÉ AGO
$$
ART GALLERY OF ONTARIO
317 DUNDAS ST. W.
TEL. 416/979-6648
Beliebtes Lunch-Café für gutsituierte Gäste mit einfallsreicher Küche. (siehe S. 181).
70 P Geschl. abends und Mo–Di St. Patrick Alle gängigen Kreditkarten

CAFÉ LA GAFFE
$$
24 BALDWIN ST.
TEL. 416/596-2397
Gemütliches Café in der Downtown, wo man frühstücken, zu Mittag oder zu Abend essen kann. Im Sommer wird auch draußen bedient.
30 Mo–Fr 12–23, Sa–So 11–23 Uhr MC, V

FIRE AND ICE
$$
25 COCHRANE DR.
TEL. 905/947-1900
Das Restaurant im Vorort Markham ist auf neue asiatische Küche spezialisiert. Hier gibt es 28 Pfannengerichte und eine große Auswahl an Gemüsesorten der Saison. Sommerterrasse.
150 Alle gängigen Kreditkarten

PREISKATEGORIEN

HOTELS
Die Preiskategorie für ein Doppelzimmer ohne Frühstück wird angegeben mit $

$$$$$	über 280 Can$
$$$$	200–280 Can$
$$$	120–200 Can$
$$	80–120 Can$
$	unter 80 Can$

RESTAURANTS
Die Preiskategorie für ein Drei-Gänge-Menü ohne Getränke wird angegeben mit $

$$$$$	über 80 Can$
$$$$	50–80 Can$
$$$	35–50 Can$
$$	20–35 Can$
$	unter 20 Can$

LA MAQUETTE
$$
111 KING ST. E.
TEL. 416/366-8191
Hier gibt es Pasta und Risotto neben klassischen Gerichten wie gegrilltem Lachs und New Yorker Rinderfilet. Der elegante Raum hat Blick auf einen kleinen Skulpturengarten und liegt in der Nähe der Theater. Dinner zum Festpreis.
200 P Geschl. Sa mittags und So King Alle gängigen Karten

ORO
$$
45 ELM ST.
TEL. 416/597-0155
La nuova cucina Italiana in schöner Umgebung, nur wenige Schritte vom Eaton Centre entfernt. Spezialitäten sind Ravioli mit Shrimps sowie Lamm.
120 P Geschl. Sa mittags und So Dundas Alle gängigen Kreditkarten

PANGAEA
$$
1221 BAY ST. TEL. 416/920-2323
Hohe Decken und Möbel im Missionsstil bilden den Hintergrund für gut zubereitete frische Marktküche aus aller

Welt. Probieren Sie die Ente oder das Karibufleisch mit getrüffeltem Kartoffelpüree.
160 Geschl. So Bay Alle gängigen Kreditkarten

PAN RESTAURANT
$$$
516 DANFORTH AVE.
TEL. 416/466-8158
Neue griechische Küche serviert in einem modernen Nachtclub, der wenig mit seinen Souvlakihaus-Nachbarn gemeinsam hat. Spezialität ist gegrillte Lammlende und geräuchertes Schweinekotelett.
72 Geschl. mittags Pape, Chester Alle gängigen Kreditkarten

LE TROU NORMAND
$$
90 YORKVILLE AVE.
TEL. 416/967-5956
Langjähriger Favorit im Herzen von Yorkville. Le Trou serviert immer wieder beste Küche der Normandie, abgerundet mit einem Gläschen Calvados zwischen den Gängen.
75 Alle gängigen Kreditkarten

BLOOR STREET DINER
$
55 BLOOR ST. WEST
TEL. 416/928-3105
In diesem beliebten Lokal wird provenzalisch gekocht. Probieren Sie den gegrillten Lachs mit roter Grapefruit-Vinaigrette oder Huhn mit Mayonnaise. Gläserne Innenveranda.
100 (50 auf der Veranda) Bay oder Bloor-Yonge Alle gängigen Kreditkarten

THE ELEPHANT AND CASTLE
$
212 KING ST. W.
TEL. 416/598-4455
Britisches Pub mit traditionellem Restaurant gegenüber der Roy Thomson Hall, so dass man gern nach einem Konzert hierher kommt.
390 Alle gängigen Kreditkarten

THE HOST
$
14 PRINCE ARTHUR AVE.
TEL. 416/962-4678
Feine nordindische Küche in Rokoko-Umgebung. Tandoori-Butter-Huhn und saftige Pakoras. Mittags Festpreis-Menüs.
250 Geschl. Mo mittags Bay Alle gängigen Kreditkarten

LEE GARDEN RESTAURANT
$
331 SPADINA AVE.
TEL. 416/593-9524
In diesem kantonesischen Restaurant im Herzen Chinatowns kann man nicht reservieren. Deshalb gibt es oft Schlangen vor der Tür. Die Speisekarte ist umfangreich; Höhepunkte sind die Venusmuscheln in einer schwarzen Bohnensauce, Huhn mit Kichererbsen und frittierte Shrimps.
90 St. Patrick Geschl. mittags AE, MC, V

PRÄRIEPROVINZEN

Wellen von Siedlern haben ihre kulinarischen Spuren in den Prärieprovinzen hinterlassen: Ukrainische Piroggen, Eingemachtes der Mennoniten und chinesischer gebratener Reis sind weit verbreitet.

Für Informationen zu Bed und Breakfast-Unterkünften wenden Sie sich an die Touristeninformationen (Adressen siehe S. 343)
Manitoba Rural Tourism Association, Tel. 204/848-2265, www.countryvacations.mb.ca
Saskatchewan Bed and Breakfast Association, Tel. 306/789-3259, www.bbsask.ca
Für Ferien auf Ranchen und Farmen in Alberta wenden Sie sich an die Touristeninformation (siehe S. 343)

CHURCHILL, MAN.

AURORA INN
$$
P.O. BOX 1030
TEL. 204/675-2071 ODER 888/840-1344, www.aurora-inn.mb.ca
Überaus gastfreundlich, bietet die Möglichkeit, je nach Jahreszeit Polarlichter, Wale, Eisbären und Karibus zu erleben.
22 MC, V

WINNIPEG, MAN.

HOTEL FORT GARRY
$$$
222 BROADWAY
TEL. 204/942-8251 ODER 800/665-8088, www.fortgarryhotel.com
Historisches Eisenbahnhotel mit großen Gästezimmern, die mit dunklem Holz und Blumen dekoriert sind.
243 Alle gängigen Kreditkarten

FAIRMONT WINNIPEG
$$$
2 LOMBARD PL.
TEL. 204/957-1350 ODER 866/540-4466, www.fairmont.com
Zugang zu Bürogebäuden und Einzelhandelsgeschäften über eine überdachte Brücke ist die Belohnung dafür, dass man in diesem Fairmont-Luxushotel mitten in der Stadt wohnt.
340 Alle gängigen Karten

YORK THE HOTEL
$$
161 DONALD ST.
TEL. 204/942-5300
Einfache, preiswerte Option im Herzen der Stadt, unweit des Convention Centers. Von hier aus sind viele Sehenswürdigkeiten zu Fuß erreichbar.
271 Alle gängigen Kreditkarten

PROVENCE BISTRO AT NIAKWA
$$$
620 NIAKWA RD. (IM NIAKWA COUNTRY CLUB)
TEL. 204/254-3500

Dieses Restaurant bereitet und serviert mediterrane Spezialitäten mit großer Sorgfalt und mit Liebe zum Detail. Besonders zu empfehlen: Meeresfrüchte-Risotto, Muscheln, Krabben und eine hervorragende Bouillabaisse sowie Lamm, Entenconfit und *escargots en croûte*.
90 Geschl. mittags und So Alle gängigen Kreditkarten

AMICI
$$
326 BROADWAY
TEL. 204/943-4997
Serviert wird norditalienische Nouvelle Cuisine. In der Bombolini Wine Bar im Keller gibt es einfachere Gerichte zu moderaten Preisen.
86 Geschl. Sa mittags und So Alle gängigen Kreditkarten

MUDDY WATERS SMOKEHOUSE
$$
FORKS PAVILION, THE FORKS
TEL. 204/947-6653
Ein beliebter Ort in den Sommermonaten; Terrassen mit Blick auf den Jachthafen. Spezialität des Hauses sind geräucherte Barbecue-Rippchen.
100 Alle gängigen Kreditkarten

REGINA, SASK.

DELTA REGINA
$$$
1919 SASKATCHEWAN DR.
TEL. 306/525-5255 ODER 888/890-3222, www.deltahotels.com
Haus in der Innenstadt, nahe Saskatchewan Trade and Convention Centre.
274 Alle gängigen Kreditkarten

RAMADA HOTEL
$$
1818 VICTORIA AVE.
TEL. 306/569-1666 ODER 800/667-6500, www.saskramada.com
Modernes Haus in der Innenstadt mit hellen Zimmern mit tollem Eingangsbereich.
232 Alle gängigen Kreditkarten

THE DIPLOMAT
$$
2302 BROAD ST.
TEL. 306/359-3366
Erstklassiges Restaurant mit einer Riesenauswahl an Steaks, Meeresfrüchten, Huhn und Wild; große Weinkarte.
120 Geschl. Sa mittags und So Alle gängigen Kreditkarten

SASKATOON, SASK.

DELTA BESSBOROUGH
$$$
601 SPADINA CRES. E. TEL. 306/244-5521 ODER 888/890-3222, www.deltahotelscom
Schlossähnliches, weithin sichtbares Hotel am South Saskatchewan mit traditionell möblierten Zimmer.
225 Alle gängigen Kreditkarten

RADISSON HOTEL SASKATOON
$$
405 20TH ST. E.
TEL. 306/665-3322 ODER 800/395-7046, www.radisson.com
Ein Hotelturm mit 18 Stockwerken mitten in der Stadt am Ufer des South Saskatchewan gelegen.
291 Luxussuiten Alle gängigen Kreditkarten

ST. TROPEZ BISTRO
$
243 2WD AVE. S.
TEL. 306/652-1250
Dieses kleine Restaurant in der Innenstadt ist beliebt wegen seiner erschwinglichen Nudel- und Pfannengerichte, der Meeresfrüchte und der französischen Gerichte wie Pfefferkornfilet Mignon und eingeschwärztes Huhn. Der dreifache Schokoladenmousse-Pie ist einzigartig.
100 Geschl. mittags AE, MC, V

CALGARY, ALBERTA

FAIRMONT THE PALLISER
$$$$
133 9TH AVE S.W.
TEL. 403/262-1234 ODER 800/441-1414, www.fairmont.com
Wunderbares, historisches Eisenbahn-Hotel, das Zimmer mit traditionellem Mobiliar, hohen Decken und schönen Verzierungen hat.
405 Alle gängigen Kreditkarten

WESTIN HOTEL
$$$
320 4TH AVE. S.W.
TEL. 403/266-1611 ODER 800/937-8461, www.westincalgary.com
Luxus-Hochhaus in der Innenstadt mit großen Zimmern in zeitgenössischem Dekor.
525 Alle gängigen Karten

5 CALGARY DOWNTOWN SUITES
$$
618 5TH AVE. S.W.
TEL. 403/451-5551 ODER 877/451-5551, www.5calgary.com
Zimmer in diesem Innenstadt-Hotel haben voll eingerichtete Küchen.
301 Alle gängigen Kreditkarten

HOLIDAY INN AIRPORT
$$
1250 MCKINNON DR. N.E.
TEL 403-230-1999 ODER 800/465-4329, www.holiday-inn.com
Praktisches und bequemes Flughafen-Hotel mit hellen, geschmackvoll eingerichteten Zimmern.
170 Alle gängigen Kreditkarten

HY'S STEAK HOUSE
$$$
316 4TH AVE. S.W.
TEL. 403/263-2222
Ein Steak vom Holzkohlengrill ist das beste Essen in Calgarys beliebtestem Steakhaus.

185 Geschl. mittags und Sa–So Alle gängigen Kreditkarten

THE KEG STEAKHOUSE & BAR
$$
WESTIN HOTEL
320 4TH AVE. S.W.
TEL. 403/266-1611
Anspruchsvolles kontinentales Essen, große Weinkarte und erstklassiger Service. Spezialitäten: Rindfleisch aus Alberta, Lachs aus British Columbia, Hummer von der Ostküste.
175 Geschl. Sa mittags und So Alle gängigen Kreditkarten

DRUMHELLER, ALBERTA

DRUMHELLER INN
$$
100 S. RAILWAY AVE.
TEL. 403/823-8400, www.drumhellerinn.com
Die Alberta Badlands sind nicht mit großen Hotels gesegnet, aber das Drumheller Inn ist sehr zufriedenstellend mit Blick über die Stadt. Restaurant.
100 Alle gängigen Kreditkarten

EDMONTON, ALBERTA

FANTASYLAND HOTEL
$$$
17700 87TH AVE.
TEL. 780/444-3000 ODER 800/737-3783, FAX 780/444-3294
Teil der West Edmonton Mall. Themenzimmer kommen römischen, viktorianischen, polynesischen oder automobilen Phantasien entgegen.
354 Alle gängigen Kreditkarten

FAIRMONT HOTEL MACDONALD
$$$
10065 100TH ST.
TEL. 780/424-5181 ODER 800/441-1414, www.fairmont.com
Weithin sichtbares Hotel mit traditionell eingerichteten Zimmern und wunderbarer Aussicht auf den Saskatchewan.
198 Alle gängigen Kreditkarten

WEST HARVEST INN
$$
17803 STONY PLAIN RD.
TEL. 780/484-8000 ODER 800/661-6993, www.westharvest.ca
Fünf Minuten von der West Edmonton Mall entfernt, bietet dieses Hotel saubere, moderne Unterkunft. Zimmer im neuen Flügel sind etwas größer und teurer.
161 Alle gängigen Kreditkarten

THE CRÊPERIE
$$
10220, 103 ST. N.W.
TEL. 780/420-6656
Dieses beliebte französische Restaurant im Stadtzentrum bietet 20 verschiedene Dinner- und Dessertcrêpes.
160 Geschl. mittags und So Alle gängigen Kreditkarten

UNHEARD OF DINING LOUNGE
$$
9602 82ND AVE.
TEL. 780/432-0480
Einfallsreiche Küche. Die Karte wechselt mit den Jahreszeiten, aber mit Safran verfeinerter Lachs aus dem Atlantik und mit Kräutern abgeschmeckte Meeresfrüchte-Crêpes bleiben ganzjährig die Favoriten. Reservierung erforderlich.
118 Geschl. mittags und Mo Alle gängigen Kreditkarten

BISTRO PRAHA
$
10168 100 A ST.
TEL. 780/424-4218
Modisches Café. Es werden beliebte mitteleuropäische Speisen serviert. Das Gebäck passt sowohl nach dem Essen als auch zum Kaffee.
82 Geschl. So mittags Alle gängigen Kreditkarten

DIE ROCKIES

Die Rockies ziehen mit ihren spektakulären Skipisten und aufregenden Golfplätze ganzjährig Besucher an. Essen in entspannter Atmosphäre ist die Regel, Hotelzimmer sollten im Sommer rechtzeitig gebucht werden.

BANFF TOWNSITE, ALBERTA

Zimmer sind im Sommer in Banff und Lake Louise sehr knapp. Wenn Sie ein Zimmer suchen, wenden Sie sich an: Banff-Lake Louise Central Reservations, Tel. 800/661-1676, Durchwahl 2

RIMROCK RESORT HOTEL
$$$$$
300 MOUNTAIN AVE.
TEL. 403/762-3356 ODER 800/661-1587, www.rimrockresort.com
Modernes Haus am Sulphur Mountain mit Blick auf das Bow Valley, Zimmer ausgestattet in Leder und Samt.
345 Alle gängigen Kreditkarten

TUNNEL MOUNTAIN CHALETS
$$$$
502 TUNNEL MOUNTAIN RD.
TEL. 403/762-4515 ODER 800/661-1859, www.tunnelmountain.com
Attraktive Holzhäuser mit Küchenzeile und Kamin liegen zwischen Bäumen.
95 Alle gängigen Kreditkarten

FAIRMONT BANFF SPRINGS HOTEL
$$$$
SPRAY AVE.
TEL. 403/762-2211 ODER 800/441-1414, www.fairmont.com
Majestätisches Gebäude mit mehr als 80 Stilarten in den Zimmern, die alle über hohe Decken und antikes Mobiliar verfügen.

770 P
Alle gängigen Kreditkarten

RED CARPET INN
$$
425 BANFF AVE.
TEL. 403/762-4184 ODER 800/563-4609,
www.banffredcarpet.com
Diese Motelzimmer ohne besondere Ausstattung mitten in der Innenstadt von Banff sind ein echtes Schnäppchen. Die Zimmer zur Banff Avenue können laut sein.
52 P AE, MC, V

BOW VALLEY PARKWAY, ALBERTA

CASTLE MOUNTAIN CHALETS
$$$
BOW VALLEY PKWY. (HWY. 1A)
TEL. 403/762-3868
www.decorehotels.com
Verschiedene hübsche Holzhütten mit Blick auf Castle Mountain östlich des Kootenay National Park. Alle sind mit Küchenzeile und Kamin ausgestattet.
22 Hütten MC, V

LE BEAUJOLAIS
$$$
212 BUFFALO ST.
TEL. 403/762-2712
Französische Küche. Beliebte Gerichte sind Rindfleisch aus Alberta, Kalb und Lamm.
80 P Geschl. mittags und So–Mo im Winter
MC, V

EDEN RESTAURANT
$$$
RIMROCK RESORT HOTEL MOUNTAIN AVE.
TEL. 403/762-1840
Norditalienische Küche und aufregende Aussicht auf das Bow Valley. Gegrillte Kalbskoteletts, Lachsrouladen und frische Fruchtdesserts füllen die Karte.
64 P Geschl. mittags Alle gängigen Kreditkarten

EARLS
$–$$
229 BANFF AVE.
TEL. 403/762-4414
Earls, die beliebte Kette der Westküste, sorgt für ein legeres und mäßig teures Essvergnügen. Auf der Speisekarte stehen Rindfleisch aus Alberta und frischer Lachs aus British Columbia zusammen mit guten Salaten, exzellenter Pizza sowie großartige Desserts.
150 Alle gängigen Kreditkarten

ICEFIELDS PARKWAY, ALBERTA

THE GLACIER VIEW INN
$$$
ICEFIELDS PARKWAY, GRENZE BANFF/JASPER NATIONAL PARKS
TEL. 780/852-6550 ODER 877/442-2623
Spektakuläre Lage mit Blick auf den Athabaska-Gletscher; einige Zimmer mit schönem Ausblick auf die Canadian Rockies.
32 (17 mit Gletscherblick)
P Geschl. Mitte Okt.–Mitte Mai MC, V

NUM-TI-JAH LODGE
$$–$$$
ICEFIELDS PARKWAY, BANFF NATIONAL PARK
TEL. 403/522-2167,
www.num-ti-jah.com
Einfache ländliche Unterkunft am schönen Bow Lake (40 km nördl. Lake Louise) mit Blick auf Gletscher und Gipfel. Der Name bezieht sich auf den Marder. Dies war der Spitzname des Ausrüsters Jimmy Simpson, dem Hotelgründer.
25 P Geschl. Nov.
Alle gängigen Kreditkarten

JASPER, ALBERTA

FAIRMONT JASPER PARK LODGE
$$$$
OLD LODGE RD.
TEL. 780/852-3301 ODER 800/441-1414, www.fairmont.com

Ein eigenes Dorf. Die Zimmer sind modern oder rustikal. Im Sommer kann man golfen, reiten oder mit einem Boot auf den Lac Beauvaire fahren.
451 P
Alle gängigen Kreditkarten

SORRENTINO'S
$$$
CHÂTEAU JASPER, 96 GIEKIE ST.
TEL. 780/852-5152
Dieses sympathische Restaurant liegt im Château Jasper Hotel und hat ein vielfältiges Angebot an italienischen Speisen mit regionalen Spezialiäten wie Karibu-Schnitzel und Lachs-Cordon-bleu von der Westküste. Auch die Nachspeisen sind hervorragend.
120 P Alle gängigen Kreditkarten

KANANASKIS, ALBERTA

BREWSTER KANANASKIS GUEST RANCH
$$$
P.O. BOX 964 TEL. 403/673-3737 ODER 800/691-5085,
www.kananaskisguestranch.com
Diese Ferienranch, 30 Minuten östlich von Banff, bietet Hüt-

PREISKATEGORIEN

HOTELS
Die Preiskategorie für ein Doppelzimmer ohne Frühstück wird angegeben mit $

$$$$$	über 280 Can$
$$$$	200–280 Can$
$$$	120–200 Can$
$$	80–120 Can$
$	unter 80 Can$

RESTAURANTS
Die Preiskategorie für ein Drei-Gänge-Menü ohne Getränke wird angegeben mit $

$$$$$	über 80 Can$
$$$$	50–80 Can$
$$$	35–50 Can$
$$	20–35 Can$
$	unter 20 Can$

ten und Häuschen, antikes Mobiliar und Möglichkeiten zum Reiten. Einige Zimmer haben einen Whirlpool. Speisesaal. Golfplatz.
33 P Geschl. Okt.–Mai MC, V

LAKE LOUISE, ALBERTA

POST HOTEL
$$$$$
200 PIPESTONE RD.
TEL. 403/522-3989 ODER 800/661-1586, www.posthotel.com
Wählen Sie zwischen 16 Arten von Zimmern in diesem eleganten Relais-und-Châteaux-Haus. Alle Zimmer haben Mobiliar aus Holz und Leder, dazu dekadente Bäder.
99 P Geschl. Nov. AE, MC, V

DER BESONDERE TIPP

FAIRMONT CHÂTEAU LAKE LOUISE
Eindrucksvolle Lage am Victoria-Gletscher. Die Zimmer, einige mit Terrasse, haben auf antik gemachtes Mobiliar. Das Essen ist ausgezeichnet. Das Hotel hat viele Freizeitangebote.
$$$$$
111 LAKE LOUISE DR.
TEL. 403/522-3511 or 800/441-1414
www.fairmont.com
550 P Alle gängigen Kreditkarten

THE STATION
$$
200 SENTINEL RD. TEL. 403/522-2600
Rind und Lamm aus der Region werden meisterhaft zubereitet. Ungezwungenes Essen im restaurierten Bahnhof aus Holz.
166 P MC, V

LAKE LOUISE AREA, ALBERTA

MORAINE LAKE LODGE
$$$$$
13 KM VON LAKE LOUISE AM MORAINE LAKE
TEL. 403/522-3733
www.morainelake.com
Spektakuläre Lage an einem wildromantischen See im Valley of the Ten Peaks. Bequem elegante Hütten mit Kamin; ausgezeichnetes Essen. Naturkundler leiten Wanderungen und halten abendliche Vorträge. Kanus.
18 Hütten, 6 andere Einheiten, 8 Zimmer im Hotel und 1 Suite P Geschl. Okt.–Mai Alle gängigen Kreditkarten

YOHO NATIONAL PARK, B.C.

CATHEDRAL MOUNTAIN LODGE AND CHALETS
$$$$
YOHO VALLEY RD., 3 KILOMETER Ö VON FIELD
TEL. 250/343-6442
www.cathedralmountain.com
Zwischen Bäumen am Kicking Horse River gelegen, bieten sich vom Hotel prächtige Blicke auf den Cathedral Mountain. Die luxuriösen Holzhütten haben Kamin und Kochmöglichkeiten. Restaurant. Keine Tiere.
29 Geschl. Mitte Okt.–Mitte Mai Alle gängigen Kreditkarten

EMERALD LAKE LODGE
$$$$
EMERALD LAKE RD.
TEL. 250/343-6321 ODER 800/663-6336, www.crmr.com
Auf diesem bezaubernden Gelände, 20 Minuten von Lake Louise entfernt, sind keine Autos erlaubt. Hütten haben Kamin und Balkon. Exzellente Küche im Speisesaal.
85 P Alle gängigen Kreditkarten

LAKE O'HARA LODGE
$$$
11 KILOMETER SÜDLICH VON TRANS-CANADA HWY., ÖSTLICH VON FIELD
TEL. 250/343-6418 (NEBENSAISON 403/678-4110)
Nur zu Fuß, auf Skiern oder im Sommer mit dem täglichen Bus erreichbar, ist dies ein Versteck in den Bergen am schönen Lake O'Hara. Die Cottages und Wohneinheiten am See sind ideal, um zu wandern, zu klettern oder Ski zu fahren. Mahlzeiten im Preis inbegriffen. Keine Tiere. Reservierung rechtzeitig erforderlich.
23 Geschl. Okt.–Anfang Feb. und Anfang April–Mitte Juni Alle gängigen Kreditkarten

WESTKÜSTE

Kosmopolitische Restaurants und abgelegene Hotels gibt es an Kanadas Westküste reichlich. Vancouver kann stolz auf Restaurants der Weltklasse sein. Auf den Speisekarten findet man die Weine der Region, die köstlich zu Meeresfrüchten und Wild munden.

British Columbia Bed & Breakfast Innkeepers Guild,
Tel. 250-951-2277,
www.bcsbestbnbs.com

KELOWNA

LAKE OKANAGAN RESORT
$$$
2751 WESTSIDE RD.
TEL. 250/769-3511 ODER 800/663-3273, www.lakeokanagan.com
Hier hat man die Wahl zwischen Häuschen mit ein bis drei Schlafzimmern.
135 P Alle gängigen Kreditkarten

NANAIMO

BEST WESTERN DORCHESTER HOTEL
$$
70 CHURCH ST.
TEL. 250/754-6835 ODER 800/528-1234,
www.dorchesternanaimo.com
Umgebautes Opernhaus in der Innenstadt mit Blick auf

den Hafen. Elegante Ausstattung und bequeme Zimmer.
65 Alle gängigen Kreditkarten

MAHLE HOUSE
$
CEDAR AND HEEMER RDS.
TEL. 250/722-3621
Innovative Küche der Nordwestküste in vertrauter Landhausatmosphäre.
65 Geschl. mittags und Mo–Di Alle gängigen Karten

PRINCE RUPERT

EAGLE BLUFF BED & BREAKFAST
$–$$
201 COW BAY RD.
TEL. 250/627-4955 800/833-1550,
www.eaglebluff.ca
Die Zimmer haben Blick auf die Jachten, die nur 30 Meter entfernt in der Cow Bay ankern.
7 MC, V

THE INN ON THE HARBOUR
$–$$
720 1ST ST.
TEL. 250/624-9107 ODER 800/663-8155,
www.innontheharbour.com
Sagenhafte Aussicht auf den Hafen macht dieses Haus zu einem guten Ausgangspunkt für Zug- und Fährreisende.
50 MC, V

SOOKE

SOOKE HARBOUR HOUSE
$$$
1528 WHIFFEN SPIT RD.
TEL. 250/642-3421 ODER 800/889-9688,
www.sookeharbourhouse.com
Eines der besten Restaurants in British Columbia, wo es viel frischen Fisch und Gemüse aus dem hauseigenen Küchengarten gibt.
75 Alle gängigen Kreditkarten

TOFINO

THE WICKANINNISH INN
$$$$
OSPREY LANE
CHESTERMANBEACH
TEL. 250/725-3100 ODER 800/333-4604, www.wickin.com
Landgasthaus, von Ozean und Bäumen umgeben. Die geräumigen Zimmer haben Balkon und Kamin. Die exzellente Küche serviert ausschließlich Weine der Westküste.
75 Alle gängigen Kreditkarten

VANCOUVER

DER BESONDERE TIPP

FAIRMONT WATERFRONT

Der elegante, aufregende Glasturm bietet Aussicht auf das Burrard Inlet von den meisten Zimmern. Zeitgenössische Kunst hängt in allen Zimmern.
$$$$$
900 CANADA PLACE WAY
TEL. 604/691-1991 or 800/441-1414
www.fairmont.com
489 Alle gängigen Kreditkarten

FOUR SEASONS
$$$$$
791 W. GEORGIA ST.
TEL. 604/689-9333 ODER 800/268-6282,
www.fourseasons.com
Zentrale Lage über dem Pacific Centre und nicht weit von allen Attraktionen der Innenstadt. Luxuriöser Service.
376 Alle gängigen Kreditkarten

PAN PACIFIC HOTEL
$$$$$
300–999 CANADA PL.
TEL. 604/662-8111 ODER 800/663-1515,
www.vancouver.panpacific.com
Relativ ruhig in diesem hektischen Kongressviertel.
506 Alle gängigen Kreditkarten

WEDGEWOOD HOTEL
$$$$$
845 HORNBY ST.
TEL. 604/689-7777 ODER 800/663-0666,
www.wedgewoodhotel.com
Kleines, ausgezeichnetes Haus mit engagiertem Service.
83 Alle gängigen Kreditkarten

METROPOLITAN HOTEL
$$$$
645 HOWE ST.
TEL. 604/687-1122 ODER 800/667-2300,
www.metropolitan.com
Freundliches Luxushotel im Herzen von Vancouver. Geräumige Zimmer.
197 Alle gängigen Kreditkarten

RENAISSANCE VANCOUVER
$$$$
113 WEST HASTINGS ST.
TEL. 604/689-9211 ODER 800/905-8582, www.renaissancevancouver.com
Das Hotel direkt am Wasser nahe dem Fährhafen hat Blick auf die North Shore Mountains. Auf dem Dach gibt es ein Drehrestaurant.
438 2
Alle gängigen Kreditkarten

SUTTON PLACE
$$$$
845 BURRARD ST.
TEL. 604/682-5511 ODER 800/961-7555, www.suttonplace.com
Freundlich und aristokratisch trotz seiner Größe. Die Zimmer sind mit viel dunklem Holz ausgestattet.
397 Alle gängigen Kreditkarten

WESTIN BAYSHORE
$$$$
1601 BAYSHORE DR.

TEL. 604/682-3377 ODER 800/228-3000, www.westinbayshore.com
Gute Lage direkt am Wasser mit Blick auf die North Shore Mountains und die Skyline der Stadt, nahe Stanley Park. Jachthafen, Fischer- und Ausflugsboote. Restaurant.
510 Alle gängigen Kreditkarten

FAIRMONT HOTEL VANCOUVER
$$$
900 W. GEORGIA ST.
TEL. 604/684-3131 ODER 800/441-1414, www.fairmont.com
Prachtvolles Haus mit Mahagonimöbeln und tiefen Badewannen in den Zimmern. In der Eingangshalle wird nachmittags der Tee serviert, abends gibt es Live-Jazz.
555 Alle gängigen Kreditkarten

SANDMAN HOTEL
$$$
180 W. GEORGIA ST.
TEL. 604/681-2211 ODER 800/726-3626
www.sandmanhotels.ca
Ein gutes Hotel in mittlerer Preisklasse, nur einen Katzensprung von den Attraktionen der Innenstadt entfernt.
302 Alle gängigen Kreditkarten

SYLVIA HOTEL
$$
1154 GILFORD ST.
TEL. 604/681-9321
www.sylviahotel.com
Sehr beliebtes Hotel mit Blick auf English Bay, nahe Stanley Park. Suiten für Selbstversorger; Restaurant.
118 Alle gängigen Kreditkarten

DIVA AT THE MET
$$$$
METROPOLITAN HOTEL
645 HOWE ST.
TEL. 604/602-7788
Die fantastische Präsentation der Speisen passt zum Ambiente des Speisesaals. Zeitgenössische internationale Küche. Umfangreiche Weinkarte.
108 Alle gängigen Kreditkarten

FIVE SAILS
$$$$
PAN PACIFIC HOTEL,
999 CANADA PL.
TEL. 604/844-2855
Pazifische Küche mit Panoramablick auf die Lions Gate Bridge und das Nordufer. Favorit ist z.B. geräucherter Balik-Lachs-Pfannkuchen.
120 Geschl. mittags Alle gängigen Kreditkarten

LE GAVROCHE
$$$$
1616 ALBERNI ST.
TEL. 604/685-3924
Dieses elegante Restaurant bietet moderne biologische Küche – Fleisch von freilaufenden Rinder, biologisches Gemüse und nachhaltig bewirtschaftete Meeresfrüchte etc.
Geschl. mittags Sa–So Alle gängigen Kreditkarten

BISTROT BISTRO
$$
1961 W. 4TH AVE.
TEL. 604/732-0004,
www.bistrotbistro.com
Das im Stadtteil Kitsilano gelegen Lokal wartet mit französischer Landküche auf.
40 tgl. 17–22 Uhr Alle gängigen Kreditkarten

BACCHUS
$$$
845 HORNBY ST.
TEL. 604/608-5319
Das Restaurant im Wedgewood Hotel serviert Gerichte mit Lachs aus British Columbia, Pazifik-Heilbutt sowie Rind und Lamm aus Alberta.
100 Alle gängigen Kreditkarten

BISHOP'S
$$$
2183 W. 4TH AVE.
TEL. 604/738-2025
Bahnbrechendes Restaurant, das immer noch innovative Westküsten-Gerichte mit regionalen Zutaten serviert. Die Speisekarte wechselt jede Woche, aber Lamm, Ente und Meeresfrüchte gibt es immer.
48 Alle gängigen Kreditkarten

LE CROCODILE
$$$
909 BURRARD ST.
(EINGANG AN SMYTHE ST.)
TEL. 604/669-4298
Exzellente französische Küche. Elsässer Spezialitäten wie Zwiebelkuchen und geräucherte Gänsebrust werden häufig serviert.
85 Geschl. Sa mittags und So Alle gängigen Kreditkarten

IL GIARDINO DI UMBERTO
$$$
1382 HORNBY ST.
TEL. 604/669-2422
Zeitgenössische und klassische norditalienische Küche in einer Landvilla mit Garten. Probieren Sie gegrilltes florentinisches Steak.
250 Geschl. Sa mittags und So Alle gängigen Kreditkarten

JOE FORTES
$$$
777 THURLOW ST
TEL. 604/669-1940
Eine beliebte Austernbar, die auch Fisch- und Meeresfrüchtegerichte anbietet. Dachgarten. Reservierung empfohlen.
365 Geschl. Mo–Fr mittags Alle gängigen Kreditkarten

TOJO'S
$$$
777 W. BROADWAY
TEL. 604/872-8050
Dieses legendäre Sushi-Restaurant serviert auch etliche gekochte Speisen.
95 Geschl. mittags Alle gängigen Kreditkarten

Nichtraucher Klimaanlage Hallenbad Pool im Freien Fitnessclub Kreditkarten

VILLA DEL LUPO
$$
869 HAMILTON ST.
TEL.604/569-2535
Romantische Umgebung für italienische Gerichte, wie hauseigene Lammkeule *osso bucco* oder eines der guten Nudelgerichte.
77 Geschl. mittags P Alle gängigen Kreditkarten

FISH HOUSE IN STANLEY PARK
$$-$$$
8901 STANLEY PARK DR.
TEL. 604/681-7275
Mit Blick über die English Bay serviert dieses Restaurant Fisch und Meeresfrüchte. Die Riesengarnelen sind wirklich riesig, und die Austern kann man bereits ohne Schale bestellen. Hier gibt's auch Nachmittagstee und Sonntagsbrunch.
150 Alle gängigen Kreditkarten

A TASTE OF INDIA
$$
1282 ROBSON ST.
TEL. 604/682-3894
Dieses indische Restaurant serviert Tandoori, Meeresfrüchte und vegetarische Spezialitäten.
70 Alle gängigen Kreditkarten

CARDERO'S
$$
1583 COAL HARBOUR
TEL. 604/669-7666
Dieses Restaurant liegt am Wasser mit Blick auf die North Shore Mountains und ist berühmt für seinen Lachs, der auf Zedernholz in einem Holzkohleofen gebacken wird.
160 Alle gängigen Kreditkarten

IMPERIAL CHINESE SEAFOOD
$$$-$$$$
355 BURRARD ST.
TEL. 604/688-8191
Aquarien mit lebenden Meeresfrüchten und Fisch garantieren tadellose, frische Gerichte in diesem kantonesischen Restaurant mit aufregendem Blick über Coal Harbour.
280 P Alle gängigen Kreditkarten

LILIGET FEAST HOUSE
$$
1724 DAVIE ST.
TEL. 604/681-7044
In diesem einzigen authentisch indianischen Restaurant in Vancouver ist das Essen eine großartige Erfahrung. Genießen Sie Lachs vom Holzkohlegrill, Muscheln, Reh- und Büffelstreifen, Entenbrust.
50 P Geschl. mittags, Mo–Di AE, MC, V

STAR ANISE
$$
1485 W. 12TH AVE.
TEL. 604/737-1485
Zeitgenössische französische Küche der Westküste mit Einflüssen aus Indien und Sri Lanka. Probieren Sie die gebratene Entenbrust in Mandelkruste oder marinierte *basa* mit Wildreis.
41 P Geschl. Sa mittags und So Alle gängigen Kreditkarten

ZEFFERELLI'S SPAGHETTI HOUSE
$$
1136 ROBSON ST.
TEL. 604/687-0655
Ja, natürlich Spaghetti, aber auch viele andere neuartige Pasta-Gerichte sowie dünne Kalbsschnitzelchen und Hühnchen- oder Lammplatten.
75 Geschl. Sa mittags und So Alle gängigen Kreditkarten

THE REFINERY
$$
1115 GRANVILLE ST.
TEL. 604/687-8001, www.therefineryvancouver.com
Dieses Lokal ist Weinbar und Restaurant zugleich und bekannt für seine mediterran inspirierte Küche.
93 Di–Do 17–1, Fr–Sa 17–2 Uhr AE, MC, V

PREISKATEGORIEN

HOTELS
Die Preiskategorie für ein Doppelzimmer ohne Frühstück wird angegeben mit $

$$$$$	über 280 Can$
$$$$	200–280 Can$
$$$	120–200 Can$
$$	80–120 Can$
$	unter 80 Can$

RESTAURANTS
Die Preiskategorie für ein Drei-Gänge-Menü ohne Getränke wird angegeben mit $

$$$$$	über 80 Can$
$$$$	50–80 Can$
$$$	35–50 Can$
$$	20–35 Can$
$	unter 20 Can$

EARLS ON TOP
$–$$
1185 ROBSON ST. (1. STOCK)
TEL. 604/669-0020
Das Lokal der beliebten Western-Kette liegt an der Robson Street. Es bietet frische Zutaten, Qualität fürs Geld und einen guten Service.
250 Alle gängigen Kreditkarten

VICTORIA

ABIGAIL'S HOTEL
$$$$
06 MCCLURE ST.
TEL. 250/388-5363 ODER 800/561-6565, www.abigailshotel.com
Reizendes Hotel im Tudor-Stil nahe der Innenstadt. Zimmer zum Teil Sprudelbad und Kamin.
23 P AE, MC, V

FAIRMONT EMPRESS HOTEL
$$$$
721 GOVERNMENT ST.
TEL. 250/384-8111 ODER 800/441-1414, www.fairmont.com
Dieses große alte Hotel der Canadian Pacific hat Blick auf den Hafen. Entworfen von Francis Rattenbury und 1905 gebaut, gilt das efeubewachsene Haus mit den Türmchen

für viele Leute als typisch für Victoria. Der Nachmittagstee im Empress ist gute Tradition und im Sommer so beliebt, dass man reservieren muss. Dinner im Empress Room ist ebenfalls ein Vergnügen.
477 P Alle gängigen Kreditkarten

HOTEL GRAND PACIFIC
$$$$
463 BELLEVILLE ST.
TEL. 250/386-0450 ODER 800/663-7550, www.hotelgrandpacific.com
Komfort, Annehmlichkeit, die Nähe zum Hafen, dazu der Blick auf die Olympic Mountains zeichnen dieses elegante Haus aus.
304 P Alle gängigen Kreditkarten

OCEAN POINTE RESORT (DELTA)
$$$$
45 SONGHEES RD.
TEL. 250/360-2999 ODER 800/667-4677, www.deltahotels.com
Modernes Hotel mit aufregendem Blick aus den Zimmern auf die Parlamentsgebäude. Europäische Kuranlage auf dem Gelände.
239 P Alle gängigen Kreditkarten

COAST VICTORIA HARBOURSIDE
$$$
146 KINGSTON ST.
TEL. 250/360-1211 ODER 800/663-1144, www.coasthotels.com
Ruhige Erholung und moderner Komfort neben Fisherman's Wharf.
132 P Alle gängigen Kreditkarten

JAMES BAY INN
$$-$$$
270 GOVERNMENT ST
TEL. 250/384-7151 ODER 800/836-2649, www.jamesbayinn.com
Das historische Hotel aus dem Jahre 1911 bietet eine schöne Aussicht über Beacon Hill Park und liegt nur wenige Gehminuten von der Innenstadt entfernt.
45 Alle gängigen Kreditkarten

THE EMPRESS ROOM
$$$$
EMPRESS HOTEL 721 GOVERNMENT ST.
TEL. 250/389-2727
Jede Mahlzeit in diesem Restaurant mit seiner innovativen, pazifisch-nordwestlichen Küche ist ein besonderes Erlebnis. Reservierung erforderlich.
125 P Geschl. mittags Alle gängigen Kreditkarten

CAFÉ MEXICO
$$
1425 STORE ST.
TEL. 250/386-1425
Mexikanische Klassiker wie gegrilltes Pfefferhuhn in großen Portionen im renovierten Lokal direkt am Wasser. Festpreis-Menü.
100 P Alle gängigen Kreditkarten

IL TERRAZZO
$$
555 JOHNSON ST.
TEL. 250/361-0028
Romantisches Lokal im Freien, das an einer Allee versteckt ist. Moderne norditalienische Gerichte.
90–150 (mit Terrasse) Geschl. mittags und So Alle gängigen Karten

MARINA RESTAURANT
$$
1327 BEACH DR.
TEL. 250/598-8555
Populärer Ort, wo es italienische Gerichte und Meeresfrüchtespezialitäten gibt.
130 P Alle gängigen Kreditkarten

PAGLIACCI'S
$$
1011 BROAD ST.
TEL. 250/386-1662
Italienisches Bistro, in dem Dutzende von hausgemachten Nudelgerichten, Huhn und Kalb in einem Raum serviert werden. der mit Fotos von Hollywoodstars ausstaffiert ist.
65 AE, MC, V

PESCATORE'S SEAFOOD FISH HOUSE AND GRILL
$$
614 HUMBOLDT ST.
TEL. 250/385-4512
Das Restaurant am Hafen ist berühmt für seine frischen Meeresfrüchte.
115 Geschl. Sa mittags und So Alle gängigen Kreditkarten

THE SNUG
$
1175 BEACH DR., IN THE OAK BAY BEACH HOTEL
TEL. 250/598-4556
Victorias orginal englisches Pub mit der Atmosphäre der Alten Welt, gutem Essen und heimischem Bier. Faszinierende Lage mit Aussicht über die Haro Strait der nördlichen Washington State's Cascade Mountains, einschließlich Mount Baker.
75 Alle gängigen Kreditkarten

WHISTLER

FAIRMONT CHÂTEAU WHISTLER
$$$$
4599 CHÂTEAU BLVD.
TEL. 604/938-8000 ODER 800/441-1414, www.fairmont.com
Imposant aussehende Festung am Fuße des Blackcomb Mountain mit ganzjährigen Freizeitmöglichkeiten.
550 P Alle gängigen Kreditkarten

LE GROS
$$
1200 ALTA LAKE RD.
TEL. 604/932-4611
Eine kleines Juwel unter den Restaurants. Üppige Portionen französischer Gerichte, wie nur die Franzosen sie zubereiten können.

100 P Geschl. mittags Alle gängigen Kreditkarten

TRATTORIA DI UMBERTO
$$$
MOUNTAINSIDE LODGE
4417 SUNDIAL PL.
TEL. 604/932-5858
Traditionelle italienische Küche. Toskanisch gegrilltes Fleisch und Fisch, außerdem Nudelgerichte. Lockere, entspannte Atmosphäre. Reservierung erforderlich.
130 P Alle gängigen Kreditkarten

DER NORDEN

Im hohen Norden spiegelt sich die geringe Bevölkerung in der Anzahl der Restaurants und Hotels wider. Die Hotels sind generell gut, aber mit weniger Annehmlichkeiten als im Süden. Die Restaurants sind ungezwungen und servieren traditionelle Gerichte, die durch lokale Einflüsse belebt werden.

DAWSON, YUKON

DOWNTOWN HOTEL
$$
2ND AVE. UND QUEEN ST.
TEL. 867/993-5346 ODER 800/661-0514, www.downtownhotel.ca
Das Hotel hat sein Aussehen aus der Goldgräberzeit behalten, wiewohl es seit 1898 renoviert worden ist. Es hebt sich von den anderen farbenfrohen Saisonhotels in dieser Gemeinde ab.
60 P Geschl. Weihnachten–Mitte Jan. Alle gängigen Kreditkarten

JACK LONDON DINING ROOM
$$
2NDAVE. UND QUEEN ST.
TEL. 867/993-5346
Dieses Restaurant im Downtown Hotel bietet frischen Yukon-Lachs. In den Sommermonaten gibt es Gegrilltes auf der Terrasse.
72 P Alle gängigen Kreditkarten

KLONDIKE KATE'S
$
3RD AVE. UND KING ST.
TEL. 867/993-6527
Extrem gute, ehtnisch-beeinflusste Gerichte, die in einer freundlichen und ungezwungenen Atmosphäre serviert werden. Große Sommerterrasse und vegetarische Gerichte sind zusätzliche Attraktionen.
100 P Geschl. Dez.–März MC, V

WHITEHORSE, YUKON

EDGEWATER HOTEL
$$
101 MAIN ST.
TEL. 867/667-2572 ODER 877/484-3334, www.edgewaterhotelwhitehorse.com
Große Zimmer, modern möbliert, in ruhiger Umgebung gelegen.
30 P Alle gängigen Kreditkarten

WESTMARK WHITEHORSE HOTEL
$$
201 WOOD ST.
TEL. 867/393-9700 ODER 800/544-0970, www.westmarkhotels.com
Attraktive Zimmer mit Holzmöbeln und Kaffeemaschinen. Gruppenreisen sorgen manchmal für überfüllte Gänge.
181 P Alle gängigen Kreditkarten

CELLAR DINING ROOM
$$$
101 MAIN ST. (IM EDGEWATER HOTEL)
TEL.867/667-2572
Beliebtes Restaurant, das sehr gute Rippchen sowie die Alaska-Königskrabbe und Rotlachs auf den Tisch bringt.
100 Alle gängigen Kreditkarten

INUVIK, N.W.T.

THE MACKENZIE HOTEL
$$$
P.O. BOX 1618, INUVIK
TEL. 867/777-2861, www.mackenziehotel.com
Die Auswahl zwischen diesem Hotel und dem Eskimo Inn fällt schwer, aber das Mackenzie Hotel gewinnt um Haaresbreite, weil das Essen einfach besser ist.
33 P Alle gängigen Kreditkarten

YELLOWKNIFE, N.W.T.

DISCOVERY INN
$$$
4701 47TH ST.
TEL. 867/873-4151 ODER 866/873-4151, www.discoveryinn.ca
Zimmer mit Küchenzeile mitten in Yellowknife. Beliebt für längere Aufenthalte.
41 P Alle gängigen Kreditkarten

EXPLORER HOTEL
$$$
825 49TH AVE.
TEL. 867/873-3531 ODER 800/661-0892, www.explorerhotel.ca
Moderner achtstöckiger Block mitten in Yellowknife, mit allen »südlichen« Annehmlichkeiten sowie obendrein noch leitende Angestellte aus dem Diamantenbergwerk. Vollständige Restaurantausstattung.
128 P Alle gängigen Kreditkarten

IQALUIT, NUNAVUT

FROBISHER INN
$$$
P.O. BOX 610, IQALUIT
TEL. 867/979-2222 ODER 877/422-9422, www.frobisherinn.com
Dieses zentral gelegene Hotel ist mit Regierungsgebäuden und Geschäften verbunden. Unvergleichliche Blicke auf die Frobisher Bay. Restaurant.
95 Alle gängigen Kreditkarten

EINKAUFEN

Durch Geschäfte und Einkaufszentren zu bummeln, ist für Kanadier und Touristen zu einem angenehmen Zeitvertreib geworden. Ausverkäufe werden in fast jedem Schaufenster angekündigt: Totalausverkauf, Schlussverkauf, Sonderangebote zu Schulbeginn. Abgesehen von den großen Shopping Malls gibt es auch viele kleinere Spezialgeschäfte. In den Prärieprovinzen und im Norden können Sie schönes Kunsthandwerk der *Inuit* und *First Nations* als Mitbringsel finden.

SALES TAX

In Kanada gibt es Bundes- und Provinzsteuern auf Waren und Dienstleistungen. Meistens wird eine Verkaufssteuer (general sales tax – GST) von 7 Prozent erhoben. Besucher können sich diese Steuer auf Waren, die sie ausführen, innerhalb von 60 Tagen zurückerstatten lassen. Formulare sind in Flughäfen, Geschäften, Hotels und den kanadischen Botschaften erhältlich. Alle Quittungen müssen diesen Formularen beigelegt werden und innerhalb von 60 Tagen zurückgeschickt werden. Zusätzlich zur GST gibt es in vielen Provinzen eine Steuer von 5–12 Prozent auf gekaufte Waren.

ÖFFNUNGSZEITEN

Geschäfte sind generell Montag bis Samstag von 10 bis 18 Uhr geöffnet, außer wenn anders angegeben. Viele Einzelhandelsgeschäfte sind Donnerstag und Freitag länger geöffnet. Einkaufszentren sind meistens länger als Läden geöffnet, normalerweise von ca. 7.30–21 Uhr, in vielen Orten sind Apotheken 24 Stunden geöffnet, z.B. Mac's oder 7-Eleven. Die *blue laws*, die die Öffnungszeiten am Sonntag regeln, sind nicht mehr gültig, seit sie vom Obersten Gerichtshof verworfen wurden. In weiten Teilen Kanadas sind die Geschäfte sonntags 12–17 Uhr geöffnet.

ATLANTIKPROVINZEN

EINKAUFSVIERTEL

Market Square
St. John, N.B.
Tel. 506/658-3600
Kleine Läden gibt es am Market Slip in Old Saint John.

St. Andrews, N.B.
Diese Gemeinde an der Fundy-Küste von New Brunswick hat eine interessante Sammlung von Läden entlang der Water Street.

Historic Properties
1868 Upper Water St.
Halifax, N.S.
Lagerhäuser am Wasser bieten eine interessante Mischung aus Geschäften, Cafés und Pubs.

Spring Garden Road
Halifax, N.S.
Eine faszinierende Straße mit Läden und Kunstgalerien zum Bummeln und Stöbern.

KUNST UND ANTIQUITÄTEN

AGNS Gallery Shop
1723 Hollis St.
Tel 902/424-3087
Dieser Laden verkauft Schmuck, Skulpturen, Töpferwaren, Textilien, Holzarbeiten, Volkskunst, Mi'Kmaq-Kunsthandwerk und Originaldrucke aus Nova Scotia.

Gallery 78
796 Queen St., Fredericton, N.B.
Tel. 506/454-5192
Werke einheimischer Künstler werden hier verkauft.

HANDWERK UND SCHMUCK

Aitkens Pewter
65 Regent St., Fredericton, N.B.
Tel. 506/453-9474
Handgearbeitete Zinnbecher, Accessoires und Schmuck.

Confederation Centre Gift Shop: The Showcase
145 Richmond St.
Charlottetown, P.E.I.
Tel. 902/628-6149
Spezialisiert auf Qualitätshandwerk von Prince Edward Island und aus Kanada, dazu großes Angebot an Büchern.

Jennifer of Nova Scotia
5635 Spring Garden Rd.
Halifax, N.B.; Tel. 902/425-3119
Im Ort hergestellte Schmuckstücke, Keramik, Wollpullover und Seifen.

Nova Scotia Crystal
Lower Water St.
Historic Properties Halifax, N.S.
Tel. 902/492-0416
Kanadas einziger Kristallglashersteller, der seine Stücke nach althergebrachter Methode herstellt. Besucher können den Handwerkern zuschauen.

The Plaid Place
Barrington Pl.
Halifax, N.S.; Tel. 902/429-6872
Dieser »New Scotland«-Laden hat sich auf Tartans, Kilts, Hochlandkleidung, Pullover und anderes Zubehör spezialisiert.

MÄRKTE

Boyce Farmers' Market
Begrenzt durch die Regent, Brunswick und George St. in Fredericton, N.B.
Großartige Quelle für Fleisch und Produkte aus der Region.

Brewery Market
1496 Lower Water St.
Halifax, N.S.
Ein aktiver und attraktiver Bauernmarkt an Samstagen.

Saint John City Market
47 Charlotte St., St. John, N.B.
Tel. 506/658-2820
Lebensmittel und handgearbeitete Souvenirs.

NEUFUNDLAND

EINKAUFSVIERTEL

Murray Premises
Harbour Dr., St. John
Die Handelsgebäude beherbergen Geschäfte und Lokale.

KUNST UND ANTIQUITÄTEN

Christina Parker Fine Art
50 Water St., St. John's
Tel. 709/753-0580
Gemälde, Skulpturen und Zeichnungen der lokalen Künstler.

Murray's Antiques
414 Blackmarsh Rd., St. John's
Tel. 709/579-7344
Erstklassige Auswahl an Silber, Porzellan und Holzmöbeln.

KLEIDUNG UND ACCESSOIRES

The Cod Jigger
245 Duckworth St., St. John's
Tel. 709/726-7422
Hier werden Grenfell-Mäntel aus Neufundland verkauft.

Nonia
286 Water St., St. John's
Tel. 709/753-8062
Der Laden hat die besten Strick- und Webwaren Neufundlands.

HANDWERK UND SCHMUCK

Craft Council Shop & Gallery
59 Duckworth St., St. John's
Tel. 709/753-2749
Nur ausgewähltes Handwerk wird in dieser Galerie geführt.

SOUVENIRS UND ANDERES

Wordplay
221 Duckworth St.
St. John's
Tel. 709/726-9193
Eine große Auswahl an Büchern und anderen Produkten aus der Gegend sowie eine Kunstgalerie.

QUÉBEC

EINKAUFSVIERTEL

Rue Petit-Champlain
Unterstadt Québec
Entlang dieser charmanten alten Straße befindet sich eine schöne Ansammlung von Läden, Galerien und Cafés in Künstlerhand, die sich auf Handwerk und Design aus Québec spezialisiert haben.

Knowlton (Ville du Lac-Brome)
Antiquitätenläden und andere interessante Geschäfte, die in original viktorianischen Häusern entlang der Hauptstraße English Hill zu finden sind.

KUNST UND ANTIQUITÄTEN

Antiques Row
Rue Notre-Dame Ouest zwischen Guy und Atwater
Montréal
An diesem heruntergekommenen Abschnitt der Rue Notre-Dame liegen viele Antiquitäten- und Secondhand-Läden. Es ist kein glamouröses Viertel, kann aber ein Paradies für Schnäppchenjäger sein. Die meisten Läden öffnen gegen 11, einige nicht vor Mittag, und schließen zwischen 17 und 18 Uhr.

Desmarais & Robitaille
8300, boul. Saint-Laurent, Montréal
Tel. 514/845-3194
Nahe an der Basilika Notre Dame gelegen, bietet der Laden eine Auswahl an römisch-katholischen Souvenirs. Zusätzlich zu Büchern und Postern werden Gold- und Silbersachen, Buntglasgegenstände und Gewänder verkauft.

Rue du Trésor
Zwischen Rue Ste.-Anne und Rue Buade, Québec City
Entlang dieser engen Straße in Alt-Québec zeigen viele Künstler ihre Arbeiten – Aquarelle, Drucke, Radierungen, Seidenmalereien, Reproduktionen usw.

KLEIDUNG UND ACCESSOIRES

Fourrures du Vieux-Port
55 Saint-Pierre, Québec City
Tel. 418/692-6686
Fabelhafte Sammlung von Designerartikeln wie z.B. Pelzhüten, Mänteln und Jacken, auf drei Etagen ausgestellt. Auch Leder- und Wollwaren.

McComber Grosvenor
402 blvd. de Maisonneuve Ouest
Montréal; Tel. 514/845-1167
Stilvolle Entwürfe für Nerz und andere Pelze in einem hundertjährigen Unternehmen.

HANDWERK UND SCHMUCK

Bonsecours Market
350 St.-Paul E., Alt-Montréal
Dieser ehemalige Großmarkt beherbergt heute eine faszinierende Sammlung aus Handwerks- und Designerläden auf seinem Hauptstockwerk, Lebensmittelläden sind für das untere Stockwerk geplant.

Boutique Canadeau
1124 Saint-Jean, Québec City
Tel. 418/692-4850
Diese Boutique an Québecs Haupteinkaufsstraße bietet gehobene kanadische Waren an, darunter hübsche Sweater, Schmuckstücke und Specksteinskulpturen der Inuit.

Canadian Guild of Crafts
1460-B, Sherbrooke St. W., Montréal
Tel. 514/849-6091
Wundervolles Geschäft, das von der nicht auf Gewinn ausgerichteten Vereinigung für Kunst und Handwerk in Kanada geführt wird. Inuit-Kunstgalerie.

Joaillier Louis Perrier
48, du Petit-Champlain, Québec
Tel. 418/692-4633
Gold- und Silberschmuck

SOUVENIRS UND ANDERES

Papeterie St.-Gilles
304, rue F.A. Savard
St.-Joseph-de-la-rive
Tel. 418/635-2430
Wundersames handgemachtes Briefpapier, mit alten Maschinen hergestellt.

Paragraphe
2220 McGill College Ave.
Montréal
Tel. 514/845-5811
Große und gut ausgestattete englische Buchhandlung für jeden, der an Kanada oder ähnlichen Themen interessiert ist.

Ulysse Travel Bookshop
4176 Saint-Denis, Montréal
Tel. 514/843-9447 Buchhandlung, spezialisiert auf Reiseliteratur über jeden Fleck der Erde. Es gibt auch einen Innenstadtladen im Infotouriste Centre (1001 Dorchester Sq.), der Reiseführer für die Gegend führt.

MÄRKTE

Les Halles de la Gare
Central Station 895, rue de la Gauchetière Ouest, Montréal
Eine schöne Sammlung von Restaurants und Imbissständen.

Marché Atwater
138 Atwater in der Rue Notre-Dame Ouest, Montréal
Dieses Marktgebäude beherbergt eine Ansammlung von traditionellen Metzgern und Käsegeschäften.

Marché Jean-Talon
7075 Casgrain, Montréal

Im Zentrum des italienischen Viertels ist dieser Markt im Spätsommer und Herbst besonders lebendig, wenn die Farmer von nah und fern kommen, um ihre Produkte zu verkaufen. Der Markt ist umgeben von italienischen Fleisch- und Pastaläden.

Marché du Vieux-Port de Québec
160 Quai Saint-André, Québec City, Tel. 418/692-2517
Der öffentliche Markt nahe am Alten Hafen bietet eine wunderbare Auswahl an Brot, Käse, heimischen Früchten der Saison und Gemüse. (Geschl. Mo–Mi, Jan.–März)

ONTARIO

EINKAUFSVIERTEL

Queen's Quay Terminal
207 Queen's Quay W,. Toronto
In diesem Gebäude am Ende der York Street, direkt am Wasser, gibt es über 50 Einzelgeschäfte, Galerien und Restaurants.

Queen Street West
Zwischen University Ave. und Bathurst, Toronto
Bekannt für seine exzentrischen Geschäfte, die alles von Antiquitäten über Bücher und In-Mode bis hin zu anderem Krimskrams verkaufen.

Toronto Eaton Centre
220 Yonge St., Toronto
Das Toronto Eaton Centre ist nicht wie andere Einkaufszentren. Die Architektur ist phantastisch. Sie können sie einfach bewundern oder sich in eines der über 300 Geschäfte wagen.

KUNST UND ANTIQUITÄTEN

Gallery One Arts
121 Scollard St., Toronto
Tel. 416/929-3103
Diese große Galerie in der eleganten Yorkville-Gegend fördert viele aufstrebende junge Künstler. Man findet dort Gemälde, Zeichnungen, Skulpturen und Fotos.

The Guild Shop
118 Cumberland St., Toronto
Tel. 416/921-1721
Auch einheimische Maler und Bildhauer sind unter den vielen kanadischen Künstlern hier vertreten.

SOUVENIRS UND ANDERES

Amethyst Gift Centre
400 Victoria Ave. E., Thunder Bay
Tel. 807/622-6908
Wunderbare Schmuckauswahl mit kostbaren violetten Amethysten. Die Gegend nördlich des Lake Superior ist einer der wenigen Orte auf der Welt, wo man diesen Stein finden kann.

Arts-on-Queen
2198 Queen St. E., Toronto
Tel. 416/699-6127
Witziger Heimdekor-Laden mit einzigartigen Angeboten aus Glas, Keramik, Papiermaché und Holz.

Honest Ed's Bargain Store
581 Bloor St. W., Toronto
Tel. 416/537-1574
Dies ist ein gewaltiges und ziemlich außergewöhnliches Einkaufszentrum, das Ed Mirvish aus Toronto gehört.

Corkin Shopland Gallery
55 Mill St., Toronto
Tel. 416/979-1980
Die Galerie im modernen Distillery-Distrikt stellt zeitgenössische Werke aus, insbesondere Fotografien, aber auch Skulpturen, Töpferwaren und Gemälde.

National Gallery of Canada Gift Store
380 Sussex Dr.
Ottawa
Tel. 613/990-1985
Diese Weltklasse-Galerie hat einen wundervollen Geschenkeladen, in dem man schöne kanadische Souvenirs, Bücher und Sammlerstücke erwerben kann.

Royal Canadian Mint Store
320 Sussex Drive
Ottawa
Tel. 613/993-8990
Der Ort, um Münzen aus Silber, Gold oder Platin zu kaufen. Die kanadische Goldmünze »Maple Leaf« (das Ahornblatt) wird hier verkauft. Man muss zunächst an einem Rundgang durch die Münzanstalt teilnehmen (30 Min.), die Sicherheitsvorkehrungen sind streng.

William Ashley China
55 Bloor St. W.
Toronto; Tel. 416/964-2900
Gilt als größter Laden Nordamerikas für Geschirr.

MÄRKTE

Byward Market
Zwischen George und York St. östlich vom Sussex Dr., Ottawa
Dieser farbenfrohe Markt mit seinen Früchten und Blumen existiert seit 1846.

Kensington Market
NW von Dundas St. und Spadina Ave., Toronto
Lebensmittelmarkt im Freien, der die Immigranten aus Asien und Afrika bedient.

Kitchener Market
Market Square Mall, Kitchener
Tel. 519/741-2287
Farmer kommen jeden Samstag, um ihre Produkte und Handwerkserzeugnisse zu verkaufen.

Kingston Farmers' Market
Behind City Hall, Ontario St., Kingston
Seit 1801 preist dieser Markt jeden Dienstag, Donnerstag und Samstag landwirtschaftliche Produkte und heimische handgefertigte Waren an. Sonntags findet an gleicher Stelle ein Antiquitätenmarkt statt.

St. Lawrence Market
Front und Jarvis St., Toronto
Lebensmittelhalle auf zwei Ebenen mit Metzgern, Käsegeschäften und Bäckereien (Di–Sa) in einem Gebäude an der Nordseite der Front Street. Jeden Samstag Bauernmarkt.

PRÄRIEPROVINZEN

EINKAUFSVIERTEL

Osborne Village
Osborne St. nahe Corydon Ave., südlich des Assiniboine River Winnipeg, Man.
Einzigartige Stücke lokaler Künstler, Schmuck und Kleidung.

KUNST UND ANTIQUITÄTEN

Exchange District
W & E of Main St; N & S of McDermot, Winnipeg, Man.
Kunstgalerien und Antiquitätengeschäfte säumen die

Straßen dieser architektonisch interessanten Gegend Winnipegs. Auch Lokale und Bars.

Northern Images
216 Portage Place Mall
393 Portage Ave,. Winnipeg, Man.
Tel. 204/942-5501
Künstler der Inuit und Dene, die zu der North Territories-Genossenschaft gehören, stellen hier aus.

KLEIDUNG UND ACCESSOIRES

Alberta Boot COMPANY
50th Ave. S.
Calgary, Alberta
Tel. 403/263-4623
Den Hut haben Sie, jetzt brauchen Sie die Cowboystiefel. Diese Firma verkauft sie aber nicht gerade billig – rechnen Sie mit 235 und 1700Can$.

Smithbilt Hats
1103 12th St. S.E.
Calgary, Alberta
Tel. 403/244-9131
Sie können Westernkleidung überall in Calgary kaufen, aber hier sollten Sie den weißen Stetson-Hut kaufen, den jeder während des Stampede trägt.

Winnipeg Outfitters
250 McPhillips St., Winnipeg, Man.
Tel. 204/775-9653
Riesige Auswahl an Jagdbekleidung und -ausstattungen. Spezialisiert auf Ausrüstung für extreme Kälte.

HANDWERK UND SCHMUCK

Museum Shop, Manitoba Museum of Man and Nature
190 Rupert Avenue, Winnipeg
Tel. 204/988-0615
Dieser Shop verkauft eine großartige Auswahl an Waren, die von lokalen Handwerkern und Künstlern angefertigt wurden und das kulturelles Erbe und die Geschichte von Manitoba widerspiegeln. Die zahllreichen Artikel reichen von Schmuck bis zu Spielzeug.

Trading Post Ltd.
226 2nd Ave. S.
Saskatoon, Sask.
Tel. 306/653-1769
Große Auswahl an Kunsthandwerk aus Saskatoonberry.

SOUVENIRS UND ANDERES

High Country Colour
1909 10 Ave. SW, Calgary, Alta.
Tel. 403/244-3511
Bücher, Kalender und Postkarten von Alberta, British Columbia und den Rockies; auch kanadische Souvenirs aller Art.

MALLS UND KAUFHÄUSER

West Edmonton Mall
170th St. an der 87th Ave., Edmonton, Alberta
Tel. 403/444-5200
Diese Mega-Mall, die eine Fläche von 48 Häuserblocks bedeckt, rühmt sich ihrer 800 Geschäfte, ihrer mehr als 100 Speiselokale und wirbt mit einem riesigen überdachten Freizeitpark, einem Wasserpark mit U-Boot-Fahrten, einer Replik von Christoph Kolumbus' Santa Maria, einem 18-Loch-Golfplatz, einer großen Eislaufbahn, dem Fantasy Hotel und vielem mehr; nach eigenen Aussagen ist sie die weltgrößte Mall. Man kann sogar einen automatischen Einkaufswagen mieten, der die Kunden umherfährt.

MÄRKTE

Forks Market
Winnipeg, Alberta
Bietet frische Waren wie Fleisch, Fisch und Brot, dazu Geschmackseindrücke aus der ganzen Welt, die die Herkunft der Einwohner von Winnipeg spiegeln.

DIE ROCKIES

EINKAUFSVIERTEL

Banff Avenue
Banff
Die Hauptstraße dieses Ortes im Herzen des Banff National Park wird gesäumt von verführerischen Läden, die für jeden Geldbeutel Kunst, Handwerk und Souvenirs aller Art anbieten.

SOUVENIRS UND ANDERES

The Viewpoint
201 Banff Ave.
Banff, AB, T1L 1A5
Tel. 403/762-0405
In diesem Laden dreht sich alles um die Rockies. Erhältlich sind u. a. Bücher und Reiseführer.

Banff Indian Trading Post
Cave Ave., Banff
Tel. 403/762-2456
Große Auswahl an indianischer Kunst und Handwerk, Schmuck, Mokassins und anderer Kleidung.

FREIZEIT

Mountain Magic
224 Bear St.
Banff; Tel. 403/762-2591
Drei Etagen mit Ausrüstung zum Laufen, Wandern, Ski- und Radfahren; dazu eine zehn Meter hohe Kletterwand, um einiges davon auszuprobieren.

WESTKÜSTE

EINKAUFSVIERTEL

Fan Tan Alley
Chinatown
Victoria
Diese ehemaligen Opiumhöhlen und Spielhöllen sind heute kleine Läden, die alles Mögliche verkaufen.

Gastown
Water St.
Vancouver
In der attraktiven Gegend mit restaurierten Gebäuden aus dem 19. Jahrhundert gibt es viele Kunstgalerien und Kunsthandwerksläden.

Government Street
Nördl. des Empress Hotel zwischen Humboldt und Johnson, Victoria
Victorias Haupteinkaufsstraße (für den Verkehr gesperrt) ist mit Geschäften gesäumt, die englisches Porzellan, schottische Wollsachen, irisches Leinen und sicher auch etwas Walisisches verkaufen. Die Importe aus dem »Olde Country« sind relativ preiswert.

Robsonstrasse
Robson St. zwischen Granville und Jervis St., Vancouver
Vancouvers Haupteinkaufsstraße mit seinen modischen Boutiquen und Cafés ist immer lebendig. Der Name stammt von den ehemaligen deutschen Bewohnern dieser Gegend.

Yaletown
Südöstlich vom Zentrum Vancouvers an den Ufern des False Creek. Vancouvers neueste Hip-Gegend. Warenhäuser wurden in Kunstgalerien, trendige Restaurants und Boutiquen umgewandelt.

KUNST UND ANTIQUITÄTEN

Antique Row
Fort St. zwischen Blanshard und Cook, Victoria
Dieser Teil der Fort Street prahlt mit über zwei Dutzend Antiquitätenläden.

The Inuit Gallery of Vancouver
206 Cambie St. ,Vancouver
Tel. 604/688-7323
Einheimische Kunst von der Küste.

KLEIDUNG UND ACCESSOIRES

Hills Indian Crafts
Hwy. 1
Duncan
Tel. 250/746-6731
Hier werden u. a. Masken, Kunstdrucke, Schmuck, Pullover und Bücher zum Kauf angeboten.

Tilley Endurables
2401 Granville St., Vancouver
Tel. 604/732-4287
Berühmt ist diese kanadische Firma für ihr Hüte, sie produziert jedoch aber auch praktische Reisebekleidung für alle möglichen Aktivitäten und Reiseziele.

HANDWERK UND SCHMUCK

Cowichan Trading Co. Ltd.
1328 Government St.
Victoria
Tel. 250/383-0321
Schmuck, Mokassins und Pullover von einheimischen Künstlern angefertigt.

FOOD UND DRINK

Roger's Chocolates
913 Government St.
Victoria
Tel. 250/881-8771
Hier gibt es handgefertigte Schokolade, und zwar ohne Konservierungsmittel.

SOUVENIRS UND ANDERES

Vancouver Aquarium Gift Shop
Stanley Park
Vancouver
Tel. 604/659-3413
Das berühmte Aquarium hat einen wunderbaren Geschenkeshop, Handwerk der Region und indianische Kunst verkauft.

The Landing
375 Water St.
Vancouver
Renoviertes historisches Gebäude am Rand von Gastown, das eine interessante Mischung aus Spezialgeschäften und Restaurants beherbergt.

MALLS UND KAUFHÄUSER

Market Square
560 Johnson St.
Victoria
Tel. 250/386-2441
Drei Ebenen mit modischen Boutiquen und Spezialgeschäften, die alles, von Comics bis zu Weihrauch, verkaufen.

MÄRKTE

Granville Island Public Market
Johnson St., Granville Island
Vancouver
Tel. 604/666-5784
Einzigartige Läden und eine atemberaubende Auswahl an Produkten, z.B. geräucherter Lachs, gleich für die Heimreise verpackt.

Lonsdale Quay Market
Seabus Terminus North
Vancouver
Essenstheken, Cafés und Buchhandlungen sowie frisches Obst und Gemüse der Saison.

DER NORDEN

SOUVENIRS UND ANDERES

Mac's Fireweed
203 Main St.
Whitehorse, Yukon
Tel. 867/668-2434
Verkauft Bücher und Karten über Alaska, Yukon und den Klondike Gold Rush.

Midnight Sun Emporium Yukon
205 Main St.
Whitehorse, Yukon
Tel. 867/668-4350
Spezialisiert auf Produkte aus Yukon, lokale Kunst, Poster, Keramik, Schmuck und andere Souvenirs.

Murdoch's Gem Shop
207 Main St.
Whitehorse, Yukon
Tel. 867/667-7403
Goldnuggets vom größten Hersteller der Welt.

Nunavut
Fast jede Gemeinschaft in der Arktis hat ihre eigene Genossenschaft, um regionale Kunst und Kunsthandwerk zu verkaufen. Um eine Liste zu bekommen, wenden Sie sich an: Nunavut Tourism P.O. Box 1450 Iqaluit, Nunavut X0A 0H0
Tel. 866/686-2888 oder 867/979-6551,
www.nunavuttourism.com

Tgit Geomatics Ltd.
Yellowknife, N.W.T.
Tel. 867/873-8448
Der Laden, um Karten vom Norden sowie aeronautische und hydrografische Karten zu kaufen. Vertreter für den Geological Survey of Canada und die National Air Photo Library.

The Yellowknife Book Cellar
Yellowknife, N.W.T.
Tel. 867/920-2220
Gute Auswahl an Büchern über den Norden und Studien über die einheimische Bevölkerung, außerdem gängige Titel.

Wolverine Sports Shop
Stanton Plaza, Old Airport Rd., Yellowknife, N.W.T.
Tel. 867/873-4350
Spezialisiert auf Kleidung für Bergtouren und Ausrüstung zum Campen, Fischen und Jagen. Mitten in Yellowknife.

UNTERHALTUNG UND FREIZEIT

Kanada ist ein riesiges und vielfältiges Land mit unendlich viel Möglichkeiten, seine Freizeit oder den Urlaub zu gestalten. Es bieten sich so viele verschiedene Aktivitäten im Land an, dass hier nur die wichtigsten und typischsten genannt werden. Jede Stadt hat ihr eigenes Kultur-, Sport- und Sozialleben, das die Herkunft ihrer Bewohner widerspiegelt. Darüber hinaus unterscheiden sich kulturelle Zentren und Nachtleben von Küste zu Küste.

ATLANTIKPROVINZEN

FESTIVALS

Scotia Festival of Music
Halifax, N.S.
Tel. 902/429-9467
Mai und Juni
Meisterklassen und Konzerte von international anerkannten Künstlern der Klassikszene.

Nova Scotia International Tattoo
Metro Centre
Halifax, N.S.
Tel. 902/420-1114
Erste Woche im Juli
Eine Woche lang täglich ein zweistündiges Spektakel mit über 2000 kanadischen und internationalen Militär- und Zivilkünstlern, mit Dudelsäcken, Trommeln, Militärbands, Gesang, Tanz, Akrobaten usw.

Antigonish Highland Games
Antigonish, N.S.
Mitte Juli
Seit 1861 stellen die Hochlandspiele das Beste an schottischer Musik, Tanz und Sport in den Mittelpunkt. Besonders beliebt ist das Baumstammwerfen.

Festival by the Sea
Saint John, N.B.
Tel. 506/632-0086
Aug.
Vorführungen kanadischer Musik, Tanz und Kultur bei diesem Sommerfestival am Ufer der Bay of Fundy.

Natal Day
Halifax und Dartmouth, N.S.
Tel. 902/490-6773
www.natalday.org
Erstes Wochenende im Aug.
Die Region um Halifax und Dartmouth feiert den Jahrestag ihrer Gründung im großen Stil mit einer Parade in beiden Gemeinden, überboten nur von einem Riesenkonzert am Citadel Hill.

Celtic Festivities
South Gut St. Ann's
Cape Breton Island, N.S.
Tel. 902/295-3411
www.gaeliccollege.edu
Juli und Aug.
Das Gaelic College of Arts and Culture ist die einzige Bildungsinstitution, die die gälische Sprache und Kultur in Nordamerika fördert. Während der Sommermonate gibt es Aufführungen, Dudelsackspiel, Hochlandtanz und manch andere schottische Aktivitäten.

Festival Acadien
Caraquet, N.B.
Tel. 506/727-2787
www.festivalacadiencaraquet.com
August
Feier der akadischen Kultur mit viel *joie de vivre*. Außerdem die offizielle Segnung der Fischereiflotte.

Atlantic Film Festival
Halifax, N.S.; Tel. 902/422-3456
September
Neun Tage im September werden an einem halben Dutzend Spielstätten regionale Spiel-, Fernseh- und Dokumentarfilme gezeigt; rufen Sie wegen Karten, Zeiten und Orten an.

KULTURZENTREN

Confederation Centre for the Arts
145 Richmond St.
Charlottetown, P.E.I.
Tel. 902/628-1864
www.confederationcentre.com
Die Musical-Version von *Anne of Green Gables* wird hier während des Charlottetown Festivals gezeigt, das von Juni bis September läuft. Im Komplex befinden sich drei Theater, Geschenkeshop, Kunstgalerie, und Restaurant.

Imperial Theatre
King Square
24 King St., St. John, N.B.
Tel. 506/674-4100
Das wunderbar renovierte Varieté-Theater ist ganzjährig Aufführungsort für lokale und auswärtige Theater-, Opern-, Ballettgruppen und Symphonieorchester.

The Playhouse
686 Queen St.
Fredericton, N.B.
Tel. 506/458-8344
Heimatspielstätte für Theatre New Brunswick und Symphony New Brunswick.

Neptune Theatre
1593 Argyle St.
Halifax, N.S.
Tel. 902/429-7070
Ganzjährige Aufführungen von klassischen Dramen und zeitgenössischem kanadischen Theater.

NACHTLEBEN

Benevolent Irish Society Hall
582 North River Rd.
Charlottetown, P.E.I.
Tel. 902/892-2367
Traditionelle keltische *Ceilidhs*, eine Kombination aus Musik, Tanz und Komödie, finden jeden Freitagabend zwischen Mitte Mai und Oktober statt.

Dolan's Pub
Pipers Lane
Fredericton, N.B.
Tel. 506/454-7474
Matrosenbands spielen Donnerstag-, Freitag- und Samstagabend.

The Lunar Rogue
625 King St.
Fredericton,
N.B. Tel. 506/450-2065
Altmodisches Pub mit Seemannsmusik am Freitag und Samstag.

The Old Triangle Halifax
5136 Prince St., Halifax
Tel. 902/492-4900
www.oldtriangle.com
In diesem Pub gibt es Irish Folk, Ale und Guiness. Gelegentlich treten auch Tanzgruppen auf.

O'Leary's Pub
46 Princess St.
St. John, N.B.
Tel. 506/634-7135
Mittwoch ist Publikumstag in diesem geselligen Pub; Donnerstag- bis Sonntagabend spielen Bands.

ANDERE AKTIVITÄTEN

Reversing Falls Jet Boat Ride
Falls View Park, St. John, N.B.
Tel. 506/634-8987
Zweimal täglich das Naturphänomen aus nächster Nähe, zwischen Ende Mai und September.

Small Craft Aquatic Center
Woodstock Rd., Fredericton, N.B.
Tel. 506/462-2260
Ende Mai–Labor Day
Hier können Sie Kanus und Kajaks leihen, um den Saint John River auf eigene Faust oder mit Führung zu erkunden.

Whale-Watching Cruises
Cape Breton Island, N.S.
Für Details der Fahrten von Ingonish Harbour, Pleasant Bay und Chéticamp wenden Sie sich an Cape Breton Tourism (Tel. 902/563-4636)
Erforschen Sie die zerklüftete Küste auf Cape Breton und halten Sie Ausschau nach Mink-, Finn- und Buckelwalen sowie Robben, Weißkopf-Seeadlern, Kormoranen und anderen Seevögeln.
St. Andrews, N.B.
Tel. 506/529-3555 oder 5067529-3556 (Sommer)
Verschiedene Gesellschaften bieten Touren zur Walbeobachtung in die Gewässer der Bay of Fundy, wo die Wale mit den 15 Meter hohen Gezeiten ein- und auftauchen.

Lobster Suppers
St. Ann's Church, P.E.I. (abseits der Route 224)
Tel. 902/621-0635
Mo–Sa 12–14, 16–20.30 Uhr
Es gibt viele Orte auf P.E.I., wo man diese Traditon genießen kann, die als karitative Unternehmung begann. Heutzutage ist das Hummeressen in St. Ann eine der wenigen wohltätigen Veranstaltungen.

NEUFUNDLAND

FESTIVALS

Newfoundland and Labrador Folk Festival
St. John's
Tel. 709/576-8508
Anfang Aug.
Drei Tage traditionelle Musik im Bannerman Park ziehen 30 000 Zuhörer an.

KULTURZENTREN

Resource Centre for the Arts
LSPU Hall
3 Victoria St.
St. John's
Tel. 709/753-4531
Ganzjährig geöffnet, Experimentaltheater im Herbst und Winter, Varieté und Open-Air-Konzerte im Sommer.

NACHTLEBEN

Bridie Molloy's
5 George St., St. John's
Tel. 709/576-5990
In diesem beliebten Pub gibt es Guinness und Pub-Food bei allabendlicher Musik.

Trapper John's
George St.
St. John's
Tel. 709/579-9630
Guter Ort, um die berühmte (oder berüchtigte) Beschäftigung in Neufundland, das *Screech-in*, mitzumachen.

ANDERE AKTIVITÄTEN

Signal Hill Tattoo
St. John's
Tel. 709/772-5367
Juli und Aug.
Militärübungen aus dem 19. Jahrhundert, ausgeführt hoch über der Stadt auf dem Signal Hill.

Vögel, Wale und Eisberge
Die Bootsexkursionen bieten wunderbare Erlebnisse, können aber bei rauer See und schlechtem Wetter kurzfristig abgesagt werden.
St. John's (Tel. 709/726-5000)
Mai–Okt.
Beobachten Sie Eisberge und Wale von einem Zweimastschoner.

Trinity
Tel. 709/464-2133
Mai–Sept.
In den Sommermonaten Wale aus nächster Nähe, außerdem Robben und Seevögel.

Twillingate
Tel. 709/884-2242
Mai–Sept.
Aufregende Ausflüge, um Eisberge, Wale, Vögel, Delphine und Robben zu sehen.

Witless Bay
Tel. 709/334-2722
Mai–Sept.
Die größte Papageientaucher-Kolonie in Nordamerika liegt knapp außerhalb dieser Gemeinde, gut 30 Kilometer südlich von St. John's. Außerdem reichlich Alke, Wale und Eisberge.

QUÉBEC

FESTIVALS

Carnaval d'Hiver (Winterkarneval)
Québec
Tel. 418/626-3716
Feb.
Ein großartiges Winterfest für die ganze Familie – Kunst, Kultur, Sport und Unterhaltung, angeführt von einem riesigen Schneeball, der »Bonhomme Carnival« heißt.

Montréal en Lumière (High Lights Festival)
Montréal
Tel. 514/288-9955 oder 888/477-9955
Feb.
Zehn Tage im Februar wird Montréal mit Feuerwerken illuminiert, begleitet von Theateraufführungen; die Restaurants servieren extra zu diesem Anlass Gourmet-Menüs. An einem Samstagabend findet eine *nuit blanche* statt, dann sind Museen und kulturelle Einrichtungen die ganze Nacht über geöffnet. Dazu gibt es heiße Schokolade und andere Getränke.

Fête nationale
Québec
Tel. 418/640-0799
24. Juni
Der Namenstag von Johannes dem Täufer wird in der Provinz Québec als Nationalfeiertag begangen. Es gibt Feste in der ganzen Provinz, aber das spektakulärste findet in der Hauptstadt auf den Plains of Abraham statt, wo das Konzert um Mitternacht von einem Feuerwerk gekrönt wird.

International Pyrotechnical Competition
La Ronde,
île Notre-Dame, Montréal
Tel. 514/397-2000
Juni und Juli
Atemberaubende Feuerwerk-Demonstrationen während eines beliebten Wettstreits zwischen etwa zehn Ländern. Die Shows finden im Freizeitpark La Ronde statt, aber man kann sie auch kostenlos vom Wasser aus sehen. Extrem beliebt, daher sind Straßen und Brücken für den Autoverkehr gesperrt.

International Jazz Festival
Montréal
Tel. 514/871-1881 oder 888/515-0515
Juli
Ein großes Jazz-Festivals mit kostenlosen Open-Air-Konzerten zusätzlich zu den Auftritten renommierter Musiker.

Juste pour Rire
Montréal
Tel. 514/790-4242
Juli
Ein Comedy-Festival, 600 Künstler aus 14 Ländern zeigen in über 1000 Shows ihr Können.

Festival d'été international (Sommerfestival)
Québec
Tel. 418/692-5200
Juli
Das größte frankophone Kulturereignis in Nordamerika. Aktivitäten nehmen die Straßen und Plätze der Altstadt in Beschlag.

Festival de Montgolfières (Heißluftballon-Festival)
Saint-Jean-sur-Richelieu
Tel. 450/347-9555
Aug.
Mehr als 100 Heißluftballons, einige in ungewöhnlichen Formen, steigen jeden Abend auf.

Montréal World Film Festival
Montréal
Tel. 514/848-3883
Aug. und Sept.
Sehr beliebter Wettbewerb, der 350 000 Zuschauer anzieht.

KULTURZENTREN

Centaur Theatre
453 Saint-François-Xavier, Montréal
Tel. 514/288-3161
Centaur ist das führende englischsprachige Theater der Stadt und ist im 1903 renovierten Börsengebäude untergebracht. Neue und besonders auch heimische Stückeschreiber werden tendenziell bevorzugt, es gibt jedoch auch Aufführungen von Broadway-Hits und eher klassischen Werken (Sept.–Mai).

Ex-centris
3536 bvld. Saint-Laurent, Montréal
Tel. 514/847-3536
Innovatives Kinocenter, spezialisiert auf ausgefallene, ungewöhnliche Produktionen aus aller Welt.

Grand Théâtre de Québec
269 blvd. René Lévesque Ouest
Québec
Tel. 418/643-8131
Schauspiele (auf Französisch), Tanzvorstellungen und Symphoniekonzerte werden von September bis April aufgeführt.

Place des Arts
Ecke Rue Ste.-Catherine Ouest und Jeanne Mance
Montréal
Tel. 541/285-4200 (Information)
514/842-2112 (Kasse)
Montréals Schaufenster der darstellenden Künste mit fünf Vielzweckhallen, u.a. dem Wilfrid-Pelletier-Konzertsaal mit etwa 3000 Sitzplätzen. Heimat der Symphonieorchesters, der Opéra de Montréal, dem Hauptballett der Stadt (Les Grands Ballets Canadiens) und einiger Theatertruppen. Es gibt auch eine zwanglose Brunch-Reihe am Sonntag.

Saidye Bronfman Centre
5170, chemin de la Côte Ste.-Catherine
Montréal
Tel. 514/739-2301 oder
514/739-7944
Dramen auf Englisch und Jiddisch werden hier aufgeführt, dazu viele kostenlose Lesungen und Konzerte.

Théâtre Lac Brome
Knowlton
Tel. 450/242-2270
Hits vom Broadway und aus dem West End werden hier im Sommer in englischer Sprache aufgeführt.

NACHTLEBEN

Angels Bar
3604 blvd.
St.-Laurent Montréal
Tel. 514/282-9944
Täglich 20–3 Uhr
Auf zwei Ebenen lockt dieser beliebte Nachtclub mit diversen Tanzflächen und Lounges.

Les Beaux Jeudis
1449 Crescent, Montréal
Tel. 514/288-5656
Liegt an Montrèals Bar- und Nachtclub-Meile und zieht ganzjährig donnerstags besonders junge Leute an. Im Sommer ist die Terrasse sehr beliebt, alles bebt zur Cocktailstunde, und in der Disco swingt man bis in den frühen Morgen.

Café Campus
57, rue Prince-Arthur
Ost-Montréal
Tel. 514/844-1010
Abwechselnd Musik von Live-Bands und DJ's in diesem kleinen Lokal. Beliebt bei vielen jungen Montréalern.

Casino de Montréal
1, ave. du Casino
Montréal
Tel. 514/392-2746 oder
800/665-2274
Das große Casino ist in den ehemaligen Weltausstellungspavillons Frankreichs und Québecs von 1967 auf der Île Notre-Dame untergebracht und besitzt 120 Spieltische und mehr als 3000 Spielautomaten.

Le Cheval Blanc
809, rue Ontario
Ost-Montréal
Tel. 514/522-0211
Traditionelles Pub mit selbst gebrautem Bier. Kulturelles Geplauder an den Gemeinschaftstischen übertönt manchmal die Musik.

Club Balattou
4372 Saint-Laurent, Montréal
Tel. 514/845-5447
In dieser beliebte Disco wird Weltmusik gespielt, besonders aus der Karibik und aus Afrika. Sie ist jeden Abend bis 3 Uhr geöffnet.

L'Emprise at Hôtel Clarendon
57, rue Ste.-Anne, Québec
Tel. 418/692-2480

Jazz-Bar im Art-déco-Stil, Livemusik Donnerstag- bis Samstagabend (in den Wintermonaten).

Les Foufounes Électriques
87, rue Ste.-Catherine
Ost-Montréal
Tel. 514/844-5539
Les »Foues« betrachtet sich als Montréals Kultur- und Musikmosaik. Exzentrische Innenausstattung zieht unterschiedlichste Gäste in diese Musik-Bar.

Hurley's Irish Pub
1225, rue Crescent
Montréal
Tel. 514/861-4111
Jeden Abend keltische Musik und Tanz, es gibt auch Guinness.

Maison du Jazz
2060 rue Aylmer, Montréal
Tel. 514/842-8656
Dieser Club wechselte mit dem Tod des Jazzpianisten Charlie Biddle seinen Namen. Er heißt nun nicht mehr »Biddle«, gehört aber immer noch zu den Spitzenclubs in einer Stadt.

ANDERE AKTIVITÄTEN

Glissades de la Terrasse
Québec
Mitte Dez.–Mitte März
Rutschen Sie in einem Toboggan (Indianderschlitten) auf Eis bis zu einer Terrasse am Château Frontenac hinunter. Dazu Eislaufen.

Mont-Sainte-Anne Ski Centre
40 Kilometer östl. von Québec
Tel. 418/827-4561
63 Pisten, ein Höhenunterschied von 600 Metern und aufregende Blicke auf den St. Lawrence und die Hauptstadt. Snowboard- und Snowshoefahren, Langlauf.

Owl's Head Ski Area
Rte. 243
S. Magog
Tel. 450/292-3342 oder 800/363-3342
Dez.–Mitte April
Pisten mit 44 Loipen, die längsten Laufmöglichkeiten der Gegend.

Mont-Tremblant Ski Hill
Mont-Tremblant
Tel. 819/681-3000
oder 888/857-8043
Ende Nov.–Mitte April
Mehr als 90 Skipisten und 80 Kilometer Loipen. Zwei Stunden nordwestlich von Montréal.

Eishockey im Bell Centre
1260, rue de la
Gauchetière Ouest
Montréal
Tel. 514/932-2582
Kanadas inoffizieller Nationalsport begeistert die meisten Kanadier, aber in Montréal ist Eishockey kein Sport, sondern Religion. Die Montréal Canadiens, bekannt als Les Habs (kurz für les Habitants, die Bewohner), haben den National Hockey League's Stanley Cup 24-mal gewonnen, ein Rekord, doppelt so oft wie irgendein anderes Team.

Canadian Grand Prix
Circuit Gilles Villeneuve
Île Notre-Dame, Montréal
Tel. 514/350-0000 oder -4731
Jedes Jahr wird der kanadische Grand Prix in Montréal ausgetragen. Eine Woche im Juni beherrscht die Formel 1 die Stadt. Reservieren Sie Ihre Unterkunft lange im Voraus.

Harness Racing
Hippodrome Blue Bonnets
7440 blvd. Décarie
Montréal
Tel. 514/739-2741
Auf der Pferderennbahn im Norden von Montréal werden Trabrennen veranstaltet.

Cirque du Soleil
Montréal
Tel. 514/522-2324
Montréals Zirkus hat mit seiner Mischung aus draufgängerischen Nummern und Darbietungen auf dem neuesten Stand der Technik internationalen Ruhm erreicht. Hier gibt es keine Tiere. Trapezartisten, Akrobaten, Jongleure, Clowns und Schlangenmenschen zeigen innovative Nummern, untermalt mit erstaunlichen Lichteffekten und Musik. In Montréal ist er nur alle zwei Jahre zu sehen.

Saute Moutons Jet-boating (Lachine Rapids Tours)
Vieux- Port, Quai de l'Horloge
Montréal, Tel. 514/284-9607
Mai–Mitte Okt.
Schießen Sie die Lachine-Stromschnellen in offenen Tragflächenbooten hinunter. Wild, nass und spannend. Reservierung erforderlich. Kinder ab 6 Jahren.

Jacques Cartier Excursions
978 ave. Jacques Cartier Nord
Tewkesbury
Tel. 418/848-7238
Sommer
Halbtages-Floßtouren auf dem Jacques Cartier River, die etwa 30 Minuten nordwestlich von Québec in Tewkesbury starten.

Whitewater Rafting
Grenville-sur-la-rouge, Rivière Rouge
Tel. 819/242-7238 oder 800/361-5033
April–Okt.
Spannende Expeditionen auf diesem wilden Fluss und durch seine wirbelnden Stromschnellen. Nichts für Ängstliche.

Whale-Watching Cruises
Tadoussac und andere Orte am Nordufer des St. Lawrence
Tel. 866/235-4744
Die Mündung des Saguenay in den St. Lawrence ist im Sommer ein beliebter Fressplatz der Wale. Kleine Boote fahren weit hinaus, um Blicke auf die riesigen Seesäuger zu ermöglichen.

Hull/Chelsea/ Wakefield Steam Train
Gatineau; Tel. 800/871-7246 oder 819/778-7246,
www.steamtrain.ca
Sommermonate
Reservierungen für Exkursionen in einem der letzten Dampfzüge Kanadas, sind erforderlich.

Zug der Schneegänse
Cap-Tourmente
Okt.
Während ihres alljährlichen Fluges in den Süden halten sich Tausende von Schneegänsen im Schilf am St. Lawrence unter dem Cap-Tourmente auf. Es ist beeindruckend, diese Riesenvögel wie ein Wolke aus dem Wasser starten zu sehen.

ONTARIO

FESTIVALS

Winterlude
Ottawa
Tel. 613/239-5000
Mitte Feb.
Im Winter werden zehn Kilometer des Rideau Canal geräumt, um eine wundervoll lange Eisbahn mit schönen Ausblicken

und Schauplatz für zahlreiche Veranstaltungen zu schaffen.

Tulip Festival
Ottawa
Mitte Mai
Seit die niederländische königliche Familie im Zweiten Weltkrieg in Ottawa Zuflucht suchte, hat die Stadt jährlich Geschenke von den niederländischen Tulpenzüchtern erhalten. Das Resultat sind Millionen von Tulpen in allen Farben und Formen in der Stadt.

Caribana
Toronto
Juli
Tel. 416/466-0321
Die Stadt nimmt für zwei Wochen das Aussehen einer karibischen Insel an, traditionelles Essen und die Aktivitäten aus der Karibik und Lateinamerika dominieren die Straßen.

Peterborough Summer Festival of Lights
Peterborough
Tel. 705/742-7777
www.festivaloflights.ca
Juli und Aug.
Jeden Mittwoch- und Samstagabend über zwei Monate im Sommer hinweg kostenlose Open-Air-Konzerte mit anschließendem Feuerwerk.

Fergus Scottish Festival and Highland Games
Tel. 519/787-0099
www.fergusscottishfestival.com
Aug.
Pflege schottischen Brauchtums mit Dudelsack, Highland-Tanz, Paraden und keltischer Musik.

Canadian National Exhibition
CNE Grounds
Toronto
Tel. 416/263-3800
Aug. und Sept.
Ausstellungspavillons, Tribünenveranstaltungen und einer Luftfahrtausstellung.

Niagara Grape and Wine Festival
Tel. 905/688-0212
www.niagarawinefestival.com
Sept.
Ende September feiert die Halbinsel Niagara ihr noch junges Gewerbe mit Weingutbesichtigungen, Weinproben u.v.m.

Toronto International Film Festival
Tel 416/968-3456
Zehn Tage erstklassiges Kino im September.

Oktoberfest
Kitchener-Waterloo
Tel. 519/570-4267
Okt.
Der eindeutig deutsche Ursprung dieser Zwillingsstädte wird mit einem bayerischen Fest gefeiert: großer Umzug und Parade, Lederhosen – und Bier.

KULTURZENTREN

National Arts Centre
Ottawa
Tel. 613/947-7000
Das Kulturzentrum am Ufer des Rideau Canal bietet eine große Auswahl an Konzerten, Schauspielen, Musicals und anderen Aktivitäten.

Shaw Festival
Niagara-on-the-Lake
Tel. 905/468-2172 oder 800/511-7429
April–Nov.
Auch wenn noch immer Stücke von George Bernard Shaw aufgeführt werden, gibt es daneben auch Klassiker, Musicals und alte und neue Komödien.

Stratford Festival
55 Queen St.
Stratford
Tel. 519/271-4040 oder 800/567-1600
www.stratfordfestival.ca
Anfang Mai–Ende Okt.
Shakespeares Werke, zusammen mit zeitgenössischen Dramen und Musicals, werden vor vollen Häusern gespielt.

Hummingbird Centre for the Performing Arts
1 Front St. E.
Toronto
Tel. 416/393-7474
Riesiger Veranstaltungsort mit einer Vielzahl an Shows, Konzerten und Theateraufführungen. Auch das National Ballet of Canada hat hier seine Bühne.

Roy Thomson Hall
60 Simcoe St.
Toronto
Tel. 416/872-4255
Heimat des Toronto Symphony Orchestra und des Toronto Mendelssohn Choir. Modernes Design und hervorragende Akustik machen es zur wichtigsten Konzerthalle der Stadt.

Premiere Dance Theatre
Queen's Quay
Toronto
Tel. 416/973-4000
Viele bedeutende Tanztruppen führen hier auf, z.B. das Toronto Dance Theatre, eine bekannte zeitgenössische Tanztruppe.

Theater in Toronto
Toronto hat eine aktive Theaterszene und wird von vielen als drittgrößtes englischsprachiges Theaterzentrum angesehen.

Royal Alexandra Theatre
260 King St. W.
Toronto
Tel. 416/593-4142 oder 800/724-6420
Broadway-Shows in einem erstaunlichen Beaux-Arts-Gebäude von 1906-07.

Princess of Wales Theatre
300 King St. W.
Toronto
Tel. 416/593-4142 oder 800/724-6420
Ein spektakuläres Haus auf dem neuesten Stand der Technik. Produktionen wie *Miss Saigon*.

Pantages Theatre
244 Victoria St.
Toronto
Tel. 416/364-4100
Theater, das Broadway-Shows wie *Das Phantom der Oper* zeigt.

Buddies in Bad Times
12 Alexander St.
Toronto
Tel. 416/975-8555
Dies ist nicht nur die erste schwule Theatertruppe in Kanada, sie hat auch viele zeitgenössische heterosexuelle Dramatiker gefördert. Das Theater ist immer an vorderster Front und bringt Produktionen, die soziale Grenzen in Frage stellen. Es ist auch Heimat von Tallulah's Cabaret.

Lorraine Kimsa Theatre for Young People
165 Front St.
Toronto
Tel. 416/862-2222
Produktionen von Oktober bis Mai, die Adaptionen von Dickens, C.S. Lewis und anderen bekannten Kinderbuchautoren bieten.

NACHTLEBEN

Bar Italia
582 College St.
Toronto
Tel. 416/535-3621
Junge Modebar in Little Italy. Italienische Spezialitäten plus schickem Poolbillard im ersten Stock.

People's Chicken
744 Mount Pleasant Rd.
Toronto
Tel. 416/489-7931
Beliebter jugendlicher Club, der die energischen Tänzer mit zeitgenössischem Pop und die Hungrigen mit Barbecue-Gerichten versorgt.

Crocodile Rock
240 Adelaide St. W., Toronto
Tel. 416/599-9751
An diesem beliebten Ort im Vergnügungsviertel gibt es jeden Abend DJs und Tanz. Restaurant mit guter Speisekarte.

Horseshoe Tavern
370 Queen St.
Toronto
Tel. 416/598-4753
Ein Magnet für Rockfans von Donnerstag bis Samstag. Frühere Auftritte von The Police und The Band haben den Ruf dieses Ortes gesteigert. Montag bis Mittwoch Countrymusik.

El Mocambo
464 Spading Ave.
Toronto
Tel. 416/968-2001
Grunge-Rockbühne, die einst durch die Rolling Stones geehrt wurde. Zeigt montagabends lokale Talente.

Second City
56 Blue Jays Way
Toronto
Tel. 416/343-0011
Kanadische Comedy-Stars wie John Candy und Bill Murray traten hier auf, bevor sie in USA Ruhm erlangten.

Top O' The Senator
253 Victoria St.
Toronto
Tel. 416/364-7517
Intimer Jazzclub im dritten Sock des Senator Restaurants.

Wayne Gretzky's
99 Blue Jays Way
Toronto
Tel. 416/979-7825
Ein Schrein für den besten kanadischen Eishockeyspieler. Nicht der beste Ort, um zu essen, aber Superausblick von der Dachterrasse.

Yukyuk's
224 Richmond St. W.
Toronto
Tel. 416/967-6425
Von den Comedy-Theatern in New York und Los Angeles inspiriert, öffnete dieses Theater in den 60er Jahren und hat später kanadische Comedy-Stars wie Jim Carrey herausgebracht.

ANDERE AKTIVITÄTEN

Maple Leafs Ice Hockey
Air Canada Centre, Toronto
Tel. 416/872-5000
Werden Sie Zeuge, wie Kanadier in ungezügelte Leidenschaft verfallen, wenn sie ihr heimatliches Hockey-Team anfeuern. Tickets sind teuer.

Glen Abbey
1333 Dorval Dr.
Oakville
Toronto
Tel. 905/844-1811
Erstklassiger Golfplatz mit 18 Löchern, ungefähr 45 Minuten von Toronto entfernt. Die offene kanadische Meisterschaft wird hier ausgespielt.

Niagara Wine Tours
92 Picton St., Niagara-on-the-Lake
Tel. 905/468-1300
Fahrrad- oder Vantouren zu Weingütern, inkl. Mittagessen.

Baseball im Rogers Centre
1 Blue Jays Way
Toronto
Tel. 416/341-3663
Die Toronto Blue Jays ziehen jede Saison vier Millionen Fans an. Das Stadion mit seinem einfahrbaren Dach ist in seinem Design so revolutionär, dass viele Leute extra deshalb kommen.

Changing of the Guard
Parliament Hill
Ottawa
Juli–Aug., täglich 10 Uhr
Eine farbenfrohe und beliebte Zeremonie, die auf dem Rasen vor dem kanadischen Parlament stattfindet; über 100 Soldaten marschieren in Bärenfellmütze und roter Uniformjacke.

Agawa Canyon Train Tours
Sault Ste. Marie
Tel. 800/242-9287 oder 705/946-7300
Juni–Okt
Landschaftlich schöne Tagesausflüge in die zerklüftete Wildnis nördlich des Lake Superior. Aufenthalt in Agawa Canyon im Sommer oder die überwältigende Schönheit der Herbstfarben. Reservierung erforderlich.

Polar Bear Express
Cochrane (Nord-Ontario)
Tel. 705/472-4500 oder 866/472-3865
www.polarbearexpress.ca
Ende Juni–Anfang Sept.
Ganztagsfahrt mit dem Zug zur arktischen Wasserscheide, Moosonee, am Ufer der James Bay. Grenzleben, Sumpf und Tundra. Reservierung erforderlich.

Playdium
99 Rathburn Rd.
Mississauga
Tel. 416/273-9000
Interaktive Spiele, Simulatoren, Kletterwände, Go-Karts und ein IMAX-Theater machen es zu einem Paradies für Kinder.

Niagara Casinos
Niagara
Tel. 888/946-3255
Es gibt zwei Casinos an den Niagara Falls: Casino Niagara (Falls Ave.) und Niagara Fallsview Casino Resort (Fallsview Blvd.). Letzteres bietet eine gute Aussicht auf die Fälle. Beide Casinos sind rund um die Uhr geöffnet; das Mindestalter liegt bei 19 Jahren.

PRÄRIEPROVINZEN

FESTIVALS

Calgary Exhibition and Stampede
Calgary, Alberta
Tel. 800/661-1767 oder 403/261-0101
www.calgarystampede.com
Juli
Eines der größten Cowboy-Ereignisse überhaupt. Eine einzigartige Atmosphäre durchzieht die Stadt, Westernkleidung ist angesagt. Hier werden geboten: eine Riesenparade, Proviantwagen-Rennen, Rodeo-Reiten auf Bron-

cos, Kälber einfangen, Kampf mit jungen Ochsen, eine Zuchtschau und vieles mehr.

Klondike Days
Edmonton, Alberta
Juli
Zehn Tage lang lässt Edmonton die wilden 1890er Jahre wieder aufleben, mit einer »King of the Klondike«-Parade, Goldwaschen und anderen Aktivitäten aus der Goldgräberzeit.

The Trial of Louis Riel
Mackenzie Art Gallery
Regina, Sask.
Tel. 306/728-5728
Juli–Anfang Aug.
Dieses Spiel ist eine historisch akkurate Nachstellung des Prozesses von Louis Riel, der auch 100 Jahre nach seinem Tod noch Kontroversen aufwirft.

Shakespeare on the Saskatchewan
Saskatoon, Sask.
Tel. 306/652-9100
Juli–Mitte Aug.
Das preisgekrönte Theater ist bekannt für innovative Interpretationen von Klassikern, die in zwei farbenfrohen Zelten am Fluss gespielt werden.

Folklorama
Winnipeg, Man.
Tel. 204/982-6210
Aug.
Multikulturelle Pavillons überall in der Stadt bieten Unterhaltung, exotisches Essen und kulturelle Ausstellungen.

KULTURZENTREN

Citadel Theatre
9828 101A Ave.
Edmonton, Alberta
Tel. 780/426-4811 oder 780/425-1820 (Kasse)
Heutzutage einer der größten und beliebtesten Theaterkomplexe in Kanada. Es gibt fünf Säle, die für unterschiedliche Produktionstypen und Zuschauer, aber auch für Workshops und Unterricht nutzbar sind.

EPCOR Centre
205 8th Ave. SE
Calgary, Alberta
Tel. 403/294-7455
Die Heimat des Calgary Philharmonic Orchestra und auch einiger Theaterensembles.

Globe Theatre
1801 Scarth St.
Regina, Sask.
Tel. 306/525-6400
Hiesige Schauspiele werden auf einer runden Bühne in der alten Regina City Hall aufgeführt.

Manitoba Theatre Centre
174 Market Ave., Winnipeg, Man.
Tel. 204/942-6537
Das MTC führt gängige Theaterstücke, aber auch experimentelle Produktionen im Warehouse auf. Hier finden im Sommer die Winnipeg Fringe Theatre Festivals statt.

Rainbow Stage
2021 Main St. (im Kildonan Park)
Winnipeg, Man.
Tel. 204/989-5261
Juli–Aug.
Im Sommer Open-Air-Theater unter Sternen am Ufer des Red River.

Twenty Fifth Street Theatre Centre
600-245 3rd Ave. S.
Saskatoon, Sask.
Tel. 306/664-2239
Zeigt Werke von Dramatikern aus Saskatchewan und veranstaltet ein Fringe Festival (Avantgarde-Theater) im Sommer.

NACHTLEBEN

The Bassment
245 3rd Ave.
Saskatoon, Sask.
Tel. 306/683-2277
Heimat der Saskatchewan Jazz Society mit Konzerten von September bis Mai.

Casino Regina
1880 Saskatchewan Dr.
Regina, Sask.
Tel. 800/555-3189 oder 306/565-3000
Bahnhof mit Spielautomaten.

Cowboys
10102-180 St., Edmonton, Alta.
Tel. 780-481-8739
Dieser beliebte Nachtclub bietet eine Tanzfläche, Poolbillard und Bier vom Fass.

Bottlescrew Bill's Old English Pub
140–10th Ave. S.W., Calgary
Tel. 403/263-7900
www.bottlescrewbill.com
Ein beliebter Pub, mit über 200 verschiedenen Biersorten.

ANDERE AKTIVITÄTEN

Canadian Olympic Plaza
88 Canada Olympic Rd. SW
Calgary, Alberta
Tel. 403/247-5452
Sportstätte der XV. Olympischen Winterspiele. Geöffnet für Besichtigungen und für Bob- und Schlittenfahrten.

Nakiska
Kananaskis Village, Alberta
Tel. 403/591-7777 oder 800/258-7669
Nakiska war der Austragungsort für die alpinen Skiwettbewerbe bei den Olympischen Winterspielen von Calgary 1988.

RCMP Sergeant Major's Parade
RCMP Training Academy
Regina, Sask.
Tel. 306/780-5900
Tägliche Exerzierparade, sofern das Wetter mitspielt. Außerdem abends Zapfenstreich, wobei das Einholen der Flagge im Mittelpunkt steht (Di im Juli und Aug.).

Prairie Dog Central
Winnipeg, Man.
Tel. 204/832-5259
Juli und Aug. nur Sa–So; im Mai, Juni und Sept. nur So
Zweistündige Ausflüge nördlich von Winnipeg in einem Dampfzug von 1900, die Ausblicke auf die Prärielandschaft bieten.

DIE ROCKIES

KULTURZENTREN

Banff Centre
107 Tunnel Mountain Drive
Banff, Alberta
Tel. 403/762-6300 oder 800/422-2633
Ganzjährig Musik, Theater und Tanz, gipfelt jeden Sommer im Banff Festival of the Arts. Walter Philips Gallery mit zeitgenössischen Werken kanadischer und internationaler Künstler.

Canada House Gallery
201 Bear St.,
Banff, Alta.
Tel. 403/762-3757 oder 800/419-1298
www.canadahouse.com
Die Galerie stellt ausschließlich kanadische Kunst und Skulpturen aus, u.a. Werke der Inuit und Ureinwohner.

NACHTLEBEN
Athabasca Hotel
510 Patricia St.
Jasper
Tel. 403/852-3386
Tanz zu den Top 40 und zu Live-Bands im Atha-B Nachtclub.

ANDERE AKTIVITÄTEN
Zahlreiche Ausrüster bieten Hilfe für Besucher, die die Nationalparks in den Rockies besuchen wollen. Einige sind hier aufgelistet. Viele bieten mehr als einen Service, fragen Sie also auch nach anderen Interessensgebieten.
Radfahren
Bactrax
Banff, Alta.
Tel. 403/762-8177
Fischen
Banff Fishing Unlimited
Banff, Alta.
Tel. 403/762-4936
Maligne Tours Jasper, Alberta
Tel. 780/852-3370
Hubschraubertouren
Canadian Mountain Holidays
Banff, Alberta
Tel. 403/762-7100
Alpine Helicopters
Canmore, Alberta
Tel. 403/609-1714
Reiten
Warner Guiding and Outfitting
Banff, Alberta
Tel. 403/762-4551
Brewster Mountain Park Trains
Lake Louise, Alberta
Tel. 403/762-5454
Emerald Lake Lodge
Yoho National Park, B.C.
Tel. 250/343-6321
Zugfahrten durch die Rockies
Von Vancouver, Jasper oder Calgary
Tel. 877/460-3200
Der *Rocky Mountaineer* macht zweitägige Ausflüge durch den Banff National Park oder den Jasper National Park. Vom bequemen Zug aus können Sie das großartige Gebirge genießen. Beide Fahrten beginnen oder enden in Vancouver und beinhalten eine Übernachtung in Kamloops.
Flussabenteuer
White Water Rafting
Jasper, Alberta
Tel. 780/852-7238
Jasper Raft Tours
Jasper, Alberta
Tel. 780/852-2665
Skizentren
Banff/Mount Norquay
Tel. 403/762-4421;
Sunshine Village
Tel. 403/760-6500;
Lake Louise Tel. 403/522-3555;
Marmot Basin Tel. 403/852-3816
Mount Norquay und Sunshine Village bei Banff, das Lake Louise Ski Centre und Marmot Basin in Jasper haben schöne Abfahrten.

Für zusätzliche Empfehlungen wenden Sie sich an die jeweiligen Nationalparks:
Banff (Tel 403/762-1550)
Jasper (Tel 780/852-6176)
Yoho (Tel 250/343-6100)
Kootenay (Tel 250/347-9615)

WESTKÜSTE

FESTIVALS
Polar Bear Swim
English Bay
Vancouver
Tel. 604/665-3424
Neujahrstag
Tausende von abgehärteten Bewohnern von Vancouver stürzen sich in die eiskalten Fluten der English Bay, um Neujahr zu feiern. Besucher können sie begleiten oder einfach zuschauen.
Flower Count Week
Victoria
Tel. 250/953-2033
Feb.
Um die Milde des Winters an der Küste hervorzuheben (wenn der Großteil von Kanada in tiefem Schnee versinkt) zählt die Hauptstadt von British Columbia Tausende von Blumen.
Nanaimo to Vancouver Bathtub Race
Ziel am Kits Beach
Vancouver
Tel. 250/753-7223
Juli
Das berühmte Rennen an der Nanaimo Bay entlang zur Departure Bay gehört zum Marine Festival der Stadt. Teilnehmer benutzen wirklich Badewannen, aber die werden heutzutage eher von Außenbordmotoren als von Muskelkraft angetrieben. Grillfeste, Konzerte, Feuerwerk und eine Parade runden das ganze ab.
Squamish Days Logger Sports Festival
Squamish
Tel. 604/815-4994
Ende Juli–Anfang Aug.
Demonstrationen rund um das Holzfällen und das Leben eines Holzfällers.
International Air Show
Abbotsford, Fraser Valley
Tel. 604/852-8511
Aug.
Eine von Kanadas großen Luftfahrtausstellungen.
Pacific National Exhibition
PNE Grounds
Vancouver
Tel. 604/253-2311
Aug. und Sept.
Eine der großen Landwirtschafts- und Industrieausstellungen im pazifischen Nordwesten. Zuchtschauen und viel Unterhaltung. Höhepunkt sind die Wettbewerbe der Holzfäller.
Christmas Carol Ship Parade
English Bay
Vancouver
Tel. 604/878-8999
Dez.
Junge Sänger singen an Bord eines Schiffes Weihnachtslieder. Andere Boote, mit Lichtern geschmückt, folgen ihnen.

KULTURZENTREN
The Centre in Vancouver for Performing Arts
777 Homer St.
Vancouver
Tel. 604/602-0616
Moderne Spielstätte für Broadway-Shows, Konzerte und andere Live-Events.
Orpheum Theatre
Smithe at Seymour Vancouver
Tel. 604/665-3050
Viele Musikereignisse finden in diesem eleganten Theater statt, das 1927 als Varieté gebaut wurde. Zu diesen Musikereignissen gehören auch Konzerte des Vancouver Symphony Orchestra.
Waterfront Theatre
Granville Island
Vancouver
Tel. 604/257-0366

Theater, das alles von Shakespeare über populäre Dramen bis hin zu den Werken der Lokalschriftsteller zeigt.

Theatre under the Stars
Stanley Park
Vancouver
Tel. 604/257-0366
Beliebte Schauspiele und Musicals im Konzertpavillon der Malkin Bowl im Stanley Park von Juli bis August. Besonders schön ist ein Picknick bei Vollmond.

Bard on the Beach
Vanier Park
Vancouver
Tel. 604/739-0559
Sommermonate
Shakespeare am Strand mit dem Ozean als Hintergrundmusik und den Bergen als Kulisse.

University Centre Auditorium
Finnerty Rd.
Tel. 250/721-6561
Ganzjährig klassische Konzerte.

McPherson Playhouse
3 Centennial Square
Victoria
Tel. 250/361-0800 oder 250/361-6121
Barocke edwardianische Konzerthalle, die 1962 restauriert wurde; Heimat des Victoria Symphony Orchestra, der Pacific Opera Victoria und vieler anderer Musik- und Theatergruppen.

Royal Theatre
805 Broughton St.
in Blanshard Victoria
Tel. 250/361-0800 oder 250/386-6121 (Kasse)
Verschiedene Theaterpräsentationen, inklusive »Pop-«Konzerte des Victoria Symphony Orchestra.

BC Place Stadium
Vancouver
Major
Kanadische und internationale Musikgruppen spielen in diesem riesigen Stadion, das 60 000 Leute fasst.

NACHTLEBEN

O'Doul's Bar
1300 Robson St.
Vancouver
Tel. 604/661-1400
Diese populäre Bar mitten in der belebten Innenstadt bietet Donnerstag- bis Samstagabend hiesigen Live-Jazz.

Ginger62
1219 Granville St., Vancouver
Tel. 604/678-8991
www.ginger62.com
Luxus-Nightclub mit VIP-Tischservice und kleiner Speisekarte.

The Yale
1300 Granville St.
Vancouver
Tel. 604/681-9253
Jeden Abend guter »Rhythm and Blues«. Sonntag ist Blues Jam: bringen Sie Ihr Instrument mit und spielen Sie mit.

Richard's on Richards
1036 Richards St.
Vancouver
Tel. 604/688-1099
Einer der beliebtesten Nachtclubs in Vancouver.

ANDERE AKTIVITÄTEN

Bayshore Bike Rentals
745 Denman St.
Vancouver
Tel. 604/688-2453
Mieträder im Stanley Park.
Pacific Spirit Park
4915 W. 16th Ave.
Auf dem Campus der University of British Columbia Vancouver
Tel. 604/224-5739
Knapp 60 Kilometer Radwege, nur 15 Minuten bis zur City.

Pacific Spirit Park
4915 W. 16th Ave., auf dem Campus der University of British Columbia, Vancouver
Tel. 604/224-5739
Fast 60 Kilometer Radwege, 15 Minuten von der City entfernt.

Hiking the West Coast Trail
Pacific Rim National Park
Vancouver Island
Tel. 800/663-6000 (für Information und Reservierungen). Von Wanderern und Rucksacktouristen angesehen als Abenteuer fürs Leben; einer der anspruchsvollsten Wanderwege Nordamerikas. Es kann zehn Tage dauern, die ganzen 70 Kilometer dieses Pfades hinter sich zu bringen.

Skifahren in Whistler
120 km nördlich von Vancouver, Whistler Visitor Info Centre
Tel 604/932-5528
Das weltberühmte Gebiet um Whistler-Blackcomb ist das größte und beliebteste Skigebiet in Nordamerika. Kilometerlange Abfahrten, Hunderte gespurter Loipen, Möglichkeiten zum Snowboardfahren und Hubschrauber-Skifahren, Skifahren auf dem Gletscher im Sommer.

Ausflüge mit dem Zug
www.viarail.ca
www.amtrakcascades.com
VIA-Rail-Züge durch Kanada (Tel. 888/842-7245) und Amtrak-Züge nach Seattle (Tel. 800/872-7245) ebenso wie der Rocky Mountaineer starten an der 1150 Station Street, Vancouver.

Walbeobachtungen
Great Pacific Adventures
Victoria
Tel. 250/386-2277
Ganzjährig Walbeobachtungsfahrten. Für eine Liste der Veranstalter in Tofino und anderer Orten auf Vancouver Island rufen Sie an: Tel. 250/953-2033
März–Okt.
Es ist eine wunderbare Erfahrung, auf eine dieser Fahrten zu gehen und Grauwale, Schweinswale, Killerwale, Robben, Seelöwen und Seevögel zu sehen.

Swan Lake Christmas Hill Nature Sanctuary
3873 Swan Lake Rd.
Victoria Tel. 250/479-0211
Naturwanderwege und Vogelbeobachtung nur wenige Minuten von der Innenstadt.

DER NORDEN

FESTIVALS

In der Liste unten stehen nur große Festivals, aber jede kleine Inuit- oder Dene-Gemeinde im Norden hat eigene Feiern und Festivals, normalerweise im Sommer. Für Details wenden Sie sich an die Touristeninformationen von Yukon, den Northwest Territories und Nunavut (Adressen auf S. 344).

Yukon Quest Sled Dog Race
Whitehorse, Yukon
Tel. 867/668-4711
Feb.
Internationales 1000-Meilen-Rennen zwischen der Hauptstadt von Yukon und Fairbanks, Alaska. Angesehen als das härteste Hundeschlittenrennen der Welt.

Caribou Carnival
Yellowknife, N.W.T.
Tel. 867/873-4262
März
Internationale Sportwettbewerbe und Kulturgala. Harpunenwerfen, Hundeschlittenrennen, Eisfischen, Trommeltanz usw. Tragen Sie Ihre langen Unterhosen!

Midnight Sun Golf Tournament
Yellowknife, N.W.T.
Tel. 867/873-4326
Sommersonnenwende
Berühmtes Golfturnier mit Abschlag um Mitternacht. Das Grün ist künstlich und die Fairways Sand, aber dies ist ein Turnier, das jeder genießt, auch die riesigen Kolkraben von Yellowknife, die die Gewohnheit haben, die Golfbälle zu entführen.

Yukon Gold Panning Championships
Dawson, Yukon
Tel. 867/993-5575
1. Juli
In diesem jährlichen Ereignis treten Amateur- und Profigoldsucher gegeneinander an, um zu sehen, wer als erster Gold findet. Es gibt zeitlich begrenzte Ausscheidungskämpfe und Finales.

Yukon Storytelling Festival
Whitehorse, Yukon
Aug.
Es ist etwas an dem Gerücht, dass das Leben im Norden die Menschen manchmal etwas verrückt macht. Wie der Dichter Robert Service schrieb: »Man sollte nicht glauben, was für Dinge man unter der Mitternachtssonne tut ….« Dieses Festival feiert eine packende Kunstform mit Mythen, Legenden, Dramen und Liedern.

Discovery Days Festival
Dawson, Yukon
Tel. 867/993-2353
Mitte Aug.
Der Jahrestag des ersten großen Goldfundes, der den »Klondike Gold Rush« auslöste, wird stilvoll mit einem Jamboree (große Party) begangen.

NACHTLEBEN

Diamond Tooth Gertie's Gambling Hall
4th Ave. und Queen St.
Dawson, Yukon
Tel. 867/993-5575 (Klondike Visitors' Association)
Einblick in die Goldgräberzeit mit Cancan-Tänzerinnen und Glücksspiel. Minderjährige haben keinen Zutritt.

Frantic Follies Vaudeville Revue
Westmark Whitehorse Hotel
Whitehorse, Yukon
Tel. 867/668-2042
Sehr komische und beliebte Show, die die schönen Tage der Goldgräberzeit wieder aufleben lässt (Mai–Sept.).

Palace Grand Theatre
Dawson, Yukon
Tel. 867/993-7200
Jeden Abend im Sommer zeigt Parks Canada im wunderschön restaurierten Kiefernholztheater von 1899 Stummfilme aus der Ära des Goldrausches.

ANDERE AKTIVITÄTEN

Der Norden ist ein Paradies für Abenteurer, die die ultimative Erfahrung in der Natur suchen. Es gibt endlose Möglichkeiten: Wildwassersport im Kanu, Fischen in entlegenen Seen, Wandern in der Wildnis. Im Norden gibt es reichlich Ausrüster für diese Trips. Einige, die Ihnen bei der Planung und beim Tansport helfen können, sind:

Dechenla
Whitehorse, Yukon
Tel. 867/667-2639
Von Naturliebhabern geführte Unternehmungen mit Basis am Canol Heritage Trail.

Nahanni River Adventures
Whitehorse, Yukon
Tel. 867/668-3180
Geführte Kanu- und Floßabenteuer auf dem wilden Nahanni River.

Yukon Wide Adventures
Whitehorse, Yukon
Tel. 867/393-2111
Kanu- und Wandertouren im Sommer; Schneeschuh-, Cross-Country-Ski- und Schneemobiltouren in den Wintermonaten.

Arctic Nature Tours
Inuvik, N.W.T.
Tel. 867/777-3300
Ist spezialisiert auf Natur- und Kulturtouren im Mackenzie-Delta.

Enodah Wilderness Travel
Yellowknife, N.W.T.
Tel. 867/873-4334
Bootstouren zur Vogelbeobachtung und Besichtigung von historischen und kulturellen Stätten.

Great Canadian Ecoventures
Fort Smith, N.W.T.
Tel. 867/920-7110
Geführte Touren, bei der die Ureinwohner und ihr Lebensraum im Mitelpunkt stehen.

Sah Naji Kwe Wilderness
Spa Rae-edzo, N.W.T.
Tel. 867/371-3144
Traditionelle Unternehmungen und interkulturelle Programme.

Beachten Sie: Man braucht häufig Charterflugunternehmen, um den Norden zu erkunden. Einige der kommerziellen Fluggesellschaften sind:

Alkan Air
Whitehorse, Yukon
Tel. 867/668-2107

Yukon Wings
Whitehorse, Yukon
Tel. 867/668-4716

North-Wright Air
Norman Wells, N.W.T.
Tel. 867/587-2288

Canadian North
Yellowknife, N.W.T.
Tel. 800/661-1505

Aero Arctic Helicopters
Yellowknife, N.W.T.
Tel. 867/873-5230

Air Tindi
Yellowknife, N.W.T.
Tel. 867/669-8200

Wolverine Air Fort
Fort Simpson, N.W.T.
Tel. 867/695-2263

Simpson Air
Fort Simpson, N.W.T.
Tel. 867/695-2505

Wie immer können die Touristeninformationen von Yukon, den Northwest Territories und Nunavut sowie die Nationalparks der Region Sie mit ausführlicheren Listen der registrierten Ausrüster, Lieferanten und anderer Firmen, die sich auf Reisen in den Norden spezialisiert haben, versorgen (Adressen auf S. 346).

REGISTER

Fettgedruckte Seiten verweisen auf Abbildungen.

D

E

F

G

H

I

J

K

BILDNACHWEIS

Abkürzungen o oben, u unten, ul unten links, ur unten rechts.

Umschlagvorderseite: Jeremy Edwards/ iStockphoto.com, Vladone/iStockphoto.com, Zubin Li/iStockphoto.com
Buchrücken: Steve Satushek/Getty Images
Umschlagrückseite: von oben nach unten: 4loops/iStockphoto.com, Brytta/iStockphoto.com, Jannie Nikola Laursen/iStockphoto.com

9, AA Photo Library. 11, Graeme Wallace. 13, Gerd Ludwig. 14, Telegraph Colour Library. 15, Rex/Sipa Press. 16/17, Maggie Steber. 18/19, Bryan & Cherry Alexander. 21, Telegraph Colour Library. 22/23, Gunter Marx Photography/ CORBIS. 24, Graeme Wallace. 26/27 Bridgeman Art Library. 30, CORBIS. 31, Giraudon. 32/33, E T Archive. 34, Hulton Getty. 35,Winston Fraser. 36/37, Christopher J. Morris/CORBIS. 38, Sally A. Morgan; Ecoscene/CORBIS. 39, Winston Fraser. 40/41, Gerd Ludwig. 42, AA Photo Library/Chris Coe. 43, Masterfile. 44/45, Michael Melford/National Geographic Society. 46/47, Winston Fraser. 48a, Hillstrom/Winston Fraser. 48b, Rex. 49a, AP Images/Wide World Photos. 49b, Rex/ Sipa. 50/51, Chris Noble. 52, Royalty-Free/CORBIS. 53, Masterfile. 56, Nik Wheeler/CORBIS. 57, Hulton Getty. 58, Winston Fraser. 58/59, Winston Fraser. 60, Winston Fraser. 61, John Neubauer/ Lonely Planet. 62(t), Winston Fraser. 62(u), Winston Fraser. 63, Winston Fraser. 64, Andre Jenny/Alamy Ltd. 65, Carl & Ann Purcell/CORBIS. 66, AA Photo Library/Chris Coe. 67, Winston Fraser. 68, Masterfile. 69, Peter Finger/CORBIS. 70, Masterfile. 71, Buddy Mays/CORBIS. 72, Carl & Ann Purcell/CORBIS. 72/73, Andre Gallant/The Image Bank/Getty Images. 74, Will & Deni McIntyre/ CORBIS. 75, Wolfgang Kaehler/CORBIS. 78(o), Winston Fraser. 78(u), AA Photo Library/Jean Francois Pin. 79, Winston Fraser. 80, Masterfile. 81(o), Masterfile. 81(u), Winston Fraser. 82, Masterfile. 84, Wolfgang Kaehler/CORBIS. 85, Paul A. Souders/CORBIS. 86, Masterfile. 88/89, David Noton/The Image Bank/Getty Images. 90, AA Photo Library/Jean Francois Pin. 91, Nik Wheeler/CORBIS. 92, AA Photo Library/Jean Francois Pin. 93(o), Ann Ronan Picture Library/Heritage-Images. 93(b), Nathan Benn/ CORBIS. 94, Royalty-Free/CORBIS. 95, AA Photo Library/Jean Francois Pin. 96, CORBIS. 97, Tom Bean/CORBIS. 98, Winston Fraser. 99(o), Winston Fraser. 99(u), AA Photo Library/Jean Francois Pin. 100, AA Photo Library/Jean Francois Pin. 101(o), Winston Fraser. 101(u), AA Photo Library/Jean Francois Pin. 102, Wolfgang Kaehler/CORBIS. 103, Jean François Pin. 106, Roger Viollet Collection/Getty Images. 107(o), Bridgeman Art Library. 107(u), North Wind Picture Archives. 108, Masterfile. 109, Masterfile. 110, FPG. 111, Masterfile. 113, Carl & Ann Purcell/CORBIS. 114, Wolfgang Kaehler/CORBIS. 115, Winston Fraser. 116, imagebroker /Alamy Ltd. 117, Winston Fraser. 119, SIME/CORBIS. 120, Winston Fraser. 121, Richard Wareham Fotografie /Alamy Ltd. 122, AA Photo Library/Jean Francois Pin. 123,Winston Fraser. 124, Publiphoto Diffusion Inc/ Alamy Ltd. 125, AA Photo Library/Jean Francois Pin. 127, Wolfgang Kaehler/ CORBIS. 128, Winston Fraser. 129, Winston Fraser. 130, Gilles Rivest/ Tourisme Québec. 131, Masterfile. 133, Publiphoto Diffusion Inc/Alamy Ltd. 135, Dave G. Houser/Post-Houserstock/CORBIS. 136, AA Photo Library/Jean Francois Pin. 138, Jose Azel/Aurora/Getty Images. 139, Nik Wheeler/CORBIS. 140, Winston Fraser. 141, Masterfile. 144, Masterfile. 145,Winston Fraser. 147, Winston Fraser. 148, Winston Fraser. 149, Winston Fraser. 150, Winston Fraser. 151, Winston Fraser. 152f, Wolfgang Kaehler/CORBIS. 154, Andre Jenny/Alamy Ltd. 155, Jason Horowitz/zefa/CORBIS. 158(o), Mary Evans Picture Library. 158(u), Mary Evans Picture Library. 159, Masterfile. 160(o), AA Photo Library/ Chris Coe. 160(u), Masterfile. 162, Wolfgang Kaehler/CORBIS. 163, Ron Watts/ CORBIS. 165, AA Photo Library/Jean Francois Pin. 166, Ron Watts/CORBIS. 168, Winston Fraser Photos. 169, Michael S. Yamashita/CORBIS. 170/1, FPG. 172, Masterfile. 173, AA Photo Library/Jon Davison. 174, Chris Fairclough Worldwide Ltd. 175, AA Photo Library/Jean Francois Pin. 176, Royalty-Free/CORBIS. 178f, Paul A. Souders/CORBIS. 180, AA Photo Library/Jon Davison. 181, AA Photo Library/ Jean Francois Pin. 183, AA Photo Library/Jon Davison. 184, Winston Fraser. 185, AA Photo Library. 186, Group of Seven, von links: F.H. Varley, A.Y. Jackson, Lawren Harris, Barker Fairley, Frank Johnston, Arthur Lismer, J.E.H. MacDonald/Photo Arthur Goss/Arts & Letters Club/ McMichael Canadian Art Collection Archives. 187, McMichael Canadian Art Collection, Robert & Signe McMichael. 1966.16.76. 188, James Nazz/ CORBIS. 189, Hubert Stadler/CORBIS. 190f, Toyohiro Yamada/Taxi/ Getty Images. 192, Hulton Getty. 193, Masterfile. 194, Winston Fraser. 195, Winston Fraser. 196, Masterfile. 197, Winston Fraser. 198(o), Winston Fraser/National Archives of Canada. 198(u), Michael S. Lewis/CORBIS. 199, Masterfile. 200f, Robert Estall/ CORBIS. 203, Winston Fraser. 204, Phil Jason/Getty Images. 205, Masterfile. 207, Masterfile. 208, Winston Fraser. 209, Winston Fraser. 210, Winston Fraser. 211, Momatiuk - Eastcott/CORBIS. 214/5, Winston Fraser. 216, Cosmo Condina/ Stone/Getty Images. 217, Winston Fraser. 219(o), Bryan & Cherry Alexander. 219(u), Masterfile. 220, Ann Ronan Picture Library/Heritage-Images. 221(o), AA Photo Library/Chris Coe. 221(u), Bridgeman Art Library. 222, Masterfile. 223, Masterfile. 224, AA Photo Library/ Chris Coe. 225(o), Richard Hamilton Smith/CORBIS. 225(u), Winston Fraser. 226, Winston Fraser. 227, Winston Fraser. 228, National Archives of Canada. 229(o), Mary Evans Picture Library. 229(u), Winston Fraser. 230, Todd Korol/ Getty Images. 231, Jack Fields/CORBIS. 232, AA Photo Library/Chris Coe. 233, Paul A. Souders/CORBIS. 234, Paul A. Souders/CORBIS. 235, Winston Fraser. 236, Walter Bibikow/The Image Bank/ Getty Images. 237, Winston Fraser Photos. 238, Lindsay Hebberd/CORBIS. 239, Gunter Marx Photography/CORBIS. 240, Winston Fraser. 241, Third Eye Images/ CORBIS. 242, Graeme Wallace. 244f, Masterfile. 246f, Graeme Wallace. 249, Graeme Wallace. 250, Ric Ergenbright/ CORBIS. 251, Lester Lefkowitz/CORBIS. 252, Graeme Wallace. 254, Graeme Wallace. 255, Philip & Karen Smith/Getty Images. 256, Graeme Wallace. 256f, Maltings. 258/9, Raymond Gehman/ CORBIS. 260, Chris Fairclough Worldwide Ltd. 261, Chris Coe. 262(o), AA Photo Library/Chris Coe. 262(u), National Archives of Canada. 263, Vince Streano/CORBIS. 264, Royalty-Free/ CORBIS. 265, AA Photo Library/Chris Coe. 266f, Royalty-Free/CORBIS. 268, Winston Fraser Photos. 269, AA Photo Library/Chris Coe. 270, Andrea Pistolesi/ The Image Bank/Getty Images. 271, Chris Fairclough Worldwide Ltd. 275(o), Gunter Marx Photography/CORBIS. 275(u), Ann Ronan Picture Library/Heritage-Images. 276/7, Joe McNally/Getty Images. 278, AA Photo Library/Michael Diggin. 280, Winston Fraser. 281, Richard T. Nowitz/CORBIS. 282/3, AA Photo Library/Chris Coe. 283, Gunter Marx Photography/CORBIS. 285, AA Photo Library/Harold Harris. 286, Cliff LeSergent/ Alamy Ltd. 287, Gunter Marx Photography/CORBIS. 288, Richard T. Nowitz/ CORBIS. 288f, Gunter Marx Photography/CORBIS. 290, AA Photo Library. 293, Jan Butchofsky-Houser/CORBIS. 294, Richard T. Nowitz/CORBIS. 295, AA Photo Library/Peter Timmer mons. 296f, Gunter Marx Photography/ CORBIS. 299, Wolfgang Kaehler/ CORBIS. 303, Masterfile. 304, Edward Curtis/Stapleton Collection/CORBIS. 305, Spectrum. 306, Winston Fraser. 307(o), AA Photo Library/Chris Coe. 307(u), Bridgeman Art Library. 309(u), Tracy Ferrero/Alamy Ltd. 311, Philip & Karen Smith/Getty Images. 312, Masterfile. 313, Alison Wright/Getty Images. 316/7, Bryan & Cherry Alexander. 318, Bryan & Cherry Alexander. 318/9, Bryan & Cherry Alexander. 321, Winston Fraser. 322(o), AA Photo Library/Chris Coe 322(u), Winston Fraser. 323, Winston Fraser. 324, AA Photo Library/Chris Coe. 325(o), J Allan Cash. 325(u), Gary Cook/Alamy Ltd. 327(o), AA Photo Library/Chris Coe. 327(ul), Ann Ronan Picture Library/Heritage-Images. 327(ur), Bryan & Cherry Alexander. 328, Bryan & Cherry Alexander. 329, AA Photo Library/Chris Coe. 331, Bryan & Cherry Alexander. 332,Winston Fraser. 333, Winston Fraser. 335(o), Ann Ronan Picture Library/Heritage-Images. 335(u), Bryan & Cherry Alexander. 336, Winston Fraser. 337, Gordon Wiltsie/National Geographic Society. 338, Eric Hayes. 339, Galen Rowell/CORBIS.

In der Reihe NATIONAL GEOGRAPHIC TRAVELER sind bisher folgende Titel erschienen:

ÄGYPTEN
ALASKA
AMSTERDAM
ANGKOR
ARGENTINIEN
AUSTRALIEN
BARCELONA
BERLIN
BOSTON UND UMGEBUNG
CHINA
COSTA RICA
DEUTSCHE NATIONALPARKS
DOMINIKANISCHE REPUBLIK
FLORENZ UND TOSKANA
FLORIDA
FRANKREICH
GRIECHENLAND
GROSSBRITANNIEN
HAWAII
HONGKONG
INDIEN
IRLAND
ISTANBUL
UND WESTLICHE TÜRKEI
ITALIEN
JAPAN
KALIFORNIEN
KAMBODSCHA
KANADA
KANADA-NATIONALPARKS
KARIBIK
KRETA
KROATIEN
KUBA
LONDON
MADRID
MAROKKO
MEXIKO
MIAMI UND DIE FLORIDA KEYS
NEAPEL UND SÜDITALIEN
NEUSEELAND
NEW YORK
PANAMA
PARIS
PEKING
PERU
PIEMONT UND
NORDWEST-ITALIEN MIT
TURIN UND DEN ALPEN
PORTUGAL
PRAG UND TSCHECHIEN
PROVENCE UND CÔTE D'AZUR
ROM
RUMÄNIEN
SAN FRANCISCO
SANKT PETERSBURG
SCHOTTLAND
SCHWEIZ
SHANGHAI
SIZILIEN
SPANIEN
STATE PARKS – AMERIKAS
»KLEINE NATIONALPARKS«
SÜDAFRIKA
SYDNEY
TAIWAN
THAILAND
USA-NATIONALPARKS
VENEDIG
VIETNAM
WASHINGTON, D.C.
WIEN

Weitere Titel in Vorbereitung

Deutsche Ausgabe veröffentlicht von National Geographic Deutschland (G+J/RBA GmbH & Co KG), Hamburg 2001
6. aktualisierte Auflage, Hamburg 2012

Deutsche Übersetzung: Simone Wiemken, Jutta König, Dorothea Raspe (Reiseinformationen)
Gesamtproducing: CLP Carlo Lauer & Partner
Satz: CDN Media, Klaus Numberger
Druck und Verarbeitung: Offizin Andersen Nexö Leipzig GmbH

Printed in Germany
ISBN 978-3-86690-289-3

Titel der amerikanischen Originalausgabe:
National Geographic Traveler Canada

Alle Angaben in diesem Buch wurden zum Zeitpunkt der Erarbeitung sorgfältig geprüft. Dennoch können sich natürlich Details ändern, und der Verlag kann für solche Änderungen, eventuelle Fehler oder Auslassungen keine Verantwortung oder Haftung übernehmen. Bewertungen von Hotels, Restaurants oder Sehenswürdigkeiten geben die Sicht der Autoren wieder.

Die National Geographic Society, eine der größten gemeinnützigen wissenschaftlichen Vereinigungen der Welt, wurde 1888 gegründet, um »die geographischen Kenntnisse zu mehren und zu verbreiten«. Sie unterstützt die Erforschung und Erhaltung von Lebensräumen sowie Forschungs- und Bildungsprogramme. Ihre weltweit mehr als neun Millionen Mitglieder -erhalten monatlich das National Geographic-Magazin, in dem die besten Fotografen der Welt berichten. Ihr Ziel: *inspiring people to care about the planet,* Menschen zu inspirieren, sich für ihren Planeten einzusetzen.

Die National Geographic Society informiert nicht nur durch das Magazin, sondern auch durch Bücher, Fernsehprogramme und DVDs.

Falls Sie mehr über National Geographic wissen wollen, besuchen Sie unsere Website unter www.nationalgeographic.de